Schriftenreihe

Verwaltung in Praxis und Wissenschaft (vpw)

herausgegeben von
**Prof. Gerhard Banner,** Vorstand der Kommunalen Gemeinschaftsstelle für Verwaltungsvereinfachung, Köln,

**Prof. Dr. Ernst Pappermann,** vorm. Geschäftsführendes Präsidialmitglied des Deutschen Städtetages, Köln,

# Band 15

# Mensch und Organisation

Aspekte bürokratischer Sozialisation

Eine praxisorientierte Einführung
in die Soziologie und die
Sozialpsychologie der Verwaltung

von

Professor Dr. Horst Bosetzky

und

Professor Dr. Peter Heinrich

beide Fachhochschule
für Verwaltung und Rechtspflege, Berlin

5., überarbeitete und erweiterte Auflage

Deutscher Gemeindeverlag
Verlag W. Kohlhammer

**Die Deutsche Bibliothek – CIP-Einheitsaufnahme**

**Bosetzky, Horst:**
Mensch und Organisation : Aspekte bürokratischer
Sozialisation ; eine praxisorientierte Einführung in die
Soziologie und die Sozialpsychologie der Verwaltung / von
Horst Bosetzky und Peter Heinrich. – 5., überarb. und erw.
Aufl. – Köln : Dt. Gemeindeverl. ; Köln : Kohlhammer, 1994
    (Schriftenreihe Verwaltung in Praxis und Wissenschaft ; Bd. 15)
    ISBN 3–555–01038–7
NE: Heinrich, Peter,; GT

1994
Deutscher Gemeindeverlag GmbH und Verlag W. Kohlhammer GmbH
Verlagsort: Postfach 40 02 63, 50832 Köln
Gesamtherstellung Deutscher Gemeindeverlag GmbH, Köln
Nachdruck, auch auszugsweise, verboten – Alle Rechte vorbehalten
Recht zur fotomechanischen Wiedergabe nur mit Genehmigung des Verlages
Buch-Nr. G 0/167

# Vorwort

Dieses Buch ist der mühsame Versuch des Unmöglichen. Worin liegt dieses Unmögliche? Es liegt darin, daß man von uns verlangt, zugleich mit der Vermittlung der grundlegenden Begriffe und Erkenntnisse der Organisationssoziologie und der Organisationspsychologie dem Leser Gelegenheit zu geben, sich in eine Organisation hinzuversetzen, hinzufühlen, sie zu erleben.

Ja, aber, so wird der Leser jetzt fragen, beides sind doch Wissenschaften, die sich mit dem Menschen und seinem Zusammenleben befassen, die das zum Mittelpunkt ihres Nachdenkens und Forschens gemacht haben. Das ist zwar richtig, nur sind sie im Verlaufe ihrer Entwicklung weithin inhuman geworden, sind oftmals nur noch reine, maßlos überzogene Denkübungen von Wissenschaftlern, die nie als „Lohnabhängige" über längere Zeit hinweg in einer Großorganisation gearbeitet haben und sich mit Organisationen lediglich befassen, um akademische Ehren und gutbezahlte Arbeitsplätze zu erlangen. Es ist, als hätte Goethe, ja immerhin Minister und intimer Bürokratiekenner, unsere organisationswissenschaftliche Fachliteratur, die amerikanische ASQ (Administrative Science Quarterly) vielleicht, beim Schreiben des „Faust I" vor Augen gehabt:

Wer will was Lebendiges erkennen und beschreiben,
Sucht erst den Geist herauszutreiben,
Dann hat er die Teile in seiner Hand,
Fehlt, leider! nur das geistige Band.

Und dieses „geistige Band", das ist die Organisationswirklichkeit, das sind die Tränen und das Lachen in unseren Büros, die Träume und Ängste, die Sprachfetzen voller Witz und Schlagfertigkeit, die Müdigkeit nach dem Mittagessen und das „Mahlzeit!" davor auf dem Wege zur Kantine, das sind die Feiern, Jubiläen, Beförderungen, Geburtstage und der Alkohol, das ist das Sisyphusgefühl bei der täglichen Arbeit, endlos und ohne bleibende Spuren, das sind Betriebsausflüge und Beerdigungen, das sind die Intrigen und der Krieg aller gegen alle und der Ärger mit dem Publikum, aber auch Kooperation und Erfolgserlebnisse, ja Freundschaften, die weit über das Büro hinausreichen, und öfter das, was man Liebe nennt.

Das alles heißt Organisation, **ist** Organisation für den, der in ihr lebt. Organisation ist mehr als Aufbau und Ablauf, Struktur und Prozeß, sie ist auch etwas Emotionales, etwas Sinnliches.

Jedes Büro ist gleichsam eine Bühne, und alle Beamten und Angestellten agieren Tag für Tag in Dramen, Komödien und Tragikomödien – in Stücken, die sie selber schreiben und spielen, aber auch in solchen, die andere für sie schreiben, und in denen andere Regie führen.

Und das alles kann die herkömmliche Organisationswissenschaft ganz offenbar nicht einfangen, denn immer wieder erleben wir es in unseren Lehrveranstaltungen und mit unseren sozialwissenschaftlichen Organisationsuntersuchungen, daß die Betroffenen meinen, wir hätten – trotz all unserer Skalen, Tabellen, Begriffe und Ordnungen – das Wesentliche, das Eigentliche ihres sozialen Systems weithin verfehlt. Aber können wir das Wesentliche, das Eigentliche mit unserer Wissenschaft eigentlich greifen anstatt es zu verhüllen, zu begraben? Viele meinen nein, denn: „Das Realistische, ein der künstlerischen Darstellung vorbehaltener Begriff, spricht eine Nähe zur Erlebniswirklichkeit an, die die sozialen Wissenschaften nicht beanspruchen. Wie soziale Verhältnisse sich in die Einzelphysiognomie fortsetzen, zu persönlichen Handlungen und Schicksalen werden, ist allein literarisch faßbar." (Armanski, Bruns & Penth 1977, 7)

So hätten wir also einen Roman schreiben müssen, um zu erreichen, daß der Student, daß der Berufsanfänger auch über seine Gefühle und seine Sinne erfährt, was eine Organisation ist und was ihn dort erwartet. Dann aber hätten wir das andere Ziel verfehlt und damit den Verlagsauftrag, in die organisationsbezogenen Sozialwissenschaften einzuführen.

Blieb uns also nur der Versuch, an so vielen Stellen, wie nur irgend möglich, mit Beispielen aus der Praxis und mit kleinen Geschichten wieder Leben in die Wissenschaft zu bringen und ganz betont, auch um dem geschätzen Prinzip des „exemplarischen Lernens" (Negt) zu entsprechen, phänomenologische Sozialtheorie zu betreiben (vgl. Grathoff 1978 und Kap. 6), eine **Soziologie und Sozialpsychologie des Büroalltags**, ohne dabei auf die Standardkategorien der „anderen" Organisationssoziologie und -psychologie zu verzichten (s. dazu als theoretisch anspruchsvollste wie gleichermaßen „lebensleerste" Einführung Türk 1978). Dafür haben wir dann vieles weggelassen, was wir als „Wegwerfwissen" bezeichnen wollen: Wissen, das Studenten nur für Prüfungen lernen, dann aber sofort wieder vergessen, Wissen, das irrelevant ist für das Leben und Überleben in Großorganisationen.

Unser eigentliches Thema, unser roter Faden ist dabei das, was wir **bürokratische Sozialisation** nennen. Wie, so fragen wir, ist das Spannungsfeld Mensch und Organisation beschaffen, wo formt die Organisation den Menschen, wo formt er sie, und: wo **ver**formt sie ihn, weil er sie zur Maschinerie hat werden lassen. Heißt Sozialisation in einer Bürokratie, daß der Mensch seiner Organisation letztendlich ausgeliefert ist und zur „bürokratischen Persönlichkeit" (vgl. Kap. 6) degeneriert, oder gibt es auch Chancen für ihn, durch seine Organisation der zu werden, der er von seinen Anlagen her werden könnte; die Chance also, die Organisation seinen Bedürfnissen anzupassen. Damit schreiben wir kein weiteres Lehrbuch für Führungskräfte, sondern ein Buch für Geführte, machen wir Organisationsmitglieder sensibel für das Manipuliertwerden. Es gibt da einen Satz von Burisch (1973, 71), der nicht unbeachtet bleiben darf: „Ist die Organisationssoziologie auch überwiegend Wissenschaft ausbeuterischer Herrschaft, so kann sie als Studium auch Arbeit dagegen sein."

Uns geht es also nicht um die Vermittlung sogenannten „Herrschaftswissens" (Wie strukturiere ich eine Organisation am sinnvollsten und wie führe ich meine Mitarbeiter am besten, damit sie eine optimale Leistung für die Organisation erbringen?), sondern um die Vermittlung von „Bewältigungswissen" für die Geführten (Wie kann ich in einer Großorganisation meine Identität und mein Menschsein bewahren und eine optimale Befriedigung meiner Bedürfnisse erreichen und mich selbst verwirklichen?) – wobei natürlich in jeder Großorganisation nahezu jeder Geführte gleichzeitig ein Führender ist und umgekehrt.

Ehe nun alle Praktiker, alle praxisverbundenen Dozenten und alle Führungskräfte, die wir als Leser dieses Buches und vor allem als seine Propagandisten ansprechen wollen, in Entsetzen verfallen, möchten wir nicht nur daran erinnern, daß es ein von allen gesellschaftlichen Einflußgruppen guthgeheißenes Programm mit dem Titel „Humanisierung des Arbeitslebens" gibt, sondern auch den Artikel 2 des Grundgesetzes: „Jeder hat das Recht auf die freie Entfaltung seiner Persönlichkeit..." Und eine **bürokratische Persönlichkeit**, wie sie sich in Großorganisationen nur allzuleicht herausbilden kann, ist eben das genaue Gegenteil davon (vgl. dazu auch Vilmar 1973, 15 f., über die Menschenwürde).

Wie gesagt, wir haben uns beim Konzipieren und Schreiben dieses Buches viele Sätze zu Herzen genommen, so auch diesen: „Oft regen uns ‚wissenschaftliche' Berichte oder Befunde auf, weil sie über Auszählen und unzulängliches Beschreiben nicht hinauskommen. Die Erlebniswelt der Betroffenen bleibt unberücksichtigt, und die abschließenden Empfehlungen sind häufig gefühllose Lösungsvorschläge." (Kraußlach, Düwer & Fellberg 1978, 11)

Aber gleichzeitig – siehe oben – mußten und wollten wir ein Lehrbuch schreiben...

Der Aufbau dieses Buches entspricht dann auch unserer doppelten Zielsetzung. Wir zeigen im ersten Kapitel (Sozialisation und Berufswahl), wie der Mensch fit gemacht wird für das Leben und Arbeiten in einer Großorganisation, deren formales Sosein wir dann im zweiten Kapitel (Strukturelle Gegebenheiten großer Organisationen) anhand der gängigsten Theorien und Ansätze vorstellen. Folgerichtig ist das dritte Kapitel (Psychologische Grundlagen menschlichen Verhaltens) dem Sosein des Menschen gewidmet, der in eine Organisation eintritt, die zumeist schon seit den Zeiten seiner Urgroßväter existiert, also vor ihm da war und schon lange eine besondere Qualität gewonnen hat. Die beiden nachfolgenden Kapitel konzentrieren sich dann auf das Aufeinandertreffen von Mensch und Organisation, wobei das vierte die Aspekte der gelungenen Integration und das fünfte die Aspekte gefährdeter und gescheiterter Integration besonders betont, obwohl beide Prozesse zumeist gleichzeitig nebeneinander herlaufen und nie ganz scharf voneinander zu trennen sind. Im Schlußkapitel wollen wir, noch einmal auf die hier dargelegten Gedanken zurückkommend, ganz präzise fragen, welche Chancen der Selbstbehauptung und Selbstverwirklichung der Mensch in großen Organisationen eigentlich hat.

Ein Soziologe und ein Psychologe zielen hier auf eine Re-integration der organisationsbezogenen Teile ihrer Disziplinen, die sich bei zunehmender Spezialisierung immer weiter voneinander zu entfernen drohen, denn es gibt ja nur **eine** Organisations- und Verwaltungswirklichkeit und keine soziologische, sozialphsychologische, betriebswirtschaftliche oder verwaltungsjuristische.

Dies ist unser Programm und – bedenkt man die viel zu wenigen Seiten, die uns zur Verfügung stehen – der Versuch des Unmöglichen. Man sehe uns nach, daß er uns so unvollkommen gelungen ist.

Berlin, im Februar 1980                    Horst Bosetzky    Peter Heinrich

# Zur 5. Auflage

*Diesmal wollen wir aber nicht nur draufsatteln, sondern auch gehörig ausmisten* – das war unsere feste Absicht, als wir mit der Überarbeitung für diese Neuauflage begannen. Schließlich werden Bücher nicht notwendig besser, wenn sie nur länger werden. Aber wer einmal versucht hat, *fertige Sätze* aus einem Text zu streichen, der weiß, wie schwer das ist angesichts der normativen Kraft des Faktischen. So sind die Streichungen zunächst nur vergleichsweise marginal ausgefallen und waren den Weiterungen hoffnungslos unterlegen (bei den Quellen stehen z. B. 41 Streichungen 75 Neuzugänge gegenüber). Die Streichungen betreffen vor allem die theoretische Einführung in das Thema *Sprache*, auf die der zuständige Autor einmal so stolz war. Hier fiel uns das Kürzen aber gleichwohl einigermaßen leicht, weil in der Zwischenzeit aus gleicher Feder ein eigenständiges Einführungsbuch zum Thema vorliegt (Heinrich 1994), das wir daher als Ergänzung zu „Mensch und Organisation" empfehlen. Neben einigen Tabellen und Graphiken fiel auch das abschließende „Glücks"-Kapitel dem Rotstift zum Opfer.

Auch bei den Vorauflagen waren natürlich schon historische Anpassungen nötig. Aber diesmal haben uns die gesellschaftlichen Gezeitenwechsel besonders deutlich gemacht, daß einzelne Themenbereiche unserer Disziplinen eng an konkrete historische Entwicklungen gebunden sind, auch über den ständigen Fortgang der Wissenschaft selbst hinaus. Mögen dies weltpolitische oder wenigstens nationale Ereignisse sein wie der Wegfall der Zweistaatlichkeit in Deutschland, kulturelle Änderungen innerhalb der Gesellschaft wie die „Neuordnung der Geschlechter- und Familienrollen", organisationspolitische oder verwaltungsinterne Modernismen wie das allmähliche Aufbrechen in ein dezentrales Steuerungsdenken – wir müssen natürlich zugeben, daß wir nicht allen Entwicklungen in gleicher Weise gerecht werden konnten. Die **Abstromtabelle** von S. 1 ist endlich aktualisiert, ebenso wie einige andere Tabellen im Eingangskapitel. Die **Familie** konnte nun nicht mehr so bleiben, wie sie war; besonders die **schichtspezifische Dichotomie** hat sich durch ein mehrdimensionales Sozialstrukturdenken überholt. Die **Sozialisation durch Medien** sollte angesichts ihrer gestiegenen Bedeutung für die Kinder- und Jugendzeit wenigstens ansatzweise problematisiert und nicht mehr nur so ganz en passant erwähnt werden.

Einige neue Stichwörter haben von sich reden gemacht und haben uns damit genötigt, kurz über sie zu reden: Die **Chaostheorie**, die schon vom Wort her manchen Organisationsmenschen ängstigt; das **Lean Management**, das seit Mitte der 90er Jahre in aller Munde ist und sich für alle möglichen Phantasien und (Schrumpfungs-)Maßnahmen mißbrauchen läßt; die **Rituale**, deren verhaltenssteuernde Funktion nicht nur in Organisationen wiederentdeckt wird, nachdem sie lange Zeit als Ausdruck konservativer Unflexibilität diffamiert wurden; das **Mobbing**, bei dem noch offen bleiben muß, ob es als neues Wort einen neuen Sachverhalt beschreibt, oder ob es auf eine Eskalation des lange bekannten Sachverhalts (Schikane z. B.) aufmerksam macht, oder ob es belegt, daß einem bekannten Sachverhalt nunmehr mehr Sensibilität und öffentliche Aufmerksamkeit entgegengebracht wird, oder ob gar nichts neu ist außer dem Wort selbst, dessen geschickte Vermarktung seinem Erfinder internationales Ansehen gebracht hat.

Das neue Kapitel „Konflikte aus der **Ost-West-Durchmischung** in Organisationen" könnte sich in einem besonderen Sinn als historisch erweisen – abgesehen davon, daß es auf beiden Seiten eigentlich nur Widerspruch hervorrufen kann: Was in den letzten Jahren und heute noch ein die Gemüter beschäftigendes Thema in Amtsstuben vieler Kommunen und Ministerien ist, das Aufeinandertreffen von DDR- und BRD-sozialisierten Mitarbeiterinnen und Mitarbeitern unter ungleichen Bedingungen und mit ungleichen Erfahrungen, Erwartungen, Urteilen und Vorurteilen, ist vielleicht längst „Geschichte" und interessiert niemanden mehr, wenn wir uns erst von den Spekulationen und empirischen Berichten über die organisationsrelevanten Folgen des **Jahrtausendwechsels** haben einfangen lassen.

Daß wir Max Weber gleich zweimal im Jahre 1921 zu Wort und Gedanken kommen ließen, obwohl er schon 1920 gestorben ist, ist zurecht moniert worden. Das posthume Erscheinungsjahr des zitierten Werkes war hier der zeitliche Bezugspunkt.

Allen hilfreichen Kritikern und auch den sonstigen guten Geistern, die uns beim Aufsuchen neuer Daten und Quellen geholfen haben, danken wir herzlich.

Berlin, im Juni 1994                                        Horst Bosetzky und Peter Heinrich

# Inhaltsübersicht

# Inhaltsverzeichnis

Inhaltsverzeichnis

# 1. Abschnitt. Sozialisation und Berufswahl

## 1.1 Gesellschaftsstruktur und Sozialisation

### 1.1.1 Ungleiche Startbedingungen und schichtspezifische Selbstrekrutierung

Im Jahre 2035 werden in einer Behörde zwei Stellen frei: die eines Regierungsdirektors (Besoldungsgruppe 15) und die eines Oberamtsgehilfen (Besoldungsgruppe 2).

Im Jahre 1995 werden in einer Großstadt zwei Kinder geboren: das eine als Sohn eines Amtmannes und das andere als Tochter eines Hilfsarbeiters.

Wer von beiden hat wohl die größeren Chancen, die Position des Regierungsdirektors zu erreichen?

Da in unserer Gesellschaft jeder Mensch vor dem Gesetz gleich ist und (angeblich) alle Tüchtigen die Chance haben, die berufliche Position, die sie sich wünschen, auch zu erreichen, müßten wir bei der Beantwortung dieser Frage eigentlich passen: gäbe es da nicht die Erfahrungen, daß sich die beruflichen Positionen denn doch statistisch gesehen mit der sozialen Herkunft derjenigen in Verbindung bringen lassen, die sie besetzen wollen. Konkreter: die Wahrscheinlichkeit, daß eine höhere berufliche Position von einem „Oberschicht-Kind" besetzt wird, ist wesentlich höher als die Wahrscheinlichkeit, daß diese Position von einem „Unterschicht-Kind" besetzt wird. Die Herkunftsfamilie eines Menschen grenzt also den Variationsspielraum seiner beruflichen Entwicklung drastisch ein.

*Sozialer Auf- und Abstieg bei Männern (Abstromprozente) Bundesrepublik*

|  | Beruf der Söhne | | | | | | | | | |  | „oberes Viertel" | „untere Hälfte" |
|---|---|---|---|---|---|---|---|---|---|---|---|---|---|
|  | 1 ODK | 2 UDK | 3 NMA | 4 AE | 5 S | 6 L | 7 FA | 8 U/A | 9 LA | N |  | 1 + 2 | 7–9 |
| **Beruf der Väter** | | | | | | | | | | | | | |
| 1 Obere Dienstklasse | 43 | 23 | 7 | 9 | 9 | 0 | 4 | 5 | 1 | 101 | 206 | 66 | 10 |
| 2 Untere Dienstklasse | 20 | 37 | 5 | 12 | 7 | 1 | 11 | 8 | 0 | 101 | 342 | 57 | 19 |
| 3 Nicht-manuell Ausführende | 11 | 29 | 6 | 12 | 8 | 0 | 22 | 11 | 1 | 100 | 225 | 40 | 34 |
| 4 Arbeiterelite | 12 | 26 | 4 | 18 | 6 | 0 | 22 | 11 | 1 | 100 | 391 | 38 | 34 |
| 5 Selbständige[1] | 8 | 20 | 8 | 12 | 24 | 1 | 15 | 14 | 0 | 102 | 445 | 28 | 29 |
| 6 Landwirte | 4 | 10 | 4 | 8 | 6 | 25 | 17 | 25 | 1 | 100 | 521 | 14 | 43 |
| 7 Facharbeiter | 4 | 17 | 5 | 14 | 4 | 0 | 38 | 17 | 1 | 100 | 1 048 | 21 | 56 |
| 8 Un-, Angelernte | 2 | 12 | 2 | 10 | 3 | 0 | 36 | 33 | 2 | 100 | 592 | 14 | 71 |
| 9 Landarbeiter | 0 | 10 | 4 | 12 | 3 | 1 | 25 | 32 | 13 | 100 | 120 | 10 | 70 |
| alle Gruppen | 9 | 19 | 5 | 12 | 7 | 4 | 25 | 18 | 1 | 100 | 3 890 | 28 | 44 |

Die Abbildung wurde nach Matrizen von Walter Müller, Mannheim, erstellt. Datenbasis sind 5 repräsentative Umfragen aus den Jahren 1976–1982.
[1] ohne Landwirte, Großunternehmer, Freie Berufe

Wir wollen diesen Zusammenhang mit der Tabelle der Abstromprozente auf S. 1 wollen wir deutlich machen, die über die Intergenerationen-Mobilität Auskunft gibt, d. h. über den Wechsel der Berufspositionen zwischen der Väter- und der Kinder-Generation (nach Geißler 1992, 204)

(Intergenerationen-Mobilität heißt Wechsel der Berufspositionen zwischen der Väter- und der Kinder-Generation)

Bevor wir auf die Interpretation dieser Tabelle eingehen, soll kurz erwähnt werden, daß die Wahl des Vaters als Berufsträger der Eltern-Generation nicht nur der Tradition einer männlich geprägten Soziologie entspricht, sondern darüber hinaus einen empirischen Hintergrund hat: Auch heute noch richten sich Kinder (Jungen und Mädchen) in der Planung ihres eigenen Bildungsweges überwiegend nach dem Bildungs- und Berufsstatus des Vaters aus, dessen Berufstätigkeit also immer noch in den meisten Fällen als die eigentliche, die „richtige" Berufstätigkeit angesehen wird (Heekerens 1987), während die Berufstätigkeit der Mutter als mehr oder weniger notwendiger „Zuverdienst" betrachtet wird.

Die Tabelle nun zeigt uns, daß der größte Teil der nachfolgenden Generation jeweils denjenigen Berufskreis erreicht, dem seine Väter angehören. Für unseren Ausgangsfall heißt das: der Sohn des Amtmanns (Pos. 2, UDK) hat eine Wahrscheinlichkeit von 20 %, die dem höheren Dienst (Pos. 1, ODK) zugeordnete Stelle eines Regierungsdirektors zu erreichen, die Hilfsarbeitertochter (Pos. 8, U/A) dagegen nur eine Wahrscheinlichkeit von 2 %. Dieser Prozeß des Wechsels von einer Berufsgruppe zu einer anderen im Wechsel der Generationen wird als **Abströmen** bezeichnet.

Die Zahlen dieser Tabelle stammen aus dem Jahre 1976–82, d. h. daß sich bis heute die Situation geändert haben könnte. Nun sind neuere Zahlen zur sozialstrukturellen Mobilität leider selten – das Thema wird uns etwas später noch beschäftigen. Auch heute aber bleibt das Grundmuster der beruflichen Kontinuität zwischen den Generationen gültig, wie viele Einzelzahlen es belegen, z. B.: 33 % der Studenten an der Beamtenhochschule in Berlin (FHVR) der Jahrgänge 1983 bis 1987 (N = 1046) haben Väter, die selbst Beamte sind, während dieser Prozentsatz bei den Studenten der übrigen Hochschulen nur etwas über 20 % liegt. Und nur ca. 10 % aller Berliner Studienanfänger des Jahres 1986 stammen aus Arbeiterfamilien, die damit deutlich unterrepräsentiert sind.

Unser Beispiel birgt aber neben der schichtspezifischen Ungleichheit gleich noch ein zweites Merkmal **sozialer Ungleichheit:** das Geschlecht. Zwar gilt auch hier die Formel von der rechtlichen Gleichheit aller, aber die soziale Wirklichkeit sieht wieder anders aus: Frauen haben erheblich geringere Chancen, höhere berufliche Positionen zu erreichen, als Männer.

Zwar: die Zeit, in der die Mädchen schon in der Phase der Schul-, vor allem der Oberschulausbildung benachteiligt waren, ist vorbei. Der Anteil der Abiturientinnen liegt heute in bundesdeutschen Gymnasien durchweg bei ca. 50 %, das bedeutet, daß eine Bildungsbenachteiligung der Mädchen sich erst nach dem Abitur in Beteiligungsprozenten niederschlägt: nur 43,1 % aller Studienanfänger an Hochschulen des Bundesgebietes waren 1992 Frauen. Deutlich weniger Abiturientinnen als

Abiturienten finden den Weg ins Studium, auch wenn es heute schon mehr geworden sind als beispielsweise vor 20 Jahren (1974), wo der Anteil der Frauen unter den Studienanfängern bei 30 % lag.

Die folgende Graphik zeigt am Beispiel der FU Berlin in aller Deutlichkeit, daß die Chancen der Frauen, gleichberechtigt am beruflichen Leben teilzunehmen, mit der Höhe der hierarchisch bestimmten Position sinken:

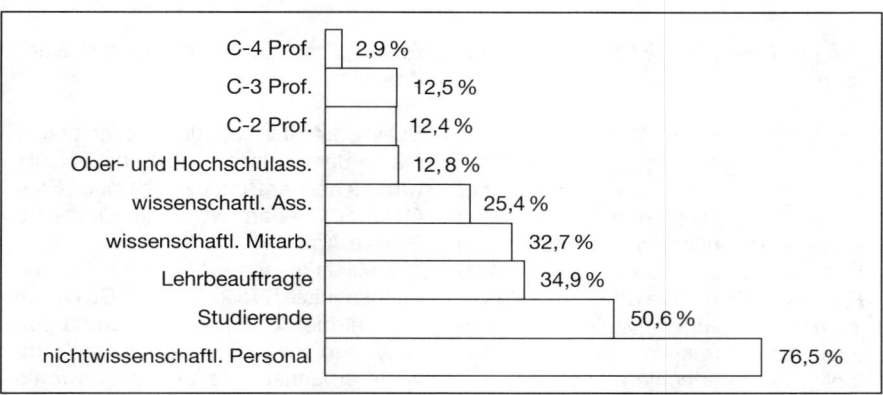

| | |
|---|---|
| C-4 Prof. | 2,9 % |
| C-3 Prof. | 12,5 % |
| C-2 Prof. | 12,4 % |
| Ober- und Hochschulass. | 12,8 % |
| wissenschaftl. Ass. | 25,4 % |
| wissenschaftl. Mitarb. | 32,7 % |
| Lehrbeauftragte | 34,9 % |
| Studierende | 50,6 % |
| nichtwissenschaftl. Personal | 76,5 % |

Frauenanteile in verschiedenen Mitgliedsgruppen der Freien Universität Berlin (1992)

Auch im öffentlichen Dienst gilt, daß innerhalb jeder Laufbahngruppe der Frauenanteil von Stufe zu Stufe geringer wird; die Zahlen der folgenden Tabelle belegen diesen Sachverhalt für den gehobenen nichttechnischen Dienst der Berliner Verwaltung, am Beispiel einer Hauptverwaltung (Beamtinnen und Angestellte).

| mittlerer Dienst | | gehobener Dienst | | höherer Dienst | |
|---|---|---|---|---|---|
| Bes.Gr./Vgr. | Anteil in % | Bes.Gr./Vgr. | Anteil in % | Bes.Gr./Vgr. | Anteil in % |
| A 5/VIII | 79,0 % | A 9/Vb | 70,9 % | A 13/IIa | 23,4 % |
| A 6/VII | 83,5 % | A 10/IVb | 55,6 % | A 14/Ib | 13,0 % |
| A 7/VIb | 74,5 % | A 11/IVa | 40,1 % | A 15/Ia/C2 | 13,3 % |
| A 8/Vc | 76,7 % | A 12/III | 25,6 % | A 16/I/C3 | 2,0 % |
| A 9/Vb | 49,0 % | A 13/III/IIa | 12,9 % | Bes.Ord B | 0 % |

Repräsentanz von Frauen in der Berliner Verwaltung, exemplarisch an einer Hauptverwaltung

3

Andererseits sind Frauen „im Kommen, und zwar gewaltig", wie ein berühmter Szene-Slogan der 80er Jahre hieß. Zwei recht unterschiedliche Nachrichten aus den vergangenen Jahren mögen das allmähliche Eindringen von Frauen in bisherige „Männerdomänen" illustrieren – und in gewisser Weise zeigen diese „Erfolgsmeldungen" besonders deutlich die noch bestehende gesellschaftliche Ungleichheit beider Geschlechter auf.

### Priesterinnen in der Kirche von England

Hr. LONDON, 13. März. In der Kirche von England gibt es jetzt Priesterinnen. Nach der Weihe der ersten 32 Diakoninnen am Samstag werden im nächsten Vierteljahr in England und Wales rund 1200 Frauen ordiniert werden. Zur Liturgie in der Kathedrale von Bristol war auch eine Gruppe von römisch-katholischen Verfechtern der Frauen-Ordination gekommen. Entgegen den Befürchtungen verlief die Weihe durch den Bischof von Bristol ohne Zwischenfälle. Die Hälfte der anglikanischen Kirchen, die wie die Kirche von England zur Anglikanischen Gemeinschaft gehören, haben Frauen-Ordination; die erste anglikanische Priesterin war vor 23 Jahren geweiht worden. (Siehe Seite 7.)

(FAZ v. 14.3.94)

### Erste „Frau General" bei der Bundeswehr

BONN, 24. Januar (dpa). Zum ersten Mal in der deutschen Militärgeschichte wird es bei der Bundeswehr eine „Frau General" geben. Wie die Deutsche Presse-Agentur am Montag in Bonn aus Militärkreisen erfuhr, wird Verteidigungsminister Volker Rühe (CDU) am 1. April die 50 Jahre alte Verena von Weymarn zur Generalärztin der Luftwaffe ernennen. Sie leitet gegenwärtig noch im Rang einer Oberstärztin das Krankenhaus der Bundeswehr in Gießen. Frau von Weymarn wird den Posten der leitenden Ärztin bei der Luftwaffe in Köln/Wahn übernehmen.

(Berl. Tagesspiegel v. 25.1.94)

Wir sehen anhand der Tabelle auf S. 1 des weiteren, daß es auch unser Amtmanns-Sohn sehr schwer haben wird, hat er doch gegen die Kinder (d.h. die Söhne) der Väter aus den oberen Kategorien 1 und 2 anzutreten, die diese höheren Positionen weithin als Erbhöfe besetzt halten. Und dieser Trend verschärft sich natürlich in Zeiten eines härter werdenden Kampfes um die Ausbildungs- und Arbeitsplätze. Automatisch erfolgt hier über den Zusammenhang zwischen Herkunft, Schulausbildung und traditionellen Auswahlkriterien eine weitere Bevorzugung der Jugendlichen „aus gutem Hause" (ein Ausdruck, hinter dem sich deutlich eine gesellschaftliche Wertung verbirgt). Sie sind es, denen der Aufstieg in die höheren Schichten und in die besseren Notenbereiche im Durchschnitt von zu Hause etwas leichter gemacht wird. Wir sprechen hier von **schichtspezifischer Selbstrekrutierung.** Den häufig verwandten Begriff der **Berufsvererbung** halten wir dagegen für ungeeignet, weil er den Eindruck erweckt, die Berufswahl sei bereits durch die biologische Erbausstattung vorbestimmt – was selbstverständlich nicht der Fall ist.

"Berufsver-
erbung"

aus: Doll et al. 1984

Unsere erste Frage muß aber lauten: warum ist das so, warum hat die Hilfsarbeiter-tochter so viel weniger Chancen, eine Stelle im höheren Dienst zu besetzen als der gleichaltrige Amtmanns-Sohn?

### 1.1.2  Gesellschaftliche Ungleichheit und schichtspezifische Sozialisation

Gehen wir von einer einfachen Grundannahme aus: Eine Gesellschaft kann nur dann in der Zeit überleben, wenn ihre Mitglieder aufeinander abgestimmte Arbeitsleistungen erbringen, die der Befriedigung bestimmter Grundbedürfnisse dienen. Also muß sie bemüht sein, den Neugeborenen Fähigkeiten, Fertigkeiten und soziale Antriebe zu vermitteln, die sie später befähigen, gesellschaftlich nützliche Arbeit zu leisten. Diese Aufgabe oder Funktion übernehmen spezielle Gruppen, Organisationen oder Institutionen: die Familie, Spiel- und Kindergrup-pen, Kindergarten, Schule und Vorschule, Kirchen, Sportvereine und andere Zu-sammenschlüsse und schließlich Fach-, Fachober- und Fachhochschulen, Uni-versitäten und Akademien sowie Betriebe und Verwaltungen selber, selbstver-ständlich aber auch die Massenmedien (Zeitungen, Zeitschriften, Bücher, Filme, Fernseh- und Rundfunksendungen).

Diesen Prozeß bezeichnen Sozialwissenschaftler als Sozialisation, und wir kommen damit zu unserer ersten Definition:

Unter **Sozialisation** verstehen wir „den Prozeß, während dessen der nur mit rudimentären Instinkten geborene Mensch allmählich die Verhaltenssicherheit eines Erwachsenen erwirbt und dabei psychisch wie sozial die Fähigkeit gewinnt, als Individuum zum arbeitsteiligen Reproduktionsprozeß der Gesellschaft beizutragen" (Pressel 1970,124).

**Sozialisation ist damit ein lebenslanger Lernprozeß,** in dem der einzelne zum sozial handlungsfähigen und „verwertbaren" Subjekt gemacht wird.

Diese soziologische Sichtweise stellt die „Verwertbarkeit" des Menschen im Hinblick auf das Überleben seiner Gesellschaft in den Mittelpunkt des Denkens; gleichzeitig ist aber auch zu beachten, daß im Sozialisationsprozeß für jedes Individuum die Chance besteht, in eine bestimmte Kultur hineinzuwachsen und zu einer Persönlichkeit heranzureifen – was man in der Fachsprache mit **Enkulturation** und **Personalisation** bezeichnet (vgl. Scharmann 1974, 7). Mag der Sozialisationsprozeß auch – zumindest phasenweise – als Zwang und Ärgernis empfunden werden, ohne ihn, ohne die **zweite, die sozio-kulturelle Geburt** bliebe der Heranwachsende auf einer Kaspar-Hauser-Stufe stehen.

Wir haben unser erstes Kapitel ganz logisch mit einer kurzen Betrachtung der Gesamtgesellschaft begonnen (des gesellschaftlichen Kontextes, wie die Sozialwissenschaftler sagen), weil eine isolierte Behandlung von Großorganisation in Verwaltung und Industrie ebenso sinnlos wie gefährlich ist, denn:

„Die Analyse von Teilsystemen einer konkreten Gesellschaft verlangt ... einen systematischen Bezug zum gesellschaftlichen Gesamtsystem und seinen Konstitutionsbedingungen, denn in Teilsystemen der Gesellschaft reproduzieren sich in modifizierter und teilweise verselbständigter Form Grundstrukturen des gesellschaftlichen Ganzen." (Werkentin, Hofferbert & Baurmann 1972, 224)

Und dieses gesellschaftliche Ganze ist nun so beschaffen, daß wir zwar vor Gott und dem Gesetz gleich sein mögen, nicht aber im Hinblick auf Eigentum, Macht, Einkommen, Prestige und Lebenschancen: dies alles ist von unserer Verortung in einer bestimmten **Klasse** oder **Schicht** abhängig.

„**Klassen** sind Großgruppen von Menschen, die nicht primär durch bewußten Zusammenschluß, sondern durch ein *kollektives Verhältnis* des Eigentums bzw. Nichteigentums an den sachlichen Produktionsbedingungen naturwüchsig konstituiert werden. Gäbe es in einer Gesellschaft nur Produzenten, die als solche – individuell oder kollektiv – im vollen Besitz ihrer Produktionsmittel sind, dann gäbe es keine Klassenbildung. Klassen in primärer Entstehung und Bedeutung sind immer unterdrückende und unterdrückte, ausbeutende und ausgebeutete Klassen." (Mauke 1973, 16)

Tjaden-Steinhauer & Tjaden (1973, 198–200) beispielsweise sehen die Bundesrepublik Deutschland als Klassengesellschaft und zählen (1970) 83,3 % der Erwerbstätigen zur „Klasse der lohnabhängigen Arbeiter" (einschl. der Beamten und Angestellten), 1,8 % zur „Kapitalistenklasse" und 14,9 % zu den „nicht- oder halbkapitalistischen Sondergruppen und -schichten" (Selbständige, Freiberufler).

Während die **Klassentheoretiker** den „konstitutiven sozialökonomischen Funktionszusammenhang" unserer – für sie – spätkapitalistischen Gesellschaft im Auge haben (d. h. das Privateigentum an den Produktionsmitteln als primären Bestimmungsfaktor einer Gesellschaft ansehen), messen die **Schichttheoretiker** vornehmlich die Größen, die unseren Lebensstil und unsere Lebenschancen bestimmen (ohne unmittelbar zu fragen, warum das so ist): Beruf, Einkommen und Schulbildung (vgl. für viele Scheuch & Daheim 1974).

> Unter **sozialer Schicht** verstehen wir eine „Bevölkerungsgruppe, deren Mitglieder bestimmte gemeinsame Merkmale besitzen und sich dadurch von anderen Bevölkerungsgruppen in einer als hierarchisches Gefüge vorgestellten Sozialstruktur unterscheiden" (Lexikon zur Soziologie 1973, 586)

Das am häufigsten anzutreffende Schichtmodell der Bundesrepublik ist die berühmte „Zwiebel" (hier nach Bolte, Kappe, Neidhardt 1968, 84, mit Zahlen von 1960/61):

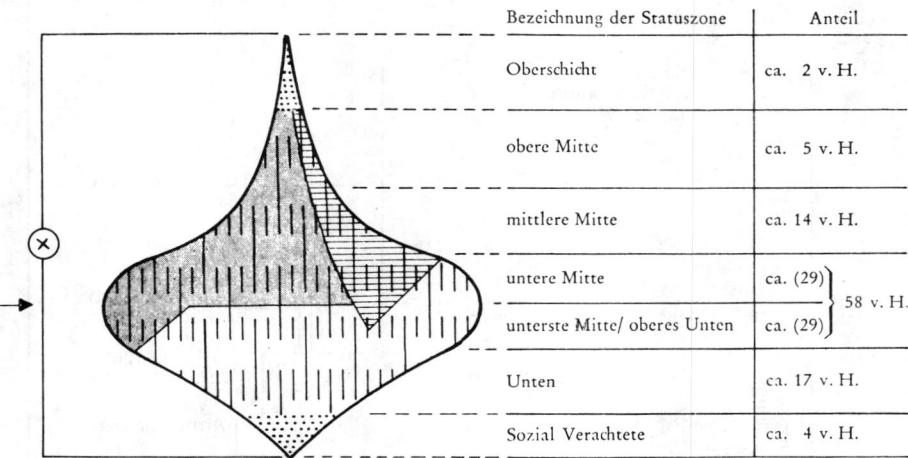

| Bezeichnung der Statuszone | Anteil |
|---|---|
| Oberschicht | ca. 2 v. H. |
| obere Mitte | ca. 5 v. H. |
| mittlere Mitte | ca. 14 v. H. |
| untere Mitte | ca. (29) ⎫ |
| unterste Mitte/ oberes Unten | ca. (29) ⎬ 58 v. H. |
| Unten | ca. 17 v. H. |
| Sozial Verachtete | ca. 4 v. H. |

Die Markierungen in der breiten Mitte bedeuten:

▨ Angehörige des sogenannten neuen Mittelstands

☰ Angehörige des sogenannten alten Mittelstands

☐ Angehörige der sogenannten Arbeiterschaft

<u>Punkte</u> zeigen an, daß ein bestimmter gesellschaftlicher Status fixiert werden kann.

<u>Senkrechte Striche</u> weisen darauf hin, daß nur eine Zone bezeichnet werden kann, innerhalb derer jemand etwa im Statusaufbau liegt.

Ⓧ = Mittlere Mitte nach den Vorstellungen der Bevölkerung

➡ = Mitte nach der Verteilung der Bevölkerung. 50 v. H. liegen oberhalb bzw. unterhalb im **Statusaufbau**

Bei Geißler (1992, 76) wird aus der „Zwiebel" ein „Haus" mit immer durchlässiger

7

geworden Decken und Wänden. „Die Binnenarchitektur des Hauses ermöglicht heute noch stärker als in den 60er Jahren ‚offenes Wohnen' in nicht deutlich voneinander getrennten Etagen und Räumen. Dennoch sind die Menschen weiterhin genötigt oder gewollt, sich vornehmlich in bestimmten Wohnbereichen aufzuhalten." (77)

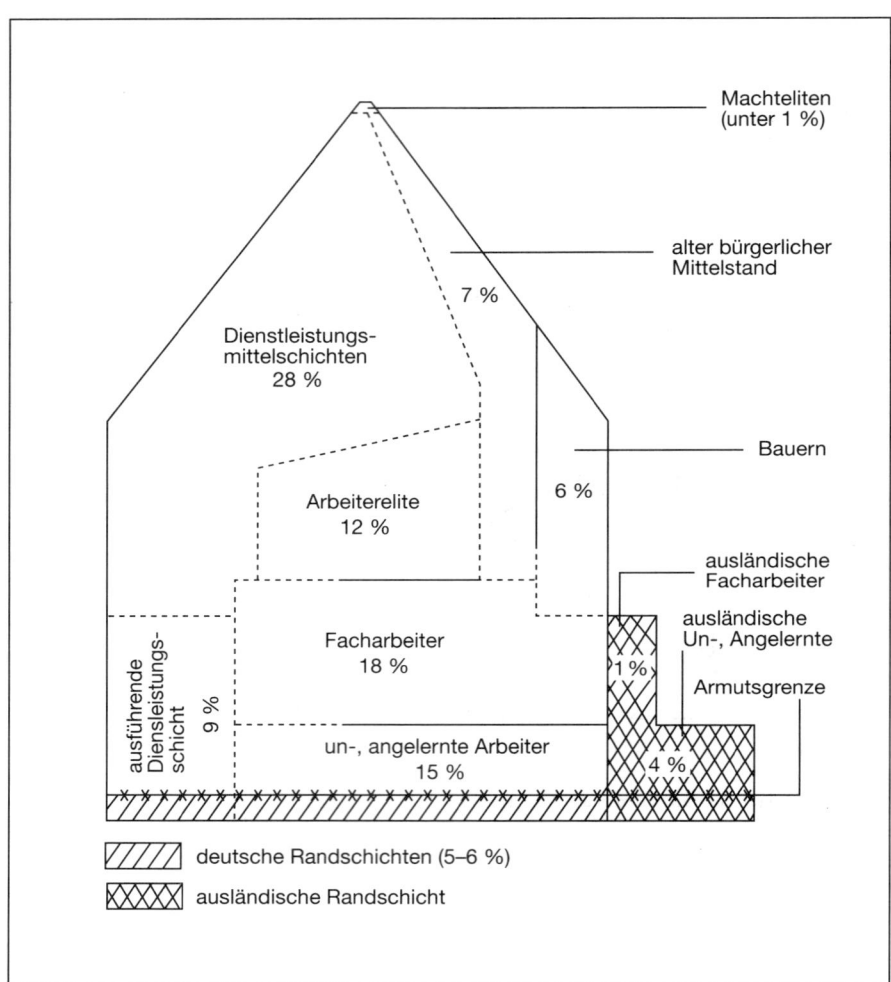

Soziale Schichtung der westdeutschen Bevölkerung (80er Jahre)

Wie es zu dieser sozialen Ungleichheit unter den Menschen gekommen ist, können wir an dieser Stelle nur kurz anreißen; im allgemeinen sieht man vier Entstehungsgründe (vgl. Dahrendorf 1961 und Hradil 1977):

(1) **Arbeitsteilung** (Stein, Marx, Engels, Schmoller);

(2) **Privateigentum und Produktionsverhältnisse** (Rousseau, Marx);

(3) **Soziale Ungleichheit als notwendiges Belohnungssystem der Gesellschaft** (vgl. die Ausführungen über die funktionalistische Schichtungstheorie im Abschnitt 4.5);

(4) **Normensetzung und Verhaltenssanktionierung als Folge sozialer Herrschaft** (Dahrendorf; ausführlicher in 4.5)

Wir können in diesem Buch nicht entscheiden, ob unsere Gesellschaft eher als nur geschichtete oder eher als Klassengesellschaft zu begreifen ist (vgl. dazu Tjaden-Steinhauer & Tjaden 1973 mit weiteren Literaturhinweisen), weil wir zwar die grundlegende Ursache für die ökonomische und soziale Ungleichheit der Menschen in der Bundesrepublik auch in der unterschiedlichen Verfügungsgewalt über die Produktionsmittel angelegt sehen, aber bei den „Lohnabhängigen" kein Klassenbewußtsein feststellen können, das in absehbarer Zeit zu einem verschärften Klassenkampf führen könnte (vgl. Klaus & Buhr 1972, 576–577). Das heißt also, daß die Mehrheit der Arbeitnehmer per Definition eine „Klasse an sich" bildet, aber keine „Klasse für sich" (vgl. Lexikon zu Soziologie 1973, 335). Daß es dazu gekommen ist, dürfte zu einem nicht geringen Teil auch eine Folge des Ist-Zustandes unserer Großorganisationen und der gelungenen **bürokratischen Sozialisation** der bundesrepublikanischen Arbeitnehmer sein, ist also auch Thema dieses Buches.

Unabhängig von dieser Diskussion schließen wir uns dem Brauch der Sozialisationsforscher an, von **schicht**spezifischer Sozialisation zu sprechen und dabei idealtypisch (oder modellhaft) von der Sozialisation in den Mittelschichten und den Unterschichten zu sprechen. Schichtspezifisch sind insbesondere die **Erziehungsstile** und die **Werthaltungen,** die einem Kind in der Familie vermittelt werden, und schichtspezifisch ist vor allem die **Sprache.**

Durch die **Sprache** erfolgt die eigentliche Menschwerdung – und die Sprache, die wir im Elternhaus lernen (die „**Mutter**sprache" = die Sprache unserer Mutter), programmiert weithin unseren ferneren Lebensweg. Nun haben viele Forschungen (insbesondere angeregt durch den englischen Sprachsoziologen Bernstein; vgl. Bernstein, Oevermann, Reichwein & Roth 1970) ergeben, daß in den Mittelschichten tendenziell eine andere Sprache gesprochen wird als in den Unterschichten (FAZ gegen BILD, Thomas Mann gegen Jerry Cotton), nämlich in den ersteren eine mehr ausgearbeitete Sprache, der **elaborierte Code,** und in den letzteren eine eingeschränkte Sprache, der **restringierte Code.**

Im Verhältnis zum elaborierten Sprachstil bietet der restringierte eine geringere Vielfalt an sprachlichen Gestaltungsmöglichkeiten, insbesondere wegen eines sehr viel schmaleren Wortschatzes, einer weniger komplexen Syntax (kurze Sätze, wenig Konditional- und Relativsätze) und einer stärkeren Standardisierung bzw. Ritualisierung von wiederkehrenden Sprechsituationen. Der restringierte Code bezieht sich in stärkerem Umfang auf konkrete und gegenwärtige Sachverhalte und ist damit unmittelbarer und berechenbarer, eignet sich aber auch weniger zum („lyrischen") Beschreiben emotionaler Erlebnisinhalte und abstrakter Gedanken und zur sprachlichen Reflexion. Das folgende Beispiel aus Heinrich (1994) bringt einige der Merkmale im Vergleich beider Codes zum Ausdruck:

„Da kam ich dann nach Hause, war mir ziemlich mulmig. Da hat meine Mutter meine dreckige Hose gesehen, hat se gescholten: ‚Wo warste denn, Du Ferkel!' Mit Abendessen war erstmal nix, sie war zu sauer. Mein Vater hat dann gesagt, ich soll kommen. Naja, dann ging's."

„Ich bin dann nach Hause gegangen. Ich hatte einige Angst davor, was meine Mutter sagen würde, wenn sie meine schmutzige Hose sieht. Mutter muß viel arbeiten und regt sich dann manchmal fürchterlich auf. Diesmal war es auch so. Erst freute sie sich, daß ich wieder da war, dann blieb ihr das Wort im Mund stecken, bevor sie mich vorwurfsvoll fragte, wo ich denn gewesen sei. Ein Ferkel sei ich, meinte sie. Sie muß sich sehr geärgert haben, denn ich durfte erstmal nicht mit zu Abend essen. Dabei hatte ich ziemlichen Hunger und fand das selbst gar nicht so schlimm mit der Hose. Erst nach einiger Zeit kam mein Vater und hat mich doch noch zum Essen geholt. Ganz allmählich hat sich dann die Stimmung wieder gelockert."

Es ist viel darüber diskutiert worden, ob beide Codes zwei sich ausschließende Sprachformen unterschiedlichen Charakters sind, von denen man die eine **oder** die andere verwendet, oder ob es sich um unterschiedliche Stufen einer einheitlichen Sprachentwicklung handelt. Im letzteren Fall könnte der Sprecher des restringierten Codes durch Training den elaborierten zu beherrschen lernen, oder eben ein Stück in seiner Richtung auf der Leiter der Sprachbefähigung klettern. Diese Entwicklungsreihe würde von der rudimentären Frühform der Kindersprache bis zur ausgereiften Sprachbeherrschung eines Sigmund Freud oder Thomas Mann führen. Vermutlich ist diese letztere Vorstellung die hilfreichere Vorstellung. Hilfreicher deshalb, weil sie mehr Erfahrungen sozialer Wirklichkeit (z. B. sozialer Bildungsaufstieg) verständlich macht als die Vorstellung von zwei in sich abgeschlossenen, alternativen Sprachstilen. Der Entwicklungsgedanke sollte uns allerdings auch nicht vergessen lassen, daß mit der Elaborierung einer Sprache auch ein Stück Unmittelbarkeit, Konkretheit und Ehrlichkeit verloren geht. Warnendes Beispiel: Bundestagsreden.

### 1.1.3 Neuere Differenzierungen nach Lebensstilen und sozialen Milieus

In den letzten Jahren haben Sozialwissenschaftler wie fragende Gesellschaftsmitglieder immer mehr feststellen müssen, daß weder Klassen- noch Schichtenansätze ausreichen, die soziale Wirklichkeit des einzelnen hinreichend zu beschreiben, die Angabe zum Beispiel, jemand gehöre zur „oberen Mittelschicht" viel zu grob und inhaltsleer sei, um seine Werthaltungen, Konsumorientierungen und kulturellen Vorlieben angemessen wiederzugeben. Bei weiterhin unbestrittener sozialer Ungleichheit, lag es also nahe, in das Schichtungsraster unterschiedliche **Lebenswelten** hineinzukomponieren und damit „einerseits die Distanz zwischen griffigen Ausgangsannahmen vom Typ objektivistischer Klassen- und subjektivistischer Schichtmetaphern zu verringern und andererseits der größeren Zahl von Merkmalen sozialer Differenzierung vor allem in ihrer sehr vielgestaltigen Bündelung zu Indikatoren verschiedener sozialer Lagen und sozialer Milieus zu entsprechen. Beide Tendenzen verdanken sich nicht einem isolierten theoretischen Fortschritt, sondern sind nichts weiter als reflektiertere Antworten auf erlebbare und nachvollziehbare Ausprägungen sozialer Wirklichkeit" (Krause & Schäuble 1988, 12; im Original teilweise kursiv).

Wir wollen an dieser Stelle zwei der Ansätze relativ ausführlich referieren, weil uns die hier angesprochene Problematik sowohl für das Verständnis der „Sozialisationsmasse" junger Beamter wie auch der Erwartungen mancher Behörden-Besucher wichtig erscheint.

In der Lebenswelt-Untersuchung des SINUS-Instituts Heidelberg (vgl. Augstein 1986) werden acht **soziale Milieus** beschrieben (hier nach Michal 1988, 71 ff.):

— Das **konservativ-gehobene Milieu,**, das zehn Prozent der Wahlbevölkerung umfaßt und praktisch die herrschende Klasse repräsentiert: Hier beklagen gutbetuchte Herren den Verfall der Sitten und den ausufernden Sozialstaat, schätzen ein harmonisches und geordnetes Familienleben, lieben die Natur und die Kunst, betonen Verantwortung und Leistung im Beruf und freuen sich an der Hochachtung, die man ihnen entgegenbringt. In diesem Milieu bevorzugen 59 Prozent CDU/CSU und — immerhin — 17 Prozent SPD.

— Das **kleinbürgerliche Milieu** umfaßt 29 Prozent der Wahlbevölkerung und repräsentiert die sogenannten kleinen Leute, die für die Rente sparen und die Sicherheit vor den Erfolg setzen. Die Familie und die traditionellen Werte wie Ehrfurcht, Sauberkeit und Ordnung werden hochgehalten, in der Freizeit wird gebastelt, repariert und geschrebt, das Neumodische wird verworfen. Die Alltagsphilosophie der Kleinbürger lautet: Man muß im Leben etwas Anständiges erreichen, es fällt einem nichts in den Schoß, und jeder ist seines Glückes Schmied. 29 Prozent sympathisieren in diesem Milieu mit der SPD, 55 Prozent mit der CDU/CSU.

— Das **tradtionelle Arbeitermilieu** ist dagegen auf neun Prozent der Wahlbevölkerung zusammengeschrumpft. Hier leben die Facharbeiter und Rentner in gewachsenen Arbeiterwohngebieten und machen sich keine Illusionen. Die Familie ist eine Solidargemeinschaft, die materielle Sicherheit ist wichtig, Menschenwürde ist kein leerer Begriff. Man arbeitet, um zu leben, muß sich aber mit seinen Möglichkeiten arrangieren. Auto und Urlaub gehören zum unverzichtbaren Lebensstandard.

Die SPD hat hier eine Mehrheit von 52 Prozent, die CDU/CSU immerhin 34 Prozent.

— Das **traditionslose Arbeitermilieu** mit seinem achtprozentigen Anteil an der Wohnbevölkerung lebt dagegen „ganz unten", in engen Verhältnissen. Hier dominieren ungelernte Arbeiter und Arbeitslose, und entsprechend ausgeprägt ist der krude Materialismus. Man lebt von der Hand in den Mund, fährt möglichst große Autos und denkt: Jeder ist sich selbst der Nächste. Das Familienleben ist oft gestört und ziemlich strapaziert. 49 Prozent dieses Milieus bezeichnen sich als SPD-Anhänger, 31 Prozent als CDU/CSU-Anhänger.

— Das **aufstiegsorientierte Milieu** ist mit 21 Prozent Anteil an der Wahlbevölkerung nach dem kleinbürgerlichen das größte. Zu ihm rechnen sich in erster Linie Personen mit mittleren Bildungsabschlüssen und mittleren bis hohen Einkommen. Man stammt aus kleinen Verhältnissen und will im Leben etwas erreichen; dementsprechend wichtig sind Beruf, Geld und Prestige — oft sogar wichtiger als die Familie. Weiterbildung nach Feierabend, Sprachkurse, Umschulungen sind die Regel. Trotz Ehe- und Familienkrisen wird die Fassade harmonischen Zusammenlebens aufrechterhalten. Familienplanung, hoher Lebensstandard und Konsum sind wichtig. Man ist stolz auf das, was man aus eigener Kraft erarbeitet hat. Ansichten wie: Jeder ist zum Erfolg geboren und Erfolg ist eine Sache der Planung sind weit verbreitet. Das Denken ist konventionell, aber nicht konservativ, eher auf Effektivität hin ausgerichtet. Wer nicht unangenehm auffällt, hat Erfolg. Wer tut, was von einem verlangt wird, kommt vorwärts. Da meistens beide Ehepartner berufstätig sind, ist partnerschaftliche Rollenteilung die Regel.

In diesem Milieu sympathisieren jeweils 40 Prozent mit der SPD und der CDU/CSU.

— Im **technokratisch-liberalen Milieu**, das 11 Prozent der Wahlbevölkerung umfaßt, überwiegen höhere Angestellte, Beamte und Freiberufler mit meist hohen Einkommen. Männer wie Frauen dieses Milieus streben nach Karriere, sozialem Prestige und Selbstverwirklichung. Der Lebensstandard ist gehoben, der Konsumstil trendorientiert, die Wohnungseinrichtung teuer und die Hobbies sind exklusiv. Auf Selbstdarstellung wird geachtet. Im Familienleben ist man tolerant und up to date, in den Ansichten ebenso. Worauf es ankommt ist: ein möglichst komfortables, unproblematisches Leben zu führen. Die von Zeit zu Zeit aufkommenden Aussteigergedanken werden schnell wieder verworfen oder im Urlaub kompensiert. Die Einstellungen sind durch Sachlichkeit, Vernunft und Fortschrittsdenken geprägt. Man problematisiert die Dinge sowenig wie möglich und ist der Ansicht, irgendwie könne man sich schon immer arrangieren. Man

11

hat wenig Ängste, auch keine übertriebenen Hoffnungen. Alles soll so bleiben, wie es ist, allenfalls ein bißchen schöner und größer werden.

In diesem Milieu gibt es 39 Prozent SPD-Anhänger und 36 Prozent CDU/CSU-Anhänger.

— Das **hedonistische Milieu** umfaßt acht Prozent der Wahlbevölkerung, und hier sind vor allem Jüngere vertreten: Schüler, Auszubildende, Arbeitslose, ungelernte Arbeiter, ausführende Angestellte. Die Einkommen sind niedrig bis durchschnittlich. Arbeit und Arbeitswelt stehen nicht im Zentrum des Lebens, bürgerliche Karrieren werden abgelehnt, das Leben findet in der Freizeit und nach Feierabend statt. Man hat viele Kontakte, pflegt Freundschaften und diskutiert mit Gleichgesinnten. Unabhängigkeit und Selbstverwirklichung sind die zentralen Lebensziele, große Pläne werden zwar immer wieder gemacht, aber schnell verworfen, wenn's an die Durchführung geht. Man wehrt sich gegen alle Zwänge durch Elternhaus, Beruf und Konventionen. Das Outfit ist besonders wichtig, Kreativität und Originalität sind gefragt. Die hedonistische Lebenseinstellung heißt: Streben nach Genuß, Wunsch nach Abwechslung, Zerstreuung und intensivem Leben. „Spießer" werden abgelehnt. Spontaner Protest ist möglich.

In diesem Milieu sympathisieren 42 Prozent mit der SPD, 17 Prozent mit der CDU/CSU und 27 Prozent mit den Grünen.

— Zuletzt das **alternativ/linke Milieu,** dessen Anteil an der Wahlbevölkerung vier Prozent umfaßt. Hier finden sich – wie im hedonistischen Milieu – besonders viele junge Menschen, Schüler, Studenten, Arbeitslose, Freiberufler. Das Einkommen kann sehr niedrig, aber auch sehr hoch sein. Man sympathisiert mit den Neuen Sozialen Bewegungen und engagiert sich in Bürgerinitiativen, Gewerkschaften und Parteien. Manche leben in Selbsthilfeprojekten auf dem Lande, andere in akademischen Schonräumen, und nicht selten werden gesellschaftliche Zwänge im Berufsleben mit politischer und künstlerischer Arbeit kompensiert. Der Lebensstil ist einfach, natürlich und umweltbewußt.

In diesem Milieu hat die SPD 46 Prozent Anhänger, die CDU/CSU 13 Prozent, die Grünen 32 Prozent.

Setzt man diese Milieus nun in Beziehung zur sozialen Schichtung der Bundesrepublik Deutschland und den Wertorientierungen in ihrer ganzen Bandbreite (vgl. Nowak & Becker 1985, 14), so bekommt man folgende Grafik (hier nach Hradil 1987, 131, mit geringfügig anderen Prozentzahlen):

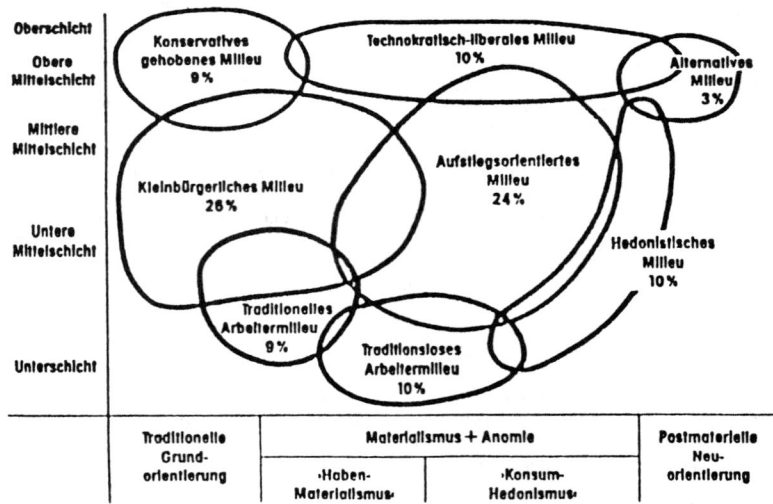

Was junge Verwaltungsbeamte betrifft, so zeigen Selbsteinschätzungen von Berliner FHVR-StudentInnen einen Trend, sich überwiegend dem technokratisch-liberalen Milieu zuzurechnen, insbesondere jenen Bereichen, wo es sich mit dem aufstiegsorientierten Milieu überschneidet; auch scheint es mehr Zuordnungen zum alternativen und hedonistischen Milieu zu geben als im Bevölkerungsdurchschnitt, während sich kaum jemand dem konservativ-gehobenen und dem kleinbürgerlichen Milieu zurechnen mag, obgleich doch dies in der Fremdeinschätzung „die Ecke" ist, in die die Mehrheit der Bevölkerung (und der FH-Dozenten) die jungen Beamten im allgemeinen stellt.

Eine weithin ähnliche Typologie findet sich in der von Gluchowski (1987) referierten Studie des Forschungsinstituts der (von der CDU „gesponserten") Konrad-Adenauer-Stiftung von 1986, nur daß hier (bei manchmal etwas veränderter Terminologie) zusätzlich noch zweimal auf die Kategorie des „älteren Menschen" abgehoben wird.

### 1.1.4 Soziale Herkunft und Verwaltungslaufbahn

Unsere Hilfsarbeiter-Tochter lernt also den restringierten Code (mit dem sie in ihrer Familie auch prima auskommt) – wie soll sie aber damit die folgende Aufgabe aus dem Allgemeinen Verwaltungsrecht lösen können (Herzog & Schick 1973, 231 f.)?

**328.** Nach welchem Prüfungsschema geht man zweckmäßigerweise vor, wenn man feststellen will, ob bei einem Handeln für eine juristische Person des öffentlichen Rechts einem Geschädigten

1. der Handelnde selbst

2. die juristische Person haften?

1. Haftung des Handelnden?

a) Liegt „Ausübung eines öffentlichen Amtes" vor? Ist diese Frage zu bejahen, dann haftet der Handelnde persönlich nicht, wenn man davon absieht, daß er im Wege des Rückgriffes in Anspruch genommen werden kann (vgl. BVerwGE 34, 123)

b) Liegt zwar nicht Ausübung eines öffentlichen Amtes vor, war der Handelnde aber Beamter im staatsrechtlichen Sinn und hat er eine einem Dritten gegenüber obliegende Amtspflicht verletzt? Ist diese Frage zu bejahen, dann – bei Vorliegen der übrigen Voraussetzungen des § 839 BGB – Haftung des Handelnden persönlich nach § 839 Abs. 1 Satz 1 mit Beschränkung der Haftung nach § 839 Abs. 1 Satz 2, Abs. 2 und 3 BGB.

c) Wurde zwar für einen Träger öffentlicher Verwaltung gehandelt, aber weder durch einen Beamten noch in Ausübung eines öffentlichen Amtes, dann haftet der Handelnde persönlich nach § 823 BGB.

Unsere Ausgangsfrage lautete ja: Warum hat eine Hilfsarbeiter-Tochter so wenig Chancen, gehobene und höhere Positionen in einer Organisation wie der öffentlichen Verwaltung zu erreichen? Eine der Antworten darauf haben wir eben gefunden: **aufgrund ihrer Sprache**, denn die Sprache determiniert (= bestimmt) das Denken – und ein lediglich mit dem restringierten Code ausgestatteter Mensch ist eben nicht in der Lage, den Inhalt der unanschaulichen und abstrakten Verwaltungssprache zu begreifen, die sich vor allem dadurch auszeichnet, daß „konkrete Einzelfälle ... allgemeingültigen begrifflichen Kategorien untergeordnet" werden (H. Wagner 1972, 99).

Auf weitere Antworten werden wir stoßen, wenn wir einmal genauer fragen, was denn eigentlich vom modernen „Verwalter" der gehobenen und höheren Ränge heutzutage verlangt wird. Es sind dies:

(1) **die Fähigkeit, sich im Interaktionsfeld öffentliche Verwaltung bewegen zu können,** wozu er folgende Kriterien erfüllen soll bzw. muß

— **Beobachtung, Diagnose** (differenzierte Sozialwahrnehmung, Diagnosefähigkeit für sozial-emotionale Prozesse),

— **Kommunikation, Kooperation** (Bereitschaft zur Informationsaufnahme und -wiedergabe, Kommunikationsfähigkeit, Kooperationsbereitschaft und -fähigkeit, Kritikfähigkeit und Kritisierbarkeit),

— **Flexibilität des Sozialverhaltens** (Normtoleranz, Rollendistanz, Rollen- und Situationsflexibilität),

— **Einstellungen zur Aufgabenbewältigung** (Problemlösungsverhalten, Unsicherheits- und Frustrationstoleranz, Risiko- und Verantwortungsbereitschaft, Zeit-, Entscheidungs- und Handlungsflexibilität, Konflikttoleranz und -lösungsflexibilität, Lernbereitschaft und Lernmotivation, Lehrfähigkeit und Fähigkeit, andere zu motivieren) (Arbeitsfelduntersuchung, AFU, 1974, 58);

(2) **verwaltungsbezogene Kenntnisse** in den Bereichen bzw. Fächern Staatsrecht, Verwaltungsrecht, Besonderes Verwaltungsrecht, Zivil- und Arbeitsrecht, Strafrecht, Volkswirtschaftslehre, Wirtschaftspolitik und Statistik, öffentliche Finanz- und Haushaltswirtschaft, Allgemeine Betriebswirtschaftslehre und Verwaltungsbetriebslehre, Soziologie, Sozialpsychologie, Politologie und Informationstechnik (nach Arbeitsfelduntersuchung, AFU, 1974, 65—76),

(3) **geistige Fähigkeiten und Fertigkeiten** im Bereich der Informationsbeschaffung, -verknüpfung und -verarbeitung, Entwicklung von Eigeninitiative, Anstellen von Zweckmäßigkeitserwägungen im Hinblick auf vorhandene Verfahren, Aufstellen von Handlungsalternativen, Aufstellung von Plänen und Treffen von Entscheidungen sowie Begreifen bzw. Erfüllen funktionsüberschreitender Sachgebiete und Anforderungen (vgl. Brinkmann, Pippke & Rippe 1973, 10f.).

Das ist gemessen an den ersten Worten, die ein Baby spricht, und den ersten Reaktionen, die es zeigt, ungeheuer viel, und wir werden in den nächsten Abschnitten dieses Buches genau verfolgen, inwieweit es der Familie, der Schule und der Organisation selbst (den sog. Sozialisatoren oder Sozialisationsagenturen) gelingt bzw. **nicht** gelingt, bestimmten Gesellschaftsmitgliedern dies alles zu vermitteln.

Entsprechend der Grobgliederung der Sozialisationsagenturen – der erziehenden Institutionen, wie andere sagen – in Familie, Schule und Beruf wird auch der Sozialisationsprozeß des Individuums – der rote Faden unseres Buches also – in die Phasen der **familialen,** der **schulischen** sowie der **beruflichen Sozialisation** gegliedert. Erst die Zusammenschau aller aber ergibt das Verständnis für die Herausbildung der bürokratischen Persönlichkeit, für die **bürokratische Sozialisation.**

Unser Ausgangspunkt war und ist dabei die Annahme, „daß sich die Sozialstruktur einer Gesellschaft, einer sozialen Gruppe oder eines Interaktionsrahmens im Verhalten (im Bewußtsein, in den Einstellungen und Fähigkeiten etc.) der konkreten Individuen niederschlägt und sich dort nachweisen läßt" (Griese 1978, 175).

Wir werden sehr bald noch deutlicher sehen, wer die besser bezahlten Positionen in den Großorganisationen besetzt und besetzt hält und warum unsere Hilfsarbeiter-

Tochter im Kampf um diese Positionen aller Wahrscheinlichkeit nach auf der Strecke bleiben wird.

## 1.2 Sozialisation in der Familie

In fast allen sog. modernen Gesellschaften ist die Familie die zentrale soziale Einheit, der gesellschaftliche Nukleus, dem die Aufgabe der Reproduktion der Gesellschaft zugewiesen wird. Familie wird dabei als Gemeinschaft der Eheleute und ihrer Kinder verstanden. Dies ist zumindest die Beschreibung der heute üblichen Form der **Kleinfamilie.** Die früher übliche **Großfamilie** als „Gesamtheit der durch Ehe und Verwandtschaft miteinander verbundenen Personen" (Creifelds 1992, 359f) spielt in unserer Gesellschaft eine immer geringere Rolle.

### 1.2.1 Familie als Institution, Realität und Mythos

**Als gesellschaftliche Institution** hat die Familie (in unmittelbarer Koppelung an die Institution der Ehe) ihre rechtliche Absicherung in Art. 6 des Grundgesetzes, der Ehe und Familie unter den besonderen Schutz der staatlichen Ordnung stellt. Rechtliche Folgen dieser verfassungsmäßigen Obhut finden sich in vielen einzelnen Rechtsbereichen wie dem Zivilrecht (Familien- und Erbrecht), dem Personenstands- und Namenrecht, dem Jugendhilferecht, dem Steuerrecht (z. B. Ehegatten-Splitting, Kinderfreibeträge), im Strafrecht (z. B. Recht der Aussageverweigerung), im Kirchenrecht, im Gerichtswesen (Familiengerichte) und in weiteren Rechtsgebieten. Durch die Koppelung an die Ehe schließt das Grundgesetz nach klassischer Auslegung die Möglichkeit aus, andere Formen der gemeinschaftlichen Lebensgestaltung unter den Begriff der Familie zu subsumieren. Dabei scheint gerade dies heute notwendig zu werden.

Die Familie **als Realität** dagegen hat nicht mehr die ausschließliche Bedeutung in unserer Gesellschaft, die ihr von der Verfassung zugeschrieben wird und die sie für viele Jahrhunderte auch tatsächlich besessen hat. Trotz aller familienpolitischer Bekenntnisse und (z. T. halbherziger) Maßnahmen werden Normalfamilien demographisch immer seltener, wobei sich diese Entwicklung in DDR und BRD ähnlich, wenn auch mit spezifischen Akzenten zugetragen hat (Meyer 1992). Die wichtigsten Trends:

**Familien werden seltener begründet.** Die Heiratsneigung hat in den vergangenen Jahrzehnten in Deutschland spürbar abgenommen. Von den 25–30jährigen Frauen waren 1975 80 % verheiratet, 1985 dagegen nur noch 62 %, bei den gleichaltrigen Männern waren es 1975 60 % und 1985 41 % (Meyer 1992, 271). Diese „Erosion der Ehe als einer selbstverständlichen Form partnerschaftlichen Zusammenlebens" (Schneewind 1992, 11) führt natürlich auch zum Absinken derjenigen Haushalte, die unter die Kategorie „Familie" fallen:

**Die Normalfamilie erhält Konkurrenz durch alternative Formen der Haushaltsbildung.** „Als *Haushalt* zählt nach der amtlichen Statistik jede zusammenwohnende und eine wirtschaftliche Einheit bildende Personengemeinschaft sowie Personen, die allein wohnen und wirtschaften." (Peuckert 1991, 20f) Als Alternativen zur Normalfamilie (auch „vollständige Familie": zwei Eltern, ein oder mehr Kinder) zählen vor allem:

**Ein-Person-Haushalte** (Singles), deren Anteil an der Gesamtzahl der Haushalte von 7 % im Jahr 1925 auf 35 % im Jahr 1985 gestiegen ist (Meyer 1992, 279)

**Ein-Elter-Familien,** die 1985 7 % aller Haushalte ausmachten

**Kinderlose Ehen** (DINK'S = double income no kids) 1985 mit einem Anteil von 23 % aller Haushalte (Peuckert 1991)

**Nichteheliche Lebensgemeinschaften** (NELG) unterschiedlicher Größe und Zusammensetzung („wilde Ehen", Klein-WG'S, offene Wohngemeinschaften, betreute Wohngemeinschaften, Wohnkollektive u. a.), deren Heterogenität eine Zusammenfassung zu einer Gruppe problematisch macht (Meyer 1992, 274 f)

**Familien werden kleiner.** Eine große Zahl von Kindern in einer Familie galt früher als eine Art Altersversicherung. In den vergangenen hundert Jahren ist die Zahl der Kinder pro Familie aber dramatisch gesunken. Wurden um die Jahrhundertwende noch 36 Kinder auf 1000 Einwohner geboren, so waren es 1984 nur noch 9,5 (bisher tiefster Stand), um sich in der Zwischenzeit wenig darüber bei 11 einzupendeln (Geißler & Meyer 1992). Damit ist heute unter den Familien die Ein-Kind-Familie die häufigste (53,5 %), Zwei-Kinder-Familien stellen nur noch ca. ein Drittel aller Familien (35,5 %), und schon sehr selten sind Familien mit drei und mehr Kindern (2,3 %, nach Peuckert 1991).

**Familien werden instabiler.** Zu den Wesensmerkmalen der bürgerlichen Familie gehört deren Dauerhaftigkeit. „. . . bis daß der Tod Euch scheidet" – dies Permanenzgebot aus der kirchlichen Trauungsformel erfüllen heute zwar noch die Mehrzahl der Ehen, aber die **Ehescheidung** wird ein ernsthafter Konkurrent als Ursache für Eheauflösungen. Heute wird ca jede 3. Ehe durch Scheidung beendet. Immer häufiger entschließen sich auch Menschen, ihre Gemeinsamkeit bewußt als zeitlich begrenzt zu planen, und dies nicht nur als „Ehe auf Probe". „In der Konzeption dieser **Lebensabschnittspartnerschaften** wird davon ausgegangen, daß auch für intime Liebesbeziehungen gilt, daß jedes Individuum in einer anderen Lebensphase auch anders geartete intime Beziehungen braucht." (Petzold 1992, 39) Eine andere Konsequenz aus der Sorge vor Instabilität einer Ehe ziehen Partner, die sich zwar persönlich, nicht aber räumlich aneinander binden: **Living-Apart-Together.** „Diese Form des Zusammenlebens verwirklichen solche Lebenspartner, die sich zwar als festes Paar mit intimen Beziehungen begreifen, aber dennoch nicht in einer Wohnung leben. Dies kann entweder beruflich bedingt sein, wenn beide in örtlich weit entfernten beruflichen Positionen arbeiten (Wochenendehen), oder es kann auch sein, daß beide bewußt auf eine gemeinsame Haushaltsführung verzichten wollen." (a. a. O.)

**Familiengeflechte werden komplexer.** Durch die hohe Scheidungsbereitschaft und eine steigende Neigung zur Wiederverheiratung entstehen häufig sehr komplexe familiäre Muster, die den Verwandtschaftsbegriff spürbar infragestellen. In solchen sog. **Fortsetzungsfamilien** gibt es nicht nur die klassische Rolle von Stiefmutter, -vater und -geschwistern sondern differenziertere Beziehungsformen wie „neue Frau des von der leiblichen Mutter geschiedenen Vaters", „Sohn der zweiten Frau des leiblichen Vaters aus deren erster Ehe" etc, für die es bisher keine adäquaten Wörter (Bezeichnungen) gibt. Kinder erhalten so zusätzlich Elternteile, Quasigeschwister auch höheren Alters, Großeltern erhalten Enkel aus der zweiten Ehe ihrer Schwiegerkinder – und alle müssen sich entscheiden, ob sie sich zusammengehörig fühlen oder nicht.

Man muß sich diese Trends vergegenwärtigen, wenn man sich mit der Rolle der Familie als wichtigstem Sozialisationsort für die nachwachsenden Generationen beschäftigt. Man kann dann leicht zu der Einschätzung der **Familie als Mythos** kommen, als idealisierter Form menschlicher Gemeinschaft, deren Existenz eher im Bereich der schönfärberischen (und konservativ orientierten) Rhetorik als dem der sozialen Realität liegt. Einschlägig engagierte Industrien malen in einträchtigem Interessensgemenge mit Kirchen, Parteien und anderen gesellschaftlichen Gruppen am idealisierten Bild der Glück verheißenden und Geborgenheit vermittelnden Familie mit.

## 1.2.2  Ziele und Leistungen familialer Sozialisation

Es scheint also nicht mehr selbstverständlich zu sein, daß sich die Gesellschaft in Ausübung ihrer Reproduktions- und Sozialisationsfunktion (Zeugung und Erziehung, verkürzt gesagt) automatisch und dauerhaft der Institution der Familie bedient. Liegt dies daran, daß die Rahmenbedingungen der Institution Familie etwa im Zuge der Veränderung der Produktionsverhältnisse ihre Bedeutung verlieren, nicht mehr *zeitgemäß* sind? Erkennen immer mehr Menschen die Nachteile, die dem Prinzip Familie a priori anhaften? Oder ist es die Verkümmerung der sozialen Fähigkeiten und Bereitschaften „moderner Menschen", die immer mehr Ehen scheitern und Familien zerbrechen lassen, eine Hypertrophie ihres Wunsches nach *Selbstverwirklichung,* in der andere nur Platz als Zuträger für das eigene Glück haben? Oder kommt heute vielleicht nur öffentlich zum Ausdruck, was auch früher verborgene gesellschaftliche Realität war, daß nämlich Familien „im Innern" *broken homes* waren, kaputte Beziehungsstrukturen, die aber nach außen das gesellschaftlich erwartete Bild der funktionierenden Interessensgemeinschaft boten – sichergestellt durch die autoritäre Stellung des Vaters, der über das äußere Verhalten und Erscheinungsbild der Familienmitglieder weitgehend bestimmen konnte?

Die Ausübung der Funktionen der Reproduktion und der Sozialisation ist aber unabhängig von der Einschätzung der allgemeinen Akzeptanz von Familie gesellschaftlich unumgänglich. Ob Familie, Nichteheliche Lebensgemeinschaft, öffentliche Erziehungseinrichtung (wie Krippe, Kita, Hort, Heim etc.): Das Ziel einer gelungenen Sozialisation sollte nach wie vor einen hohen Stellenwert haben bei der Ausgestaltung der jeweiligen Sozialisationsbedingungen. Das Modell einer voll entfalteten, allseitig entwickelten, psychisch gesunden und damit optimal sozialisierten Persönlichkeit mag sich in einzelnen Merkmalen oder Ausprägungsgraden von Zeit zu Zeit ändern, etwa im Zusammenhang mit dem noch zu diskutierenden „Wertewandel" (vgl. Kap 1.5). Die Grundzüge einer idealisierten Zielorientierung menschlicher Entwicklung bleiben sich aber im wesentlichen gleich. Wir nehmen hier als Beispiel einen Katalog von Erziehungszielen, der der Zeitschrift „Eltern" vom Mai 1978 entnommen ist und der 20 Jahre später wohl kaum viel anders formuliert würde.

**Oberstes Erziehungsziel:**

*Ein humaner, glücklicher Mensch.*

**Ethische Fähigkeiten:**

*Achtung vor dem Leben.*

*Ferner: Ablehnung von Gewalt. Opferbereitschaft, Ehrlichkeit, Zuverlässigkeit, Selbstbeherrschung, Verzichten können. Sich bescheiden können.*

**Geistige Fähigkeiten:**

*Probleme lösen. Geistige Beweglichkeit. Offenheit (sich selbst immer wieder in Frage stellen).*

*Ferner: Urteilsvermögen. Lernfähigkeit. Gedächtnis. Konzentrationsvermögen. Kreativität. Phantasie. Logisches Denken. Präzise Wahrnehmung.*

*Kritikfähigkeit. Konflikte lösen können. Geistige Wachheit.*

**Soziale Fähigkeiten:**

*Liebesfähigkeit. Hilfsbereitschaft. Sich mit anderen verständigen und zusammenarbeiten.*

*Ferner: Anpassungsfähigkeit. Toleranz. Einfühlungsvermögen. Bereitschaft, die Interessen anderer zu achten.*

**Vitale Fähigkeiten:**

*Selbständigkeit. Initiative. Freude daran, etwas zu schaffen. Mit Unlustgefühlen fertig werden können.*

*Ferner: Ja zu sich selber sagen. Selbstbestimmung. Freude am Leben. Zivilcourage. Selbstbewußtsein. Konfliktbereitschaft. Durchsetzungsvermögen. Willenskraft. Spontaneität. Entscheidungsbereitschaft. Ausdauer. Die Fähigkeit, Niederlagen zu verkraften.*

**Erlebnisfähigkeit:**

*Die Umwelt intensiv aufnehmen können. Aufgeschlossenheit für Kultur, Kunst, Wissen. Freude an differenziertem Gefühlsleben (mitleiden können, ergriffen werden). Sinnlichkeit (Freude am Körperlichen und an der Sexualität).*

Wer über die hier wiedergegebenen Fähigkeiten verfügt, der wird mit einiger Wahrscheinlichkeit in den Büroetagen jeder Großorganisation Karriere machen – und gleichzeitig eben wegen dieser Erziehung in und von seiner Organisation frustriert werden und mit einem hohen Leidensdruck leben müssen.

Die folgende Übersicht, die auf den Gedanken von E. H. Erikson basiert, zeigt noch einmal in psychologischer Terminologie, welche Persönlichkeitsfundamente, Stärken und Grundtugenden im Prozeß der Sozialisation erworben werden sollten, und welche negativen Symptome mit einer nicht gelungenen Personalisation verbunden sein können (hier nach Wallner 1975, 93):

| | Positive | gegen | negative Symptome: | Stärken | | Grundtugenden |
|---|---|---|---|---|---|---|
| I | Urvertrauen | gegen | Urmißtrauen | Antrieb | und | Hoffnung |
| II | Autonomie | gegen | Scham u. Zweifel | Selbstbeherr-schung | und | Willenskraft |
| III | Initiative | gegen | Schuldgefühl | Richtung | und | Zweckhaftigkeit |
| IV | Leistung | gegen | Minderwertigkeits-gefühl | Methode | und | Können |
| V | Identität | gegen | Rollenkonfusion | Hingebung | und | Treue |
| VI | Intimität | gegen | Isolierung | Bindung | und | Liebe |
| VII | Zeugende Fähigkeit | gegen | Stagnation | Produktivität | und | Fürsorge |
| VIII | Ich-Integrität | gegen | Verzweiflung | Entsagung | und | Weisheit |

## 1.2.3 Mängel familialer Sozialisation

Da trotz aller Relativierung der Rolle der Familie noch immer die Mehrzahl der jungen Menschen den Einstieg in ihre Sozialisationsaufgabe (Elternschaft) über den Weg der Gründung einer Familie wählen, kann ihr durchaus auch heute noch eine Leitbild-funktion zuerkannt werden, der sie zum Glück ja auch noch in vielen Fällen gerecht wird: Es gibt sog. intakte Familien, die nicht zu *broken homes* werden sondern stabile Gefühlsgemeinschaften auch über den Rahmen der Kleinfamilie hinaus ausbilden. Dies gelingt heute um so eher, wenn es der Familie gelingt, die Erwartungen *aller* Familienmitglieder auf gleichberechtigte Teilhabe am gesellschaftlichen, beruflichen *und* familialen Leben zufriedenzustellen. Damit ist das Thema „veränderte Geschlechtsrollen in der Familie" angesprochen, bei dem natürlich noch immer eine gravierende, auch durch die Struktur der industriellen Produktionsverhältnisse bedingten Diskrepanz von Anspruch und Wirklichkeit zu beobachten ist. Beck-Gernsheim (1992) kleidet sie in folgende paradoxe Formulierung: „Im Bereich der Familie ist zur Zeit ein enormer Wandel der Geschlechtsrollen zu erkennen. Und ebenso, wiederum durch empirische Daten belegt, läßt sich feststellen: Ein solcher Wandel findet praktisch nicht statt." (37)

Die **Krise der Familie** ist nach allem vermutlich eine Krise des Alleinanspruchs der **Normalfamilie** bürgerlicher Ausprägung, in der als Mangel vor allem erscheinen:

— ihr **Zwangscharakter**, der vor allem zum Ausdruck kommt, wenn die Eltern ihre Verantwortung (Erziehungspflicht) als autoritären Herrschaftsanspruch ausgestalten und damit Abhängigkeit und neurotische Trennungs- und Vereinsamungsängste (Schmidt-Relenberg u. a. 1976, 18 und 74) erzeugen statt Urvertrauen;

— insbesondere, wenn bei klassischer Rollenaufteilung der allein oder hauptverdienende **Ehemann/Vater** seine Rolle als Haushaltsvorstand zum Abarbeiten seines Aggressionspotentials mißbraucht, das sich aus seiner unbefriedigenden, gehorsamsunterworfenen Stellung im Arbeitsleben ergibt;

— die schlechtere **Definition der Frau** gegenüber dem Mann auch über dessen individuellen Machtanspruch hinaus, weil ihre ökonomische Abhängigkeit (selbst wenn sie „Dazu-Verdienerin" ist) Modell einer existentiellen Unselbständigkeit ist, der auf der anderen Seite die objektive Belastung einer Arbeitstätigkeit (Haushalt und Kinderbetreuung) gegenübersteht, der die gesellschaftliche Anerkennung als *Arbeit* aber versagt bleibt; bereits von klein auf werden Mädchen – mehr oder weniger subtil – einem solchen **Drill zur Weiblichkeit** unterzogen und damit fatal eingeengt (klassisch: Scheu 1977);

— die Gefahr. daß die Familie mit ihrem **Zellencharakter** überzogene Möglichkeiten einer autonomen Lebensführung vortäuscht, die im Extremfall zur „erlernten Hilflosigkeit" der auf die äußere Welt nicht vorbereiteten Kinder führen und deren Scheitern in einer auf Ungleichheit, Konkurrenz und Entfremdung gerichteten Welt programmieren kann;

— angesichts der Schrumpfung der Familie zur Ein-Kind-Familie (oder gar Ein-Elternteil-ein-Kind-Familie) das **Fehlen von Modellen und Erfahrungen für soziale Kooperation, Konfliktlösung und Rollendifferenzierung,** wodurch die

19

Entwicklung sozialer Kreativität auch ggf. im Sinne eines Widerstandes gegen die übermächtigen Eltern verhindert oder zumindest erheblich erschwert wird; die emotionale Abstützung durch **peers** ist, zumal wenn die Eltern ganz rigide die Konformität der Heranwachsenden fordern und belohnen bzw. nonkonformes Verhalten bestrafen, von erheblicher Bedeutung für deren Entwicklung von Autonomie und Rebellionsbereitschaft.

## 1.2.4  Familiale Sozialisation und Sozialstruktur

Die Diskussion um die Frage, ob sozialstrukturell unterschiedlich definierte Gruppen innerhalb der Gesellschaft auch verschiedene Formen und Ziele der familialen Sozialisation wählen und damit ihren Kindern unterschiedliche Chancen bei der späteren Ausübung beruflicher Rollen böten (s. unsere Eingangsüberlegung), hat sich über lange Zeit in den Sozialwissenschaften auf die Dichotomie zwischen Unter- vs. Mittel- und Oberschicht beschränkt.

Wir haben im Kap. 1.1.3 bereits ausführlich geschildert, daß sich die eindimensionale, hierarchische Schichtung der Gesellschaft nach den sozioökonomischen Kriterien Ausbildung, berufliche Stellung und Einkommen zwar als fundamental, aber auch als ergänzungsbedürftig herausgestellt hat. Die Unterscheidung in wertebezogene Lebensstile oder soziale Milieus hat sich als angemessener angeboten, wenn es darum geht, eine Art Landkarte der Sozialstruktur unserer Gesellschaft zu entwerfen.

Damit hat sich auch die einfache Dichotomisierung der Erziehungs- und Lebensbedingungen als zu sehr polarisierend herausgestellt, die wir noch in früheren Auflagen dieses Buches in aller Ausführlichkeit dokumentiert haben (nach Fend 1976, 54–56).

Dennoch bleibt es unbestreitbar, daß die Stellung und die Erfahrungen der Eltern im Produktionsprozeß einen entscheidenden Einfluß auf die Gestaltung ihres Weltbildes, ihrer Wertstrukturen, familialen Lebensbedingungen, auf ihr Sprachverhalten und ihren Umgang mit kulturellen und kommunikativen Angeboten (Medienkonsum, Bildungsteilhabe etc.) ausüben und damit auch weithin die Sozialisation ihrer Kinder prägen.

Das Ausmaß an wirksamer Rollentrennung im Betrieb (Besitz vs. Nichtbesitz von Produktionsmitteln, Anweisung vs. Ausführung), speziell auch die jeweilige Verbindlichkeit der Geschlechtsrollendefinitionen, das Ausmaß der Eigenverantwortlichkeit, die Bildungs- und Ausbildungsabhängigkeit der eigenen Arbeit (von der bloßen Anleitung bei repetitiver Fließbandarbeit bis zum Studium als Voraussetzung zur Übernahme höherer beruflicher Rollen), die Anforderungshöhe der ausgeübten Tätigkeit, die physikalisch-chemischen Rahmenbedingungen der Arbeit (Hand- oder Kopfarbeit, konkret-sinnlicher Umgang mit Material oder abstrahierend-mittelbare Bürotätigkeit, Schmutz, Gesundheitsgefährdung oder *white-collar*-Arbeit), die Spannweite der einzelnen Handlungsabläufe (kurzer Takt in häufiger Wiederholung bis zu planerischen Aufgaben mit mehrjähriger Perspektive), der Komplexitätsgrad der Arbeit etc. – das sind Faktoren, die einen prägenden Einfluß auf die privaten und familialen Bewußtseins- und Handlungsstrukturen der Arbeitenden ausüben. Allerdings können sich vermittelnde Faktoren wie Tradition, Religion, politische Wertstrukturen, soziale Einstellungen und andere zwischen Berufserfahrung und eigene Lebensauffassung und damit Erziehungsverhalten schieben. Dadurch ist es nur sehr typisierend möglich, unmittelbare Wechselwirkungen zischen Arbeit und Privatbereich zu beschreiben.

## 1.2.5   Familiale Sozialisation und die Arbeit in Verwaltungsorganisationen

Es gilt also, wie schon eingangs betont: Auf der einen Seite ist die Integration in eine Verwaltungsorganisation ohne eine gelungene familiale **Grund**sozialisation nur sehr schwer möglich, auf der anderen Seite spiegelt die bürgerliche Kleinfamilie ihren Mitgliedern eine Welt vor, die der sozialen Wirklichkeit großer Organisationen nur bedingt entspricht, insbesondere hinsichtlich der Möglichkeiten des einzelnen, seine ihm bewußt gewordenen Bedürfnisse und Entfaltungsvorstellungen (Kreativität, Autonomie etc.) auch zu verwirklichen, so daß es in den Organisationen unweigerlich zu Konflikten kommen muß.

Neben dieser Ambivalenz bliebe auf eine hochinteressante Parallelität hinzuweisen: **die Ähnlichkeit der Strukturen und Prozesse in Familie und Organisation.** Hier wie dort erfolgt die Sozialisation nach denselben Gesetzen des Lernens, hier wie dort wird belohnt und bestraft – und zwischen Vater- und Vorgesetzenrolle bestehen nur wenig Unterschiede, wenn es um die „Menschenführung" geht. Victor A. Thompson (1968, 223) schreibt unserer Meinung nach mit einem gewissen Recht, daß in der Theorie „und etwas weniger in der Praxis ... jedes Individuum in der Organisation (mit Ausnahme des Mannes an der Spitze) einer elternähnlichen Figur untergeordnet (ist), die anweist, überprüft, mahnt, tadelt, lobt, kritisiert, beurteilt, hilft, belohnt und straft und dadurch viele Kindheitserfahrungen wiederholt. Dieses Leugnen des Erwachsenseins ist zweifellos eine der quälenden Seiten der modernen Organisation".

Der oft gehörte Slogan von der **großen Familie,** die eine Behörde oder ein Betrieb doch sei, hat also durchaus seine Berechtigung.

Bemerkenswert ist auch, daß auch und gerade die von uns hervorgehobenen Mängel der familialen Sozialisation für die Integration in bestehende Großorganisationen von Nutzen zu sein scheinen, als sie nämlich angemessen auf deren Sosein vorbereiten:

— auch unser Leben in Großorganisationen ist nicht in jedem Falle freiwillig, da wir, sofern wir über kein größeres Eigentum verfügen, gezwungen sind, unsere Arbeitskraft zu verkaufen;

— auch in der Organisation führen die Ängste, „das ganze System des sanften friedlichen Zusammenlebens müßte wie ein Kartenhaus zusammenstürzen, sobald auch nur einer ausscheren würde" tendenziell dazu, „stets mit dem Hergebrachten und Üblichen zu sympathisieren" (Richter 1976, 74f.);

— auch in der Organisation haben wir unsere Vaterfigur(en);

— auch in der Organisation ist Sexuelles wie Gefühlsmäßiges (Tränenausbrüche oder das Schreiben von Gedichten etwa) tabuisiert oder ungern gesehen;

— auch in der Organisation ist es um die Rolle der Frau schlechter gestellt als um die des Mannes, und es gilt für ihre berufliche Karriere weithin der Satz: Vom häuslichen Herd zum dienstlichen Heißwasserspeicher.

Teilweise nimmt die Organisation sogar einen quasi-familiären Charakter an – darüber wird im Abschnitt über die „kameradschaftliche Bürokratie" (4.6) die Rede sein.

Familiale Sozialisation ist also weithin Sozialisation für den Einsatz in Großorganisationen, aber in diese Richtung wirken auch noch andere Institutionen, Gruppen und Personen: etwa die Schule und die Massenmedien.

## 1.3 Sozialisation in der Schule

### 1.3.1 Funktionen des Schulsystems

Wir wissen, daß das letzte Ziel einer gelungenen Sozialisation darin besteht, den jungen Menschen zur Ausübung von Erwachsenenrollen zu befähigen, insbesondere einer Berufsrolle. Betrachten wir die Mehrzahl der möglichen Berufe, so wissen wir auch, daß das Wissen und die pädagogisch-didaktischen Fähigkeiten der Eltern schon lange nicht mehr ausreichen, ihre Kinder auf diese Berufe vorzubereiten; sie haben diese Aufgabe im Zuge der fortschreitenden Arbeitsteilung speziellen Organisationen übertragen: den Schulen (und vorher den Kindergärten, -läden oder -gruppen), in denen trainierte Fachleute tätig sind, die im Rahmen der bürokratischen Schulorganisation (vgl. Fürstenau 1967) selbstverständlich nicht nach eigenem Gutdünken handeln dürfen, sondern an bestimmte Rollenstereotype und vor allem an staatliche Lehrpläne (= Curricula) gebunden sind. Und diese Lehrpläne sind auf die Erreichung dreier Ziele abgestellt: sie sollen sicherstellen, daß die Heranwachsenden

(1) für die spätere Berufstätigkeit qualifiziert werden **(Qualifikationsfunktion)**,

(2) nach ihrer Brauchbarkeit für die anspruchsvollen und die weniger anspruchsvollen Berufe aussortiert werden **(Selektionsfunktion)** und

(3) in das bestehende Gesellschaftssystem mit seiner Eigentumsverteilung und seinen Herrschaftsformen, Werten, Normen, Sitten, Bräuchen und Verhaltensmustern eingegliedert werden **(Integrationstunktion)**.

Die Lernorganisation der Schule bezieht sich auf drei **Lernbereiche:** den kognitiven, den affektiven und den psychomotorischen. Plastischer wird das, wenn wir uns die neun Lernplanbereiche von Kearney ansehen (nach Möller 1969, 74). Das sind Physische Entwicklung, Gesundheit, Körperpflege, Individuelle, soziale und emotionale Entwicklung, Ethisches Verhalten, Standards, Werte, Sozialbeziehungen, Die soziale Umwelt, Die physikalische Umwelt, Ästhetische Entwicklung, Kommunikation, Quantitative Beziehungen.

Innerhalb jedes einzelnen Lernplanbereichs werden vier Lernzielebenen unterschieden:

Wissen und Verstehen,
Fertigkeiten und Fähigkeiten,
Einstellungen und Interessen,
Handlungsmuster.

Fassen wir das gesagte in einer Definition von Möller (1971, 37) zusammen: „Die Schule ist ein Produktionszentrum, in dem – auf effektvollste Weise womöglich – Wissen, intellektuelle Fertigkeiten, Einstellungen, Gefühle, Interessen, Willenserlebnisse und manuelle Fertigkeiten produziert werden sollen."

## 1.3.2 Berufsbefähigung und Berufszuweisung als Ergebnis schulischer Sozialisation

Im Hinblick auf unser generelles Thema, die bürokratische Sozialisation (= die Sozialisation für die Arbeit in Großorganisationen) wie auch auf unsere Ausgangsfrage, warum wohl der Amtmanns-Sohn die soviel größeren Chancen bei der Besetzung einer freien Stelle im höheren Dienst hat als die Hilfsarbeiter-Tochter, müssen wir uns zweierlei fragen:

(1) Inwieweit bereitet die Schule ganz speziell auf die Tätigkeit in Großorganisationen vor – und

(2) inwieweit unterstützt sie die Hilfsarbeiter-Tochter dabei, den Vorsprung aufzuholen, den der Amtmanns-Sohn in der familialen Sozialisation gewonnen hat?

Zur Beantwortung der ersten Frage wenden wir uns zunächst Max Weber zu, dem wohl bedeutendsten deutschen Soziologen (1864–1920), der in seinem Aufsatz „Asketischer Protestantismus und kapitalistischer Geist" (s. M. Weber 1956) sehr eindrucksvoll zeigt, wie unser spezifisch **bürgerliches Berufsethos** als Folge religiöser Strömungen, speziell des Calvinismus und des englischen Puritanismus, entsteht. Die religiösen Grundvorstellungen des asketischen Protestantismus werden zu „Maximen des ökonomischen Alltagslebens" und damit auch zu denen der Erziehung (= Sozialisation), denn Erziehung ist ja, wie wir immer wieder betont haben, primär Training für das Berufsleben. (Daß das so ist, heißt allerdings nicht, daß es gut ist und immer so sein müßte!) Die puritanische Ethik nun verwirft Ausruhen und Genuß und fordert harte und stetige geistige oder körperliche Arbeit vom Menschen, will er vor Gott bestehen. Die *Arbeit* ist vor allem zu sehen als „von Gott vorgeschriebener **Selbstzweck** des Lebens überhaupt. Der paulinische Satz: ‚Wer nicht arbeitet, soll auch nicht essen', gilt bedingungslos und für jedermann. Die Arbeitsunlust ist Symptom fehlenden Gnadenstandes" (M. Weber 1956, 360).

Es leuchtet ein, wie sehr Großorganisationen einen solchermaßen eingestimmten Menschen gebrauchen können, und es ist nachweisbar, wie sehr sich die Schule (in ihren ersten Phasen ja überaus eng mit den Kirchen verbunden) auf diesen obersten Leitwert hin orientiert hat. So findet Katharina Rutschky (1977) in der „Naturgeschichte der bürgerlichen Erziehung" folgende Traditionen und Leitziele in unserer Pädagogik:

— Gehorsam und langandauernde Unterwerfung des Kindes durch Erzeugung von Existenz- bzw. Todesängsten und Schuldgefühlen in ihm (3),

— Dankbarkeit des Kindes gegenüber Eltern und Erziehern (3),

— Präferierung von Strafe und Schmerzzufügung gegenüber Lob und Liebe (24),

— Tendenzen zur „Gottähnlichkeit des Erziehers" (57),

— Die „schroffe Polarisierung von Erwachsenen und Kindern", das Gleichsetzen von Kindheit mit psychischer Krankheit (102),

— Den „Kampf gegen das Leben und die Individualität der Kinder", wobei der Erzieher im Kinde „den potentiellen Feind" sieht und die Schule seit dem 19. Jahrhundert „in ihrem Kampf um Ruhe, Aufmerksamkeit und Disziplin vom Militär (lernt)" (148),

— Zukunftstraining durch Ver- und Entsagungen (Triebverbot) mit dem Ziel einer Ordnung ohne Affekte (248, 299).

**Schule schaffte und schafft den organisationsgeeigneten Menschen,** denn: Nicht für die Schule lernen wir, sondern fürs Leben — und das Leben ist heute für immer mehr Menschen ein Leben durch und für bürokratische Organisationen. Und wird heute in den Schulen Wert gelegt auf ein argumentativ-kooperatives Verhalten von Lehrern und Schülern, so sicherlich im Hinblick auf den Aufbau von Persönlichkeiten im Sinne des „mündigen Staatsbürgers", ebenso sicher aber auch, weil immer neue Arbeitsplätze in Wirtschaft und Verwaltung den Typ des selbstverantwortlichen Mitarbeiters erfordern.

Kommen wir nun zu unserer zweiten Frage, was denn die Schule heutzutage leistet, um das Handicap auszugleichen, daß unsere Hilfsarbeiter-Tochter verglichen mit dem Amtmanns-Sohn aus der primären Sozialisation mitbringt — was kann sie kompensieren (= ausgleichen im Sinne kompensatorischer Erziehung)?

Eine Reihe von Autoren konstatieren da eindeutig ihr Versagen, so zum Beispiel Heyer (1975, 155f.)

„Die Grundschulen sind nach wie vor ein Ausleseinstrument, mit dem die Kinder auf Grund ihrer familialen Sozialisation für ihre künftige Rolle in der Gesellschaft vorsortiert werden. Das verfassungsmäßige Recht zur freien Entfaltung der Persönlichkeit ist in Grundschulen nicht gewährleistet. Dies hat vor allem die folgenden Gründe:

1. Grundschulunterricht wird fast ausschließlich von Lehrern verantwortet, die kaum eine Ahnung haben von der Lebenssituation des Arbeiters, geschweige denn von der ihrer Kinder.

2. Grundschulunterricht bezieht sich auf den Erfahrungshintergrund von Mittelschichtskindern; die Erfahrungen der Arbeiterkinder — und dies sind deren Lernvoraussetzungen — bleiben ausgeklammert oder werden durch die an Mittelschichtswerten orientierten Schulnormen abgewertet; sie werden jedenfalls nicht zum Ausgangspunkt der für Arbeiterkinder wichtigen Lernprozesse gemacht."

Für eine **gute Schülerbeurteilung** sind wesentlich: „Arbeitshaltung einerseits, d. h. Fleiß, Ausdauer, Konzentration, Mitarbeit, Leistungswille, Interesse, Gewissenhaftigkeit oder Ordnung und charakterliche Eigenschaften andererseits, wie Ehrlichkeit, Gehorsam, Aufrichtigkeit, Höflichkeit, Wahrhaftigkeit oder Disziplin. Es bestätigt die Funktion der Schule als Mittelschichteninstitution, daß die Lehrer diese Qualitäten den sozialen Schichten in unterschiedlicher Weise zusprechen. Die Schüler aus der Oberschicht und der oberen Mittelschicht weisen diese Eigenschaften nach Meinung der meisten Lehrer ungefähr doppelt so häufig auf wie die Schüler aus der Arbeiterschaft. Dafür haften letzteren in den Augen der Lehrer mehr negative Eigenschaften und Verhaltensweisen an, wie Unsauberkeit, unhöfliches Betragen oder Disziplinlosigkeit" (Rolff 1972, 103f.).

Dazu kommt die Distanz der Eltern von Arbeiter- bzw. Unterschichtenkindern gegenüber Schule und Bildung generell. Susanne Grimm (1966) führt diese **Bildungsabstinenz der Arbeiter,** insbesondere der Angelernten, vor allem auf die folgenden sechs Faktoren zurück:

(1) den untergeordneten Stellenwert der Schule im Aufstiegsbewußtsein der Angelernten (Familie und Betrieb erscheinen ihnen wichtiger);

24

(2) die „unsichtbaren" Belastungen oder „Sekundärkosten" der weiterführenden Schule (z. B. Kosten für Nachhilfeunterricht, Klassenfahrten, Kleidung und zusätzliche Lehrmittel);

(3) die Informationsdistanz im Bildungsbereich (die Unkenntnis über die dortigen Verhältnisse und Möglichkeiten);

(4) die Informationsdistanz im Berufsbereich;

(5) die „affektive Distanz" zu Bildungsinstitutionen und zu den white-collar-Berufen (Paria-Bewußtsein der körperlich Arbeitenden) – und

(6) die Definition des Bildungsaufstiegs als „abweichendes Verhalten" der Kinder, insbesondere bei klassenbewußten Arbeitern, und die Angst, daß diese, wenn sie „was Besseres" geworden sind, ihre Herkunftsfamilie verachten könnten.

All das macht verständlich, warum viele Eltern aus den unteren sozialen Schichten vor einem „Bildungsaufstieg" ihrer Kinder zurückschrecken, und nunmehr dürften auch die geringen Chancen unserer Hilfsarbeiter-Tochter ausreichend erklärt sein.

### 1.3.3 Aktuelle Schulprobleme

Aber Fragestellungen wie diese interessieren Mitte der 90er Jahre in Deutschland kaum noch jemanden. Als Folge der 68er-Bewegung kreisten die Gedanken zu diesem Thema anderthalb Jahrzehnte lang um die Begriffe **Schulerneuerung** und **Entwicklung eines kritischen pädagogischen Bewußtseins.** Mit Hilfe einer reformierten Schule sollte die Gesellschaft nachhaltig in Richtung von (wesentlich mehr) Mündigkeit, Selbstbestimmung, Freiheit, Demokratisierung und Emanzipation verändert werden. Die zeitgenössische Erziehungswissenschaft und die jüngeren Lehrerinnen und Lehrer verstanden sich zu erheblichen Teilen als Speerspitze gesellschaftlicher Reformen und waren erfüllt von handlungsleitenden Utopien (einer der Verfasser war zu dieser Zeit selbst Dozent an einer Pädagogischen Hochschule). Heute heißt es hingegen im SPIEGEL (24/1993): „Die Pädagogen sind am Ende mit ihrem Latein, der alte Schwung der Bildungsreform von vor 20 Jahren ist dahin. Viele Pädagogen haben, vom Schulalltag enttäuscht, die innere Kündigung längst vollzogen. (...) Über 60 Prozent der Lehrer zwischen 40 und 45... wollen möglichst bald Schluß machen."

Es wird, so scheint es, nicht mehr mit innerem Feuer über Lehrplantheorie und Curriculumforschung, die Problematik allgemeiner pädagogischer Zielformeln oder die erkenntnisleitenden Interessen erziehungsgeschichtlicher Studien diskutiert (so aus dem Programm des Funk-Kollegs Erziehungswissenschaft von 1970), sondern – nimmt man den SPIEGEL 24/1993 – eher larmoyant und defensiv über Probleme wie

— Gewalt und Drogen in den Schulen,

— Terror durch rechte Schüler-Gangs,

— Vandalismus (jährlich 200 Millionen DM Schaden an Schulgebäuden und Mobiliar),

— Nötigung, Erpressung, Körperverletzung, Diebstahl und sexuelle Bedrohung (mit Lehrern als Opfern),

— Burn-out-Syndrom bei Lehrerinnen und Lehrern (Erschöpfung, Hoffnungslosigkeit und Überdruß),

— die Zunahme ‚verhaltensauffälliger Schüler‘,

— ‚satte und festgefahrene‘ Kollegen.

Für die Rekrutierungspolitik großer Organisationen scheint das alles wenig Folgen zu haben; Industrie-, Handels- und Medienkonzerne, Banken, Versicherungen und öffentlicher Dienst können für die knappen Ausbildungs- und Arbeitsplätze immer noch genügend ausreichend qualifizierte Schulabgänger finden. Diejenigen aber, bei denen neben der familialen auch noch die schulische Sozialisation – hauptsächlich wegen derer defizitärer Strukturen – mißlingt, fallen später in anderen Rubriken der Statistik an, nämlich als Asoziale, Drogenabhängige, Alkoholiker, Rechtsradikale oder Kriminelle.

## 1.4 Sozialisation durch die Medien

### 1.4.1 Medienkonsum

— Die Polizei ist hinter Clyde, einem ausgewachsenen Orang-Utan, und seinem besten Freund Philo (Clint Eastwood) her.

— Inge (Sonja Ziemann) liebt den Tankwart Kurt. Doch nun hat die Wirtin des Lokals ‚Am Brunnen vor dem Tore‘ Probleme. Ihr Ex-Verlobter ist wieder aufgetaucht.

— Nach seinem Dienst bei der Marine versucht sich Rus (Michael Parks) in vielen Jobs. Als Vertreter trifft er seine verheiratete Ex-Geliebte und beginnt mir ihr eine Affäre...

— Verzweifelt ringt Ingrid (Jennifer Youngs) nach Luft. Matthew (Chad Allen) bittet ‚Dr. Quinn – Ärztin aus Leidenschaft‘ (Jane Seymour) um Hilfe.

— Das schwarze Luxuscallgirl Simone (Cathy Tyson) wirkt auf den kleinen Ganoven George, der sie durch London chauffiert, geheimnisvoll wie ‚Mona Lisa‘.

— Atomphysiker Macklin (George Dolenz) wird gekidnappt, weil der Osten unbedingt wissen will, was in der ‚Akte XP 15‘ steht.

— Durch die Einwirkung von Weltraumgasen hat sich der Taxifahrer Wilder (Scott Bakula) zum ‚I-Man – Die Kampfmaschine aus dem All‘ entwickelt.

— Der routinierte Detektiv ‚Remington Steele‘ (Pierce Brosnan) und seine Frau Laura wollen endlich ihre aufgeschobene Hochzeitsnacht nachholen.

— ‚Der Milionenbauer‘ Josef Hartinger (Walter Sedlmayr) ist mit der Vermählung seiner Tochter Monika und dem Italiener Giovanni nicht einverstanden.

— Florian (Robinson Reichel) würgt Katrin (Nina Hoger), die ihn verlassen hat und nun mit einem anderen Kerl herummacht. Hat er sie aber auch erwürgt?

— Der Jäger Tony (Rudolf Lenz) ist nicht der einzige, der Gefallen an der ‚Försterliesel‘ (Anita Gutwell) findet. Auch der Jagdherr hat ein Auge auf die Maid geworfen.

Schon diese wenigen Bildunterschriften aus dem ‚stern-tv-Magazin‘ (Programm vom 19.-25. März 1994) zeigen uns, daß wir am Bildschirm eine Unmenge von Berufs- und Aktionsrollen studieren können: Polizist, Tankwart, Wirtin, Vertreter, Ärztin, Prostituierte, Berufsverbrecher, Atomphysiker, Taxifahrer, Detektiv, Landwirt, Affekttäter, Jäger und Grundbesitzer. Zudem wissen wir, haben wir die angegebenen Filme gesehen, (fast) alles über das Leben: Flucht und Verfolgung, Liebe/Trennung/Wiederfinden, Arbeitslosigkeit und Jobsuche, Krankheit und Tod, Atome und Weltraum, Prostitution, Verbrechen, Eifersucht, Erbschaften und Ausländerfeindlichkeit. Serien wie „Praxis Bülowbogen" und „Der Landarzt" (Ärzte), „Drei Damen vom Grill" (Kleingastronomie), „Eine schrecklich nette Familie" (Schuhverkäufer), „Tatort", „Der Kommissar" und „Derrick" (Kriminalpolizei), „Marienhof" (Blumenhändlerin, Gärtner), „O Gott, Herr Pfarrer" (Seelsorger), „Liebling Kreuzberg" (Rechtsanwalt), „Büro, Büro" (kaufmännische Angestellte), „Unser Lehrer Dr. Specht" (Studienräte) oder „W. P. Anders – Jugendgerichtshelfer" führen Kinder und Jugendliche in wesentliche Berufsfelder ein. „Die Massenmedien sind im Begriff, ein Monopol oder zumindest ein Quasimonopol bei der Interpretation tagtäglicher Erfahrung zu erlangen. In den letzten zwei Jahrzehnten hat insbesondere das Fernsehen die höchste Glaubwürdigkeit aller Massenmedien gewonnen. 50 % der Bevölkerung bezeichneten es als das glaubwürdigste Medium; nur 14 % nannten die Tageszeitungen. Die Glaubwürdigkeit des Fernsehens wurde mit seiner vertrauenerweckenden, an den Tatsachen orientierten Objektivität, mit seinem ‚amtlichen Charakter' und seiner Unmittelbarkeit begründet. (. . .) Obwohl die Fernsehunterhaltung kein genaues Bild der wirklichen Welt wiedergibt, nimmt die Mehrzahl der Kinder, Jugendlichen und Erwachsenen an, die Welt sei – zumindest in ihren Grundzügen – so, wie sie durch die Phantasiebilder der Fernsehunterhaltung erscheint" (Schneider 1987, 17).

Am Fernsehen macht sich aller Kulturpessimismus der Neuzeit fest: „Das Fernsehen berührt uns nicht mehr. Es ist völlig wirkungslos geworden. Wir wissen alles, aber nichts interessiert uns noch wirklich." (Wüllenweber 1994, 31)

Verheerend fällt auch das Urteil über die mediale Sozialisation von Kindern aus. War sie zu Beginn der „Sesamstraßen-Bewegung" noch die große Hoffnung für spaßerfülltes Lernen von emanzipatorischen Inhalten („. . . wozu habt ihr Kopf und Hände, denkt euch selber mal was aus . . .)", so heißt es 25 Jahre später: „Das Neu- und Andersartige der ‚modernen Kindheit' ist eine Art von Spaltung. Während sich die Zeit der Geschlechtsreife verfrüht hat, beobachtet man in der geistigen, sprachlichen, emotionalen und sozialen Entwicklung vieler Kinder und Jugendlicher Reifungsverzögerungen. Die neuen subtileren Formen der Mißhandlung und Unterdrückung wie ‚das weitläufig durchgesetzte Konzept der Medienkindheit' lassen gerade die wertvollsten kindlichen Eigenschaften – Neugier, Staunen, Imagination, Kreativität, geistige Aufgeschlossenheit, Forschungsdrang, Fröhlichkeit und Freude – verkümmern. (. . .) Mangel an Bewegung und Körpererfahrungen ist fast schon zur Normalität geworden. Viele Kinder können heute weder rückwärtsgehen, balancieren oder klettern noch einen Ball werfen oder fangen. Es fehlt an selbsterlebten Sinneseindrücken, denn gerade Sinnesanreize bieten entscheidende Impulse zur Entwicklung der Motorik und des Gehirns. Stattdessen erleben sie die Welt nicht als Handelnde, sondern als Zuschauer vor dem Bildschirm. Medienerfahrungen müssen Naturerfahrungen und das Spielen mit Gleichaltrigen ersetzen. Das hat Folgen. Besonders bei Kindern mit hohem Fernsehkonsum und wenig mitmenschlichen Beziehungen zeigen sich Defizite bei der Aufmerksamkeit und der Konzentrationsfähigkeit, beim Sprechen, beim Zuhören, beim Verstehen und beim Behalten von Gesagtem. (. . .) Die Ähnlichkeiten mit den Symptomen anderer Süchte sind unübersehbar: Wiederholungszwang, Kontrollverlust über das eigene Verhalten, Entzugserscheinungen bei Beschränkung der Fernsehzeiten und die ständige Erhöhung der Dosis." (Eicke & Eicke 1994, 20 ff).

27

Das mag ja alles richtig sein, vor allem bei den beschriebenen ‚Problemkindern‘, doch könnte man ganz sicher mit anderen Fragestellungen und ihnen entsprechenden Untersuchungsansätzen die positiven Wirkungen von Fernsehsendungen herausfinden: Da werden Kinder zu eigenen Erkundungen anregt, da erfahren sie unendlich viel mehr über fremde Länder und Völker und über technische Zusammenhänge und soziale Probleme als ihre Eltern und Großeltern, da lungern sie nicht auf der Straße herum und schließen sich zu kriminellen Gangs zusammen – usw. usw. (Und auch in unserer eigenen ‚Kindheit *vor* dem Fernsehen‘ – 1938 bis 1953 etwa – konnten nicht sehr viele Kinder richtig gut balancieren, klettern oder einen Ball fangen, kreative Bilder malen, toll argumentieren, sich konzentrieren und Gedichte behalten...) Die Sache ist also höchst ambivalent, und die pauschale Verteufelung des Fernsehens durch Eiferer und mit Hilfe selektiver Wahrnehmung ist sicherlich auch eine Folge des ewigen Leidens deutscher Bildungsbürger, Hochliteraten und ähnlich frustrierter (selbsternannter) Eliten.

Unbestritten ist einzig und allein, daß die Sozialisation durch die Medien konkurrierend wie ergänzend neben die familiale und schulische Sozialisation getreten ist. „So verbrachte jedes fernsehende 6- bis 13jährige Kind 1992 im Tagesdurchschnitt 160 Minuten vor dem Fernseher, 20 Prozent aller Grundschüler sehen pro Woche mehr als 40 Stunden fern. Tendenz: steigend. Experten gehen mittlerweile von einem durchschnittlichen Verhältnis von 11 000 Schul- zu 15 000 Fernsehstunden aus." (Eicke & Eicke 1994, 23)

### 1.4.2 Wirkung von Gewaltdarstellung

Die heftigste Diskussion hat sich wohl um die Frage nach den Folgen der Gewaltdarstellung in den Massenmedien entwickelt. Hier stehen sich fünf Thesen teilweise konträr gegenüber – angetreten in der Pose der Alleingültigkeit und untermauert durch Belege aus einschlägig angelegten Untersuchungen. Wir schlagen dagegen vor, die folgenden Hypothesen über die Wirkung von Gewaltdarstellungen als Hinweise auf jeweils *mögliche* Wirkungsformen anzusehen. Ziel wissenschaftlichen und pädagogischen Bemühens müßte es sein, die jeweiligen Bedingungen und Situationsmerkmale von Gewaltdarstellungen zu bestimmen, die zu aggressionshemmenden oder aggressionsfördernden Wirkungen führen, anstatt einen nutzlosen „Wer-hat-recht-Streit" auszutragen, welche der auf dem Markt befindlichen Hypothesen denn nun *eigentlich* die richtige sei – wer nachweist, daß die Sonne am westlichen Himmel zu sehen ist, sollte deswegen nicht gleich bestreiten, daß sich auch der Osten und der Süden mit der Sonne schmücken können, jeder zu seiner Zeit.

a) Die **Stimulationshypothese:** Ihr zufolge „regt Mediengewalt zu aggressivem Verhalten an; sie ermöglicht und erleichtert das Erlernen von Gewalthandlungen. (...) Die Stimulationshypothese betont vor allem zwei psychische Mechanismen: den der Aufreizung zur Aggression... und den zur Nachahmung und zum Erlernen von Aggressionen..." (Schneider 1987, 722). Schneider führt auch eine Reihe von Untersuchungen an, in denen die Stimulationshypothese verifiziert wird.

Gewaltdarstellung kann also unter gewissen Voraussetzungen zur Ausübung von Gewalt anregen. Zweifellos muß aber eine entsprechende Disposition, eine grundsätzlich Gewaltbereitschaft im jeweiligen Konsumenten schon vorhanden sein. Möglich, daß die Gewaltdarstellung dann Anregungen zur Wahl der kriminellen Methoden und Mittel und der möglichen Opfer gibt. Die ausführlichen Berichte über Angriffe auf Häuser und Leben von ausländischen Mitbürgern und Asylbewerbern in Deutschland in der ersten Hälfte der 90er Jahre mag ein Beispiel dafür sein. Einen bestimmten Personenkreis mögen sie „auf die Idee gebracht" haben. Eine verschwindende Minderheit freilich nur, bei der die Rahmenbedingungen wie faschistisches Gedankengut und Gruppeneinflüsse „stimmten". Daß die Ausübung von Gewalt andererseits der vorhergehenden Gewaltdarstellungen in Massenmedien nicht bedarf, zeigt die leidvolle Geschichte der Gewalt von den Greueltaten des homo sapiens in vorbiblischer Zeit über das massenhafte Abschlachten in Kriegen der Altertums, der Neuzeit (z.B. im 30jährigen Krieg) und in der Gegenwart bis hin zu dem hemmungslosen Völkermorden im Holocaust und in vielen Bürgerkriegen bis heute.

Was bei Durchsicht der Literatur deutlich wird, ist allerdings die Erkenntnis, daß vor allem (oder auch lediglich) bei solchen Kindern und Jugendlichen, bei denen die Ich- und die Über-Ich-Entwicklung und überhaupt die gesamte Sozialisation z.B. durch Mutterentbehrung, Mißhandlungen und schädliche Gruppeneinflüsse weithin gescheitert ist, die Gewaltdarstellung in den Medien ein stimulierender Faktor für eigene Gewalthandlungen ist.

b) Die **Verstärkerhypothese** könnte als realistische Variante der Stimululationshypothese gelten, indem sie „zu beweisen versucht, daß die Massenmedien nur bereits vorhandene aggressive Einstellungen und Verhaltensstrukturen verstärken, aber keine neuen hervorrufen..." (Schneider 1987, 719).

c) Nach der **Habitualisierungshypothese** „hat die ständige Wiederkehr von Mediengewalt eine Verminderung emotionaler Reaktionsfähigkeit und eine zunehmende Akzeptierung aggressiver Einstellungen und Werte zur Folge... Es tritt eine Enthemmung und eine Entsensibilisierung bei den Rezipienten ein, die unausgesetzt weniger emotional auf die wiederholte Beobachtung von Gewaltszenen reagieren. (...) Wenn man Menschen viel Gewaltdarstellungen in den Massenmedien zeigt, findet eine Art emotionaler Abstumpfung, ein Ab- und Ausschalten normaler emotionaler Reaktionen auf gewaltsame Ereignisse statt." (Schneider 1987, 724). Das kann man natürlich bei biografisch und soziostrukturell ‚prädestinierten' Menschen auch messen, ebenso aber die gegenteilige Folge, daß nämlich Personen, deren Mitleidsbereitschaft ihre Aggressionsbereitschaft überwiegt, durch dieselben Darstellungen (Stimuli) im Gegenteil für das Leid der Opfer sensibilisiert werden und dem „Weißen Ring" beitreten oder beim nächsten Mal bedrohten Personen beispringen und helfen.

d) Die Vertreter der **Inhibitionshypothese** versuchen, den Beweis zu erbringen, „daß Mediengewalt hemmend auf die Äußerung aggressiver Emotionen und Verhaltenstendenzen einwirkt. (...) Bei den Fernsehzuschauern werden durch die Gewaltdarstellungen Phantasien darüber hervorgerufen, wie sie jemanden verletzen... Diese Phantasien verursachen Angst, Schuldgefühle und Furcht vor möglicher Vergeltung. Durch solche Gefühle der Schuld und der Furcht hemmen die Fernsehzuschauer ihre feindseligen Gedanken, und sie unterdrücken ihre aggressiven Triebimpulse." (Schneider 1987, 722) Kriminologen wie Schneider schätzen die Inhibitionshypothese naturgemäß nicht sehr. Sie sind an der Erklärung der Entstehung von Kriminalität interessiert. Die Inhibition aber zielt in Richtung einer möglichen Kriminalitäts-Prävention durch Gewaltdarstellung, erklärt also nicht das Entstehen, sondern das Nichtentstehen von Kriminalität. Wir glauben schon, daß Serien wie „Tatort",

„Der Kommissar", „Derrick", „Der Alte", „Columbo" oder „SoKo 5113", wo die Polizisten durchweg siegen und die Täter gestellt werden, im Sinne des ‚crime doesn't pay' bei vielen Konsumentengruppen des ohnehin nicht besonders kriminalitätsanfälligen und auf Vermeidung von Strafe ausgerichteten Spektrums (kurz: Normalbürger) eine eher kriminalitätshemmende Wirkung haben können. „Man sieht ja, wohin das führt" – und also läßt man lieber die Finger davon.

e) Die **Katharsishypothese** geht davon aus, daß der Zuschauer seine eigenen, oft unbewußten Probleme in den Fernsehinhalt projiziert. „Aggressive Phantasien sind Ersatzmittel für das Verletzen von Menschen, wenn solches Verhalten durch die Furcht vor äußerer oder innerer Vergeltung tatsächlich unterbunden wird. (...) Phantasien sind wunscherfüllende Ersatzmittel für Handlungen oder unerfüllbare Ziele, und sie bewirken eine Ersatzbefriedigung und eine Verminderung aggressiver Triebimpulse" (Schneider 1987, 721). Schneider wendet sich vor allem mit dem Argument gegen die Katharsishypothse, daß sich ihre Effekte im Laboratoriumsexperiment nicht haben nachweisen lassen.

Das aber wird mehr ein Problem der experimentellen Phantasie der Psychologen und Medien-Wissenschaftler sein als ein solches der *Möglichkeit* einer kathartischen Wirkung. Deren Existenz gilt als unbestreitbar. Offen ist die Frage, unter welchen Voraussetzungen Gewaltdarstellung eher kathartisch oder z.B. eher stimulierend wirkt.

*Das* aber sollte, wie schon gesagt, im Mittelpunkt wissenschaftlicher und pädagogischer Interessen und künstlerischer Gestaltungsmotive stehen. Die Zahl der potentiell einflußnehmenden Faktoren ist groß: Inhalt und Folge der dargestellten Gewalt, implizite Rechtfertigung oder Brandmarkung, genüßlich-sensationslüsterner, unbeteiligter oder abwehrend-distanzierter Umgang mit den optischen und akustischen Details der Gewaltakte und ihrer Folgen (z.B. auch bei Kriegs- und Katastrophenberichten), Alter, Vorerfahrung, soziale Einbettung, Persönlichkeit, Einstellungen der Konsumenten selbst, Einstellung und Reaktionen der unmittelbaren Umwelt (Eltern, peers) auf die Gewaltdarstellung – all das sind Beispiele für Einflußgrößen, die in ihrer Kombination entscheiden, ob ein gelesenes Buch, ein gesehener Film unter den konkreten Konsumbedingungen eines ganz bestimmten Individuums zur eigenen Gewalthandlung anregen, ob sie vorhandene Aggressivität verstärken, ob sie einen Gewöhnungs- und Abstumpfungsprozeß einleiten oder fortführen, ob sie Gewalt mit einem emotionalen Tabu belegen, also Angst vor Gewalt hervorrufen und dadurch von eigener Gewaltausübung abhalten, oder ob sie eine reinigende Abfuhr etwa aufgestauter Aggressionen bewirken und deren reale Umsetzung daher unnötig machen.

Aufschlußreich i.S. der soeben geforderten Analyse des Bedingungsgeflechts von Gewaltdarstellung und ihrer Wirkung ist die ‚Untersuchung zur Wahrnehmung und Verarbeitung von Fernsehinhalten durch Kinder', die Theunert u.a. (1992) mit etwa 100 Schülerinnen und Schülern zwischen 8 und 13 Jahren in Hamburg durchgeführt haben. Einige der wichtigsten Thesen wollen wir hier als wörtliche Zitate wiedergeben:

— Wenn es im Fernsehen zu aufregend oder zu gruselig wird, haben Kinder drei Strategien, spontan damit umzugehen: Erstens distanzieren sie sich emotional, vor allem indem sie kurzzeitig wegsehen. (...) Zweitens suchen sie emotionale Sicherheit durch direkten Körperkontakt, z.B. indem sie sich ankuscheln.

Drittens versuchen sie, sich selbst zu beruhigen, indem sie sich z.B. vergegenwärtigen, daß das, was sie sehen, nur Fiktion ist, oder sich vergewissern, daß es gar nicht so schlimm ist. (153)

— Werden Kinder mit drastischen und sichtbaren Folgen von Gewaltanwendung konfrontiert, wird es für sie in der Regel belastend. Die meisten reagieren mit starker emotionaler Betroffenheit, einige mit Angstgefühlen. Solche Szenen können sie nicht ausblenden, wohl auch deshalb, weil sie die Situation der Opfer nachempfinden, sich in sie hineinversetzen können. Diese Bilder bleiben ihnen im Gedächtnis... (140)

— Wenn Kindern drastische Gewalt begegnet, die in mysteriöse Kontexte eingebettet ist, reagieren sie ausnahmslos mit Angst. Solche Erscheinungen sind für sie unbegreiflich, sie haben keinerlei Möglichkeiten der Erklärung. Sie können sich von solchen Bildern aber offensichtlich auch nicht distanzieren. Das führt dazu, daß solche Szenen und Bilder unverarbeitet in ihren Köpfen bleiben... (147)

— Der Gewaltbegriff der Kinder ist vor allem abhängig von ihren Lebensumständen und Orientierungen. Das enge Gewaltverständnis der Jungen ist von ihrer Alltagspraxis, die auch spielerisches Gewalthandeln integriert, ebenso beeinflußt wird von ihren realen Vorbildern und ihren Idealvorstellungen des Mann-Seins. Sie suchen in den Medien Anschauungsmaterial, um ihre Orientierungen zu erweitern und stellen darin verwobene Gewaltaspekte kaum in Frage. Die Mädchen hingegen suchen in den Medien vor allem Ablenkung von den psychischen Belastungen ihrer Realität und Material, um ihre Wunschträume zu füllen. Da ihre Alltagspraxis physisches Gewalthandeln nicht in dem Maße beinhaltet wie bei den Jungen, beginnt Gewalt in ihrem Verständnis schon früher. (129)

— Die Übernahme von medialen Vorbildern in das eigene Auftreten und Verhalten und das spielerische Ausagieren von Fernseherlebnissen findet sich vor allem bei Jungen. Sie spielen Fernsehinhalte nicht nur nach, sondern versuchen einzelne Elemente auch direkt in ihre Realität zu übertragen. Sie orientieren sich dabei vor allem an ihren bevorzugten Helden, versuchen deren Merkmale und Besonderheiten in ihr eigenes Verhalten zu integrieren oder teilweise direkt zu imitieren. (162)

Mögen dem Studenten aus dem Bereich des öffentlichen Dienstes und dem an organisationswissenschaftlichem Erkenntnisgewinn ganz allgemein interessierten Leser diese einleitenden Kapitel auch zu lang geraten erscheinen, sie sind unbedingt notwendig und immer noch viel zu kurz, denn: „Ein adäquates Verständnis von Staatsverwaltung ist nur möglich, wenn man diese als eine besondere Form der arbeitsteiligen Kooperation von Menschen unter den Bedingungen einer historischen ‚Gesellschaftsformation' begreift." (Grunow & Hegner 1974, 68)

## 1.5  Wertewandel und Berufseinstellung

Wir müssen an dieser Stelle auf einen Trend eingehen, der etwa seit der Mitte der 70er Jahre unter dem Stichwort vom **Wertewandel** gehandelt wird (Kmieciak 1976, vgl. auch Klages & Kmieciak 1979). Wir wollen im 3. Kapitel noch einmal ausführlicher auf den allgemeinen Wert-Begriff zu sprechen kommen. Unsere Absicht hier im einleitenden Kapitel ist es ja, deutlich zu machen, daß die bürgerliche Sozialisation aufgrund der herrschenden Werte eine günstige Voraussetzung für die Übernahme von Berufsrollen in Großorganisationen wie den staatlichen Behörden ist. Nun werden uns aber seit einem Jahrzehnt große Veränderungen in der Wertelandschaft zumindest der großen Industrienationen angekündigt. Die Werteforscher haben nämlich beobachtet, daß

— die klassischen, arbeitsidealisierenden Werte mit ihren Ausprägungsformen wie Ordnungsliebe, Fleiß und Gehorsam allmählich zu schwanken beginnen (Kmieciak 1976);

— sich dies insgesamt in einem Trend weg von den materiellen und hin zu den „postmateriellen" Werten (Inglehart 1977) einordnen läßt, wodurch Erfüllung wichtiger wird als Erfolg, Leidenschaft wichtiger als Leistung, Sich-wohl-fühlen wichtiger als Sich-voll-fühlen, kurz Selbstverwirklichung wichtiger als materieller Wohlstand;

— dadurch möglicherweise die Haltung, mit der junge Leute in den Beruf ziehen, eine ganz andere ist, als wir es bisher gewohnt sind, daß nämlich der „neue Sozialisationstyp" (Ziehe 1975) subjektive Betroffenheit und Ich-Beteiligung bei gleichzeitig hohem Versorgungsanspruch höher einschätzt als ein reibungsloses Einpassen in ein erfolgreiches Funktionieren des Systems (vgl. auch Pippke 1983, Koch 1982);

— aus allem die Forderung nach einer Neubestimmung der Arbeit, ihrer Inhalte, Formen und Bedingungen unerläßlich sei, die der neuen Arbeitsmoral Rechnung trägt und die sich eher an kommunikativen Tugenden (Teamarbeit, eigene Meinung, Offenheit der Beziehungen etc.) als an puritanischen Tugenden (Präzision, Pünktlichkeit, Fleiß etc.) orientiert (Schmidtchen 1984);

— sogar die Frage gestellt wird, ob Arbeit für den modernen Menschen überhaupt ein **central life interest,** also ein bevorzugter Platz für die Verwirklichung zentraler Lebensinteressen bleiben kann (Udris 1979);

— diese Entwicklung bei vielen Mitarbeitern vor allem auch im Managementbereich zu einer tiefgreifenden Identifikationskrise führen (von Rosenstiel 1986), aber auch neue Managementphilosophien hervorbringen kann (Gerken 1991).

Schließlich ist die Rede davon, daß wir möglicherweise daran beteiligt sind, widersprüchlich und mehrschichtig, aber schließlich kulturgeschichtlich notwendig eine neue **dominierende Lebensform** zu entwickeln, die einen Weg aus der militärischen, ökologischen, ökonomischen und soziokulturellen Lebenskrise weisen könnte (Hillmann 1986). Für die Menschheit sei eine Wendezeit gekommen, ein neues Zeitalter (New Age) mit einem neuen Weltbild sei gefordert (Capra 1982), in dessen Mittelpunkt nicht mehr die Instrumentalisierung der Natur einschließlich des Menschen selbst in Richtung einer stetigen Steigerung von Individualismus, Herrschaft und Konsum stehen dürfe.

„Nichts ist schwerer zu beschreiben als das Aufkommen eines neuen sittlichen Bewußtseins. Denn es wird nur insofern neu sein, als darin Altes, Verschüttetes wieder lebendig wird." (Eppler 1981, 132) Tatsächlich ist es heute noch kaum möglich, die Bedeutung dieser Entwicklung abzuschätzen. Stehen wir am Anfang einer neuen Epoche, in der eine „Abwendung von der Arbeit" oder gar das „Ende der Arbeitsgesellschaft" eingeläutet wird, wie Andre Gorz (1983) das vermutet? Oder haben wir es nur mit einigen kleinen Retuschen des bürgerlichen Werteszenarios zu tun, die als Reflex auf die Autonomiebewegung der 60er Jahre und als Anspruchshaltung einer Jugend zu verstehen ist, der es „einfach zu gut" ging? Berkel (1983) bezweifelt die Existenz eines allgemeingültigen, eindeutigen Trends und findet statt dessen Widersprüchliches, nämlich ein „Ansteigen

— derjenigen, die sowohl ‚materialistische' wie ‚postmaterialistische' Wertvorstellungen hegen,

— jener, für die Arbeit nicht an erster Stelle steht und doch als Zweck an sich betrachtet wird,

— schließlich derjenigen, die sich ein Leben ohne Arbeit nicht vorstellen können und doch keine Freude daran zu haben vermögen" (157).

Handelt es sich beim Thema Wertewandel möglicherweise nur um ein Schlagwort, das griffig ist und einer Stimmung Tribut zollt, die Wandel wünscht, aber Stabilität produziert? Das Einführen neuer Begriffe in unsere Sprache kann Erfahrungen sichern, Wissen vor dem Vergessen retten, Kontinuität gewährleisten, Gemeinsamkeit schaffen (Heinrich 1994); beim Wertewandel ist noch nicht sicher, ob ein gesellschaftliches Ereignis auf den Begriff gebracht wird, oder ob Sozialwissenschaftler ihre Identität, besser ihr auf Entwicklung durch Wandlung zielendes Selbstverständnis ausbauen. Einer von ihnen merkt kritisch an: „Die These vom Wertewandel hat Konjunktur. Wertewandel als Element des sozialen Wandels hat es immer gegeben. Vermutlich war er in der industriellen Revolution noch ausgeprägter als heute. Aber damals gab es noch keine entwickelte empirische Sozialforschung." (Schulz zur Wiesch 1988, 45)

| | Selbstzwang und -kontrolle (Pflicht und Akzeptanz) | | Selbstentfaltung | |
|---|---|---|---|---|
| Bezug auf die Gesellschaft | „Disziplin" „Gehorsam" „Leistung" „Ordnung" „Pflichterfüllung" „Treue" „Unterordnung" „Fleiß" | idealistische Gesellschaftskritik | „Emanzipation" (von Autoritäten) „Gleichbehandlung" „Gleichheit" „Demokratie" „Partizipation" „Autonomie" (des einzelnen) ............................... | |
| Bezug auf das individuelle Selbst | „Bescheidenheit" „Selbstbeherrschung" „Pünktlichkeit" „Anpassungsbereitschaft" „Fügsamkeit" „Enthaltsamkeit" ............................... ............................... | Hedonismus | „Genuß" „Abenteuer" „Spannung" „Abwechslung" „Auslebung emotionaler Bedürfnisse" | |
| | | Individualismus | „Kreativität" „Spontaneität" „Selbstverwirklichung" „Ungebundenheit" „Eigenständigkeit" ............................... | |

Schema der hauptsächlich am Wertewandel beteiligten Wertegruppen (nach Klages 1985, 18)

Die Beobachtung eines gewissen Trends zum Zurückweichen der konventionellen „Pflicht- und Akzeptanzwerte" zugunsten der „Selbstentfaltungswerte" (Klages 1985) scheint allerdings – trotz erheblicher Kritik aus methodologischer Sichtweise, vgl. Jagodzinski 1985 – unbestritten zu sein. Der Wunsch nach mehr Autonomie wird immer selbstbewußter vorgetragen und findet in der philosophischen „Postmoderne" eine organisationsbezogene Rechtfertigung (Cooper & Burrell 1988). Andererseits aber warnen vorsichtige Sozialwissenschaftler auch vor einer vorschnellen Euphorie: Zwar, äußert etwa Hopf (1987), könne durchaus die „Betonung der Autonomie als zentrales Prinzip der Lebensgestaltung und Erziehung mit einer Ausweitung der Fähigkeit zu egalitärer Kooperation und demokratischer Beteiligung" einhergehen, (172); Ankreuzungen von Autonomie-Statements in Fragebogen könnten aber – so fährt sie fort – ebenso Ausdruck für eine „autoritäre Persönlichkeit" (Adorno et al. 1971) sein: „Denn für die Frage nach den psychischen und sozialen Voraussetzungen egalitärer Kooperation und demokratischer Beteiligung ist es unmittelbar von Bedeutung zu wissen, ob und in welcher Weise Individuen Autonomie nicht nur ideologisch für sich in Anspruch nehmen, sondern auch praktizieren, und zwar praktizierend in der Kooperation mit anderen." (Hopf 1987, 172 f.)

Die Relativierung des Wertes Arbeit jedenfalls wird durch die Entwicklung auf dem Arbeitsmarkt zur Zeit in dramatischer Weise überholt: Die Zahl der Arbeitsplätze schwindet allein aus strukturellen Gründen schneller, als die Bereitschaft der Arbeitnehmer wachsen könnte, von sich aus auf Arbeit zu verzichten, etwa durch Arbeitszeitverkürzungen, Teilzeitarbeit, Job-sharing, vorzeitigen Ruhestand etc. Im Gefolge dieser Entwicklung verlieren sich soziale Werte und Ansätze einer Ideologie der subjektiven Freiheit schnell zugunsten einer gesellschaftlichen Wende, die auch der Jugend wieder die Bequemlichkeit eines stabilen Gesellschaftsbildes zurückbringt, in dem die leidenschaftlichen Demokratisierungsversuche früherer Zeiten ganz i. S. einer Restauration wieder mehr der klaren Kompetenzaufteilung von Mandatsträger und Bürger, also von oben und unten Platz machen muß.

Für unseren Zusammenhang bedeutet das, daß wir die begonnene Analyse getrost fortsetzen können, ohne Angst haben zu müssen, daß uns der Wertewandel ernsthaft die Argumente verklebt. Die konservative Wende, die sich in der Mitte der 80er Jahre spürbar machte und die durch die sozialen Folgen der Wiedervereinigung einen weiteren Impuls bekam, hat den klassischen Wertesystemen schon manches von ihrer ursprünglich Akzeptanz wiedergebracht. Der Numerus clausus, unerwünschtes Kind einer fortschrittlichen Bildungspolitik, hat's möglich gemacht. Vielleicht, immerhin, lassen sich einige Spuren der Aufbruchbewegung noch sichern und über den Tag hinaus erhalten, d. h. auch in die Verwaltung hineintragen (Bosetzky & Heinrich 1982)

## 1.6 Gründe für den Eintritt in den öffentlichen Dienst

### 1.6.1 Die Anreizwirkung des öffentlichen Dienstes

Betrachtet man das Bild, das in den Massenmedien vom öffentlichen Dienst gezeichnet wird, so sollte man glauben, daß es keinen jungen Menschen mehr gibt, der dort noch Angestellter oder Beamter werden möchte. Eine kleine Auslese von kritisch-polemischen Urteilen über den öffentlichen Dienst und seine Mitglieder soll hier genügen

— Der Senat will jetzt seinen Beamten ein Fläschchen Kräuterlikör auf den Schreibtisch stellen. – Damit wenigstens der Magen arbeitet ... (RIAS I, 7. 7. 1973)

- Öffentlicher Dienst – Leerlauf nach Vorschrift (DIE ZEIT, Nr. 23/1973)
- „Sumpfblüte" Bürokratie (Nürnberger Nachrichten, 20. 4. 1978)
- Bürokratie – da vergeht einem das Lachen (Südwestpresse, 21. 4. 1978)
- Senats-Roulette: Sechs Mann werden Beamte. Wer zuerst arbeitet, verliert (RIAS I, 4. 11. 1978); auch bekannt als „Beamten-Mikado"
- Sind die Berliner Beamten besonders schlimm? – (Frage an den Präsidenten des Berliner Rechnungshofes im Tagesspiegel vom 11. 5. 94)
- Kämpfen auch Sie gegen unfreundliche Beamte – täglich (Radio Brandenburg, 11. 4. 94)

Und nicht nur in Fernsehspielen und Schwänken (z. B. bei Arnold & Bach in ihrem Stück „Weekend im Paradies") werden die Beamten als Trottel dargestellt, auch in Unterhaltungsspielen geschieht dies, etwa im „Bürokraten-Spiel" von Ephraim Kishon, wo eine der Ereigniskarten folgenden Text enthält:

Irgendein Beamter in Ihrer Behörde kann durch ärztliches Attest nachweisen, daß er infolge erheblicher Geistesschwäche seine Aufgabe nicht voll erfüllen kann. Es wird gebeten, ihn irgendwohin zu befördern, oder zu versetzen.

Diese spöttische Haltung gegenüber Beamten und Verwaltung beginnt sich schon in frühen Jahren auszubilden. In einer Untersuchung, in die insgesamt ca. 1000 Kinder und Jugendliche einbezogen waren, haben wir folgendes festgestellt: Während Kinder zu Beginn ihrer Grundschulzeit in der Regel noch recht freundliche Assoziationen mit den Begriffen Beamter und Verwaltung und mit verwandten Begriffen verbinden, sind Kinder zwischen 9 und 14 Jahren bereits sehr ambivalent allem gegenüber eingestellt, was nach Amt und Behörde klingt. Positive und negative Einschätzungen halten sich noch in etwa die Waage. Die 15jährigen aber verfügen schon voll über die stereotypen Vorstellungen vom hochnäsigen, faulen und umständlichen Beamten, der hauptsächlich Zeitung liest und Kaffee trinkt, den Bürger warten läßt, um ihn dann schließlich noch unfreundlich zu behandeln (Heinrich & Bosetzky 1984).

Aus dem Aufsatz einer 14jährigen Gymnasiastin: „Aber kommen wir mal auf den Beamten als Menschen. Wie schafft es ein normalerweise relativ normaler Mensch, sich in ein graues, träges Wesen zu verwandeln, sobald er seinen Dienst antritt? Wer weiß, vielleicht übernimmt er mit dem Anziehen seines Anzuges auch ein solches Denken, durchzogen von vielen vielen kreuzweise verlaufenden Fäden, die sich ineinander verheddert haben, als jemand an ihnen zog. Oder es liegt an der Nickelbrille, die immer droht, von der Nase zu rutschen, so daß die sicherste Methode, sie auf zu behalten, die ist, sich nicht zu bewegen, das bekannte Beamtennickelchen, oh Verzeihung, Nickerchen." (Trischa)

Doch dessen ungeachtet bewerben sich weiterhin wesentlich mehr Berufsanfänger um Arbeitsplätze im öffentlichen Dienst, als die Dienstherren einstellen können. Dazu ein Beispiel aus Berlin: da sind für den gehobenen nichttechnischen Verwaltungsdienst in den Behörden des Landes Berlin für die Einstellungen im Jahre 1989 insgesamt 1244 Bewerber ohne Vorauswahl auf ihre Eignung hin geprüft worden, wobei insgesamt nur 236 Ausbildungsplätze zur Verfügung standen, so daß gerade 18,9 % der jungen Leute eine Chance erhielten, eine Laufbahn im öffentlichen Dienst einzuschlagen.

Wollten diese Bewerber nun in den öffentlichen Dienst eintreten, weil ihnen

- andere Möglichkeiten (durch den Numerus clausus, durch zu geringe Berufschancen oder durch den Mangel an finanziellen Ressourcen) verbaut sind oder verbaut erscheinen und ihnen

— dieser öffentliche Dienst eine Vielzahl von Privilegien bietet – **oder** weil ihnen

— die Arbeit dort Freude und Selbstverwirklichung verspricht und ihnen

— eine Tätigkeit in der „freien Wirtschaft" wegen der privaten Aneignung der Gewinne dort mißfällt?

Darüber wird weiter unten mehr zu sagen sein; hier gilt es vorerst nur, die Tatsache festzuhalten, daß der öffentliche Dienst offenbar eine Reihe von **Vorteilen** bietet.

„Die Summe sozialer und rechtlicher Privilegien des öffentlichen Dienstes ergibt sich aus der Kombination der sogenannten ‚hergebrachten Grundsätze des Berufsbeamtentums' mit dem Sozialstaatsprinzip des Grundgesetzes und der Besoldungs- und Tarifpolitik der Gewerkschaften.

Die Vorrechte der Beamten in den öffentlichen Bürokratien gegenüber dem privaten Sektor unserer Gesellschaft bestehen vor allem in folgenden Faktoren: Unkündbarkeit, Altersversorgung ohne eigenen Beitrag, Befreiung von Arbeitslosenversicherung, Regelbeförderung (die es in der Zwischenzeit allerdings praktisch nicht mehr gibt; d. Ref.), Dienstaltersstufen, Stellenanhebung, Durchstufung, Beamtenläden, günstigen Tarifen für Kraftfahrzeuge und Krankenversicherung, Beihilfen im Krankheitsfall, sozialen Hilfswerken, verbilligten Baudarlehen. Außerdem steht der öffentliche Dienst seit 1975 an der Spitze der Einkommensskala in der Bundesrepublik." (Lohmar 1978, 12; vgl. dazu auch Geppert 1981 und vor allem Meier-Bergfeld 1983)

Dementsprechend fanden es bei einer Untersuchung potentieller Bewerber für Stellen im öffentlichen Dienst, die von Niklas Luhmann und Renate Mayntz in der Bundesrepublik durchgeführt wurde, 60 % der Befragten als „eher anziehend", daß man Beamter werden könne und damit gegen Entlassungen gesichert sei. Das war der Faktor mit der größten **Anreizwirkung,** dann folgt mit 53 % Zustimmung das Item „Im öffentlichen Dienst kann man Positionen erreichen, in denen man Einfluß gewinnt auf Angelegenheiten von öffentlicher Bedeutung", während das Item „Im öffentlichen Dienst ist jeder zum Gehorsam verpflichtet und muß rechtmäßige Weisungen auch dann befolgen, wenn er sie für falsch hält" mit 83 % das höchste Maß an **abschreckender Wirkung** eines Faktors offenbarte (Luhmann & Mayntz 1973, 76):

*Der öffentliche Dienst zieht an*

— generell diejenigen, die großen Wert auf Arbeitsplatzsicherheit und gesicherte Versorgung legen, die eine geordnete Tätigkeit und eine geregelte Arbeitszeit hoch schätzen,

— die „Idealisten" oder „Altruisten", die den Menschen nützen und die Gesellschaft verbessern wollen,

— nur oder doch besonders in den Schülergruppen diejenigen, die Wert auf ein hohes soziales Ansehen und gute Aufstiegschancen legen und die Menschen führen wollen;

*Der öffentliche Dienst stößt dagegen ab*

— generell diejenigen, die besonderen Wert auf selbständiges Arbeiten legen,

— unter den Akademikern diejenigen, die besonderen Wert auf ein hohes Einkommen legen,

— vor allem unter den Akademikern diejenigen, die eine abwechslungsreiche Tätigkeit und viel Kontakt mit anderen Menschen suchen.

Das Angezogen- bzw. das Abgestoßenwerden vom öffentlichen Dienst ist aber, wie wir im nächsten Abschnitt sehen werden, nur einer von vielen Faktoren, die die Berufswahl und die Eintrittsbereitschaft potentieller Bewerber (im wesentlichen Schul- und Hochschulabgänger) bestimmen.

## 1.6.2 Motive der Berufswahl und Eintrittsbereitschaft in den öffentlichen Dienst

Die entscheidende Frage klingt einfach, ist aber außerordentlich schwer zu beantworten: Warum wird eine bestimmte Person Mitglied des öffentlichen Dienstes und nicht der Firmen Siemens, AEG oder Borsig (und darüber hinaus: warum verkauft sie ihre Arbeitskraft überhaupt an eine Großorganisation)? Was hat den Amtmann F. oder die Inspektorin Sch. zum Eintritt in den öffentlichen Dienst bewogen?

Eine der möglichen Antworten kennen wir schon:

— der öffentlichen Dienst bietet eine Reihe von verlockenden Anreizen bzw. Belohnungen, die

— größer erscheinen als die anderer Berufe und Arbeitgeber.

Daß das so gesehen wird, ist aber weithin eine Folge des Wertsystems des Bewerbers, d.h. Ergebnis einer von ihm selbst vorgenommenen und von seinen hauptsächlichen Bezugspersonen (vor allem den Eltern) gestützten oder sogar initiierten Bewertung der vorhandenen Möglichkeiten. Wir können also mit Luhmann & Mayntz (1973, 21) folgendes festhalten: „Die *Eintrittsbereitschaft* resultiert aus der *Bewertung der wahrgenommenen Merkmale* einer Tätigkeit im öffentlichen Dienst im Licht subjektiver *Präferenzen,* die ihrerseits vielfältig bedingt sein können, z. B. auch durch die soziale Herkunft." Die schematische Vereinfachung macht diesen Prozeß deutlich (a. a. O., 21):

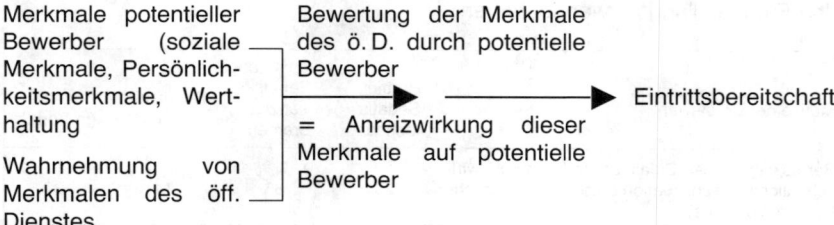

Die Eintrittsbereitschaft in eine bestimmte Organisation hängt damit ab von

(1) **sozialen Merkmalen** wie Alter, Geschlecht, regionaler Herkunft, Konfession, Bildungs- und Ausbildungsqualifikation und ‚Elternhaus' (Beruf, Bildungsniveau, Einkommen und Sozialprestige des Vaters bzw. der Mutter),

(2) **Persönlichkeitsmerkmalen** wie Leistungsmotivation, beruflichem Erfolgsstreben, emotionaler Labilität, Risikobereitschaft und Kreativität,

(3) **beruflichen Werthaltungen,** d.h den Bedürfnissen oder Zielvorstellungen, die man im Beruf verwirklichen möchte (vgl. dazu Schmid & Treiber 1975, 198 – 200).

Diesen Prozeß der Berufswahl bezeichnet man in der Literatur etwas schönfärberisch als Selbstselektion, was unterstellt, daß der Bewerber die freie Wahl zwischen den verschiedenen Berufen hat, während in Wirklichkeit der Zugang zu den Ausbildungs- und Studienplätzen und die Marktlage sowie der Einfluß bzw. der Druck insbesondere der Eltern die Berufswahl entscheidend vorprogrammieren (= determinieren). Daß dies auch in Beamtenhaushalten der Fall ist, zeigt das hohe Maß an „Berufsvererbung" (s. o.) gerade in dieser Gruppe. Zwei Tabellen aus Materialien des Statistischen Bundesamtes (1971) führen uns den Zusammenhang zwischen Elternhaus und Sozialisation auf der einen und Berufswahl wie Laufbahngruppe auf der anderen Seite noch einmal deutlich vor Augen (nach Wurster 1976, 773 f.; vgl. auch 1.1.1);

| | Soziale Herkunft der Beamten (in %) | | | | Laufbahngruppe der Väter (in %) | | | | |
| | | | | | | Kinder einfacher | mittlerer | gehobener | höherer |
| | einfacher Dienst | mittlerer Dienst | gehobener Dienst | höherer Dienst | Väter Laufbahngruppe | Dienst | Dienst | Dienst | Dienst |
|---|---|---|---|---|---|---|---|---|---|
| Bauern | 7 | 5 | 5 | 4 | einfacher Dienst | 37 | 24 | 8 | 4 |
| Selbständige | 10 | 8 | 13 | 17 | mittlerer Dienst | 32 | 56 | 33 | 15 |
| Beamte | 15 | 25 | 34 | 42 | | | | | |
| Angestellte | 16 | 16 | 25 | 26 | gehobener Dienst | 20 | 17 | 46 | 37 |
| Arbeiter | 48 | 42 | 20 | 8 | höherer Dienst | 11 | 3 | 13 | 44 |
| Sonstige | 4 | 4 | 3 | 3 | | | | | |
| | 100 | 100 | 100 | 100 | | 100 | 100 | 100 | 100 |

Ein plastisches Bild über die **Motive der Berufswahl** bei schon tätigen Angestellten und Beamten des öffentlichen Dienstes ergeben drei Untersuchungen, die weithin dieselbe Fragestellung verwendet haben:

| Motive der Berufswahl | % (abgerundet) | | | |
| | Hartfiel, Sedatis Claessens | Senats- kanzlei Bremen | Bosetzky u. a. | Bosetzky (in Vorb.) |
|---|---|---|---|---|
| 1. Berufswahl reiner Zufall und/oder durch wirt-schaftliche Krisensituation entschieden (einschl. Numerus clausus) | 28 | 36 | 14 | 32 |
| 2. Aus beruflich-arbeitstechn. Gründen bzw. aus Interesse an den im ö. D. vorkommenden Tätig-keiten Verwaltungsdienst angestrebt | 15 | 18 | 9 | 12 |
| 3. Berufswahl durch Familientradition bestimmt oder durch Vermittlung anderer (Eltern, Ver-wandte) zustandegekommen | 25 | – | 4 | 23 |
| 4. Wirtschaftliche Vorteile, insb. berufl. Sicherheit im Verwaltungsdienst erwartet (einschl. gut be-zahlte Ausbildungszeit) | 14 | 15 | 42 | 25 |
| 5. Nach vorhergeg. Militär/Polizeidienstzeit in den Verwaltungsdienst übernommen | 12 | 7 | – | – |
| 6. Aus gesellschaftspol. und/oder ideelen Grün-den Verwaltungsdienst erstrebt (einschl. des Willens, nicht in der Privatwirtschaft arbeiten zu wollen) | 5 | 5 | 16 | 6 |
| | 100 | 100 | 100 | 100 |

— Hartfiel, Sedatis & Claessens (1964, 236) – eine Untersuchung von 807 Mitarbeitern der Berliner und der Kölner Stadtverwaltung

— Senatskanzlei Bremen (1972, 11) – eine Untersuchung von 1925 Mitarbeitern der bremischen Verwaltung (allgem. nichttechnischer Dienst)

— Bosetzky (1978 d, 10) – eine Untersuchung von 140 z. A.-Inspektoren (allgem. nichttechnischer Dienst) in der Berliner Verwaltung

— Bosetzky (in Vorb.) – eine retrospektive Untersuchung von 528 Absolventen der FHVR ca. 10–20 Jahre nach ihrem Berufseintritt.

Klar erkennbar ist, daß die extrinsische Motivation bei den Befragten (Tätigkeit um der äußeren Belohnungen willen – insbes. die Punkte 1 und 4) die intrinsische Motivation (Arbeit um der Sache willen – insbes. die Punkte 2 und 6) um ein Erhebliches übersteigt. Es zeigt sich aber auch, daß die jüngeren Mitglieder der öffentlichen Verwaltung (Untersuchung Bosetzky) weniger von Eltern und Traditionen (Punkt 3) beeinflußt werden und daß bei ihren tendenziell extrinsischen Motiven (1 und 4) weniger der Zufall und eine Krisensituation eine Rolle spielen als das ökonomische Kalkül, während bei den tendenziell intrinsischen Motiven (2 und 6) die gesamtgesellschaftliche Dimension im Gegensatz zu den älteren Verwaltungsmitgliedern die Freude an der Tätigkeit weit übersteigt.

Diese Bedeutung der Arbeitsplatzsicherheit gilt auch für Schreibkräfte und weibliche Angestellte im mittleren Dienst, wie Kurbjuhn & Pust (1983) in einer Befragung festgestellt haben: „Größere Sicherheit des Arbeitsplatzes, relativ günstige Arbeitsbedingungen, geregeltes Einkommen sowie bestimmte Sozialleistungen sind ausschlaggebend für die Attraktivität eines Arbeitsplatzes im öffentlichen Dienst." (80)

Der Verwaltungsbereich im öffentlichen Dienst trägt also eine schwere Hypothek, die er selbst gar nicht abbauen kann: Die meisten, die sich für ihn entscheiden, tun dies aus Gründen wirtschaftlicher Art. Interesse an der erwarteten Tätigkeit? No comment. Ja im Gegenteil, es liegt „... zum Zeitpunkt der Aufnahme der Ausbildungsverhältnisse im Regelfall eine nur unzureichende Information bzw. ein recht diffuses Bild vom öffentlichen Arbeitgeber, inklusive Aufgabenstellungen und beruflichen Entwicklungsmöglichkeiten vor" (Koch 1984 a, 23). Die Berufswahl erfolgt vor allem, um Arbeitslosigkeit zu vermeiden. Daß sich in solchen Berufswahlmotiven Gefahren verbergen, die sich später oft zu Sinn- und Identitätskrisen auswachsen können, liegt auf der Hand, „mit Zweifeln an der persönlichen Geeignetheit, abfallender Leistungsmotivation und schließlich dem Wunsch nach Berufswechsel" (Koch 1984 b, 33).

## 1.7  Auswahl der Bewerber

Der Andrang auf die Arbeitsplätze im öffentlichen Dienst ist also, wie wir festgestellt haben, außergewöhnlich groß. Aus verschiedenen Gründen wollen die vielen Bewerber durch die engen Pforten der Personalbüros, um einen begehrten Platz in der Verwaltung zu „ergattern" – der aber bei vielen zugleich die Angst auslöst, so zu werden, wie man sich die „Bürohengste" und „verstaubten Bürokraten" nun einmal vorstellt: muffig, engstirnig, pedantisch und jedwedem Herrn loyal ergeben.

Die Einstellungsbehörden des öffentlichen Dienstes sehen sich also immer wieder vor der Aufgabe, die Masse der Bewerber zu reduzieren: Nur wenige werden bei jedem Einstellungstermin im Endeffekt die „Auserwählten" sein. Wie geht eine solche Auswahl nun vor sich? Es gibt wenigstens drei Modelle, nach denen aus einer großen Zahl von Bewerbern die kleine Zahl der Einzustellenden ausgewählt werden kann (daß sich fast alle Berufenen und weniger Berufenen z.Z. dem dritten dieser Modelle anschließen, kann zur Be(un)ruhigung gleich hinzugefügt werden):

(1) **Zufallsauswahl.** Nach einem Losverfahren werden ohne Ansehen der Person und ihrer bisherigen Interessen/Leistungen aus der Gesamtzahl der Bewerber so viele ausgelost, wie Stellen zu vergeben sind. Vorteil: absolute Chancengleichheit aller Bewerber. Diesen Vorteil achten einige so groß, daß sie um seinetwillen und wegen der eindringlichen Schwächen der beiden übrigen (etwa bei der Studienplatzvergabe in den NC-Fächern) dieses „Monte-Carlo-Verfahren" favorisieren. Die meisten Politiker und Personal-Fachleute aber lehnen es ab, da es nicht aus dem Leistungsprinzip abgeleitet ist.

(2) **Chancenärmstenauswahl.** Nach soziologischen und psychologischen Kriterien (vgl. z.B. Kap. 1.1 bis 1.4) werden diejenigen ausgewählt, die auf dem „freien Markt" die geringsten Chancen zur Erreichung eines Arbeitsplatzes haben, ohne dafür individuelle Schuld zu tragen. Vorteil: Der Staat erfüllt auch auf dem Personalsektor eine Aufgabe, die er auf dem Leistungssektor längst übernommen hat: die Ungerechtigkeit ausgleichen zu helfen, die die Gesellschaft bestimmten Gruppen ihrer Mitglieder angetan hat.

(3) **Bestgeeignetstenauswahl:** Aus der Gesamtzahl der Bewerber werden durch geeignete Untersuchungsverfahren diejenigen ausgewählt, von denen angenommen werden kann, daß sie für die später auszuübende Tätigkeit am besten geeignet sind. Vorteil: Die richtigen Leute kommen an die richtigen Plätze; die Qualität der Leistungen der öffentlichen Verwaltung liegt deutlich höher als bei den ersten beiden Modellen; schließlich wird einer zwingenden Forderung der Gesetzgebung entsprochen (§ 10 (1) LBG-Berlin: „Die Auslese ist nach Eignung, Befähigung und fachlicher Leistung ... vorzunehmen; dabei soll der Beste den Vorzug erhalten").

Das klingt so einfach: man nimmt diejenigen, die am besten geeignet sind. Bei einem Fußballclub, der einen neuen Torwart sucht, mag das vielleicht wirklich einfach sein. Man läßt alle Bewerber der Reihe nach ihr Können demonstrieren (jeder muß z.B. eine Serie von 20-Meter-Schüssen parieren), und einer wird dann schon dabei sein, der „die beste Figur gemacht" hat.

Für die meisten Tätigkeiten im öffentlichen Dienst ist die Situation aber nicht so leicht mit der des Torwarts zu vergleichen. Man kann einen späteren Verwaltungsbeamten schlechterdings nicht mal eben zur Probe verwalten lassen, um zu sehen, wie er es kann bzw. wer es am besten kann.

Sehen wir uns daher die Grundstruktur der Eignungsdiagnostik im öffentlichen Dienst etwas genauer an (vgl. Triebe, Fischer & Ulich 1973; Althoff & Thielepape 1993). Die Aussage, jemand sei für einen bestimmten Arbeitsplatz geeignet (bzw. besser geeignet als ein anderer), erweist sich dann als Vergleich zweier Informationen: Erstens der Information über die Anforderungen, die ein Arbeitsplatz an denjenigen stellt, der ihn ausfüllen soll (Anforderungsprofil). Zweitens die Information, in welchem Ausmaß ein Bewerber eben jenen Anforderungen genügt (Persönlichkeits- oder Befähigungsprofil).

Aus der Abfolge beider Informationen wird deutlich, daß die zweite überhaupt nur sinnvoll erhoben werden kann, wenn die erste vorhanden ist. Nur wenn ich weiß, welche Fähigkeiten eine bestimmte Tätigkeit erfordert, kann ich entscheiden, ob ein bestimmter Bewerber die relevante Fähigkeit auch in hinreichender Ausprägung besitzt. „Am Anfang jeder Eignungsbegutachtung müssen daher detaillierte Informationen über die spezifischen Anforderungen einer bestimmten Ausbildung oder eines konkreten Arbeitsplatzes stehen" (Althoff & Thielepape 1978, 292).

Was für Anforderungen an die Fähigkeiten, Kenntnisse, Persönlichkeitsstruktur etc. des Bewerbers stellt nun die Position eines Verwaltungsmitarbeiters? Wie muß jemand sein, damit er ein guter Beamter wird? Wenn Sie wollen, nehmen Sie jetzt einmal einen Zettel und notieren Sie zu dieser Frage ihre Meinung, bevor Sie weiterlesen.

> Welche Eigenschaften muß
> ein guter Beamter haben?

Um es vorwegzunehmen: eine wissenschaftlich abgesicherte Antwort auf die Frage nach dem Anforderungsprofil von Verwaltern im öffentlichen Dienst (einschließlich der Fachressorts im höheren Dienst) gibt es nicht (Meixner 1979). Bisher gibt es lediglich eine Reihe sogenannter „Arbeitsfelduntersuchungen", die – mit unterschiedlicher Fragemethodik – die Ansichten von Beschäftigten über die an ihrem Arbeitsplatz erforderlichen Kenntnisse, Fertigkeiten etc. erfragen, die die Ergebnisse dann aber mehr oder weniger uninterpretiert im Raum stehen lassen (vgl. Brinkmann 1979). Drei Wege stünden im Prinzip offen, ein solches Profil zu erstellen:

(1) **Arbeitsplatzanalyse.** Die Arbeitsplätze, die zu besetzen sind, werden hinsichtlich der anfallenden Tätigkeiten/Verhaltensaspekte detailliert beschrieben; aus den umfassenden Beschreibungen wird abgeleitet, welche Eigenarten, Fähigkeiten, Verhaltensstile etc. notwendig sind, um diese Tätigkeiten optimal erfüllen zu können. Bei einfachen Tätigkeiten im Bereich der materiellen Produktion („einfach" hinsichtlich der Tätigkeitsstruktur, nicht etwa hinsichtlich des Belastungsgrades!) sind solche Ableitungen wesentlich leichter vorzunehmen als bei den oft höher komplexen Verwaltungsleistungen (vgl. zur Methodik Frieling 11975, Landau 1982). „Bis heute konzentrieren sich die Versuche, Tätigkeitsanforderungen zu erfassen, auf körperlich schwer arbeitende Menschen und auf solche, die Routinetätigkeiten ausführen. Arbeiten ohne besondere körperliche Anforderungen sowie Arbeiten mit Dispositionsspielräumen sind bisher nur selten analysiert worden. Dies gilt auch für die Tätigkeitsanforderungen an den gehobenen Verwaltungsdienst in der Bundesrepublik Deutschland." (Brinkmann 1979, 169) Eine Ausnahme bildet das allerdings auf Aspekte psychischer Anforderungen und Belastung bezogene Verfahren von Leitner et al (1993).

(2) **Expertenaussagen.** Während die Arbeitsplatzanalyse zumindest in ihrer ersten Hälfte streng empirisch vorgehen kann, handelt es sich hier um eine qualitativ-gutachterliche Anforderungsbestimmung. Viele Experten fühlen sich berufen, Aussagen darüber zu machen, was für ein Mensch ein „idealer Beamter" zu sein hat. Politiker, Wissenschaftler, Gewerkschafter, Vertreter der öffentlichen Meinung, nicht zuletzt auch führende Verwaltungspraktiker glauben häufig zu wissen, wann ein Beamter

ein guter Beamter ist. Es ist offensichtlich, daß sich die Ergebnisse solcher Experten-befragungen so bunt unterscheiden müssen wie die politischen, gesellschaftlichen und verwaltungsspezifischen Einstellungen der befragten Experten dies tun.

Allerdings erweist es sich in der Praxis der Befragung als sehr schwer, den diversen Experten konkrete, nach ihrer Bedeutung geordnete und vergleichbare Angaben über erwünschte Eigenschaften zu entlocken: Die Ergebnisse laufen Gefahr, über die allgemeingültigen Formulierungen wie „verständnisvoll", „gewissenhaft", „pflichtbewußt" oder „fleißig" nicht hinauszukommen (Heinrich & Bosetzky 1988), Merkmale also, die für jeden Beruf von Bedeutung sind und nicht nur das spezifische Anforderungsprofil eines Beamten kennzeichnen.

Eine spezifische Gruppe von Experten bilden die bereits im Dienst tätigen Beamten. Ihre Meinung über die Anforderungen, die ihr Arbeitsplatz an sie stellt, gehört sicher-lich auch mit zu den interessanten Informationen über das Anforderungsprofil von Beamten (vgl. AFU 1974), schließt aber – um nur ein Problem zu nennen – das Beharren auf dem Status quo ein; die Auswahl von Bewerbern geschieht dagegen für die Zukunft, in die hinein daher notwendigerweise jedes Anforderungsprofil proji-ziert werden muß.

(3) **Erfolgreichen-Untersuchung.** Das dritte Verfahren, das den zuletzt geäußerten Einwand allerdings auch nicht entkräftet, hat folgenden Grundgedanken: Diejenigen, die an ihrem Arbeitsplatz erfolgreich sind, haben offensichtlich Eigenschaften, die den Anforderungen ihres Arbeitsplatzes voll entsprechen. Untersuche ich also den Typus des erfolgreichen Beamten, so stoße ich automatisch auf die Eigenschaften, die ich bei der Auswahl neuer Bewerber bevorzugt berücksichtigen muß.

Dieser Ansatz übersieht aber zunächst einmal, daß beruflicher Erfolg nicht unbedingt Ergebnis bestimmter Eigenschaften und Fähigkeiten des Beschäftigten sein muß, sondern eher aus dem Zusammentreffen (Interaktion) von Eignungsmerkmalen mit bestimmten Arbeitsbedingungen erklärt werden kann (interaktionistischer Ansatz), wie z. B. Förderung, Verantwortungsübertragung, stimulierende Kollegenbeziehun-gen, günstige Aufstiegschancen etc. Das Hautproblem dieses Verfahrens liegt aber offensichtlich in der Notwendigkeit zu entscheiden, welche Kriterien für den „Erfolg" eines Beamten ausschlaggebend sein sollen. Welches ist ein „guter", ein „erfolgrei-cher" oder gar ein „idealer" Beamter:

— derjenige, der im Vergleich zu seinen Kollegen die größten Aktenberge pro Zeiteinheit abarbeitet (und sich dazu vielleicht einigelt und sich weigert, über den Rand seines Schreibtisches hinauszudenken)

— derjenige, der die Stufen der Hierarchie am weitesten und evtl. am schnellsten hinaufgeklettert ist? (Man bedenke die Probleme der Beförderungspraxis; es wird nicht immer der Beste befördert; vgl. Peter & Hull 1972; Bosetzky 1976 b und 1977 a)

— derjenige, der von seinem Vorgesetzten die besten Beurteilungen erhält? (Man bedenke dazu die Pro-bleme der Subjektivität der Personalbeurteilung und die Frage, welche Eigenschaften ihr zugrunde gelegt werden; vgl. Neuberger 1979)

— derjenige, der von seiner Klienten am meisten geschätzt wird? (Kein schlechtes Kriterium, aber die Zufrie-denheit mit einem Beamten ist sicherlich nicht nur von seiner „Qualität" abhängig, sondern auch von den Leistungen, die er im Auftrage der Verwaltung erbringen kann – Geldbriefträgereffekt: man liebt ihn, weil er Geld bringt)

Althoff und Thielepape (1993) berichten von einer erfolgreichen Anwendung einer kombinierten Vorgehensweise bei der Deutschen Gesellschaft für Personalwesen, die in einer ständigen Revision der Auswahlkriterien anhand der Korrelationen zwischen Auswahl- und Bewähruhgskriterien besteht. Verwaltungsspezifische Eignungskriterien scheinen auf diesem Wege (noch) nicht herausgefiltert worden zu sein, wenn man die von den Autoren wiedergegebene Liste eignungsrelevanter und meßbarer (!) Merkmale bzw. Funktionen (a. a. O. 306) betrachtet. Interessens- bzw. Einstellungsparameter fehlen in dieser Liste bspw. fast völlig.

Pruger (1973) setzt sich in einem besonderen Zusammenhang mit den für einen Bürokraten wünschenswerten Verhaltensmerkmalen auseinander. Er wendet sich an seine Sozialarbeiterkollegen und macht sie darauf aufmerksam, daß ihre Aufgabe es auch mit einschließe, die Rolle eines Verwaltungsmitarbeiters auszufüllen. Statt sich dieser Aufgabe zu entziehen, mögen sie doch lieber den Versuch machen, die Bürokratenrolle erfolgreich zu spielen. Und er nennt dann einige Kriterien, die einen „guten Bürokraten" ausmachen:

Ein guter Bürokrat ist der Sozialarbeiter dann, wenn er sein behördliches Umfeld so managt, daß dabei möglichst viel Freiraum für seine Sozialarbeiterrolle entsteht. Ein guter Bürokrat braucht Geduld und Standfestigkeit (staying power), Initiativefreudigkeit und Unabhängigkeit des Denkens, er darf kein „yes man" sein. Er ist sensibel für notwendige Amtsautorität und füllt andererseits die verbleibende hohe Autonomie tatkräftig aus; er versucht, die Kontrolle über seine Arbeit selbst zu behalten und sie nicht der Organisation zu überlassen. Mit seiner Energie geht er sparsam um, vermeidet exzessive Gefühlswallungen, kann Frustrationen mit Humor begegnen. Kurz: Er weiß, daß es die Person sein soll, die das Amt prägt, und nicht das Amt, von dem sich die Person formen bzw. deformieren läßt.

Wir wollen die mehr methodischen Überlegungen zur Eignungsdiagnostik hier abbrechen; ihre Komplexität wird deutlich geworden sein (vgl. Triebe & Ulich 1977). Nach alldem bleibt ein gewisses Erstaunen darüber, mit welcher naiven Zuversicht z. T. Eignungsdiagnostik im öffentlichen Dienst betrieben wird. Daß trotz einer gewissen Standardisierung von inhaltlich nicht begründet abgeleiteten Testverfahren ein großer Spielraum für die subjektive Bewertung des Ausbildungsleiters, der Auswahlkommission, des Personalratsvertreters, der auswählenden Psychologen oder wessen auch immer bleibt, zeigt nicht zuletzt die oft betonte Bedeutung des persönlichen Einstellungsgespräches (vgl. A. Gebert 1986).

Damit sich solche subjektiven Eindrücke nicht vorschnell als fehlerhafte Entscheidungen niederschlagen, wird in letzter Zeit bei Einstellungen im höheren Statusbereich (Führungskräfte) immer häufiger die sog. **Assessment-Center-Technik** (Lademann 1987) eingesetzt: Die Bewerber werden über 2–3 Tage hinweg gemeinsam beobachtet, getestet und befragt. Zu den Verfahren, die dabei angewandt werden, gehören nebst klassischen psychologischen Tests auch Gruppendiskussionen, mit wechselnder Diskussionsleitung, Kurzreferate, Rollenspiele, „Postkorbverfahren" (probeweise und skizzenhafte Erledigung anfallender Arbeiten) etc. Überwiegend also verhaltensorientierte und praxisnahe Verfahren. Man geht davon aus, daß die Gesamteignung eines Bewerbers für die angestrebte Position durch solch ein komplexes Verfahren angemessener beurteilt werden kann. Allerdings ist auch hier die Subjektivität der (mindestens zwei) Prüfer nicht völlig auszuschließen.

Da objektive Anforderungsprofile weitgehend fehlen, wird diese Subjektivität auch auf absehbare Zeit kaum vermeidbar sein; und da Entscheidungen über die Berufstätigkeit von Beamten, d. h. über ihr Berufsfeld (vgl. Breitenstein & Nickusch 1975) immer auch politische Aussagen über das Verständnis der Beamtenrolle bzw. der Rolle der Verwaltung in der Gesellschaft sind, wollen wir diese Subjektivität auch gar nicht zu sehr beklagen, wenn sie tatsächlich als politische begriffen und prospektiv gehandhabt wird.

Wir wollen diesen Einblick in den Bereich der Bewerberauswahl im öffentlichen Dienst aber nicht so abstrakt beenden, wie wir ihn durchlaufen haben. Schauen wir uns die existierenden Testbatterien an, so scheinen die Schwergewichte im unterstellten („impliziten") Anforderungsprofil auf den Gebieten der allgemeinen Intelligenz, der Rechtschreibung, der Kunst des Aufsatzschreibens und der allgemeinen Bildung zu liegen; die Test-Intelligenz wird dabei oft als Hauptkriterium angesehen (vgl. z. B. Junghans & Althoff 1978), was uns insbesondere zweifelhaft erscheint. Sind die genannten Eigenschaften wirklich die wichtigsten Eigenschaften, die ein zukünftiger Beamter beim Eintritt in seine berufliche Laufbahn aufweisen sollte? Wir fügen kontrapunktisch eine Reihe ganz anderer Eigenarten und Fähigkeiten auf, die vielleicht ebenso wichtig wären, die aber bisher bei Einstellungsuntersuchungen keine „Auswahlpunkte" bringen, außer vielleicht bei einzelnen Auswählern im Rahmen des allgemeinen Eindrucks beim Einstellungsgespräch: gesellschaftliches Engagement, politisches Interesse, allgemeine Arbeitsmotivation, Innovations- bzw. Reformbereitschaft, Durchsetzungsvermögen, Frustrations- und Ambiguitätstoleranz, Konfliktbereitschaft, die Fähigkeit, andere zu begeistern („initiating structure", vgl. Kap. 4.4.7.3), soziale Orientierung (Menschlichkeit), Lern- und Umlernbereitschaft, Humor . . .

44

# 2. Abschnitt  Strukturelle Gegebenheiten großer Organisationen

## 2.1  Organisationen als vorgegebene soziale Systeme

### 2.1.1  Soziale Systeme: Begriffsbestimmung und Funktion

In dem Moment, in dem ein Mensch geboren wird, arbeitet die Organisation, in die er zwanzig oder dreißig Jahre später eintreten wird, in aller Regel schon mit voller Kraft. Möglicherweise tut sie das schon seit Jahrhunderten; und sie wird auch nach seinem Ausscheiden weiterarbeiten, als wäre nichts geschehen. Große Organisationen sind also in gewisser Hinsicht, obwohl sie ausschließlich durch menschliches Denken und Handeln existieren und funktionieren, mehr als die Summe ihrer Mitglieder, sie sind **soziale Systeme** (vgl. Bleicher 1970, Pfeiffer 1978). „... das Ganze ist *mehr* als die Summe seiner Teile. Das ‚Mehr‘ ist die Struktur, die Organisation, das Netz der Wechselwirkungen" (Vester 1978, 28). Was unter einem System zu verstehen ist, zeigt uns die folgende Definition (Mayntz 1963, 40f.):

„Ein System ist ganz allgemein ein Ganzes, das aus miteinander in wechselseitigen Beziehungen stehenden Elementen zusammengesetzt ist. Die jeweils besondere Beschaffenheit seiner Elemente, ihr Anordnungsmuster und die Beziehungen zwischen ihnen bedingen die konkrete Eigenart eines Systems. Innerhalb eines Systems wirkt die Veränderung eines Elementes auf die anderen Elemente fort. Ein System besitzt ein gewisses Maß von Integration und Geschlossenheit. Es hat eine Grenze, die es von seiner Umwelt trennt, steht jedoch mit dieser Umwelt in wechselseitigen Beziehungen. Darüber hinaus ist vielen Systemen eine Tendenz zur Selbsterhaltung bzw. zum Gleichgewicht und eine Tendenz zum Erreichen oder Bewahren bestimmter Merkmale, eine Ausrichtung der Systemprozesse auf bestimmte Ziele eigen. Ist diese letztgenannte Tendenz vorhanden, dann spricht man von zielgerichteten Systemen."

Ein solches zielgerichtetes System ist jede Behörde, ist jeder Industriebetrieb. Die Elemente, die in wechselseitigen Beziehungen stehen, sind hier die Mitarbeiter **als Rollenträger,** d. h. als aktive Positionsinhaber.

Menschliche Gesellschaften erhalten sich dadurch, daß sie in geregelter Arbeit Natur bewältigen und sich die zum Überleben notwendigen Dinge und Bedingungen verschaffen. Sie stehen allesamt, da Menschen keine Bienen oder Ameisen sind, sondern eigene hochkomplexe und von der Natur biologisch nicht vollkommen vorprogrammierte Systeme, **Individuen** also, vor denselben essentiellen Problemen:

— Wie läßt sich menschliches Handeln berechenbar machen?

— Wie läßt sich menschliche Aggressivität kanalisieren?

— Wie lassen sich Menschen zum notwendigen gemeinschaftlichen Handeln motivieren?

— Wie entlasten sich Menschen vom dauernden Druck des alternativ Möglichen?

— Wie lassen sich die Abweichenden wieder auf den gemeinsamen Nenner bringen?

Die große und rationale Antwort darauf ist: **durch soziale Systeme** (vgl. dazu und zum folgenden die „volkstümliche Darstellung" bei Bosetzky, Fischer & Tiefensee 1975, 87–114). Soziale Systeme haben eine mehr oder minder festgelegte **Struktur,** d. h. ein System von Werten und Normen und ein, meist hierarchisch angeordnetes Muster aufeinander abgestimmter Positionen und Rollen, deren Inhaber bzw. Spieler bestimmte **Funktionen** (= Aufgaben) wahrnehmen, die der Anpassung, der Zieler-reichung, der Integration und der Bewältigung von Spannungen dienen (Talcott Parsons), und sie leisten ihren Beitrag zum Überleben von Gesellschaften vor allem dadurch, daß sie, so der Grundgedanke von Niklas Luhmann, die Komplexität unserer Welt erfassen und verarbeiten.

Um zu verstehen, warum, wie und in welchem Maße soziale Systeme das Handeln ihrer Mitglieder festlegen und steuern, ist es nötig, sich mit den Grundgedanken der beiden eben genannten Sozialwissenschaftler genauer vertraut zu machen, aber auch ein wenig Bescheid zu wissen über Regelkreis und Rückkopplung.

Daß in Organisationen wie in ganzen Gesellschaften starke zentrifugale Kräfte wirksam sind beziehungsweise werden können (Widerstand, Rebellion und Revolution, Aggression, Habgier, Neid, Eiferertum u. dgl., vor allem als Folge sozialer Ungleich-heit, Ausbeutung und Unterdrückung), ist unbestritten, dennoch gibt es ja (fast) über-all hinreichend gut funktionierende Organisationen und Gesellschaften, und die Frage ist auf alle Fälle legitim, was die Menschen denn zusammenführt, zusammen-halten läßt. Hier nun liefern die systemtheoretischen Ansätze durchaus brauchbare Antworten.

### 2.1.2  Der Ansatz von Talcott Parsons

Von Talcott Parsons (1951), einem der amerikanischen Klassiker der Soziologie, ist in seiner strukturell-funktionalen Theorie sozialer Systeme zu erfahren, wie denn Ordnung in die sozialen Beziehungen von Menschen kommt, und wie sich trotz aller unterschiedlichen Motive und Interessen geregeltes Verhalten einstellt, und was denn Organisationen tun müssen, um einen bestimmten Gleichgewichtszustand zu erreichen und zu bewahren und auf Dauer zu überleben.

Ausgangspunkt für Parsons ist ein allen Handelnden gemeinsames **Wertsystem,** aus dem sich dann gesellschafts- wie gruppenspezifische Normen und soziale Rollen ableiten (vgl. Gerhardt 1971, 50 f.). Eingebunden in ein kollektiv geteiltes Wertsy-stem orientiert sich jeder Handelnde an den erkennbaren Bedürfnissen und Zielen des anderen und geht davon aus, daß dieser ebenso verfährt. Das ist es dann für Parsons letztendlich, was ein System im Innersten zusammenhält: die Komplemen-tarität sozialer Rollen. „Die Stabilität des Systems von Interaktionen hängt von der Vereinbarkeit der Bedürfnispositionen und Handlungsziele der beteiligten Partner ab; dauerhafte Beziehungen werden sich nur herstellen, wenn eine gemeinsame norma-tive Wertorientierung vorhanden ist. (...). Es entsteht somit eine reziproke oder komplementäre Orientierung am Verhalten des anderen ... (...) Es bildet sich ein normatives Verhaltensmuster aus, das Aktionen und Reaktionen steuert. Das von Bedürfnisdispositionen ausgehende Interesse an der Erreichung der gesetzten Ziele richtet sich an der nunmehr institutionalisierten Norm des Verhaltens aus (...). Nor-menkonformes Verhalten erhält daher die Bedeutung von ‚Gratifikationen‘, normen-abweichendes Verhalten die von ‚Frustrationen‘ ... Die Komplementarität normativer Verhaltenserwartungen produziert eine reziproke Verstärkung der Motivation zu nor-menkonformem Verhalten in den beteiligten Individuen; durch sie konstituieren sich Ordnung und Stabilität in den sozialen Beziehungen" (Bergmann 1967, 39).

In der grafischen Darstellung dürfte das Gesagte deutlicher werden:

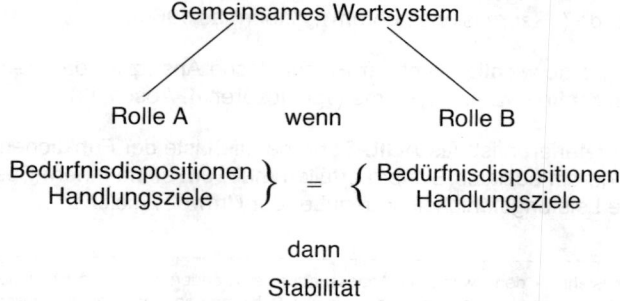

Gemeinsames Wertsystem

Rolle A wenn Rolle B

$$\left.\begin{array}{l}\text{Bedürfnisdispositionen} \\ \text{Handlungsziele}\end{array}\right\} = \left\{\begin{array}{l}\text{Bedürfnisdispositionen} \\ \text{Handlungsziele}\end{array}\right.$$

dann

Stabilität

„Jeder Aktor orientiert sich an den Erwartungen anderer im Hinblick auf seine eigenen Handlungen und unterstellt dem jeweils anderen, daß dieser in derselben Weise verfährt" (doppelte Kontingenz; Japp 1984, 512).

Einige Beispiele zur Praxisrelevanz des Ganzen:

Der Professor A hat das gerichtete Bedürfnis, sein Wissen weiterzugeben und von den StudentInnen akzeptiert zu werden; der Student B möchte Wissen und Erkenntnis gewinnen und sucht einen Mann, vor dem er Achtung haben kann (etwa wie der Schüler im Faust: „. . . komme voll Ergebenheit, /Einen Mann zu sprechen und zu kennen, / Den alle mir mit Ehrfurcht nennen"). Beide ergänzen sich prächtig, diese Zweierbeziehung (Dyade) ist stabil, und besteht eine Universität aus Tausenden solcher gleichgewichtiger Beziehungen, ist alles in Ordnung.

Der Vorgesetzte A hat das Bedürfnis, seine MitarbeiterInnen so zu führen, daß sie eine für die Organisation optimale Leistung erbringen, und handelt dementsprechend; die Mitarbeiterin B möchte gerne geführt werden und ihr Leistungspotential voll ausgeschöpft wissen.

Der Ehemann A hat das Bedürfnis nach Zärtlichkeit und einem schönen Heim, und seine Handlungen zielen alle darauf ab, seiner Frau einen Haushalt mit allem Luxus zu bieten; die Ehefrau B wünscht sich Kinder, Familie und Hingabe, und ihre Handlungen zielen alle darauf ab, die Wünsche ihre Mannes zu erfüllen.

In allen Beispielen ergänzen sich die Partner aufs Wunderbarste: der eine kann sich nur durch den anderen verwirklichen, und es ergibt sich jedesmal eine stabile Beziehung. Besteht nun eine Organisation oder eine ganze Gesellschaft (ein soziales System) aus vielen bis unendlich vielen solcher gleichgewichtiger Zweierbeziehungen bzw. Dyaden, dann ist die Welt in Ordnung.

Diese etwas zugespitzten Formulierungen lassen die **Kritik an Parsons** schon erahnen:

— Sein Theoriekonstrukt ziele nur auf das gewünschte Handeln ab und lasse das außer acht, was die Menschen wirklich tun („normatives Paradigma") (vgl. Japp 1984, 512).

— Er verabsolutiere die Notwendigkeiten des Systems und vernachlässige die Bedürfnisse des Individuums, zeige lediglich einen „übersozialisierten Menschen", für den es keine individuelle Spontaneität, keine Distanz zur eigenen Rolle und keine Bestrebungen gebe, den status quo der Gesellschaft zu überwinden und sich ihren Zwängen zu entziehen (vgl. Bergmann 1967).

— Er übersehe, daß in real existierenden Gesellschaften „vollständige Komplementarität der Erwartungen nur unter Zwang, auf der Basis fehlender Reziprozität" erreicht werde („Repressionstheorem"; Habermas 1968).

So richtig das ist, so wichtig bleibt der Parsons'sche Ansatz für das Verständnis der integrierenden Kräfte sozialer Systeme (vgl. unseren 4. Abschnitt).

Ergänzend zu referieren ist das **AGIL-Schema,** die Liste der Funktionen, die Talcott Parsons zufolge ein soziales System erfüllen muß, um seine innere Bestandserhaltung wie seine Leistungsfähigkeit gegenüber der Umwelt zu sichern.

---

**A** (adaption) steht für den Zwang zur Anpassung an sich ändernde äußere Umstände, z.B. die Notwendigkeit, bei dramatisch zunehmenden Umweltproblemen neue Verwaltungsstellen einzurichten.

**G** (goal-attainment) meint, daß alle Organisationen die ihnen gesetzten Ziele erreichen müssen; sonst drohen ihnen Zerfall und Eliminierung.

**I** (integration) hebt darauf ab, daß alle sozialen Systeme ihren inneren Zusammenhalt durch verbindlich gemachte und durchgesetzte Werte und Normen wahren müssen.

**L** (pattern maintenance oder latency) betont die Notwendigkeit, stets vorhandene latente Spannungen und Konflikte institutionell zu bewältigen, in der öffentlichen Verwaltung z.B. durch die Einbeziehung von Personalräten in die Entscheidungsfindung oder durch bestimmte Human-Relations-Techniken (Betriebsausflüge, Weihnachtsfeiern u. dgl.).

---

### 2.1.3 Der Ansatz von Niklas Luhmann

Aufbauend auf Parsons und anderen Ansätzen hat Niklas Luhmann ein systemtheoretisches „Begriffs-Domino" geschaffen, eine esoterische Theoriekonstruktion, die eine Übersetzungsleistung notwendig mache, da aus ihr die Alltagssprache verschwunden sei (Käsler 1984). Diese Übersetzung wollen wir an dieser Stelle ausschnittsweise versuchen, da Luhmanns Ansatz in den verwaltungsbezogenen Wissenschaften einen hohen Stellenwert gewonnen hat und zum Verständnis der Funktionsgrundlagen großer Organisationen unabdingbar erscheint.

Der Luhmann'sche Grundgedanke ist simpel: „Für ihn ist jedes soziale System eine Antwort auf die Herausforderung der ‚Weltkomplexität', worunter ein Überraschungsfeld unüberschaubarer und unausschöpfbarer Möglichkeiten zu verstehen ist. Der pragmatische Nutzen jedes sozialen Systems erweist sich daran, ob es eine ‚erfolgreiche Technik des Umgangs mit Unbekanntem' entwickelt – was nur dann möglich ist, wenn dieses System einen operablen Ausschnitt aus der Weltkomplexität auswählt" (DER SPIEGEL, 45/1971, 204). Luhmanns **„soziologische Weltformel"** lautet dementsprechend:

---

„**Soziale Systeme** haben die Funktion der Erfassung und Reduktion von Komplexität. Sie dienen der Vermittlung zwischen der äußersten Komplexität der Welt und der sehr geringen, aus anthropologischen Gründen kaum veränderbaren Fähigkeit des Menschen zu bewußter Erlebnisverarbeitung" (Luhmann 1967, 619).

---

Was Organisationen betrifft, so ist Luhmanns Ausgangspunkt kein anderer als der Max Webers bei der Konstruktion der idealtypischen Bürokratie (vgl. 2.2): „Die wichtigste Funktion von Organisationssystemen bzw. organisierten Sozialsystemen kann in der Festlegung von Kommunikations- und Interaktionsprozessen auf berechenbare Abläufe strategisch wichtiger Handlungsprozesse gesehen werden. Organisation bedeutet Einschränkung von Handlungsmöglichkeiten und Disziplinierung von spontanen, fluktuierenden und relativ ungeordneten Kommunikationsprozessen" (so Kiss 1986, 27, in seiner Luhmann-Interpretation). Die öffentliche Verwaltung ist für Luhmann ein soziales System, das sich auf die **Herstellung bindender Entscheidungen** spezialisiert hat. Gesetze reduzieren die Fülle möglicher Lebensvorgänge auf erfaßbare Tatbestände, während der Verwaltungsapparat wiederum die Komplexität des Gesetzes auf den Einzelfall reduziert. Die staatliche Bürokratie wird damit zur entscheidenden Steuerungsinstanz industrieller Großgesellschaften.

Im wesentlichen nennt Luhmann fünf Möglichkeiten oder Mittel, mit denen die öffentliche Verwaltung die gesellschaftliche Komplexität erfaßt (Punkt 1) und reduziert (Punkte 2–5):

1. **Systemdifferenzierung.** Auf nahezu jede Auf- bzw. Herausforderung der Umwelt (oder: Gesellschaft) reagiert die Verwaltung seit Jahrhunderten mit der Schaffung eines neuen Teilsystems. Als Beispiele aus den letzten Jahren seien nur genannt: Büros und Ämter für Ausländer-, Drogen- und Frauenbeauftragte, zur AIDS-Beratung, zum Umweltschutz oder zur Volkszählung. „Die interne Differenzierung eines Systems in Untersysteme ist... ein Prozeß, durch den das Gesamtsystem die Problematik seiner Umwelt nach innen weitergibt" (Luhmann 1964, 79). Und je komplexer die gesellschaftliche Umwelt wird, desto komplexer wird auch die öffentliche Verwaltung (und desto „höherwertiger" hat auch die Ausbildung ihrer Mitglieder zu werden: generalistisch-wissenschaftlicher wie auch mehr auf das Lernen des Lernens angelegt sowie auf Kreativität und Innovationsbereitschaft).

2. **Generalisierung von Verhaltenserwartungen.** Wie schon bei Parsons (vgl. 2.1.2) gesehen, gewinnen soziale Systeme an Berechenbarkeit und Stabilität, wenn sich die Akteure rollengerecht verhalten, das heißt, die allseits bekannten und als verbindlich akzeptierten Erwartungen der anderen als Maxime des eigenen Verhaltens betrachten. Für Luhmann ist eine Orientierung dann generalisiert (für alle Systemmitglieder verbindlich), wenn „sie vom Einzelereignis unabhängig besteht, von einzelnen Abweichungen, Störungen, Widersprüchen nicht betroffen wird und Schwankungen ... innerhalb gewisser Grenzen überdauert" (1964, 55 f.). Generalisiert – und damit erwartungsstabil – sind in einer Behörde die Verhaltenserwartungen (die grundsätzliche Rollenpräsentation) vom Pförtner oder Auskunftsassistenten (höflich und kundig bei Auskünften über die „Rathausgeographie") bis hin zum Amtsleiter (höflich, sach- und führungskompetent, kooperativ und bürgerfreundlich).

3. **Programmierung von Entscheidungen.** Eine der großen Stärken des sozialen Systems Öffentlicher Dienst ist es, massenhaft anfallende Entscheidungen durch **Routineprogramme** kostengünstig leisten zu können. Hierbei ist das ablaufende Programm konditional formuliert: „Jedesmal **wenn** eine Information A eintrifft, ist die Kommunikation B zu geben" (Luhmann 1968 c, 326). Hält der Fahrgast dem Busfahrer seine Sammelkarte hin, drückt der seinen Stempel darauf – ohne zu fragen, ob ihm der Fahrgast sympathisch oder unsympathisch ist oder ob er dieselbe Vorliebe

für die Partei X, den Sportverein Y und den Popsänger Z hat. Hat jemand seinen Ausweis verloren und beantragt bei seinem Einwohneramt einen neuen, hakt die dortige Sachbearbeiterin ordnungsgemäß die ihr vorgegebene „Checkliste" ab (Ausfüllen eines Antrags, Vorlegen der Geburtsurkunde, Ablieferung eines Lichtbildes, Unterschrift, Bezahlen der Gebühr usw.).

4. **Macht.** Macht bedeutet für Luhmann die Möglichkeit, „durch eigene Entscheidung für andere eine Alternative auszuwählen, für andere Komplexität zu reduzieren" (1968 a, 715). Durch eine kaskadenförmig nach unten abfallende Hierarchie bietet jede bürokratische Organisation eine ideale Komplexitätsreduzierung in diesem Sinne, produziert Eindeutigkeit für Mitarbeiter und Klienten. Die Volksweisheit hat es schon lange gespeichert: „Auf jedem Schiff, das dampft und segelt, ist einer, der die Sache regelt." Die Kapitänsrolle ist damit geradezu als archetypisch anzusehen (vgl. dazu auch den Abschnitt 2.2).

5. **Vertrauen.** „Wo es Vertrauen gibt", heißt es bei Luhmann (1973, 7f.), „gibt es mehr Möglichkeiten des Erlebens und Handelns, steigt die Komplexität des sozialen Systems, also die Zahl der Möglichkeiten, die es mit seiner Struktur vereinbaren kann, weil im Vertrauen eine wirksamere Form der Reduktion von Komplexität zur Verfügung steht." In der öffentlichen Verwaltung sorgen insbesondere die informellen Gruppen und die „kameradschaftliche Bürokratie" (vgl. den Abschnitt 4.6) für dieses Vertrauen der Mitarbeiter untereinander.

6. **Geschichte und Tradition.** In den „hergebrachten Grundsätzen des Berufsbeamtentums" wird manch öffentlich Bediensteter ganz sicher auch heute noch eine Richtschnur für sein Handeln finden, mit ihnen versuchen, unter vielen Orientierungsmöglichkeiten eine als richtig auszumachen.

Die **Kritik an Luhmann,** sofern man das Ganze nicht von vornherein als intellektuelle Spielerei abtun will, ist insbesondere an zwei Punkten festzumachen:

a) **Der Mithilfe bei der Etablierung einer modernen Sozialtechnologie und der Blindheit gegenüber Unterdrückung.** Daß soziale Systeme Umweltkomplexität erfassen und reduzieren, steht außer Frage, aber: in wessen Interesse tun sie das, wer soll dadurch in welche Richtung gesteuert und (möglicherweise) manipuliert werden und/oder um den Mehrwert seiner Arbeit gebracht werden? Ohne daß inhaltliche Angaben über erstrebenswerte oder gar „utopisch gute" Systemzustände gemacht werden, steht auch hier wieder die Frage der Stabilisierung und Bestandserhaltung im Mittelpunkt. Für Habermas (1971, 145) ist denn auch Luhmanns Theorie „sozusagen die Hochform eines technokratischen Bewußtseins".

b) **Die Verkennung der gleichzeitigen Erhöhung von Eigenkomplexität.** Die Reduktion von Welt- bzw. Umwelt-Komplexität durch soziale Systeme wird sowohl in der Gesamtgesellschaft (vgl. dazu Habermas 1971 b, 159 ff.) wie auch in der öffentlichen Verwaltung ganz offensichtlich mit einer erheblichen Erhöhung der inneren, der Eigenkomplexität erkauft (vgl. dazu Türk 1976, Bosetzky 1976 a). Im letzteren Falle ist nur an bestimmte Konsequenzen bürokratischer Organisation zu denken wie etwa: die Tendenz zur Vermehrung des Personals und der Dienststellen, das Fortbestehen an sich funktionslos gewordener Stellen, die doppelte Ausführung bestimmter Arbeiten, das Übermaß an Vorschriften oder die Neigung zur schriftlichen Fixierung aller Informationen (vgl. dazu auch Abschnitt 2.3.3). Dazu kommen noch bestimmte „Verkomplizierungsstrategien" im Rahmen der Mikropolitik (vgl. Abschnitt 4.7).

Trotz aller Kritik aber ist der Luhmann'sche Ansatz auch in den Organisationswissenschaften immer in der Diskussion geblieben und hat in der letzten Zeit mit der Thematisierung der **Autopoiesis** bzw. der **Selbststrukturierung** und **Selbstreferenz** einen neuen Höhepunkt erreicht (Luhmann 1984; vgl. auch Lipp 1987 sowie Druwe

1988). „Autopoietisch ist ein System, dessen Funktion darauf gerichtet ist, sich selbst zu erneuern – wie sich eine biologische Zelle ständig im Wechselspiel von anabolischen (aufbauenden) und katabolischen (abbauenden) Reaktionsketten erneuert und nicht über längere Zeit aus den gleichen Molekülen besteht" (Jantsch 1984, 66). Die neuere Systemtheorie stellt nicht mehr die System-Umwelt-Problematik und die Frage nach dem Ganzen und seinen Teilen in den Mittelpunkt, sondern will „die Systemeinheit in ihrer spezifischen Eigenart als ein auf sich bezogen operierendes, d.h. autopoietisches (= ‚selbstmachendes') System erfassen, dessen Bestandteile nicht in Abhängigkeit vom ‚Ganzen', sondern durch ihre innere Selbstorganisation gekennzeichnet sind. Das wesentliche Merkmal autopoietisch organisierter Systeme besteht demnach darin, daß sie ihre eigenen Elemente durch die (selbstorganisierende) Interaktion ihrer Elemente selbst umweltunabhängig bzw. autonom, aber mit offenen Grenzen produzieren und reproduzieren können" (Kiss 1986, 78).

Eine gewisse Tendenz zu einer solchen **Selbststrukturierung** und **Selbstreferenz,** also die Konzentration aller Vorgänge auf die Aufrechterhaltung der eigenen Identität und die Produktion wie Reproduktion aller Elemente durch sich selbst (vgl. Probst & Scheuss 1984), ist im Bereich der öffentlichen Verwaltung in letzter Zeit insbesondere im Bereich der Ämter für Verfassungsschutz zu beobachten gewesen, zeigt sich aber allenthalben, wie ja auch der in etwa kongruente Begriff der Selbstorientierung (von Bürokratien) schon seit langem gebräuchlich ist (vgl. Eisenstadt 1963 sowie zur Steuerung und Selbststeuerung in der öffentlichen Verwaltung Schimanke 1987).

### 2.1.4 Kybernetische Grundbegriffe

In der Welt ist alles miteinander verbunden, vernetzt, und ohne Verständnis der dieser **Vernetzung** zugrundeliegenden Mechanismen ist keine Welterkenntnis möglich; ohne Grundbegriffe der Kybernetik also, die sich mit der Selbstregulierung von Systemen in veränderlichen Umwelten beschäftigt.

Ausgangspunkt des Denkens ist hier die geschlossene Kausalkette, die Rückkopplungsreaktion (vgl. Schaefer 1972, 22f.), die positiv und negativ verlaufen kann:

**Positive Rückkopplung** entsteht, „wenn Wirkung und Rückwirkung sich gegenseitig verstärken, also gleichgewichtet sind" (Vester 1978, 73). Beispiele für die **positive Rückkopplung nach oben** sind die Bevölkerungsexplosion (je mehr Menschen, desto mehr Geburten – je mehr Geburten, desto mehr Menschen – usw.) oder **Parkinsons Gesetz:** Jeder Beamte oder Angestellte wünscht die Zahl seiner Untergebenen zu vergrößern (1.) – und: Beamte und Angestellte schaffen sich gegenseitig Arbeit (2.) (Parkinson 1958, 17). Beispiele für die **positive Rückkopplung nach unten** sind der Kräfteverfall eines fernsehsüchtigen Menschen (je öfter er im Sessel sitzt, desto schwächer werden seine Muskeln – je schwächer seine Muskeln werden, desto weniger mag er sich bewegen, desto öfter sitzt er im Sessel – usw.) oder der Leistungskollaps einer Organisation: Je mehr Mitarbeiter durch Überlastung krank werden, desto geringer wird die Motivation der umso mehr überlasteten anderen – und je geringer ihre Motivation ist, desto eher werden sie sich krankschreiben lassen.

Helfen kann da nur (trotz der verwirrenden Bezeichnung) die **negative Rückkopplung.** Sie ist „einer der wichtigsten Kunstgriffe, mit denen sich natürliche Systeme – trotz existierender positiver Rückkopplungen... – am Leben erhalten. Denn negative

Rückkopplung führt zur Selbstregulation eines Systems. (...) Je schneller der Wolf läuft, desto mehr Hasen kann er fangen ... je mehr Hasen er fängt, desto dicker wird er ... desto langsamer kann er laufen ... desto weniger Hasen fängt er ... desto dünner wird er wieder ... um so schneller kann er wieder laufen ... wieder mehr Hasen fangen ... und so fort. (...) Eine solche negative Rückwirkung ist das Grundprinzip aller Regelkreise, mit dem sich Systeme in einem stabilen Gleichgewicht halten. Anders als bei der positiven Rückwirkung verstärken sich hier nicht Ursache und Wirkung gleichzeitig, sondern die Wirkung hemmt wieder die Ursache" (Vester 1978, 79f.).

Auch im Bereich sozialer Systeme kennt man solche Mechanismen: Je erfolgreicher eine Partei ist, um so arroganter, korrumpierbarer und skrupelloser werden ihre Politiker (um des Machterhalts willen) ... Je satter und selbstorientierter ihre Politiker werden, desto mehr Wählerstimmen verlieren sie ... Je mehr Wählerstimmen sie verlieren, desto mehr müssen sie sich um eine Selbstreinigung ihrer Partei kümmern und sich wieder um die Gunst der Wähler bemühen. Oder: Je mehr der Vorgesetzte X den Mitarbeiter Y lobt, um so weniger tut der ... Je weniger er tut, desto stärker wird die Kritik des Vorgesetzten ... Je stärker die Kritik des Vorgesetzten wird, umso mehr tut er wieder.

Die grundlegende Modellvorstellung für eine funktionierende negative Rückkopplung in technischen und biologischen Systemen ist der **Regelkreis,** den wir hier mit einer Skizze von Vester (1978, 82) wiedergegeben:

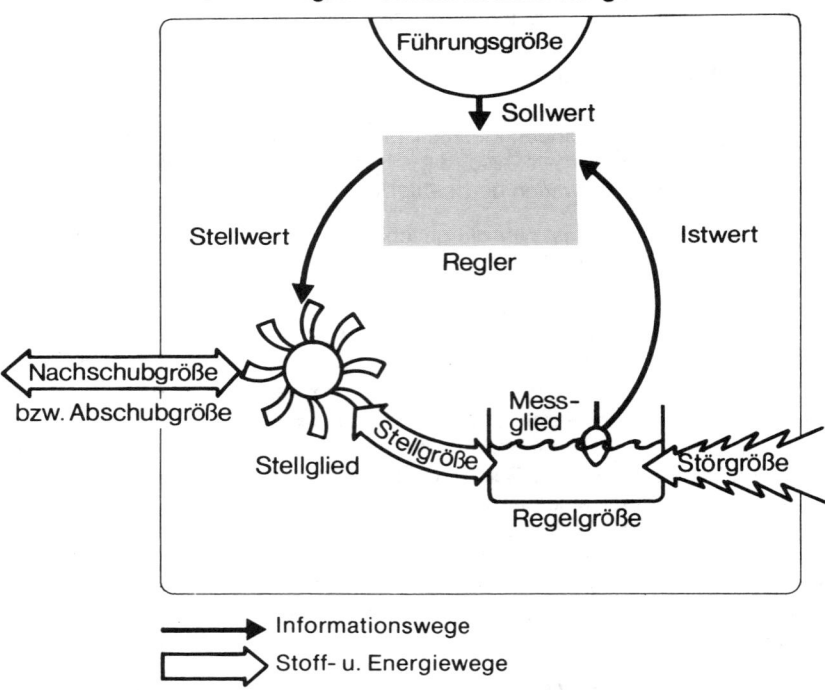

**Negative Rückkopplung durch einen Regelkreis mit den wichtigsten Standardbezeichnungen.**

Über Störgröße, Nachschubgröße und Sollwert ist das System mit der Außenwelt verbunden.

**Stabilität** ist also immer dann gegeben bzw. hergestellt, wenn: Führungsgröße (Ziel, Soll-Wert) = Ist-Wert.

Dazu ein Beispiel aus dem Bereich eines Sozialamtes, das aber auch zeigt, wie schwierig es ist, die für ein technisches System (Spülkasten) gedachte Terminologie auf ein soziales System zu übertragen:

---

**Sozialamt vor der Störung: Im Gleichgewicht**

| | |
|---|---|
| Führungsgröße | (Sollwert, Ziel): Existenzsicherung der sozial Schwachen, gesellschaftliches Krisenmanagement, d.h. Befriedigung bzw. Ruhigstellung der Klienten (Verhinderung radikaler Bewegungen und revolutionärer Entwicklungen), Verwirklichung christlicher-humanitärer Werte |
| Regler: | Regierung |
| Stellwert: | Gesetze, Verwaltungsvorschriften |
| Nachschub-größe | Summe X für die Besoldung bzw. Bezahlung der Beamten und Angestellten des Amtes und als materielle Hilfe für die Klienten |
| Stellglied: | Amtsleiter |
| Stellgröße: | Führung der Mitarbeiter |
| Regelgröße: | Mitarbeiter des Sozialamtes |
| Meßglied: | Klienten |
| Istwert: | Zufriedenheit der Klienten |

**Ist-Wert = Soll-Wert;** das soziale System befindet sich im **Gleichgewicht,** nichts muß verändert werden.

**Sozialamt nach Eintritt einer Störung: Im Ungleichgewicht**

| | |
|---|---|
| Störgröße: | Explosionsartiger Anstieg der Klientenzahl (zunehmende Arbeitslosigkeit, „neue Armut") |
| Ist-Wert: | Unzufriedenheit der Klienten durch a) Kürzung der emfangenen Leistungen (unmittelbar oder indirekt durch weniger ausgeschöpfte Ermessensspielräume) und b) den erhöhten Krankenstand bei den Mitarbeitern und deren Protestverhalten (Dienst nach Vorschrift) |

**Ist-Wert ≠ Soll-Wert;** das soziale System befindet sich im **Ungleichgewicht.**

**Sozialamt nach Auffangen der Störung: In neuen Gleichgewicht**

Zur Erreichung eines neuen Gleichgewichts gibt es mehrere Möglichkeiten (funktional äquivalente Wege), zum Beispiel:

a) Änderung der Nachschubgröße: Mehr Geld für die Mitarbeiter, vor allem durch Schaffung neuer Stellen, und/oder die Klienten.

b) Änderung der Führungsgröße: Z.B. Hinwendung zu einer Ideologie, daß es eine Gesellschaft eben hinzunehmen habe, mit der Armut (etwa eines Drittels ihrer Mitglieder) zu leben und diese auch nützlich sei, da sie die Bürger zu Fleiß, Ordnungsliebe und Unterordnungsbereitschaft anhielte (so etwa Ronald Reagan und Margret Thatcher) — und Übernahme dieser Denkweise durch die Klienten selber (durch Einsicht oder Manipuliertwerden).

c) Einsetzen eines neuen Stellgliedes, d.h. eines neuen Amtsleiters, der mit hartem Durchgreifen, mit der Einführung neuartiger (teamartig-professioneller) Arbeitsweisen und/oder (teilweiser) Auswechslung des Personals die Mitarbeiter zu höheren Leistungen bewegen könnte (Änderung der Stellgröße).

In allen Fällen wäre dann der Ist-Wert wieder gleich dem Soll-Wert.

---

### 2.1.5 Die Organisation als offenes System – der Grundgedanke der Kontingenztheorie

Ein **geschlossenes soziales System** wäre etwa ein Weltraumschiff, das jeden Kontakt zur Erde verloren hat. Ein **offenes soziales System** dagegen zeichnet sich durch permanenten Austausch mit seiner Umwelt aus (den „Umsystemen"). Dies ist bei jeder Großorganisation der Fall, wobei der Einfluß der einzelnen Umweltsektoren so weit geht, daß sie Strukturen und Prozesse einer Organisation entscheidend determinieren bzw. beeinflussen. Jede Organisation steht sozusagen im Brennpunkt (= focus) der Input- und Output-Erwartungen anderer Organisationen, befindet sich also in der Mitte eines „organization-sets". „Insofern sind Organisationen als durch Erwartungen der Umweltsektoren konstituiert vorstellbar, ausdifferenzierte Systemstrukturen einer fokalen Organisation verweisen stets auf spezifische Erwartungen von Umweltsektoren, und ihr Handeln ist auf die Aufrechterhaltung der Konstanz/Stabilität des jeweils besonderen Beziehungsmusters ausgerichtet" (Wöhler 1978, 58). Über alle wichtigen Determinanten der Struktur und der Leistungsfähigkeit einer Organisation (hier eines Industrieunternehmens) gibt ein Schaubild von Negandhi (1969, 83) Auskunft:

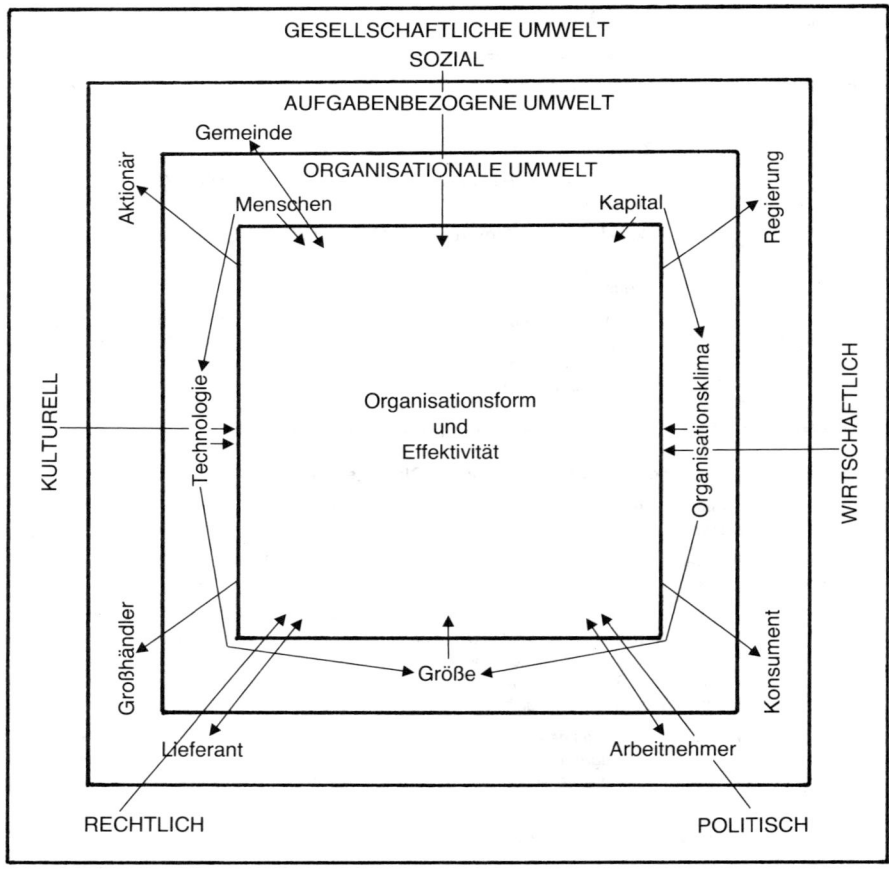

(Im Falle einer Behörde gehörten zur „aufgabenbezogenen Umwelt" u. a. auch Parteien, Verbände, Vereine, Bürger und Bürgerinitiativen, Gerichte, andere Behörden und die Massenmedien.)

H. Klages (1978, 85) unterscheidet hier die

**Umwelt I** = Personen, Gruppen und andere Organisationen, die sich mit einer Organisation in direkter Interaktion befinden, und die

**Umwelt II** = gesamtgesellschaftliche Gegebenheiten, die auf die Organisation einwirken oder umgekehrt von ihr beeinflußt werden (vgl. dazu auch R. W. Schmidt 1978).

Diese grundlegenden Gedanken haben nun ihren Niederschlag gefunden in der **Kontingenztheorie der Organisation** (= Bedingtheitsansatz; was bedingt das Sosein einer Organisation? bzw. im – wie es in der betriebswirtschaftlichen Organisationslehre heißt – **Situativen Ansatz** (vgl. dazu Mayntz 1977, Bühner 1977, Kieser 1993). Man geht dabei von einer einfachen Annahme bzw. einem einfachen Programm aus (aus Kieser 1993, 164):

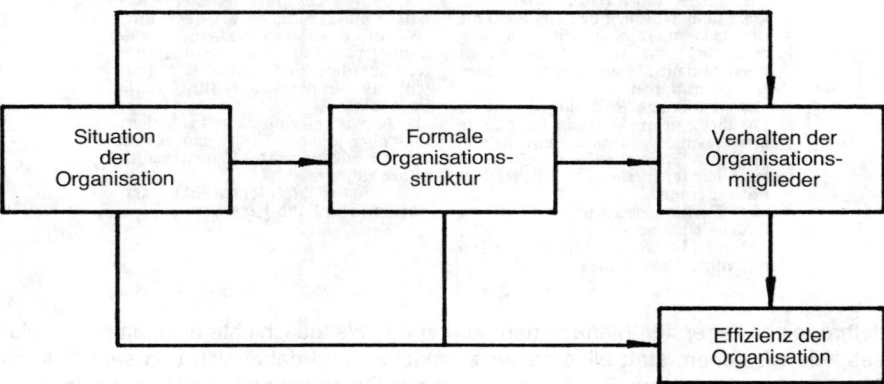

Ob eine Behörde oder eine Unternehmung effizient arbeitet oder nicht, hängt diesem Schema zufolge also nicht nur vom Rollenverhalten ihrer Mitglieder (ihren Einstellungen und Neigungen, ihrer Arbeitsleistung und Arbeitszufriedenheit und der Art ihrer Konfliktaustragung) und der formalen Organisationsstruktur ab (also von Spezialisierung, Koordination, Hierarchie, Entscheidungsdelegation und Formalisierung), sondern auch der Situation, in und unter der sie zu arbeiten hat – etwa dem Leistungsprogramm, der Größe, der Fertigungs- und Informationstechnologie, der Rechtsform und ihrer gesamten gesellschaftlichen Umwelt, wozu selbstverständlich auch die familiale und die schulische Sozialisation ihrer (späteren) Mitglieder zu zählen ist, die ja über die Organisationseignung entscheidet.

Die meisten empirischen Untersuchungen und Messungen der Organisationsstruktur, die von einem kontingenztheoretischen Grundgedanken ausgehen, leiden allerdings unserer Meinung nach darunter, daß sie, da sie weithin von Aussagen der Betroffenen ausgehen, nicht die Organisationswirklichkeit abbilden, sondern nur Aufschlüsse über die vielfach verzerrte Wahrnehmung dieser Wirklichkeit gestatten, und ferner die Sozialisation und „Verformung" der Organisationsmitglieder ebenso vernachlässigen (vgl. dazu Kudera 1977) wie die Einbeziehung solch fundamentaler

Kategorien wie Macht, Sinnfindung und Entfremdung (zur weiteren Kritik s. Kieser 1993, sowie Crozier & Friedberg 1979).

Als heuristisches Modell, das heißt, als Mittel zur Veranschaulichung abstrakter Zusammenhänge, erscheint uns aber die Kontingenztheorie von einigem Wert für jeden Studenten, der sich mit Großorganisationen beschäftigt.

## 2.2 Bürokratische Grundstruktur der Verwaltung

### 2.2.1 Der Idealtypus der Bürokratie

Zwei Prinzipien beherrschen seit Urzeiten das Zusammenleben von Menschen: Arbeitsteilung und Hierarchie. Wir finden das sehr plastisch im 2. Buch Mose (18. Kapitel) dargestellt, wo der wegen seines altmodischen Führungsstils – Ein-Mann-Herrschaft mit einsamen Beschlüssen – in Schwierigkeiten geratene Moses von seinem Schwiegervater Jethro beraten wird:

> 21. Siehe dich aber um unter allem Volk nach redlichen Leuten, die Gott fürchten, wahrhaftig und dem Geiz feind sind; die setze über sie, etliche über tausend, über hundert, über fünfzig und über zehn,
> 22. daß sie das Volk allezeit richten; wo aber eine große Sache ist, daß sie dieselbe an dich bringen, und sie alle geringen Sachen richten. So wird dir's leichter werden, und sie werden mit dir tragen.
> 23. Wirst du das tun, so kannst du ausrichten, was dir Gott gebietet, und all dies Volk kann mit Frieden an seinen Ort kommen.
> 24. Mose gehorchte seines Schwiegervaters Wort und tat alles, was er sagte,
> 25. und erwählte redliche Leute aus ganz Israel und machte sie zu Häuptern über das Volk, etliche über tausend, über hundert, über fünfzig und über zehn,
> 26. daß sie das Volk allezeit richteten; was aber schwere Sachen wären, zu Mose brächten, und die kleinen Sachen selber richteten.
> 27. Also ließ Mose seinen Schwiegervater in sein Land ziehen.

Jethro, einer der ersten Managementberater der Weltgeschichte also, empfiehlt Moses, wie wir sehen, statt alles selber zu machen und dabei sich und sein Volk zu überfordern, den letzten Schrei der damaligen Organisationstheorie: das bürokratische Strukturprinzip (21 und 25). Zugleich nimmt er aber, was sich noch heute einige Wissenschaftler wie Praktiker als ureigenste Idee zuschreiben, dessen Modernisierung und Modifizierung vorweg, indem er auf die Notwendigkeit verweist, Verantwortung zu delegieren (22) und – nach dem „modernen" Prinzip des Managements by Exceptions – die kleineren Sachen selber zu erledigen und nur „mit den dicken Hunden", wie wir heute sagen würden, zum Chef zu gehen (26) (ausführlicher bei Ulrich & Sadler 1974 und Kübler 1974, 185).

Steht hier die Steuerung und soziale Kontrolle einer Vielzahl von Menschen im Vordergrund, also der **Herrschaftsaspekt,** so kommt in modernen Großorganisationen hinzu, daß die Mitglieder nicht allein Loyalität den Führenden gegenüber an den Tag zu legen haben, sondern und vor allem auch bestimmte Aufgaben mit möglichst optimaler Effektivität und Effizienz erfüllen sollen; das wäre der **Leistungsaspekt.** Sollen hochkomplexe Industriegesellschaften mit millionenfach vermaschten Subsystemen zufriedenstellend funktionieren, müssen menschliche Handlungen und organisationale Entscheidungen weithin berechenbar, weithin vorhersagbar sein. „Jede Organisation ist gezwungen, Narrensicherheit herzustellen; das heißt, sie kann nicht auf schwankende Überzeugungen, Motive und Glücksfälle bauen." (Schmidtchen 1978, 154)

Auf der Suche nach Antworten, wie denn dieser ständig anwachsende Bedarf großer Organisationen nach maschinenhafter Funktionssicherheit am besten zu decken sei (vgl. auch H. Klages 1977), kommt dem von Max Weber schon am Anfang dieses Jahrhunderts entworfenen **Idealtypus der Bürokratie** eine zentrale Bedeutung zu. Dieser Idealtypus – gewonnen „durch einseitige Steigerung eines oder einiger Gesichtspunkte und durch Zusammenschluß einer Fülle von diffus und diskret, hier mehr, dort weniger, stellenweise gar nicht, vorhandenen Einzelerscheinungen" – ist ein künstliches Gedankengebilde, das in „seiner begrifflichen Reinheit ... nirgends in der Wirklichkeit empirisch vorfindbar" ist (M. Weber 1951, 191). Man versteht ihn am besten als **Zollstock,** mit dem sich der Bürokratisierungsgrad und die einzelnen Bürokratiemerkmale einer Organisation messen lassen (vgl. Gouldner 1950, 53–54).

Der Idealtypus der Bürokratie wird bei Max Weber in seinem Hauptwerk „Wirtschaft und Gesellschaft" durch folgende Merkmale bestimmt (hier nach der Studienausgabe von 1964):

(1) Eine genau fixierte Amts- bzw. Autoritätshierarchie mit einem Instanzenzug;

(2) eine feste Kompetenz- und Arbeitsverteilung;

(3) eine Regel- und Normengebundenheit des Handelns und Verhaltens und eine Entscheidungsfindung im Geist der formalen Unpersönlichkeit (sine ira et studio);

(4) eine vollständige Trennung der Mitglieder der Organisation von den sachlichen Verwaltungs- und Beschaffungsmitteln;

(5) eine prinzipielle Trennung von Amt und Person;

(6) eine besondere Betonung der schriftlichen Kommunikation (Aktenmäßigkeit der Verwaltung);

(7) eine Besetzung der Positionen nach durch Prüfung ermittelter und durch Diplom beglaubigter Fachqualifikation;

(8) eine Laufbahn, d.h. der vom Urteil des Vorgesetzten abhängige Aufstieg nach Lebensalter und/oder Leistungen bei Lebenslänglichkeit der Stellung;

(9) eine Geldentlohnung, die im Prinzip nicht nach der Leistung erfolgt, sondern „standesgemäß" nach der Art der Funktionen und Dauer der Dienstzeit – und

(10) eine rationale Disziplin, d.h. die Verinnerlichung des Prinzips, alle empfangenen Weisungen ohne Rücksicht auf die eigene Einstellung bedingungslos auszuführen.

Die bürokratische Organisation ist für Max Weber allen kollegialen oder ehren- und nebenamtlichen Formen der Verwaltung überlegen (M. Weber 1964, 164, vgl. auch 716):

„Die rein bureaukratische, also: die bureaukratisch-monokratische aktenmäßige Verwaltung ist nach allen Erfahrungen die an Präzision, Stetigkeit, Disziplin, Straffheit und Verläßlichkeit, also: Berechenbarkeit für den Herrn wie für die Interessenten, Intensität und Extensität der Leistung, formal universeller Anwendbarkeit auf alle Aufgaben, rein **technisch** zum Höchstmaß der Leistung vervollkommnbare, in all diesen Bedeutungen: formal **rationalste,** Form der Herrschaftsausübung."

Weber geht also davon aus, daß eine bürokratische Verwaltung aufgrund ihrer alles in allem einzigartigen Leistungsfähigkeit die wirksamste Form der Herrschaftsausübung darstellt – und zwar organisationsintern wie auch nach außen (vgl. dazu Büschges 1976). Die Zweifel an diesen Annahmen bzw. die Versuche, die Umstände zu präzisieren, unter denen sie gültig sind, machen den Großteil der Diskussion um den Weberschen Bürokratiebegriff aus (vgl. dazu ausführlich die einzelnen Texte im Mayntz-Reader „Bürokratische Organisation", 1968, und, für viele, die Zusammenfassungen von Titscher 1975, 130–147, Mayntz & Ziegler 1977, 79–84, und Bosetzky 1980 a). Bei Wittkämper (1982) findet sich ein außerordentliches informatives Raster „von in der Literatur nachweisbaren Indikatoren für Bürokratisierung . . ., die so konkret wie möglich gehalten sind, um praktisch-konkrete Handlungsanleitungen vermitteln zu können" (70). Wir werden uns in diesem Buch darauf beschränken, die Entstehungsgründe bürokratischer Organisation, ihre Vor- und Nachteile und die ihr konträr gegenüberstehenden anderen Möglichkeiten der Organisierung menschlicher Arbeit näher zu betrachten.

Vorher sollen aber noch die vier **Programmarten** in einer bürokratischen Organisation vorgestellt werden, die Klages & Hippler (1991, 24 ff.) nach der Stärke des Programmierungsgrades unterschieden haben:

1. Arbeitsprogramme: Konditionalprogramme mit Handlungsanweisungen, die den stärksten Regelungsgrad für die Aufgabendurchführung aufweisen,

2. Auswahlprogramme: Konditionalprogramme mit Handlungsalternativen, wo der Bearbeiter ein Auswahlermessen hat und die Folgen der einzelnen Alternativen abschätzen muß,

3. Suchprogramme: Konditionalprogramme ohne programmierte Handlungsalternativen, wo der Bearbeiter bei vorgegeben Zielen und Zwecken selbst nach Lösungsmöglichkeiten suchen muß, – und

4. Ziel- und Zweckprogramme, z. B. bei konzeptionellen, planerischen Tätigkeiten.

Machen wir uns den **Grundgedanken der bürokratischen Organisation** noch einmal klar: **Alles ist fokussiert auf ihre Berechenbarkeit – und diese wird hergestellt durch den bedingungslosen Gehorsam der Mitglieder.**

Die Schlüsselkategorie ist also der **Gehorsam.** Bei Max Weber soll das bedeuten, „daß das Handeln des Gehorchenden im wesentlichen so abläuft, als ob er den Inhalt des Befehls um dessen selbst willen zur Maxime seines Verhaltens gemacht habe, und zwar **lediglich** um des formalen Gehorsamsverhältnisses halber, ohne Rücksicht auf die eigene Ansicht über Wert und Unwert des Befehls als solchen" (1964, 159).

Sie sind Mitglied des ‚Bundes für Umwelt und Naturschutz', haben am Sonntag heftig protestiert gegen das Opfern von Alleebäumen zugunsten einer breiteren Bundesstraße – und fordern am Montag in Ihrer Rolle als Verwaltungsangstellter beim Verkehrsminister Kostenvoranschläge bei Firmen an, die Bäume fällen. Sie haben gerade im Ortsverein Ihrer Partei, der SPD, lautstark gegen den ‚Sozialabbau' protestiert – und schicken am nächsten Tag auf Weisung Ihres Gruppenleiters, der CDU-Mitglied ist, einem armen Teufel von Sozialhilfeempfänger einen Prüfer ins Haus, weil ein Verdacht auf SH-Mißbrauch besteht.

„Der normale ‚Geist' der rationalen Bureaukratie ist. . . Formalismus, gefordert von allen an Sicherung persönlicher Lebenschancen gleichviel welcher Art Interessierten, – weil sonst Willkür die Folge wäre, und der Formalismus die Linie des kleinsten Kraftmaßes ist." (Weber 1964, 166)

Die Bürokratie wird durch diese Mittel und Mechanismen und ihrem Wesen nach zu einem Präzisionsinstrument.

„Ihre spezifische, dem Kapitalismus willkommene, Eigenart entwickelt sie um so vollkommener, je mehr sie sich ‚entmenschlicht', je vollkommener, heißt das hier, ihr die spezifische Eigenschaft, welche ihr als Tugend nachgerühmt wird, die Ausschaltung von Liebe, Haß und allen rein persönlichen, überhaupt aller irrationalen, dem Kalkül sich entziehenden, Empfindungselementen aus der Erledigung der Amtsgeschäfte gelingt. Statt des durch persönliche Anteilnahme, Gunst, Gnade, Dankbarkeit, bewegten Herrn der älteren Ordnungen verlangt eben die moderne Kultur für den äußeren Apparat, der sie stützt, je komplizierter und spezialisierter sie wird, desto mehr den menschlich unbeteiligten, daher streng ‚sachlichen' **Fachmann**. Alles dies aber bietet die bürokratische Struktur in günstigster Verbindung." (Weber 1964, 718)

### 2.2.2 Bürokratische Strukturen als Folge bestimmter Einflußgrößen

Max Weber hat in der für ihn typischen weltweit-historischen Betrachtungsweise eine Reihe von sozialen und ökonomischen Voraussetzungen herausgefunden, die für ihn die Entfaltung bürokratischer Herrschaft und Organisation entscheidend gefördert haben (vgl. vor allem 1964, 709–726):

1. Die Entwicklung der Geldwirtschaft (die Zuweisung von Naturleistungen und Naturalnutzungen als Ausstattung an Beamte erlauben keine feste bürokratische Ordnung; Naturaldeputate unterwerfen den Staat den Schwankungen der Erträge und erlauben keine Etatisierung).

2. Die quantitative Entfaltung der Verwaltungsaufgaben (Großstaaten und Massenparteien).

3. Die qualifizierte Erweiterung und innere Entfaltung des Aufgabenkreises der Verwaltung (stehende Heere, Entwicklung des Finanzwesens, die durch steigende Kompliziertheit der Kultur bedingten Ansprüche an die Verwaltung überhaupt: Dienstleistungen, Ordnung und Sicherheit, gemeinschaftliche Verkehrsmittel usw.).

4. Die rein technische Überlegenheit der bürokratischen Organisationsform über jede andere Form (z. B. der nebenamtlichen Honoratiorenverwaltung).

5. Die Konzentration der sachlichen Betriebsmittel in der Hand weniger.

6. Die relative Nivellierung der ökonomischen und sozialen Unterschiede (die Massendemokratie, die mit den Vorrechten bestimmter Personenkreise bei der Besetzung von Verwaltungsstellen Schluß macht, muß bezahlte Berufsarbeit an die Stelle der nebenamtlichen Honoratiorenverwaltung setzen).

7. Die Schaffung eines begrifflich systematischen und rationalen Rechts (Ausschaltung der Willkür der Privilegien und Schaffung derjenigen Rechtsgleichheit und Berechenbarkeit, die eine formale Sachlichkeit erst ermöglicht).

Die entscheidende Zusammenfassung dieses gesamten gesellschaftlichen Prozesses findet sich dann im folgenden Satz: „Die Bürokratisierung ist *das* spezifische Mittel, ‚Gemeinschaftshandeln' in rational geordnetes ‚Gesellschaftshandeln' zu überführen." (M. Weber 1964, 726)

Und das ist im wesentlichen als die mehr oder minder bürokratische Organisierung menschlichen Handelns zu verstehen (vgl. R. König 1958, 50).

Ganz allgemein werden heute die vier nachfolgend aufgeführten **Bürokratiekonstituierenden Variablen** (Bosetzky 1970) als besonders strukturprägend angesehen:

**1. Die Steuerung und Kontrolle der Organisation durch externe Personen, Gruppen und Instanzen.** – Trotz aller eigener Machtentfaltung liegt das entscheidende Machtpotential, das durch das Eigentum an den Produktions- und Verwaltungsmitteln und die Verfügungsgewalt über sie entsteht, bei Personen und Personenmehrheiten außerhalb der eigentlichen Organisation. Im Falle des industriellen

Unternehmens ist eine solche „nicht-bürokratische Spitze" – der „Herr" in der Terminologie Max Webers – zumeist der Aufsichtsrat, im Bereich der Staatsverwaltung erfolgt die politische Steuerung und Kontrolle durch Parlament und Regierung („legislative Steuerung" durch die Gesetzgebung, Steuerung durch das Budgetrecht des Parlaments und politische Steuerung durch die Personalpolitik, d. h. die Besetzung administrativer Spitzenämter) (nach Mayntz 1978, 73–77). Diese Herrschaftskonstruktion führt zwangsläufig zu Hierarchisierung, Formalisierung und Auferlegung bestimmter Regeln. Das kommt besonders deutlich bei Lepper (1972,145) zum Ausdruck:

„Die öffentliche Verwaltung ist in ein politisches System eingeordnet, das ihr durch die Verfassungsordnung eine bestimmte dienende Funktion, wie sie sich aus der Präambel und Art. 20 Abs. 3 des Grundgesetzes ergibt, zuweist. Diese Einbindung schließt jeden radikaldemokratischen Ansatz der horizontalen Freiheit der Verwaltung aus. Die Verwaltung ist der Zielhierarchie unterworfen, die im parlamentarisch-demokratischen Regierungssystem entwickelt wird. Eigengestaltungen der Verwaltung sind also nur insoweit zulässig, als das Zielsystem dafür Raum gibt. Mit der Zielhierarchie ist aber auch zwangsläufig die Weisungshierarchie gekoppelt; denn die Transformation der politischen Ziele, ihre Durchführungs- und Erfolgskontrolle bedarf der Weisungen. (...) So gesehen stellt sich die Hierarchie nicht als philosophisches Dogma, sondern als Ordnungselement von zeitloser Dauer dar."

**2. Die Größe der Organisation.** – Der Zusammenhang von Größe und Organisationsstruktur liegt auf der Hand, denn „... bestimmte wichtige Organisationsmerkmale treten erst von einer gewissen Größe ab auf. Je größer die Zahl der zu einem spezifischen Zweck zusammenwirkenden Personen ist, um so mehr ist Anlaß zur arbeitsteiligen Differenzierung gegeben. Erst bei einer größeren Gruppe findet man auch, daß die Mitglieder nicht mehr durch ständigen Kontakt von Angesicht zu Angesicht verbunden sind. Von diesem Augenblick an kann niemand mehr alle Tätigkeiten persönlich und gleichzeitig beobachten und durch ständige Ad-hoc-Anordnungen steuern. Eine festgelegte Regelordnung, abgegrenzte Kompetenzen, definierte Rollen und delegierte Autorität werden damit unerläßlich" (Mayntz 1963, 39).

Mit zunehmender Größe einer Organisation ist also mit verstärkter Programmierung, Formalisierung und Spezialisierung der Tätigkeiten zu rechnen (vgl. Kieser 1993), daneben sind aber auch Tendenzen zur Betonung der schriftlichen Kommunikation, zur dauerhaften Festlegung von Beförderungskriterien, zur Unpersönlichkeit in den zwischenmenschlichen Beziehungen innerhalb der Organisation wie in den Interaktionen mit der Umwelt und zur Errichtung organisationseigener Ausbildungsstellen mit ihr verbunden.

**3. Die Komplexität der Organisation.** – Je komplexer, d. h. vielfältiger die Aufgaben sind, die von einer Organisation erfüllt werden müssen, desto größer werden ihre Arbeitsteilung und ihre Spezialisierung und damit ihr Koordinationsaufwand. Und diese Koordination erfolgt unter den anderen beiden Bedingungen – von außen auferlegte Herrschaft und Größe – tendenziell auf bürokratische Art und Weise. „Mit anderen Worten, eine Organisation mit vielen Spezialisten neigt auch zu mehr Routineverfahren, größerer Aktenmäßigkeit und einer größeren Hierarchie von Hilfskräften" (Pugh & Hickson 1968, 86). Child (1975) argumentiert anhand einer Untersuchung von 82 englischen Unternehmen, „daß es eher der Komplexitätsgrad als die Größe ist, die das Management tendenziell zur Anwendung der Bürokratie oder eines anderen aufwendigen Koordinations- und Kontrollsystems zwingt" (133), wobei er annimmt, „daß die organisatorische Komplexität von der Organisationsgröße, von dem Automatisierungsgrad der Technologie und von der Intensität des Informationsaustauschs mit der Umwelt positiv ... prognostiziert wird" (130).

**4. Die Selbstbezogenheit und die Autonomiebedürfnisse der Organisationsmitglieder.** – Die Spitzen einer Organisation müssen immer damit rechnen, daß die Mitglieder nicht unbedingt intrinsisch motiviert sind und kein hohes Interesse an der Zielerreichung der Organisation haben, sondern eher an der Erreichung persönlicher Ziele orientiert sind und die Normen fremder Systeme und informeller Gruppen durchzusetzen versuchen.

„Sie sind also (bei einer bestimmten Größe und Komplexität der Organisation) gezwungen, Präventivmaßnahmen zu ergreifen, um die Durchsetzung ihres Willens dauerhaft sicherzustellen, sie müssen den möglichen Aktionen ‚vorauslaufende‘, immerfort wirksame Regeln schaffen und erlassen. Außerdem erwachsen aus der tatsächlichen oder vermeintlichen Selbstbezogenheit der Mitglieder dauernde Kontrollen – insbesondere im Hinblick auf die Interaktionen mit der Umwelt –, das Verlangen nach ständigen Loyalitätsbeweisen, die Betonung des Gehorsams gegenüber den Vorgesetzten und die Hervorhebung der Beförderungskriterien Loyalität, Gehorsam und organisationsinterne Kenntnisse" (Bosetzky 1970, 44f.).

Selbstverständlich ist das Prinzip der bürokratischen Organisation nicht auf die öffentliche Verwaltung beschränkt, es gibt auch eine ausgeprägte **Industriebürokratie** (vgl. dazu Gouldner 1954, Bahrdt 1958, Kocka 1969, Bosetzky 1970 und 1978f). Ebenso ist darauf hinzuweisen, daß es Bürokratieprobleme in nahezu allen Ländern dieser Erde gibt (vgl. zur komparativen Organisationssoziologie Lammers 1978). Inwieweit und wann nun bürokratische Organisationsformen zweckmäßig bzw. unzweckmäßig sind, soll im nächsten Abschnitt näher betrachtet werden.

### 2.2.3 Vor- und Nachteile bürokratischer Organisation

Daß die bürokratische Organisationsform besonders für die „Herren" einer Organisation, aber auch für ihre Mitglieder und Klienten – seien diese nun eher Kunden oder eher Beherrschte – gewisse Vorteile haben muß, läßt sich aus ihrer weltweiten Ausdehnung und fortwährenden Expansion sicher logisch ableiten. Eine Welt mit zunehmender Rationalität und ständiger Weiterentwicklung der menschlichen Produktivkräfte ist ohne grundlegende Bürokratisierung nicht denkbar, wie diese Bürokratisierung wiederum verstärkend auf sie zurückwirkt – solange jedenfalls, bis eine zu starke Durchbürokratisierung unseres Lebens ein sehr heftiges Verlangen nach Irrationalität und Entbürokratisierung auslöst.

Die **Vorteile bürokratischer Organisation** lassen sich in zwei Punkten zusammenfassen:

(1) **Berechenbarkeit der Handlungsabläufe und Entscheidungen.** – Neben der fachlichen Kompetenz der Mitarbeiter, die ja Rekrutierungsbedingung ist, beruht die hohe Zweckmäßigkeit der bürokratischen Organisation „auf ihrer Berechenbarkeit, die wieder mit ihrer Regelgebundenheit, zugleich aber auch mit der Disponibilität eines Herrschaftsstabes verbunden ist, für den das Prinzip des Gehorsams gilt" (Mayntz 1978, 111). Insbesondere schafft es die über Gesetze und Vorschriften aller Art besorgte Programmierung von Entscheidungen, „gleichmäßige Zustände oder Wirkungen des Systems zu sichern, die nicht von jeder Schwankung in der Umwelt durcheinandergeworfen werden, sondern nur auf spezifische, ausgesuchte Informationen durch Anpassung reagieren" (Luhmann 1968, 324). Damit wird auch für den Bürger und Klienten eine „versachlichte, d.h. gegen subjektive

Interessen und Willkürlichkeiten des einzelnen leitenden Mitarbeiters weithin abgesicherte Struktur" geschaffen (Laux 1975, 22).

(2) **Sicherheit im sozio-emotionalen Bereich.** – Die bürokratische Ordnung schafft für einen erheblichen Teil der Organisationsmitglieder ein Gefühl der Geborgenheit (vgl. Staehle 1973) und baut sie belastende Ungewißheit ab (vgl. Hill, Fehlbaum & Ulrich 1974, 389), vor allem aber führt sie, da sie den internen Konkurrenzkampf durch relativ klare Rollenabgrenzungen und die Betonung des Senioritätsprinzip bei Beförderungen („der Dienstälteste zuerst") stark minimisiert, zu einer kameradschaftlichen Arbeitsatmosphäre (vgl. Kap. 4). Zu dieser Einschätzung tendiert auch Sigmund Freud (1953, 127): „Die Wohltat der Ordnung ist ganz unleugbar, sie ermöglicht dem Menschen die beste Ausnützung von Raum und Zeit, während sie seine psychischen Kräfte schont." Zudem bieten bürokratische Organisationen genügend Möglichkeiten, unangenehme Empfindungen wirksam zu verdrängen (vgl. dazu Bosetzky 1971 und Kieser & Kubicek 1977, 345f. u. 350).

Beiden Aspekten wird von Autoren Rechnung getragen, die im Anschluß an Luhmann (1964) die **Funktion klarer Rollen** und damit klarer Erwartungen betonen (hier nach Titscher & Königswieser 1985):  ʻ

— Jeder weiß, womit er rechnen muß,

— was er darf und nicht darf.

— Entlastung bei riskanten Handlungen und Entscheidungen, da das Risiko klar verteilt ist.

— Sichere Rollen sind Gehäuse für ängstliche Naturen und bieten

— Schutz vor den Launen der Mächtigen in der Organisation,

— Entlastung vor unbegrenzter Verantwortung und dienen der

— Konfliktregulierung.

Diese auf die Leistungserbringung wie auf die Bedürfnisbefriedigung der Mitglieder bezogenen Vorteile bürokratischer Organisation kommen allerdings nur voll zum Tragen, wenn – hier sei auf unsere oben angestellten kontingenztheoretischen Überlegungen verwiesen – bestimmte Arbeits- und Umweltbedingungen gegeben sind. So ist nach allgemeiner Auffassung (vgl. Bosetzky 1970, Müller 1973, Hill, Fehlbaum & Ulrich 1974) dann von der tendenziellen **Zweckmäßigkeit bürokratischer Organisation** auszugehen, wenn folgende Umstände vorliegen:

(1) ein hohes **Routinisierungspotential,** d.h. Be- und Verarbeitung von kontinuierlich anfallenden, planbaren und unproblematischen Informationen anhand von Entscheidungsprogrammen ohne Notwendigkeit besonderen sprachlichen Geschicks und „sozialtherapeutisch-seelsorgerischen" Einfühlungsvermögens;

(2) eine **hoher Bedarf an „lokaler",** d.h. auf die eigene Organisation bezogener **Orientierung** (Gouldner & Newcomb 1968) und an praktischem Dienstwissen bei der Aufgabenbewältigung;

(3) ein – durch eine „verkürzte" Ausbildung bedingtes – **niedriges Problemlösungspotential bei den Organisationsmitgliedern,** das eine Überwachung von außen sinnvoll und notwendig werden läßt;

(4) ein **starkes Bedürfnis** der Organisationsmitglieder **nach sozio-emotionaler Sicherheit;**

(5) eine **starke Fügsamkeit der Organisationsmitglieder** gegenüber der institutionellen Autorität, dem System von Regelungen und Vorschriften und den Sanktionen der Hierarchie (aus innerer Zustimmung oder Resignation heraus);

(6) eine **homogene und stabile Umwelt** (vor allem ein hohes Maß an Interaktion mit einer ebenfalls stark formalisierten und bürokratisierten Umwelt);

(7) eine **gesicherte Technologie.**

Insbesondere dann, wenn diese Umstände **nicht** gegeben sind und die Zielerreichung einer Organisation unter konträren Bedingungen zu erfolgen hat, vor allem wenn sie in einer turbulenten Umwelt Neues schaffen und neuartige Lösungen durchsetzen soll, kommen die **Nachteile der bürokratischen Organisation** zum Tragen. Darüber ist eine Unmenge publiziert worden; wir halten uns hier im wesentlichen an die Zusammenfassung von Bosetzky, Fischer & Tiefensee (1975, 198f) und verweisen ansonsten auf eine Reihe weiterer Quellen, so vor allem auf die Beiträge von Luhmann, Bahrdt, Thompson, Crozier, Merton und Janowitz im Mayntz-Reader „Bürokratische Organisation" (1968), aber auch auf die folgenden Autoren: Bosetzky (1970, 177–186), Lauxmann (1976) und Thompson (1976).

Die **negativen Auswirkungen und die Gefahren bürokratischer Organisation** im Hinblick auf Zielerreichung und Überleben eines auf permanente Leistungserbringung angelegten großen sozialen Systems lassen sich in drei Punkten zusammenfassen:

(1) **Mängel des hierarchischen Systems.** – Das hierarchische System

— ist mit einer Überbetonung des Standpunktes der Spitze verbunden;

— siedelt die Zuständigkeitsverteilung zu weit oben an;

— mißachtet die Tatsache, daß Untergebene oft sachverständiger sind als die Vorgesetzten;

— konzentriert Innovation ebenso wie Unfähigkeit auf die Spitze;

— be- und verhindert die horizontale Kooperation;

— fördert eine formalistische, kompetenzbewußte, starre und aufwendige Koordination;

— blockiert die Initiative von unten;

— vernachlässigt die Bildung eines Konsens über die Ziele des Systems;

— begünstigt Tendenzen

— zur Vermehrung des Personals und der Dienststellen;

— zum Fortbestehen von funktionslos gewordenen Stellen und Abteilungen;

— zur doppelten Ausführung bestimmter Arbeiten;

— zu einem Übermaß an Vorschriften;

– zur überflüssigen Präzision und

– zur überflüssigen gegenseitigen Kontrolle.

(2) **Mängel in der Informationssammlung und -verarbeitung.** – Bürokratische Organisation führt der Tendenz nach

— zu einer Überfülle von Informationen (weil aus Furcht vor möglichen Fehlern und aus mangelnder Kenntnis der Zusammenhänge alles schriftlich fixiert wird);

— zu einer Überbewertung der Äußerungen von Vorgesetzten gegenüber den Meinungen von in der Hierarchie tiefer angesiedelten Mitarbeitern;

— zum Filtern und Zurückhalten von Informationen (um Fehler zu vertuschen und eigene Ziele zu erreichen; vgl. Abschnitt 4.7).

(3) **Effizienzmindernde Attitüden und Reaktionsweisen von Bürokraten.** – Als typisch für den Idealtyp des Bürokraten gelten

— die kalkulierte Leistungsbereitschaft (er tut gerade soviel, um nicht aufzufallen);

— das übertriebene Streben nach Sicherheit;

— das Überbetonen der Regelbefolgung;

— die Rigidität im Hinblick auf Veränderungen;

— das Abschieben von Verantwortung;

— das Desinteresse am Zweck und an der Effektivität der eigenen Arbeit;

— das übertriebene Eigeninteresse (Orientierung auf die eigene Karriere hin und nicht auf die optimale Pflichterfüllung sowie Verwendung der Dienstzeit zur Erledigung von Arbeiten für Parteien, Gewerkschaften, Personalräte etc.)

— das Sabotieren von Entscheidungen, die von unliebsamen und anderen Cliquen und Gruppen angehörenden Vorgesetzten getroffen werden;

— der Widerstand gegen Innovationen.

Diese tendenziellen Nachteile, die sich unter bestimmten Funktionsbedingungen mit einiger Wahrscheinlichkeit einstellen werden, haben Organisationspraktiker wie -theoretiker immer wieder darüber nachdenken lassen, wie sich bestehende bürokratische Organisationen auflockern lassen und welche Alternativen es zur bürokratischen Organisationsform geben könnte. Über beide Aspekte wollen wir weiter unten im Abschnitt 2.4 berichten.

## 2.3 Perfektionierung bürokratischer Strukturen

### 2.3.1 Beispiele für eine überaus starke Bürokratisierung

So bürokratisch uns unsere Ministerien und Rathäuser und unsere großen Industrieverwaltungen auch scheinen mögen, sie sind noch weit von einer extremen Bürokratisierung entfernt. Sagen wir es im sozialwissenschaftlichen Jargon: auf den meisten Bürokratievariablen sind noch stärkere Ausprägungen denkbar und empirisch nachzuweisen.

Nehmen wir beispielsweise die Deutsche Bundesbahn, wo sogar Teile der mündlichen Kommunikation formalisiert und standardisiert sind, wie etwa bei der „fahrdienstlichen Verständigung" (Gewerkschaft Deutscher Bundesbahnbeamter 1974, 73):

Bestimmte Meldungen oder Aufträge sind an einen festen Wortlaut gebunden.

Es ist deutlich und dialektfrei mit normaler Lautstärke in das Mikrofon oder in die Sprechmuschel zu sprechen; nötigenfalls ist das Gesprochene nochmals zu buchstabieren.

Mit den Worten: „Ich wiederhole" ist die Durchsage zu wiederholen. Bei Sammelrufen erledigt dies die weitest entfernte Stelle. Der Rufende bestätigt die Wiederholung mit dem Wort „richtig".

Abwicklung eines Gespräches

Fdl<br>
Bf Adorf                    P2                    P4                    Fdl<br>
                                                                       Bf Bstadt

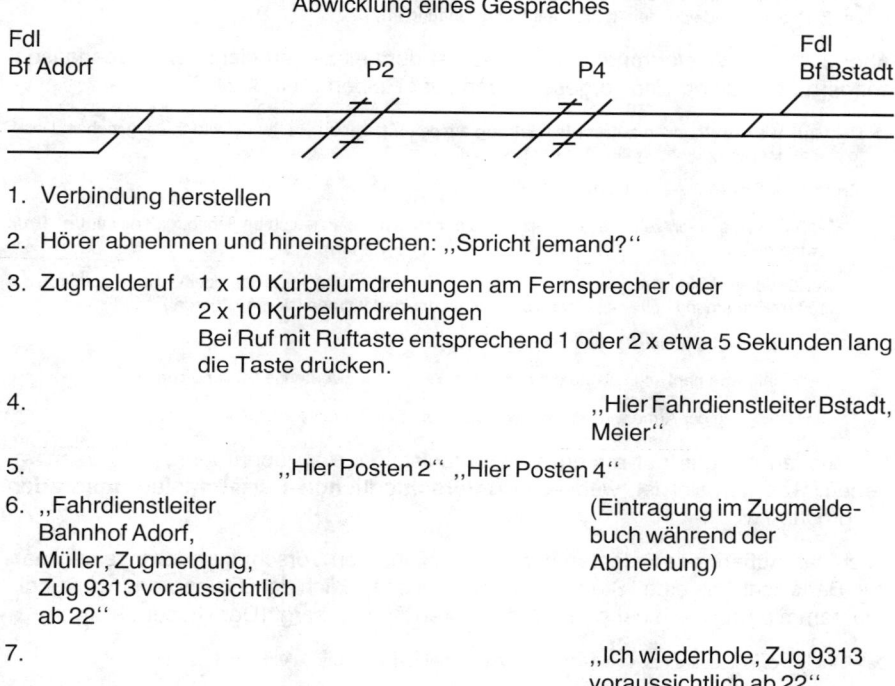

1. Verbindung herstellen

2. Hörer abnehmen und hineinsprechen: „Spricht jemand?"

3. Zugmelderuf   1 x 10 Kurbelumdrehungen am Fernsprecher oder<br>
                 2 x 10 Kurbelumdrehungen<br>
                 Bei Ruf mit Ruftaste entsprechend 1 oder 2 x etwa 5 Sekunden lang<br>
                 die Taste drücken.

4.                                                „Hier Fahrdienstleiter Bstadt,<br>
                                                  Meier"

5.                        „Hier Posten 2" „Hier Posten 4"

6. „Fahrdienstleiter                              (Eintragung im Zugmelde-<br>
   Bahnhof Adorf,                                 buch während der<br>
   Müller, Zugmeldung,                            Abmeldung)<br>
   Zug 9313 voraussichtlich<br>
   ab 22"

7.                                                „Ich wiederhole, Zug 9313<br>
                                                  voraussichtlich ab 22"

8. „Richtig"

In der Bundeswehr finden wir, aufruhend auf einem zum Wert an sich erhobenen und absoluten Hierarchieprinzip, eine – verglichen mit „normalen" Amtsstuben und Großraumbüros – überaus starke Reglementierung der Rollen und Interaktionen. Da gibt es eine Grußordnung mit einer Grußpflicht, die u. a. inner- und außerhalb des Dienstes gegenüber den unmittelbaren Vorgesetzten vom Unteroffizier an aufwärts besteht – mit Ausnahmen allerdings: „Wenn der Untergebene den zu grüßenden Vorgesetzten **am Tage mehrmals** hintereinander trifft ... so braucht der **Gruß nur ein-**

**mal** bei der ersten Begegnung erwiesen werden" (Der Reibert, 62). Das „Verhalten bei Gesprächen mit Vorgesetzten und bei Meldungen" ist weithin formalisiert und ritualisiert, wie die folgenden Passagen aus der ZDv 3/2 deutlich zeigen (Der Reibert, Teil B, 9 ff.):

„1. Wird der Soldat von einem Vorgesetzten **angesprochen,** so nimmt er **Front zum Vorgesetzten und Grundstellung** ein. (. . .)

2. Wird der Soldat **innerhalb der Teileinheit/Einheit** von einem Vorgesetzten angesprochen, so steht er still, (. . .)

3. Bei **Beginn** und am **Ende** eines Gespräches ist in Grundstellung zu **grüßen.** (. . .)

4. Hat ein Soldat einem Vorgesetzten zu **melden,** so nimmt er drei Schritte vor ihm Grundstellung ein und grüßt vor Beginn und am Ende der Meldung durch Anlegen der rechten Hand an die Kopfbedeckung bzw. an den Kopf. Der Meldende tritt mit einer Kehrtwendung ab."

Aber auch die „Ausführung des Grußes" ist dem einzelnen nicht selbst überlassen, sondern überaus präzise vorgeschrieben (Der Reibert, Teil B, 24 f.):

„1. Der Gruß wird **straff** und in **aufrechter Haltung** ausgeführt. Der zu Grüßende wird frei angesehen. Dabei folgt ihm der Blick durch Drehen des Kopfes. (. . .)

2. **Grüßen im Gehen** . . . – Ausführung:

– Der Gruß ist so rechtzeitig (etwa 5 Schritte) vor dem Vorgesetzten zu beginnen, daß dieser den Gruß erwidern kann. (. . .)

– Der **Gruß wird beendet,** wenn der Vorgesetzte (etwa 2 Schritt) vorbei ist, oder – wurde der Gruß auf größere Entfernung erwiesen – sobald der Gruß erwidert worden ist. – Ausführung:

– Der Kopf wird geradeaus genommen.

– Der rechte Arm geht schnell und auf kürzestem Wege in die vorherige Stellung zurück.

– Die Bewegung der Arme wird wieder zwanglos dem Schritt angepaßt."

(Versuchen wir das auf andere Großorganisationen zu übertragen, so wissen wir genau, was gemeint ist, wenn von **unterschiedlichen Bürokratisierungsgraden** gesprochen wird).

Auch das Äußere des Soldaten unterliegt bestimmten Vorschriften, etwa seine Haar- und Barttracht, wie eine „Stubenordnung" (einschließlich der „Spindordnung") für die Programmierung auch der persönlich-intimen Sphäre sorgt (Der Reibert, 92 ff.):

Das **Bett** ist vom Soldaten nach einheitlichem Muster herzurichten und in Ordnung zu halten.

**Hände und Fingernägel sind mindestens vor jeder Mahlzeit und nach jeder Toilettenbenutzung zu säubern.**

Soweit die „Sozialisation in kasernierter Vergesellschaftung" (Treiber 1973), aber auch normale Bürokratien neigen stets zur Perfektionierung, wenn es um die Steuerung ihrer Mitglieder geht; und dies sogar im Hinblick auf deren mehr informelle Beziehungen, wie ein uns vorliegender behördeninterner Vermerk über die **Regelung für die Feiern im Referat XY und außerhalb des Referats** zeigt, in dem es u.a. heißt:

1. Die Mitarbeiter des Referats XY einschl. der Arbeitsgruppenleiter werden weder offiziell noch inoffiziell „beschenkt". Die Mitarbeiter versagen es sich auch, sog. private Geschenke anläßlich von Geburtstagen und Beförderungen zu machen.

In besonderen Fällen (z.B. Geburt, Eheschließung, Jubiläum, Ausscheiden) kann im Einvernehmen mit den Mitgliedern des Referats ein Geschenk gekauft werden.

2. Anläßlich von Beförderungen und Geburtstagen erhalten die Mitglieder des Referats XY einen Blumenstrauß. Jeder planmäßige Mitarbeiter des Referats XY zahlt hierfür einen Beitrag von 1,- DM. Höhere Beträge werden nicht entgegengenommen. (...)

## 2.3.2 Der Begriff der „totalen Institution"

Soweit unsere Beispiele, mit denen wir die mögliche Funktionalität vieler Vorschriften (d.h. das Maß, in dem sie für die Zielerreichung der angesprochenen Organisationen sinnvoll und nützlich sind) nicht infragestellen wollen, sondern mit denen wir lediglich zu zeigen versucht haben, in welch hohem Maße menschliches Verhalten in Großorganisationen festgelegt und vorprogrammiert werden kann.

Diesen Zustand einer perfektionierten bzw. übersteigerten Bürokratisierung, d.h. einer auf die Spitze getriebenen Regelung menschlichen Verhaltens erfaßt Erving Goffman (1962) mit seiner Kategorie der **totalen Institution,** die sich inhaltlich wie folgt kennzeichnen läßt:

— Begrenzung des Lebens auf einen engen räumlichen Bereich unter Führung einer Autorität,

— gleiche Behandlung und gleiche Tätigkeit für sämtliche Insassen,

— Reglementierung des gesamten Tätigkeitsablaufes durch ein System expliziter Regeln, deren Einhaltung durch einen Stab von Funktionären überwacht wird,

— Vereinigung der erzwungenen Tätigkeiten in einem einzigen rationalen Plan, der angeblich der Erreichung der Organisationsziele dient (vgl. Pfeiffer 1976, 85).

Autoren, die sich mit militärischen Organisationen beschäftigt haben, stellen Merkmale wie „die scharfe Trennung zwischen Vorgesetzen und Untergebenen, eine erhebliche soziale Distanz zwischen beiden, die Isolierung von der Umwelt und die Suspendierung von anderen Rollenverpflichtungen" heraus (R. Ziegler 1968, 16). Als besonders typisch aber gilt „die Aufhebung der in unserer Gesellschaft üblichen physikalischen Trennung der drei Lebensbereiche Arbeit, Freizeit, Schlaf und die soziale Deprivation der Mitglieder, d.h. die Beraubung ihrer Kommunikationschancen" (Lisch 1976, 11). Insgesamt zielen alle diese Strukturmerkmale „auf eine Vereinnahmung des Menschen in seiner Gesamtheit in die Organisation, es verbleibt ihm keine Identität außerhalb derselben; sofern eine solche beim Eintritt noch vorhanden ist, wird diese systematisch abgebaut" (Pfeiffer 1976, 85). Obwohl möglicherweise nur als Ideal- bzw. Grenztypus gemeint, werden als Beispiele für real bestehende totale Institutionen Altersheime, Sanatorien, Gefängnisse, Gefangenenlager, Kasernen, Schiffe, Internate, Arbeitslager und Klöster genannt (wobei sich die Mitglieder durchaus auch freiwillig rekrutieren können).

Totale Institutionen sind generell hoch bürokratisiert, ja überbürokratisiert, und auch „normale Behörden" können, zumindest in Teilen, Züge von totalen Institutionen annehmen (vgl. dazu Bosetzky 1978c). Jeder möge das einmal anhand eigener Beobachtungen prüfen; in der Organisationssoziologie jedenfalls gelten in der öffentlichen Verwaltung Ausgleichs-, Versorgungs-, Standes-, Kraftverkehrs- und Landesverwaltungsämter sowie Gerichte und Landeshauptkassen als **besonders hoch bürokra-**

**tisiert** (vgl. Senatskanzlei Bremen 1972, 86) und im allgemeinen Betriebe mit Groß-serienfertigung (Woodward 1968), Hotels (Hall 1968), Kaufhäuser, Versicherungen und Banken.

### 2.3.3 Überkomplizierung, Übersteuerung und Überstabilisierung großer Organisationen

Die perfektionierten Bürokraten zeigen der Tendenz nach auch jene Erscheinungen, die Klaus Türk (1976) als **pathologische Grundmuster** bezeichnet: Überkomplizie-rung, Übersteuerung und Überstabilisierung. Dazu einige Erläuterungen:

(1) **Überkomplizierung** liegt vor, wenn die Organisation so komplex, vieldeutig und in sich widersprüchlich geworden ist, daß ihre Mitglieder überfordert sind, wenn sie begreifen wollen, was wo und aus welchen Gründen geschieht (vgl. Bosetzky 1976 a). Türk sieht hier drei Erscheinungsformen (113–122):

— **Vielfältigkeit oder strukturelle Überlastung** (d. h. das Ausmaß der an einen Mitarbeiter gestellten Ansprüche oder die Menge der zu berücksichtigenden Möglichkeiten bzw. Sachverhalte ist zu groß; es besteht für ihn Rollenstreß und Rollenüberlastung = role overload);

— **Mehrdeutigkeit oder strukturelle Ambivalenz** (das meint, daß es in der Organisation unklare Zielvorgaben gibt, daß Kompetenzen und Verantwortung unklar gegeneinander abgegrenzt sind, daß Informationen über die allgemeine „Geschäftspolitik" fehlen, daß die Normen flexibel interpretierbar sind und damit Unsicherheit stiften und daß die Vorgesetzten nicht genau erkennen lassen, nach welchen Kriterien sie die Leistungen ihrer Mitarbeiter bewerten);

— **Gegensätzlichkeit oder strukturelle Widersprüchlichkeit** (d. h. es gibt in der Organisation eine Reihe von Ziel- und Rollenkonflikten).

(2) **Übersteuerung** ist dann gegeben, wenn eine Organisation so einfach strukturiert ist, daß ihre Mitglieder unterfordert werden. Türk (122–135) sieht auch hier drei Erscheinungsformen, die mit denen der Überkomplizierung, deren Gegenteil die Übersteuerung ja ist, korrespondieren:

— **Einfältigkeit oder strukturelle Simplizität** (d. h. die Aufgaben in der Organisation sind übermäßig differenziert und standardisiert, die Arbeit ist einförmig und reizarm, ist bloße Routine, und alles ist völlig berechenbar);

— **Beschränktheit oder strukturelle Rigidität** (d. h. die Mitarbeiter haben keinerlei Handlungsspielräume; alles, was zu tun ist, wird hundertprozentig festgelegt);

— **Unterdrückung oder strukturelle Repressivität** (d. h. es werden alle die Elemente aus dem Handlungsrepertoire eines Mitarbeiters verboten bzw. unterdrückt, die die Organisation nicht benötigt, beispielsweise Emotionalität und Subjektivität).

(3) **Überstabilisierung** (136–145) tritt dann ein, wenn die Mitarbeiter ihre Organisation als den Mittelpunkt der Welt sehen und sich Ziele und Rollen verselbständigen (man verhält sich nicht mehr als Mensch, sondern nur noch als Beamter) und wenn Normen und Regelungen gleichsam zu Dingen werden, zu vom menschlichen Willen abgelösten Sachzwängen: „Menschen geraten in die Abhängigkeit ihrer eigenen

Produkte, sind ihnen unterworfen, räumen ihnen Vorrang ein" (= Prozeß der Verdinglichung).

Überkomplizierung, Übersteuerung und Überstabilisierung sind drei sichere Anzeichen einer perfektionierten und übersteigerten Bürokratie; wir können natürlich auch sagen, daß erst sie es sind, die eine perfekte Bürokratie ausmachen.

Parallel zur Perfektionierung laufen aber in jeder Großorganisation auch Prozesse der Auflockerung bürokratischer Organisationsformen ab. Davon soll dann im nächsten Abschnitt die Rede sein.

## 2.4 Auflockerung bürokratischer Strukturen

### 2.4.1 Alternativen zur bürokratischen Organisation

Wir hören viel von der Verbandshierarchie des Deutschen Fußballbundes (DFB) und der rigiden Herrschaft seiner Funktionäre; stellen wir uns einmal vor, die Fußball-Nationalmannschaft würde nun ebenfalls nach streng bürokratischen Prinzipien agieren:

Der gegnerische Außenverteidiger, ein ansonsten unüberwindbarer Spieler, wartet vergeblich auf den Abseitspfiff des Schiedsrichters und zögert einen Augenblick zu lange, so daß der deutsche Rechtsaußen urplötzlich freie Bahn hat. Dies sieht der deutsche Libero, der in dieser Sekunde den Ball führt. Seine generelle Weisung, die er vor dem Spiel vom Bundestrainer bekommen hat, lautet, den Ball stets nach links zum deutschen Mittelfeldregisseur zu schlagen. In einer streng bürokratischen Organisation müßte er nun bei seinem Trainer nachfragen, was jetzt zu tun sei, und zwar schriftlich, um sich – sollte seine Aktion womöglich einen ertragreichen Gegenangriff der anderen Mannschaft auslösen – gegen spätere Vorwürfe und negative Sanktionen abzusichern. Die Anfrage wäre allerdings unter Einhaltung des Dienstweges über den Mannschaftsführer (den „Kapitän") zu leiten, da der nicht ohne Kenntnis des Vorganges bleiben kann und im Zweifelsfalle den Trainer zu beraten hat. Der Trainer seinerseits müßte, zumal dies – beim Stande von 0 : 0 und zehn Minuten vor Schluß – ein Fall von erheblicher Brisanz ist, eine Aktennotiz anfertigen und damit den DFB-Präsidenten informieren, selbstverständlich mit der Bitte, die Sache baldmöglichst zu entscheiden. Doch der Präsident beeilt sich vorerst nur, andere Dienstgeschäfte vorzuschützen, denn das Ganze ist für ihn wenig erfreulich, weil sich im letzten Jahr Torwart und Mittelfeldregisseur in entscheidenden Fragen ein gewisses Mitspracherecht erkämpft haben und man sich nun erst zur gegenseitigen Abstimmung zusammensetzen müßte. So bleibt ihm im Augenblick nur, den Libero um eine ausführliche schriftliche Begründung für seinen geplanten Spielzug zu bitten. Daran anschließend wären dann zwei bis drei Sachverständigengutachten anzufordern. Das Wissen um diese sich zwangsläufig ergebenden Schwierigkeiten läßt den Trainer die Siegeschance verfluchen, die sich da so gänzlich unerwartet aufgetan hat, er zögert aber auch, weil der Libero erst gestern vom Torwart, dem dienstältesten Spieler und Vorsitzenden des örtlichen Personalrats zur Beförderung vom Reserve- zum Stammspieler vorgeschlagen worden ist und nun auf keinen Fall zum Versager gemacht werden darf, das gäbe unnötigen Ärger. Wenn der geplante 40 m-Paß nun ins Aus ginge oder den gefürchteten Konter des Gegners auslöste? Der Libero, den Ball am Fuß, ahnt inzwischen, wieviel Arbeit und Verdruß er seinen Vorgesetzten und

Kollegen mit seinem überraschenden Spielzeug bereiten könnte und überlegt, ob es bei einem der bisherigen rund fünfhundert Länderspiele schon mal einen ähnlichen Fall gegeben hat und wie dort entschieden worden ist. Auch wären bestimmte Gesetze, Vorschriften und Grundsatzurteile in Erwägung zu ziehen, ebenso wäre die Meinung der Sportpolitiker, der Presse, der Zuschauer und der Öffentlichkeit ganz generell in Rechnung zu stellen. Vielleicht sollte er den gerade vorbeieilenden Linksaußen fragen, aber der winkt dankend ab: diese Frage fiele nicht in seinen Kompetenzbereich. Inzwischen weist der Mannschaftsführer den Libero an, sich endlich die Stutzen hochzuziehen, welchen Eindruck würde man wohl in der Öffentlichkeit hinterlassen, wenn man derart schludrig herumliefe, während der Trainer-Assistent ihn wegen einer abermals falsch ausgefüllten Reisekostenabrechnung zu kritisieren beginnt. Höflich befragt, wie es denn nun mit der noch immer ausstehenden Entscheidung im Falle seines 40 m-Passes zum Rechtsaußen stünde, zuckt der Trainer die Schultern: er habe den Dienstweg eingehalten und im übrigen wolle er sich nicht mehr aufregen, schließlich werde er im nächsten Jahr pensioniert. Daraufhin spielt der Libero den Ball zum Torwart zurück und begibt sich an eine Stelle des Platzes, wo er in der nächsten Zeit keine weitere Ballberührung zu befürchten hat ...

Dieses fiktive Beispiel zeigt uns, weil die Wirklichkeit ja eine (wenn auch manchmal nur noch geringfügig) andere ist, zumindest zweierlei:

— erstens, daß es in einer grundsätzlich hierarchisch-bürokratischen Organisation (Fußballbund) durchaus auch Teilsysteme geben kann, die anders organisiert sind (die Mannschaft) – und

— zweitens, daß unter bestimmten Bedingungen andere Organisationsformen als die bürokratische offenbar wesentlich leistungswirksamer sind.

Diese Gegenmodelle zur bürokratischen Organisation finden wir unter verschiedenen Bezeichnungen (vgl. Hill, Fehlbaum & Ulrich 1974 und die einprägsame Gegenüberstellung bei Kübler 1975, 33), beispielsweise als organische Organisation (Burns & Stalker 1968), teamartig-professionelle bzw. professionell-teamartige Organisation (Bosetzky, Fischer & Tiefensee 1975 bzw. Mayntz 1978) oder assoziative Organisation (Bosetzky 1970, vgl. auch Gronemeyer 1973 und Pfeiffer 1976). Diese **kooperativen Modelle** (Lipp 1978) lassen sich im wesentlichen durch folgende Merkmale bestimmen (hier nach Bosetzky 1975):

— keine dauerhafte Formalisierung der Arbeit und keine konditionale Programmierung der Mitarbeiter, sondern kurzfristig definierte Positionen und Rollen und Verteilung von Kompetenzen und Aufgaben von Fall zu Fall auf besonders spezialisierte und am wenigsten ausgelastete Mitarbeiter bei provisorischen Steuerungssignalen des Koordinators;

— keine enge Spezialisierung, sondern umfassende Kenntnisse und Fertigkeiten aller Organisationsmitglieder, so daß prinzipiell und nach kurzer Einarbeitungszeit jeder jede Rolle übernehmen kann;

— keine Kontrolle durch einen Vorgesetzten, sondern Kontrolle durch den Arbeitsfluß, die Kollegen und die Fachöffentlichkeit (Ergebniskontrolle) und vor allem Innensteuerung mit Hilfe internalisierter Kontrollmechanismen;

— keine Alleinentscheidungsvollmacht eines Vorgesetzten, wichtige Entscheidungen werden in Kollegien oder unter Beteiligung aller getroffen, während die Koordinierung der laufenden Arbeit durch einen gewählten Koordinator oder Koordinationsausschuß besorgt wird;

— keine stabile Hierarchie, nur eine instabile Schichtung aufgrund fachlichen Könnens mit einem Primus inter pares auf begrenzte Zeit;

— keine dauerhaft festgelegten Kommunikationskanäle, sondern Kommunikation nach Bedarf;

— keine Benutzung der Kommunikationswege zur Übermittlung von Befehlen (von oben nach unten) und von Vollzugsmeldungen (von unten nach oben), sondern zur Weitergabe von Sachinformationen, Ratschlägen etc.;

— keine Informationsmonopolisierung an der Spitze, wichtige Informationen sind allen zugänglich und die Informierung anderer erfolgt ohne Aufforderung;

— keine schriftliche Fixierung aller Vorgänge, sondern Vorrang der mündlichen Kommunikation;

— keine erschöpfende Disziplinarordnung, sondern fließende und extensiv ausgelegte Verhaltensnormen.

Es gibt nun **zwei Typen von Organisationsmitgliedern,** die in diese Strukturform „passen" bzw. sie zur Verwirklichung ihrer persönlichen Ziele benötigen, den technokratisch-professionellen und den kritisch-emanzipatorischen Typ.

Der **technokratisch-professionelle Typ** läßt sich wie folgt kennzeichnen:

— umfassende Fertigkeiten und Kenntnisse, kann Gesamtaufgaben lösen;

— keine Überwachung nötig, da volle Internalisierung der notwendigen Normen und Standards;

— Ausbildung in besonderen Organisationen;

— keine unbesehene Unterordnung unter die Regeln der Organisation, sondern Forderung nach Autonomie;

— Bereitschaft zur Übernahme der vollen Verantwortung für Entscheidungen und Handlungen;

— Blickrichtung auf den großen Zusammenhang und die Lösung der Gesamtaufgabe;

— Suche nach Kooperation und Diskussion mit den Kollegen, Betrachtung der Teamarbeit als optimales Mittel zur Zielerreichung;

— „kosmopolitische Orientierung" (Gouldner & Newcomb 1968), d.h. Ausrichtung des Strebens und Denkens an den Normen und Werten der „Profession";

— Aufgehen in der Arbeit, inneres Interesse daran, intrinsische Motivation;

— Karriere durch den Wechsel zwischen den Organisationen;

— technokratische Orientierung, d.h. elementares Interesse am optimalen Funktionieren des Systems bei Indifferenz gegenüber politischen, philosophischen, polit-ökonomischen und soziologischen Fragen;

— Interesse an der Erhaltung des gesellschaftlichen Status quo, Bewunderung von Unternehmerpersönlichkeiten und charismatischen Führern (sog. „Machern"), Herausbildung eines Elitebewußtseins.

Der **kritisch-emanzipatorische Typ** ähnelt dem technokratisch-professionellen Typ hinsichtlich der professionellen Komponente, zeigt aber auf der gesamtgesellschaftlichen bzw. Bewußtseinsdimension eine Reihe anderer und zusätzlicher Merkmale:

— Ablehnung des spätkapitalistischen Systems, Hinarbeiten auf eine „alternative" bzw. humanere Gesellschaft;

71

— Orientierung am Modell der kooperativen Selbstorganisation und an der Humanisierung der Gesellschaft (Aufhebung von Entfremdung und Verdinglichung des Menschen, Abbau von Deprivationen, Emanzipation der Unterprivilegierten);

— Versuch der Veränderung der eigenen Organisation und Versuch, mit ihr als Instrument gesellschaftliche Strukturen aufzubrechen;

— dauerndes Stellen von Sinnfragen;

— basisdemokratische Vorstellungen.

Der Idealtyp der **assoziativen Organisation** (Bosetzky 1970) ist insofern weiter gefaßt als der der teamartig-professionellen Organisation, als hier – über die eben beschriebenen Strukturmerkmale hinaus – jedes Organisationsmitglied die gleichen Eigentumsrechte an den Produktions- und Verwaltungsmitteln besitzt und alle Entscheidungen Gruppenentscheidungen sind.

Nun hofft zwar Gronemeyer (1973, 167), daß insbesondere die Bürgerinitiativen die öffentliche Bürokratie in Richtung assoziative Organisation drängen könnten, aus dem vorangegangenen Kapitel aber wissen wir bereits, daß sich dieser dem Weberschen konträre Idealtypus wegen der verfassungsmäßigen Einbindung der öffentlichen Verwaltung, aber auch ihrer historischen, umweltbedingten und innerorganisatorischen Bedingungen wegen, derzeit bestenfalls als nützliche Utopie eignet, d.h. als Aufforderung zu systemkonformen Innovationen. Wer sie als Beamter oder Beamtenanwärter dennoch fordert, läuft Gefahr, als „Verfassungsfeind" zu gelten, denn: „Enthierarchisierung der Verwaltung bleibt eine systemverändernde politische Forderung außerhalb des grundgesetzlichen Rahmens." (Lepper 1972, 146)

Das liegt (noch immer) ganz auf der Linie Max Webers, denn der „betrachtet Herrschaft und Unterordnung als wesentliche Aspekte des sozialen Lebens – nicht als etwas, das aufgehoben werden kann" (Bologh 1985, 23), wovon aber etwa 5 % der Bundesdeutschen, insbesondere jüngere Menschen, durchaus überzeugt sein dürften (vgl. den Abschnitt 1.1.3).

Bleiben wir also bei den „erlaubten" wie realistischen und machbaren Formen und Möglichkeiten der Auflockerung bürokratischer Strukturen und ihres effizienzsteigernden Abbaus.

## 2.4.2 Auflockerung bürokratischer Strukturen im Organisationsalltag

Um zu verstehen, daß Großorganisationen niemals optimal funktionieren können, wenn sich ihre Mitglieder streng (bzw. stur) an **alle** ihnen vorgegebenen Gesetze, Normen und Regelungen halten, brauchen wir nur an die vielen Aktionen im Arbeitskampf zu erinnern, die unter dem Motto „Dienst nach Vorschrift" stattgefunden haben: stunden- und tagelang verzögerte Arbeitsabläufe waren die Folge. Da nun Dienstleistungsorganisationen im „Normalfalle", also bei einem „zweckdienlichen Regelverstoß" ihrer Mitarbeiter, offensichtlich wesentlich besser funktionieren, können wir daraus schließen, daß in Großorganisationen nichts so bürokratisch abläuft, wie es auf dem Papier steht. Erst ein bestimmtes Maß an **brauchbarer Illegalität** (Luhmann 1964), **Verdrängung bürokratischer Elemente** (Bosetzky 1974d) und pragmatischer Entscheidungsfindung nach der **Methode des „Durchwurstelns"** (Lindblom 1976) läßt eine Großorganisation funktionieren. Insbesondere da, wo es eine Vielzahl von – teilweise in sich auch noch widersprüchlichen – Normen gibt, können Vorgesetzte durch eine **Strategie des Sanktionsverzichtes,** bei der sie nur ganz bestimmte Normenverstöße zur Kenntnis nehmen und bestrafen, soziale Systeme praktisch funktionsfähig halten (vgl. Phelan 1968, Treiber 1973). Gouldner (1954) spricht in diesem Zusammenhang vom „indulgency pattern", d.h. von einem **Verhaltensmuster der Nachsichtigkeit** oder vom Prinzip der Großzügigkeit, das Vorgesetzte der besseren Steuerung ihrer Mitarbeiter wegen an den Tag legen.

Halten wir noch einmal zweierlei fest:

— die bürokratische Organisationsform ist unter bestimmten Bedingungen nicht sehr zweckmäßig – und

— die im Idealtypus aufgeführten bürokratischen Strukturmerkmale beschreiben nicht die Wirklichkeit großer Organisationen (vgl. Mayntz 1978, 112).

Für Luhmann (1968) ist dieser Tatbestand vor allem darauf zurückzuführen, daß Max Weber

— alles Geschehen in einer Organisation als rein interne Vorgänge ansieht und das Verhältnis des Systems zur Umwelt vernachlässigt;

— Befehl und Gehorsam überbetont und die anderen Gründe der Leistungsmotivation nicht genügend in Rechnung stellt;

— Organisationen zu stark mit dem vereinfachten „Denkmittel des Zweckmodells" begreift, also davon ausgeht, als könnten und würden alle Mitglieder ihr Handeln an widerspruchsfreien und voll geteilten Zwecken ihrer Organisation ausrichten.

Kurzum, bürokratische Organisationsmuster müssen aus diesen und aus anderen Gründen aufgelockert werden, soll die Organisation funktionieren und sollen ihre Mitglieder einen gewissen Zufriedenheitsgrad erreichen. Wie diese **Auflockerung** im Organisationsalltag ganz konkret aussieht, wollen wir im folgenden kurz schildern (vgl. Luhmann 1968, Laux 1975, 22, Mayntz 1978, 112–115, sowie unsere Abschnitte 4.6, 4.7, 5.3 und 5.5). Die folgenden **Abweichungen von der bürokratischen Norm** scheinen uns dabei von besonderer Bedeutung zu sein:

(1) **Die Selbststeuerung der Mitarbeiter,** das heißt, daß sie ohne Anwesenheit und Eingreifen ihres Vorgesetzten schon von sich aus das Richtige tun, weil sie

— genügend professionalisiert und intrinsisch motiviert sind (also über eine ausreichende Innensteuerung verfügen),

— aus technokratischer wie legalistischer Einsicht heraus das tun, was technische Regelungen im Arbeitsprozeß und gesetzlich fixierte Programme von ihnen verlangen,

— von ihren Kollegen (durch Gruppen- und Majoritätsdruck) sowie den Klienten der Organisation zu einem zielgerechten Verhalten gedrängt werden,

— sie wissen, daß sie mangels anderer beruflicher Möglichkeiten so handeln müssen, wie es die Organisation von ihnen verlangt (= resignativer Gehorsam, vgl. 4.4.1),

— sie wissen, daß Anpassung und Gehorsam am ehesten belohnt werden (= kalkulierter Gehorsam, vgl. 4.4.1).

**(2) Die fachliche Überlegenheit der Mitarbeiter dem Vorgesetzten gegenüber,** die die formal zugewiesene Befehlskompetenz und den tatsächlichen Einfluß auf Entscheidungen mitunter weit auseinanderfallen läßt und dafür sorgt, daß zahlreiche Arbeitsvorgänge der Kontrolle durch den Vorgesetzten entzogen bleiben müssen.

**(3) Die Machtlosigkeit mancher Vorgesetzter ihren Mitarbeitern gegenüber,** die nicht nur eine Folge der Selbststeuerungsmöglichkeiten wie der fachlichen Kompetenz der Untergebenen ist, sondern auch auf deren Zugehörigkeit zu bestimmten informellen Gruppen und Koalitionen (vgl. Abschnitt 4.7) und der Uneinsehbarkeit vieler ihrer Außenkontakte zurückzuführen ist (so kann beispielsweise der aufsichtsführende Beamte in einer Störungsstelle der Post nur schwer nachprüfen, wann sein Störungssucher wo und wie welchen Telefonanschluß mit welchem Zeitaufwand repariert hat, und der Leiter einer Erziehungsberatungsstelle kann nicht bei den Gesprächen dabeisein, die seine Psychologen mit den Eltern führen).

**(4) Das hohe Maß an horizontaler Kooperation,** das im Weberschen Idealtypus nicht vorgesehen ist, ohne das aber im Organisationsalltag „nichts läuft".

**(5) Die Seltenheit direkter Weisungen und Befehle,** die ihre Ursache in den eben aufgeführten Gegebenheiten wie im Selbstverständnis der Untergebenen und dem „Zeitgeist" hat, der die Selbststeuerung des Menschen und demokratische Kooperationsformen (zumindest in den oberen Mittelschichten) hoch bewertet, die aber auch darauf zurückzuführen ist, daß dem „modernen Vorgesetzten" noch andere Signale zur Verfügung stehen, den Untergebenen zu steuern, so zum Beispiel (nach Bosetzky 1970, 266):

„1. Der Wink (er berichtet Dritten, von denen er weiß, daß sie mit dem Untergebenen kommunizieren, von seinen Wünschen oder demonstriert an einem anderen Fall, wie sich ein ‚guter' Untergebener zu verhalten habe);

2. der Scherz (er malt in kabarettistisch-parodistischer Form aus, was passieren würde, wenn der Untergebene seinen Wünschen entspräche bzw. nicht entspräche);

3. der Tip (er malt dem Untergebenen informell aus oder deutet es mit Gesten an, daß eine bestimmte Reaktion für diesen vorteilhaft wäre);

4. der Prozeßverweis (er legt dem Untergebenen die zu bearbeitenden Belege o. dgl. kommentarlos vor; der Untergebene ist auf Gehorsam gegenüber den Prozeßzwängen institutionell – also ohne Bezug auf den jeweiligen Vorgesetzten – verpflichtet);

5. die Bitte (er bezieht sich auf das Mitarbeiterverhältnis oder täuscht dem Untergebenen einen Mitarbeiterstatus vor und stellt stillschweigend oder ausdrücklich positive Sanktionen bzw. die Aufhebung negativer Sanktionen in Aussicht) . . ."

**(6) Die erhebliche Privatisierung der Bürowelt,** wie wir sie weiter unten (im Abschnitt 4.6) mit dem Phänomen der „kameradschaftlichen Bürokratie" (Bosetzky 1971) genauer beschreiben werden.

Wiederholen wir also: Keine Großorganisation ist so bürokratisch, wie es auf dem Papier steht. Dennoch sind gerade im Bereich der öffentlichen Verwaltung als Folge der wachsenden Kritik an ihrer Arbeitweise und der Einsicht in ihr Dilemma (vgl. Laux 1978) in den letzten Jahren in erheblichem Maße Forderungen nach ihrer Entbürokratisierung erhoben worden und an einigen Stellen auch schon entsprechende Modifizierungs- bzw. Modernisierungsvorhaben geglückt.

Insgesamt läßt sich sogar von **anarchischen Elementen und Tendenzen** in Großorganisationen sprechen (vgl. Bosetzky 1982), womit generell gemeint ist

— das Streben nach Aufhebung der Herrschaft von Menschen über Menschen und
die Abschaffung von Herrschaftssystemen, vor allem aller hierarchisch strukturierten Gebilde,

— der Versuch, den Bedürfnissen des einzelnen gegenüber den Zwängen der Organisation und ihren Ansprüchen Priorität einzuräumen –

— das dauernde (zumindest latente) Revoltieren gegen die Hierarchie und die Führenden.

In der bürokratischen Organisation sind es grundsätzlich drei soziale Tatbestände,
die dem „Prinzip Ordnung" systemimmanent bedingt **Un-Ordnung** entgegenstellen:

(1) Die Auflehnung gegen den Führenden als Notwendigkeit der Persönlichkeitsent-
wicklung.

(2) Die Auflehnung gegen den Führenden als Folge der Herrschaftsstruktur und der
sozialen Ungleichheit in Großorganisationen.

(3) Die permanente Abwertung von Führenden als Folge politischer und mikropolitischer Einflüsse und Aktivitäten (vgl. Abschnitt 4.7).

Was die **Managementphilosophien** betrifft, so hat in letzter Zeit Gerd Gerken
(1991) mit seinen vom Taoismus abgeleiteten Thesen, also aus der ‚Ecke' der New-
Age-Bewegung kommend, viel Aufsehen erregt und den Trend der Hinwendung zu
den neuen, den post-materiellen Werten (vor allem Hedonismus und Selbstentfaltung) in der Arbeitswelt sicherlich gefördert. Wir wollen darum seine wichtigsten Thesen hier kurz wiedergeben (49):

(1) Selbstentfaltung ist das vorherrschende Leitziel.

(2) Man versteht sich als Coach seiner Mitarbeiter und als Kultivierer ihrer latenten
oder verborgenen Fähigkeiten.

(3) Spaß- und Sinnerzeugung sind die Quellen kontinuierlicher Handlungs-Leiden-
schaft und Produktivität.

(4) Man setzt auf Selbstorganisation statt auf starre Organisations-Schemen und
klassische Strategien.

(5) Vertrauen ist die Basis der Entfaltung.

Und weiterhin (vgl. dazu auch den Abschnitt 2.4.4):

— „... das neue Paradigma der New Ager geht explizit von **Turbulenz,** ja von Chaos
und von **Autopoiese** (Selbstgestaltung bzw. Selbstorganisation lebendiger Systeme) aus." (105f.)

— „Die Konsequenz...: Abschied vom Taylorismus. Abschied vom Maschinenden-
ken. Und damit Abschied vom kartesianischen Bild einer linearen und rationalen
Steuerung von Menschen und Prozessen. Hin zu **Modellen der Selbst-Steue-
rung...**" (124)

— „Die Zeit der Hierarchien geht zu Ende" (124)

— „... das New Age-Postulat für Turbulenzen ...: **Mehr Ordnung durch mehr Freiheit.**" (127)

— „Die Organisations-Trends laufen darauf hinaus, aus möglichst vielen Mitarbeitern möglichst viele Chefs zu machen (Stichwort: Dezentralisierung und Selbst-Beauftragung)." (179)

— „Die kommenden Generationen werden sich immer mehr vom materialistischen Ideal zur post-materialistischen Orientierung entwickeln. (...) Das klassische Kader-Prinzip wird für diese Generation keine taugliche Basis mehr darstellen: Sinn wird verlangt statt Disziplin." (187)

### 2.4.3 Zum Abbau bürokratischer Strukturen in der öffentlichen Verwaltung

Alle Faktoren abzuhandeln, die die Entwicklung der öffentlichen Verwaltung in der Bundesrepublik Deutschland entscheidend beeinflußt haben und beeinflussen werden, hieße mindestens, ein weiteres Buch vom Umfange des vorliegenden zu schreiben; so daß wir an dieser Stelle lediglich die wichtigsten – nicht immer scharf voneinander abzugrenzenden – **Entwicklungstrends** umreißen können, die auf den Abbau bürokratischer Strukturen hinwirken (vgl. als neuere Veröffentlichungen zum Problem der Entbürokratisierung Wittkämper 1982 und verschiedene Beiträge in Remer 1982):

(1) Die **anti-hierarchische Denkströmung** (Schnur 1972) mit der Forderung nach möglichst weitgehender Demokratisierung aller Teilbereiche unserer Gesellschaft und der Auflösung autoritärer Strukturen zugunsten teamartig-professioneller Kooperationsformen (vgl. generell zur Demokratisierung von Organisationen Naschold 1969 und speziell verwaltungsbezogen K. König 1973).

(2) Die **Modernisierung der öffentlichen Verwaltung** im Sinne der größeren Durchdringung des Verwaltungshandelns mit ökonomischen Denkkategorien und der Übernahme von Managementkonzepten aus dem Bereich privater Unternehmungen (vgl. dazu Reichard 1973 und 1977, H. König 1977).

(3) Die stärker werdende **Orientierung der Organisationsreferenten am Konzept der Organisationsentwicklung (OE),** das den beiden ersterwähnten Punkten Rechnung trägt (vgl. Banner 1978),

(4) Die zunehmende **Bürgerorientierung der öffentlichen Verwaltung** (vgl. Grunow & Hegner 1978, Pankoke & Nokielski 1977), ohne die sie ihr Ziel des Krisenmanagements und der Sicherung der Loyalität der Mehrheit der Bürger nicht erreichen kann (vgl. Bosetzky 1979).

(5) Der **Abbau der hergebrachten Grundsätze des Beamtentums** (vgl. Ellwein & Zoll 1973).

(6) Die verstärkte **Professionalisierung der Beamten des gehobenen Dienstes** durch Ausbildung in Fachhochschulen, die sie zu Selbststeuerung und ergebnisorientierter Kontrolle befähigt.

All diese Entwicklungstrends haben schon ihren Niederschlag gefunden im **Einbau** von

— Ausschüssen (Arbeitsgruppen, Beiräten, Arbeitskreisen, Gesprächskreisen, Kommissionen und Stäben),

— Konferenzen (Sitzungen, Tagungen, Besprechungen, Experten- und Rundgesprächen),

— Projektgruppen und Teams (vgl. dazu jeweils Laux 1975 und Reichard 1987, ferner Lepper 1972 und Kübler 1974),

— „Planungszellen", wie sie von Dienel (1978) vorgeschlagen werden, d.h. an teamartig-professionellen Kriterien orientierte und zielgerichtet geführte Gruppen zufällig ausgewählter Bürger, die die Neigung der Verwaltung konterkarieren sollen, bei der Planung „vom grünen Tisch aus" zu entscheiden,

— Elementen der Matrix-Organisation (wo sich zwei Hierarchien, eine horizontale und eine vertikale, überlagern und nur durch gemeinsame Aktivitäten Aufgaben erfüllen können; vgl. Kübler 1974, 70–72, und Reichard 1987, 173–175) und

— Elementen der Management-by-Konzeptionen (by Exception, by Delegation und by Objectives; vgl. Kübler 1974,188) in die bürokratische Verwaltungsstruktur, sowie die Delegation von Verantwortung (vgl. Kübler 1974) und die

— Bildung von Betriebseinheiten, d.h. die Verselbständigung (nicht: Privatisierung) bestimmter staatlicher Aufgaben (vgl. Becker 1976; zur Problematik der Privatisierung öffentlicher Aufgaben s. Bischoff & Nickusch 1977).

Die öffentliche Verwaltung ist also vergleichbar mit einem Haus, das nach bürokratischen Strukturprinzipien erbaut worden ist, in dessen einzelnen Räumen sich aber, bei einem Übergewicht des Bürokratischen sicherlich, alle diejenigen Organisationsformen finden lassen, die sich rein logisch auf dem Kontinuum zwischen den Idealtypen bürokratischer und assoziativer Organisation ergeben. Wir haben es also in der Praxis immer mit organisatorischen Mischstrukturen zu tun (vgl. dazu auch Baars 1973), wobei einzelne Subsysteme vom Typ her **Strukturveränderliche** sind (analog zum Begriff des veränderlichen Sterns in der Astronomie), d.h. je nach Aufgabenstellung, Mitgliederzusammensetzung und Rahmenbedingungen ihre Organisationsform und ihre Arbeitsweise verändern.

Denkt man dabei an die **Leistungsoptimierung** des öffentlichen Dienstes, so sollte man sich immer wieder mit Etzioni (1967) daran erinnern, „daß es nicht nur möglich ist, zur gleichen Zeit in der gleichen Organisation einander widersprechende Prinzipien zu verfolgen, sondern daß eine solche ‚Vermischung' erst eine wirksame Organisation ausmacht" (45).

Von den formalen und rechtlichen Grenzen des Abbaus bürokratischer Strukturen in der öffentlichen Verwaltung ist oben schon die Rede gewesen, als Beleg für die affektiven Grenzen soll ein Ausschnitt aus der Diplom-Arbeit eines Verwaltungsmitarbeiters dienen, der in einer der Berliner Hauptverwaltungen mit Aufgaben der Entwicklungshilfe betraut war (Fimmel 1978, 53):

## 2. Abschnitt

„Gerade die Praxis entwickelt eine kuriose Situation: Da die Verwaltung mit ihrem Hierarchie- und Regelsystem nicht an die Substanz der für sie atypischen, nicht verwaltungsadäquaten Aufgaben wie Entwicklungshilfe herankommt, akzeptiert sie etwas für sie grundsätzlich Unangenehmes: Teamarbeit, Arbeitsgruppen usw. mit ‚etwas ungeregelter Arbeitsweise'.

Da solche Arbeitsmethoden (auf die Beurteilungsregeln der Verwaltung soll hier nicht eingegangen werden) grundsätzlich für die Existenz bürokratischer Organisationen (Hierarchie, Spezialisierung, Aufgabenerledigung nach Regeln, Instanzen, Dienstweg) eine Bedrohung darstellen, werden diese Teams und Arbeitsgruppen nicht gefördert und unterstützt (es sei denn, sie dienen einem adäquaten Zweck). Sie werden ‚ins Abseits' gedrängt, man ‚läßt sie machen'. Das Aktionsfeld, die Aufgabe wird zur ‚Spielwiese' für die Verwaltung, die Akteure werden zu Außenseitern (‚freischaffenden Künstlern'), Verwaltungsfachkräften (immerhin ‚Diener des Staates'), denen man ... freiweg das Verwaltungswissen abspricht ...

Sie werden quasi außenstehende ‚Hilfstruppen' der Verwaltungspolitik."

(Ein guter Überblick über die empirische Verwaltungsforschung in der Bundesrepublik Deutschland findet sich bei Bruder 1981).

Wie ein Blick in die neueren Ausgaben der „Zeitschrift Führung + Organisation" (zfo) zeigt, ist der Wertewandel (vgl. Abschnitt 1.3.3) nicht ohne Einfluß auf die „Denker" und „Macher" (Fachwissenschaftler und Organisatoren) und ihre Vorstellung von einer modernen, effizienten und alternativen Organisation geblieben. Lutz von Rosenstiel (1986) sieht einen deutlichen Zusammenhang zwischen dem Wertewandel und den Wünschen der Führungskräfte. „Eine gewichtige Veränderung, die sich aus dem Wertewandel ergibt, besteht darin, daß die einzelnen mehr Autonomie und Selbständigkeit fordern und entsprechend das Feld, in dem sie tätig sind, aktiv mitgestalten wollen" (95). Hans-Christian Riekhof vom Otto Versand (1987) stellt der operativen (in etwa: bürokratischen) eine innovative (in etwa: teamartig-professionelle) Organisation gegenüber, befürwortet den „kreativen Kopf" (mit Neugier und Vorliebe für Neues, Risikobereitschaft, Selbstbewußtsein, Offenheit gegenüber der Umwelt, Konfliktfähigkeit, Nonkonformität des Denkens, Unabhängigkeit von traditionellen Sichtweisen, Vorliebe für ambivalente Situationen und eine gewisse Hartnäckigkeit) und hofft, mit einer Reihe von Maßnahmen die Normen und Wertvorstellungen des Unternehmens in die „richtige Richtung" lenken zu können: Verzicht auf schriftliche Berichte so weit wie möglich, Förderung informeller Beziehungen, Duldung von Kompetenzüberschreitungen und interner Konkurrenz und (u. a.) die positive Bewertung kleiner Experimente. Klaus Senkel und Dietmar W. Tress (freie „Personal- und Organisationsentwickler" in der Industrie bzw. bei der Siemens AG) sehen die Organisationen in einem evolutionären Prozeß „offener, beweglicher und überschaubarer" werden, „ihre Subsysteme regeln sich selbst. (...) Die Mitarbeiter sind nicht passive Planungsfiguren, sondern aktive Planer. Sie haben größere Handlungsspielräume und somit mehr Möglichkeiten zu kreativer Arbeit und Selbstverwirklichung" (1987, 180). Robert Perich (1989) sieht die „Unternehmungsorganisation im Wandel" und „an der Schwelle zu einem neuen Organisationsverständnis" und belegt das mit Thesen wie diesen: Vom starren „organisatorischen Konservatismus" zum flexiblen „Wahren aller Chancen" – „Von der formalen Unpersönlichkeit zur human-sozialen Kulturorientierung" – „Von der herrschaftsorientierten Subordination zur partizipativen Kooperation" (7).

Uns scheint, daß die Privatwirtschaft den Gedanken der teamartig-professionellen bzw. assoziativen Organisierung in den letzten Jahren weit intensiver verfolgt hat als die öffentliche Verwaltung. Dies aber nicht nur, weil sie viel weniger durch rechtlichinstitutionelle Einbindungen zur Bürokratie „verdammt" ist und in ihr die Nicht-Juristen tonangebend sind, sondern weil sie (anhand von Markterfolgen) längst gemerkt hat, wieviel effizienter diese Organisationsformen derzeit sind. Oder versteht man es nur besser, seine Erfolge auf diesem Gebiet angemessen zu verkaufen und das Erwünschte als das Reale auszugeben?

### 2.4.4 Die Chaostheorie als jüngster Angriff auf die Bürokratie

Wir hatten gesehen, daß der Idealtypus der Bürokratie auf ein einziges übergreifendes Ziel hin angelegt ist: die Berechenbarkeit der Organisation. Die Chaosforschung aber geht von der völlig konträren Erkenntnis aus, daß nämlich in komplexen Systemen prinzipiell nichts vorhersagbar ist, daß dort ein **deterministisches Chaos** herrsche (s. zum Begriff auch Worg 1993). „Obwohl diese Systeme selbst streng naturgesetzlich determiniert werden, sind sie aufgrund ihrer vielfachen Rückkoppelungen und Komplexität extrem abhängig von den jeweiligen Anfangsbedingungen: wie beim buchstäblichen Schmetterlingseffekt können sich mikroskopisch kleinste Schwankungen innerhalb kurzer Zeit zu makroskopisch größten Veränderungen ‚hochschaukeln'." (Huber 1993, 60) (Schmetterlingseffekt nennen die Metereologen die extreme Abhängigkeit des Wetters von den Anfangsbedingungen: Der Flügelschlag eines Falters in China kann – sinnbildlich! – einen Hurrikan in der Karibik auslösen.) Ganz deutlich werden diese beiden so grundsätzlich verschiedenen Sichtweisen im Schaubild auf S. 80 (Gerok 1990, hier nach Psychologie heute 8/1993, 64):

Die Prozesse in einer großen Organisation gleichen dem rechten Diagramm, während die Hierarchie-Modelle von einfachen linearen Zusammenhängen ausgehen: Weisung-Ausführung-Rückmeldung.

---

**Chaos** (griech: gestaltlose Urmasse). In der Alltagssprache gilt Chaos als das Gegenteil oder die Abwesenheit von **Ordnung.** (. . .) Mathematik und Naturwisschaften sprechen dagegen von „chaotischen" **Systemen,** wenn deren Entwicklung nicht determiniert, nicht vorhersagbar ist. Paradox erscheint daher der Begriff **deterministisches Chaos.** Dieses Chaos – auf den ersten Blick bloßer **Zufall** – entsteht streng gesetzmäßig etwa in **Turbulenzen** oder bestimmten Doppelpendeln. Trotzdem ist das Verhalten deterministisch chaotischer Systeme nicht berechenbar, da sie äußerst empfindlich auf kleinste Veränderungen der **Anfangsbedingungen** reagieren. (GEOwissen 1990, 180)

---

Obwohl die Warnungen vor dem „Kult um das Chaos" sicherlich berechtigt sind („Die Wissenschaft vom Chaos ist Nährboden für märchenhaft falsche Erwartungen und pseudoreligiöse Spekulationen" – DER SPIEGEL 41/1993, 246), hat dieser neue Denkansatz im Bereich der Organisationswissenschaften ganz sicher hochinteressante Thesen hervorgebracht, wie sie im manager magazin 8/91 (Gottschall & Schulte 1991) nachzulesen sind, etwa in einem Interview mit der Wiener Unternehmensberaterin Barbara Heitger (140):

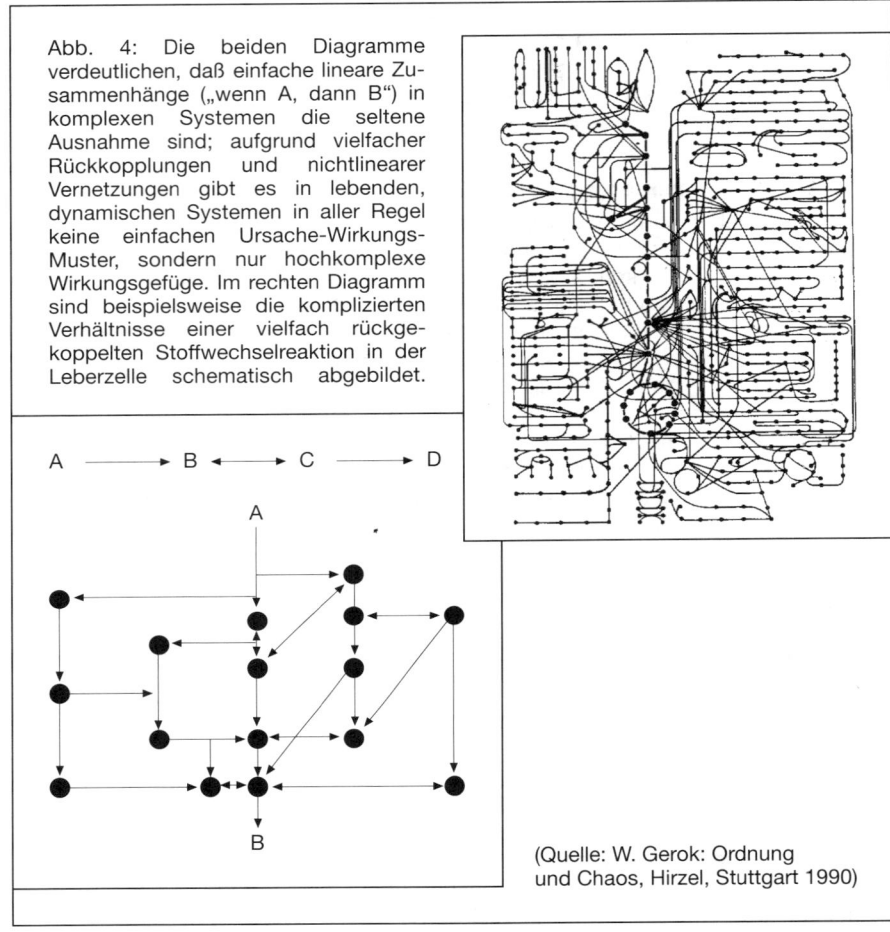

Abb. 4: Die beiden Diagramme verdeutlichen, daß einfache lineare Zusammenhänge („wenn A, dann B") in komplexen Systemen die seltene Ausnahme sind; aufgrund vielfacher Rückkopplungen und nichtlinearer Vernetzungen gibt es in lebenden, dynamischen Systemen in aller Regel keine einfachen Ursache-Wirkungs-Muster, sondern nur hochkomplexe Wirkungsgefüge. Im rechten Diagramm sind beispielsweise die komplizierten Verhältnisse einer vielfach rückgekoppelten Stoffwechselreaktion in der Leberzelle schematisch abgebildet.

(Quelle: W. Gerok: Ordnung und Chaos, Hirzel, Stuttgart 1990)

**Heitger:** Es gibt zwischen den verschiedenen Elementen komplexer nichtlinearer Systeme – und dazu rechne ich Wirtschaftsunternehmen – so viele Wechselwirkungen, daß diese zu unendlich vielen Konsequenzen führen können. Die unberechenbaren und scheinbar chaotischen Prozesse, nach denen sie sich entwikkeln, haben offenbar eine wichtige Funktion: Sie sind die Voraussetzung für Evolution und garantieren die Anpassung an eine sich verändernde Umwelt. Linearität bedeutet dagegen Stillstand und letztlich den Tod des Systems.

**mm:** Also, nicht Ordnung schafft Fortschritt, sondern Unordnung?

**Heitger:** Genau. Durch zuviel Ordnung geht eher etwas kaputt.

„Eine wachsende Schar von Forschern, Beratern und Praktikern kritisiert die herkömmlichen Führungsmethoden deshalb schon seit längerer Zeit als zu mechanistisch, kausalistisch und technomorph ... Hinfällig ist damit jenes Bild vom Unternehmen als Maschine, die störungsfrei arbeitet, solange In- und Output sowie alle Abläufe nur richtig definiert sind. Zu diesem Bild gehört auch der Manager als Mechaniker, der die Maschine von außen steuert." (Gottschall & Schulte 1991, 145)

Niklas Luhmann begreift soziale Systeme als kreative, sich unvorhersehbar entwickelnde Fließgleichgewichte und sieht demgemäß Entsprechungen zwischen seinem Selbstorganisationsmodell (s. Autopoiesis) und der Chaostheorie: Soziale Systeme entwickeln, erhalten und verändern sich nicht durch rationale Planung und Beschlüsse – wie im Idealtypus der Bürokratie vorausgesetzt –, sondern durch evolutionäre Prozesse, die als Folge interner Freiheiten und ihrer Selbstbeobachtung durch die „Systemmitspieler" selber ausgelöst werden.

Bei Gottschall & Schulte (1991) wird am Beispiel der Hewlett-Packard GmbH (HP) in Böblingen vorgeführt, wie sehr Chaostheorie und autopoietisches Denken eine grundsätzlich bürokratische Großorganisation in Richtung von Selbststeuerung und Selbstorganisation verändert haben, wie selbstverständlich **Selbstregulation** („Wie verteilen wir die Arbeit innerhalb der Gruppe?"), **Selbstbestimmung** („Welche Produktionsmethode wählen wir?") und **Selbstverwaltung** („Wie gehen wir mit Gruppenmitgliedern um, die sich nicht an die Spielregeln halten?") inzwischen geworden sind. Die neuen Strukturelemente heißen: Matrixorganisation, lockere Zielvereinbarungen, job rotation, offene Kommunikation, Arbeitszeitsouveränität und Verzicht auf Statussymbole. „Hierarchie ist out. Das Verhältnis von oben nach unten gerät in Bewegung. Der Manager wandelt sich vom Macher zum Kultivator eines sozialen Systems." (152)

DER SPIEGEL (42/1992, 287f.) betont, was die Büroarbeit betrifft, die Überlegenheit des „Chaos-" gegenüber dem „Klarsichthüllentyp", und Bosetzky (1991, 275) hat diesem Anti-Bürokraten gar eine Art Denkmal setzen wollen: „Das Lob gilt... einer immer irgendwie diskriminierten bis verfolgten Minderheit: den Unordnung und Chaos schaffenden Menschen, den ‚Chaoten' unter uns, den ‚Chaoten' in den Organisationen wie anderswo. Sie verhindern die pathologische Über-Organisation unseres Lebens und die Rigidität unserer Systeme. Sie sorgen für Kreativität und Innovation. Sie stärken die Integration und die Grund-Ordnung. Sie sorgen für Spannung und Entertainment. Wir brauchen sie, wollen wir unsere Ziele erreichen und überleben. Ihre Tragik liegt darin, daß wir sie nicht laut loben dürfen, weil wir uns damit nicht nur selber desavouieren, sondern ihnen auch einen Teil ihrer Wirksamkeit nehmen, aber klammheimlich sollten wir es dennoch tun. Sie haben es verdient."

# „IHR SEID WIEDER WER"

**Mit einer Radikalkur ohnegleichen versuchen die deutschen Unternehmen, international wieder wettbewerbsfähig zu werden. Doch Kosten und Personal zu kappen reicht nicht: Die Betriebe müssen ganz neu organisiert werden, die Mitarbeiter auf allen Ebenen sollen mehr Verantwortung übernehmen.**

## 2.4.5 Lean Management: Die neue Ideologie

DER SPIEGEL widmet dem Thema ‚Lean Management' die Titelgeschichte des Heftes 11/1994 und zitiert dabei auch den VW-Chefmanager Ignacio Lopez: „Wenn wir diese Schlacht verlieren, werden wir Bürger zweiter Klasse." Man spricht von einer ‚neuen industriellen Revolution'. „Überall werden nun Unternehmen völlig umgekrempelt, jahrzehntealte Strukturen geschleift, Hierarchien beseitigt. Die vielfach in Bürokratien erstarrten deutschen Konzerne wollen beweglicher werden, flexibel am Markt operieren, Kundenwünsche schnellstens bedienen."

Wer die Trends in den Organisationswissenschaften seit dreißig Jahren verfolgt vgl. dazu den Reader ‚Bürokratische Organisation' von Renate Mayntz 1968), der weiß, daß Lean Management nur alter Wein in neuen Schläuchen ist, eine geradezu unverschämte Vortäuschung, das Rad (zeitgemäß richtiger Organisation) neu erfunden zu haben. Die Formel ist ganz simpel: Lean Management = teamartig-professionelle (organische oder assoziative) Organisation + Selbststeuerung (Autopoiesis) + Bürger- bzw. Kundennähe + Humanisierung der Arbeitswelt. Und das sind alles die berühmten alten Hüte bzw. ausgelutschten Zitronen (man vergleiche nur die ersten vier Auflagen dieses Buches). Offenbar aber gibt es nicht nur für Menschen den einzigartig günstigen Zeitpunkt, an dem sich alles entscheidet und das gleichmäßig Fließende durchbrochen wird, griechisch: **Kairos,** sondern auch für Ideen zur optimalen Organisationsgestaltung. Die historische Krisensituation der deutschen Industrie wie die finanziellen Nöte der Bundes-, Länder- und Gemeindeverwaltungen setzen endlich **Entbürokratisierungsprozesse** in Gang, die Wissenschaftler wie Praktiker schon lange fordern. Lean Management (lean = mager) bringt ein komplexes Programm mit einem ‚griffigen Begriff' auf den Punkt (zumal noch mit zwei englischen Worten, was eine besondere Modernität und Dynamik signalisiert; siehe Rock- und Popmusik). Einen guten Überblick über die darin eingeschlossenen Dimensionen und Inhalte gibt der SPIEGEL (11/1994, 97):

| Revolution in den Betrieben | | |
| --- | --- | --- |
| **TRADITIONELLE UNTERNEHMEN** | | **MODERNE UNTERNEHMEN** |
| Starke Hierarchie | **HIERARCHIE** | Kleine Managementebenen, flache Führungspyramiden |
| Entscheidungen werden in zentralen Einheiten gefällt. Sehr bürokratisch | **DELEGATION** | Entscheidungen werden weitgehend auf die Ebene delegiert, wo sie anfallen. Jede Tätigkeit wird in Eigenverantwortung durchgeführt. |
| Klar abgegrenzte Aufgabengebiete. Extrem: Fließbandfertigung mit einfachen Handgriffen | **ARBEITSTEILUNG** | Aufgaben werden von Teams interdisziplinär und über Hierarchieebenen hinweg gelöst. Fertigung durch Arbeitsgruppen, die auch für früher zentralisierte Aufgaben, zum Beispiel Einkauf, verantwortlich sind. |
| Schwerfällig, keine unmittelbare Rückkopplung | **FLEXIBILITÄT** | Unternehmen reagiert auf jede Änderung, zum Beispiel des Kundenverhaltens. Ziel: das lernende Unternehmen |

**Revolution in den Betrieben**

| TRADITIONELLE UNTERNEHMEN | | MODERNE UNTERNEHMEN |
|---|---|---|
| Technikorientiert. Beschränkt auf die dafür zuständige Abteilung | **ENTWICKLUNG** | Kundenorientiert. Alle betroffenen Abteilungen einschließlich der Zulieferer sind von vornherein und simultan in den Entwicklungsprozeß eingebunden. |
| In großen Sprüngen, zum Beispiel durch Einführung neuer Techniken | **VERBESSERUNG** | Ständig fortlaufender Prozeß unter Beteiligung aller Mitarbeiter (Kaizen) |
| Systemimmanent durch starke Bürokratie und geringe Verantwortung der Beteiligten | **VERSCHWENDUNG** | Wird kontinuierlich vermindert |
| Hoch, weil viele Puffer notwendig sind und weil auf Vorrat gefertigt wird. Viele unnötige Transportwege | **LAGERHALTUNG** | Gering. Geliefert wird nur, was sofort gebraucht wird (just in time). Gefertigt wird nur, was schon bestellt ist. |
| Endkontrolle: Fehler werden zu spät entdeckt. Die Beseitigung der Mängel kostet viel Geld. | **QUALITÄT** | Permanente Kontrolle während des gesamten Fertigungsprozesses |
| Starr. Feste Arbeitszeiten | **ARBEITSZEIT** | Flexibel, im Extrem bestimmen die Mitarbeiter (in Abstimmung mit ihrer Gruppe) selbst, wann sie kommen oder gehen. Mehr- oder Minderarbeit wird über ein Zeitkonto ausgeglichen. |

In Bezug auf Büro und Verwaltung – das Büro als ‚Lean Office' – finden wir eine gute Einführung in die Thematik bei Steinle (1994), dessen wichtigsten Thesen wir hier wiedergeben wollen:

* „Der Bürobereich wird zum ‚vollschlanken' und – schlimmer noch – durch seine häufig **maligne Überfettung** zum strategieaversen oder -störenden Widerpart." (78) (maligne = bösartig im Sinne eines Tumors)

* „Der Bürobereich wirkt heute in vielen Unternehmungen durch seine Unbeweglichkeit und Überfettung als Widerpart einer effizienten Strategierealisation." (78)

* „Im Bereich der **Organisation** kreist die Verschlankungsidee um die Ersetzung hierarchischer Fremdordnung durch **Selbstregulationsprozesse.**" (82)

* „Die gewünschte Selbstorganisation in und zwischen kosten-nutzenverantwortlichen Teams – sie tragen damit Prozeßverantwortung – fordert weniger Hierarchiestufen. Dies führt durch den damit verbundenen **Abbau hierarchischer Kontrollkosten** wiederum zu einer Verschlankung." (83)

\* „Prägendes Prinzip im **Führungsprozeß** unter der Lean-Philosophie is: auf Unternehmungsebene ein starker **Delegationsgrad.**" (83)

Oft scheinen uns die Handlungsanweisungen zur Umsetzung der „Verschlankungsidee" reine Scharlatanerie zu sein und Lean Management ein neuer Trick, die Kassen der einschlägigen Beratungsfirmen zu füllen, und teilweise ist das alles von ebenso ‚vorwissenschaftlicher Naivität' (aber auch absoluter Richtigkeit) wie die Feststellung, daß ein Spiel nur der gewinnen könne, der mehr Tore schießen würde als der Gegner. So etwa wenn Bruch & Kuhnert (1994, 99) das **Total Quality Management (TQM)** als einen zentralen Baustein des Lean Management bezeichnen und dann schreiben: „Der Grundgedanke des TQM besteht darin, daß sich sämtliche Leistungsprozesse, das heißt, nicht nur Primärprozesse, sondern auch Sekundär- und Tertiärprozesse, nachhaltig an den Bedürfnissen und Erwartungen der jeweiligen Abnehmer orientieren."

Bei Hogrefe (1994) finden wir Überlegungen, wie das Lean Management in der öffentlichen Verwaltung mit Hilfe bestimmter Bürokommunikationssysteme (BK-Systeme) verwirklicht werden kann. Trotz aller Schwierigkeiten und Hemmnisse sieht er dadurch Möglichkeiten für flexible Organisationsstrukturen und eine Abflachung der Hierarchie (Ausdünnung der Managementebene). Eine erste „Verschlankung" hat er bei einem Projekt in niedersächsischen Ministerien gefunden: die Auflösung klassischer „Assistenzdienste" wie zum Beispiel des zentralen Schreibdienstes (weil „die Ersteller von Texten zunehmend selbst schreiben").

Es gilt nun aber auch, auf die **negativen Seiten** und **Gefahren** des Lean Management hinzuweisen, das wir nicht ohne Absicht eine Ideologie genannt haben, das heißt, ein theoretisches Wirklichkeitsbild, das auch von bestimmten partikularistischen Interessen bestimmt ist, hier dem Interesse der Unternehmer wie auch der ‚Dienstherren' im staatlichen Bereich, **ohne Rücksicht auf die Gesamtgesellschaft und andere Rationalitäten** Kosten zu sparen und Gewinne zu optimieren. Denn ‚Verschlankung' ist ja ebenso als ein schönfärberisches Wort für Entlassung zu begreifen – und Lean Management eine großartige Produktion von Massenarbeitslosigkeit. Diejenigen, die noch Arbeit haben, dürfen dann die Sozialkosten derer tragen, die im Verschlankungsprozeß ihre Arbeit verloren haben. Ohnehin geht ja das moderne Leitbild des ‚guten Organisationsmitglieds' in Richtung der **Selbstausbeutung kleiner Selbständiger,** das heißt, die sich selbststeuernden Teams sollen sich so verhalten wie die Familienmitglieder eines kleines Restaurants oder Tante-Emma-Ladens: in einem 16-Stunden-Tag arbeiten bis zum Umfallen.

Aber auch bei rein organisationsimmanenter Betrachtungsweise sind gegen die Verschlankungsprogramme Bedenken anzumelden. Wir folgen hier Thom (1994, 75): „Die Gefahr der Unterernährung oder gar der Magersucht ist... groß. (...) Es gibt Grenzen der Schlankheit. Schon vor vielen Jahren wurde in diesem Zusammenhang das Fachwort ‚Slack' geprägt. Diese Reservekapazität wird benötigt, um beispielsweise Innovationsprozesse durchlaufen, Strategien ändern, Krisen und Konflikte bewältigen sowie Förderungsaufgaben bei erweiterten Leitungsspannen erfüllen zu können. Wieviel Reservekapazität notwendig ist, läßt sich allenfalls im nachhinein berechnen. Sicherlich hilft uns – auch in der Verwaltung – kein ‚fat' Management, aber die Droge Schlankheit kann soviel Substanz kosten, daß ein Unternehmen nicht mehr das notwendige Kampfgewicht aufbringt und seine Leistungsreserven fehlen."

Wagen wir also die These, daß im Bereich großer Organisationen das ‚eiserne Gesetz' der unausweichlichen ‚Bürokratiewerdung' auch durch die Bewegung des Lean Management nicht außer Kraft gesetzt werden kann und jenseits einer gewissen partiellen und temporären Aufweichung und Auflockerung auf Dauer nicht viel passieren wird. Berichte aus der Industrie (vgl. Brünnecke u. a. 1992) und der öffentlichen Verwaltung (vgl. Bosetzky 1994) sprechen eher dafür.

# 3. Abschnitt. Psychologische Grundlagen menschlichen Verhaltens

## 3.1 Beweggründe menschlichen Handelns

### 3.1.1 Problemstellung

Bei der Lektüre von Zeitungen und Zeitschriften treffen wir immer wieder auf Meldungen, die von einem uns unfaßlich erscheinenden, grotesken, belustigenden, erschreckenden oder sonstwie merkwürdigen Verhalten von Mitbewohnern dieser Erde berichten, z. B.:

## Früher bei der Post beschäftigt

### Zivilstreife nahm 56jährigen fest, als er Telefonhörer abschnitt

Von einer Zivilstreife der Einsatzabteilung der Polizeidirektion 5 wurde in der Nacht zum Sonntag auf frischer Tat ein 56jähriger Mann aus Neukölln in einer Telefonzelle am Hermannplatz in Neukölln festgenommen, als er einen Telefonhörer abschnitt. Nach Mitteilung eines Polizeisprechers bestritt der angetrunkene Täter zunächst, die Tat begangen zu haben. In seiner Vernehmung gab er nach und nach zu, daß er rund um den Hermannplatz 25 Telefonhörer in Telefonzellen in dieser Nacht abgeschnitten hatte.

Über das Motiv der Tat konnte er keine glaubhaften Angaben machen. Er erklärte, daß er früher in Hamburg bei der Bundespost tätig gewesen sei. Dort sei er belobigt worden, weil er dazu beigetragen habe, daß Täter, die Telefonhörer abschnitten, erwischt wurden. Seit längerer Zeit lebt er in Berlin von seiner Frau getrennt. Wie die Polizei erklärte, belastet ihn offenbar die Trennung. Auf die Idee, in der Nacht zum Sonntag Telefonhörer abzuschneiden, sei er ganz spontan gekommen. Ursprünglich habe er eigentlich der Polizei helfen wollen, den richtigen Täter zu finden.

Nach seiner Vernehmung wurde der Mann wieder auf freien Fuß gesetzt. Gegen ihn wurde ein Verfahren wegen Sachbeschädigung eingeleitet.

Wie berichtet, waren vor etwa drei Wochen in drei Nächten nacheinander über einhundert Telefonhörer in Telefonzellen von unbekannten Tätern abgeschnitten worden. Die Polizei hatte daraufhin eine Sonderkommission gebildet und im Bereich der Direktion 5, die zuständig ist für die Bezirke Neukölln, Kreuzberg und Tempelhof, Einsätze zur Überwachung der Telefonzellen angeordnet. Nach den bisherigen Ermittlungen kommt der 56jährige offenbar nicht für alle Sachbeschädigungen in Frage. Wahrscheinlich hat es nach den ersten Fällen eine Reihe von Nachahmern gegeben, erklärte die Polizei.　　(Tsp)

Nach solcher Lektüre finden wir beim Leser (also auch jeder bei sich selbst) im allgemeinen drei Reaktionen: Zunächst ist unsere Aufmerksamkeit groß und wir lassen uns keine Zeile, kaum ein Detail entgehen; die zweite Reaktion ist die der Distanzierung, wir stellen fest, daß wir nicht so sind, daß dies schon ein besonders gestörter, brutaler, verwirrter, ausgeflippter oder kranker, jedenfalls ein nicht ganz normaler Mensch sein muß, der für solch ein Verhalten verantwortlich ist; und schließlich fangen wir an, uns zu fragen, **warum** wohl diese Aggression erfolgt ist, warum der betreffende sich selbst so erniedrigt, seine Umwelt provoziert hat, oder was auch immer Gegenstand der Zeitungsnotiz gewesen sein mag.

Ganz offensichtlich haben wir Menschen das Bedürfnis, alles das zu verstehen oder doch wenigstens einordnen zu können, was wir um uns herum wahrnehmen. Im privaten, beruflichen und politischen Alltag nimmt das Suchen nach Beweggründen menschlichen Handelns einen gewichtigen Raum ein. Die Kommentare und Leitartikel in der Presse sind zu einem Gutteil Versuche, die Beweggründe der politisch Handelnden zu erforschen, zu deren Metier es wiederum gehört, eben diese Beweggründe zu verschleiern und aus taktischen, diplomatischen Überlegungen heraus um-zu-frisieren. Die Frage nach dem, was „dahinter steckt", was jemanden zu seinem Verhalten bewegt hat, ist die Frage nach der Motivation unseres Handelns (movere -lat- = bewegen). Der Versuch, die Gesetze der Motivation menschlichen Handelns zu ergründen, hat im Laufe der Psychologiegeschichte viele allgemeine und speziellere Motivationstheorien hervorgebracht (vgl. Graumann 1969). Wir wollen uns davon eine kleine Auswahl näher betrachten.

### 3.1.2 Allgemeine Determinanten des Verhaltens – die Verhaltensformel von Kurt Lewin

Böse Zungen behaupten, die Entwicklung der sozialwissenschaftlichen Theorienbildung bestehe aus einer Kette von pompösen Versuchen, triviale Aussagen des Alltagswissens durch Problematisierung, Abstraktion und sprachliche Verfremdung (Fremdwortbildung) auf die Stufe von wissenschaftlichen Erkenntnissen zu heben. Dieser Vorwurf wird auch häufig gegenüber der Verhaltensformel von Kurt Lewin (1936) erhoben, die dem unbefangenen Leser so banal erscheint, und die gleichwohl in ihrer vollen Konsequenz bisher noch nicht einmal im wissenschaftlichen Bereich selbstverständlich geworden ist (vgl. die unselige Person-Situation-Debatte in der Persönlichkeitspsychologie, z. B. Hoefert 1982), noch etwa im Alltagsdenken unumschränkte Anwendung gefunden hat: Das Verhalten eines Menschen, schreibt Lewin, ist erst dann einigermaßen vollständig zu verstehen, wenn man die „Gesamtsituation" kennt, aus der ein Verhalten sich entwickelt hat. Zu dieser Gesamtsituation gehören immer zwei wesentliche und untereinander in steter Wechselwirkung stehende Bestimmungsgrößen (Determinanten): die **Person** desjenigen, der sich verhält, d. h. seine Eigenschaften, Erfahrungen, Erwartungen, Wünsche, Verhaltensziele etc., sowie die ihn umgebende und von ihm wahrgenommene **Umwelt** (Situation), d. h. die Räumlichkeiten, die anderen Menschen, das zwischenmenschliche Klima, der Anlaß des Zusammentreffens etc. Für diese verhaltensbeeinflussende Wirkung von Umweltreizen hat Lewin den anschaulichen Ausdruck **Aufforderungscharakter** verwandt.

Wir können diesen Begriff ganz wörtlich verstehen: Es gibt Ausblicke auf Landschaften, die zum Verweilen auffordern, leckere Speisen, die zum Reinbeißen auffordern, weinende Gesichter, die zum Trösten auffordern. Aber unser Alltag kennt auch die negativen Varianten: das Gesicht „zum Reinschlagen", der überängstliche Klient, der einen geradezu zwingt, selbst autoritäres Gehabe anzunehmen, oder der Spruch, unter dem ein bekannter Komiker lange gelitten haben soll: „Dein Gesicht sehen und weinen ist eins!"

Aber es weint eben – im Beispiel gesprochen – doch nicht jeder. D. h. es wäre falsch, den Faktor Charakter bzw. Motiviertheit der Person gleich über Bord zu werfen, wenn wir dem Faktor Aufforderungscharakter der Umwelt sein Recht einräumen. „Das Ausmaß, in dem ein bestimmtes Verhalten von den Eigenschaften der Person oder der Umwelt abhängt, ist jeweilig recht verschieden. Prinzipiell aber hängt jedes psychologische Geschehen sowohl vom Zustand der Person wie dem der Umwelt ab." (1969, 34)

Die Formel V = f (P, U) bedeutet demnach, daß jedes Verhalten eine Funktion von Person und Umwelt ist, daß wir die Handlungen eines Menschen (z. B. Ladendiebstahl) weder nur als Ergebnis seiner „kriminellen" Persönlichkeit noch ausschließlich als Ergebnis seiner „zum Diebstahl auffordernden Umwelt" betrachten können. Erst wenn wir das Sowohl-als-auch, d. h. die Mühe des Differenzierens auf uns nehmen, können wir zu einem angemessenen Verständnis des menschlichen Verhaltens vordringen. Im Beispiel könnte dies etwa so aussehen: „Der Ladendiebstahl (V) ist eine Funktion des Aufeinandertreffens einer konsumorientierten und labilen bzw. nonkonformistischen Persönlichkeit (P) und einer zum Konsum anreizenden, unkontrolliert erscheinenden Umwelt (U)." Wieviel bequemer ist da doch die einfache Abstempelung (Etikettierung) eines Menschen als „kriminell" ...

### 3.1.3 Energetisches Triebmodell – Libidotheorie von Sigmund Freud

Ein typischer Vertreter jener Psychologen, deren Augenmerk bei der Erklärung menschlichen Verhaltens einseitig auf die Seite der Persönlichkeit gerichtet ist, war Sigmund Freud (1917). Er glaubte, alles menschliche Verhalten auf zwei Gruppen von Grundtrieben zurückführen zu können: die Selbsterhaltungs- und die Sexualtriebe. Sein besonderes Interesse galt dabei zunehmend der zweiten Gruppe, der Befriedigung des „Luststrebens". „Es scheint, daß unsere gesamte Seelentätigkeit darauf gerichtet ist, Lust zu erwerben und Unlust zu vermeiden, daß sie automatisch durch das **Lustprinzip** reguliert wird." (1969, 348)

Die Energie, die das Sexualverlangen freisetzt, nannte Freud die **Libido.** Man kann diesen Begriff nur richtig verstehen, wenn man sich klar macht, daß Freud ihn sehr weit gesehen hat: alles umfassend, was Lust und Freude macht und was nicht nur um irgendeines äußeren Nutzens willen geschieht. Die libidinöse Komponente unseres Strebens ist uns dabei weitgehend unbewußt: Der gute Bürokrat glaubt, seine Aktenpflege aus Gründen der Vernunft zu betreiben; „eigentlich" aber verbirgt sich dahinter die Befriedigung eines lustbetonten (Zärtlichkeits-?) Bedürfnisses.

Die sprachliche und psychologische Gleichsetzung von „lustvoll" und „sexuell" hat Freud viel Kritik eingebracht und hat manchem das Verständnis seines Werkes erschwert.

Die Erfahrungen, die der Mensch bei der Verwirklichung „libidinöser Strebungen" macht, prägen nun nach Freud die Ausbildung seines Charakters. Dabei sind besonders die Kindheitsjahre entscheidend. Freud teilt sie nach dem Organ, das jeweils im Zentrum des Lustgewinns steht, in die orale, die anale und die genitale Phase ein (vgl. z. B. Elhardt 1990). Die Verhaltensweisen eines Erwachsenen können um so angemessener beurteilt werden, je besser die jeweiligen „Triebschicksale" (Befriedigung oder Versagung der Bedürfnisse, strenge oder milde Reaktion der Umwelt, Lustbetonung oder -unterdrückung) aus jenen Phasen der frühen Kindheit bekannt sind.

Das übertrieben pedantische Verhalten des vorhin zitierten Bürokraten erweist sich nach dieser Auffassung z. B. als ein Versuch, die eigenen Entbehrungen im analen Kindheitsstadium durch ständig und unbezweifelbar demonstrierte „Sauberkeit" auszugleichen. Kennzeichnend für solch eine „anale Charakterstruktur" sind nach Freud die drei Eigenschaften Eigensinn, Sparsamkeit und Ordnungsliebe mit ihren Übersteigerungen zu Starrsinn, Geiz und Pedanterie.

### 3.1.4 Bedürfnislisten – die Bedürfnispyramide von A. H. Maslow

Die thematische Enge des psychoanalytischen Motivationsmodells ist immer wieder kritisiert worden. Der Mensch habe weitere Ziele allgemeiner Art außer denen der Selbsterhaltung bzw. der Sexualbefriedigung. Immer neue „Grundbedürfnisse" wurden erfunden, so daß man heute eine Liste von mehreren hundert solcher nicht weiter reduzierbarer, elementarer Bedürfnisse aus der Literatur zusammenstellen könnte. Solche detaillierten Bedürfnislisten sind nun aber nicht sehr sinnvoll, da sie konkrete Verhaltensweisen nicht mehr aus allgemeineren Motivationssystemen ableiten können, sondern in tautologische (sich selbst erklärende) Aussagen münden: Ein Mensch raucht, weil er ein Rauchbedürfnis hat, liest Bücher, weil er ein Lesebedürfnis hat, und wird Beamter, weil er das Bedürfnis hat, „zu verwalten". Thematische Erweiterungen der psychoanalytischen Motivationstheorie müssen also, wenn sie für das Verständnis von Verhaltensweisen einen Sinn geben sollen, auf eine überschaubare Zahl von Grundbedürfnissen bzw. Bedürfnisklassen beschränkt bleiben.

Eine solche mehrdimensionale und überschaubare Theorie der menschlichen Motivation ist von A. H. Maslow (1943, 1981) entwickelt worden, der als der Begründer der sog. Humanistischen Psychologie gilt. Maslow glaubt, die Beweggründe menschlichen Handelns in fünf Kategorien (Bedürfnisgruppen) einteilen zu können, die er in einer hierarchischen Ordnung zueinander stehen sieht. Dies bedeutet, daß eine höhere Bedürfnisgruppe immer erst dann verhaltensbestimmend wird, wenn die unter ihr liegenden Bedürfnisse in hinreichendem Umfange als befriedigt erlebt werden. (Der Vergleich mit der Hierarchie ist übrigens ganz unpassend: dort nämlich werden die Bedürfnisse der Basis erst dann zur Kenntnis genommen, wenn die Spitze zufriedengestellt ist). Daraus ergibt sich das folgende Modell einer Bedürfnispyramide:

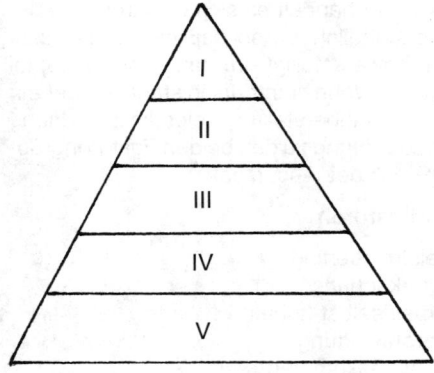

I  Bedürfnis nach Selbstverwirklichung
II  Bedürfnis nach Anerkennung
III  Bedürfnis nach Kontakt
IV  Bedürfnis nach Sicherheit
V  Physiologische Grundbedürfnisse

Wendet man die Bedürfnispyramide Maslows (vgl. ausführlicher Neuberger 1974) auf die Situation der Beamten im gehobenen und höheren Dienst bzw. die Inhaber vergleichbarer Positionen in anderen Großorganisationen an, so wird man sagen können: Die Befriedigung der drei unteren Bedürfnisgruppen dürfte in der Regel nicht ernsthaft gefährdet sein; die Bezahlung reicht aus, um die wichtigsten Grundbedürfnisse nach Nahrung, Kleidung, Wohnung etc. zu befriedigen; Sicherheit ist in zweifacher Hinsicht gegeben, nämlich sowohl als Sicherheit des Arbeitsplatzes (relative Unkündbarkeit) als auch als Sicherheit am Arbeitsplatz (Grad der körperlichen Gefährdung, die am ehesten noch in Form von Streß anzutreffen ist); schließlich bieten sich in der Regel auch hinreichend viele Möglichkeiten, dem Grundbedürfnis nach Kontakt nachzugeben.

Anders sieht es möglicherweise mit den beiden oberen Bedürfnisgruppen aus: Weder die Bedürfnisse nach Anerkennung der eigenen Leistung, der eigenen Persönlichkeit noch etwa das Ziel der optimalen Selbstverwirklichung treffen angesichts der Arbeitsinhalte, der oft noch starr hierarchischen Verantwortungsstrukturen sowie der begrenzten Aufstiegsmöglichkeiten (Quambusch 1977) auf entsprechende Möglichkeiten. Allerdings dürften die Angestellten und Beamten auch in dieser Hinsicht günstigere Bedingungen vorfinden als die meisten Arbeiter im Produktionsbereich (vgl. Bosetzky 1973).

Arzberger, Murck & Schumacher (1979) haben den Versuch unternommen, die Bedürfnistheorie von Maslow zur Systematisierung der Bedürfnissysteme von Bürgern zu verwenden, um so den Politikern Hilfen für die Prioritätenfindung zu geben (Beispiel: Straßen oder Spielplätze, Kindertagesstätten oder Repräsentationsbauten?).

Im Anschluß an Maslow hat **Herzberg** (1966) die **Zwei-Faktoren-Theorie** der Arbeitsmotivation entwickelt. Ihn interessierte die Frage, welche betrieblichen Faktoren es sind, die für die Befriedigung der jeweiligen Maslow'schen Bedürfnisklassen zuständig sind. Dabei stieß er auf das Phänomen, daß für Zufriedenheit und Unzufriedenheit mit der Arbeit unterschiedliche Faktoren zuständig sind. Herzberg nannte dann solche Faktoren, deren Berücksichtigung als selbstverständlich erlebt wird, deren Nicht-Berücksichtigung aber Unzufriedenheit auslöst, die **Hygiene-Faktoren.** Wir können uns das leicht mit einem häuslichen Beispiel einprägen: Sauberkeit ist uns selbstverständlich, wir beachten sie kaum. Schmutz auf dem Boden dagegen fällt uns auf und löst Ärger aus. Anders bei den sog. **Motivatoren:** Hier handelt es sich um Arbeitsbedingungen, deren Verwirklichung nicht selbstverständlich ist, so daß ihr Fehlen nicht auffällt, ihre Existenz dagegen Zufriedenheit bewerkstelligt. Im häuslichen Beispiel also z. B. der Blumenstrauß, der plötzlich auf dem Wohnzimmertisch steht und der ein erfreutes „Wie schön!" auslöst. Die folgende Gegenüberstellung zeigt die Zuordnung von betrieblichen Aspekten der Arbeit in ihrer Zuordnung zu den beiden Faktorengruppen (zit. n. Neuberger 1974; s. dort auch zur Kritik des Ansatzes):

| Hygiene-Faktoren | Motivatoren |
|---|---|
| Physische Arbeitsbedingungen | Leistungserfolg |
| Arbeitsplatzsicherheit | Anerkennung |
| Firmenpolitik und -leitung | Arbeit selbst (Inhalt) |
| Interpersonelle Beziehungen zu | Verantwortung |
| Untergebenen, Kollegen und | Vorwärtskommen |
| Vorgesetzten | Entfaltungsmöglichkeiten |
| Gehalt | |

Die Zuordnung der Hygienefaktoren tendenziell zu den unteren Bedürfnisgruppen in der Maslow'schen Pyramide ist ebenso auffallend wie die Zuordnung der Motivatoren eher zu den oberen Bedürfnisgruppen.

Wir können daraus die allgemeine Schlußfolgerung ziehen, daß es für jeden Arbeitsplatz gewisse Standards an Arbeitsbedingungen gibt (den sog. „Besitzstand"), deren Verwirklichung als selbstverständlich gilt. Entfallen sie plötzlich (z. B. schlechter werdende Luft, Gehaltseinbuße o. ä.), so entsteht Unzufriedenheit. Erst im Laufe eines langen Anpassungsprozesses würde das Erwartungsniveau sinken und die Unzufriedenheit allmählich wieder zurückgehen. Häufig ist dieser Prozeß mit erheblichen und dauerhaften Leistungseinbußen verbunden. Umgekehrt würden eine bisher ungewohnte Verantwortungsübertragung, Zulagen als Anerkennungsprämien etc. solange Zufriedenheit auslösen, bis sie ihrerseits nach längerer Zeit als jetzt selbstverständlich erlebt werden und damit aus dem Lager der Motivatoren in's Lager der Hygiene-Faktoren überwechseln würden.

### 3.1.5 Spezialfall Arbeitsmotivation – das Erwartungs-Valenz-Modell von V. H. Vroom

Maslow hatte seine Theorie als eine allgemeine Theorie der Motivation menschlichen Handelns konzipiert. Besondere Bekanntheit hat sie aber dadurch erreicht, daß sie innerhalb der Organisationswissenschaft als eine Theorie der Arbeitsmotivation konkretisiert wurde. Die Arbeitspsychologen (Herzberg 1966) waren froh, eine allgemeine Bedürfnistheorie zu haben, mit der sie die zu Beginn dieses Jahrhunderts vor allem von Taylor (1911) propagierte, einseitige Auffassung widerlegen konnten, die Leistungsbereitschaft des Arbeitnehmers könne einzig und allein durch die Höhe des Lohnes reguliert werden, da dieser ausschließlich an der Befriedigung materieller Bedürfnisse interessiert sei.

Die Aufgaben des Managements wuchsen durch die Überwindung des Taylorismus beträchtlich. Als Methode der Erhöhung der Arbeitsleistung und damit der „Intensifikation" der Arbeit (Volpert 1974) waren nicht mehr nur Kontrolle und finanzieller Anreiz ausreichend, vielmehr wurde jetzt deutlich, daß die Führungskräfte sich auch auf die Bedürfnisse ihrer Untergebenen nach zwischenmenschlichem Kontakt, nach Anerkennung ihrer Leistung und nach Verwirklichung ihrer Lebensideale einzustellen hatten. Es war dies die Geburtsstunde der sog. „demokratischen Techniken" (Coch & French 1948), die unter dem Titel der „Human-Relations"-Bewegung Eingang in die Kurse zum Management-Training gefunden haben (Vgl. Kap. 4.4.7).

Heute nun herrschen etwas komplexere Theorien der Arbeitsmotivation vor, in denen vor allem die Bedeutung des Arbeitsergebnisses für den Arbeitenden und seine Erfolgserwartungen in ihrer speziellen Verknüpfung eine Rolle spielen. Ein bekannter Ansatz in dieser Richtung ist das „Erwartungs-Valenz-Modell" von Vroom (1964; vgl. Neuberger 1974).

Vroom glaubt, daß die Leistungsbereitschaft eines Individuums (abgesehen von seinen Fähigkeiten und den äußeren Arbeitsbedingungen) von zwei Faktoren abhängt: von der

**Valenz,** d. h. der Bedeutung, der Attraktivität des Ergebnisses einer Anstrengung („Was habe ich davon, wenn ich diese Arbeit optimal erfülle?") und von der Sicherheit der

**Erwartung,** daß das Ziel tatsächlich auch mit hohem Einsatz erreicht wird („Wie sicher ist es, daß mir der erhoffte Lohn für meine Arbeit auch tatsächlich zufällt?").

Eine einzelne Handlungsweise kann natürlich mehrere Konsequenzen haben und damit mehrere Valenzen und Erwartungswerte besitzen, die sich gegenseitig steigern oder auch aufheben können.

---

F. sitzt an seinem Schreibtisch und bilanziert i.S. des Erwartungs-Valenz-Modells. „Wenn ich mich jetzt anstrenge und die mir übertragene besondere Arbeit mit Einsatz und Bravour erledige, dann

steigt mein Ansehen beim Chef, der mich fortan für tüchtig halten und mich daher schonen wird (V+, E+);

kann ich evtl. etwas eher mit der nächsten Beförderung rechnen (V+, E−); wird vielleicht die nette neue Sekretärin auf mich aufmerksam (V+, E+);

werden möglicherweise die Kollegen anfangen, mir aus dem Wege zu gehen, weil sie mich für einen Streber halten (V−, E+);

werde ich auf alle Fälle mehr malochen müssen, als mir recht und lieb ist (V−, E+);

wird meine Familie protestieren, weil ich später nach Hause komme (V−, E+);

werde ich morgen keinen Pfennig mehr in der Tasche haben als gestern und heute (V+, E−).

Fazit: „Soll der Chef sich einen anderen suchen, auf den er stolz sein kann . . ."

Erläuterung:

V+ Ergebnis ist erwünscht

V− Ergebnis ist unerwünscht

E+ Ergebnis trifft sicher ein

E+ Ergebnis trifft evtl. ein

E− Ergebnis trifft wahrscheinlich nicht ein

---

## 3.2 Soziale Wahrnehmung als Brücke zwischen Individuum und Umwelt

### 3.2.1 Einstieg

In der Entwicklungspsychologie gibt es ein sehr einfaches und in seinen Ergebnissen doch oft sehr überzeugendes Verfahren, die Geschlechtsrollen-Identifikation von Kinder zu untersuchen (Brown 1956; vgl. Heinrich 1974). Dem Kind wird eine Strichfigur (warum sagen wir dazu Strich„männchen"?) namens „Es" vorgelegt und es wird gefragt, welchen Namen dieses „Es" wohl haben könnte, womit es am häufigsten spielt, womit es sich am liebsten beschäftigt etc. Da die geschlechtsspezifischen Zuordnungen der in einer Liste vorgegebenen Spielsachen, Tätigkeiten, Beschäftigungsmöglichkeiten etc. vorweg aus Voruntersuchungen bekannt sind, kann aus einem Summenwert aller Antworten die relative Stabilität der Geschlechtsrollen-Identifikation abgelesen werden – einer eher kulturspezifischen freilich, da es sich bei der Geschlechtsspezifität von Spielen etc. keineswegs um „natürliche" Bevorzugungen, sondern um Ergebnisse gesellschaftlicher Zuschreibungen handelt (vgl. Scheu 1977).

Das Prinzip, das hinter diesem und hinter vielen anderen psychologischen Tests (z.B. dem berühmt-berüchtigten Rorschach-„Kleckse"-Test) steckt, ist sehr einfach:

Unsere Wahrnehmung der Umwelt beschränkt sich nicht auf eine passive Abbildung dessen, was unsere Sinnesorgane antreffen, sondern sie stellt im Subjekt ein Bild der Wirklichkeit nach seinen Maßstäben her.

Die Wahrnehmungstheorie, wonach das entstandene Wahrnehmungsbild (= die im Subjekt abgebildete Wirklichkeit) eine Funktion sowohl des Wahrnehmungsobjektes selbst als auch der wahrnehmenden Persönlichkeit ist, ist von der marxistischen Psychologie am prägnantesten formuliert worden. Sie sieht die Wahrnehmung als „Widerspiegelung der objektiven Realität im Bewußtsein" und bezeichnet diese Widerspiegelung als eine Form aneignender Tätigkeit. Für Stadtler, Seeger & Raeithel (1975) ist „die Widerspiegelung der objektiven Realität im Bewußtsein nicht nur Abbild der Dinge, sondern auch Abbild der Bedingungen des erkennenden Subjekts. Die Bedingungen der Erkenntnis (aber) sind nicht nur biologischer Art (Struktur der Sinnesorgane und des Nervensystems), sondern immer auch gesellschaftlich vermittelt." (69) In diesem Sinne ist Wahrnehmung immer zugleich „soziale", nämlich gesellschaftlich vermittelte Wahrnehmung oder, wie Holzkamp (1973) es zusammenfaßt: „Wahrnehmung von gegenständlich bedeutungsvollen Welttatbeständen ist von allem Anfang an ein notwendiges Moment der materiellen Produktion und Reproduktion gesellschaftlichen Lebens." (121)

Das klingt sehr abstrakt. Wir wollen den Tätigkeitscharakter der Wahrnehmung daher im folgenden an einigen einfachen Beispielen verdeutlichen. Die dabei jeweils vorherrschenden Persönlichkeitsfaktoren gliedern wir in „anatomisch-physiologische" (also körperliche) einerseits und verschiedene psychische andererseits, wie Bedürfnisse, Einstellungen etc. Wir werden dabei auf vier Hauptformen der Beeinflussung der Wahrnehmung durch den Tätigkeitscharakter stoßen:

a) **Selektion** – die Wahrnehmung ist selektiv, insofern sie aus dem umfangreichen Angebot an Umweltreizen immer nur eine bestimmte Auswahl ins Bewußtsein rückt – nach Gesetzen, die den Menschen gar nicht immer als so vernunftgeleitet erscheinen lassen, wie wir das gerne möchten.

b) **Akzentuierung** – die Wahrnehmung bildet die Wirklichkeit nicht immer in ihren objektiven Größenverhältnissen ab, sondern verzerrt diese: das Bedeutsame läßt sie größer, das Unwichtige kleiner erscheinen.

c) **Interpretation** – aus dem Bedürfnis heraus, alles zu erkennen und in die bisherige Erfahrung einzuordnen, deutet und ergänzt die Wahrnehmung die Wirklichkeit dort, wo diese sich nicht eindeutig und unzweifelhaft zu erkennen gibt.

d) **Strukturierung** – die Ordnung der Wirklichkeit in unserer Wahrnehmung ist zum gut Teil unsere eigene Leistung. Wir machen aus chaotischen Reizmustern „Gestalten"; dieses Prinzip ist v. a. an der für uns wenig interessanten Wahrnehmung von Figuren (Formen, Farben) von Bedeutung. Den interessierten Leser verweisen wir daher auf die vielfältig illustrierte Abhandlung von Metzger (1975) über die „Gesetze des Sehens". Dort wird er z. B. die Antwort auf die Frage finden, warum wir zwei objektiv gleichlange Strecken A und B als deutlich verschieden lang erleben, wenn sie durch ein- und auswärts gerichtete Pfeile begrenzt werden (Müller-Lyersche Täuschung) – wir beschränken uns hier aus Platzgründen auf dies eine Beispiel:

A             B

## 3.2.2 Physiologisch-anatomische Einflüsse

Wenn zwei Menschen ihr Augenmerk auf ein und denselben Gegenstand richten und dennoch etwas verschiedenes sehen (hören), so kann die Ursache dafür zunächst in allen Organen, Nervenfasern, Muskeln, Gehirnteilen etc. liegen, die am Wahrnehmungsprozeß beteiligt sind (vgl. Ruch & Zimbardo 1974).

Krankheiten des Auges z. B. können zu einer falschen Wahrnehmung der Konturen (Kurz- und Weitsichtigkeit), des Hell-Dunkel-Kontrastes oder der Farbqualitäten führen (Farbenblindheit, z. B. Unfähigkeit, die Farben rot und grün voneinander zu unterscheiden, weil beide als grau erscheinen).

Allgemeine Belastung (Streß) und Müdigkeit führen häufig zum Verlust der Tiefenwahrnehmung, die Wahrnehmungsobjekte „verschwimmen", die einzelnen Reize können nicht mehr voneinander unterschieden werden. Bei hochgradiger Müdigkeit kann der Kontakt zur Umwelt in Form der Wahrnehmung sogar gänzlich abbrechen – die Augen fallen zu und lassen sich im Extremfall gar nicht mehr willentlich öffnen.

Eine weitere Form der physiologischen Wahrnehmungsbeeinflussung ist durch Drogeneinnahme gegeben, die zu einer völligen Veränderung der wahrgenommenen Welt führen kann. Der Ausdruck „Halluzinogene" verweist darauf, daß zu den wahrnehmungsbeeinflussenden Wirkungen vieler Drogen die Produktion von Wahrnehmungen gehört, denen keinerlei reales Wahrnehmungsobjekt mehr entspricht. Die häufig verheerende Wirkung von Halluzinationen – oft in Form strenger und unwidersprechbarer Befehle an den Halluzinierenden – liegt darin begründet, daß die entsprechenden Stimmen, Bilder, Körperempfindungen etc. vom Kranken „für-wahr-genommen" werden.

## 3.2.3 Bedürfnisse

Auf der psychologischen Seite sind etwa Bedürfnisse solche Größen, die einen eminenten Einfluß auf die Wahrnehmung ausüben können. Bekannt ist eine frühe Untersuchung von Sanford (1937), der nachweisen konnte, daß Hunger einen selektiven und interpretativen Einfluß auf die Wahrnehmung ausübt.

Sanford ließ seine Versuchspersonen zum Teil vor und zum Teil nach der Einnahme der üblichen Mahlzeiten Bilder deuten, angefangene Zeichnungen ergänzen und einige ähnliche Aufgaben durchführen. Die Ergebnisse zeigten deutlich, daß die Experimente, die unmittelbar vor der zu erwartenden Mahlzeit stattfinden, deutlich höhere Frequenzen an „Essensantworten" (z. B. Erkennen des Bildes als Banane etc.) ergaben als die, die in gesättigtem Zustand absolviert wurden. Der Hunger sorgt – wenn auch unbewußt – dafür, daß die ganze Person auf Nahrung eingestellt ist. Interessanterweise nahmen die Essensantworten während einer 24-stündigen Fastenzeit zwar insgesamt zu, aber nicht in regelmäßig ansteigender Form sondern in deutlicher Abhängigkeit vom gewohnten Tagesablauf: wenn eigentlich eine Mahlzeit fällig war, also z. B. um die Mittagszeit, schnellte der Anteil der Essensantworten in die Höhe, in der Zwischenzeit sank ihre Rate dagegen auf wenig über den „Normalwert".

Wir können uns hier erinnern, daß sich die Bedürfnisse des Menschen nicht nur auf die biologischen Grundbedürfnisse beschränken, sondern soziale und personale Bedürfniskategorien einschließen (vgl. Abschnitt 3.1.4). Nehmen wir etwa das Bedürfnis nach Anerkennung: bei starker Ausprägung dieses Bedürfnisses („Geltungsdrang") nimmt der Betreffende seine Umgebung – z. B. das Verhalten seiner Kollegen und Vorgesetzten – nur noch unter dem Gesichtspunkt des Bezugs zur eigenen Person wahr: Alle für ihn unwichtigen Verhaltensaspekte werden übersehen (Selektivität), eigene Leistungen und Lob von anderen werden in ihrem Ausmaß übersteigert (Akzentuierung), Tuscheln von anderen wird automatisch als Kritik an der eigenen Person gedeutet (Interpretation).

Verbindet sich ein starkes Handlungsbedürfnis mit einer gleichstarken Angst, das Gewünschte nicht erreichen zu können („Furcht vor Mißerfolg", vgl. Heckhausen 1963), so kann über den Prozeß der Wahrnehmungsverfälschung ein unseliger Selbstzerstörungskreis (circulus vitiosus) in Gang gesetzt werden: Die soeben beförderte Beamtin hat das dringende Bedürfnis, den ihr neu gestellten Aufgaben als Vorgesetzte in vollem Umfang gerecht zu werden, hat aber zugleich eine große Angst, vor eben dieser Aufgabe zu scheitern. Aus ihrer Angst heraus nimmt sie wie durch ein Vergrößerungsglas alle Verhaltensweisen anderer wahr, die sie in ihrer Befürchtung bestätigen könnten. Die Angst scheint also berechtigt, ihre Anstrengungen werden dadurch krampfhafter, ihr Verhalten unsicherer, die Kollegen fangen tatsächlich an, kritische Äußerungen zu machen, die wiederum von der Beamtin als vernichtende Abqualifizierung gedeutet werden usw. Daß solche Interaktionsverläufe nicht ohne Konsequenzen für die Persönlichkeit der Betroffenen bleiben können, liegt nahe. Starre Verhärtung und Normendenken sind ebenso denkbar wie Selbsterniedrigung und Verlust der Selbstachtung. Wir werden im Abschnitt 5.6 ausführlicher auf diese individuellen „Kosten" konfliktreicher Interaktionen eingehen.

Daß der Grad der Bedürfnisbefriedigung, die ein Objekt uns verschaffen kann, ein wesentlicher Faktor für unsere Wahrnehmung eben dieses Objektes ist, haben Bruner & Goodman (1947) in einer mittlerweile „klassischen" Untersuchung demonstriert (Hiebsch & Vorwerg 1968 verwenden diese Untersuchung sogar als Beleg für klassenspezifische Einflüsse auf den Prozeß der Wahrnehmung).

Bruner & Goodman (1947) wählten 10jährige Jungen als ihre Versuchspersonen aus. Sie hatten die Aufgabe, Pappstücke verschiedener Größe in einem Guckkasten dadurch nachzubilden, daß sie einen Lichtkreis vergrößerten bzw. verkleinerten. Die Fehlerquote war gering. Wurden ihnen jedoch statt der Pappscheiben die 1-, 5-, 10-, 25- bzw. 50-Cent-Münze vorgehalten (die Pappscheiben hatten exakt dieselben Größen), so stellten alle Kinder den Lichtkreis größer ein, als es objektiv richtig gewesen wäre (vgl. die linke Graphik auf S. 96 oben). Bei den Kindern aus armen Elternhäusern war dieser Effekt aber nun besonders hoch ausgefallen (vgl. die rechte Graphik auf S. 96). Der Zusammenhang zwischen der im Sozialisationsprozeß vermittelten Bedeutung des Objektes für die Bedürfnisbefriedigung und der Wahrnehmung (Akzentuierung) dieses Objektes war damit demonstriert.

Oder einfacher: unsere Wahrnehmung vergrößert (wir vergrößern) das, was uns wichtig und bedeutsam ist.

### 3.2.4 Sympathie und Leistungsfähigkeit

Daß Liebe blind macht, ist bekannt; aber es ist nur eine Seite der Medaille: nicht nur übersehen wir an demjenigen, der uns sympathisch ist, nach Kräften seine Fehler, sondern wir sind auch in der umgekehrten Richtung „übersichtig" für alles, was ihn/ sie auszeichnen könnte. Und dies ist keineswegs nur i. S. einer bewußten Strategie zu verstehen, die der Redliche vermeidet und die lediglich der Unredliche benutzt, also z. B. jener unkorrekte Vorgesetzte, der in der betrieblichen Personalbeurteilung alle diejenigen Mitarbeiter mit einem Beurteilungsbonus versieht, mit denen er be-

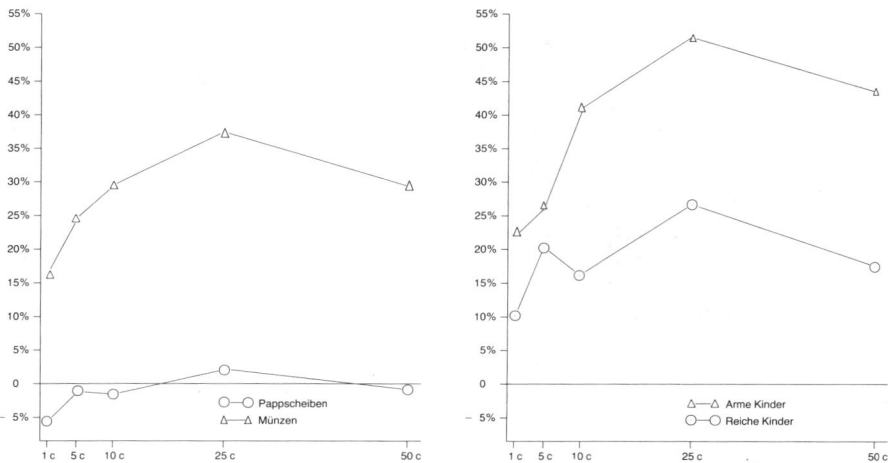

sonders gut auskommt, die vielleicht seiner Partei oder seinem Berufsverband angehören, die seine Einstellung gegenüber dem Betriebsziel oder gegenüber dem Personalrat teilen, mit denen er kegeln geht etc. Vielmehr handelt es sich hier um einen
unbewußt ablaufenden Mechanismus der Wahrnehmungsbeeinflussung, dem wir
uns alle in letzter Konsequenz nicht entziehen können.

Als „Wahrnehmungsdimension rein persönlicher Zuneigungen und Abneigungen"
spielt die Sympathie/Antipathie nach Holzkamp (1973) allerdings nur eine gewissermaßen „private" Rolle angesichts der vorherrschenden Bedeutung des Merkmals
„Leistungsfähigkeit" als wichtigster Eigenschaft im Kapitalverwertungsproze3 – jedenfalls unter den derzeit bestehenden Herrschafts- und Produktionsverhältnissen.
Und das „derzeit" darf dabei getrost sehr weit gefaßt werden. So wäre also zu vermuten, daß die Leistungsfähigkeit, die eine Person einer anderen zuschreibt, ein
noch höheres Maß an Wahrnehmungsbeeinflussung ausübt als die Sympathie. Und
noch wahrscheinlicher ist es, daß beide sich gegenseitig bedingen können: am mir
Unsympathischen erkenne ich nur bedingt die Leistungsfähigkeit, den Leistungsfähi-
gen versuche ich nach Kräften, sympathisch zu finden.

Da die Einstellungen, die wir anderen Menschen gegenüber haben, so untrennbar
mit unserem Wahrnehmungs- und Urteilsverhalten verbunden sind (Lueger 1992),
wird immer wieder die Forderung erhoben, daß die Urteile über andere – z.B. bei der
Bewerberauswahl oder der betrieblichen Personalbeurteilung – auf eine möglichst
objektive Grundlage gestellt werden sollen. Die methodischen Hilfen dazu sind
durchaus gegeben: Verwendung von Verhaltensbeobachtung in systematisierter
Form, standardisierte Häufigkeitsverteilungen, verbalisierte Skalen, Beurteilungs-
feedback, Assessment-Center-Technik etc. (vgl. Franke & Althoff 1978). Die Widerstände gegen solche objektivierenden Verfahren sind freilich groß. Und hinter ihnen
verbirgt sich sicher auch ein wenig die Angst, mit der Subjektivität der Entscheidung
auch ein wenig persönliche Macht und mikropolitischen Einfluß abgeben zu müssen.

## 3.2.5  Bisherige Erfahrungen

Wenn sich unsere Umwelt ständig beträchtlich verändern würde, wenn wir kaum Chancen hätten, Erfahrungen zu machen, die sich im Wiederholungsfalle auch bestätigen würden, so wäre es um unsere Orientierung schlecht bestellt. Wissenschaft wäre undenkbar, denn sie sucht die Gesetzmäßigkeiten im natürlichen und gesellschaftlichen Leben – wenn auch als historisch relative – zu beschreiben und zu erklären.

Auch unsere Wahrnehmung hält sich an diese Annahme einer relativen Konstanz der Umwelt. Was wir einmal in bestimmter Weise erlebt haben (z. B. einen neuen Kollegen als sehr witzig), das erwarten wir auch bei nächster Gelegenheit, unserer Erfahrung gemäß, wieder anzutreffen. Daher kommt es häufig genug zu Irrtümern unserer Wahrnehmung, die aus der Sturheit entstehen, mit der wir Bekanntes so sehen, wie wir es zu sehen gewohnt sind – auch wenn es sich längst geändert hat. So übersehen wir leicht die geänderte Verkehrsregelung, wenn diese nicht durch Aufmerksamkeit erheischende Schilder angekündigt wird, wir bemerken nicht die kleinen Fehler, die sich bei dem bisher immer so zuverlässigen Kollegen einzuschleichen beginnen. Ein ebenso schlichter wie überzeugender Beleg für diesen Wahrnehmungsmechanismus stammt von Zillig (1920). Sie untersuchte die Diktatkorrekturen von Lehrern in den Heften derjenigen Schüler, die von diesen als „meine zwei besten" bzw. „meine zwei schlechtesten" angegeben worden waren. Was bei Lehrern (deutschen zumal!) zunächst kaum denkbar scheint: die Korrekturen waren durchaus nicht korrekt. Nicht, daß die Lehrer pedantisch bei den ohnehin guten und großzügig bei den schwächeren Schülern gewesen wären, nein, 16 von 18 Lehrern übersahen bei ihren guten Schülern relativ mehr Fehler als bei ihren schlechten. Das Erscheinungsjahr der Arbeit hätte sicherlich auch 1995 heißen können ...

Von besonderer Problematik sind solche Fehlbeurteilungen dann, wenn sie den Betroffenen gegenüber mit einer solchen Autorität mitgeteilt werden, daß diese sich allmählich der Beurteilung entsprechend verhalten und die Falsch-Wahrnehmung damit nachträglich legalisieren. Nach einem Theaterstück von Max Frisch wird dieses Phänomen auch als **Andorra-Effekt** bezeichnet; in allgemeiner Form und auch in Anwendung auf Einschätzungen eigenen Verhaltens bezogen ist dieser Mechanismus als **self fullfilling prophecy** (sich selbst erfüllende Vorhersage; vgl. Ludwig 1991) bekannt.

## 3.2.6  Resümee

Fassen wir alle geschilderten Effekte noch einmal ins Auge, so fällt ein durchgängiges Prinzip auf, das die angebliche Rationalität des Menschen („homo sapiens") sicherlich ein wenig erschüttert. Soweit Wahrnehmungsobjekte sich nicht von sich aus so eindeutig präsentieren, daß ein Übersehen, Umordnen, Verzerren oder Deuten sich quasi verbietet, pflegen wir das Bild kräftig mitzumalen, das wir von der Umwelt um uns herum aufnehmen. Und zwar mit Farben – um im Bild zu bleiben –, die unserem Geschmack entsprechen, die unsere Sicht der Dinge bestätigen. „Subjektivität der Wahrnehmung" bedeutet eine Angleichung unserer Umwelt an unsere Vorstellungen, Erwartungen und Wünsche, aber auch an unsere Vorurteile, Ängste und Befürchtungen.

Die Mechanismen der Wahrnehmungsbeeinflussung, die wir in den Beispielen dieses Kapitels kennengelernt haben, lassen sich auf einige wenige Prinzipien zurückführen, die gewissermaßen die irrationale und dynamische Ausstattung der Persönlichkeit ausmachen:

**Ich-Bestätigungs-Prinzip:** Wir vermeiden es, uns in Frage zu stellen, und versuchen stattdessen lieber, die Welt so wahrzunehmen, daß sie sich mit unserem Denken und Handeln vereinbaren läßt.

**Angst-Vermeidungs-Prinzip:** Situationen, die in uns Angst auslösen könnten. versuchen wir auszuweichen, zugleich erscheint uns das Bedrohende oft noch bedrohlicher, als es in Wirklichkeit ist.

**Bedürfnis-Befriedigungs-Prinzip:** In unserem Handeln suchen wir bevorzugt nach eigenen Vorteilen, die materieller aber auch nicht-materieller Art sein können (Anerkennung, Zuwendung etc.).

**Konstanz-Prinzip:** Unsere Wahrnehmung ist bestrebt, die Welt als kontinuierlich zu begreifen, Chaos auszuschalten und Übereinstimmung zwischen aktueller Wahrnehmung und bisher aufgelaufenen Erfahrungen herzustellen.

**Ökonomie-Prinzip:** Wir neigen dazu, die Welt zu vereinfachen, Differenzierungen und Umwege zu vermeiden, schwarz oder weiß zu malen, entweder ja oder nein zu sagen oder solche Schubladenantworten von anderen zu erwarten; aus dem großen Angebot an Informationen nur weniges auszusuchen. wobei nicht immer die Stimme der Vernunft entscheidet, was wichtig und was unwichtig ist.

**Gestalt-Prinzip:** Vor allem in der Wahrnehmung gilt, daß wir uns durch einfache ästhetische Bedürfnisse leiten lassen, indem wir Ungleiches zu Gleichem machen, Krummes zu Glattem glätten, Unvollständiges vervollständigen etc. Die Beispiele dazu finden sich im Bereich der optischen Täuschungen, bei denen uns das Gestalt-Prinzip häufig ein Schnippchen schlägt.

Wir werden diese Prinzipien als leitende Motive für menschliches Handeln in den folgenden Abschnitten noch einmal ausdrücklich behandeln. Der aufmerksame Leser wird sie aber auch in den meisten anderen Kapiteln des Buches als unausgesprochene Randbedingungen wiederfinden: Persönlichkeit sucht sich in allem Handeln zu stabilisieren und Infragestellungen zu vermeiden; und das gilt auch bei allen Auseinandersetzungen des einzelnen in und mit der Organisation.

### 3.3 Verarbeitung der Umwelteinflüsse durch Lernen

### 3.3.1 Der Lernbegriff

Einer Gruppe von jungen Beamten wurde die Aufgabe gestellt, sie sollten aufschreiben, was ihnen bei dem Wort „lernen" spontan einfällt, welche Assoziation dieser Begriff bei ihnen ganz automatisch auslost. Folgendes Ergebnis kam dabei heraus:

> Schule (mehrfach), Vokabeln, anstrengend, Schüler, Prüfung, pauken, gute Noten, Hausaufgaben, Klassenzimmer, Lehrer, Lehrjahre, wiederholen, Angst.

Was bei dieser Liste auffällt, ist die Tatsache, daß das Wort „lernen" bei allen mit dem Prozeß des gezielten und organisierten Wissenserwerbs (Schule) gleichgesetzt wird. Dabei gibt es auch in unserem Alltagssprachgebrauch Verwendungen dieses Begriffes, die über diesen Bedeutungsbereich hinaus verweisen: „Ich habe ihn lieben oder verachten gelernt", „er will nicht lernen zu gehorchen", „sie wird es wohl nie lernen, sich etwas mehr zurückzuhalten" usf. Offensichtlich ist mit all diesen Ausdrücken eine Änderung der Persönlichkeit bzw. eines bestimmten Verhaltensausschnittes einer Person (bzw. deren Ausbleiben) gemeint, die auf Erfahrungen oder Anregungen aus der Umwelt beruht, im Gegensatz zu Persönlichkeitsänderungen, die auf umweltunabhängige, biologische Prozesse wie Reifung (Wachstum, Entfaltung) oder Degeneration (Abbau, Krankheit) zurückzuführen sind. Wir halten daher als Definition fest:

> **Lernen** ist die relativ überdauernde Veränderung von Verhalten bzw. Verhaltensdispositionen (Eigenschaften, Wissen etc.) aufgrund von Umwelterfahrung.

Diese Definition bringt es mit sich, daß Lernen nicht immer als ein positiver Prozeß zu betrachten ist: Auch aggressives, kriminelles, neurotisches Verhalten ist gelerntes Verhalten, wenn es sich dabei um Ergebnisse fehlgelaufener (defizitärer) Sozialisation oder um mangelnde Verarbeitung traumatischer Erlebnisse handelt.

Die folgenden Kapitel sollen erläutern, durch welche Grundformen von Lernvorgängen die Einflüsse der Umwelt dem Individuum vermittelt bzw. von ihm verarbeitet werden. Der Leser, der sich bei dem Stichwort „lernen" Ratschläge für die sinnvolle Organisation des Lernens i. S. des Wissenserwerbs (Studium, Prüfungsvorbereitung, Fachliteratur etc.) versprochen hatte, sei auf zwei einschlägige und bewährte Quellen verwiesen – bewährt allerdings nur unter der Voraussetzung, daß die dort enthaltenen Instruktionen auch tatsächlich korrekt befolgt werden: Kugemann (1972) und Naef (1975). Vgl. auch Schwacke & Uhlig (1979) sowie allgemein zum Thema Lernen Edelmann (1993).

### 3.3.2 Das Lernen von Reaktionen

Unsere Umwelt ist voll von „Reizen" (Tönen, Farben, Figuren, Gerüchen etc.), deren Eigenschaften für uns gelegentlich ganz bedeutungsarm sind, auf die wir aber dennoch mit spontanen Reaktionen antworten, weil wir mit ihnen bestimmte Erfahrungen verbinden: Eine bestimmte Melodie löst in uns angenehme Gefühle aus, nicht weil die Melodie selbst so besonders gefühlvoll ist, sondern weil wir sie in einer besonders gefühlvollen Situation gehört haben.

Hören wir das vom Zahnarzt bekannte Geräusch eines Bohrers, so reagieren wir mit Ablehnung, Angst und Fluchtbereitschaft, nicht weil das Geräusch selbst solch eine angstauslösende Eigenschaft besitzt, sondern weil es uns an einen anderen Reiz erinnert, der diese Qualität besaß: die Berührung durch den Bohrer.

Die Bedingung, daß der eigentlich neutrale Reiz (das Geräusch) zu einem angst- oder unmutauslösenden Reiz wird, ist also die Koppelung dieses Reizes an einen

Ein ursprünglich neutraler Reiz wird dadurch zu einem bedingten Reiz, daß er durch die Koppelung mit einem unbedingten Reiz dessen Bedeutung übernimmt und damit diese be — aber meist abgeschwächte — Reaktion auslöst, die der unbedingte Reiz bis dahin allein ausgelöst hat.

Beispiel:
Ein Beamter (B) wechselt in ein anderes Amt über und muß sich jetzt erst allmählich mit seinen neuen Kollegen und Mitarbeitern vertraut machen. Lediglich bei einem Kollegen (K) erlebt er, daß dieser ihm ein Gefühl von Geborgenheit und Zufriedenheit vermittelt, obwohl er keineswegs besonders freundlich auf ihn zugegangen ist. Allmählich kommt er dahinter, daß es an K's Tonfall liegen muß. Er erinnert sich, daß er in seiner ersten Stelle einen älteren Kollegen (F) mit ähnlichem norddeutschen Tonfall hatte, dessen Warmherzigkeit und Freundlichkeit ihm das Gefühl von Sicherheit und Geborgenheit vermittelt und so sein Einleben in die neue Berufsrolle erleichtert hatte.

| Unbedingter Reiz (UCS) | ⟶ | Bedingter Reiz (CS) |
|---|---|---|
| Warmherzigkeit des F | | norddeutscher Tonfall des F und des K |

B's Gefühl der Geborgenheit und Sicherheit

| Unbedingte Reaktion (UCR) | | Bedingte Reaktion (CR) |
|---|---|---|

anderen Reiz, der selbst unmittelbar („unbedingt", d.h. ohne die Bedingung einer vorhergehenden Erfahrung) die entsprechende Gefühlsreaktion auslöst. Die Gänsehaut beim Hören des Bohrers ist demnach eine bedingte Reaktion, das surrende Geräusch ein bedingter Reiz, unbedingter Reiz wäre in diesem Beispiel die Berührung durch den Bohrer, unbedingte Reaktion schließlich der dadurch ausgelöste Schmerz.

Das Erlernen bedingter Reaktionen ist für uns Menschen eine überlebenswichtige Orientierungs- und Anpassungsleistung, die sich z.B. im Spracherwerb des Kindes bewährt: der Name übernimmt allmählich die Bedeutung des Gegenstandes, das Wort „Mama" löst im Laufe der Zeit bereits die Gefühle aus, die eigentlich auf die Person selbst gerichtet sind.

Die ersten systematischen Erkenntnisse über das Lernen von bedingten Reaktionen verdanken wir dem russischen Physiologen I.P. Pawlow (1927), dessen Untersuchungen an Hunden bald schon als „klassisch" bezeichnet wurden. Aus diesem Grunde hat es sich heute eingebürgert, das Erlernen bedingter Reaktionen als **klassisches Konditionieren** zu bezeichnen.

Wie kommt es nun zu solchen Koppelungen zwischen zwei Reizen? Die wichtigste Koppelungsbedingung, die gewissermaßen ein beiläufiges Lernen ermöglicht, ist die Häufigkeit des gemeinsamen Auftretens von unbedingtem und bedingtem Reiz. Pawlows Hund hat auf diese Weise gelernt, auf ein Klingelzeichen hin mit Speichelsekretion – dem Zeichen für Appetit – zu reagieren, wenn diese nur häufig genug mit einem unkonditionierten Reiz, der Futtergabe, gemeinsam aufgetreten war. Häufig genügen bei uns Menschen aber bereits wenige oder gar eine einzige Koppelung, um eine Assoziation (Verbindung) zwischen dem unbedingten und dem bedingten Reiz herzustellen. Dies ist z.B. bei einer Reihe von sog. Phobien der Fall, d.h. bei extremen Angstreaktionen gegenüber „eigentlich" eher harmlosen Objekten. Entscheidend ist hierbei die Intensität der beteiligten Gefühle.

---

Eine ältere Frau sucht in der Sprechstunde eines Psychologen Rat. Sie leidet unter einer panischen Angst, die sie jedesmal überfällt, wenn sie eine bestimmte Art von Blasmusik hört – im Radio, im Park, bei Bekannten etc. Versuche mehrerer Ärzte („Organmediziner"), ihr durch Verordnung angstlösender Medikamente zu helfen, waren fehlgeschlagen. Die Befragung ergibt, daß die Patientin während des Krieges in ihrer Wohnung saß und Marschmusik hörte, als ihr Haus von einer Bombe getroffen wurde und in Flammen aufging und sie selbst nur knapp dem Tode entging. Das einmalige gemeinsame Auftreten von Krach, Flammen, Angst und Schmerz einerseits und der zufällig laufenden Radiomusik andererseits genügte, um zwischen beiden eine dauernde Koppelung herzustellen, die nur durch behutsames und systematisches therapeutisches Vorgehen rückgängig gemacht werden konnte.

---

### 3.3.3  Das Lernen am Erfolg

Dem eigenen Erleben noch besser zugänglich ist diese zweite Grundform menschlichen Lernens. Der eben an seinem Praktikumsplatz angekommene Anwärter hat noch keine rechte Vorstellung von der Art, wie sich die Beziehung zwischen ihm und den alteingesessenen Kollegen gestalten wird. Soll er sich zurückhalten und sich unterordnen? Oder wollen die Kollegen lieber einen selbständigen und aktiven Praktikanten? Duzt man sich oder sind eher Höflichkeitsformen angebracht? Gibt es irgendwelche ungeschriebenen Regeln, die er nicht verletzen darf, wenn er sich nicht innerhalb der Kollegenschaft isolieren will? Der Neue – so können wir im Vorgriff auf Kap. 4.2 schon sagen – kennt seine Rolle noch nicht und erlebt daher noch ein hohes Maß an Verhaltensunsicherheit.

In Situationen großer Verhaltensunsicherheit ist der Mensch gezwungen, besonders empfindsam auf die Konsequenzen seines Verhaltens zu achten. Alle Verhaltensweisen, zu denen man sich versuchsweise und vorsichtig entschließt, werden daraufhin überprüft, ob sie zum erwünschten Erfolg führen (Anerkennung durch die Kollegen) oder ob sie von unerwünschten Konsequenzen wie Ablehnung, Auslachen, Distanzhalten gefolgt werden.

Ebenso reagierten die Versuchstiere der berühmten Lernforscher wie z.B. Thorndike (1905), Tolman (1949) oder Skinner (1953). Sie sahen sich – wenn sie vom Forscher z.B. in einen sog. Lernkäfig („Skinner-Box") gesetzt worden waren – unvermittelt einer Situation ausgesetzt, die ihnen gänzlich fremd war. Der bestehenden Verhaltensunsicherheit versuchten sie nach anfänglich ängstlichem Zögern durch das Ausprobieren aller möglichen Bewegungen Herr zu werden, bis dann eine Bewegung zufällig zu einem „Erfolg", nämlich z.B. einer dosierten Futterabgabe, führte. Dies Verhaltensprinzip ist unter dem Namen „trial and error" (Versuch und Irrtum) bekannt geworden. Die Wahrscheinlichkeit, daß sich die betreffende Verhaltensweise (z.B. Drücken eines im Käfig angebrachten Hebels) bei den Versuchstieren wiederholte, stieg durch den Erfolg jäh an: die Tiere hatten gelernt, das eigene Verhalten erfolgreich zur Bewältigung der ungewohnten Situation einzusetzen – und sie taten letzten Endes dann immer genau das, was die Psychologen von ihnen wollten.

Thorndike leitete aus diesen Erfahrungen sein allgemeines Effektgesetz ab, in dem neben der positiven Konsequenz (Belohnung) auch die negative Konsequenz (Strafe) berücksichtigt ist.

---

**Effektgesetz** von Thorndike: „Jede Handlung, die in einer entsprechenden Situation Befriedigung verschafft, wird mit dieser Situation assoziiert, so daß bei einem erneuten Eintreten dieser Situation die entsprechende Handlung mit höherer Wahrscheinlichkeit als zuvor auftritt. Umgekehrt wird jede Handlung, die in einer bestimmten Situation Unbehagen hervorruft, von dieser Situation weg-assoziiert, so daß, wenn sich die Situation wiederholt, die Handlung weniger wahrscheinlich ist als zuvor." (zit. n. Ruch & Zimbardo 1974, 142)

---

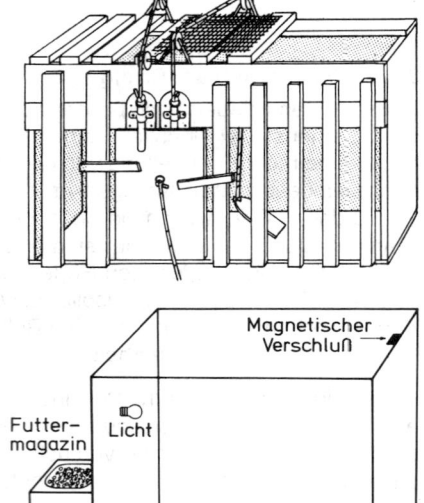

Thorndikes Problemkäfig. Thorndikes Katzen wurden in Käfige (wie dem hier dargestellten) gesperrt, vor denen sich Futter befand. Um herauszukommen, mußte das Tier die Sperre lösen, einen Hebel drücken oder eine Schlaufe ziehen, wodurch ein Gewicht bewegt wurde, welches die Tür öffnete (aus: Ruch & Zimbardo 1974, 142)

Versuchskammer für Ratten [Skinner Box] (Verstärkung der hungrigen Ratte erfolgt durch Futterpillen) (aus: Angermeier 1976, 8)

Dieses Effektgesetz ist später in unendlich vielen Versuchsreihen überprüft und differenziert worden (s. Angermeier 1976; Holland 8. Skinner 1974). Als Grundaussage bleibt bestehen, daß die bewußten oder unbewußten Erfahrungen, die wir mit unserem Verhalten machen, unser zukünftiges Verhalten und damit unsere Persönlichkeit vor allem während der primären und sekundären Sozialisation, aber letztlich noch während unseres gesamten Lebens entscheidend prägen. Führt ein Verhalten zum

Erfolg – der Anwärter geht aktiv auf seine neue Umgebung ein und erfährt daraufhin eine freundliche Zuwendung und Aufmerksamkeit der Kollegen –, so wird er geneigt sein, dieses Verhalten in Zukunft beizubehalten. Wir lernen also, das entsprechende Verhalten als ein Instrument zur Erreichung des gewünschten Zieles einzusetzen, und die hier beschriebene Lernform ist daher auch als **instrumentelles Bedingen** (Konditionieren) bezeichnet worden.

Da die positive Konsequenz, zu der das betreffende Verhalten geführt hat, eine Verstärkung eben dieses Verhaltens bewirkt, wird sie auch als **Verstärker** bezeichnet. Ein Verstärker, oder ganz präzise: ein positiver Verstärker, ist jedes Ereignis materieller, empfindungsmäßiger, sozialer oder ideeller Art, das von einem Individuum als positive Konsequenz seines Verhaltens erlebt wird, ohne daß ihm dieser Zusammenhang immer voll bewußt zu sein braucht.

---

**Beispiele für Verstärker** (= als positiv erlebte Verhaltenskonsequenzen):

**materielle Verstärker:** Geld, besondere Gratifikationen, Geschenke, Sammelobjekte etc.

**empfindungsmäßige Verstärker:** Geschmacksempfindung (z.B. beim Rauchen. Essen oder Trinken), Körperempfindungen wie Leichtigkeit (z.B. bei Drogenkonsum), Nachlassen von Schmerzen, Sonnenwärme, zärtliche Berührung etc.

**soziale Verstärker:** Anerkennung, Lob, Zuwendung, freundliches Lächeln, zustimmendes Kopfnicken, Einladungen, Wahlen etc.

**ideelle Verstärker:** Bewußtsein, etwas geleistet zu haben, ein gutes Werk vollbracht zu haben, den eigenen Wertvorstellungen treu geblieben zu sein, Interesse (z.B. bei der Arbeit, bei der Lektüre) etc.

---

Im zweiten Teil seines Effektgesetzes hatte Thorndike festgestellt, daß Verhaltensweisen vom Organismus dann unterdrückt werden, wenn sie „Unbehagen" zur Folge haben. „Gebranntes Kind scheut das Feuer" ist eine Alltagserfahrung, die diesen Zusammenhang zum Ausdruck bringt. Wir können auch sagen: negative Konsequenzen (oder negative Verstärker, Strafen) senken die Auftretenswahrscheinlichkeit eines Verhaltens, bis dieses „gelöscht" ist.

In einer Reihe von Experimenten an Tieren, aber auch in Untersuchungen an Menschen wurde allerdings festgestellt, daß diese Löschung („Extinktion") nur unter bestimmten Bedingungen als Ergebnis von Strafen erwartet werden kann und daß Strafen neben der Löschung unerwünschten Verhaltens auch weitere, ungewollte Nebenwirkungen zeigen können (s. Christoph-Lemke 1974). Die wichtigsten **Bedingungen und Nebenwirkungen** von Strafen in der zwischenmenschlichen Interaktion sind die folgenden:

(1) Strafen sind wirkungslos, wenn das bestrafte Verhalten von einem starken Bedürfnis gesteuert wird – ein extrem geltungssüchtiger Mensch wird sich auch dann von seinen peinlichen und aufdringlichen Selbstdarstellungen nicht abbringen lassen, wenn seine Umwelt mit negativen sozialen Konsequenzen wie Auslachen, Verachtung oder Isolation reagiert.

(2) Strafen sind wirkungslos, wenn sie als unangemessen erlebt werden – Kinder, die sich ungerecht bestraft fühlen, neigen dazu, das kritische Verhalten „aus Trotz"

zu wiederholen, falls nicht die Angst vor der Schwere der Strafe (Schmerz, Liebesverlust) obsiegt.

(3) Strafen sind wirkungslos, wenn sie vom Bestraften nicht auch als unangenehm (aversiv) erlebt werden – die empörten Zurechtweisungen eines hilflosen Lehrers werden von manchen Schülern eher als Amüsement denn als Strafe erlebt.

(4) Strafen unterdrücken Verhalten eher als daß sie es löschen – die vom Chef erteilte Rüge wegen zu großer Kaffeepausen führt häufig lediglich zu besseren Frühwarnsystemen in der entsprechenden Abteilung („Tassen weg, der Alte kommt").

(5) Strafen, denen der Bestrafte sich wehrlos ausgeliefert fühlt, ziehen häufig sich verallgemeinernde Angst nach sich – der Vorgesetzte, der mit der Bemerkung „miserable Arbeit" seiner Mitarbeiterin einen Vorgang auf den Tisch knallt, bewirkt u. U. eine Angst, die bei neuen Vorlagen zu einer noch stärkeren Unsicherheit und Arbeitshemmung führt und damit einen Teufelskreis einleitet.

(6) Strafen belasten die Beziehung zwischen Strafendem und Bestraftem, zumal wenn sie als unangemessen erlebt werden – die Resozialisierungsbemühungen der Strafvollzugsanstalten scheitern häufig daran, daß die Beziehung zwischen Betreuungspersonal und Insassen als eine Beziehung zwischen Strafenden und Bestraften erlebt wird.

### 3.3.4  Das Lernen durch Nachahmen (Modellernen)

Eine dritte Form der Änderung bestehender oder Aneignung neuer Verhaltensweisen wird durch den Prozeß der Identifikation bewirkt. Das Kind nimmt sich früh seine Eltern oder ggf. andere Erwachsene und ältere Kinder zum Modell und richtet sein Verhalten entsprechend aus. "... die Identifizierung strebt danach, das eigene Ich ähnlich zu gestalten wie das andere zum ,Vorbild' genommene" (Freud 1923, 60). Aber auch der Erwachsene fühlt teilweises oder gänzliches Einssein („feeling of oneness") mit anderen Personen und versucht, deren Verhalten, Einstellungen, Ausdrucksweisen etc. zu übernehmen. Sich identifizieren heißt den Wunsch haben, jemandem anderen möglichst ähnlich zu sein, in irgendeiner Form zu ihm zu gehören und wie er zu erleben (s. Heinrich 1974).

---

„**Identifikation** bezeichnet einen Prozeß, in dessen Verlauf sich ein Individuum mehr oder weniger unbewußt durch emotionale Bindung an einen Mitmenschen zeitweise oder relativ überdauernd in dessen Lage versetzt, um so wie die Bezugsperson zu denken oder zu handeln bzw. sich dies vorzustellen." (Drever & Fröhlich 1970, 138 f.)

---

Warum haben wir den Wunsch, mit bestimmten anderen eins zu sein, zu ihnen zu gehören? Secord & Backman (1964) nennen dafür u. a. folgende Gründe:

1. weil wir von ihnen häufig verstärkt werden (z. B. wiederholte Anerkennung durch den Vorgesetzten),

2. weil sie ihrerseits Erfolg (z. B. eine gute Position) haben und wir durch Identifikation an ihrem Erfolg teilhaben wollen (jeder gewinnt ein bißchen mit, wenn die Nationalmannschaft gewinnt),

3. weil wir Angst haben, sie könnten uns sonst ihre Zuneigung oder Achtung entziehen oder uns gar Schaden zufügen (die Tochter übernimmt die Ansichten und das Rollenverständnis der Mutter, weil sie sonst als „zu eigenwillig" abgelehnt werden könnte),

4. weil wir uns als ihnen ähnlich erleben (wir Bayern in Hamburg; wir Fahrradfahrer; wir Nicht-Schlips-Träger etc).

Menschen bzw. Systeme (Regierungen, Management, Vorgesetzte etc.), die ihre Umwelt durch harte Strafen traktieren und disziplinieren, müssen damit rechnen, daß sich immer weniger Menschen mit ihnen identifizieren und daß damit ihr Einfluß als Modell an Bedeutung verliert, es sei denn, daß sie ihn durch Macht und Gewalt erzwingen. Die durch gewaltsame Unterdrückung bewirkte Anpassung kann allerdings in Grenzfällen bis zur Selbstaufgabe führen. Bettelheim (1943) schildert den bedrückenden Prozeß der Identifikation mit dem Aggressor anhand von Erfahrungen aus deutschen KZs: die extreme Belastung durch Versagung, Schmerz und Angst konnte von vielen Gefangenen nur noch dadurch ertragen werden, daß sie sich in einem makabren Prozeß der Selbstumkehr mit ihren Unterdrückern identifizierten, sich deren Sprache und typische (zackige) Bewegungen aneigneten und ihre Einstellungen und Wertungen übernahmen – ohne daß sich ihre Lage dadurch objektiv verändert hätte.

## 3.4 Richtgrößen sozialen Handelns: Werte, Normen, Rollen und Einstellungen

### 3.4.1 Integrationsfaktoren einer Gesellschaft

Unser Wecker klingelt um 6 Uhr 30. Mit uns hegen Millionen Menschen keinerlei Zweifel daran, daß wir den 2. Mai 1985 haben, und es halb sieben ist. Im Radio gibt es Nachrichten und Musik. Strom, Gas und Wasser kommen ins Haus, auf dem Frühstückstisch fehlt nichts. Bahnen und Busse verkehren nach Plan. Tausende von großen Organisationen arbeiten schon oder beginnen gerade zu arbeiten: Rundfunkanstalten, Kraftwerke, Verkehrsbetriebe, Krankenhäuser, Behörden und Betriebe. Die Leute, die wir treffen, verstehen unsere Sprache, und lesen wir nachher in Schule, Fabrik oder Büro gemeinsam in den Zeitungen, äußern wir unsere Empörung über einen Taxifahrermord ebenso wie unsere Freude über einen Sieg der Fußballnationalmannschaft. Ein jeder Tag in unserer Gesellschaft scheint nach einem festgelegten Programm abzulaufen; jedenfalls existiert unsere Gesellschaft, und die Mehrzahl ihrer Mitglieder zweifelt keinen Augenblick daran, daß sie auch morgen und übermorgen noch existieren wird.

Was ist es also, was eine Gesellschaft wie jede ihrer Großorganisationen im Innersten zusammenhält? Wir sehen drei Faktoren, drei **zentripetale Kräfte,** die in wechselseitiger Beziehung (= Interdependenz) zueinander stehen (vgl. Graphik von S. 106).

**Werte und Normen** (gesellschaftliches Bewußtsein) geben, wie wir weiter unten sehen werden, die Richtschnur sozialen Handelns ab.

**Arbeit** (gesellschaftliche Produktion) sorgt mit der Bewältigung der Natur und der Ausschöpfung ihrer Ressourcen zur Befriedigung menschlicher Bedürfnisse.

**Macht** zwingt den einzelnen, sich dem kollektiven Willen unterzuordnen (vgl. Parsons 1970).

Die konkrete Ausformung des Wertsystems, der Produktionsweise und der Machtverteilung einer Gesellschaft ist historisch bedingt. „Die Gesellschaft existiert nie abstrakt, sondern nur in Gestalt einer historisch jeweils bestimmten ökonomischen Gesellschaftsformation." (Klaus & Buhr 1972, 2, 418)

**Gesellschaft** ist also ein umfassendes System menschlichen Zusammenlebens, das auf die Bedürfnisbefriedigung des einzelnen wie die von Gruppen angelegt ist und in seiner Ausgestaltung weithin abhängig ist vom Entwicklungsstand der materiellen Produktivkräfte und der Produktionsverhältnisse. Aufruhend auf dieser Basis erfüllen Werte und Normen – die „Kultur" bzw. der politisch-ideologische Überbau – spezielle Funktionen, auf die im folgenden näher eingegangen werden soll.

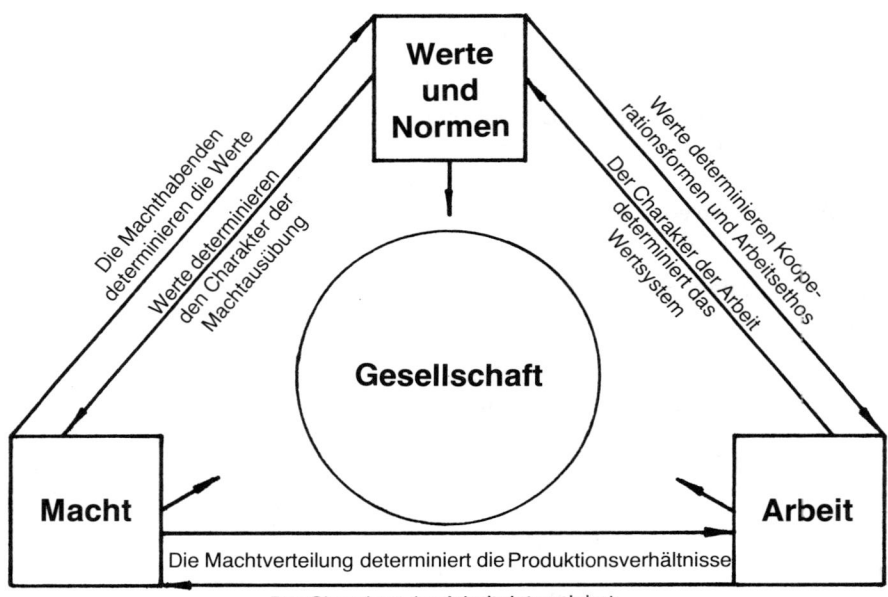

Der Charakter der Arbeit determiniert
die Art der Machtausübung

### 3.4.2 Funktionen sozio-kultureller Werte und Normen

„Der Wert wird also seinem Wesen nach als soziales, speziell als ideologisches Phänomen verstanden und nicht als eine Art natürliche Eigenschaft oder Attribut materieller Dinge oder geistiger Güter." (Klaus & Buhr 1972, 3, 1152) Werte sind also immer geschichtliche Produkte und damit ständig veränderbar, wobei der Tendenz nach die herrschenden Werte die Werte der Herrschenden sind. Die jeweils herrschende Klasse, Kaste oder Gruppe ist nämlich immer bemüht, die Vertretung ihrer partikularen Interessen als Allgemeininteresse auszugeben – womit die „geistige Sphäre" leicht zur Ideologie gerät (vgl. Brand 1972, 69ff.). Über die Werte erlangen die Herrschenden ihre Tabuiergewalt, d.h. das Recht, beispielsweise den Genuß bestimmter Speisen (wie bei einigen Südseevölkern) oder die Verbreitung bzw. Lektüre bestimmter Bücher und Schriften (den Buback-Nachruf etwa) zu verbieten.

Damit können wir schon an dieser Stelle die beiden Hauptfunktionen von Werten festhalten:

a) ihre Integrationsfunktion und

b) ihre Ideologiefunktion, d.h. die Funktion der Sicherung bestehender Herrschaftsverhältnisse.

Werte sind also (Funktion a) – unabhängig von ihrem Inhalt – zum Überleben eines Systems unabdingbar (sofern sie nicht pervertiert sind und ausdrücklich dessen Untergang zum Ziele haben), weil ohne sie die Integration des Einzelnen in das Ganze unmöglich erscheint.

> „Soziologisch lassen sich die **Werte** als jene Kriterien definieren, nach denen die Gruppe oder Gesellschaft die Wichtigkeit von Personen, Verhaltensmustern, Zielsetzungen und anderen soziokulturellen Objekten beurteilt. (...) Die Werte sind also die Kriterien, die der gesamten Kultur und Gesellschaft Sinn und Bedeutung verleihen." (Fichter 1970,174)
>
> „Ein Wert ist eine explizite oder implizite Auffassung vom Wünschenswerten, spezifisch für ein Individuum oder charakteristisch für eine Gruppe, die die Auswahl unter möglichen Handlungsweisen, Handlungsmitteln und Handlungszielen beeinflußt." (Kluckhohn 1954, 395)

Dabei ist allerdings in keinem Falle die Entstehung und die stets gleichzeitige herrschaftssichernde Funktion der (herrschenden) Werte zu vergessen, ihr ideologisch-gesellschaftlicher Bezug also (Funktion b): „Die Werte spielen als ideologische Zielpunkte und Leitideen eine sehr große Rolle für die Orientierung des menschlichen Handelns, Denkens und Fühlens. Sie sind eine spezifische Form, vermittels derer sich die Menschen ihrer gesellschaftlichen Zusammenhänge und Aufgaben bewußt werden und durch deren geistige Aneignung sie sich bewußt in ihre jeweiligen Gemeinschaften integrieren und sich mit den darin anerkannten Zielen, Interessen, Normen, Lebensformen usw. persönlich identifizieren. Insofern wirken die im gesellschaftlichen Bewußtsein anerkannten Werte als höchst aktive Triebkräfte des individuellen und kollektiven Handelns." (Klaus & Buhr, 1972, 3, 1153)

Werte geben also, wenn sie im Über-Ich verinnerlicht (= internalisiert) worden sind, dem Leben des einzelnen Ziel und Sinn (sie tragen es); in bestimmten historischen Situationen erfüllt aber auch der Kampf gegen (alte) Werte diesen Zweck. Mit David Riesman (1958) sprechen wir von **Innen-Lenkung** bzw. **Innen-Leitung,** wenn ein Mensch von Werten gesteuert wird, die ihm frühzeitig durch die Eltern „eingepflanzt" worden sind. Zerbricht das Wert- und Normsystem einer Gesellschaft oder wird es in sich übermäßig widersprüchlich, so kommt es zu sozialer Desintegration oder Anomie (Durkheim 1966, vgl. auch Dreitzel 1972, 43–49).

**Normen** sind wie Werte Maßstäbe für menschliches Handeln, und der einzige Unterschied zu diesen dürfte darin bestehen, „daß Normen ... als Mittel behandelt werden können, nämlich als Mittel zur Realisierung von Werten ..." (Keuth 1978, 697). Den Zusammenhang zwischen Wert und Norm verdeutlicht die folgende Grafik (aus: Funkkolleg „Sozialer Wandel" 1974, 15)

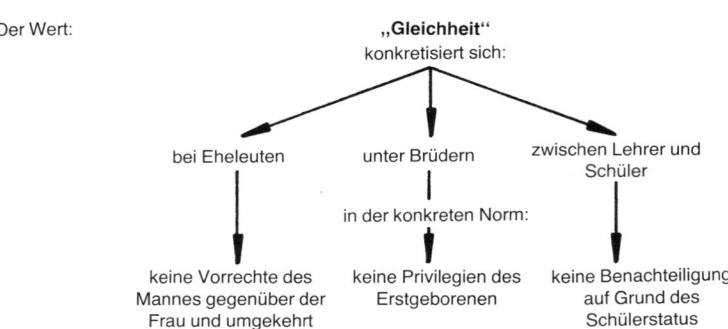

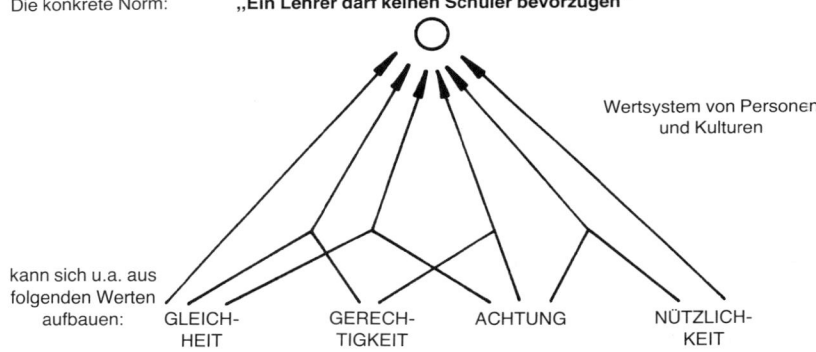

Normen sind also die verbindlichen Forderungen nach einem ziemlich genau bestimmten Verhalten, insbesondere wenn sie in Form der „gesetzten Regel", d.h. eines Gesetzes erscheinen (vgl. Lexikon zur Soziologie 1973, 470). **Recht** wäre dann zu definieren als: „Normative Erwartungen, die durch einen Erzwingungsstab garantiert werden (Münch 1976, 60)." Festzuhalten bleibt in diesem Zusammenhang auch die Tendenz unserer Gesellschaft, soziales Handeln immer stärker durch Gesetze und Verordnungen zu normieren; Roman Herzog (1978) spricht dabei von einer wachsenden „Normierungswut" und sieht in ihr den wesentlichsten Grund für die Aufblähung der Staatsbürokratie. Das Wertsystem der Bundesrepublik Deutschland scheint also derzeit nicht konsistent und tragfähig genug zu sein, um die gesellschaftliche Integration primär durch Innensteuerung der Gesellschaftsmitglieder bewirken zu können.

Vergessen wir allerdings auch nicht, daß diese „Normierungswut" zwei gesell-schaftspolitisch bedeutsame Vorteile hat, auf die wir heute weder verzichten könnten noch wollen. Normierung von Rechten bedeutet nämlich einmal einen Schritt in Rich-tung auf mehr Gleichheit aller Mitglieder einer Gesellschaft. Insoweit das Recht für alle Bürger in gleicher Weise gültig ist, sind dies auch die gesetzlich geregelten staat-lichen Leistungen. Und eine immer stärker differenzierende rechtliche Regelung von Sonderfällen ist auch tatsächlich eine wichtige Voraussetzung für „gerechte", d.h. ausgleichende Lösungen. Das Steuerrecht macht dies Prinzip deutlich: Wer weit vom Arbeitsplatz entfernt wohnt, soll seine erhöhten Aufwendungen wenigstens von der Steuer absetzen dürfen; wer viel für seine Arbeitsmittel ausgeben muß, soll einen Ausgleich durch Steuerminderung erhalten; wer durch Schicksalsschläge, Krankheit etc. besonderen Belastungen ausgesetzt ist, soll durch Steuervergünstigungen einen wenigstens teilweisen Ausgleich für seine besondere Not erhalten. Ein Ver-zicht auf die gesetzliche Normierung solcher Besonderheiten würde auch immer Ver-zicht auf einen Ausgleich von faktischer Ungleichheit bedeuten. „Der moderne Staat ist aus guten Gründen ... ein Leistungsstaat, der seine Leistungen nicht aus Gnade und eigenem Wohlgefallen verteilt, sondern seinen Bürgern subjektive und vor allem einklagbare Rechte auf diese Leistungen gewährt." (Herzog 1978, 87)

Auf der anderen Seite dient die gesetzliche Festlegung gesellschaftlicher Erwartun-gen der Transparenz unseres Zusammenlebens, insbesondere der Vorhersehbar-keit und damit Kalkulierbarkeit gesellschaftlicher Sanktionen. Keiner von uns hat ernsthaft ein Interesse daran, sich lieber der Willkür der jeweils herrschenden Für-sten, Bischöfe, Minister, dem momentanen Gutdünken fanatisierter Volks- oder Re-volutionsgerichte oder dem unkontrollierten Ermessen irgendeines zufällig zuständi-gen Beamten auszusetzen anstelle der prinzipiell vorhersehbaren und nachprüfba-ren Entscheidung legaler Gerichte. Gesetzliche Fixierung bedeutet grundsätzlich Einschränkung von Willkür und damit Zunahme von Gerechtigkeit.

Es grenzt allerdings an eine historische Groteske, daß beide Vorteile legalistischer Normierungen allmählich in ihr Gegenteil umzuschlagen drohen: die Kompliziertheit des auf alle erdenklichen Sonderfälle eingehenden Steuerrechts beispielsweise er-möglicht es nur noch dem versierten Fachmann, alle rechtlich zustehenden Möglich-keiten voll auszuschöpfen; der eigentlich Betroffene geht dabei häufig leer aus, weil er sich der unübersehbaren Menge rechtlicher Regelungen und ihrer bürgerfeindli-chen Sprache hilflos ausgeliefert fühlt. Und die Vielfalt staatlicher Gebote und Ver-bote macht es dem einzelnen Bürger zunehmend unmöglich, sich im Gestrüpp recht-licher Normierungen und drohender Sanktionen auszukennen (wer z.B. weiß, wie lang, breit und blau die Pfeile auf einer Parkuhr sein müssen, andernfalls diese als solche nicht anerkannt wird?). Keine Frage: den gesellschaftlichen Fortschritt, der in der Praxis legalistischer Normierungen begründet ist, davor zu bewahren, daß er sich selbst ad absurdum führt, ist eine der wichtigen Aufgaben zukünftiger Rechtspo-litik.

Weniger verbindlich als rechtliche Normen (Gebote und Verbote) und damit weniger scharf sanktioniert, wenn man von ihnen abweicht, sind die **Verhaltensmuster,** d.h. all die von einer Kultur, Subkultur oder sozialen Gruppe als mehr oder minder ver-bindlich anerkannten Formen und Abläufe von Verhaltensweisen und Handlungen (vgl. Wallner 1975, 106f.) wie **(im Bürobereich)**

- Gewohnheiten (z. B. das Einnehmen von Mahlzeiten in der Kantine),
- Bräuche (z. B. das Feiern von Beförderungen, Geburtstagen und Jubiläen),
- Umgangsformen (Begrüßung und Verabschiedung mit Händedruck),
- Sitten (z. B. Tischsitten),
- Konventionen (z. B. die Anrede mit „Herr Senator", „Herr Bürgermeister" oder „Herr Minister").

### 3.4.4 Berufsbezogene Basiswerte der bürgerlichen Gesellschaft

Die entscheidende Grundlage des Wertsystems abendländisch-westlicher Gesellschaft ist, **was Arbeit und Beruf angeht,** die Bibel, insbesondere mit den zehn Geboten. Als Leitwerte bzw. **letzte Werte** für die zwischenmenschlichen Beziehungen gelten danach u. a.

- die **Ehrfurcht vor dem Leben des anderen** („Du sollst nicht töten" 2. Mose/20).
- die **Ehrfurcht vor dem privaten Eigentum des anderen** („Du sollst nicht stehlen", „Laß dich nicht gelüsten deines Nächsten Hauses ..., deines Nächsten Weibes, noch seines Knechtes noch seiner Magd, noch seines Ochsen noch seines Esels, noch alles, was dein Nächster hat" – 2. Mose/20),
- die **Ehrfurcht vor den Eltern** („Du sollst deinen Vater und deine Mutter ehren ..." 2. Mose/20),
- **Ehrlichkeit** („Du sollst kein falsch Zeugnis reden wider deinen Nächsten" 2. Mose/20),
- **Fleiß** („Sechs Tage sollst du arbeiten und alle deine Dinge beschicken", 2. Mose/ 20, und 2. Brief des Paulus an die Thessanolicher 3/10: „wenn jemand nicht will arbeiten, der soll auch nicht essen"),
- **Friedfertigkeit und Sanftmut** (Bergpredigt; Matthäus 5),
- **Bescheidenheit** („Ein Weiser rühme sich nicht seiner Weisheit, ein Starker rühme sich nicht seiner Stärke, ein Reicher rühme sich nicht seines Reichtums", Jeremia 9/22, vgl. auch Lukas 14/11),
- **Unterordnung** (so Römer 13/1 und 2 mit den für Beamte besonders wichtigen Aussagen:

> 1. Jedermann sei untertan der Obrigkeit, die Gewalt über ihn hat. Denn es ist keine Obrigkeit ohne von Gott; wo aber Obrigkeit ist, die ist von Gott verordnet.
> Tit. 3, 1 ; Joh. 19, 11 ; Spr. 8, 15
> 2. Wer sich nun der Obrigkeit widersetzt, der widerstrebt Gottes Ordnung; die aber widerstreben, werden über sich ein Urteil empfangen.

Ohne nun diesen und anderen Inhalten der Bibel, insbesondere der Bergpredigt, und der obersten christlichen Maxime „Du sollst deinen Nächsten lieben wie dich selbst"

(Matthäus 22/39 bzw. 3. Mose/19, 18) ihren hohen Stellenwert im Hinblick auf Menschenrechte und Humanismus auch nur im entferntesten absprechen zu wollen, muß doch die **Ambivalenz der christlichen Werte** festgehalten werden, d.h. ihre Brauchbarkeit sowohl zur Befreiung und Befriedung als auch zur Unterdrückung und Ausbeutung von Menschen. Auf unser spezielles Thema bezogen ist damit gesagt, **daß sich die Mehrzahl der christlichen Leitwerte vorzüglich dazu eignet, Menschen zu vorbildlichen Mitarbeitern großer hierarchischer Organisationen heranzubilden** (und seit bald anderthalb Jahrtausenden von deren Spitzen auch dazu benutzt wird). Eine **gute Arbeitskraft** ist die, die ihrem „Herrn" nicht (vermittels einer Revolution etwa) nach dem Leben trachtet, die sein Eigentum achtet, ihm mit Respekt und Ehrfurcht begegnet, ehrlich, fleißig, friedfertig, sanft und bescheiden ist und sich unterordnet.

Dieser Zusammenhang ist wohl am deutlichsten von Max Weber in seinem Aufsatz „Asketischer Protestantismus und kapitalistischer Geist" (zuerst 1905, hier Weber 1956) aufgezeigt worden. Ausgehend vom englischen Puritanismus führt er das Entstehen des Kapitalismus auf die Kapitalakkumulation bei den frühen Unternehmern zurück, die einerseits in der Erlangung von Reichtum (als Frucht ihrer Berufsarbeit) den Segen Gottes erblickten, andererseits aber zu „asketischem Sparzwang" verpflichtet waren, denn: „Das sittlich wirklich Verwerfliche ist nämlich das *Ausruhen* auf dem Besitz, der *Genuß* des Reichtums mit seiner Konsequenz von Müßigkeit und Fleischeslust ..." (1956, 359). Es entsteht eine religiös überhöhte Propagierung der „rastlosen, stetigen, systematischen, weltlichen Berufsarbeit" (371) und ein **spezifisch bürgerliches Berufsethos.** Durch die Religion werden den Unternehmern auch „nüchterne, gewissenhafte, ungemein arbeitsfähige und an der Arbeit als gottgewolltem Lebenszweck klebende Arbeiter zur Verfügung" gestellt (375), und sie „legalisierte ... die Ausbeutung dieser spezifischen Arbeitswilligkeit, indem sie auch den Gelderwerb des Unternehmers als ‚Beruf' deutete" (377 – Beruf im Sinne von Berufung). Diese christliche **Berufsidee** beginnt nun „unentrinnbare Macht über den Menschen" zu gewinnen: „Der Puritaner *wollte* Berufsmensch sein – wir *müssen* es sein" (379). In jüngster Zeit hat Kieser (1984) diese Gedanken wieder aufgenommen und anhand von Benediktinerklöstern gezeigt, wie effizient es in einer Organisation ist, äußeren Zwang durch innere Einstellung zu ersetzen.

Für die Entwicklung der spezifisch westlichen **Bürokultur** sind auch die allgemeinen **bürgerlichen Umfangsformen** von erheblicher Bedeutung. So finden wir beispielsweise im Knigge (1788) folgende „Anweisungen" für ein organisationsgerechtes Leben:

> Sei streng, pünktlich, ordentlich, arbeitsam, fleißig in deinem Berufe! Bewahre deine Papiere, deine Schlüssel und alles so, daß du jedes einzelne Stück auch im Dunkeln finden könntest! Verfahre noch ordentlicher mit fremden Sachen!

> Begegne deinen Untergebenen liebreich, ohne deinem An=
> sehen bei ihnen etwas zu vergeben. Es taugt nie, wenn die
> Subalternen sich ihren Vorgesetzten unentbehrlich machen; und
> verächtlich wird der Chef eines Departements, der, weil er
> nicht selbst arbeiten will oder nicht arbeiten kann, sich auf die
> Untergebenen verlassen muß; da er dann nicht Ansehen und nicht
> Mut genug behält, einen nachlässigen oder eigensinnigen Sekretär
> an seine Pflicht zu erinnern, sondern sich alles muß gefallen lassen,
> was dieser gut findet vorzunehmen oder zurückzulegen.

Sozialisation in Industriegesellschaften ist eindeutig festzumachen als Sozialisation im Hinblick auf die Ausübung von Berufsrollen.

Das Grundgesetz ist für unser Generalthema, die bürokratische Sozialisation, nicht von derselben Relevanz; es ist nur festzuhalten, daß ohne das Bekenntnis zu ihm und zu seiner Verteidigung der Eintritt in Großorganisationen kaum möglich ist und bestimmte Artikel – z.B. 1–3, 5, 9 und insbesondere 12 (Freiheit der Berufswahl) – auch für die spezielle Ausgestaltung der innerorganisatorischen Verhältnisse von besonderer Bedeutung sind, ohne daß das hier weiter verfolgt werden kann.)

### 3.4.5 Rollen

„Der wichtigste Mechanismus, durch den die Menschen Werte zum Ausdruck bringen und versinnbildlichen, ist die soziale Rolle" (Fichter 1970, 177). Im Hinblick auf die Differenzierung und die Verbindlichkeit der Erwartungen an den einzelnen ergibt sich also – in den Strukturkategorien von Talcott Parsons (vgl. Gerhardt 1971, 50f.) – folgende Hierarchie:

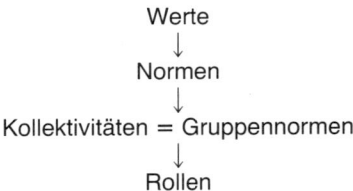

Soziale Rollen sind die kleinsten Elemente sozialer Systeme und meinen inhaltlich soziales Handeln, denn ",Soziales Handeln' ... soll ein solches Handeln heißen, welches seinem von dem oder den Handelnden gemeinten Sinn nach auf das Verhalten anderer bezogen wird und daran in seinem Ablauf orientiert ist" (M. Weber 1964, 1), und das ist beim Rollenspiel der Fall.

### 3.4.5.1 Definition der sozialen Rolle

Der soziologische und sozialpsychologische Elementarbegriff der sozialen Rolle ist aus der Theaterwelt übernommen worden (vgl. Dahrendorf 1961). Die in Deutschland am meisten verwandte Definition stammt aus dem Buch „Homo Sociologicus" von Ralf Dahrendorf und lautet wie folgt:

> **„Soziale Rollen** sind Bündel von Erwartungen, die sich in einer gegebenen Gesellschaft an das Verhalten der Träger von Positionen knüpfen." (Dahrendorf 1961, 22)

Die Ansprüche der anderen, der sog. **Bezugspersonen und -gruppen,** beziehen sich einmal auf das **Rollenverhalten** und zum anderen auf das Aussehen und den „Charakter" des Rollenspielers, also seine **Rollenattribute** wie Kleidung oder Haartracht (vgl. dazu die Übersicht über die Erwartungen im Hinblick auf die Mitgliedschafts-, die Arbeits- und die Kollegenrolle im Abschnitt 5.3.2).

Nach dem Grad ihrer Sanktionierung und Verbindlichkeit klassifiziert Dahrendorf die Erwartungen nach Muß-, Soll- und Kann-Erwartungen und gibt dafür anhand des Schatzmeisters eines Fußballklubs folgende Beispiele (27):

| Art der Erwartung | Art der Sanktion positiv | negativ | Beispiel (Schatzm. d. 1. F. C. X-Stadt) |
|---|---|---|---|
| Muß-Erwartungen | – | gerichtliche Bestrafung | ehrliches Finanzgebahren usw. |
| Soll-Erwartungen | (Sympathie) | sozialer Ausschluß | aktive Teilnahme an allen Club-Veranstaltungen usw. |
| Kann-Erwartung | Schätzung | (Antipathie) | freiwilliges Sammeln von Geldern usw. |

Jedes einzelne Gesellschaftsmitglied hat mit seinen verschiedenen Positionen (Vater, Inspektoren-Anwärter, Ehemann, Verkehrsteilnehmer usw.K) eine Vielzahl sozialer Rollen zu spielen, die in der Regel mehrere **Rollensegmente** umfassen. Für die **Berufsrolle des Beamten** beispielsweise können wir uns folgende Rollensegmente denken (aus: Bosetzky, Fischer & Tiefensee 1975, 34):

8 Rollensegmente
1. Beamter – Vorgesetzter
2. Beamter – Untergebener
3. Beamter – Kollege
4. Beamter – Personalrat
5. Beamter – Bürger (Klient)
6. Beamter – Öffentlichkeit (Massenmedien)
7. Beamter – Gewerkschaftsorganisation
8. Beamter – Parteiorganisation

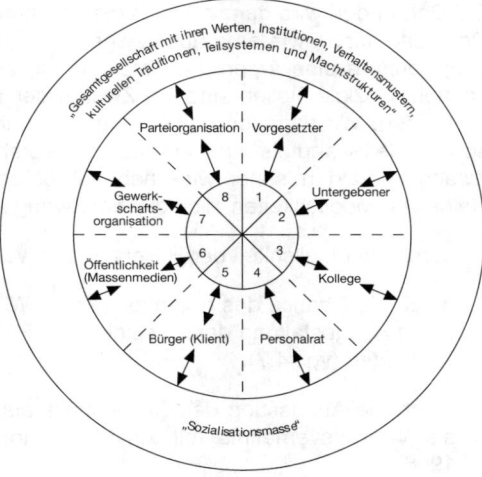

## 3.4.5.2 Rolle als Zwang oder Halt

Sind soziale Rollen ein unangenehmer Zwang oder ein notwendiger Halt für den Menschen? Diese Frage ist eines der Hauptthemen der Rollentheorie (vgl. dazu auch unser Kap. 5.1).

Unter dem **Aspekt des unangenehmen Zwanges** läßt sich sagen, daß

— mit der Übernahme sozialer Rollen in Großorganisationen (mit Ausnahme der absoluten Spitze) stets auch die Eingliederung in bestehende Herrschaftsverhält- nisse, also Unterwerfung verbunden ist,

— in der Regel zwischen aufeinander bezogenen bzw. komplementären Rollen (s. u.) erhebliche Abhängigkeits- und Ausbeutungsbeziehungen bestehen, denen der schwächere Partner nur schwer entgehen kann (z. B. in den Rollenpaaren Mann-Frau. Unternehmer-Arbeiter), wie das Habermas (1968) mit seinem **Re- pressionstheorem** zum Ausdruck bringt, das besagt, daß in unserer Gesell- schaft Integration, das heißt, „vollständige Komplementarität der Erwartungen nur unter Zwang, auf der Basis fehlender Reziprozität erreicht werden kann". (8)

Unter dem **Aspekt des notwendigen Halts** für den Menschen wird dagegen argu- mentiert, daß soziale Rollen

— durch die Erkenntnis der Rollenhaftigkeit menschlichen Handelns erlaubten „sich mit den weitgehend funktionalen Äußerungen der Mitmenschen zufriedenzuge- ben, und zwar ohne Reflexion über den Sinn der jeweiligen Funktion" (Haug 1972, 77 f.), was von störenden Emotionen, von beunruhigenden Bedürfnissen und dauernder Reflexion entlaste, und daß sie

— generell gesellschaftliches Leben berechenbar machten, also für den einzelnen durch die Generalisierung von Verhaltenserwartungen die notwendige Reduktion von Komplexität (Luhmann) besorgten.

Bei Dahrendorf wird ganz deutlich die Betonung des Zwangscharakters der sozialen Rolle erkennbar, wie er ja auch zeigen will, „daß Gesellschaft nicht nur eine Tatsa- che, sondern eine ärgerliche Tatsache ist, der wir uns nicht ungestraft entziehen können. Soziale Rollen sind ein Zwang, der auf den einzelnen ausgeübt wird ..." (1961, 24). Wir dagegen neigen eher dazu, ihre **Ambivalenz** zu betonen, d. h. sie sowohl als Zwang als auch als Halt zu verstehen, denn bei aller Anerkennung ihres Zwangscharakters sehen wir – neben ihren oben erwähnten Halt-Funktionen – eine Reihe von Möglichkeiten, sich diesem Zwang zu entziehen, und zwar

— durch die Möglichkeit der Rollendistanz (vgl. 5.5.1),

— durch die Chance des role-making (vgl. Wiswede 1977,162), d. h. der eigenstän- digen Ausgestaltung der zu spielenden Rolle, insbesondere bei mikropolitischen Aktivitäten (vgl. 4.7),

— durch die Auffassung des Rollenspiels als Tauschprozeß (vgl. Blau 1964) bzw. als Vertragsverhältnis mit zeitlicher und inhaltlicher Begrenzung (Claessens 1968).

### 3.4.5.3 Weitere Grundbegriffe der Rollentheorie

Zum Einmaleins der Rollentheorie gehört auch der Begriff des Rollenkonflikts in seinen beiden grundsätzlichen Erscheinungsformen: Beim **Intrarollenkonflikt** (1 Person, 1 Rolle) gibt es widersprüchliche Erwartungen in den verschiedenen Segmenten einer Rolle. Ein Beispiel: Der Abteilungsleiter erwartet von seinem Referenten, daß er die Mitarbeiter seines Referats zu Überstunden anhält („instrumentale Orientierung"), während die Mitarbeiter vom Referenten ihrerseits erwarten, daß er ihnen die Überstunden „vom Halse hält" („expressive Orientierung") (vgl. dazu Holm 1968).

Reim **Interrollenkonflikt** (1 Person, 2 oder mehr Rollen) gibt es widersprüchliche Erwartungen zwischen zwei oder mehr Rollen, die eine Person zu spielen hat: Wenn zum Beispiel der Amtsrat U. Überstunden machen soll (Berufsrolle), seine Frau aber verlangt, daß er in der fraglichen Zeit mit ihr ins Kino geht (Rolle Ehemann).

Über eine mögliche Lösung dieser Rollenkonflikte wird im Abschnitt 5.2.5 zu sprechen sein.

An dieser Stelle ist aber schon darauf hinzuweisen, daß solche Konflikte in aller Regel mit **Rollendruck, Rollenstreß** und **Rollenüberladung** verbunden sind (vgl. Wiswede 1977, 142 bzw. 106). Diese Belastungen werden dagegen geringer, wenn ein **Rollentransfer** möglich ist, das heißt, wenn das Beherrschen einer Rolle das Spielen anderer Rollen erlaubt oder begünstigt (vgl. Wiswede 1977,163), wenn also beispielsweise der Amtsrat U. in der Landeshauptkasse tätig ist und durch den ständigen Umgang mit Zahlen ohne weiteres in der Lage ist, Hauptkassierer in einem der Ortsvereine der Partei XYZ zu werden.

**Komplementarität** zweier Rollen liegt dann vor, wenn sich beide Rollenspieler wechselseitig aneinander orientieren und einer dem anderen, in einem gegenseitigen Verstärkungsprozeß, bei der Erreichung seiner Ziele und der Befriedigung seiner Bedürfnisse hilft. Dieser Prozeß (für Talcott Parsons Voraussetzung für die Stabilität eines sozialen Systems) funktioniert aber nur, wenn beide Rollenspieler ein gemeinsames und in sich stimmiges Wertsystem verinnerlicht haben (vgl. dazu Bosetzky, Fischer & Tiefensee 1975, 99).

Stehen zwei Rollen in einem Über- und Unterordnungsverhältnis zueinander, wie etwa Abteilungsleiter und Referent, so spricht man von **Rollenasymmetrie** bzw. von **Rollendisparität** (vgl. Wiswede 1977, 57), was die Komplementarität im oben gemeinten Sinne nicht ausschließt, wenn der schwächere Partner die in der Beziehung enthaltene Ungleichheit irgendwie für legitim hält oder aber resigniert.

Weitere Grundbegriffe der Rollentheorie sind – jeweils anhand von Beispielen verdeutlicht – in anderen Abschnitten unseres Buches zu finden: Rollenakkumulation (4.7.3), -ambiguität (4.1.3), -distanz (5.5.1), -identifikation (5.5.1), -reaktanz (5.1.2) und -sanktionen (5.3.4).

### 3.4.6 Einstellungen

Wir haben bisher festgestellt, daß das gesellschaftliche Leben sich an Werten orientiert, die sich in gesellschaftlichen Normen konkretisieren; diese wiederum nennen wir Rollen, wenn sie in Form von Verhaltenserwartungen an die Träger bestimmter gesellschaftlicher Positionen auftreten. Wir können diese Kette von der Allgemeinheit zur Konkretion (von der Gesellschaft zum Individuum) noch um ein Glied verlängern, indem wir fragen, welchen Einfluß denn das Herantragen von Werten und Verhaltenserwartungen an das Individuum in diesem hinterläßt. Die Antwort heißt: im heranreifenden Menschen bildet sich ein komplexes Muster von Einstellungen heraus, von Meinungen und Wertungen über Gegenstände, Personen, Ereignisse oder Ideen aus unserer Umwelt.

Die Gemeinsamkeiten der Sozialisation innerhalb von Gesellschaften bzw. von Gesellschaftsteilen (Subkulturen, Schichten, Gruppen etc.) führen zur Ausprägung ähnlicher Einstellungsmuster; die ganz konkreten, individuellen Erfahrungen des einzelnen sorgen für die trotz aller Ähnlichkeiten bestehenden individuellen Ausprägungen, zur Unverwechselbarkeit des einzelnen – auch wenn er ein „Durchschnittsmensch" ist (vgl. auch Kap. 3.5). Das verweist uns noch einmal darauf, daß sich im Individuum sowohl die gesellschaftlichen, z. B. politisch-ökonomischen Rahmenbedingungen wie auch die jeweils einmaligen, persönlichen, „zufälligen" Erfahrungen, die individuelle Lerngeschichte widerspiegeln.

Einstellungen geben unserem Verhalten eine bestimmte „Gerichtetheit" (vgl. Clauß et al. 1976) und Dynamik, vor allem aber eine relative Konsistenz. Wir werden später allerdings noch aufzuweisen haben, daß es falsch ist, Einstellung und Verhalten einfach gleichzusetzen, wie das oft geschieht.

---

In Anlehnung an Allport (1935) können wir **Einstellung** bezeichnen als einen durch Erfahrung erworbenen und strukturierten Zustand der Verhaltensbereitschaft, der auf die Reaktionen eines Individuums gegenüber einem Objekt einen steuernden und dynamischen Einfluß ausübt.

---

Die Anatomie der Einstellung weist uns auf drei unterscheidbare Komponenten hin, auf drei Seiten jeder Einstellung: Die **affektive** (gefühlsmäßige) Einstellungskomponente ist von ihnen die zentralste, vor allem die am stärksten steuernde. Sie zeigt die Wertung an, die wir dem Einstellungsobjekt gegenüber vornehmen. Einem Menschen oder einer Sache oder einem Ereignis oder einer Idee gegenüber positiv eingestellt sein, heißt zunächst nichts weiter, als eine gewisse Bereitschaft zur Offenheit, zum Mit-Sein, zur Identifikation mit diesem Einstellungsobjekt zu besitzen. „Quadrate sind klasse!" hat Ernie in einer der ersten Sendungen der Sesamstraße zu Bert gesagt – der eigentlich lieber schlafen wollte –, und er hat damit dieser schwer definierbaren affektiven Einstellungskomponente anschaulich Ausdruck verliehen. „Ich mag", „finde sympathisch", „bin für ..." sind Formulierungen, die unmittelbar diese Gerichtetheit zum Ausdruck bringen, nicht mehr.

Je mehr wir Gelegenheit hatten, mit einem Einstellungsgegenstand (z. B. „Sozialarbeit") Erfahrungen zu sammeln, Meinungen darüber zu hören, uns selbst Gedanken dazu zu machen, desto mehr wird die gefühlsmäßige Zustimmung bzw. Ablehnung eine Differenzierung erfahren, die sich mit einzelnen Anschauungen, Behauptungen, Ansichten etc. begründen läßt. Dies ist die **kognitive** (gedanklich-inhaltliche) Komponente einer Einstellung. So mag ein Student der Sozialarbeit seine Berufswahl auf dem Hintergrund einer allgemeinen, gefühlsmäßigen „Zuneigung" zur Sozialarbeit ohne konkretere Vorstellungen getroffen haben; die Auseinandersetzung mit seinem zukünftigen Berufsfeld im Studium differenziert nun diese Einstellung ungemein, die kognitiven Elemente einschließlich des Bestandes an objektiven Kenntnissen wachsen rapide an: „S. hat eine lange, z.T. problematische Tradition", „S. bedient sich dreier großer Methodenbereiche", „S. dient verschiedenen Interessen", „S. ist im Kapitalismus ein Instrument zur schnelleren Wiedereingliederung ‚unproduktiver' Individuen in den Produktions- und damit in den Kapitalverwertungsprozeß", „Viele mir sympathischen Leute sind Sozialarbeiter(innen)", „S. fordert die ganze Person" etc. etc. Es liegt nahe, daß eine Einstellung um so eindeutiger ausfällt, je einheitlicher die einzelnen kognitiven Elemente in ihrer Wertung sind. Eine Erinnerung an das Wahrnehmungskapitel wird die Aussage verständlich machen, daß die Selektivität der Wahrnehmung ein geeigneter Mechanismus ist, um die kognitive Komponente von Einstellungen in sich möglichst einheitlich bleiben oder werden zu lassen (vgl. Klauer 1991).

Wesentliches Merkmal der Einstellungsdefinition war aber schließlich der Aspekt der Steuerung von Verhalten. Einstellungen haben also eine dritte, die **aktionale** (verhaltensmäßige) Komponente. Damit ist eine gewisse Verhaltensbereitschaft gemeint, eine Tendenz, sich dem Einstellungsobjekt gegenüber bevorzugt in einer bestimmten Weise zu verhalten. Wer sich mit Sozialarbeit identifiziert, ist bereit, entsprechende Literatur zu lesen, in Diskussionen Partei zu ergreifen, sich selbst beruflich zu engagieren etc. Wer einen Menschen unsympathisch findet, neigt dazu, sich von ihm zu entfernen, ihm zu widersprechen, Bedenkliches an ihm wahrzunehmen etc. Noch einmal müssen wir aber den Hinweis einschieben, daß diese Verhaltensbereitschaft als Teil der Einstellung nicht schon mit dem tatsächlich erfolgenden Verhalten gleichzusetzen ist.

**Die drei Einstellungskomponenten** am Beispiel der Einstellung des Beamten gegenüber seinem Beruf (‚Berufliches Selbstverständnis'):

**Affektive Komponente:** Die Zufriedenheit mit der Tätigkeit ist i. a. in der Verwaltung (wie übrigens trotz aller berechtigten Klagen auch in anderen Berufen) recht hoch. Faßt man in verschiedenen Untersuchungen die beiden, besten" Antworten auf die Zufriedenheitsfrage zusammen (z. B. gut" und „ausgezeichnet", „zufrieden" und „sehr zufrieden"), ergeben sich folgende Zustimmungsprozente:

58,0 % (Bremer Senatskanzlei 1972)
67,2 % (Bosetzky et al. 1978)
68,1 % (Bosetzky, Heinrich & Manske, 1979)
89,5 % (Ronneberger & Rödel 1971)
60,3 % (Heinrich & Bosetzky 1993)

Die Verwendung einer Skala zur Untersuchung der „Identifikation mit der Verwaltung" hat in einer Untersuchung an verschiedenen Stichproben aus der Verwaltung zu einer etwas weniger positiven Grundstimmung gegenüber der Verwaltung als ganzer geführt, der Mittelwert von 3,2 lag sogar unter dem statistischen Durchschnittswert der Skala von 3,5 Punkten, die Gruppe der Auszubildenden wies sogar einen Mittelwert von nur 2,8, d. h. also ein auffallend niedriges Identifikationsniveau auf (Heinrich 1982).

**Kognitive Komponente:** Die folgende Aufzählung greift einige Beispiele von Meinungsaussagen öffentlich Bediensteter aus der Literatur heraus, die manchen zum ergänzenden Nachlesen anregen mögen (auch über die unterschiedlichen Stichproben wollen wir im Rahmen dieses Kaleidoskops nicht berichten, der interessierte Leser kann sie in den Originalquellen kennenlernen). 62,6 % meinen, Beamte bedürften einer besonderen Berufung, 15,6 % halten ein Streikrecht für Beamte für unnötig, 67,6 % halten die Beamtenschaft gegenüber der Öffentlichkeit für aufgeschlossen (Ronneberger & Rödel 1971),10 % glauben, daß es „oft" vorkommt, daß sie bei der Lösung eines bestimmten Problems sachverständiger sind als ihr Vorgesetzter, 37 % sind mit ihren bisherigen Aufstiegschancen nicht zufrieden, 51 % schätzen ihre eigene Arbeit als „interessant und abwechslungsreich" ein (Senatskanzlei Bremen 1972), 62,2 % halten den Führungsstil ihres Vorgesetzten für „kooperativ" (Bosetzky, Heinrich & Manske 1979), 48,6 % halten ihre Arbeit in der Verwaltung für „sehr sinnvoll" (Bosetzky et al. 1978) etc.

**Aktionale Komponente:** 39,3 % beschäftigen sich außerhalb der Dienstzeit „überhaupt nicht" mit Problemen ihrer Arbeit, 59,7 % hätten einen anderen Beruf ergriffen, wenn die Gelegenheit dazu bestanden hätte (Bosetzky et al. 1978), 29,1 % würden sicher, weitere 63,3 % möglicherweise den Beamtenberuf weiterempfehlen, 56,4 % (Ronneberger & Rödel 1971) bzw. 48,3 % (Heinrich & Bosetzky, 1993) wären zur evtl. Wiederwahl ihres Berufes ohne Einschränkung bereit, 63,5 % haben selten oder nie „Ausstiegsgedanken", (Bosetzky in Vorb.) etc.

So wie die Organe des Menschen ihre spezifische Funktion besitzen (oder zumindest besaßen), so sind auch die Merkmale seiner psychischen Ausstattung nicht ohne Sinn. Was nutzen die Einstellungen dem Menschen? Katz (1960) hat, vier Funktionen herausgestellt, die die Einstellungen für den Menschen erfüllen können:

(1) Einstellungen können für den Menschen durch Anpassung an die jeweilige Umwelt nützlich sein: mancher wird ein eifriger Vertreter von Personalratsideen, weil er sich dadurch bessere Aufstiegschancen erhofft **(Nützlichkeitsfunktion).**

(2) Einstellungen können eine **Ich-entlastende Funktion** haben: negative Einstellungen gegenüber Minderheiten z. B. können von den Schwächen der eigenen Person bzw. Gruppe ablenken („Projektion" als Abwehrmechanismus; vgl. Brandstätter, Schuler & Stocker-Kreichgauer 1974). Genau diese Funktion ist es, auf der individuelle und gesellschaftliche Vorurteile aufbauen. Als **Vorurteile** können wir Einstellungen dann bezeichnen, wenn sie unabhängig von konkreter Erfahrung entstanden sind, sich als resistent gegenüber korrigierenden Erfahrungen und vor allem gegenüber notwendig werdenden Differenzierungen erweisen, ihrem Inhalt nach eine Abwertung und Diffamierung eines anderen Menschen bzw. einer Gruppe zum Ausdruck bringen und – dadurch – eine Entlastung bzw. Überhöhung der eigenen Person und Gruppe ermöglichen. „Positive" Vorurteile entsprechen diesem Muster im Prinzip; sie enthalten lediglich eine ungerechtfertigte Aufwertung der eigenen Gruppe bzw. der machtvollen, herrschaftsausübenden Führungselite (vgl. Irle 1975). Die Beziehung zwischen der Vorurteilsorientierung einer Person und ihrem „autoritären Charakter" (vgl. Abschnitt 3.5) ist von Adorno et al. (1950) untersucht worden (vgl. Mueller & Thomas 1974).

(3) Einstellungen können den eigenen, verinnerlichten Werten Ausdruck verleihen und damit dem Individuum Identität, d.h. ein Bewußtsein seiner selbst verschaffen. Mueller & Thomas (1974) übersetzen daher den Originalterminus „value-expressive-function" frei aber zutreffend mit **Identitätsfunktion.** Die positive Einstellung gegenüber der Ganztagsschule kann z. B. Ausdruck für den verinnerlichten „Gleichheits"-Wert sein.

(4) Einstellungen erleichtern schließlich die Orientierung in der Umwelt durch die Gewährleistung von Eindeutigkeit (definiteness) und Stabilität. Wir haben auf diesen ökonomischen Aspekt schon einmal im Zusammenhang mit der Bedeutung der bisherigen Erfahrung für die Wahrnehmung hingewiesen. Ohne eine solche relative Stabilität (die nichts mit Starrheit und fehlender Umstellungsfähigkeit zu tun hat) wäre

unsere Umweltorientierung kaum möglich. Wir bezeichnen daher diese Funktion als **Orientierungsfunktion** (die Katz'sche Originalbezeichnung „knowledge function" ist wiederum wenig glücklich). Dieser Funktion ordnen viele Autoren auch den Begriff des·**Stereotyps** zu, solange dies als verallgemeinernde Einstellung ohne die beim Vorurteil typische Erfahrungsresistenz verstanden wird. Mit solchen stereotypen Vereinfachungen haben wir es immer zu tun, wenn wir im Alltag von *„dem* Funktionär", *„der* Versammlung", *„der* heutigen Jugend" usw. reden, obwohl wir uns (in diesen Fällen) in der Regel klar sind, daß es sich bei solchen Aussagen um grobe Vereinfachungen handelt. Wenn bei derartigen stereotypen Auffassungen das Bewußtsein der vereinfachenden Umdeutung verlorengegangen ist, dann spricht man in der Sozialpsychologie von *Vorurteilen* (Hiebsch & Vorwerg 1968, 142 f.).


### 3.4.7 Einstellung und Verhalten

Die Einstellungsforscher waren von Anfang an davon ausgegangen, daß sie im Begriff der Einstellung eine Begründung für das konkrete Verhalten eines Individuums besitzen. Auch heute noch steht dieser Zusammenhang im Vordergrund: „Einstellung: relativ konstante, habituelle innere Richtungs- bzw. Verhaltensdispositionen des Menschen, die das Handeln und Erleben bestimmen ..." (Clauß et al. 1976, 122). Allerdings wissen wir heute, daß das Wort „bestimmen" aus dieser Definition nicht allzu mechanisch gesehen werden darf. LaPiere (1934) hatte der Einstellungsforschung eine Art Schock versetzt, als er in einer ebenso schlichten wie kostspieligen „Feldforschung" zeigte, daß die geäußerte Verhaltenstendenz – also die Einstellung – und das tatsächliche Verhalten keineswegs übereinstimmen müssen. Er besuchte zusammen mit einem chinesischen Ehepaar 66 Hotels bzw. Motels und 184 Restaurants quer durch die Vereinigten Staaten. Nur in einem einzigen Fall wurde ihnen wegen der damals vorherrschenden Fremdenfeindlichkeit die Bedienung verweigert. Anschließend befragte er schriftlich alle 250 sowie 100 weitere Betriebe, ob sie ggf. Chinesen aufnehmen und bedienen würden: 93 % verneinten diese Frage und stellten sich damit in Gegensatz zu ihrem tatsächlichen Verhalten.


In diesem Fall ist das Verhalten liberaler als die geäußerte Verhaltensbereitschaft, d. h. die aktionale Komponente der Einstellung. Das ist allerdings eher untypisch und sollte daher nicht vorschnell beruhigen. Jansen (1976) z. B. weist auf, daß die Einstellung der Gesamtbevölkerung gegenüber Behinderten hinsichtlich der in ihr enthaltenen Verhaltensbereitschaft weit günstiger ist als das tatsächliche Verhalten. Wir sind alle sehr großzügig und hilfsbereit, wenn wir befragt werden; sobald unsere Einstellung aber in praktisches Handeln umgesetzt werden soll, sobald unsere Humanität und Liberalität eingeklagt werden, „kommt etwas dazwischen". Über diese „dazwischentretenden Faktoren" („intervenierenden Variablen") ist in der Sozialpsychologie viel geforscht worden, allerdings fast nur in der künstlichen Atmosphäre sogenannter Laboratoriumsexperimente (vgl. Six 1975; Meinefeld 1977). Wir wollen die Frage nach der Beziehung zwischen Einstellung und Verhalten daher bewußt nicht vor dem Hintergrund „sinn"-loser und rein methodologisch orientierter Beschränkungen diskutieren, sondern mehr praktisch über die Frage nachdenken, warum Menschen sich in manchen Situationen anders verhalten, als es ihrer inneren Disposition, ihrem „Bewußtsein" entspricht.

Von diesem Bewußtsein sagen Klaus & Buhr (1971), daß es dem Menschen die Möglichkeit gibt, „seine Handlungen, seine praktische Tätigkeit gedanklich vorwegzunehmen, sie zielstrebig zu planen und ihre Resultate vorauszusehen" (198). Wenn nun ein Mensch bei der unmittelbaren Übersetzung seiner Einstellung (z.B. Sympathie für einen Kollegen) in offenes Verhalten (z.b. freundschaftliche Gesten, Einladung zu privatem Treffen) Reaktionen des Partners vorhersieht, die seinen eigenen Zielen zuwiderlaufen oder Spannungen in sich bergen (z.b. Ablehnung, Empörung, ja schon allein kühle Neutralität), dann kann eine solche Antizipation (Vorwegnahme) ein hinreichender Grund sein, zwischen Einstellung und Verhalten eine Zensur einzuschalten.

An vier Beispielen wollen wir jetzt verdeutlichen, welcher Art die antizipierten Konflikte sein können, die zu einer Diskrepanz von Einstellung und Verhalten führen.

**Unzufriedenheit mit der eigenen Person.** In jedem Menschen schlummern gewisse Einstellungen, die er nur schwer in sein reflektiertes Wertbewußtsein integrieren kann; ein einstellungsgemäßes Verhalten würde diese Diskrepanz offen zutagelegen und damit unerträglich machen. Beispiel: ein betont antinationalistisch eingestellter Sachbearbeiter in einer Versicherungsgesellschaft freut sich ebenso wie seine Kollegen über den Sieg der Nationalmannschaft; er setzt diese Einstellung dennoch nicht in offenes Verhalten – sprich: lobende Äußerungen, gratulierendes Zuprosten, „sind-wir-nicht-gut-Sprüche" etc. – um, weil dieses Verhalten seiner übergreifenden internationalistischen Einstellung zu deutlich widersprechen würde, er also mit sich selbst unzufrieden sein müßte.

**Nützlichkeitserwägung.** Es gibt Situationen, in denen es Vorteile einbringt, wenn man mit den Wölfen heult, d.h. diejenigen Verhaltensweisen produziert, die von der Umwelt belohnt werden. Beispiel: Ein junger Polizist im Streifendienst steht dem rigiden Bestrafen falsch parkender Autos angesichts der objektiv schlechten Parkmöglichkeiten skeptisch gegenüber, dennoch verhängt er mehr Bußgeldbescheide, als unumgänglich wäre, da er die Erfahrung gemacht hat, daß hohe „Leistungen" dieser Art bei der Beurteilung durch seinen Vorgesetzten eine bedeutende Rolle spielen.

**Angst vor der sozialen Abwertung.** Wenn damit zu rechnen ist, daß bestimmte Verhaltensweisen in einer Gruppe verpönt sind bzw. als kindisch, unwürdig, altmodisch, streberhaft etc. gelten, so würde die freiwillige Ausübung solcher Verhaltensweisen zu einer Abwertung und Isolierung innerhalb dieser Gruppe führen. Beispiel: F. ist ein engagierter und interessierter Student an einer Fachhochschule; die – unausgesprochene – Norm seiner Arbeitsgruppe geht dagegen in Richtung einer lustlosen Attitüde des Gelangweiltseins. Wer aktiv an den Lehrveranstaltungen teilnimmt, verletzt diese Norm und wird daher argwöhnisch betrachtet, ausgelacht, von den übrigen gemieden oder offen als Streber verhöhnt. Da F. unter dieser Isolation sehr leidet, verzichtet er lieber auf die aktive Verwirklichung seiner Mitarbeitsbereitschaft.

**Angst vor Einschränkung und Vernichtung.** Viele sind in ihrer Phantasie große „Helden", in der Bewährungssituation sind es dagegen wenige. Sobald die momentanen Arbeitsbedingungen, die Arbeit als solche die eigene Gesundheit oder gar das eigene Leben auf dem Spiel stehen, neigen wir alle mehr oder weniger schnell zu einem Verrat an unserer eigenen Einstellung. Fijalkowski (1972) spricht in diesem Zusammenhang vom „Deformationsdruck von Verhältnissen" und zeigt dessen Wirkung an anschaulichen Beispielen aus dem gesellschaftlichen Alltag. Märtyrer sind selten, ihre Namen werden mit einer Mischung aus Hochachtung und Verwunderung, ja Fremdheit zitiert. Beispiel: Die Leiterin einer Ausländerbehörde in einer Kleinstadt zeichnet sich durch ein besonderes Bemühen aus, die Probleme der ausländischen Mitbürger durch Offenheit und Toleranz, durch fremdenfreundliche (xenophile) statt durch fremdenfeindliche (xenophobe) Maßnahmen aufzugreifen und lösen zu helfen; im Rahmen einer zunehmenden − hier nur als Beispiel unterstellten! − restaurativen Entwicklung in der politischen Szene der Bundesrepublik, die − noch einmal: wir reden jetzt im Beispiel − in einer Machtergreifung durch undemokratisch-reaktionäre Kräfte gipfelt, gerät sie immer stärker unter Druck, ihre Entscheidungen weniger fremdenfreundlich zu fällen, „Härte" zu zeigen ...

Der Verweis auf ein Beispiel aus dem öffentlichen Dienst gibt uns die Möglichkeit, die gesellschaftliche Tiefe des aufgeworfenen Problems anzureißen. Wie war es möglich, daß die der republikanischen Staatsform verpflichtete „rationale Bürokratie" der Weimarer Republik so relativ unproblematisch im Nationalsozialismus mit seiner verfassungslosen (Haffner 1978) und ideologisch, insbesondere rassistisch mystifizierten Staatspraxis als jetzt „ideologische Bürokratie" funktionieren konnte (Burin 1960; vgl. Bosetzky, Fischer & Tiefensee 1975)?

Diese Frage zu stellen, ist heute wichtiger, als sie vorschnell zu beantworten, zumal der Rahmen des Kapitels ihre Reduzierung auf die psychologische Konfliktdimension erzwingen würde.

Angesichts der theoretischen Kenntnisse über die Einstellungs-Verhaltens-Diskrepanzen sowie angesichts des historisch-konkreten Anschauungsunterrichts, den unsere Vergangenheit bietet − ebenso wie die anderer Länder: Griechenland, Chile, USA im McCarthy'ismus, Ostblockländer, Diktaturen der Dritten Welt − erscheint es, gelinde gesagt, als merkwürdig naiv, wenn in unserem Beamtenrecht die Forderung steht, Bewerber für den öffentlichen Dienst müßten die **Gewähr** dafür bieten, daß sie **„jederzeit** für die freiheitlich demokratische Grundordnung i. S. des Grundgesetzes **eintreten"** − als ob diese Gewähr auch nur bei einem einzigen von uns bestünde, realistisch gesehen, und auch wenn man „Gewähr" wie üblich mit „mit an Sicherheit grenzender Wahrscheinlichkeit" übersetzt. Das Bundesverfassungsgericht geht im 2. Leitsatz zu seinem Beschluß vom 22. Mai 1975 sogar noch darüber hinaus: „Die politische Treuepflicht fordert mehr als nur eine formal korrekte, im übrigen uninteressierte, kühle, innerlich distanzierte Haltung gegenüber Staat und Verfassung". Sehen wir auch ruhig noch einmal von der grundsätzlichen Unmöglichkeit einer absoluten Gewähr für FdGO-konformes Verhalten ab; wie viele der heute ohne die geringste Beeinträchtigung (Verdächtigung) im öffentlichen Dienst Beschäftigten, bis in hohe Positionen hinein, würden wirklich ihre berufliche oder gar persönliche Existenz für unsere Staatsverfassung opfern? Das BVG nennt hohe Kriterien: „Politische Treuepflicht bewährt sich in Krisenzeiten und in ernsthaften Konfliktsituationen, in denen der Staat darauf angewiesen ist, daß der Beamte Partei für ihn ergreift." (a. a. O.) Es ist klar, daß bei ernstgenommener Anwendung der vom Bundesverfassungsgericht vorgelegten Kriterien der weitaus größte Teil der heutigen Beamtenschaft kein Recht hätte, im öffentlichen Dienst zu sein − oder sollten wir plötzlich mehrere Millionen potentieller Helden im Staatsdienst haben? Und: geraten in die Grauzone von Überprüfung, Verdächtigung und Ablehnung nicht auch gerade diejenigen, die aus ihrer „heißblütigen" (also keineswegs nur normal-kühlen) Freiheits- und Demokratieliebe kein Hehl gemacht haben, die dafür auch Nachteile in Kauf genommen haben und also am ehesten noch die Gewähr dafür bieten könnten, jederzeit **aktiv** für die Erhaltung der freiheitlich demokratischen Grundordnung einzutreten (und dies nicht nur zu sagen)?

Wir wollen diese Auseinandersetzung mit dem Appell schließen, die Urteile über die Persönlichkeit des einzelnen und die Prognose seines zukünftigen Verhaltens mit großer Zurückhaltung zu fällen und statt dessen viel Energie und Phantasie, viel Geduld und Bereitschaft darauf zu verwenden, daß wir alle gar nicht erst in die Not geraten, unsere Einstellung gegen den Druck von außen und gegen die in uns aufkeimende Angst sich bewähren zu lassen.

### 3.4.8 Kognitive Dissonanz

Greifen wir den „Fall" der Leiterin der Ausländerbehörde noch einmal auf. Wir haben ihr unterstellt (zugebilligt ...?), daß sie unter dem Druck äußeren Zwanges auf die Verwirklichung ihrer persönlichen Einstellung zu verzichten beginnt, daß sie sich den Forderungen von Vorgesetzten, Kollegen und Öffentlichkeit anpaßt. Wir können nun davon ausgehen, daß eine solche Anpassung nicht ohne „Kosten" vonstatten geht; sie wird von inneren Konflikten begleitet sein, von Unzufriedenheit mit sich selbst, Enttäuschung etc. „Ich bin liberal" und „Ich verhalte mich repressiv" sind zwei Aussagen, die nicht miteinander vereinbar sind, zwei Gedanken (Kognitionen), die einen Mißklang auslösen, wenn sie zusammen auftreten. Diesen Zustand nennt Festinger (1957) eine „kognitive Dissonanz" und er stellt fest, daß wir Menschen allgemein dazu neigen, solche kognitiven Dissonanzen zu vermeiden bzw. sie – wenn ihre Entstehung nicht verhindert werden konnte – möglichst schnell wieder zu beseitigen, notfalls auch um den Preis der Irrationalität (vgl. Festinger & Aronson 1972; Frey 1978).

> **Kognitive Dissonanz:** Konflikthafter Zustand des Individuums, wenn es sich mit zwei Bewußtseinsinhalten (Kognitionen, Informationen) konfrontiert sieht, die es als bedeutsam für sich erlebt, die sich aber gegenseitig ausschließen; diesen Zustand trachtet es zu vermeiden bzw. zu reduzieren, wenn er entstanden ist.

Wie lassen sich nun kognitive Dissonanzen vermeiden, kleinhalten bzw. vermindern, wenn sie entstanden sind? Wir wollen einige Strategien nennen; eine „komplette" Liste gibt es nicht, da der menschlichen Phantasie auf dem Gebiet der Dissonanzminderung wie auf anderen Gebieten prinzipiell und glücklicherweise keine Grenzen gesetzt sind.

(1) **Wahrnehmungsabwehr.** Wir versuchen, solche Informationen gar nicht erst aufzunehmen, die uns unbequem werden könnten („Was ich nicht weiß, macht mich nicht heiß"). So konnte etwa nachgewiesen werden, daß Informationen über die Gefährlichkeit des Rauchens in Zeitschriften, Zeitungen etc. von Rauchern signifikant seltener gelesen werden als von Nichtrauchern, obwohl sie eigentlich gerade für die Ersteren von Belang wären. Extremfall einer Konfliktvermeidung durch Wahrneh-

mungsabwehr wäre die Ausbildung psychosomatischer Symptome, z. B. einer funktionellen Sehstörung, für die kein organischer Anlaß vorliegt (vgl. Freud 1910), einer psychogenen Taubheit o. ä.

(2) **Aufsuchen stimmiger Informationen.** Hier handelt es sich gewissermaßen um die Umkehrung der zuerst genannten Strategie. Ist unser Gleichgewicht erst einmal durch eine dissonanzstiftende Information gestört worden, so suchen wir aktiv nach solchen Informationen, die das ursprüngliche Gleichgewicht wiederherstellen. Der Autokäufer, der einen Defekt an seinem neuen Wagen entdeckt hat, ist besonders begierig, aus Prospekten, von Bekannten oder vom Händler Gutes über seinen Wagen zu hören, so daß die entstandene Dissonanz zunehmend an Bedeutung verliert (vgl. Frey 1978). Beide Punkte können zusammen als Formen des allgemeinen Prinzips der selektiven Wahrnehmung aufgefaßt werden.

(3) **Entwertung der dissonanzstiftenden Information.** In jedem Land gibt es Politiker, die kritischen Fragen dadurch aus dem Wege zu gehen versuchen, daß sie die Seriosität, die Glaubwürdigkeit und Objektivität des Fragestellers in Zweifel stellen. Ernsthafte Kritiker der Einstellungspraxis im öffentlichen Dienst wurden (werden?) z. B. häufig dadurch entwaffnet, daß sie als „Sympathisanten" oder gar als Helfershelfer der Kommunisten gebrandmarkt werden; Informationen über Menschenrechtsverletzungen in der UdSSR werden von linken Dogmatikern mit dem Hinweis verdrängt, sie entstammten der bürgerlichen Presse; kurz vor Wahlen genügt es, die homosexuelle Neigung, die uneheliche Geburt, die frühere Zuneigung zu einer heute mißbilligten Organisation oder auch nur entsprechende Verdachtsmomente aus dem Bereich gesellschaftlicher Tabuisierung zu erwähnen, um einem konkurrierenden Kandidaten ernsthafte Minderungen seiner Chancen zuzufügen.

(4) **Erfinden von Scheinbegründungen.** In der Liste der von der Psychoanalyse aufgeführten Abwehrmechanismen (vgl. Abschnitt 5.6.5) taucht dieser Mechanismus unter dem Stichwort der „Rationalisierung" auf. „Bei der Rationalisierung wehrt das Ich die eigentlichen peinlichen Motive seiner Stimmungen, Gefühle, Vorstellungen und Handlungen dadurch unbewußt ab, daß es akzeptable Motive angibt, die allerdings oft durch ihre Fadenscheinigkeit auffallen." (Brandstätter, Schuler & Stocker-Kraichgauer 1974, 107)

Die Chefin des Ausländeramtes beispielsweise mag sich einreden, die Ausländer wollten ja im Grunde genommen gar keine andere als eine strenge Behandlung oder sie probiere eben einmal versuchsweise eine andere Methode, um zu sehen, welcher Weg erfolgreicher ist; der eifrig Strafzettel verteilende Polizist mag auf Befragen angeben, er wolle durch seinen übertriebenen Fleiß lediglich die Betroffenen zum Widerstand reizen ...

(5) **Verdrängung des Konfliktes.** Dieser klassische Abwehrmechanismus stellt die radikalste Form der Dissonanzminderung dar: die Existenz der abweichenden Information und damit der Dissonanz als solcher wird schlicht geleugnet und ins Unbewußte abgedrängt. Die Beziehung zwischen Strategien der Dissonanzminderung auf der einen und Abwehrmechanismen auf der anderen Seite ist hier sehr deutlich (vgl. Festinger & Bramel 1962). Und da es sich bei den Abwehrmechanismen um Versuche des Ichs handelt, mit der Angst fertig zu werden, die aus den Drohungen des Gewissens (Über-Ich), der realen Bestrafung aus der Außenwelt bzw. den rück-

sichtslosen Triebansprüchen des Es entspringt, können wir auch die kognitive Dissonanz auf das Urgefühl des Menschen, die Angst, beziehen. Widersprüche und Un-
vereinbarkeiten ertragen zu müssen, bedeutet Verlust an Orientierung und damit an
Sicherheit. Sprechen wir noch einmal von der fiktiven Amtsleiterin: die Spannung
zwischen der Verwirklichung der eigenen Werte und der bedrohlichen Haltung der
Umwelt mag von ihr irgendwann nur noch durch Verdrängung gelöst werden können;
sie, die Liberale, kann ihren Konflikt u. U. nur noch dadurch lösen, daß sie ihr repres-
sives Verhalten als solches verdrängt, nicht zur Kenntnis nimmt. Wir erinnern noch
einmal an Bettelheim (1943), der davon berichtet, wie einige KZ-Häftlinge im Dritten
Reich lediglich durch einen solchen Prozeß der Verdrängung und der „Identifikation
mit dem Aggressor" ihrer Lebensangst Herr werden konnten.

## 3.5 Persönlichkeit

Der Begriff der Persönlichkeit ist einer der zentralen Begriffe der Psychologie, der
auch in unserer Alltagskommunikation eine wichtige Rolle spielt. Man spricht von
einer „Persönlichkeit des öffentlichen Lebens", man sagt von jemandem, er habe
oder sei eine „beeindruckende Persönlichkeit", oder man spricht einem Menschen
schlechtweg jede „Persönlichkeit" ab.

Persönlichkeit zu definieren, fällt der Wissenschaft schwer. Ein Vorschlag stammt
von dem amerikanischen Psychologen G. W. Allport (1960): „Persönlichkeit ist die
dynamische Ordnung derjenigen psychophysischen Systeme im Individuum, die
seine einzigartige Anpassung an die Umwelt bestimmen." (zit. n. Drever & Fröhlich
1968, 170)

Die Betrachtung der Persönlichkeit, wie sie auch vielen einzelnen Kapiteln dieses
Buches zugrundeliegt, kann in Anlehnung an Clauß et al. (1976) auf folgende
Aspekte bezogen sein:

1. die Einheit von physischen und psychischen Prozessen des Menschen

2. die in der konkreten Biographie sich entwickelnde Individualität eines Menschen

3. die Komplexität einer vielschichtigen Steuerung menschlichen Wahrnehmens,
   Urteilens und Handelns zwischen unbewußten Trieben, teilbewußten Absichten
   und bewußten Handlunsgorientierungen, zwischen Subjektivität und Wahrheit

4. die Fähigkeit des Menschen zum aktiven und bewußten Handeln mit dem Ziel, die
   natürliche und die gesellschaftliche Umwelt und damit auch sich selbst schöpferisch zu verändern

5. das gemeinschaftliche, auf andere Mitglieder der Gesellschaft bezogene Wesen
   des Menschen

6. die Abhängigkeit der menschlichen Individualität von den konkret historischen
   gesellschaftlichen Bedingungen.

### 3.5.1 Anlage – Umwelt

Viel ist in den letzten Jahrzehnten darüber gestritten worden, ob „der Charakter" des Menschen angeboren oder durch die Umwelt bestimmt sei. Entsprechend schwierig ist es, diese Problematik auf wenige Überlegungen zu reduzieren und die auftauchenden Fragen mit wenigen Antworten zu befriedigen.

---

Spielt die Anlage-Umwelt-Problematik für das Aufgabengebiet der öffentlichen Verwaltung überhaupt eine Rolle? Dies – so schlagen wir vor – ist tatsächlich eine Überlegung wert. Welche Ressorts sind möglicherweise von der A-U-Problematik betroffen? Suchen Sie nach Beispielen, in denen die Meinung der Verwaltung oder der einzelnen Verwaltungsmitglieder (oder Politiker) über die Anlage- oder Umweltbedingtheit bestimmter Eigenschaften oder Fähigkeiten des Menschen einen Einfluß auf das berufliche Handeln haben könnte, bewußt oder unbewußt!

---

Die grundlegenden Positionen in der A-U-Diskussion kann man so beschreiben:

**Nativistischer Standpunkt:** Die Persönlichkeit des Menschen entfaltet sich, soweit die Umwelt dies zuläßt, nach den im Erbgut enthaltenen Informationen. Die Persönlichkeit eines Menschen liegt also zum Zeitpunkt der Geburt schon weitgehend fest (daher „nativistisch" = auf die Geburt bezogen).

**Empiristischer Standpunkt:** Der Mensch ist, wenn er zur Welt kommt, eine tabula rasa, ein weitgehend unbeschriebenes Blatt. Soweit nicht von der Norm abweichende, krankheitswertige Störungen (wie z. B. das Down-Syndrom oder körperliche Fehlbildungen) vorliegen, kann sich jedes Menschenkind in alle Persönlichkeits- und Fähigkeitsrichtungen entwickeln, je nachdem, welche Umweltprägungen oder Umweltreize es erhält und was es selbst daraus macht (z. B. durch Lesen, Lernen, Sich-auseinandersetzen, Training etc.). G. B. Watson, der Begründer der rein verhaltenswissenschaftlichen Psychologie („Behaviorismus"), hat dies dem Sinn nach etwa so formuliert: „Gebt mir ein beliebiges, gesundes Neugeborenes und die jeweils notwendigen Umweltbedingungen dazu, und ich mache aus ihm einen Handwerker oder Professor, ein nützliches oder ein kriminelles Glied der Gemeinschaft, was immer Ihr wollt".

Wer hat recht? Zum Glück hat sich die A-U-Diskussion mittlerweile aus diesem unseligen und völlig unwissenschaftlichen Entweder-oder-Streit befreit und an Sachlichkeit und Differenzierung gewonnen. Hier sollen einige allgemeine Ergebnisse vorgestellt werden, die ein Nachdenken über die Beeinflussungsmöglichkeiten menschlicher Entwicklung anregen sollen.

a) Weder der nativistische noch der empiristische (= „auf die Erfahrung bezogene") Standpunkt sind vertretbar. Anlage und Umwelt wirken immer gemeinsam, wenn auch mit verschieden verteilten Rollen, auf die Entwicklung der Persönlichkeit ein. Niemand lebt, ohne mit einem Erbe ausgestattet zu sein, und niemand wächst heran, ohne von einer Umwelt umgeben zu sein und sich mit ihr auseinanderzusetzen. Man spricht daher vom **interaktionistischen Standpunkt.** Das bedeutet, daß beide Einflußfaktoren miteinander verflochten sind, ohne daß man den jeweiligen Anteil immer genau erkennen oder gar beziffern könnte.

b) Eine vorsichtige Formulierung für eine Rollenverteilung zwischen beiden könnte so aussehen: Während die Anlage die Grenzen definiert, innerhalb deren sich ein Merkmal maximal entwickeln kann, entscheidet die Umwelt über den tatsächlich erreichten Grad der Merkmalsausprägung. Zusammengefaßt wird dies unter der Formulierung **genetisch determinierte Variabilität.**

c) Ganz sicher ist es unsinnig, nach der Anlage- oder Umweltbedingtheit *der* Persönlichkeit zu fragen. Eine **Differenzierung nach einzelnen Eigenschaften** ist unabdingbar. So ist die Rechtschreibfähigkeit sicherlich stärker von der Umwelt (Elternhaus, Schule) abhängig als die Fähigkeit, schnell zu rennen.

d) Ganz allgemein kann man sagen, daß die Bedeutung der Anlage umso größer ist, je leibnäher eine Eigenschaft ist, während die Bedeutung der Umwelt in dem Maße zunimmt, wie die **Gebundenheit an das Leibliche** nachläßt. Eindeutige Beispiele sind die Körpergröße und die Religionszugehörigkeit. Die Körpergröße des erwachsenen Menschen hängt nur sehr minimal von der Umwelt ab, in die er oder sie gerät. Und umgekehrt hängt die Frage, ob jemand einer Religionsgemeinschaft angehört und ggf. welcher, ganz gewiß nicht von den Erbinformationen der Chromosomen ab.

e) Die Entscheidungen für eine mehr nativistische oder eine mehr empiristische Position sind meist mehr **von allgemeinen Wertentscheidungen bestimmt als von konkreter Sachkenntnis.** Die Auffassung, daß Fähigkeiten, Eigenarten, Neigungen etc. stark erblich bedingt sind, behebt die Gesellschaft ihrer Verantwortung für die individuelle Entwicklung, für gezielte Förderung benachteiligter Gruppen. Der empiristische Standpunkt eröffnet dagegen die Möglichkeit (und Unbequemlichkeit) der Schuldzuweisung an die Gesellschaft, z. B. im Bereich der Kriminalität, im Bereich mangelnder Schulbildung etc.

f) Bevor man behauptet, daß etwas angeboren und daher nicht zu beeinflussen sei, muß man daher erst einmal die **Möglichkeiten einer Einflußnahme** durch die Umwelt (die Familie, die Schule, die Behörde, die Gesellschaft als ganze) geprüft haben. Grundsätzlich von einer Veränderbarkeit ausgeschlossen ist kaum eine menschliche Eigenart, kaum ein persönliches Problem. Man muß sich entscheiden, ob der jeweils nötige Aufwand angemessen erscheint.

### 3.5.2 Typische Verhaltensmuster

Wer sich einmal in seinem Arbeitsstuhl am Schreibtisch zurücklehnt und vor seinem Auge die Kollegen, die er nun schon seit längerer Zeit kennt, Revue passieren läßt, der kann mit Fug und Recht sagen, daß sie alle unverwechselbare „Individuen" sind, im strengen Sinne **eigen**artige Persönlichkeiten darstellen bzw. daß für jeden einige charakteristische Merkmale typisch sind – und wenn es auch nur das Merkmal der Unauffälligkeit wäre. Der Versuch, das für einen jeden Typische festzuhalten, die Kollegen mit einigen kennzeichnenden Worten (z. B. Adjektiven) zu beschreiben, ist dagegen schon sehr schwer: wir haben zwar einen bestimmten Eindruck, der sich aber nur sehr schwer in das Zeichensystem der Sprache übertragen, d. h. in Worte fassen läßt.

Versuchen Sie, eine(n) Bekannte(n) aus Ihrem Bekanntenkreis oder aus Ihrem Kollegium durch wenige präzise Eigenschaftswörter zu beschreiben, ohne in ausschließlich subjektive Wertungen auszuweichen wie „sympathisch", „unangenehm" o. ä.:

Mit dieser Frage der Beschreibung der individuellen Unterschiede zwischen Menschen beschäftigt sich die Persönlichkeitspsychologie (auch: Differentielle Ps.; s. Brandstätter, Schuler & Stocker-Kraichgauer 1974; Herrmann 1991). Wir wollen uns hier darauf beschränken, einige ihrer Ergebnisse aufzugreifen und eines ihrer – z. B. für die Personalbeurteilung – zentralen Probleme anzusprechen.

Ein Ergebnis der Persönlichkeitsforschung ist allgemeiner Art: während man früher davon ausging, daß Eigenschaften eine reale Größe darstellen, über die jeder Mensch in verschiedenem Ausmaß verfügt, sprechen wir heute eher von der Regelmäßigkeit im Verhalten, oder eben von typischem Verhalten. Damit bleibt die Frage offen, ob ein Mensch sich (z.B.) kreativ verhält, weil er „Kreativität" besitzt – das würde voraussetzen, daß „Kreativität" mehr ist als die Summe kreativen Verhaltens –, oder ob wir ihn kreativ nennen, weil er sich im Verhältnis zu anderen relativ häufig kreativ verhält (Graumann 1960).

Im folgenden sollen einige typische Verhaltensweisen bzw. Eigenschaften vorgestellt und kurz kommentiert werden, die für die sozialen Interaktionen in Großorganisationen von Bedeutung sein können:

Als eine **autoritäre Persönlichkeit** (Eigenschaftsbezeichnung: Autoritarismus) bezeichnen Adorno et al. (1950) solche Menschen, die besonders zum Verdrängen von eigenen Schwächen und „unerlaubten" Impulsen neigen, diese dafür auf dem Wege der Projektion bei Außenseitern, Minoritäten, Fremden, Andersartigen etc. sehen und bekämpfen (Vorurteile) und sich dabei als besonders starr, pedantisch, autoritätshörig und wenig differenziert erweisen (Mueller & Thomas 1974). Nach der Auffassung der im Dritten Reich emigrierten Forschergruppe um Adorno sind diese Menschen besonders für faschistische Ideologien anfällig. Die Ursache für die Entwicklung zur autoritären Persönlichkeit wird von ihnen in einer triebfeindlichen Erziehung gesehen, die dem Kind absoluten Gehorsam abverlangt und wenig menschliche Wärme zukommen läßt, die das strenge Einhalten vorgegebener Regeln wichtiger nimmt als die flexible Berücksichtigung kindlichen Erlebens. (Diese Beziehung findet im Vorgesetzten-Mitarbeiter-Verhältnis ihr mögliches Spiegelbild.) Autoritäre Persönlichkeiten sind vor allem dann für faschistoide oder sonst elitär-gewalttätige Ideologien, Parteiprogramme etc. anfällig, wenn sie sich durch die Identifikation mit ihnen die Möglichkeit zur Ausübung persönlicher Macht versprechen. Das oft überraschend perfekte Funktionieren autoritärer Systeme wie etwa des Stalinismus, des Nationalsozialismus oder der südamerikanischen Militärdiktaturen baut auf der Existenz solcher Persönlichkeiten auf.

Der Hinweis auf die politischen Unterdrückungssysteme bedeutet aber selbstverständlich nicht, daß autoritäre Persönlichkeiten nicht auch den Alltag stabiler Demokratien mitbestimmen und möglicherweise gefährden können. Die Diskussion um die authoritarian personality sollte jedenfalls − ungeachtet ihres historischen Ursprungs im geistigen Widerstand zum Nationalsozialismus − nicht nur historisierend, also vergangenheitsbezogen, geführt werden (Hopf 1987).

Die **dominante Persönlichkeit** (Eigenschaftsbezeichnung: Dominanz) ist von der autoritären i. S. Adornos streng zu unterscheiden. Sie ist es gewohnt, in allen sozialen Situationen im Vordergrund zu stehen, Leitungsfunktionen zu übernehmen, Entscheidungen vorzuprogrammieren (Scherer & Scherer 1977). Der Dominante verfügt über ein hohes Maß an Interaktionssicherheit, kann aufgrund seiner Ausstrahlungskraft („Präsenz") andere dazu bringen, das zu tun, was er will, und steht bei alledem ständig zur offenen Auseinandersetzung, zur Rechtfertigung und Verteidigung seiner Position bereit.

Als spiegelbildliche Eigenschaft zur Dominanz kann man das „**Tarnkappen-Phänomen**" sehen. So bezeichnet W. Marx (1981) ironisch, aber auch anschaulich jene Situation, wenn ein Mensch mangels persönlicher Ausstrahlung (Aura, Charisma) nicht bemerkt wird, wenn er sich in Gemeinschaft mit anderen befindet. Dem Dominanten fällt niemand so schnell ins Wort, den Tarnkappenträger aber hört man kaum, wenn er spricht; betritt er das Amtszimmer, schaut keiner auf, kommt ein Dominanter zur Tür herein, „ist der Raum voll".

Anders der **Machiavellist** (Eigenschaftsbezeichnung: Machiavellismus). Er nutzt seine Fähigkeiten zur Manipulation anderer mit kühler Intelligenz, entscheidet selbst, was für die von ihm Abhängigen gut und schlecht ist, glaubt, daß der Zweck die Mittel heilige und steht der Welt im übrigen abschätzig bis zynisch gegenüber (Cloetta 1972, Bosetzky 1977). Ehrlichkeit und Offenheit und um Toleranz bemühtes Argumentieren sind für ihn eher vernachlässigenswerte Torheiten als erstrebenswerte Tugenden. Typische Aussagen aus einem Machiavellismusfragebogen z. B. sind: „Manche Leute muß man eben zu ihrem Glück zwingen", „Die Menschheit ist im Grunde dumm und will betrogen werden" oder „Wer viel fragt, bekommt viele Antworten".

Während der Machiavellist die Interessen der „Masse" (z. B. seiner Wähler, wenn es sich um einen Politiker handelt) nur in dem Ausmaß berücksichtigt, wie sie mit den seinen übereinstimmen, bzw. Bestandteil seines Programmes sind, orientiert die **prosoziale Persönlichkeit** (eine Eigenschaftsbezeichnung, etwa „Prosozialität", hat sich noch nicht eingebürgert) ihr Handeln unmittelbarer an der empfundenen Verantwortung für den Nächsten. Prosoziales Verhalten kann eine ganze Reihe von Ausdrucksformen erhalten wie Hilfsbereitschaft, Einfühlung, Mitleid, soziales Engagement, Herzlichkeit, Verantwortungsbewußtsein, Fürsorglichkeit etc. (s. Lück 1975).

Der Prosozialität steht die **Aggressivität** polar gegenüber. Versuche, den Terminus Aggression zu definieren, sind ebenso zahlreich wie unübersichtlich. Das liegt an der Vielfalt derjenigen Verhaltensweisen, die unter diesen Begriff gezogen werden: Von der Aggression der Imperialisten aller Couleur, die ihren Herrschaftsanspruch und ihr Wertsystem anderen Völkern mit Militärgewalt aufzwingen, bis zur Vertreterin einer

Frauenrechtsgruppe, die ihre Argumente in einer Podiumsdiskussion „aggressiv und mit intellektueller Präzision" vorträgt, von der heimlichen Aggression, die sich in unfairem Prüferverhalten offenbart, bis zu den aggressiven Pinselstrichen eines temperamentvollen Malers. Der wörtliche Sinn von Aggression ist eher neutral und meint die Aktivität, mit der man auf etwas zugeht („Ärmel hochkrempeln, zupacken"; Elhardt, 1974, nennt das die „aktiv-spontane Aggression ohne subjektive Feindseligkeit"). Im allgemeinen denken wir bei Aggression aber an intendierte Feindseligkeit, an einen Schädigungswunsch, mit dem Ziel der Durchsetzung eigener Ziele auf Kosten der anderen oder einfach der Befriedigung sadistischer Impulse. Unterschiedliche Ausmaße und Formen der Aggressivität bei verschiedenen Menschen werden heute hauptsächlich als Ergebnisse frühkindlicher Erziehung betrachtet, also als sozialisationsbedingt verstanden. Veranlagungstheorien treten demgegenüber eher in den Hintergrund.

Für die Interaktion eines Menschen mit seinen Sozialpartnern (z. B. Kollegen untereinander) ist auch das Ausmaß an **Ängstlichkeit** oder Angstbereitschaft von Bedeutung, das für ihn kennzeichnend ist (Herrmann 1991; Lazarus-Mainka 1977): die Angst, nicht zu bestehen, sich zu blamieren, nicht anerkannt zu werden, „Verlierer" zu sein (Berne 1993). Diese Angst kann sowohl rollenbedingt als auch durch die individuelle Sozialisation geprägt sein (s. hierzu ausführlich Kap. 5.6).

Die Existenz großer Organisationen setzt voraus, daß ihre Mitglieder einen angemessenen Ausgleich zwischen den Polen der Beharrung und Stabilität einerseits und der Veränderung andererseits finden, wobei die allgemeinmenschliche Tendenz zur Bequemlichkeit und Schwerfälligkeit die Seite der Beharrung quasi „von Natur aus" zu gewährleisten scheint. Von großer Bedeutung ist daher die **Veränderungsbereitschaft**, d. h. das Ausmaß, in dem von einer fortwährenden Veränderung der Welt deren Verbesserung erwartet wird. Den Gegenpol bilden Menschen, die im Bewahren des Bestehenden und in der Skepsis gegenüber dem Neuen („keine Experimente" – CDU-Slogan der 50er Jahre) die ihnen gemäße Haltung finden. Veränderungsbereitschaft wäre damit ein Teilaspekt des vielschichtigen Begriffes „Konservativismus" (s. Cloetta 1975).

Schließlich soll eine Persönlichkeitsdimension erwähnt werden, die für das Selbstverständnis von Beamten von erheblicher Bedeutung sein kann: die **Selbstverantwortlichkeit** (oder „internale vs. externale Zuschreibung", s. Luhmann & Mayntz 1973; Rotter 1966). Wir können Menschen danach unterscheiden, in welchem Ausmaß sie als Konsequenz ihrer bisherigen Erfahrungen glauben, auf ihre Lebensbedingungen, z. B. auf ihre Arbeitswelt, ihren beruflichen Werdegang, das gesellschaftliche und politische Leben etc. Einfluß nehmen zu können und damit selbst Verantwortung zu besitzen. Die Alternative ist durch zwei Haltungen zu charakterisieren: „Auch das kleinste Rädchen bestimmt darüber mit, ob das ganze Räderwerk läuft" gegenüber „Der einzelne geht im ganzen doch völlig unter, da lohnt es sich nicht, sich Mühe zu geben; die da oben machen doch, was sie wollen".

### 3.5.3 Die Vielfältigkeit der Person

Wir haben oben von den Schwierigkeiten gesprochen, andere Menschen zu beschreiben. Für diese Schwierigkeiten gibt es verschiedene Gründe. Zu ihnen gehört die Tatsache, daß das Verhalten eines Menschen eben nicht nur von seiner Person (seinen Eigenschaften, seinem „Charakter"), sondern auch von der individuellen, gesellschaftlichen und historischen Situation abhängig ist, wie wir es anhand der Verhaltensformel von Lewin bereits erörtert haben (vgl. Abschnitt 3.1.2). Dies bedeutet aber, daß wir ein und denselben Menschen in verschiedenen Situationen sehr verschieden erleben können: der Mitarbeiter C. „schiebt eine ruhige Kugel" und überanstrengt sich nicht, es sei denn ...

— er erhält einen mit Anerkennung verbundenen Sonderauftrag, den er mit großem Eifer zu erledigen pflegt;

— er sieht die Möglichkeit, mit einem Kollegen in eine Art sportlichen Wettkampf zu treten, indem er bemüht ist, den eigenen Berg unerledigter Akten immer etwas kleiner zu halten;

— er sieht die Chance, durch zielbewußtes Arbeiten einer neuen Kollegin zu imponieren und ihre Anerkennung und Bewunderung zu gewinnen;

— er sieht nach größeren Veränderungen der politischen Situation (z. B. Regierungswechsel nach einer Wahl) die Möglichkeit, seiner Tätigkeit wieder eine neue Perspektive zu geben, ihr ein neues (z. B. emanzipatorisches) Verständnis abzugewinnen.

Der Vorgesetzte, der im Rahmen der „dienstlichen Beurteilung" darüber entscheiden muß, ob sich C. eher durch ein hohes oder ein niedriges Maß an „Arbeitsbereitschaft und Pflichteifer" auszeichnet, ist offensichtlich in einer hoffnungslosen Lage – es sei denn, er verweigert korrekterweise eine pauschale („generelle") Aussage und gibt einen differenzierten Bericht über „spezifische" Ausprägungsformen der Arbeitsbereitschaft (s. dazu Franke & Kühlmann 1990).

Entsprechend unterscheidet die Persönlichkeitstheorie zwischen solchen Eigenschaften, die ein Mensch relativ unabhängig von der spezifischen Situation (Aufgabe, Sozialbeziehung, gesellschaftliches Umfeld etc.) durch sein Verhalten zum Ausdruck bringt, und einer zweiten Gruppe von Eigenschaften, die sehr stark mit der jeweiligen Situation variieren. Die ersten werden als „generelle", die zweiten als „spezifische" Eigenschaften bezeichnet.

Wir sollten uns daher davor hüten, die Menschen, mit denen wir es in unserer Umwelt zu tun haben, als ein für allemal festgelegt abzustempeln. Insbesondere der Einfluß traumatischer (schmerzlicher) Erfahrungen, aber auch radikaler Wechsel der Lebenssituation oder schleichender gesellschaftlicher Wandel können zu einer Aufhebung angeblich unveränderlicher Eigenschaften führen: die allmähliche Veränderung einer liberal erscheinenden Gesellschaft in Richtung autoritärer Strukturen kann in einem Wechselwirkungsprozeß unversehens aus demokratischen Bürgern willige „Untertanen" oder aus „neutralen Bürokraten" getreue Erfüllungsgehilfen der neuen Machthaber machen.

## 3.6 Sprache und Interaktion

### 3.6.1 Einstieg

In den vergangenen Jahren ist ein lange Zeit vernachlässigter Aspekt des Lebens und Arbeitens in Großorganisationen wieder stärker in den Vordergrund gerückt: die Sprache als Mittel der Zusammenarbeit. Wir bedienen uns dieses Instrumentes im gesellschaftlichen, beruflichen und persönlichen Alltag meist mit einer naiven (oder weisen?) Selbstverständlichkeit, wie man ein längst gewohntes Handwerkszeug benutzt: ohne Reflexion, ohne Bewußtheit der Gefahren, die der Verwendung der Sprache anhaften.

> „Meine Worte sind Hände, die streicheln und töten.
> Meine Worte sind die Verkleidung, die nicht auffällt, weil sie Mode ist.
> Meine Worte sind die Kleider meiner Gedanken, die frieren.
> Meine Worte sind Hülsen, die explodieren beim Kratzen."
> 2. Sprecherin in „Der Feuerfisch" von Wolfgang Herbst. Hörspiel RIAS–Berlin, 10. 10. 1970

Handtke (1970) vergleicht die Verwendung der Sprache in einem seiner Theaterstücke mit dem Reiter über den Bodensee, der sich bei seinem langen Ritt über eine schier endlose Ebene auf sicherem Boden wähnte und nachträglich vor Erschrecken starb, als er hörte, wie wenig sicher, wie brüchig und abgrundtief dieser „Boden" war.

Daß wir Menschen auf unsere Sprache angewiesen sind, wenn wir in Gemeinschaft leben und besonders wenn wir organisiert zusammenleben wollen, liegt auf der Hand. Verzicht auf Sprache würde nicht nur Verzicht auf Zivilisation und (Hoch-)Kultur bedeuten, sondern auch Verzicht auf unsere höchstentwickelte Eigenschaft als Menschen. „Die Fähigkeit, mit Hilfe der Sprache zu kommunizieren, ist wahrscheinlich der entscheidende Unterschied zwischen dem Menschen und den nichtmenschlichen Primaten." (Argyle 1974, 63).

Daß Argyle hier einen grundsätzlichen Unterschied zwischen dem Menschen einerseits und allen Tieren andererseits sieht – eine wenig evolutionstheoretische Sichtweise übrigens – darf als überholt gelten, da die wichtigsten Elemente des menschlichen Sprachvermögens mittlerweile auch bei Affen nachgewiesen worden sind.

An der enormen Bedeutung der Sprache für die menschliche Existenz und vor allem für die Prozesse organisierter Arbeit ist freilich nicht zu rütteln. Auf diesen Zusammenhang hat nicht zuletzt Marx deutlich hingewiesen. „Arbeit – Denken – Sprache, diese Dreiheit hat grundsätzliche Bedeutung in der marxistischen Konzeption der Genese der menschlichen Gesellschaft. Diese Dreiheit ist ein untrennbares Ganzes. Der Mensch hebt sich selbst aus der Tierwelt heraus, wenn er Werkzeuge zu produzieren beginnt – sagt Marx. Die menschliche Arbeit ist untrennbar mit dem Bewußtsein verbunden, d.h. mit dem Denken, das wiederum untrennbar mit der Sprache verbunden ist. Das Bewußtsein, und also auch die Sprache, ist Produkt des Arbeitsprozesses, ein gesellschaftliches Produkt, gleichzeitig eine notwendige Bedingung für den weiteren Fortgang dieses Prozesses, für die Existenz seiner höheren Stadien. Die menschliche Arbeit beruht auf der Kooperation, diese ist unmöglich ohne begriffliches Denken und ohne Verständigung." (Schaff 1973, 142)

Es ist daher sinnvoll, Sprache durch Beschäftigung mit ihrem Wesen beherrschen zu lernen, d.h. die kommunikative Fähigkeit des einzelnen zu erhöhen. Kooperation kann dadurch effektiver werden, da die Störanfälligkeit eingeschränkt wird.

### 3.6.2 Struktur und gesellschaftliche Vermitteltheit der Sprache

> **„Sprache:** System komplexer ... Zeichen, das sich im Prozeß der Anthropogenese herausgebildet hat und sich im Zusammenhang mit dem gesellschaftlichen Produktions-, Kommunikations- und Erkenntnisprozeß verändert; ... dabei werden *individuelle Erkenntnisse vergesellschaftet und die Erfahrungen des Individuums gesellschaftlich geprägt."* (Clauß et al. 1976, 502)

Mit dieser Definition wird Sprache als ein Produkt menschlicher Kultur erfaßt. Für das Verständnis von Sprache ist das von außerordentlicher Bedeutung. Das soll mit wenigen Thesen verdeutlicht werden:

1. Unsere Sprache gründet auf der **Klassifikation (Abgrenzung) von Wirklichkeitsbereichen**, denen ein Zeichen zugeordnet wird; diese Klassifikation wird durch die Gesellschaft vorgenommen und kann daher auch von Gesellschaft zu Gesellschaft bzw. von Gruppe zu Gruppe variieren. Es fehlt ihr nahezu jede „natürliche" Entsprechung.

Die Dinge, die wir mit unserer Sprache identifizieren, d.h. als wahrnehmbare, empfindbare oder denkbare Einheiten klassifizieren, kennen diese Klassifikationsbildung von sich aus nicht. „Die unendliche Fläche des Seienden wird (durch die feststellende Kraft der Sprache) in Bedeutungsparzellen aufgeteilt, das endlose Band der Erscheinungen wird in Oppositionen zerschnitten ..." (Sloterdijk 1988). Das *Tal* kümmert sich nicht darum, wo es in den *Berg* übergeht, das Gefühl, das in uns nagt, wenn wir einen Konkurrenten siegen sehen, sagt uns nicht, ob es zur Kategorie Ärger, Neid, Eifersucht oder Angst zu zählen ist. Zwischen den Gefühlen gibt es sowenig faktische Grenzen wie zwischen den Farben des Regenbogens oder den Formen der Macht.

2. Die Benennung der durch den Menschen identifizierten („geworteten", sagt Brigitte Seidel 1989) Dinge geschieht willkürlich. Das Bett hätte auch Bild heißen können (Bichsel, zit. n. Glaser 1973), der Pfannkuchen auch Eierkuchen, der Mensch auch Frausch. **Die Zuordnung von Zeichen zu Bedeutungen ist willkürlich (arbiträr).** Hat man sich allerdings erst einmal festgelegt, ist es schwer, sich an neue Namen oder Bedeutungen zu gewöhnen.

3. Wörter haben unterschiedlich enge oder weite Bedeutungen, und diese können auch von Situation zu Situation variieren. **Wortbedeutungen oszillieren.** Sie sind wie Fenster: Bewegt man sich hinter ihnen oder ändern sich die Sichtverhältnisse, so ändert sich auch das gesehene Bild. Als Beispiel für oszillierende Wortbedeutungen diene das Beispiel „Amt" (nach Heinrich 1994):

„Das Wort **Amt** kann sein ein(e)

— allgemeiner Ausdruck für staatliche Instanzen (Leistungsträger) und damit etwa gleichbedeutend mit den Ausdrücken Öffentliche Verwaltung oder Behörde; z.B.

„Auf's Amt gehen", „von Amts wegen", „amtlich", auch „Amtsdeutsch" (vgl. Eschenburg 1976)

— Bezeichnung für eine kommunale Gebietskörperschaft, die durch den Zusammenschluß von mehreren kleinen Gemeinden zu einem Gemeindeverband entstehen können (z. B. gem. der Amtsordnung von Schleswig-Holstein vom 11. 11. 1977); diese Bedeutung kommt gelegentlich in Ortsbezeichnungen zum Ausdruck, z. B. Amtzell in Bayern (vgl. Haus, Schmidt-Eichstaedt & Schäfer 1986)

— Bezeichnung für eine spezielle Behörde bzw. eine Organisationseinheit innerhalb einer Behörde; z. B. „Auswärtiges Amt", „Finanzamt", „Standesamt", „Grundstücksamt"

— Bezeichnung für einen „Tätigkeitsbereich eines einzelnen, innerhalb der Öffentlichen Verwaltung tätigenden Menschen" (Schmalz 1979, 10); z. B. „Amt eines Referatsleiters", „Amt des Sachbearbeiters in der Vermögensverwaltung", „Amt der Frauenbeauftragten"

— Ausdruck für eine bestimmte Funktion (ohne Bindung an die öffentliche Verwaltung) bzw. für die Wahrnehmung dieser Funktion: „amtierender Elternsprecher", „Amtszeit des Vereinsvorsitzenden", „Amt des Diskussionsleiters", „amtsmüde"

— Ausdruck für das besondere der beruflichen Position des „Beamten" im Vergleich zu sonstigen Arbeitnehmern im öffentlichen und privaten Sektor; „Verleihung eines Amtes", „in Ausübung seines Amtes", der Beamte „verwaltet sein Amt", „Amtsbezeichnung" (90 f)

**4. In Wörtern schlagen sich Erfahrungen und Wertungen der Gesellschaft nieder.** Es gibt Wörter, die man „aufschlagen" und in denen man „nachlesen" kann. Wörter oder zusammengesetzte sprachliche Redewendungen können uns Einblicke in das Denken der Menschen geben, von denen sie geprägt wurden. Ein prominentes Beispiel hierfür ist der geschlechtsspezifische Wortschatz, beginnend bei der Muttersprache und dem Vaterland. Ein paar weitere Beispiele als Anregung zu eigener Aufmerksamkeit:

| | |
|---|---|
| begreifen | – das Kind erwirbt sein erstes Umweltverständnis tatsächlich durch das Anfassen der erreichbaren Objekte |
| handeln | – die Bedeutung der Hand (Symbol der Gewalt) ist in vielen Ausdrücken des Sichbeschäftigens bzw. des Herstellens von Tauschbeziehungen (Geschäften) zu erkennen und verweist auf frühe Rituale |
| Angst | – hängt sprachlich mit dem Wort Enge zusammen und verweist auf die Verengung des Atmungssystems beim Auftreten des entsprechenden Gefühls |
| stillen | – das Anlegen an die Mutterbrust beendet das Schreien, macht das Kind still |
| notwendig | – etwas, das erforderlich ist, um die Not zu wenden |
| merkwürdig | – etwas ist es wert, daß man es sich merkt |
| Verwaltung | – der Stamm „walten" hatte früher die Bedeutung von stark sein, herrschen, besitzen (s. „Gewalt") |
| Mädchen | – die kleine Magd |

**5. Sprache ist ein Kulturgut, das der aktiven Gestaltung zugänglich ist.** Man kann lernen, mit Sprache umzugehen. Das bedeutet zugleich, daß wir auch für unseren eigenen Sprachgebrauch verantwortlich sind. Gedankenloser Umgang mit Sprache kann ebenso zu fahrlässigem Verschulden führen wie unaufmerksames Fahren oder falsches Subsumieren von Sachverhalten unter Rechtsnormen. Sätze können schlagen und töten, können aber auch schützen oder Achtung zum Ausdruck bringen. Für die Sprache der Verwaltung ist gerade dieser Aspekt von besonderer Bedeutung.

Eine ausführliche Einführung in das Verständnis von Sprache als eines Instruments beruflichen Handelns hat einer der Autoren in einer eigenständigen Veröffentlichung vorgelegt (Heinrich 1994). Mit dem Verweis auf diese Einführung können wir die allgemeinen Aussagen zur Sprache beenden und uns der besonderen Form der Verwaltungssprache zuwenden.

### 3.6.3 Sprache der Verwaltung

In der Sprachwissenschaft wird eine auf Morris zurückgehende Gliederung der wissenschaftlichen Beschäftigung mit der Sprache in drei Teildisziplinen vorgenommen, an der sich auch die folgende Abhandlung der Verwaltungssprache orientieren soll:

Die **Syntaktik** (oder Syntax, Verknüpfungslehre) beschäftigt sich mit der Beziehung der Sprach-Zeichen untereinander (Buchstabe, Wort, Satz, Text); die Grammatik gehört z.B. zu diesem Teil der Sprachwissenschaft ebenso wie große Teile der Rhetorik als „System gedanklicher und sprachlicher Formen, die dem Zweck der vom Redenden in der Situation beabsichtigten Wirkung dienen können (Lausberg 1990, 13).

Die **Semantik** (Bedeutungslehre) beschäftigt sich mit der Beziehung der Zeichen zu den Dingen, auf die sie hinweisen. Sie stellt die einfache „Wort-bedeutet-Ding"-Formel in Frage und zeigt auf, wie vielfältig, flexibel, aber auch unscharf und wechselhaft Wortbedeutungen sein können, auch in Abhängigkeit von historischen und gesellschaftlichen Wandlungsprozessen und individuellen Erfahrungen (ausführlich Heinrich 1994).

Die **Pragmatik** (Wirkungslehre) schließlich beschäftigt sich mit der Beziehung zwischen Sprache und Sprachnutzern, sowohl als Sprachproduzenten wie als Sprachkonsumenten. Wer spricht wie mit wem und mit welcher Folge, wie werden bestimmte Texte von Lesern oder Hörern aufgenommen und verstanden?

Damit der mit der Verwaltungssprache etwa noch nicht vertraute Leser weiß, auf was für einen Sprachstil sich die folgenden Aussagen beziehen, drucken wir zunächst eine Übertragung eines allgemein bekannten Textes aus der Normal- in die Verwaltungssprache ab, die Thaddaus Troll (1979) vorgenommen hat:

„Betreffs Rotkäppchen, in amtlichem Sprachgut beinhaltet.

Im Kinderanfall unserer Stadtgemeinde ist eine hierorts wohnhafte, noch unbeschulte Minderjährige aktenkundig, welche durch ihre unübliche Kopfbekleidung gewohnheitsrechtlich Rotkäppchen genannt zu werden pflegt. Der Mutter besagter R. wurde seitens deren Mutter ein Schreiben zustellig gemacht, in welchem dieselbe Mitteilung ihrer Krankheit und Pflegebedürftigkeit machte, worauf die Mutter der R. dieser die Auflage machte, der Großmutter eine Sendung von Nahrungs- und Genußmitteln zu Genesungszwecken zuzustellen.

Vor ihrer Inmarschsetzung wurde die R. seitens ihrer Mutter schulisch über das Verbot betreffs Verlassens der Waldwege auf Kreisebene belehrt. Dieselbe machte sich infolge Nichtbeachtung dieser Vorschrift straffällig und begegnete beim Übertreten des bezüglichen Blumenpflückverbotes einem polizeilich nicht gemeldeten Wolf ohne festen Wohnsitz. Dieser verlangte in unberechtigter Amtsanmaßung Einsichtnahme in das zu Transportzwecken von Konsumgütern dienende Korbbehältnis und traf in Tötungsabsicht die Feststellung, daß die R. zu ihrer verschwägerten und verwandten, im Baumbestand angemieteten Großmutter eilends war.

Da wolfseits Verknappungen auf dem Ernährungssektor vorherrschend waren, faßte er den Beschluß, bei der Großmutter der R. unter Vorlage falscher Papiere vorsprachig zu werden. Weil dieselbe wegen Augenleidens krank geschrieben war, gelang dem in Freßvorbereitung befindlichen Untier die diesfallsige Täuschungsabsicht, worauf es unter Verschlingung der Bettlägerigen einen strafbaren Mundraub zur Durchführung brachte.

Ferner tauschte das Tier bei der später eintreffenden R. seine Identität mit der Großmutter vor, stellte derselben nach und stellte weiterhin durch Zweitverschlingung der R. seinen Tötungsvorsatz erneut unter Beweis.

Der sich auf einem Dienstgänge befindliche und im Forstwesen zuständige Waldbeamte B. vernahm Schnarchgeräusche und stellte deren Urheberschaft seitens des Tiermaules fest. Er reichte bei seiner vorgesetzten Dienststelle ein Tötungsgesuch ein, das dortseits zuschlägig beschieden und pro Schuß bezuschußt wurde. Nach Beschaffung einer Pulverschießvorrichtung zu Jagdzwecken gab er in wahrgenommener Einflußnahme auf das Raubwesen einen Schuß ab.

Dieses wurde in Fortführung der Raubtiervernichtungsaktion auf Kreisebene nach Empfangnahme des Geschosses ablebig. Die gespreizte Beinhaltung des Totgutes weckte in dem Schußgeber die Vermutung, wonach der Leichnam Menschenmaterial beinhalte.

Zwecks diesbezüglicher Feststellung öffnete er unter Zuhilfenahme eines Messers den Kadaver zur Totvermarktung und stieß hierbei auf die noch lebhafte R. nebst beigehefteter Großmutter. Durch die unverhoffte Wiederbelebung bemächtigte sich beider Personen ein gesteigertes, amtlich nicht zulässiges Lebensgefühl, dem sie durch groben Unfug, öffentliches Ärgernis erregenden Lärm und Nichtbeachtung anderer Polizeiverordnungen Ausdruck verliehen, was ihre Haftpflichtmachung zur Folge hatte. Der Vorfall wurde von den Kulturschaffenden Gebrüdern Grimm zu Protokoll genommen und starkbekinderten Familien in Märchenform zustellig gemacht.

Wenn die Beteiligten nicht durch Hinschied abgegangen und in Fortfall gekommen sind, sind dieselben derzeitig noch lebhaft."

### 3.6.3.1  Der syntaktische Aspekt

Der syntaktische Aspekt von Sprache untersucht die Regelhaftigkeit und Ordnung von Zeichen und Zeichenverbindungen. Welche Sprachregeln, Satzstrukturen, Redewendungen und Wortschatzmerkmale sind für den bürokratischen Code typisch?

Eine Antwort auf diese Frage ist einer Untersuchung von H. Wagner (1972) zu entnehmen. Sie hat eine Stichprobe von 1 000 Sätzen aus Verwaltungsvorschriften, Verwaltungsakten, allgemeinem behördlichen Schriftverkehr sowie informativen Schriften (z. B. Broschüren, Merkblätter) auf ihre sprachlichen Besonderheiten hin untersucht.

Aus den umfangreichen Ergebnissen dieser Arbeit, der Durchsicht der sonstigen Literatur und eigenen Auswertungen von verwaltungssprachlichen Texten ergeben sich folgende typische Merkmale für den bürokratischen Code (nach Heinrich 1994):

1. **Bevorzugte Verwendung von Substantiven (Nominalstil),** z.T. durch Substantivierung von Verben („Wir werden den obigen Versicherungsantrag zu gegebener Zeit zur Aufhebung bringen", „in Augenschein nehmen", „zur Durchführung gelangen", „zur Anzeige bringen").

2. **Gebrauch von bedeutungsleeren Vor- und Endsilben** wie ver- und be-, bzw. -ung und -nahme bei Substantiven („Verbeamtung", „Bezuschussung", „Einvernahme", „Inempfangnahme") bzw. -lich, -seitig und -mäßig bei Adjektiven („verkehrliche Anbindung", „behördenseitige Auffassung", „haushaltsmäßige Auswirkung").

3. **Bilden von mehrgliedrigen Substantiven** „Umsatzsteuerdurchführungsverordnung", „Leistungsnachweiserbringungspflicht").

4. **Bilden von Substantivketten** zur Vermeidung von Nebensätzen („die Möglichkeit der Ableistung der gem. Verordnung über die Laufbahn der Beamten des Verwaltungsdienstes erforderlichen Einführungszeit in einem Beförderungs- statt in einem Einstiegsamt der Laufbahn").

5. **Partizipialkonstruktionen** zur Vermeidung von Nebensätzen („die in der Bearbeitung befindlichen Vorgänge", „andere mit der vom Zeugen angegebenen Beschädigung korrespondierende Beschädigungen des auf Ersatz klagenden Besitzers").

6. **Adjektivische Verwendung zeitlicher, örtlicher, relationaler oder sonstiger Bestimmungen** („die seinerzeitige Genehmigung", „der innerörtliche Verkehr", „die mangelnde allbezirkliche Präsenz der zentralen Behörden", „die kindergeldrechtliche Berücksichtigung", „nachrichtendienstliche Behandlung").

7. **Formelhafte Umstandsbestimmungen** („Der Besuch erfolgt unter Einweisung des Geschäftsstellenleiters", „bei Aufrechterhaltung von unter falschen Voraussetzungen erfolgten Genehmigungen", „zwecks Anbringung", „in Ansehung").

8. **Verwendung von unpersönlichen Passivformen** („Es wird darauf hingewiesen", „kann davon ausgegangen werden"), z. T. auch, um einen direkten Imperativ zu vermeiden („Als Antragsteller haben Sie mitzuteilen", „Dabei ist von Ihrer Seite davon auszugehen", „Um Rücksendung wird gebeten", „Der Gewerbebetrieb ist einzustellen").

9. **Streben nach Detailgenauigkeit** (hier demonstriert an einem Beispiel aus der Gesetzessprache, weil es so besonders eindrucksvoll ist: „§ 30a Für die Wahl der Ortschaftsräte gilt die Ortschaft als Gemeinde im Sinne von § 4 Abs. 1 Satz 1, § 13 Abs. 1 Satz 3 und Abs. 2 Satz 1, § 19 Abs. 1 Nr. 5 Halbsatz 1, § 20a Abs. 1 Nr. 2 Satz 2 und Nr. 3, § 20b und als Wahlgebiet im Sinne von § 5 Abs. 2 Satz 2 Nr. 1, § 8a Satz 1, § 16 Abs. 1 Satz 2, § 21 Abs. 2 Sätze 5 und 7, § 24 Satz 1.").

10. **Rückbezügliche Formulierungen,** die oft tautologisch klingen („Atteste sind nur dann beihilfefähig, wenn solche nach den Beihilfevorschriften für die Anerkennung der Beihilfefähigkeit von Aufwendungen erforderlich sind").

11. **Ritualisierte Höflichkeitsformeln** („ergebenst", „mit vorzüglicher Hochachtung" oder „hochachtungsvoll", „zur gefälligen Kenntnisnahme").

12. (Im Verkehr mit Untergebenen oder Klienten) **Verwendung von Bestimmungswörtern, die den Handlungsspielraum der Angesprochenen eingrenzen oder aufheben** („baldmöglichst", „umgehend", „unverzüglich", „unaufgefordert", „genauestens", „vollständig", „ausnahmslos", „ausschließlich").

13. **Verwendung von geschwollen klingenden Imponierformulierungen** („Nachstehend genannte Dienstkräfte bitten wir, diesbezüglich anzusprechen").

14. **Verwendung von altmodischen Wörtern,** die aus dem sonstigen Wortschatz weitgehend verdrängt sind („insoweit", „diesbezüglich", „hinkünftig", „obig", „vorgenannt", „herreichen", „(einen Schriftsatz) fertigen", „Anerbieten", „Obliegenheiten").

„Als Strukturmerkmale der Verwaltungssprache" – so faßt H. Wagner ihre syntaktische Analyse zusammen – „können ein nominaler, abstrakter und unpersönlicher Stil, Streben nach Genauigkeit, Klarheit und Objektivität der Aussage, Verzicht auf Ausschmückungen und der Gebrauch von Formeln und formelhaften Wendungen hervorgehoben werden." (98) Den Leser, der an einer detaillierteren Beschreibung der Verwaltungssprache und an der Diskussion ihrer historischen, rechtlichen und organisatorischen Ursachen interessiert ist, müssen wir auf die Originalquelle verweisen.

Die Kritik am Amtsstil, die oft auch einfach Kritik an mangelhaften Kenntnissen der deutschen Grammatik ist, ist schon alt. 1785 zum Beispiel hat ein Herr von Sonnenfels „Grundlinien für angehende österreichische Kanzleybeamte" veröffentlicht, und die Reihe ähnlicher Fibeln reißt bis heute nicht ab. Zu den bekanntesten der jetzt verfügbaren Broschüren zählen diejenigen von Otto (1978), Daum (1979), Boyan (1991) sowie der Bundesstelle für Büroorganisation und Bürotechnik (BBB 1993). Sie sind alle gut geeignet, wenn man bei der Formulierung von Verwaltungstexten schnell eine Sprachhilfe zur Hand haben will.

## 3.6.3.2   Der semantische Aspekt

Der semantische Aspekt bezieht sich – wie oben ausgeführt – auf die Beziehung zwischen den Zeichen (Wörtern) und ihrer Bedeutung. Woher bezieht die Verwaltungssprache ihre Wortbedeutungen? Manchen wird diese Frage überraschen, da doch selbstverständlich erscheint, daß für die Verwaltung derselbe allgemeine Wortschatz gültig ist wie für jeden beliebigen Teilnehmer am deutschen Sprachkreis. Dies aber stimmt nur bedingt, denn wie jede soziale Gruppe verwendet auch die Verwaltungssprache ihre gruppenspezifischen Sprachregeln. Das führt zu dem oft verblüffenden Effekt, daß der Leser von Verwaltungstexten – z.B. der Bürger, der einen Bescheid erhalten hat – zwar alle Wörter kennt und ihre Bedeutung zu verstehen meint und dennoch nicht in der Lage ist, den Sinn des Ganzen zu erfassen.

---

Testen Sie sich: Lesen Sie den folgenden Satz aus einem Bescheid-Vordruck (Charl-O/WoP 3b (10.75-1000)-Rückf. Bescheid) des Finanzamtes Charlottenburg-Ost und stellen Sie fest, ob (a) ein Ihnen unbekanntes Wort darin enthalten ist und ob (b) Sie sagen könnten, was die Aussage des Textes ist:

„Einwendungen gegen Entscheidungen in diesem Bescheid können nur durch Einspruch gegen diesen Bescheid geltend gemacht werden. Ein anderer Bescheid, dem die in diesem Bescheid getroffenen Entscheidungen zugrunde gelegt werden, kann nicht mit der Begründung angefochten werden, daß die in diesem Bescheid getroffenen Entscheidungen unzutreffend seien."

---

„In extremen Situationen empfängt der Nichtfachmann in erster Linie syntaktische Informationen, vergleichbar mit der wissenschaftlich nicht ausgebildeten Sekretärin, die einen fachwissenschaftlich konzipierten Text schreibt." (Kube 1973, 76) Das Verständnis der Verwaltungssprache wird vor allem dadurch erschwert, daß die Wörter der Alltagssprache im bürokratischen Code eine besondere, den in ihm ungeübten Sprecher gelegentlich überraschende Bedeutung erhalten; in einigen Fällen sind die Fachtermini sogar in ihrer konkreten Wortgestalt ungewohnt, also Wortneuschöpfungen aus alltagssprachlichen bekannten Wortstämmen. Für beide Fälle sind im Kasten auf Seite 138 einige Beispiele aufgeführt.

Die wichtigste Quelle für die Bedeutungsverleihung im Rahmen der Verwaltungssprache ist zweifellos die juristische Sprache, d.h. die Sprache der Gesetzestexte und ihrer Auslegung. „Alles Verwaltungshandeln vollzieht sich im Rahmen der Rechtsordnung und dient ihrer Erhaltung. Dieser grundlegende Bezug der Verwaltung auf das Recht... drückt sich auch in der Sprache aus." (H. Wagner 1972, 71). Vom juristischen Code ist aber wiederum bekannt, daß er dem nicht einschlägig vorgebildeten Bürger nur schwer zugänglich ist. Vor allem im Strafprozeß macht sich dies zuungunsten des Angeklagten bemerkbar, der sich notgedrungen einem Sprachcode unterwerfen muß, in dessen Gebrauch er sich äußerst hilflos fühlt. Das darin begründete (oder besser: dadurch unterstützte, abgesicherte) Herrschaftsgefälle zwischen Richtern und Staatsanwälten auf der einen Seite und dem Angeklagten sowie den meisten Zeugen andererseits kann vom Verteidiger in der Regel nicht aufgehoben werden, zumal sich dieser in vielen Fällen seinerseits dem juristischen Code verpflichtet fühlt, solange er sich als Jurist mit den Standards seiner Profession identifiziert.

Für die Verwaltung gilt dieses Gefälle in ähnlicher Weise; gerade wenn Beamte sich nicht primär als „Sachverhaltsbearbeiter" bzw. Problemlöser verstehen, sondern als

---

**Unterschiedliche Bedeutung von Wörtern in der Alltags- und in der Verwaltungs- bzw. Rechtssprache** (lt. Bedeutungswörterbuch der Dudenredaktion und Rechtswörterbuch von Creifelds 1992)

| | | |
|---|---|---|
| **Heilung** | das Gesundwerden bzw. Gesundmachen | Erhalt der Rechtskraft eines fehlerhaften Verwaltungsaktes durch Korrektur des Formmangels |
| **Erinnerung** | Wiederbewußtmachung von früher erworbenen Eindrücken, oder jemanden veranlassen, an etwas Vereinbartes zu denken | „Rechtsbehelf ... gegen Entscheidungen und Maßnahmen eines ... Richters, eines Rechtspflegers, Urkundsbeamten oder Gerichtsvollziehers" (366) |
| **niederschlagen** | durch einen Schlag zu Boden werfen, beenden, sich ablagern | befristeter oder unbefristeter Verzicht auf das Eintreiben von Ansprüchen, die als solche bestehen bleiben |
| **freihändig** | ohne sich mit den Händen festzuhalten | Auftragsvergabe ohne förmliches Verfahren (z. B. Ausschreibung) |
| **vertretbar** | (moralisch, technisch, logisch etc.) so beschaffen, daß man einverstanden sein bzw. zustimmen kann | Handlungen, die durch einen Dritten stellvertretend vorgenommen werden können, bzw. (bewegliche) Sachen, „die objektiv im Verkehr nach Zahl, Maß oder Gewicht bestimmt zu werden pflegen" (985) |

**Beispiele für Wortneuschöpfungen aus Wortstämmen der Alltagssprache**

| | |
|---|---|
| **Nacheile** | „die Verfolgung eines Flüchtigen, der einer Straftat verdächtig oder wegen einer solchen verurteilt ist, durch Polizeibeamte über die Grenzen ihres Amtsbezirks hinaus" (791) |
| **Ungebühr** | „Darunter versteht man ein unangemessenes Verhalten von Personen, die an einer Gerichtsverhandlung teilnehmen oder hierbei anwesend sind." (1193) |
| **Freigang** | Eine der Maßnahmen der Vollzugslockerung im Strafvollzug, die es dem Gefangenen ermöglichen, einer Arbeitsbeschäftigung außerhalb des Gefängnisses nachzugehen. |
| **Einrede** | „... ein Recht, das die Durchsetzung des subjektiven Rechts eines anderen verhindert" (333). |

---

bloße Rechtsanwender, neigen sie zu einer starren und wenig empfängerorientierten Amtssprache. Vergessen wir auch nicht, daß die Abhängigkeit zwischen Verwaltung und Recht zweiseitig ist: so wie der Beamte zweifelsfrei dem Legalitätsprinzip unterworfen ist, und daher der Gebrauch der juristischen Fachsprache auch eine Absicherung gegenüber Angriffen (ggf. Regreßansprüchen) aus der Klientel, aber auch aus der eigenen Hierarchie sein kann, so ist umgekehrt „der Gesetzgeber" in praxi die Bürokratie, da die meisten Textentwürfe für neue Gesetzesvorhaben aus der Verwaltung, insbesondere aus der Ministerialbürokratie stammen (vgl. Lohmar 1978).

So wie wir es im Kapitel über die soziale Struktur der Sprache schon ausgeführt haben, läßt sich auch hier die Sprache als Hinweiszeichen benutzen, als „Schlüssel zur Psychologie der Verwaltung" (Less 1958). Less geht davon aus, daß „die geschraubte, im Ausdruck übersteigerte, durch herausfordernde Superlative unnötig vergröberte und unflüssig wirkende Schreibweise ... ein psychologisch erfaßbares Motiv im Schreiber selbst haben (muß)" (366), und seine Diagnose fällt recht drastisch aus: Autoritätsdünkel, Verkrampfung, Ängstlichkeit und Unsicherheit, Publikumsfremdheit und Bürokratismus. Radtke (1981) stellt den Zusammenhang zwischen Sprachstil und Arbeitsbedingungen der Beamten her und verzichtet damit auf eine reine Psychologisierung, wenn er schreibt:

„Status, Funktion und Mentalität, verbunden mit den bürokratischen Strukturen ihres Handlungsumfeldes, ergeben zusammen die Bedingungen und ... die Erklärung für sprachliches und administratives Handeln. In beiden Handlungsäußerungen zeigt sich zwar ein scheinbar autonomes Handeln des betreffenden Beamten, indem er etwas anordnet, weiterleitet, in Auftrag gibt usw., aber dieser administrative Akt ist festgelegt, geregelt, vollzieht sich unter der Maßgabe von Verordnungen. Er handelt also stellvertretend und richtet sich danach, was an ihn delegiert ist. Er ist darüber hinaus z.T. aus der eigenen Verantwortung entlassen, weil er sich im Zweifelsfall damit herausreden kann, daß er nicht zuständig sei. Es ist zu vermuten, daß dieser Sprechakt des Herausredens bereits zur administrativen Floskel geworden ist ... Das weitgehende Fehlen von Eigenverantwortlichkeit und der tägliche Umgang mit stets den gleichen Sprachmustern reduziert auch die Verantwortung vor der Sprache, zumindest befördert es nicht die sprachliche Variabilität." (81 f.)

Eine „herrschaftsfreie Diskussion", wie sie Habermas (1971) für die „ideale Sprechsituation" bzw. für das „reine kommunikative Handeln" fordert, wird man also in der Interaktion von Verwaltung und Bürgern kaum erwarten dürfen.

### 3.6.3.3  Der pragmatische Aspekt

Wir haben damit bereits den dritten Aspekt von Verwaltungssprache, den pragmatischen, berührt. Er beschäftigt sich mit den verhaltensrelevanten Wirkungen der Kommunikation auf die Beteiligten, d.h. auf Sender und Empfänger. Welche Wirkung übt die Verwaltungssprache auf die Bürger aus?

Nehmen wir das Ergebnis gleich vorweg: Die einschneidendsten Wirkungen sind sicherlich eine größtmögliche Einschränkung bzw. der vollständige Verzicht auf Kontakte mit der Verwaltung. Das Erlebnis, Verwaltungssprache nicht verstehen, und der Eindruck, sich selbst nicht verständlich machen zu können, führen viele der betroffenen Bürger dazu, die Beziehung zur Verwaltung möglichst selten aufzunehmen. Wenn man einen Gang „aufs Amt" vermeiden kann, dann tut man das – auch wenn man damit evtl. auf mögliche Vorteile (Leistungen) verzichten muß. In besonderem Maße gilt das für das Ausfüllen jeglicher Art von Formularen. Durch deren häufig beklagte Unverständlichkeit findet eine vom Gesetzgeber sicher nicht gewollte faktische Auslese statt, die man in dem nur wenig überspitzten Satz zusammenfassen kann: Je nötiger jemand eine Leistung braucht, desto geringer ist die Wahrscheinlichkeit, daß er sie in Anspruch nimmt. Der rechtlichen Gleichstellung aller Bürger hinsichtlich der Verwaltungsleistung steht eine soziale Ungleichstellung gegenüber. „Übergreifendes Ziel verständlich gestalteter Texte aus der Verwaltung ist immer die Verminderung der realen Benachteiligung ganzer Bevölkerungsschichten und -gruppen im Verwaltungshandeln." (Reidegeld 1976, 229)

Der Bürger fühlt sich nach wie vor obrigkeitsstaatlich behandelt, bevormundet, in einer für ihn unüberschaubaren (lange Gänge, Treppen) und fremden Situation allein gelassen, ja in extremen Fällen gedemütigt. Der Dienstleistungscharakter der Verwaltung wird noch keineswegs immer spürbar. „Die Anwendung formelhafter und ausgetretener Begriffe erweckt zudem nicht selten ... den Eindruck, als stehe die Verwaltungssprache unter dem Motto: knapp, aber verletzend." (Arbeitsgruppe innere Verwaltungsreform 1974, 36)

Hier nun taucht ein Problem auf, das im Rahmen gängiger Bürokratiekritik (vgl. Lohmar 1978, Geißler 1978) oft genug übersehen wird: daß sich unter der Klientel deutscher Verwaltungen eine hinreichend große Zahl von Bürgern befindet, denen eine „Selbstreduktion zum Untertanen" (Kube 1973, 31) keineswegs fremd ist. Die Fiktion, die Bundesrepublik Deutschland sei im Jahre 1994 ein Staat von überzeugten Demokraten, ist nicht allein deshalb wahr, weil sie weit verbreitet ist. Die Diskussion um die Praxis der politischen Überprüfung beim Eintritt in den öffentlichen Dienst hat diese Fiktion lange Zeit genährt, indem sie den Eindruck erweckte, die momentanen Mitglieder im öffentlichen Dienst würden im Zweifelsfalle (z. B. eines Putsches von rechts oder links) alle **aktiv** für die Aufrechterhaltung eines demokratischen Systems eintreten, und die Zweifel an einem solchen aktiven Engagement seien nur am extremen rechten und (vor allem) linken Spektrum politischer Meinungsäußerung erlaubt. Dabei lehrt uns die Geschichte bis in die jüngste Zeit, daß gerade in der breiten „unpolitischen" Mitte der Bevölkerung und damit auch der Beamtenschaft ein solch aktives Engagement nicht erwartet werden darf (vgl. Abschnitt 3.4.7).

Bedenken wir die noch weite Verbreitung des „autoritären Charakters" in unserem Land (und in vielen anderen Ländern) einerseits und andererseits die Tatsache, daß sich in den letzten Jahrzehnten gewaltige Veränderungen im gesellschaftlichen Verständnis der Autoritätsausübung ergeben haben, so wird deutlich, daß die Rede von „**dem** Bürger" als Verwaltungspartner eigentlich durch eine differenziertere Einschätzung der Publikumsreaktionen ersetzt werden müßte.

Um deren Einbindung in einen konkreten Beratungsdialog und dessen sprachanalytische Untersuchung geht es in einem anderen Forschungsansatz der verwaltungssprachlichen Pragmatik. Mit unterschiedlichen Methoden versuchen AutorInnen wie Silbereisen, Heinrich & Schulz (1975), Silbereisen & Schuler (1985), Wenzel (1984) oder Becker-Mrotzek (1991; vgl. auch Becker-Mrotzek, Ehlich & Fickermann 1992), die professionelle Sprechhandlung der Verwaltungsangehörigen (bevorzugt am Beispiel Sozialamt) zu beobachten, nach Wortwahl, Dialogmerkmalen etc. zu beschreiben, Strategien zu erkennen und Vorschläge zur Verbesserung der Gesprächsführung zu erarbeiten. Allgemeinverständlich und in handlicher Anweisungsform finden sich solche Hinweise auch bei Pippke (1993).

Abschließend wollen wir noch einmal die Konsequenz aus diesen Überlegungen ziehen, d. h. Forderungen an die Verwaltungssprache stellen. Wir tun dies in Anlehnung an Otto (1981), der aus den Verwaltungsgrundsätzen der Rechts- und Sozialstaatlichkeit und der Wirtschaftlichkeit **drei Gebote** für eine gute Verwaltungssprache ableitet, die untereinander freilich in einem konkurrierenden Spannungsverhältnis stehen:

1. **Präzision** – Dies ist das Gebot der Richtigkeit, das wir noch einmal in 4 unterschiedliche Aspekte untergliedern wollen:

    **inhaltliche Korrektheit** (bezogen auf die Sachverhaltsdarstellung und den Rechtsbezug)

    **formale Korrektheit** (soweit vorgeschrieben, z. B. bei schriftlichen Bescheiden; vgl. Schmalz 1979)

    **Bestimmtheit** (betrifft die Eindeutigkeit, etwa hinsichtlich der erwarteten Folgen, Leistungen oder Unterlassungen)

    **Vollständigkeit**

2. **Verständlichkeit** – mit besonderer Beachtung verschiedener Sprachbefähigung (z.B. Sprach-Codes, s. Kap. 1) sowie der unterschiedlichen Wortbedeutung in Verwaltungs- und Allgemeinsprache.

3. **Effizienz** – betrifft die Spachökonomie, also das sinnvolle Verhältnis von Mittel und Zweck, von Aufwand und Erfolg.

Der Abschnitt über die Sprache der Beamten darf aber nicht enden, bevor auf ein zweites Problem hingewiesen worden ist: Die Kritik an der distanzschaffenden Sprache der Verwaltung ist zwar zuerst und notgedrungen eine Kritik an denen, die diese Sprache produzieren: den Beamten (und sonstigen Angehörigen des öffentlichen Dienstes). Es darf aber nicht übersehen werden, daß sie selbst keineswegs in freier Entscheidung die Übernahme des **bürokratischen Codes** beschließen, sondern ihrerseits (auch) Opfer einer bürokratischen Sozialisation sind; die einzelnen Beamten können selbst oft nur bestehen, wenn sie sich dem ihnen abverlangten Stil anpassen. „Der Verwaltungsangehörige ist bei seinen Formulierungen nicht frei, sondern muß sich nach der Sprache der Gesetze und der Rechtsprechung richten, besonders bei Schriftstücken, die einen unmittelbaren gesetzlichen Bezug haben wie Durchführungsbestimmungen, Verwaltungsvorschriften und Verwaltungsakte." (H. Wagner 1972,106) Wie Reidegeld (1977) nachdrücklich betont, können daher „Konflikte im publikumsbezogenen Verwaltungshandeln ... dem einzelnen öffentlich Bediensteten nicht als dessen eigenes subjektives Verhaltensdefizit angelastet werden." (40f.) Sprach- und Verhaltenstraining im Rahmen verwaltungswissenschaftlicher Aus- und Fortbildung (vgl. Arbeitsgruppe innere Verwaltungsreform 1974; Reichard et al. 1977) tut not; sie darf aber nicht Alibi für eine inhaltliche Verwaltungsreform werden, vor der sich unser traditionsbewußtes Berufsbeamtentum nach wie vor so scheut.

### 3.6.4 Exkurs: Bürger-Typologien

Im Auftrag des Bundeskanzleramtes untersuchte das sozialwissenschaftliche Institut SINUS (1978) die Einstellungen eines repräsentativen Querschnitts der (Wahl-)Bevölkerung der Bundesrepublik Deutschland gegenüber der öffentlichen Verwaltung. Anhand der Antworten von 1757 Befragten ermittelten die Autoren sieben verschiedene Einstellungstypen, deren prozentualen Anteil an der Gesamtstichprobe folgende Tabelle aufführt:

| Typ | Bezeichung | Anteil |
|-----|------------|--------|
| 1 | „Der hilflose Untertan" | 18% |
| 2 | „Der kompetente Pragmatiker" | 13% |
| 3 | „Der identifizierte Technokrat | 20% |
| 4 | „Der blinde Bürokrat" | 15% |
| 5 | „Der unsichere Frustrierte | 11% |
| 6 | „Der Entfremdete" | 10% |
| 7 | „Der kompetente Systemkritiker" | 14% |
| | | 101% |

Der **hilflose Untertan** ist der Verwaltung gegenüber insofern positiv eingestellt, als er ihre Autorität nicht infragestellt, obwohl er schlechte Erfahrungen mit ihr gemacht hat. Ältere, Unterschichtenangehörige, Frauen und politisch konservative bzw. uninteressierte Anpassungsbereite sind hier überrepräsentiert (d. h. häufiger vertreten als es ihrem Anteil an der Gesamtstichprobe entspräche).

Der **kompetente Pragmatiker** zeigt gegenüber der Verwaltung eine „nüchternpragmatische Grundhaltung", er kann zwischen positiven und negativen Erfahrungen differenzieren und fühlt sich aufgrund seines eher hohen Ausbildungsniveaus der Verwaltung voll gewachsen. U. a. sind die Beschäftigten im öffentlichen Dienst selbst in dieser Gruppe überrepräsentiert.

Der **identifizierte Technokrat** ist leistungsorientiert und auf beruflichen und sozialen Aufstieg ausgerichtet, kritisiert die mangelnde Effektivität der Verwaltung, mit der er sich im übrigen aber voll identifiziert. Sein politisches Interesse ist gering, Zweifel am bestehenden System sind ihm fremd.

Der **blinde Bürokrat** ist zugleich der „typische Beamte", der mit „seiner" Verwaltung selbstverständlich voll zufrieden ist, ihr keine Unredlichkeit zutraut, und der sein politisches Engagement zur Erhaltung des Status quo einsetzt; kein Wunder, daß auch in dieser Gruppe die Angehörigen des öffentlichen Dienstes, insbesondere „einfache Beamte", überrepräsentiert sind.

Der **unsichere Frustrierte** hat vor allem schlechte Erfahrungen mit der Verwaltung gemacht, die jedoch auf die eigene Unfähigkeit (mangelnde Kenntnisse, kein Durchblick) zurückgeführt und daher nicht der Verwaltung angelastet werden. Überrepräsentiert sind nicht-konservative Teile der traditionellen Arbeiterschicht, Frauen und ältere Befragte. „Die Frustration über die Bürokratie enthält (anders als beim hilflosen Untertanen; d. Verf.) eine rebellische Komponente, die Grundeinstellung ist stärker anomisch." (40) (Zum Begriff der Anomie s. Abschnitt 5.4.1).

Der **Entfremdete** zeigt „die größte Distanz sowohl zur öffentlichen Verwaltung als auch zum politischen System insgesamt ... Den objektiven Hintergrund für diese diffus-anomische Haltung bildet häufig soziale und berufliche Benachteiligung: Personen mit niedriger Formalbildung, Jüngere ohne Berufsausbildung, Arbeiter und Angehörige von Arbeiterhaushalten sind deutlich überrepräsentiert." (44) (Zum Begriff der Entfremdung s. Abschnitt 5.4).

Der **kompetente Systemkritiker** schließlich ist mit dem Entfremdeten in seiner Ablehnung der Bürokratie vergleichbar, vermag diese Kritik aber intellektuell zu begründen und ihr ein liberal-demokratisches Engagement gegenüberzustellen. Typisch hierfür sind der junge, kritische Intellektuelle sowie leitende Angestellte, Beamte und Freiberufler mit politisch progressiver Orientierung.

Pippig (1988) hat in seiner Untersuchung diese Typologie bestätigen können und noch um einen 8. Typ erweitert, den **„blinden Fatalisten":** „Ihn kennzeichnet eine fast ängstlich zu interpretierende, jedenfalls überdeutliche Identifikation mit dem politisch-administrativen System." (146) Obwohl er die Verwaltungsentscheidungen für ungerecht hält, traut er sich nicht, die Verwaltung zu kritisieren und

Psychologische Grundlagen

mit ihr unzufrieden zu sein. Häufig repräsentiert sind in diesem Typus Arbeitslose.

Folgen wir dieser Typologie, so gibt es wenigstens drei Gruppen von Bürgern, die die obrigkeitsstaatliche Attitüde der Verwaltung nicht wahrnehmen oder die sogar bereit sind, sie zu dulden: der „Untertan", der „Technokrat" und der „Bürokrat", die laut obiger Tabelle zusammen mehr als 50 % der Verwaltungsklientel ausmachen. Kein Wunder, daß gerade in den letzten beiden Gruppen die Beamtenschaft selbst stark überrepräsentiert ist, so daß die verwaltungsfreundliche Haltung, die lediglich einer technokratischen Kritik an der Leistungsfähigkeit der Verwaltung Platz läßt, hier einen selbstrechtfertigenden Charakter erhält: „Das nahezu ‚euphorische' Beurteilungsmuster trägt offensichtlich apologetische Züge." (SINUS, 35).

Ein zweiter Versuch, Verwaltungsklientel in verschiedene Einstellungstypen zu unterteilen, stammt aus einer Projektstudie „Bürgernahes Verhalten in der Sozialhilfe" unter der Leitung von Silbereisen (vgl. Silbereisen, Heinrich & Schulz 1975; Silbereisen & Oesterreich 1978). Die Untersuchungen verfolgten das Ziel, Grundlagen für eine gezielte Fortbildung von Sozialamtsmitarbeitern zu schaffen. Zu diesem Zweck wurden u.a. die sozialamtsbezogenen Einstellungen, Erfahrungen, Erwartungen und Bedürfnisstrukturen von Sozialhilfeempfängern durch Fragebogen ermittelt. Die statistische Analyse (vgl. Silbereisen 1976) führte zur Heraussonderung von insgesamt 5 verschiedenen Kliententypen, die wie folgt beschrieben werden:

(1) *Typ des kritischen Klienten:* Diese Hilfeempfänger, die um 10 % der Befragten ausmachen, sehen bei der Bearbeitung ihres Falles wenig Bemühung der Mitarbeiter, sie können sich nicht in Ruhe aussprechen, vieles bleibt ihnen unverständlich. Neben der Unzufriedenheit fühlen sie sich aber auch als Bürger zweiter Klasse in der Situation als Hilfeempfänger. Hinzu kommt also die emotionale Verstörung.

(2) *Typ des zufriedenen Klienten:* Sie sind das spiegelbildliche Gegenstück zur Gruppe der kritischen Hilfeempfänger. Sie sind zufrieden mit dem Amt, seinen Mitarbeitern und Leistungen. Eine psychische Beeinträchtigung durch die Hilfsbedürftigkeit ist ihnen fremd. Ausgeglichen in der Erfüllung ihrer Ansprüche und unbelastet von Peinlichkeiten zu sein ist das Kennzeichen dieser Gruppe, die rund 20 % der Gesamtheit ausmacht.

(3) *Typ des selbstsicheren Klienten:* Was die mangelnde Zufriedenheit betrifft, sind diese Bürger dem kritischen Typ in etwa vergleichbar, indessen fehlt die sozial-emotionale Belastung. Sie haben anspruchsvolle Maßstäbe, die sie sich bemühen durchzusetzen. Etwa 25 % der Klienten lassen sich so charakterisieren.

(4) *Typ des sensiblen Klienten.* Bei diesen Hilfeempfängern ist das herausragende Merkmal ihre Empfindlichkeit gegenüber dem Statusverlust in den Augen der Mitbürger, den sie, ob zu recht oder nicht, sei dahingestellt, zu beobachten glauben. Die rund 10 % Klienten, die diesen Typ ausmachen, sind von daher gehemmt im Auftreten und im Durchsetzungsvermögen.

(5) *Typ des autonomen Klienten:* Ebenfalls rund 10 % gehören zu dieser Gruppe, die als einzige die Bedeutung der eigenen Initiative bei der Gestaltung der Hilfe sieht. Zu dieser Selbständigkeit im Handeln gehört aber auch die Verschlossenheit gegenüber der Anteilnahme des Mitarbeiters.

In dieser Typologie kommt deutlich zum Ausdruck, daß die emotionale Belastung, die die Rolle „Bittsteller bei der Verwaltung" mit sich bringt, bei Sozialhilfeempfängern eine noch größere Bedeutung hat als bei dem allgemeinen Verwaltungspublikum. Eine unmittelbare Gegenüberstellung beider Typologien würde daher auch scheitern müssen. Beide machen aber schließlich deutlich, daß eine vorschnelle Verallgemeinerung der Rolle „des Bürgers" oft ungerechtfertigt ist und daß zumindest der mit Publikumsverkehr betraute Mitarbeiter einer Organisation eine detaillierte Einsicht in die Erwartungsstrukturen seiner Klientel haben sollte.

## 3.7 Die Ebenen der Interaktion

> Der Chef ruft seine Sekretärin, Frau Charlotte Gaul, zu sich ins Zimmer, lehnt sich im Stuhl zurück und fragt (Tonfall: jovial): „Sagen Sie mal, Pferdchen, was ist denn eine ‚Demonstriation'? Angeblich soll der Bericht ja von mir stammen; aber was eine Demonstriation ist, das müssen Sie mir schon sagen!"

Kommunikationen haben ein bestimmtes Ziel, nämlich dem Kommunikationspartner eine bestimmte Information zu vermitteln. Wir gehen im Normalfall davon aus, daß diese Informationen unmittelbar dem Inhalt des Gesagten zu entnehmen sind. Am obigen Beispiel merken wir aber, daß diese Gleichsetzung von Text und Information mindestens unvollkommen, wenn nicht wie in diesem Fall naiv wäre: selbstverständlich will der Chef keineswegs wissen, was eine „Demonstriation" ist, obwohl dieser Informationswunsch der **ausdrückliche (manifeste)** Inhalt seiner Rede ist. Was sagt er „wirklich"? Nun, wir können seinen Sätzen gleich eine ganze Reihe von Aussagen entnehmen, die ihm vielleicht selbst gar nicht alle bewußt sind, z. B.:

„Sie haben einen Fehler gemacht, und ich kluger Mensch habe das natürlich gemerkt."

„Ich bin Ihr Vorgesetzter und Sie sind von meiner Freundlichkeit abhängig – ich könnte ja auch anders."

„Sie müssen aufpassen, daß Ihnen das nicht öfter passiert."

„Ich bin ein überaus witziger Mensch, der im übrigen viel mehr weiß, als Sie je wissen werden."

Diese **verborgenen (latenten)** Inhalte kann man einem so augenfälligen Beispiel natürlich relativ einfach entnehmen. In anderen Fällen ist es schwieriger, zwischen dem manifesten Inhalt und der latenten Aussage zu unterscheiden. Wenn ein Auszubildender an seinem neuen Praktikumsplatz mit der Bemerkung empfangen wird: „Na, da sind wir aber mal gespannt, was Sie schon alles können" – dann kann das heißen,

„Es interessiert uns wirklich, was Sie an Ihrer Schule/Hochschule gelernt haben"; oder

„Natürlich können Sie noch nichts, aber wir werden hier schon einen perfekten Sachbearbeiter aus Ihnen machen" oder

„Kommen Sie hier bloß nicht mit irgendwelchen kritischen Fragen oder gar Vorschlägen oder Ihrer angelernten Theorie, hier haben wir das Sagen!"

Wie die Beispiele aber auch aussehen mögen, sie haben eines gemeinsam: daß sich die Information, die in einer Aussage enthalten ist, keineswegs auf die manifesten Inhalte der Sprache beschränkt. Kommunikation, so können wir sagen, spielt sich auf mehreren Ebenen ab, und diese wollen wir im folgenden kurz betrachten (vgl. Heinrich 1978 a).

Die **Inhaltsebene.** Selbstverständlich hat Kommunikation in der Regel die Aufgabe, einen ganz bestimmten Inhalt dem Partner zu übermitteln. Nur selten kommt es vor, daß man sich unterhält, ohne genau zu wissen, worüber man eigentlich spricht (Verlegenheitskonversation). In allen sachbezogenen Arbeitsgesprächen und Schriftstücken steht dieser Inhalt eindeutig im Vordergrund. Wenn jemand ein Buch schreibt, ist es ebenfalls sein wichtigstes Ziel, seinem Leser ganz bestimmte Inhalte, Erkenntnisse oder Sichtweisen zu vermitteln. Es gibt aber auch Veröffentlichungen –

144

z. B. in wissenschaftlichen Fachzeitschriften –, die aus ganz anderen Gründen abgefaßt werden, etwa um die Liste der Veröffentlichungen des Autors um einen Titel zu verlängern, um einem Kollegen ebenbürtig zu bleiben, der auch gerade veröffentlicht hat, um das spärliche Honorar einzustreichen usw.

Welche Form einer Kommunikation auch gewählt wird und welche Motivation auch dahinterstehen mag, man kann die Form in jedem Fall vernünftig oder weniger vernünftig wählen. Vernünftig ist eine Form immer dann, wenn sie es optimal erlaubt, das jeweils gegebene Interaktionsziel zu erreichen. Wir befinden uns damit auf der **instrumentellen Ebene,** auf der Sprache als Werkzeug, eben als Instrument aufgefaßt wird, mit dem man mehr oder weniger virtuos umgehen kann. Der Chef im einführenden Beispiel fand es sinnvoll, die Form einer witzigen bis zynischen Frage zu wählen, um seiner Aussage („Sie haben einen Fehler gemacht; ich bin aber so unheimlich clever, daß ich ihn natürlich gefunden habe") Nachdruck zu verleihen. Wir könnten an den gefühlsmäßigen Reaktionen von Frau Gaul erkennen, ob er damit sein Ziel optimal erreicht hat. Überlegungen zur Konferenztechnik in der Verwaltung (Kübler 1977), zu „kommunikativen Strategien beim Gespräch mit dem Bürger" (Kube 1977), zur didaktischen Gestaltung der Verwaltungsausbildung (Reichard 1978), zum Verständnis von „Sprache als Instrument des Verwaltungshandelns" (Heinrich 1994) oder ganz einfach zum richtigen Gebrauch der Sprache „Deutsch für Lernende in der öffentlichen Verwaltung" (Junker 1975) sind Beispiele für die Beschäftigung mit der instrumentellen Ebene der Interaktion.

Als Einleitung zu diesem Kapitel haben wir nun aber bewußt ein Beispiel gewählt, bei dem die zwei klassischen, d.h. allgemein als wichtig akzeptieren Interaktionsebenen (Inhalts- und instrumentelle Ebene) offensichtlich nebensächlich sind. Dem Chef ging es ja in erster Linie darum, seine Rolle als witziger, selbstsicherer und im Zweifelsfall auch autoritärer Vorgesetzter zu unterstreichen und zu genießen. Damit definiert er zugleich auch in spezifischer Weise seine Beziehung zu seiner Sekretärin (vgl. Beziehungsaspekt der Sprache bei Watzlawick, Beavin & Jackson 1969, 53ff). Es geht uns in unserer Interaktion mit anderen auch in anscheinend „gefühlsfreien" Arbeitsbeziehungen nicht nur um eine neutrale Informationsvermittlung, sondern auch um den Eindruck, den wir auf den anderen machen. Wir wollen unserem Gegenüber imponieren, unsere Schläue zeigen, um Sympathie werben, flirten, Angst einjagen etc. Wir wollen auf der **Beziehungsebene** ein bestimmtes Image von uns herstellen.

> „Der Terminus **Image** kann als der positive soziale Wert definiert werden, den man für sich durch die Verhaltensstrategie erwirbt, von der die anderen annehmen, man verfolge sie in einer bestimmten Interaktion." (Goffman 1971, 10)

Ein Image ist also – knapper gesagt – das Bild, von dem wir wollen, daß andere es von uns haben, und an diesem Bild müssen wir ständig arbeiten. Images können durch viele Gefahren beschädigt werden:

— eine unkontrollierte flapsige Bemerkung gefährdet bzw. beschädigt das Image der würdigen Strenge,

— das Hinauszögern einer mutigen Entscheidung beschädigt das Image des entschlossenen Machers,

145

— das Verwechseln zweier Informationen (Namen, Jahreszahlen, Automarken etc.) beschädigt das Image des allwissenden Fachmannes,

— das Unterliegen im Wettkampf beschädigt das Image der Leistungsfähigkeit,

— die erfolglos versteckte Schadenfreude beschädigt das Image von Fairness und Menschlichkeit.

Da Images nicht ein für allemal bestehen bleiben, wenn sie sich einmal gebildet haben, sind wir in einem stetigen Imagekampf befangen, am Arbeitsplatz ebenso wie im Freundeskreis und sogar in der Familie. Während die Erwachsenen diesen Kampf um Pluspunkte (Goffman 1971) meist sehr subtil und indirekt führen, zeigen Kinder hier manchmal eine entwaffnende Offenheit, auch wenn sie sich dabei mit fremden Federn schmücken müssen, wie in der „Mein-Papi-kann-aber-Eskalation".

Bei Goffman (1971) kann man über solche „Techniken der Imagepflege" auf der Ebene bürgerlicher Mittelschichtskonversation (Coctailpartystil) Entlarvendes nachlesen. Berne (1993) verweist darauf, daß diese Strategien ihren Ursprung schon früh in der Kindheit haben können. Eine konkrete Arena, auf der die heftigsten Imagekämpfe ausgetragen werden, stellt W. Wagner (1992) mit der Atmosphäre an Universitäten dar. Hier ist es besonders die Strategie des „Bluffens", die allein es vielen Hochschulangehörigen erlaubt, ihr Image und damit ihr Selbstbewußtsein einigermaßen zu erhalten. Daß sich solche konfliktreichen Imagekämpfe auch in der angeblich emotionsfreien Sphäre von Großorganisationen wie der Verwaltung (vgl. Max Webers Postulat von der Rationalität bürokratischer Organisationsformen im Abschnitt 2.2.1) in den Interaktionen zwischen Kollegen, Mitarbeitern und Vorgesetzten und Verwaltungsangehörigen und Bürgern verbergen, wird kaum ernsthaft bezweifelt werden, auch wenn entsprechende Berichte noch selten sind (z.B. Gottschall 1978; Bosetzky 1976 d; in der Belletristik z.B. Heller 1975; Richartz 1976; vgl. auch unsere Kapitel 4 und 5).

Nach alledem wird klar sein, daß der Satz „Ich verstehe nicht recht, was Sie sagen wollen" manchmal vielleicht nicht das eigene Unverständnis sondern eine bestimmte Beziehungsdefinition ausdrücken soll: „Ich halte Sie für einen dummen Schwätzer, einen eitlen Pfau; ich selbst bin da ganz anders."

Kommunikation wird also von der Beziehung zwischen den Kommunikationspartnern beeinflußt, aber natürlich auch von der Persönlichkeit des Kommunikanden selbst, seinen Aggressionen, Hemmungen, seiner Sicherheit oder Ängstlichkeit. Die **Personebene,** die sozialisationsbedingte Persönlichkeitsstruktur der Interagierenden ergänzt damit das Spektrum der Interaktionsebenen. Der Extravertierte redet über denselben Sachverhalt anders als der Introvertierte, der Machiavellist anders als der Altruist, der kritische Sozialamtsklient – um ein konkretes Beispiel anzufügen – anders als der zufriedene, der selbstsichere, der sensible oder der autonome (vgl. Silbereisen & Oesterreich 1978).

In diesen beiden Kapiteln sind wir mehr oder weniger unausgesprochen davon ausgegangen, daß Kommunikation mit gesprochener oder geschriebener Sprache identisch ist. Tatsächlich umfaßt Kommunikation aber mehr: die Mimik, Gestik und Körperhaltung; ja selbst Kleidung und Frisur gehören letzten Endes zu den nichtverbalen Medien der Kommunikation (Argyle 1974; Scherer & Scherer 1977). Das wird einleuchtend, wenn wir daran denken, daß Kommunikation ja auch die Funktion der Imagepflege besitzt. Wir stellen uns durch unser gesamtes Äußeres dar, und bei der

Bildung eines ersten Eindrucks spielt dies häufig eine entscheidende Rolle. Heim (1982) sieht die Bedeutung der nonverbalen Kommunikation für das Verwaltungshandeln in der veränderten Beamten-Klienten-Beziehung, die immer auch als eine von Spontaneität und Unmittelbarkeit, von Leiblichkeit und Gefühlen, von Wechselseitigkeit der Steuerung und Beeinflussung geprägte soziale Interaktion sei.

# 4. Abschnitt. Mensch und Organisation: Aspekte gelungener Integration

## 4.1 Berufliche Sozialisation

### 4.1.1 Ziel und Prozeß der beruflichen Sozialisation

Wir haben gesehen, wie familiale und schulische Sozialisation, aber auch die Sozialisation durch die peer groups den Heranwachsenden auf die Übernahme einer Berufsrolle vorbereiten. Dazu kommt ein gehöriges Maß an **antizipatorischer Berufs-Sozialisation,** das heißt, vorwegnehmender Anpassung an bestimmte Berufsrollen, insbesondere als Folge einer Identifikation mit Personen, die den Jugendlichen in den Massenmedien vorgeführt werden oder denen sie im Alltag begegnen.

Die direkte, die eigentliche berufliche Sozialisation ist dann die, die institutionalisiert (durch Ausbildungsverträge) abläuft und den Erwerb eines Befähigungsnachweises für einen bestimmten Beruf zum Ziel hat:

> „**Berufliche Sozialisation** ist Einführung in Berufspositionen. Die einzelnen müssen sich die technischen Kenntnisse und die normativen Orientierungen aneignen, die nötig sind, um den verschiedenen Rollen einer Position gerecht zu werden." (Lüscher 1968, 41)

Die berufliche Sozialisation kann extern in besonders darauf spezialisierten Organisationen ablaufen (Universitäten etwa) oder in der eigentlichen Arbeitsorganisation selbst („on the job" wie etwa beim Hilfsarbeiter oder dem Fußballprofi), sie kann aber auch dual verlaufen (zweigleisig wie die Ausbildung der Beamten des gehobenen Dienstes etwa). Während die externe berufliche Sozialisation tendenziell kosmopolitisch-universalistische Orientierungen fördert, bringt die interne Ausbildung eher lokal-partikularistische Orientierungen hervor (vgl. zum Gegensatz „cosmopolitan"-„local" Gouldner & Newcomb 1968). Eine Untersuchung von Koch in der Bonner Ministerialbürokratie zeigt denn auch die Höherbewertung der internen Sozialisation bei den schon längere Zeit hindurch Berufstätigen – 87 % der Befragten waren der Ansicht, „daß ihnen die für ihre Rollenausführung wesentlichen Kenntnisse und Fähigkeiten durch praktische Erfahrungen vermittelt worden sind, die man auf dem eigenen Arbeitsplatz oder auch im Rahmen der Fortbildung erworben habe" (1974, 134).

Nun sollte man meinen, daß der Auszubildende (der Lehrling, der Anwärter) oder – in der Sprache der Sozialwissenschaften – der **Sozialisand** ein durch und durch glücklicher Mensch sein müßte, denn die Organisation, die ihn ausbildet, läßt ihn ja mit Hilfe ihres Ausbildungspersonals, den **Sozialisatoren** wie Meister und Praxisanleiter, „recht eigentlich erst" zum Menschen werden. Ohne eine gelungene berufliche Sozialisation ist in den allermeisten Fällen keine befriedigende Berufsarbeit denkbar – und ohne befriedigende Berufsarbeit ist kein sinnerfülltes Leben vorstellbar (zumindest in den abendländisch-christlichen bzw. kapitalistischen Industriegesellschaften), denn der gesellschaftliche Mensch entwickelt sich von einer bestimmten Entwicklungsstufe ab nur in der menschlichen Arbeit, „in der menschlichen Praxis, verstanden als Prozeß der Umgestaltung der objektiven Wirklichkeit durch den Menschen und damit der Umgestaltung seiner selbst" (Schaff 1970, 29). In sinnvoller gesellschaftsbezogener Arbeit erzeugt der Mensch sich selbst, „der Prozeß des Schaffens (ist) vom Gesichtspunkt des Menschen ein Prozeß der Selbstschöpfung" (30). **Der wirkliche Mensch ist das Produkt seiner Arbeit** – so Marx und Hegel (vgl. Vohland 1978).

Der Sozialisand, der Berufsanfänger müßte also der Organisation, die ihn ausbildet, unendlich dankbar sein – dankbar dafür, daß sie ihm seine eigentliche Selbstwerdung ermöglicht, doch in Wahrheit ist die berufliche Sozialisation eine Phase voller Ängste, Frustrationen und Konflikte. Wir werden zu prüfen haben, warum das so ist.

Eine generelle Antwort können wir schon an dieser Stelle geben: Die Beziehung zwischen Sozialisator und Sozialisand ist durch eine starke soziale Ungleichheit geprägt, was der Volksmund mit dem Satz „Lehrjahre sind keine Herrenjahre" schon lange sehr treffend gekennzeichnet hat. Lehrlinge begreifen denn auch die großen Unternehmen leicht als „Untertanenfabriken" und prangern insbesondere an: die unzureichende Berufsberatung, die mangelhafte Ausbildung der Ausbilder, die Beschäftigung mit berufs- und ausbildungsfremden Arbeiten, die Mißachtung des Jugendarbeitsschutzgesetzes und die „gewöhnliche Lehrlingsausbeutung" (Haug & Maessen 1971, Baroth 1977).

Ist es auf der einen Seite die ungleiche Machtverteilung, die die berufliche Sozialisation weithin zu einem Leidensweg für Heranwachsende werden läßt, so ist es auf der anderen Seite die **fortgeschrittene Arbeitsteilung:** „Die Sicherung der Bedürfnisbefriedigung ist von einer Sache des einzelnen (oder seiner Familie) zu einer Sache ,der Gesellschaft' geworden. Der einzelne leistet seinen Beitrag am für ihn abstrakt und undurchsichtigen Güter- und Leistungsmarkt und wird dadurch mehr oder minder in die Lage versetzt, seinen eigenen konkreten Bedarf zu decken. Der ,Sinn' der eigenen Arbeit kann daher nicht mehr mit Bezug auf die Befriedigung je eigener Bedürfnisse gefunden werden, sondern nur sehr mittelbar mit Bezug auf die kooperative Abhängigkeit aller Arbeit und der eigenen Lage in der Organisation der ,System'-Arbeit." (Luckmann & Sprondel 1972, 11)

Diese Zusammenhänge aber bleiben dem Jugendlichen weithin verborgen, da in der Bundesrepublik Deutschland die Medien wie die Literatur das Arbeitsleben so ziemlich ausgeblendet haben (vgl. Baroth 1977, 166).

Arbeitgebern aller Bereiche geht es generell und primär nicht um die Entfaltung und Sozialisation von Individuen im Sinne der oben beschriebenen Selbstwerdung, sondern um produktions-, unternehmens- oder verwaltungspolitische Gesichtspunkte. Aus diesem Grunde ist man auch bemüht, der Ausbildung am Arbeitsplatz selbst stets Priorität gegenüber der Ausbildung an Hoch- und Fachhochschulen einzuräumen: „Nur die betriebliche Ernstsituation könne dem Jugendlichen die Fertigkeiten und Verhaltensweisen vermitteln, deren er zur Bewältigung der alltäglichen Arbeiten bedürfe ..." (Baethge 1970, 180f.)

Und das ist die große Gefahr wie der Hauptgrund des Unbehagens aller Auszubildenden: die Eindimensionalität in der Vorbereitung auf den produktiven Einsatz im Beruf (vgl. Baethge 1970, 116).

Über die speziellen Ängste und Konflikte des Berufsanfängers wird auf den folgenden Seiten noch Genaueres zu sagen sein und damit auch etwas über das Fehlen von Dankbarkeit, das die Sozialisatoren immer wieder beklagen.

### 4.1.2 Die Mortifikations-Angst

Ein immer größerer Teil der Heranwachsenden scheint Angst vor der Welt der Erwachsenen zu haben und scheint sie zu verabscheuen. Ihnen stellt sich die Berufswelt so dar, wie Schmidtchen (1978, 155) es sieht:

„Jemanden übers Ohr hauen ist schick. Moralität wird mehr und mehr als eine Form von Dummheit empfunden. Viele Menschen sind aggressiv bereit, anderen wegen kleiner Vorteile große Nachteile zuzufügen. Moralische Handlungskriterien werden weitgehend durch Effektivitätskriterien ersetzt. Die Verstärkungssysteme für ethisch wertvolles Verhalten scheinen sich abzuschwächen."

Schmidtchen stellt bei unseren Erziehungssystemen eine zunehmende Unfähigkeit fest, „die Internalisierung von moralischen Normen zu erreichen" und handlungsfähige Persönlichkeiten mit „realistischer Selbstachtung" und dem notwendigen Engagement für gesellschaftliche Aktivitäten heranzubilden.

Aber auch das politische System ist in Verdacht geraten, viel zu wenig Sinn zu produzieren, um Heranwachsenden die notwendige Kraft zu geben, die schulische wie die berufliche Sozialisation nicht nur als Leidensweg und quälende Deprivation (= Beraubung vom eigentlichen Leben) zu verstehen, sondern als Chance der Persönlichkeitswerdung und der Mitgestaltung der gesellschaftlichen Verhältnisse zu begreifen. So jedenfalls das Papier der Junker-Scherf-Kommission in der SPD mit seiner Zustandsschilderung (nach DER SPIEGEL, Nr. 7/1979, 28):

„Auf der einen Seite der verbissene Antireformismus akademischer Marxisten, der Tausende von Studenten und jungen Lohnabhängigen vom Engagement in den realen partei- und gewerkschaftspolitischen Arbeitsfeldern abschreckt ... Auf der anderen Seite eine äußerst mangelhafte Reformprogrammatik, -strategie und -politik der Sozialliberalen, die zu Reformruinen und in die Gegenreform führten."

„Es ist ein Demotivierungsprozeß bei der Mitgliedschaft zu beobachten, der bis zur Resignation führt."

Dazu kommt, worauf wir schon hingewiesen haben, die weitgehende Unwissenheit der Sozialisanden im Hinblick auf ihr zukünftiges Berufsfeld, so daß eine förderliche Rollenselbstdeutung (vgl. Hamers 1976) kaum möglich ist.

So ist es nicht erstaunlich, daß die berufliche Sozialisation vielfach mit einer erheblichen **Mortifikations-Angst** beginnt. Mit dem von Erving Goffman (1962) eingeführten Begriff der Mortifikation ist gemeint, daß ein Mensch in einer Organisation (insbesondere einer „totalen Institution" – vgl. Abschnitt 2.3) allmählich sein altes Selbst verliert und eine neue Identität annimmt. Diese Angst muß und wird da besonders groß sein, wo die späteren Kollegen, die den vom Sozialisanden zu erlernenden Beruf schon lange Jahre ausüben, wenig Prestige genießen und weithin dem Spott der Bevölkerung ausgesetzt sind, ja schon Karikaturen geworden sind – etwa „die Beamten" (vgl. Bosetzky 1978 e). So ist die Krise der Rekruten für Positionen im öffentlichen Dienst nur allzu logisch:

„Der bis zum Abitur genährte Traum vom Leben als weithin autonomer, hoch geachteter und eine Menge Geld verdienender Freiberufler ist jedenfalls ausgeträumt, statt dessen hat der Beamten-Student in eine Berufsrolle hineinzuwachsen, in der die ‚rationale Disziplin' (d. h. ‚planvoll eingeschulte, präzise, alle eigene Kritik bedingungslos zurückstellende Ausführung des empfangenen Befehls und die unablässige innere Eingestelltheit ausschließlich auf diesen Zweck') noch immer das entscheidende Element ist. Man fürchtet, von einem sozialen System vereinnahmt zu werden, das einem aufgrund seiner ‚strukturellen Simplizität' (übermäßig differenzierte Aufgaben, die einförmig und reizarm sind und einen nur geringen Anreizwert aufweisen, eine zu geringe Varietät an Bedürfnisbefriedigungsmitteln: nur Geld und Beförderungen, eine zu starke Programmierung der Tätigkeiten etc.) alles andere als die Entfaltung der eigenen Persönlichkeit und das Ausschöpfen der vorhandenen Handlungspotentiale verspricht." (Bosetzky 1978 c, 127)

Zumindest das erste Praktikum bringt dann sehr häufig einen **Praxisschock,** man hat eine subtile **Angst vor der Verwaltung,** Angst, so zu werden wie die, die schon dort sind.

Wobei die älteren Kollegen für diesen Schock in den meisten Fällen keinerlei Verständnis haben, das heißt, sich nicht in die Sozialisanden hineinversetzen können. Im Gegenteil: Sie werten deren Zurückschrecken sehr leicht als Beleidigung ihrer Person und als Bedrohung ihres Selbstwertgefühls und der Sinnhaftigkeit ihres Lebens. Folglich reagieren sie tendenziell ablehnend-aggressiv und autoritär und verstärken damit die Angste der Sozialisanden noch. Die wiederum durchschauen diese Mechanismen und fürchten, in zwanzig Jahren genauso so zu seien wie die „Alteingesessenen": Sie hassen sich schon jetzt dafür, wie sie in zwanzig, dreißig Jahren einmal sein werden, sein könnten. Dazu kommt die Angst vor dem Leistungsdruck, die Angst, niemals das schaffen zu können, was die eingearbeiteten Sachbearbeiter mit ihrer jahrelangen Diensterfahrung tagtäglich „bringen".

Sozialisanden – auch in den Industrieverwaltungen, wie wir dem *manager magazin* entnehmen, – haben und sehen vielfach nur eine Möglichkeit, nämlich die, als Marionette zu überleben (so Niehues 1978, 138):

„Der Eintritt in das Berufsleben ist für den Studienabgänger der schwierigste und sicherlich auch wichtigste Schritt in seinem Leben: Er muß ihm bisher vertraute Umgebung verlassen. Die in einem Unternehmen üblichen Zwangsläufigkeiten, Spielregeln und Mechanismen sind für ihn völlig fremd und undurchschaubar. Dieses System zu überblicken, gelingt in der Regel erst nach Jahren, und man ist dann oft nicht bereit, es anzuerkennen. (...)

Es wird immer verpönter, eigene Gedanken zu verfolgen und somit auch einen eigenen Weg im beruflichen Bereich zu suchen und durchzusetzen – auch in der Wirtschaft ist die ‚Verteufelung des kritischen Denkens' eingetreten."

Der Prozeß des So-werdens-wie-die-anderen erfolgt auf der einen Seite ganz automatisch und schleichend, wird auf der anderen Seite aber von den „Alteingesessenen" auch nach Kräften gefördert.

Zu deren – sicher selten bewußten – Strategie gehört insbesondere die gründliche **Verunsicherung des Neulings,** d.h. das Infragestellen seines bis dahin entfalteten Selbstbildes. „Der Neuling wird in Situationen gestellt, die viele seiner Annahmen über sich, die Firma und seine Arbeit erschüttern. Er bekommt leichte und triviale Aufgaben, die ausdrücken, daß man ihn noch nicht fähig für wichtige Aufgaben hält. Oder er erhält gleich zu schwierige Aufgaben, um ihn zu der Erkenntnis zu bringen, daß er doch noch nicht so weit ist, wie er gedacht hat. Von ihm gelieferte Berichte, die niemand liest, theoriefreie Routinearbeit für Akademiker, verlängerte innerbetriebliche Trainingsprogramme können einen erschütternden Effekt bezwecken." (Rosenstiel, Molt & Rüttinger 1972, 78)

Ziel dieser Verunsicherung ist es, dem Neuling klarzumachen, daß er für die Organisation erst vollwertig brauchbar ist, wenn er sich durch sie hat prägen lassen. Er muß an seinen bisherigen Einstellungen und Meinungen zu zweifeln beginnen – soweit sie nicht ohnehin mit den Normen der Organisation übereinstimmen –, um zum

Schluß dankbar zu sein, daß ihm die „richtigen" Werte und Normen vor Augen geführt wurden.

Da es nur wenigen Sozialisanden möglich ist, diese **Auftau-Phase** ohne die bezweckte Verunsicherung zu überstehen, sehen sich die meisten gelegentlich bis häufig zu einer nach außen hin freiwilligen, in Wirklichkeit aber **erzwungenen Einwilligung** („forced compliance") in die neuen Rollenerwartungen gedrängt, d.h. zu einem "... Verhalten, das im Widerspruch zur eigenen Überzeugung steht und das wegen eines Angebots von Belohnungen, wie z.B. Geld, Lob, Beförderung usw. oder wegen Androhung von Bestrafung, wie z.B. Gruppenausschluß, Kritik, Verlust einer Belohnung bei Nichtbefolgung ausgeführt wird. Die Ausführung eines solchen Verhaltens bringt Dissonanz mit sich: Die eigene Einstellung und das gezeigte Verhalten sind unvereinbar und können daher nicht nebeneinander bestehen bleiben. Einer der Wege, diese Dissonanz aufzuheben, ist, seine Einstellung in Richtung des Verhaltens zu ändern" (Rosenstiel, Molt & Rüttinger 1972, 79; vgl. auch Abschnitt 3.4.8).

Man stelle sich einen Juso vor, der in einer Bürgerinitiative gegen die vorschnelle Ausweisung eines nur leicht und tragischerweise straffällig gewordenen Türken protestiert, der schon so weit zum Deutschen geworden ist, daß er in der Türkei keine Chance mehr hätte – und der nun als Beamter gerade diesen Türken ausweisen muß. Weigert er sich, ist es schlecht bestellt mit seiner Karriere, und man gibt ihm das auch sehr deutlich zu verstehen.

Schließlich besteht ein letzter Schritt in der selbstverantwortlichen **Internalisierung** (Verinnerlichung) der neuen Normen, ohne noch den ursprünglich virulenten Konflikt (die kognitive Dissonanz) zu spüren. Hamers (1976) veranschaulicht diesen Prozeß durch folgendes Beispiel: „Der Assistenzarzt erfährt in der ärztlichen Subkultur eines Krankenhauses sehr bald, wie unerwünscht es ist, daß Ärzte sich im Beisein von Laien kritisieren oder über medizinische Probleme streiten. Ein ‚dezenter Hinweis des Chefarztes an den ‚jungen Kollegen' mag zwar anfangs erforderlich sein, um das gewünschte Verhalten zu erreichen. Nach einer gewissen Zeit wird der Assistenzarzt in der Regel keines derartigen Hinweises mehr bedürfen, weil er gewisse Wertvorstellungen und Standesverpflichtungen bewußt bejaht und verinnerlicht hat." (Sp. 1499)

### 4.1.3 Rollenambiguität und die Verunsicherung des Neuen

Die Verunsicherung des Neuen beginnt freilich schon einen Schritt früher: Kommt er in eine Großorganisation, so weiß er im allgemeinen nicht genau, was die anderen von ihm erwarten. Der erste Tag ist zumeist der schlimmste. Alles ist fremd und ungewohnt, und im Hinblick auf das Verhalten, das man an den Tag legen muß, um als sympathisch zu gelten, gibt es Fragen über Fragen:

— Muß man jedem Kollegen die Hand drücken – oder genügt ein freundliches Lächeln mit angedeuteter Verbeugung, wenn man morgens das Arbeitszimmer betritt?

— Muß man auf die Minute pünktlich sein – oder gibt es da einen gewissen Spielraum?

— Kann man vor Arbeitsbeginn noch schnell seine Zeitung lesen?

— Gibt es feste offizielle oder inoffizielle Frühstücks- und Mittagspausen?

— Wer muß zu diesen Zeiten „die Stellung halten", d.h. im Raume bleiben?

— Wie ist die Arbeitsgruppe strukturiert: wer ist mit wem befreundet, wer mit wem verfeindet, wo sind die Koalitionen und die informellen Führer, wer ist der Spaßmacher, wer der Tüchtige, wer das Mauerblümchen usw.?

— Wie sehen die Lebensläufe und die politischen und kulturellen Orientierungen der Kollegen aus? Was darf man kritisieren, wozu darf und sollte man sich bekennen?

— Wie sehen die Arbeitsnormen aus, wieviel muß man schaffen und welches Leistungslimit sollte man nicht überschreiten?

Seit den großen Untersuchungen in den amerikanischen Hawthorne-Werken (vgl. Abschnitt 4.4.6.2) gelten folgende vier Gruppennormen (gleich ungeschriebene Gesetze) als besonders verbindlich (nach Zirwas 1972, 38):

1. Vermeide ein Übermaß an Arbeit, sonst bist Du ein Akkorddrücker.

2. Leiste nicht zu wenig, sonst schadest Du der Gruppe.

3. Sage Deinem Vorgesetzten nichts Nachteiliges über Deine Arbeitskameraden, sonst bist Du ein Denunziant.

4. Gebärde Dich nicht zu dienstlich und kehre nicht den Vorgesetzten heraus.

Was Zirwas (1972, 39) im nachfolgenden Satz über eine Fabrikarbeiterin schreibt, gilt weithin für alle Berufsanfänger: „Erst wenn die ‚Neue' bereit ist, mit ihren Kolleginnen zu kooperieren, sich mit der Gruppe zu solidarisieren, hat sie eine echte Chance zur beruflichen Sozialisation und betrieblichen Integration." Aber das kann erst gelingen, wenn sie herausbekommen hat, was die anderen von ihr erwarten — und das herauszufinden, ist die eigentliche Schwierigkeit. Dies gilt insbesondere für die Bürokultur, wo man seine Erwartungen an die anderen weniger direkt, sondern zumeist recht verschlüsselt zu erkennen gibt.

Diese Mehrdeutigkeit, Unklarheit und Unbestimmtheit einer Rolle, wie sie für den Berufsanfänger typisch ist, wird in den Sozialwissenschaften als **Rollenambiguität** bezeichnet. Definiert ist sie von Kahn et. al. als "... eine direkte Funktion der Diskrepanz zwischen den einer Person verfügbaren Informationen und dem, was von ihr zur adäquaten Erfüllung ihrer Rolle verlangt wird", wobei insbesondere ins Gewicht fällt, daß man keine gemeinsame Sprache spricht und die Forderungen an den Rollenspieler nicht klar und konkret genug sind. Bei Kahn et al. wird den von ihnen befragten berufstätigen Personen die Ambiguität von Rollenerwartungen in ihrer Berufsrolle anhand dreier Tatbestände sichtbar (zit. nach Wiswede 1977, 89):

(1) 35 % der Befragten stört die unklare Definition ihres Tätigkeitsfeldes und des Verantwortungsbereiches ihrer beruflichen Position;

(2) 20 % beklagen sich über unklare Rollenerwartungen ihrer Mitarbeiter;

(3) 38 % sind deshalb unzufrieden, weil ihr Informationsbedarf, der nach ihrer Auffassung zur Wahrnehmung der Tätigkeit notwendig sei, nicht gedeckt werde.

Dieses Informationsdefizit ist auch typisch für den öffentlichen Dienst in Deutschland; so fühlten sich in der Untersuchung der bremischen Verwaltung nur 52 % aller Befragten von ihrem Vorgesetzten immer ausreichend informiert, um die ihnen übertragenen Aufgaben sachgerecht erfüllen zu können, und nur 24 % glaubten wenigstens in etwa zu wissen, welche richtungsweisenden Gedanken an der Spitze der Verwaltung entwickelt werden (Senatskanzlei Bremen 1972, 59f.).

Die generelle Verunsicherung des Neuen, seine Schockerlebnisse und seine dementsprechenden Ängste haben also vier wesentliche Ursachen:

(1) Die Furcht vor dem Übertritt in eine neue, stark leistungsbezogene Welt und dem drohenden Identitätsverlust;

(2) Die Unwissenheit, mit der er in aller Regel sein Berufsfeld betritt, denn: „Es erscheinen so gut wie keine Berichte über die Härte des Arbeitslebens. Über die Ungerechtigkeit. Über die Macht des Stärkeren. Über eine Macht, die auch dann noch stärker ist, wenn der Schwächere im Recht ist" (Baroth 1977, 164);

(3) Die Schwierigkeit, sich im Gewirr jahrelang gewachsener und oft höchst widersprüchlicher Gruppen- wie offizieller Organisationsnormen zurechtzufinden und die „richtige Sprache" zu sprechen;

(4) Die tendenzielle Abwehrhaltung des Alteingesessenen dem Berufsanfänger gegenüber, weil er einmal die Effizienz seiner Organisation gefährdet sieht (vgl. Koch 1975, 135), z. B. dadurch, daß der Neue eingewiesen werden muß, anfangs wegen seiner fehlenden Erfahrung und Praxisnähe eine Reihe von Fehlern begeht und zeitaufwendig kontrolliert werden muß, und weil er zum anderen das meist sehr diffizile Gruppengleichgewicht stört und leicht Konflikte auslöst (gibt es zwei Parteien in der Gruppe, die in etwa pari besetzt sind, wird jede versuchen, den Neuen auf ihre Seite zu ziehen).

Nur sehr langsam wird sich der Neue unter diesen Umständen in seiner Organisation zurechtfinden können, und in den ersten Tagen und Wochen wird es ihm mit einiger Sicherheit so ergehen, wie Niehues (1978, 138) es beschreibt:

„Da er das ‚Funktionieren' innerhalb der Unternehmen noch nicht versteht, fühlt sich der Neuling als ‚Fremdkörper'. Er kann nicht einschätzen, was vorgeht, was man von ihm erwartet, welche Resonanz seine Handlungen haben. Er hat den Eindruck, daß alle Kollegen um ihn herum miteinander kommunizieren und einander verstehen."

Für Manthey (1982, 148 u. 179) war es in seiner Zeit als Landesplanungsreferendar in der öffentlichen Verwaltung u.a. problematisch und enttäuschend, daß er sein gewohntes wissenschaftliches Denken und Arbeiten wieder zu verlernen hatte und daß er im Hinblick auf die zu erbringenden Leistungen ständig unterfordert wurde.

Das Hineinfinden in die Bürokultur wird dem sozialen Aufsteiger am schwersten fallen, wenn und soweit er noch immer den Normen und Verhaltensweisen der „Unterschichtskultur" (Walter B. Miller, vgl. Haferkamp 1972, 35 f.) verhaftet ist, etwa dem Wunsch, sich mit „der Obrigkeit" anzulegen, der Suche nach Spannung, Risiko und Gefahr, dem „Ideal der rauhen Männlichkeit" und vor allem dem Streben nach Autonomie (Freisein von äußerlichem Zwang und übergeordneter Autorität, Unabhängigkeit). Aber auch Berufsanfänger, die von Hause aus eine bessere Organisations- und Büroeignung mitbringen, haben, wie der nächste Abschnitt zeigen wird, eine Reihe von Konflikten durchzustehen.

### 4.1.4 Generelle Konflikte beim Eintritt in das Berufsleben

Fürstenberg (1972) sieht drei wesentliche Formen von Konflikten beim Eintritt in das Berufsleben, die sich aus jeweils widersprüchlichen Normen ergeben:

(1) Widersprüche zwischen vorgeprägter Berufsauffassung und Berufswirklichkeit.

(Ein z.A.-Inspektor, der von einer reformfreudigen Fachhochschule kommt und ganzheitlich-eigenständig eine Funktion im middle management ausüben will, wie ihm das in den Präambeln der entsprechenden Ausbildungsverordnungen versprochen worden ist, muß plötzlich Bußgeldbescheide kontrollieren und abhaken.)

(2) Widersprüche zwischen dem gesellschaftlich vermittelten Erfolgsbild und den sachlich begrenzten Berufsmöglichkeiten.

(Ein z.A.-Inspektor mit Abitur, jahrelang in dem Glauben gehalten, für die Elite der Nation prädestiniert zu sein, findet sich im gehobenen Dienst wieder und muß, bei geringen Chancen, in den höheren Dienst aufzusteigen, „die besten Jahre seines Lebens" hindurch das Besoldungsdienstalter von Kollegen ausrechnen.)

(3) Widersprüche zwischen der in der Vorbereitungsphase eingeübten Rolle und der im Berufsleben tatsächlich geforderten Rollenerfüllung.

(Dr. X, hauptamtlicher Dozent und Professor an einer Fachhochschule für Verwaltung, hat eine vielgelobte Doktorarbeit zum Thema „Adaptation und Validation des Draw-A-Person-Tests als eine Methode zur Messung der Geschlechts-Präferenzen" verfaßt; jetzt muß er Beamten-Studenten – und dies jahraus, jahrein – erzählen, wie die Bedürfnispyramide von Maslow aussieht: simples Einmaleins.)

Diese Probleme und Konflikte des Sozialisanden verschärfen sich selbstverständlich in dem Maße, wie er den Beruf, für den er nun ausgebildet wird, nicht gewollt und nur gezwungenermaßen ergriffen hat. Und je stärker unsere gesellschaftlichen Verhältnisse in diese Richtung wirken, desto attraktiver wird für die Heranwachsenden die „alternative Gegenkultur", eine Jugendbewegung, die eine nahezu totale Ablehnung des „bürgerlichen Berufslebens" beinhaltet. „Sie will nicht lange durch Institutionen marschieren, um wer weiß wo anzukommen: Anti ist passé, alternativ heißt die Parole." (DER SPIEGEL, Nr. 11/1979)

Die Frage, welche Folgen die aufgezeigten „Normenkonflikte" haben und haben können, wird in diesem Buch weiterzuverfolgen sein, ebenso wie die Suche nach Möglichkeiten, sie erträglich zu machen oder gar fruchtbar zu lösen.

Leser, die gerade Berufsanfänger, Neue oder Sozialisanden sind und die auf das eben Gesagte mit Depressionen reagieren, seien zunächst damit getröstet, daß Integration und Arbeitszufriedenheit mit der Länge der Berufsdauer in der Regel stark zunehmen. Wie es damit im speziellen Falle des werdenden Beamten bestellt ist, soll im folgenden Abschnitt, gleichsam als Exkurs, kurz beleuchtet werden.

## 4.2 Das Hineinwachsen in die Beamten-Rolle

### 4.2.1 Verwaltungsziele und die Schwierigkeiten ihrer Verinnerlichung

Ohne Ziel kein Sinn.

Frau Sch. ist RIA (= Regierungsinspektorenanwärterin) und studiert seit zwei Monaten an der Fachhochschule für Verwaltung ihres Bundeslandes – und je länger sie dort die Lehrveranstaltungen in Verwaltungslehre, Rechts- und Politikwissenschaft, Sozial- und Wirtschaftswissenschaft besucht und vor allem auch das liest, was ihr die Dozenten nicht empfehlen (dürfen), desto weniger weiß sie, wozu Staat und öffentliche Verwaltung eigentlich da sind, wem sie nützen, wem sie dienen. Was in Industriebetrieben klar als Ziel definiert ist, das ist im Bereich der öffentlichen Verwaltung recht vage gehalten (vgl. Mayntz 1963, 66).

Je nach politisch-ideologischer Verortung ihrer Dozenten (im äußersten Falle „halb-links", sonst hätte man sie gar nicht erst eingestellt) werden Frau Sch. eine Reihe von sehr widersprüchlichen Funktionen bzw. Zielen des politisch-administrativen Systems, also von Staat und Staatsbürokratie genannt bzw. nicht genannt. Nehmen wir an, sie erfährt trotzdem davon, durch eigene Lektüre wie durch Meinungsäußerungen ihrer Kommilitonen. Dann bietet sich ihr ein breites Spektrum von Meinungen und Positionen (vgl. dazu generell Mayntz 1978, 33–45, Derlien 1984 und spezieller Schluchter 1972 und Albrow 1972), das wir hier zu drei Punkten zusammenfassen wollen:

(1) **Die Staatsbürokratie als Schiedsrichter zwischen Einzelinteressen, Gruppen und Klassen mit dem Ziel der Optimierung des Gemeinwohls.** – Dieser Grundgedanke findet sich in verschiedenen Partei- und Gewerkschaftsprogrammen und theoretischen Ansätzen. So etwa beim Deutschen Beamtenbund, dessen früherer Vorsitzender Alfred Krause (1968) wie folgt formuliert:

„Die Bedeutung des Berufsbeamtentums als ‚ausgleichender Faktor gegenüber den das Staatsleben gestaltenden Kräften' liegt ... in seiner absoluten Interessenneutralität." (12)

„Die öffentliche Verwaltung einer freiheitlichen rechts- und sozialstaatlichen Demokratie mit ihren ordnenden, leistenden und betreuenden Funktionen dient nicht staatlichem Machtstreben, sie erfüllt Ordnungs- und Sicherheitserwartungen der Bevölkerung, sie gewährt Leistungen und trifft Vorsorge für eine angemessene Gestaltung der individuellen und gesellschaftlichen Lebensverhältnisse." (51)

Der moderne Staat wird als Leistungsstaat gesehen (vgl. Guggenberger 1974, 38 f.), und dem entspricht die Hochschätzung der Leistungsverwaltung.

In theoretischer Sicht laufen hier der **systemtheoretische Ansatz,** der die Ausrichtung der Aktivitäten der Gesellschaftsmitglieder an kollektiven Zielen (Talcott Parsons), die Regulierung des gesellschaftlichen Lebens (S. N. Eisenstadt), die Funktion verbindlicher Wertallokation für die Gesellschaft (David Easton) und die Funktion kollektiv-verbindlichen Entscheidens (Niklas Luhmann) in den Mittelpunkt stellt, und die **ökonomischen Ansätze** zusammen, bei denen der Staat Güter zur Erfüllung jener Bedürfnisse zu produzieren hat und produziert, deren Befriedigung der freie Markt nicht leistet (nach Mayntz 1978, 35–38).

(2) **Die Staatsbürokratie als Instrument der herrschenden Klasse.** – Hierzu einige Sätze von Klaus & Buhr (1972, 3, 1035):

„Staat (lat – franz) – Das entscheidende politische Machtinstrument in den Händen bestimmter Klassen, das ihnen zur Durchsetzung ihrer Interessen und zur Niederhaltung anderer Klassen dient, ein Herrschaftsapparat zur systematischen Ausübung der Diktatur einer bestimmten Klasse über andere Klassen. Die entscheidenden Mittel dieser Machtausübung sind: Das stehende Heer, die Polizei, der Apparat staatlicher Beamter oder Angestellter, die Gesetzgebung und Rechtsprechung, die Steuer- und Finanzpolitik. Der Staat entstand als Ausbeuterstaat. Er ist also ein historisches Produkt, ein Produkt der Klassenspaltung, genauer gesagt: ein Produkt der Spaltung der Gesellschaft in einander unversöhnlich gegenüberstehende Klassen."

Um den politökonomischen Status quo zu sichern und gewaltsame Konflikte zu verhindern, organisieren Staat und Staatsbürokratie – so diese Sichtweise – den **Klassenkompromiß** mit, denn „Ausbeutungsbegrenzung ist langfristige Systemsicherung. Systemstabilisierung ist zugleich Klassenherrschaftssicherung. Die Verhinderung von Überausbeutung sichert langfristig die Möglichkeit der Ausbeutung und entmotiviert die beherrschte Klasse" (Ronge 1974, 97).

Das Stichwort hierzu lautet: **Krisenmanagement** bzw. **Sicherung von Massen-loyalität** (vgl. dazu Mayntz 1978, 40).

(3) **Die Staatsbürokratie als Pfründe und als Herrschaftsinstrument der Beamtenschaft.** – Diese „Zielverschiebung" ist neuerdings von Ulrich Lohmar (1978) besonders pointiert vorgeführt worden, etwa in seinen Thesen 3 und 92 (S. 11 und 25):

3. „Staatliche Bürokratien streben in allen Industriestaaten nach politischer Herrschaft, sie kämpfen um persönliche Privilegien und belasten die private Gesellschaft mit deren Folgen und Kosten ..."

92. „Der Klassenkampf der öffentlichen Hand richtet sich vor allem gegen die Arbeitnehmer und die kleinen Unternehmen in der privaten Gesellschaft."

Wir finden diese Gedanken aber auch schon bei Karl Marx (1841/42): „Was den einzelnen Bürokraten betrifft, so wird der Staatszweck zu einem Privatzweck, zu einem *Jagen nach höheren Posten,* zu einem *Machen von Karriere.*" (zit. n. Kofler 1970, 14)

S. N. Eisenstadt (1968) hat diesen Prozeß „der partiellen oder völligen Umwandlung der Verwaltung in eine relativ ineffiziente, egoistische Gruppe, die im wesentlichen damit beschäftigt war, sich selbst ein Höchstmaß an Vorteilen zu verschaffen, und den öffentlichen Aufgaben oder der Leistungswirksamkeit nur ein Minimum an Aufmerksamkeit schenkte", als **Selbstorientierung der Bürokratie** bezeichnet (in Abhebung von der dienstleistungsorientierten Bürokratie und der vom Herrscher total unterworfenen Bürokratie). Als Anzeichen dafür nennt er u. a. die Vetternwirtschaft (den Nepotismus), die Aufblähung des Personals und die Vermehrung der Ressorts, die Ineffektivität der Tätigkeiten sowie Formalisierung und Ritualismus.

Parkinson hat mit seinem ironisch-überzogenen „Gesetz" dafür gesorgt, daß aus diesem Gedanken ein Stereotyp und Vorurteil geworden ist. Seine beiden „Lehrsätze", die für ihn „fast wie Axiome wirken" lauten (1958, 17):

(1) „Jeder Beamte oder Angestellte wünscht die Zahl seiner Untergebenen, nicht aber die Zahl seiner Rivalen, zu vergrößern," – und

(2) „Beamte oder Angestellte schaffen sich gegenseitig Arbeit."

All das beginnt nun, auf die RIA Sch. einzuwirken. Was soll sie nun wirklich glauben? Da hat sie ein ganzes Bündel höchst widersprüchlicher Funktionen und Ziele ihrer Verwaltung vor sich (vgl. dazu auch Ronneberger & Rödel 1971 und Ellwein & Zoll 1973) – was soll sie da verinnerlichen? Wie soll diese Verwaltung, so fragt sie sich, überhaupt richtig funktionieren, wenn es stimmt, „daß eine voll entwickelte und funktionierende Organisation die Übersetzung eines Zieles in Struktur und Prozeß darstellt" (Mayntz 1963, 77)? Und wie, so fragt sie sich weiter, soll ich denn mein Tun richtig bewerten können, wenn eigentlich niemand so recht weiß, was unter optimaler Leistungswirksamkeit der Verwaltung zu verstehen ist, „geschweige denn, wie die Effizienz der Verwaltung oder einzelner Verwaltungseinheiten zu messen wäre" (Derlien 1974).

Müßte sie da nicht eigentlich „ausflippen"?

## 4.2.2 Integration durch informelle Gruppen und das Jahrgangsgeflecht

Die Untersuchung der ersten Absolventen der Fachhochschule für Verwaltung und Rechtspflege Berlin, Fachbereich gehobener allgemeiner nichttechnischer Verwaltungsdienst, zeigte nach etwa halbjähriger z. A-Zeit (z. A. = „zur Anstellung", d. h. noch ohne feste Planstelle) in der Berliner Verwaltung ein unerwartet hohes Maß an Integration dieses Jahrgangs (vgl. Bosetzky u. a. 1978 d). Dieser Tatbestand wird mit einem einfachen Satz erklärt:

> „Zwar hatte man in der Mehrzahl (zu 59,7 %) eigentlich viel lieber einen anderen Beruf ergriffen, aber mit der Zeit werden einem die guten Seiten der Verwaltung immer bewußter: man verdient gutes Geld und hat einen sicheren Arbeitsplatz, die Arbeitsbelastung ist nicht so schlimm und das Verhältnis zu den Kollegen und Vorgesetzten ist gut bis sehr gut." (14).

So ist es generell die **kameradschaftliche Bürokratie** (Bosetzky 1971), die die Lebensenttäuschung auffängt, es „nur" bis zum Mitglied des gehobenen Dienstes gebracht zu haben, ebenso wie sie die in der Arbeit angelegten Entfremdungsgefühle überdeckt.

30,7 % der 140 befragten z. A.-Inspektoren (eine repräsentative Auswahl aus einer Grundgesamtheit von 290 Personen) beurteilen das **Verhältnis zu ihren Kollegen** als „sehr gut" und 58,6 % als „gut" (S. 20 f.), während das **Verhältnis zum Vorgesetzten** von 13,6 % als „ausgezeichnet" und von 52,9 % als „gut" bezeichnet wird (S. 57). Was das Ausmaß der **Konflikte** betrifft, so geben 67,6 % an, keine Differenzen mit ihren Kollegen zu haben, und 57,6 % glauben auch, daß ihre Kollegen im allgemeinen gute Arbeitsleistungen voll anerkennen würden (S. 67 f.). So erscheint es nicht verwunderlich, daß 61,5 % dieser z. A.-Inspektoren jeden Morgen gern bzw. eigentlich ganz gern ins Büro fahren (S. 43). Dieses gute Verhältnis zu den Kollegen fördert insbesondere die Integration der leistungsschwächeren FH-Absolventen (gemessen an ihrer Abschlußnote; vgl. S. 26 f.).

Diese große Integrationsleistung ist allerdings nicht allein auf die formale Arbeitsorganisation, den kooperativen Führungsstil der Vorgesetzten und die informellen Gruppen zurückzuführen, die schon vor Eintritt der z. A.-Inspektoren am Arbeitsplatz bestanden haben, denn denen gehörten nur etwa zwei Fünftel aller Befragten an, sondern zu einem erheblichen Teil auch auf das **Jahrgangsgeflecht:** „Darunter ist der lockere Zusammenschluß aller ‚Ehemaligen' eines Jahrgangs an einer Ausbildungsinstitution zu verstehen (hier die 73er der FHVR Berlin), der abteilungs- und behördenübergreifend ist und nicht schon vorher bestanden hat, sondern eine originäre Gründung derjenigen Studenten ist, die ihr Studium bzw. ihre Ausbildung zum jeweils selben Zeitpunkt begonnen und abgeschlossen haben und während des Studiums durch gemeinsame Aktivitäten (Besuch von Lehrveranstaltungen, Prüfungsvorbereitungen, politische Betätigung) ‚zusammengewachsen' sind." (29)

83,6 % der Befragten treffen sich noch immer privat außerhalb der Arbeitszeit mit FH-Kommilitonen, und zwar im Schnitt mit 3 Personen (S. 29), und 89,3 % der „Ehemaligen" des befragten Jahrganges telefonieren noch ständig miteinander. So ist also auch berufliche Sozialisation in einem erheblichen Maße Sozialisation durch die peer groups.

Im Hinblick auf die Integration junger Beamter in die Verwaltung hat sich damit eine Art Arbeitsverteilung als sehr erfolgreich erwiesen: „Während die informellen Gruppen am Arbeitsplatz vornehmlich arbeits- bzw. motivationsbezogen im Sinne der Produktivkraft Kooperation zu wirken scheinen, besorgt das Jahrgangsgeflecht vor allem die emotionale Stabilisierung der Berufsanfänger." (34)

Die hohe Bedeutung der kameradschaftlichen Bürokratie als Integrationsfaktor wird durch die Untersuchung von Heinrich (1978 b) bestätigt, denn das von ihm herausgearbeitete **Privatisierungssyndrom,** d.h der Prozeß, mit dem alle Enttäuschungen über den sozioökonomischen Status des Beamten verarbeitet und das vorgefundene Gute aufgewertet werden soll und wird, ist nur erklärbar und wirksam, wenn die persönlichen Beziehungen und Bindungen „funktionieren".

### 4.2.3 Rollenübernahme und Bewußtseinsveränderung

Wir haben gesehen, daß und wie die guten zwischenmenschlichen Kontakte dem jungen Beamten die Rollenübernahme erleichtern, und wir werden jetzt den zweiten wesentlichen Integrationsmechanismus kennenlernen: den **praxiszentrierten Aktivismus.** Damit meinen wir die Lösung der entstehenden Probleme und die Bewältigung der tagtäglich anfallenden Aufgaben ohne besondere Reflexion, also unter Ausblendung und Verdrängung von Ziel- und Sinnfragen, zur eigenen Zufriedenheit wie zur Zufriedenheit aller Bezugspersonen. Dabei verbleibt allerdings ein mitunter recht starkes **Störgefühl,** das eine Folge der in der Fachhochschulzeit vermittelten Orientierung an professionell-kosmopolitischen Leitbildern ist, aber auch auf bestimmte Elitehoffnungen zurückgeht, die von unseren Gymnasien erweckt worden sind. Mögen weitblickende Fachleute sie auch als „Leitfiguren und Karriereleute des öffentlichen Dienstes" sehen, wie Wagener (1978, 67) etwa, die Mehrzahl der jungen Beamten des gehobenen Dienstes vergleicht sich mit denen, die „richtig" studiert haben, den Akademikern im höheren Dienst, und sieht sich selbst – zumindest tendenziell – in der Rolle des **Nicht-Aufsteigers** bzw. des **sozialen Absteigers.** Das gilt insbesondere für diejenigen, die vorher ein anderes Studium zu Ende gebracht haben, für die Studienabbrecher und die Abiturienten, aber natürlich in keiner Weise für die Aufstiegsbeamten, die aus dem mittleren Dienst kommen, und nur bedingt für Fachoberschüler.

Auf der einen Seite ist der aus der Fachhochschule kommende Beamte des gehobenen Dienstes durchaus offen für neue Lösungen und steht in einer positiv zu sehenden kritischen Distanz zu seiner Berufsrolle, auf der anderen Seite aber zeigt er eine erhebliche Selbstorientierung und eine relativ geringe Zuneigung zum herkömmlichen Beamtenberuf.

Ob dies nun durch Verdrängung, durch die Erleichterung darüber, daß es doch nicht so schlimm geworden ist, wie vorher befürchtet, durch die allgemeine Harmonisierungstendenz der bürgerlichen Mitte oder durch eine wirklich humane Bürokultur bewirkt worden ist, das sei dahingestellt; einige Berichte in Bosetzky (1978 d) zeigen jedenfalls, daß man sich eingerichtet hat. Zusammenfassend wird dort gesagt, „daß die Arbeitszufriedenheit unerwartet hoch ist, sowohl begünstigt durch das in den einzelnen Dienststellen vorgefundene Betriebsklima als auch durch die Art der Arbeit und die Anerkennung der geleisteten Arbeit, nicht zuletzt aber auch als Folge von Selbsttäuschung und Verdrängung" (55).

Der von Heinrich (1978 b) vorgenommene Jahrgangsvergleich bestätigt dieses Bild des langsamen Hineinwachsens in die Beamtenrolle unter Korrektur einiger Erwartungen und Verhaltensweisen. Fassen wir die Ergebnisse der Jahrgangsvergleiche zusammen:

**(1) Identifikation mit der Verwaltung**

Die Identifikation mit der Verwaltung zeigt einen eindeutigen Trend: sie wird um so größer, je länger der Befragte selbst Mitglied der Verwaltung ist." (330)

**(2) Veränderungsbereitschaft**

„Bei der Veränderungsbereitschaft deutet sich ein Trend zur Abnahme zunächst bestehender Reformorientierung an. Den niedrigsten Stand hat die Veränderungsbereitschaft unmittelbar nach Aufnahme der praktischen Tätigkeit; offensichtlich wirken sich hier Frustrationen und Verunsicherung durch die komplexe, als schwerfällig erlebte und in ihrer Undurchdringlichkeit manchem geradezu feindselig anmutende ‚Praxis' aus. Erst wenn die Verunsicherung überwunden ist, wenn sich Routine eingestellt hat und die Komplexität des Neuen sich auf überschaubare Dimensionen reduziert hat, gewinnt der Neuling wieder in stärkerem Maße Mut, Änderungen gegenüber offen zu sein." (330)

**(3) Anpassung**

Hierzu wird gesagt, „daß die von Anfang an bestehende Abneigung gegen eine Unterordnung des einzelnen unter die Autorität der Organisation (vertreten durch die Vorgesetzten) sich weiter verschärft und auch während des Beginns der praktischen Tätigkeit erhalten bleibt. Wenn auch vermutlich in der Realität der beruflichen Praxis ein hohes Maß an Anpassung vom einzelnen gefordert wird, scheint dem zwar möglicherweise im konkreten Verhalten, nicht aber subjektiv eine ‚Anpassung an die Anpassung' zu folgen." (331)

Den jungen Beamten gelingt es also, mit verschiedenen Verhaltensweisen und Mechanismen die erwähnten Frustrationen und Konflikte so zu verarbeiten und zu bewältigen, daß das Hineinwachsen in die Beamten-Rolle vergleichsweise viel weniger schmerzlich wird, als sie befürchtet hatten. Auch wenn das Globalziel der öffentlichen Verwaltung, wie wir eingangs gesehen haben, unbestimmt ist, scheinen die Teilziele wie die konkreten Handlungsziele tragfähig genug zu sein.

Die Frage ist, ob diese bürokratische Sozialisation immer auch Sozialisation zum Bürokraten ist und sein muß – wir werden sie ständig im Auge haben.

### 4.3 Integrationsfaktor Gruppe

### 4.3.1 Gruppen im Betrieb

Auf etwas stößt jeder Neue, wenn er als Mitglied in eine bestehende Organisation aufgenommen wird: auf „die anderen".

„Erst merkte ich gar nicht, was mich da so wie eine gläserne Wand von meiner Nachbarin, den Kollegen im nächsten Raum, von all den Leuten auf meinem Flur trennte, was mich verunsicherte und ängstigte: ich war allein und sie waren mehrere, hatten Beziehungen verschiedenster Art untereinander, gemeinsame Erfahrungen, aufeinander abgestimmte Gewohnheiten, eine gemeinsame

> Sprache, und selbst wenn sie sich angifteten, waren sie doch eine Gruppe und ich war allein. Heute hat sich das geändert, heute gehöre ich dazu, so habe ich jedenfalls das Gefühl." (Aus dem Bericht eines Berufsanfängers)

Man sagt das so leicht: eine Gruppe. Das stimmt, wenn man einfach mehrere Menschen meint, zwischen denen Beziehungen bestehen (d. h. die interagieren), die eine bestimmte, mehr oder weniger lange gemeinsame Geschichte haben. Kollegen wissen etwas voneinander, haben Wünsche, Einstellungen, vielleicht Vorurteile, Rivalitäten, Affairen, gemeinsame Feinde etc. Insofern alle diese Beziehungsmerkmale mit der formalen, der „offiziellen" Organisationsstruktur nichts zu tun haben, werden sie oft als „informell", das entsprechende Kollegium als „informelle Gruppe" bezeichnet. „Informelle Beziehungen entwickeln sich aufgrund von Bekanntschaften, privaten Freundschaften, gleichem Herkunftsort, gemeinsamer Vereins- oder Parteizugehörigkeit, gemeinsamen Hobbies usw. Da in einer Leistungsorganisation nicht alle individuellen Bedürfnisse der Mitarbeiter befriedigt werden können, schließen sie sich in Gruppen zusammen und machen damit die Befriedigung einiger Bedürfnisklassen möglich." (Althoff & Thielepape 1993, 138)

Formelle Gruppen wären andererseits diejenigen Personen einer Organisation, die unabhängig von ihrer persönlichen Einstellung infolge der formalen Betriebsstruktur zu Gruppen zusammengefaßt werden. Diese Unterscheidung gehört zu den beliebtesten Prüfungsfragen der Organisationssoziologie und -psychologie. Dennoch ist sie nicht sehr sinnvoll. Denn erstens sind Gruppen, die sich über die Ressort- (Flur-) Grenzen hinweg als dauerhafte informelle Gruppen entwickeln, so selten, daß man sie nicht ausdrücklich erwähnen müßte, es sei denn, es handele sich um quasi-formelle Gruppen anderer Organisationen wie Betriebsgruppen bzw. Basisgruppen von Gewerkschaften, Berufsverbänden, Parteien etc. Zweitens beschränken sich die Beziehungen der Mitglieder formeller Gruppen keineswegs auf formelle Kontakte, sondern haben ihren mehr oder weniger ausgeprägten informellen Unterbau, so daß sich eine organisch-ganzheitliche Betrachtung eher empfiehlt als eine streng analytische. Dies wird heute von immer mehr Autoren so gesehen. Im Abschnitt 3.7 haben wir zum Ausdruck gebracht, daß jede Interaktion, also auch die aufgabenbezogene, neben der Inhalts- zugleich auch eine Beziehungs- und eine Persondimension in sich trägt.

### 4.3.2 Gruppenfunktionen

Warum klingt eigentlich Erleichterung aus dem Satz: jetzt sage ich „wir" und nicht mehr „die anderen"? Offensichtlich bedeutet für den Menschen (die meisten Menschen) die Integration in die jeweils relevante Gruppe eine Möglichkeit, Ziele zu verwirklichen, die während der Zeit des Alleinseins nicht befriedigt werden können. Die Möglichkeiten, die die Gruppe dem einzelnen eröffnet, werden von Richter (1972) folgendermaßen zusammengefaßt: „Sie bietet dem einzelnen eine Verstärkung seines Ich, insofern als sein persönliches Ich an dem Gruppen-Ich partizipiert. Die Gruppe liefert dem Individuum Schutz, es vermindert durch sie sein Gefühl von Einsamkeit und Verlorenheit. Es wird durch die Gruppe größer, stärker und auch klüger. Die Gruppe kann dem einzelnen helfen, sich wertvoll zu fühlen. Sie verstärkt ihn also auch vom Über-Ich her. Die Gruppen-Norm gibt ihm Halt und schützt ihn besser gegen seine Selbstzweifel. Nach außen hin verstärkt das Individuum mit Hilfe der

Gruppe sein Gewicht in der Gesellschaft. Zusammen mit der Gruppe kann es mehr bewirken." (34)

Wir wollen diese Gruppenfunktionen noch etwas genauer untersuchen und dabei drei Stichwörter hervorheben: Vergleich, Identifikation und Kooperation.

**Vergleich.** Festinger (1954) geht davon aus, daß uns Menschen ein Bedürfnis eigen ist, uns selbst mit unserer Umwelt ständig zu vergleichen, um unseren Stellenwert angemessen einschätzen zu können. Wir wollen wissen, ob wir mit unseren Ansichten „richtig liegen", ob wir mit unseren Fähigkeiten und Fertigkeiten konkurrenzfähig sind, ob unsere Handlungsweisen „gut ankommen". D.h. letztlich, daß wir wissen wollen, was wir gesellschaftlich wert sind und wie groß unsere Chance ist, mit unserem „Image" (Goffman 1971) im Wettkampf aller gegen alle zu bestehen (vgl. Holzkamp 1976).

Diesem Ziel können Gruppen in hervorragender Weise dienen: Man ist nicht auf eine zufällige Vergleichssituation angewiesen, sondern kann seine Selbstwertung kontinuierlich an den Reaktionen der anderen kontrollieren; die Angstschwelle vor dem Aussprechen des Vergleichswunsches („sag mal, geht es Dir auch immer so ...?") ist in der Gruppe niedriger; die Konstanz der Vergleichspartner ermöglicht eine stabile (wenn auch nicht automatisch angemessene!) Selbsteinschätzung. Beispiel: Der Sozialarbeiter, der nach Beendigung seiner Ausbildung mit der Ausübung seines Berufes beginnt, ist sich vielleicht unsicher, ob er

— zu lang oder zu kurz mit seinen jeweiligen Klienten arbeitet;

— von sich aus genügend Aktivität entwickelt oder gar des Guten zu viel tut;

— mit seiner Angst vor dem Scheitern seiner Fälle, vor den auf ihn zukommenden Auseinandersetzungen allein steht oder ob es anderen ebenso ergeht;

— mit miserablen Erfolgen arbeitet und die anderen alle viel „besser" sind – oder ob er sich durchaus mit den anderen vergleichen kann etc.

Arbeitet er allein, so bleibt er mit seinen Nöten allein; im Team hat er dagegen die Möglichkeit, diese Fragen in einem kontinuierlichen Prozeß sozialen Vergleichs zu beantworten – mit allen Schwierigkeiten, die das mit sich bringen kann und angesichts der Sorge jedes einzelnen, er könne beim Vergleich mit den Kollegen nicht bestehen und vielleicht sogar der Träger des Schlußlichtes sein. Je nach der Offenheit, die in einem solchen Team erreicht werden kann, wird das Ausmaß an Bluff, an Verschleierung der eigenen Schwierigkeiten, an imageförderndem Understatement, an schönfärberischer Information etc. gering sein oder den Umgangsstil der Gruppe prägen.

**Identifikation.** Durch den Prozeß der Identifikation hat der einzelne die Möglichkeit, sein inneres Alleinsein zu überwinden und sich als Teil einer größeren Einheit (Paar, Gruppe, Familie, Verein, Gemeinde, Nation etc.) zu erleben. Richter (1972) meint, daß das Bedürfnis zur Identifikation mit einer Gruppe heute besonders groß ist, da „das Individuum" sich in einer Krise befinde. Die traditionellen Garanten einer Halt verschaffenden Wertordnung, an die sich der einzelne halten könnte, haben an Macht eingebüßt. Die Bedeutung der Religion für die Entscheidungen des einzelnen geht ständig zurück, die Obrigkeit hat in einer Demokratie zumal angesichts der prekären Erfahrungen mit dem Dritten Reich keine Legitimation mehr als wertsetzende Instanz (wenn auch einzelne Politiker und die Parteien mit ihrer Grundwertediskussion diesen Anspruch wieder aufzubauen versuchen) – die Obrigkeit darf nur noch verwalten und Krisen managen –, und auch alle sonstigen Autoritäten wie die Eltern, die Lehrer, die Älteren haben weniger Chancen als früher, als eine ordnende Kraft anerkannt zu werden. So sei denn der einzelne auf sich selbst geworfen, zunächst in einer Art narzißtischer Selbstüberschätzung, die sich dann aber – so Richter – als „eitle Selbsttäuschung" entlarve.

In jedem Fall aber, d.h. unabhängig von der Behauptung einer „Krise des Individuums", kann die Identifikation mit einer Gruppe im günstigen Fall dem Individuum das Selbstbewußtsein verleihen, das es als einzelnes nicht zu entwickeln in der Lage ist. Insbesondere die der Identifikation innewohnende „Tendenz zum stellvertretenden Erleben" (Heinrich 1974, 12) ermöglicht es uns, durch die Gruppe unser Ich zu erweitern, Bestätigung zu erfahren, die wir allein nie erhalten hätten, Erfolge zu verbuchen, die wir allein nie errungen hätten. Natürlich auch im umgekehrten Sinne eine Einbuße an Prestige und Selbstgefühl hinzunehmen, die wir nicht unmittelbar mitverantworten müssen. Aber geteiltes Leid ist halbes Leid, und solange die Kohäsion (der Zusammenhalt) in einer Gruppe hoch ist, fällt es ihr auch leicht, Niederlagen zu verkraften, ohne daß die einzelnen Mitglieder eine Einbuße ihres Selbstwertgefühles erleiden müßten. Das unterscheidet z.B. straff geführte Kaderparteien von Ad-hoc-Gruppierungen politischer Desperados (die verschiedenen „Vierten Parteien" der 70er oder die „Statt Parteien" etc. der 90er Jahre): während die ersteren niedrige Wahlergebnisse ohne nach außen hin sichtbaren Autoritäts- und Kohäsionsverlust verkraften, fallen die letzteren meistens so schnell wieder in sich zusammen, wie sie entstanden sind.

**Kooperation.** Schließlich aber hat die Gruppe noch eine ganz andere, eine gewissermaßen technokratische Seite: sie hat einen Leistungsvorteil gegenüber der Summe der Einzelleistungen. Über diesen leistungssteigernden Effekt der Gruppe ist viel geschrieben und gestritten worden. Marx sieht für ihn zwei Wurzeln: die Schaffung einer neuen Produktivkraft („Massenkraft") sowie die Erhöhung der vorhandenen individuellen Produktivkraft. „Abgesehen von der neuen Kraftpotenz, die aus der Verschmelzung vieler Kräfte in eine Gesamtkraft entspringt, erzeugt bei den meisten produktiven Arbeiten der bloße gesellschaftliche Kontakt einen Wetteifer und eine eigne Erregung der Lebensgeister (animal spirits), welche die individuelle Leistungsfähigkeit der einzelnen erhöhen ..." (Marx, zit. n. Hiebsch & Vorwerg 1968, 119)

Hofstätter (1957) hat aufgewiesen, daß der Leistungsvorteil der Gruppe nur dann besteht, wenn ein echter Ausgleich zwischen dem Bewahren der Selbständigkeit des einzelnen und der Koordination des gemeinsamen Handelns stattfindet, d.h. wenn

— die einzelnen Akteure insofern voneinander **unabhängig** handeln, als nicht einfach einer den anderen aus welchen Gründen auch immer nachahmt, ohne selbst Lösungswege zu suchen;

— zwischen den einzelnen Gruppenmitgliedern ein optimaler **Informationsaustausch** stattfindet, d.h. wenn nicht einzelne Gruppenmitglieder aus Scheu, aus Egoismus, aus Desinteresse oder aus anderen Gründen eigene Informationen zurückhalten bzw. die Aufnahme von Informationen anderer unterdrücken;

— die Leistungen aller Gruppenmitglieder prinzipiell **gleich akzeptiert** werden, d. h. wenn nicht „einige Gruppenmitglieder eine elitäre Rolle spielen, während andere als Person und damit ihre Beiträge zur Problemlösung kaum beachtet werden" (Heinrich 1978 a, 27).

Die oft ideologisch eingeschränkte Diskussion, ob nun die Gruppe tatsächlich mehr leiste als die Summe der einzelnen, wird heute zwar noch oft geführt, ist in ihrer Einseitigkeit aber sicher von einer falschen Fragestellung abgeleitet und daher unergiebig. Jeder weiß – auch ohne die abertausend und oft erstaunlich hirnlosen Experimente der empirischen Kleingruppenforschung (vgl. Schneider 1975) zu kennen –, daß es Aufgaben gibt, mit denen man sich am besten allein zurückzieht, um in Ruhe über ihnen zu brüten; daß es andere Aufgaben oder Stadien bei der Aufgabenbewältigung gibt (z. B. die Phase der „Problemidentifikation", vgl. Zepf 1972), wo die Gemeinsamkeit des Gedankenaustausches nützlich wenn nicht unabdingbar ist, so daß eine rigide Trennung in entweder pro oder contra Gruppe unter dem Gesichtspunkt ihres Leistungsvorteils im Grunde absurd erscheint.

In den einschlägigen Lehrbüchern werden daher auch eine Vielzahl von Differenzierungen angeboten, die uns entscheiden helfen, unter welchen Voraussetzungen die Gruppe dem einzelnen überlegen ist und wann nicht (vgl. Scharmann 1972; Mueller & Thomas 1974; Schneider 1975). Wichtige Variablen sind z. B.: die Art der Aufgabe, die bisherigen Erfahrungen der Gruppenmitglieder, Kommunikation und Kohärenz in der Gruppe, Gruppengröße, Konkurrenzdruck durch andere Gruppen, Bindung an organisationelle Bedingungen (z. B. Hierarchie), Erwartungen bzw. allgemeine Rahmenbedingungen der sonstigen Umwelt (Kontext-Variablen) etc.

Vergessen wir aber nicht, daß die Frage nach der Bedeutung der Kooperation, der Realisierung und Akzeptanz formeller wie informeller Kommunikation in einer nachtayloristischen Gesellschaft nicht nur eine solche der Effektivität, d. h. des Leistungsvorteils ist, sondern auch eine Frage der menschenwürdigen Gestaltung der Arbeitsverhältnisse sowie der Übernahme gesellschaftlicher Normen und Wertvorstellungen (z. B. Wert „demokratische Ordnung") in die Teilgesellschaft einer Arbeitsorganisation.

### 4.3.3 Gruppendruck

Sollte nun „die Gruppe" jener sündenfreie Zustand einer Gesellschaft sein, von dem alle Sozial-Utopisten von Plato bis Skinner träumen? Sind wir immer zufrieden, befriedigt, entlastet, fühlen wir uns immer aufgehoben, wenn wir in einer Gruppe Platz gefunden haben? Befreit jede Gruppe ihre Mitglieder von den Zwängen, die uns unsere Sozialisation in einer repressionsreichen Umwelt auferlegt hat? Zweifellos nicht; und das aus zwei Gründen: Erstens sind wir keineswegs alle „gruppenfähig" – in einer am individuellen Erfolg orientierten Gesellschaft, die z. B. im schulischen Benotungssystem ausschließlich die Einzelleistung und nicht den bereitwilligen Beitrag zur kollektiven Leistung würdigt, ist die Entwicklung gruppenbezogener Einstellungen und Verhaltensstile erschwert.

Zweitens steht der einzelne in einer Gruppe unter dem Zwang, die Einheitlichkeit des Gruppenverhaltens dadurch zu gewährleisten, daß er seine eigenen Ziele und Wünsche im Zweifelsfalle denen der Gruppe unterordnet. Die Gruppe übt einen Druck auf den einzelnen aus, sich ihren Normen anzupassen und ihre Entscheidungen mitzutragen – wie umgekehrt auch der einzelne die Möglichkeit hat, seinerseits die Gruppenprozesse und -entscheidungen in seinem Sinne zu beeinflussen, wenn er in seiner Person (Autorität) oder durch die Zugehörigkeit zur Mehrheitsfraktion die nötige Macht dazu besitzt. Die Beziehung zwischen Gruppe und einzelnem ist dialektisch i. S. einer stetigen Wechselwirkung (vgl. Mueller & Thomas 1974).

**Gruppendruck** gewährleistet also eine Einheitlichkeit (**„Konformität"**) innerhalb der Gruppe. Warum ist eine solche Gleichförmigkeit für die Gruppe als ganze von Vorteil? Mueller & Thomas (1974) nennen drei Gründe: „(1) Gleichförmigkeit hilft der Gruppe zur Zielerreichung ... Wenn ein Fußballverein gewinnen will, muß jeder üben. (2) Gleichförmigkeit ist für den inneren Haushalt der Gruppe unerläßlich. Einige Gruppennormen sichern schlichtweg das Überleben der Gruppe ... (3) Damit eine Gruppe einigermaßen rational handeln kann, braucht sie eine Vorstellung von der Welt, mit der sie es zu tun hat. Sie braucht eine ‚Weltanschauung', aus der heraus die einzelnen Handlungen ihren Sinn gewinnen." (287)

Da die Konformität der Gruppenmitglieder für die Gruppe als ganze bzw. für die in ihr herrschende Elite (Funktionäre, Meinungsführer) eine erhebliche Bedeutung besitzt, sorgt sie auch durch die Androhung und Anwendung von Sanktionen für die Einhaltung der Normen. Solche Sanktionen sind z. B.: öffentlicher Tadel, Nichtbeachten, Entzug von Privilegien, Degradierung, Strafarbeiten, Ausschluß.

Angesichts der Vorteile, die die Integration des einzelnen in einer Gruppe diesem bietet, kann er ein gewisses Maß an Gruppendruck durchaus verkraften; zu große Sensibilität gegenüber der Einschränkung der eigenen Person durch die anderen mit einem Übermaß an sog. Reaktanz (Widerstand gegen die erlebte Einschränkung i. S. eines „nun gerade"; vgl. Gniech & Grabitz 1978) ist ein Kennzeichen fehlender Gruppenfähigkeit. Wenn aber der Druck, den die Gruppe ausübt, eine gewisse Toleranzschwelle überschreitet, wird der einzelne mehr unter der Gruppe leiden, als daß er durch sie Entlastung erfährt. In diesem Falle können drei Konsequenzen beobachtet werden:

**Entwicklungsstillstand des Gruppenmitglieds.** „Wir wissen heute, daß die Lernfähigkeit des einzelnen erheblich wächst, wenn er nicht ausschließlich passiver Konsument von mitgeteilten Fakten ist. Hat der Lernende die Möglichkeit, ein Bildungsangebot produktiv aufzunehmen, so kann dies zu einer Wissenserweiterung führen, die zugleich eine Persönlichkeitsveränderung bewirkt." (Brocher 1967, 18) Beispiel: R. ist eine Kriminalkommissarin, die nach beendeter Ausbildung voll Tatkraft und mit einem hohen Bewußtsein ihrer gesellschaftspolitischen Verantwortung den Dienst beginnt. Sie trifft dort auf eine Gruppe von Kollegen, deren Einstellungen von der Abwehr alles Neuen und der Perfektionierung der Routine geprägt sind, die im übrigen aber durch ihre reiche Erfahrung und ihr hohes Maß an Kameradschaftlichkeit eine große Bedeutung für Frau R. haben. In diesem Fall muß befürchtet werden, daß der Druck der Gruppe in Richtung Mittelmäßigkeit und Routine die angehende „Ledermacherin" (eine progressive Kommissarin von Hey 1973) zur Unterordnung unter die Gruppennorm und zum Verzicht auf die Entwicklung ihrer expansiven Persönlichkeit führt.

**Dissoziation zwischen Mitglied und Gruppe.** Gehen wir dagegen davon aus, daß die R. ein genügendes Maß an innerer Stabilität und Selbstsicherheit (vgl. Wendlandt

& Hoefert 1976) in die ‚bedrückende' Situation als Berufsanfängerin mit hineinträgt, dann ist denkbar, daß sie sich lediglich für einige Zeit einer nur „äußeren Konformität" (Wiswede 1976, 36) unterwirft. Sie macht sich dann die Gruppennorm nicht wirklich zueigen, sondern paßt sich nur äußerlich an, um ein unangenehmes Auffallen und unangenehme Reaktionen der Gruppe zu vermeiden. D.h. aber, daß sie sich mit der Gruppe nicht wirklich identifiziert, daß eine innere Distanz zwischen ihr und der Gruppe besteht und wächst, die bei nächster Gelegenheit zum Austritt aus der Gruppe führt bzw. zum Zerfall der Gruppe, wenn mehrere Mitglieder von dieser Dissoziation betroffen sind.

**Niveauverlust der Gruppe.** Schließlich darf nicht übersehen werden, daß der Leistungsvorteil der Gruppe verloren geht, wenn die einzelnen Mitglieder nicht frei sind, ihre eigene Kreativität zum Nutzen der Gruppenleistung einzubringen. Ein Kollegium, das vom Geist der Mittelmäßigkeit, von der arroganten Selbstgefälligkeit der Inkompetenz beherrscht wird, hat kaum Chancen, sich zu profilieren und durch hervorragende Leistungen aufzufallen, ja auch nur „auf dem neuesten Stand" zu bleiben – was freilich in einer Großorganisation und zumal in der öffentlichen Verwaltung allein noch kein Hinderungsgrund für Anerkennung und Aufstieg ist (vgl. Kap. 4.5).

Zu hoher Gruppendruck ist innovationsfeindlich und führt zu einem Exodus der verbliebenen qualifizierten Mitglieder, wie nicht zuletzt historische Beispiele beweisen (Drittes Reich, rechte Militärdiktaturen des Westens, Länder des bürokratischen Sozialismus). Leistungsdefizite durch Gruppendruck entstehen um so eher, je stärker die Gruppenaufgaben auf Kreativität und Einfühlungsvermögen, auf Phantasie und Selbstkritik sowie auf die Bereitschaft zu ständigem Neu- und Umlernen angewiesen sind.

### 4.3.4 Kleines Einmaleins der Gruppenforschung

Ein wichtiger Begriff der Kleingruppenforschung ist der der **Bezugsgruppe.** Als solche bezeichnet man eine Gruppe dann, wenn sie für einen Menschen eine wichtige verhaltenssteuernde Rolle spielt, d.h. wenn er sich mit ihr identifiziert und an ihr orientiert. Das muß nicht immer zugleich eine **Mitgliedschaftsgruppe** sein, d.h. eine Gruppe, der man auch selbst angehört. Ein Lehrer, der seinem Job lustlos nachkommt und sich in jeder freien Minute um seinen Wechsel in eine (andere) Behörde bemüht, in der er vielleicht eine Stelle als Fachberater in Aussicht gestellt bekommen hat, wird sich nur noch wenig von seinen Lehrerkollegen und deren Normen beeinflussen lassen und stattdessen alle von der zukünftigen Stelle kommenden Informationen sehr genau aufnehmen und verarbeiten.

Sein Beitrag zur **Kohäsion** der Gruppe wäre dann gering. Unter diesem Begriff wird der "... Grad der gegenseitigen Zuneigung und Abneigung der einzelnen Gruppenmitglieder, die Bedeutung der Gruppe als Instrument zur Befriedigung von Bedürfnissen und die allgemeine Zufriedenheit der Gruppe" (Schneider 1975,193) verstanden. Gruppen mit besonders hoher Kohärenz werden auch als **Cliquen** bezeichnet, besonders wenn es sich dabei um Untergruppen in größeren Gruppen handelt.

Die verschiedenen Beziehungen in einer Gruppe lassen sich in einem sog. **Soziogramm** festhalten (Dollase 1973). Bei dieser Methode werden die einzelnen Gruppenmitglieder aufgefordert, unter bestimmten Gesichtspunkten aus der Gesamtgruppe andere Mitglieder auszuwählen, z. B.: „Mit wem möchten Sie am liebsten zusammenarbeiten?", „Mit wem würden Sie am liebsten den Urlaub verbringen?" oder „Von wem würden Sie am liebsten die Gruppe nach außen vertreten lassen"? Eine graphische Veranschaulichung der getroffenen Wahlen kann sehr aufschlußreich sein für das Verständnis der Rollen, die die einzelnen Gruppenmitglieder in der Gruppe spielen:

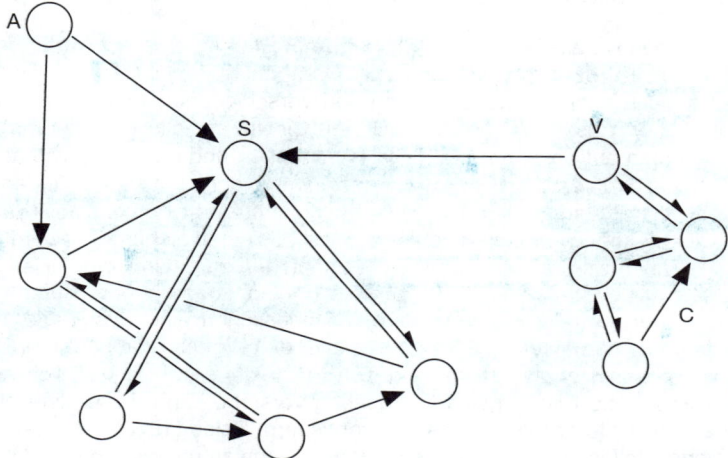

Dieses Beispiel stammt von einer Gruppe mit 10 Mitgliedern, die jeweils zwei Sympathiewahlen abzugeben hatten. An der graphischen Darstellung läßt sich ablesen, daß S die Rolle des Stars in der Gruppe spielt, der von 5 seiner Kollegen gewählt worden ist; bei A handelt es sich um einen Außenseiter, der von keinem anderen gewählt wurde; vier Mitglieder bilden eine relativ isolierte Clique (C), die lediglich durch das Verbindungsglied (V) mit dem Rest der Gruppe verbunden ist.

Diese Rollen können als (vertikale) **Machtstruktur** einer Gruppe in Erscheinung treten; sie gibt Auskunft darüber, welche Chance die einzelnen Gruppenmitglieder haben, Einfluß auf die Gruppenentscheidung zu nehmen. In einem demokratischen Gemeinwesen geht man zwar davon aus, daß diese Chance für alle Mitglieder einer Gruppe wie der Gesellschaft als ganzer gleich ist. Daß dies aber faktisch nicht so ist, lehrt die Wirklichkeit. Vor dem Gesetz mögen alle Menschen gleich sein, vor den Menschen sind sie es jedenfalls nicht.

Eine zweite (horizontale) Differenzierung entsteht innerhalb von Gruppen hinsichtlich der Aufgaben, die die einzelnen Mitglieder bevorzugt erledigen. Diese **Spezialistenrollen** müssen nicht starr und unveränderlich verteilt sein. Sie richten sich einerseits nach der Aufgabenstellung der Gruppe und andererseits nach den besonderen Interessen und Fähigkeiten der Gruppenmitglieder.

Eine gewerkschaftliche Ad-hoc-Gruppe strukturiert sich: Die Kollegin, die sich durch gelungene Formulierungen profiliert hat, übernimmt die Rolle der Texterin; der zynisch nörgelnde Intellektuelle wird wichtig als Mahner wider die bequemen Fallen des anpasserischen Pragmatismus; der Kollege mit den guten Beziehungen zur Chefetage wird zur zentralen Informationssammelstelle; die clevere und redegewandte, in programmatischer und praktischer Arbeit geübte Gewerkschafterin wächst in die Rolle der Gruppensprecherin, die die

Außenkontakte übernimmt. Alles nicht statisch, unwiderrufbar und offiziell, sondern unausgesprochen, kaum bemerkt, wirklich, weil wirksam.

Daß die Aufgabenteilung, also die horizontale Rollenstruktur, keineswegs macht-neutral ist, macht die letzte Rolle des Beispiels deutlich: Wer die Führungsrolle inne-hat – und sei es noch so inoffiziell –, hat automatisch die größte Chance, auf das Gruppengeschehen in seinem Sinne Einfluß zu nehmen, denn: „Wer die Arbeit tut, hat den Einfluß." (Max Weber 1964, 1083)

Schließlich haben wir alle bestimmte **Interaktionsrollen** inne. Damit ist der persönli-che Stil gemeint, mit dem jeder einzelne zum Gruppenprozeß beiträgt. Da gibt es den Typ des Vermittlers, der immer zwischen den verschiedenen Positionen innerhalb der Gruppe einen Ausgleich schaffen will; den Clown, der alle Beiträge mehr oder weniger gelungen auf possenhafte Weise kommentiert und damit auf sich aufmerk-sam macht; den Grübler, der alles ganz wichtig nimmt, ohne mit seinen Gedanken zu einem Ende zu kommen; den Taucher, der häufig attackiert wird und „auf Tauchstat-ion geht", aber immer wieder auftaucht und so tut, als sei er nicht naß geworden; den Puristen, der unentwegt riskiert, sich ins Fettnäpfchen zu setzen, weil er es als ein höchstes Gut ansieht, ein einmal akzeptiertes Prinzip lupenrein durchzuhalten; den Gerüstbauer, der zu jedem Problem oder Lösungsschritt eine Systematik von er-stens bis fünftens entwickelt und für alles und jedes Formulare erfindet; den grauen Weisen, der alles zu wissen meint und sich nur leider nicht verständlich machen kann. Wer Phantasie hat und sich umzusehen versteht, kann diese Liste bald um eine große Zahl weiterer Interaktionsrollen erweitern. Bales (1970) hat versucht, die Vielfalt solcher Rollen auf einige überschaubare Typen zu reduzieren (vgl. Mueller & Thomas 1974, 320 ff.), das treffsichere Timbre von individuellen Rollenbezeichnun-gen geht bei einer solchen Reduzierung von Komplexität natürlich verloren.

Neben der Differenzierung der Gruppe in verschiedenen Rollen steht die Vereinheitli-chung der Denk- und Verhaltensweisen der Gruppenmitglieder durch die Ausbildung von **Gruppennormen,** auf deren Bedeutung wir schon an verschiedenen Stellen gestoßen sind. Je ausgeprägter die Gruppennormen bei gleichzeitig bestehender hoher Identifikation mit der Gruppe, desto größer ist die Wahrscheinlichkeit, daß sich ein **Wir-Gefühl** bei den einzelnen Mitgliedern herausbildet, das seinen deutlichsten Ausdruck in der Selbstkennzeichnung der Gruppe durch Namen und Symbole (Fah-nen) findet. In den sog. Ferienlagerexperimenten von Sherif & Sherif (1969) wird das anschaulich geschildert: Die in jeweils zwei Gruppen zusammengefaßten Jungen mehrerer Ferien-Camps, die sich bis zum Beginn der gemeinsamen Unternehmung nicht kannten, hatten sich bald Namen wie „Red devils" oder „Rattlers" gegeben, Wimpel gemalt und die Symbole der jeweiligen konkurrierenden Gruppe zum Haupt-aggressionsziel gewählt (vgl. Hofstätter 1957).

Vermutlich hätte jedes einzelne Kind auf solche Aggressionen verzichtet und wäre vergleichsweise friedlich seiner Ferienbeschäftigung nachgegangen. In der Gruppe aber sinkt die persönliche Verantwortung, der Mut zur Normabweichung steigt, das Risiko scheint verteilt und daher geringer. In der Sozialpsychologie wird daher vom **Risikoschub** (risky shift) durch die Gruppe gesprochen (vgl. Schneider 1975, 227 ff). Daß dies vor allem für große und wenig differenzierte Gruppen, die **Massen,** gilt, liegt auf der Hand (vgl. Kroner 1972).

Die Prozesse, die in Gruppen ablaufen, werden unter dem von Kurt Lewin in den dreißiger Jahren geprägten Stichwort der **Gruppendynamik** untersucht. Dieser Begriff hat heute allerdings neben dieser allgemeinen auch eine speziellere Bedeutung gewonnen: „Wir verstehen Gruppendynamik als eine im wesentlichen wissenschaftlich fundierte und, soweit möglich, kontrollierte praxisbezogene Methodik, die

— die Arbeit in Berufsgruppen und das Zusammenleben im Privatbereich verbessern will,

— die durch Erziehung, Sozialisation und herrschende Normgefüge verursachten Persönlichkeitsbeeinträchtigungen auszugleichen versucht,

— das in Zweierbeziehungen, Gruppen und Organisationen bestehende Konfliktpotential nicht leugnet, sondern deutlich macht, unter Wahrung der bestehenden Interessen benennt und auszutragen versucht." (Däumling et al. 1974, 11 f.).

Gruppendynamische Veranstaltungen (Seminare, Kurse, Sensitivitäts- und Verhaltenstraining, Aggressionslaboratorien, Encounters, Marathons etc.) dienen also in erster Linie der Veränderung des Zusammenlebens, also auch der beruflichen Kooperation durch die praktische Auseinandersetzung mit dem eigenen Verhalten in Gruppen durch **Rollenspiele, Feedback** (Rückmeldung), Selbstbeobachtung, offene Kommunikation. Die Formen solcher gruppendynamischer Angebote sind sehr vielfältig und für den Laien – auch wegen der oft pompösen und alles versprechenden Sprache der Angebote – undurchschaubar. In allen seriösen Fällen kann Gruppendynamik, zumal wenn sie der **Gruppentherapie** nahesteht, eine „Hoffnung auf einen neuen Weg, sich selbst und andere zu befreien" bedeuten (so der Untertitel zu Richter 1972).

## 4.3.5 Teilautonome Arbeitsgruppen

Ein verantwortlicher Verwaltungsmitarbeiter namens Z. U. Kunft berichtet im Jahre 2002:

„Ich kann mich noch gut an die Zeiten erinnern, als sich Vorgesetzte noch um viele Dinge kümmern mußten, die uns heute recht anachronistisch erscheinen: Arbeitspensen ermitteln und festlegen, Anwesenheitszeiten kontrollieren, Arbeitszuweisungen vornehmen, Zuständigkeitsregelungen zwischen Mitarbeitern treffen usw. Heute sieht das zum Glück anders aus: Die 6 Mitarbeiter in meinem Sachgebiet arbeiten weitgehend selbständig. Als Arbeit in der Verwaltung noch weitgehend fremdbestimmt war, nannte man eine solche Organisationsform eine „teilautonome Arbeitsgruppe". Das bedeutet für mich: Einmal in der Woche ein kurzes Koordinationsgespräch mit dem im Rotationsverfahren bestimmten Gruppensprecher, nach Bedarf Fachgespräche („Colloquien" nennen wir das) mit allen Mitarbeitern, in denen wir Gesetzes- oder Verordnungsänderungen besprechen, aktuelle Erfahrungen austauschen, nach dem Supervisionsprinzip exemplarische Fälle durchsprechen; gelegentlich kann eine Krisenintervention nötig sein. Im übrigen ist die Gruppe autonom: Wer wann was macht, entzieht sich meiner Kontrolle und Weisungsbefugnis, lediglich die Rahmenbedingungen liegen fest, also z. B. allgemeine Richtlinien der Bewilligungspolitik, durchschnittliche Fallbearbeitungszahlen (Deputate), allgemeine Öffnungszeiten, tarifliche Einordnung u. ä.."

So utopisch, wie es der Name und die Jahreszahl des Berichtes erscheinen lassen, ist dieses Bild aus dem Arbeitsleben der Verwaltung gar nicht mehr. Im industriellen Bereich zumindest hat die Zukunft der teilautonomen Arbeitsgruppe bereits begonnen (Ulich, Groskurth & Bruggemann 1973. Vilmar 1973; zur ideologiekritischen Einschätzung s. Volpert 1974, Hoyer & Knuth 1976). Solche Gruppen scheinen den angemessenen Rahmen für die Befriedigung des Autonomiebedürfnisses zu bilden, dessen Bedeutung im sog. aktionswissenschaftlichen Ansatz der Organisationspsychologie dargestellt wird (Volpert 1974).

Das Prinzip der **teilautonomen Arbeitsgruppen** ist im Bericht des Kollegen Kunft schon erläutert: Einer Gruppe von Mitarbeitern wird ein Auftrag zur dauerhaften Erledigung einer bestimmten Arbeitsleistung erteilt. Die Rahmenbedingungen wie Raum, Material, Gehaltssumme, Zeitvorgaben, rechtliche Bestimmungen etc. stehen fest; innerhalb dieser Rahmenbedingungen aber kann die Arbeitsgruppe in eigener Regie über die Formen der Arbeitserledigung entscheiden. Ob jemand und wer und für wie lange zum Leiter bzw. Sprecher der Gruppe gewählt wird, wie die gruppeninterne Aufgabenverteilung vorgenommen wird, wer ggf. welche Kontrollen vornimmt, wie der Tagesablauf eingeteilt wird, das alles sind Entscheidungen, in die der formale Vorgesetzte nicht hineinzureden hat – solange das vereinbarte Produkt regelmäßig und in akzeptabler Qualität abgeliefert wird.

In der Verwaltung ist dieses Organisationsmodell nur zögernd zur Kenntnis genommen worden (Ulich 1981). Es gibt zu viele Vorbehalte bzw. Hinderungsgründe für eine solche Autonomielösung, objektive wie Dienstrecht, Verantwortlichkeit der Behördenspitze, Forderung nach Einheitlichkeit der Verwaltungsleistungen etc., und subjektive wie die Angst vor Kompetenz- und Machtverlust, Tradition, Verantwortungsangst bei den Betroffenen. Diese Probleme wollen wir auch keineswegs verharmlosen, die möglichen Vorteile auch nicht naiv überschätzen (zur organisationskritischen Einschätzung s. Rosenstiel 1976, Friedel-Howe 1980). Wir wollen aber doch den Hoffnungsschimmer in Richtung Abbau von Entfremdung, der in solchen Modellen liegt, aufrechterhalten und auf einige Beispiele hinweisen, die bereits praktiziert werden und die den Gedanken der Teilautonomie von Arbeitsgruppen aufgreifen (vgl. auch Kap. 2.4):

**Projektgruppen** im Sinne der GGO sind Arbeitsgruppen, die für einen begrenzten Zeitraum zur Erledigung eines fest umrissenen Auftrages zusammen kommen und innerhalb dieser Zeit praktisch autonom arbeiten können. In der Regel handelt es sich dabei um analytische oder planerische Aufgaben zur Vorbereitung von Verwaltungsentscheidungen .

**Qualitäts-Zirkel** oder -kreise sind Arbeitsgruppen, die den Arbeitsprozeß mit explizitem Reformauftrag begleiten und während dieser Zeit keiner hierarchischen Gliederung bzw. Einbindung unterliegen. Die Idee der Qualitäts-Zirkel ist vor allem in Japan weit verbreitet. Ein Qualitäts-Zirkel besteht aus ca. 6–10 Mitarbeitern, die in regelmäßigem Turnus (z.B. einmal pro Woche) zusammentreffen, um über mögliche Innovationen bei der Gestaltung der Arbeitsabläufe, beim Materialeinsatz, bei der Vordruckgestaltung etc. nachzudenken mit dem Ziel einer Verbesserung der Produktions- bzw. Dienstleistungsqualität (Kromen 1982, Heinrich 1985).

„**Geschützte Gruppen**" bilden im Sinne ihrer Erfinder (Jacobi, Lullies & Weltz 1980) eine Vorform auf dem Wege zu teilautonomen Arbeitsgruppen. Geschützt werden durch Betriebsvereinbarungen zwischen Betroffenen, Personalvertretung und Leitung die Mitgestaltungsrechte solcher Gruppen, die hierarchisch schwache Positio-

170

nen einnehmen und bei der Partizipation daher gern übersehen werden. Also z.B. die Schreibkräfte. Am Beispiel der Reorganisation des Schreibdienstes im Kraftfahrt-Bundesamt schildern Jacobi & Weltz (1982) die Bildung solcher geschützten Gruppen gegen alle internen Widerstände auch bei den betroffenen Schreibkräften selbst, denen die neuen Rechte anfangs keineswegs ganz geheuer waren.

## 4.4 Verhaltenssteuerung durch Macht, Autorität und den Arbeitsprozeß

### 4.4.1 Die gesellschaftliche Bedingtheit des Gehorsams

Frau H. ist Sachbearbeiterin im Referat „Kindertagesstätten". Als sie ins Büro kommt, findet sie im Posteingangskorb den Brief einer Mutter, die den Kita-Platz ihres Sohnes fristgerecht kündigt. Frau H. greift zum Vordruck und bestätigt die Kündigung.

Warum tut sie das?

Wenig später kommt ihr Vorgesetzter ins Zimmer und bittet sie, bis zum Mittag eine Aufstellung aller Gastarbeiterkinder fertigzumachen, die bislang einen Kita-Platz bekommen haben. Frau H. nickt und macht sich an die Arbeit, obwohl sie eigentlich ganz was anderes hatte erledigen wollen.

Und wiederum die Frage: Warum tut sie das?

Warum gehorchen Millionen Mitarbeiter großer Organisationen tagtäglich solchen Aufforderungen?

So einfach diese Frage ist, so schwer tun sich die einschlägigen Wissenschaften bei ihrer Beantwortung. Sicher ist nur, daß sich jede Organisation bemüht, das Verhalten ihrer Mitglieder in einer Art und Weise zu steuern, die das Erreichen ihrer Ziele sicherstellt. Sie schafft das einmal, indem sie bestimmte Mitglieder – die Vorgesetzten oder Führungskräfte – mit Macht, Autorität und Manipulationsmöglichkeiten ausstattet bzw. die damit ausgestatteten Personen auf Führungspositionen setzt, und zum andern dadurch, daß sie auf die mitgebrachte Selbst- oder Innensteuerung ihrer Mitglieder baut, d.h. deren in der primären und sekundären Sozialisation erworbenen leistungsbezogenen Werte für sich nutzt, aber auch deren Zwangslage, infolge mangelnden Eigenkapitals (wie „unternehmerischen Mutes") ihre Arbeitskraft verkaufen zu müssen.

So ist es nicht nur ideologische Verblendung, sondern ganz schlicht Unsinn, Macht und Autorität in einer Großorganisation ohne Rückbezug auf die gesellschaftliche Eigentums- und Machtverteilung und das aus ihnen abgeleitete Wertsystem untersuchen zu wollen, wie das beispielsweise Krüger tut (1976, 17), wenn er schreibt: „Für eine betriebswirtschaftliche Machttheorie ist das Eigentum ... nicht als primäre Machtbasis aufzufassen. Damit wird der Zusammenhang der Wirtschafts- und Gesellschaftsordnung mit dem Betriebsgeschehen ebensowenig geleugnet wie die Notwendigkeit, den Eigentumsgedanken in anderen Zusammenhängen zu betonen. Es wird lediglich behauptet, daß das Eigentum zur Erklärung der innerbetrieblichen Einflußprozesse eine weitgehend entbehrliche Kategorie darstellt."

Warum also fügen sich die Mitarbeiter einer Großorganisation den Weisungen, Anordnungen und Befehlen ihrer Vorgesetzten, warum beginnen sie, bestimmte Tätigkeiten auszuführen, wenn sie bestimmte Signale wahrnehmen (warum fährt der U-

Bahnfahrer los, wenn das weiße Abfahrtssignal vor ihm aufleuchtet, warum reagiert Frau H. auf das Kündigungsschreiben der Mutter)?

Wir sehen hier vier maßgebliche Gründe für ihren Gehorsam:

(1) Sie stimmen innerlich, d. h. von den Werten, die sie hochschätzen, und von ihren Gefühlen her mit dem überein, was in der Organisation von ihnen verlangt wird (**„innerer Gehorsam"**).

(2) Sie leisten genau den Gehorsam, für den sie glauben, bezahlt oder anderweitig belohnt zu werden, d. h. sie bieten ihrem Arbeitgeber bzw. Dienstherrn soviel an Arbeit und Loyalität an, daß er sie möglichst hoch belohnt (und zwar mit Geld und Statussymbolen sowie immateriellen Gütern wie Anerkennung und Sinngebung für das Leben in der Gemeinschaft) bzw. möglichst wenig bestraft (**„kalkulierter Gehorsam"**).

(3) Sie fügen sich in ihr Schicksal als abhängige Arbeitnehmer und sind gehorsam, weil sie aufgrund ihrer gesellschaftlichen bzw. ökonomischen (Schichten- oder Klassen-) Lage keine Alternative sehen oder haben (**„resignativer Gehorsam"**).

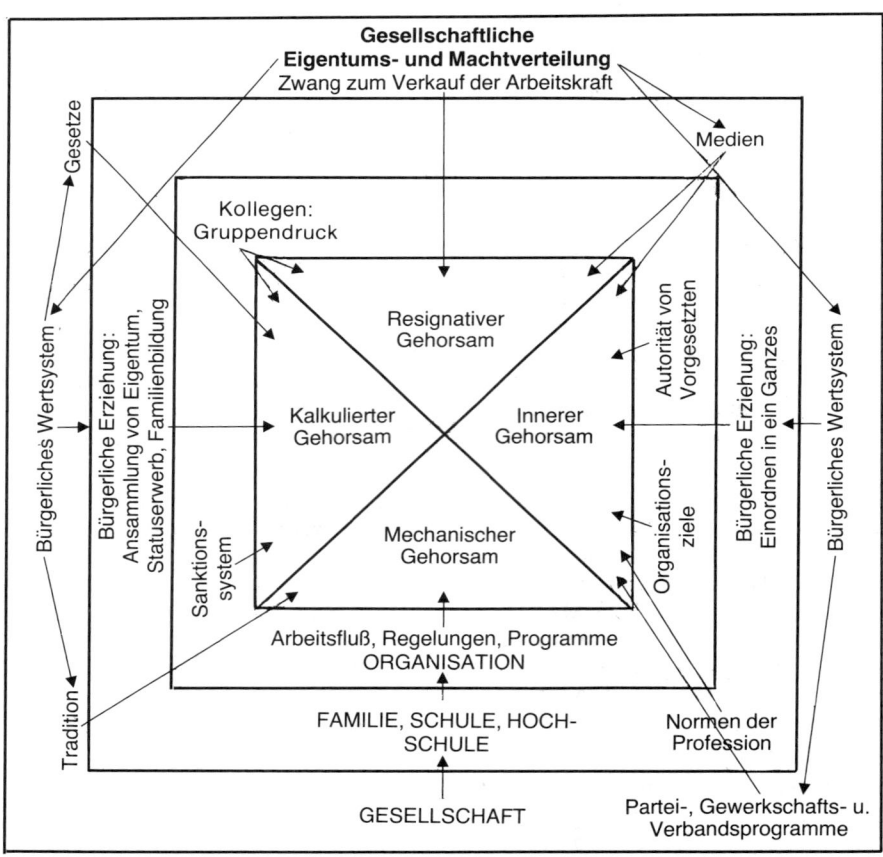

(4) Sie reagieren unreflektiert und mechanisch auf bestimmte Symbole und Daten, wie sie im Verlaufe normierter und programmierter Arbeitsprozesse an ihren Arbeitsplatz gelangen, sowie auf die Impulse technischer Geräte, wie etwa der U-Bahnfahrer „ganz automatisch" (!) bremst, wenn ein Signal rot aufleuchtet **(„mechanischer Gehorsam")**.

Im einzelnen wird sich in Betrieben und Behörden kaum exakt-prozentual ermitteln lassen, weshalb ein Mitarbeiter – Frau H. etwa – in einer konkreten Situation den Weisungen des Vorgesetzten nachgekommen ist; es werden stets alle Faktoren beteiligt sein – allerdings, und das macht die Messung so schwierig, den Betroffenen nicht immer voll bewußt.

Wir müssen uns nun fragen, wie es den Großorganisationen und den dazu speziell bestellten Führungskräften gelingt, die einzelnen Gehorsamkeitspotentiale ihrer Mitglieder möglichst wirksam zu aktivieren bzw. möglichst weitgehend auszuschöpfen und sie möglicherweise dahin zu bringen, „daß sie ... das tun wollen, was sie tun müssen" (Fromm 1975, 118). Doch bevor wir uns den einzelnen Arten sozialen Einflusses bzw. sozialer Einflußnahme (Verhaltenssteuerung durch Macht, Autorität und Gestaltung des Arbeitsprozesses) zuwenden, wollen wir mit dem folgenden Schaubild (Kräfte, die den Gehorsam eines Organisationsmitgliedes bewirken) noch einmal ganz deutlich unterstreichen, daß Gehorsam in einer Organisation niemals losgelöst von den gesellschaftlichen Bedingungen gesehen werden darf. Gehorsam beinhaltet dabei sowohl Erbringung von Leistungen wie Unterwerfung unter die Normen und Regeln der Organisation und Loyalität gegenüber der Organisationsspitze.

Zur Schärfung des Denkens in diesem Bereich, aber auch, weil es ein klassischer Ansatz ist, soll hier noch in einem Exkurs auf die **Typologie der Lenkung und Kontrolle von Etzioni** eingegangen werden (1961, s. aber auch 1964, 100 ff., sowie Scott 1986, 72 ff., wo die ganze Vielfalt von Organisationstypologien sehr übersichtlich wiedergegeben ist).

Auch Etzioni fragt, wie es bei den Organisationsmitgliedern zur Willfährigkeit gegenüber Befehlen und Weisungen kommt, wie zur Einwilligung (compliance), die vorgegebene Rolle zu spielen, und hat dabei zwei Dimensionen vor Augen: Die Art der Macht, die von der Organisation eingesetzt wird, und die Art des Engagements, das die Mitglieder an den Tag legen. Die Kreuzklassifikation beider Dimensionen ergibt dann drei besondere Organisationstypen:

(1) Die **Zwangsorganisation** (z.B. Gefängnisse, Kasernen und geschlossene psychiatrische Anstalten), wo Macht in Gestalt von Zwang existiert (Anwendung und Androhung körperlicher Strafen) und das Engagement der Mitglieder negativ ist, sie in aller Regel fliehen bzw. allem entfliehen möchten.

(2) Die **utilitaristische Organisation** (z.B. die meisten White-collar-Industrien und Verwaltungen), wo die Macht darauf beruht, daß die Organisation Belohnungen vergeben kann oder auch nicht (Geld, Prestige), und die Mitglieder ihr Verhalten und ihre Arbeitsleistung (ihr Engagement) kühl kalkulieren, das heißt, nach einer individuellen Kosten-Nutzen-Analyse (= utilitaristisch) handeln.

(3) Die **normative Organisation** (z.B. viele freiwillige und religiöse Organisationen), wo Macht erwächst aus dem Vorhandensein eines starken Normengefüges und den damit – je nach Güte der Rollenerfüllung – verbundenen symbolischen Gratifikationen von der Wertschätzung bis zur Heiligsprechung, und ein intensives moralisches Engagement der Mitglieder angenommen wird.

173

Wer nun real existierende Organisationen in diese Schubladen einzuordnen versucht, wird sehr schnell merken, wie schwierig das ist, da man in den oberen Ebenen immer mehr zum Typ 3 tendieren wird, während die einfachen Mitglieder ihre Organisation eher dem Typ 2, wenn nicht sogar 1 zurechnen werden. So wünscht sich der Dienstherr unter Berufung auf das Beamtenethos ganz sicher eine eher normative Orientierung seiner Mitarbeiter, während die mehrheitlich eher utilitaristisch (und gewerkschaftlich) denken werden und von ihren Gefühlen her (vgl. den Abschnitt 5.4 über die Entfremdung) oft an eine Zwangsorganisation erinnert werden (siehe auch die „Anwesenheitspflicht" für Studenten der FHn für Verwaltung). Etzioni sieht das zwar auch, „insistiert aber darauf, daß es in der Regel möglich sei, die dominante Komponente der Willfährigkeitsstruktur auszumachen" (Scott 1986, 73).

## 4.4.2 Verhaltenssteuerung durch Macht

Mit Max Weber verstehen wir unter Macht „jede Chance, innerhalb einer sozialen Beziehung den eigenen Willen auch gegen Widerstreben durchzusetzen" (1964, 38). Was immer Frau H. in dem obigen Beispiel auch dagegen haben mag, die geforderte Aufstellung über die Gastarbeiterkinder bis zum Mittag anzufertigen (ihre generelle Abneigung gegen Statistiken, viel dringendere Arbeiten, die Ansicht, daß diese Aufstellung total überflüssig sei usw. usf.): wenn „es hart auf hart kommt", dann „sitzt ihr Vorgesetzter am längeren Hebel", d.h. er hat die Macht, ihr Belohnungen zu verweigern (z.B. die Beförderung, indem er ihr eine schlechte Beurteilung schreibt), sie unter Druck zu setzen und zu bestrafen (etwa durch die Drohung, ihr schwierigere Arbeiten zuzuteilen und dem Abteilungs- bzw. Personalleiter von ihrer Weigerung „Mitteilung zu machen") und sie künftig nicht mehr mit Informationen zu versorgen – und dies alles, ohne daß Frau H. ihn auch wirklich und innerlich als Vorgesetzten und Menschen akzeptiert und egal, ob sie ihre Behörde und ihre Arbeit nun gut findet oder nicht.

Organisationen statten also bestimmte Positionen (die Vorgesetztenpositionen) mit bestimmten Machtbefugnissen aus, um so das Verhalten der gewöhnlichen Mitglieder, deren Machtpotentiale jeweils geringer sind, steuern zu können (wobei die Vorgesetzten ihrerseits wieder Vorgesetzte mit noch höheren Machtpotentialen haben). Unterscheiden können wir hierbei neben der reinen „Macht des Stärkeren" im wesentlichen:

— Macht durch das Recht zur Vergabe von Belohnungen (reward power),

— Macht durch das Recht zur Anwendung von Zwangsmitteln (coercive power),

— Macht durch das Recht zur Monopolisierung von Informationen, was die Möglichkeit einschließt, die Untergebenen durch Zurückhaltung, Selektion oder Verfälschung von Informationen zu manipulieren.

In der (funktionalistisch gestimmten) Organisationstheorie herrscht Einigkeit darüber, daß ohne Macht (d.h. präzise: ohne eine unterschiedliche Machtverteilung in einer Organisation) ein wirksames kollektives Handeln nicht möglich sei – wie die zwei folgenden Zitate deutlich zeigen:

„Macht ist das Medium, mit dessen Hilfe allgemeine Autorität in wirksames kollektives Handeln umgesetzt wird. Machtausübung *zwingt* die betreffenden Gruppenmitglieder dazu, den für die Erfüllung der Gruppenziele notwendigen Rollenverpflichtungen nachzukommen." (Parsons 1964, 39)

„Und gerade darin besteht die Funktion von Macht. Sie stellt mögliche Wirkungsketten sicher unabhängig vom Willen des machtunterworfenen Handelnden – ob er will oder nicht." (Luhmann 1975, 11)

Mit anderen Worten: Ohne Macht, aber zumindest ohne die permanente Drohung ihrer Anwendung funktionieren große Organisationen auf Dauer nicht, da mit der freiwilligen Leistungs- und Unterwerfungsbereitschaft nicht immer und in jedem Falle als feste Größe gerechnet werden kann. Bei absoluter Gleichverteilung von Macht in Großorganisationen, beim Vorliegen von **Machtentropie** also, ist zu befürchten, daß eine Verlangsamung und Lähmung ihrer Prozesse stattfindet, daß es zu Chaos und Zerfall kommen wird.

Diese **Funktionsnotwendigkeit von Macht** sollte allerdings nicht dazu führen, daß wir die entscheidende Frage aus den Augen verlieren, wer nämlich im konkreten Fall in wessen Auftrag und mit welcher Legitimation Machtpositionen innehat. Das ist wichtig, weil in unseren Großorganisationen (privaten wie öffentlichen) der Machtbegriff derzeit weithin tabuisiert ist: schon die Arbeit mit ihm deute an, daß man an einer Veränderung der derzeitigen Machtverhältnisse interessiert sei. Und Machtpositionen wie Machthabende zu kritisieren und infragezustellen, bedeutet immer auch, deren Privilegien zu gefährden, denn jedes soziale System belohnt die am meisten, die in hohen Rängen besonders intensiv für sein Funktionieren und sein Fortbestehen sorgen (und zwar gerade deswegen).

Wie gesagt, grundsätzlich ist es gleichgültig, ob der Untergeordnete die Macht des Übergeordneten innerlich akzeptiert oder nicht – Hauptsache, er folgt dessen Weisungen (wenigstens in einer gewissen Toleranzzone). So können wir hier H. Ziegler (1970, 102) folgen: „Grundmerkmal der formal-bürokratischen Einflußstrukturen ist die aus der Verbindung von Anordnungs- und Sanktionsrechten resultierende Dominanz- und Abhängigkeitsbeziehung zwischen Über- und Untergeordneten, die der bürokratischen Autoritätsbeziehung tendenziell den Charakter einer wenn auch institutionell begrenzten Machtbeziehung verleiht; der Kategorie der Akzeptierung, damit der Rolle des Untergeordneten im Legitimierungsprozeß kommt keine konstitutive Funktion zu ..." Ins Normaldeutsche übersetzt, heißt dies: **Machtbeziehungen sind einseitig, die innere Zustimmung des Untergeordneten (sein Legitimitätseinverständnis) ist nicht notwendig;** anders dagegen bei den verschiedenen Arten von Autorität, über die gleich zu sprechen sein wird, wo der Untergeordnete dem sozialen Einfluß des anderen sozusagen erliegt, weil er ihm bestimmte Attribute, Fähigkeiten und Kenntnisse zubilligt, die er selber sehr hochschätzt und die für ihn Anlaß genug sind, sich der Führung durch den anderen anzuvertrauen. „Autorität setzt im Gegensatz zur Macht die Anerkennung des ausgeübten Einflusses durch den Untergeordneten voraus, schließt im Gegensatz zur Macht den Zwang aus, bedeutet akzeptierte Folgeleistung, die über ein bloßes Sich-Fügen-Müssen hinausgeht." (H. Ziegler 1970, 16)

### 4.4.3 Verhaltenssteuerung durch Autorität

Wir wollen also von folgender Definition ausgehen:

---

**Autorität,** Bezeichnung für den als rechtmäßig anerkannten Einfluß einer sozialen Instanz, in der Regel: einer Person oder Gruppe. Erscheinungen der A. werden meist unterschieden nach der Basis des Autoritätsanspruchs und des ihm entsprechenden Legitimitätseinverständnisses." (Hartmann 1973, 74)

---

Dementsprechend unterscheiden wir hier **zwei wesentliche Autoritätsquellen:** die formal-bürokratische Position (Amtsautorität) auf der einen und persönliche Qualitäten von Organisationsmitgliedern auf der anderen Seite (personale bzw. charismatische, funktionale und koordinative Autorität).

Um die verwirrende Definitionsvielfalt in den Sozialwissenschaften nicht weiter zu erhöhen, übernehmen wir hier die Formulierungen von H. Ziegler (1970) und fügen eigene Ergänzungen jeweils in Klammern hinzu.

**Amtsautorität** (auch Positionsautorität oder hierarchische A.): Hier ist die Autorität „an das Amt, nicht an die Person gebunden, die Mitglieder der bürokratischen Hierarchie gehorchen nicht dem Inhaber eines Amtes als Person, sondern nur der Autorität, welche mit dem Amt verbunden ist" (31) (und zwar, weil sie – so Max Weber 1964, 159 – vom rationalen wie vom traditionalen Charakter der Herrschaft überzeugt sind, d.h. sie glauben „an die Legalität gesetzter Ordnungen" und an das „Anweisungsrecht der durch sie zur Ausübung der Herrschaft Berufenen" sowie „an die Heiligkeit von jeher geltender Traditionen und die Legitimität der durch sie zur Autorität Berufenen" – womit auch Recht und Geschichte als Autoritätsquellen einbezogen werden). „Der **Legitimitätsglaube** in solcherart charakterisierten Einflußbeziehungen, die Bereitschaft zum Gehorsam, wird nun erklärt mit dem Bestehen einer gemeinsamen Wertorientierung, die im Fall der bürokratischen Autorität sich richtet auf das in formalisierten Organisationen legal eingerichtete, formal korrekte System von Regeln, die unpersönliche Ordnung und das im Rahmen dieser Ordnung geeignete und dieser Ordnung entsprechende und daher allgemein erwartete Verhalten in Über- und Unterordnungsbeziehungen ... Legitimität erscheint als ein auch von den Untergeordneten anerkanntes Attribut der organisatorischen Ordnung, welches dieser Ordnung den Charakter einer Norm bzw. eines Normensystems gibt, demgegenüber sich die einzelnen Organisationsmitglieder für verpflichtet halten." (77)

**Personale Autorität** findet sich nach H. Ziegler (1970, 32) in den folgenden drei Formen:

(1) als **personale Autorität i.e.S.,** „wenn die Chance der Einflußnahme beruht auf allgemeinen, in dem sozialen System geschätzten persönlichen Eigenschaften, umschrieben durch Begriffe wie Ansehen, persönliches Vertrauen, persönliche Integrität, Erfahrung, Charakterstärke und Verständnis im Sinne von persönlichem Einfühlungsvermögen" (bei außergewöhnlich großer persönlicher Autorität kann mit Max Weber 1964, 159, von **charismatischer Autorität** gesprochen werden);

(2) als **funktionale Autorität,** wenn die Chance der Einflußnahme beruht auf persönlicher Sachverständigkeit in wirtschaftlichen, technischen oder organisatorischen Fragen (Hartmann 1964). Max Weber 1964, 1085, unterscheidet hinsichtlich dieser Autorität des Wissens das **Fachwissen,** das man durch „Fachschulung" erwirbt, vom **Dienstwissen,** d. h. „die durch die Mittel des amtlichen Apparates nur dem Beamten zugängliche Kenntnis der für sein Verhalten maßgebenden konkreten Tatsachen";

(3) als **koordinative Autorität,** die auf Sachverständigkeit im Bereich der Lenkung und Koordination sozialer Prozesse beruht (Landwehrmann 1965), eigentlich aber nur eine Sonderform der funktionalen Autorität darstellt.

Dieser „kategorialen Subordinierung" der koordinativen Autorität widersprechen Sofsky & Paris (1991), da sie ihres Erachtens „weder dem besonderen Stellenwert des Organisierens im symbolischen Aufbau der Autoritätsprofile noch der phänomenologischen Differenz der Wissens- und Wahrnehmungsformen gerecht wird. Gewiß kann nur derjenige organisieren, der auch über ein entsprechendes Fachwissen verfügt und von der Sache genügend versteht. Aber die fachliche Kompetenz allein reicht dafür nicht aus. Sachverständigkeit ist nur eine notwendige, aber nicht hinreichende Bedingung erfolgreichen Koordinierens" (106, Fn 20). Bei ihnen tritt die koordinative Autorität unter dem Begriff **Organisationsautorität** gleichwertig neben die Amts-, Sach-, Funktions- und charismatische Autorität.

„Im Aufgabenspektrum von Meistern und Vorgesetzten nehmen koordinative Tätigkeiten, Prozeduren des Abstimmens und Organisierens, oft einen zentralen Stellenwert ein. Der Vorgesetzte ist nicht nur für die Ergebnisse seiner Abteilung verantwortlich, sondern auch dafür, daß die Arbeit ‚klappt'. Je nachdem, ob es ihm gelingt, die Arbeiten seiner Untergebenen und die sachlich-technischen Arbeitsabläufe insgesamt erfolgreich zu koordinieren, wird die Autoritätszuschreibung größer oder geringer sein. Die Fähigkeit des **Organisierens** spielt sowohl im Selbstbild von Vorgesetzten als auch in den Erwartungen von unten nicht selten eine entscheidende Rolle. Ihre Bedeutung im Gesamtprofil der Autorität kann kaum unterschätzt werden." (52)

Biggart & Hamilton (1984) weisen auf eine oft übersehene, aber sicherlich auch für die deutsche Bürokratie und gerade den Beamten sehr interessante Einflußgröße hin: die **Autorität aus normentreuer Rollenerfüllung.** Wer dem Ideal des „guten Beamten" (als Summe der von den Gesellschaftsmitgliedern mehrheitlich gehegten Erwartungen) nahekommt und hohe Werte auf den Dimensionen „Pflichterfüllung" und „Einsatzbereitschaft" (im Sinne von intrinsischer Motivation und „Hingabe an den Beruf" im Sinne des § 54 des Bundesbeamtengesetzes), „Unbestechlichkeit", „Fach- und Sachkompetenz" und „Menschlichkeit im Umgang mit dem Bürger" aufzuweisen hat, wird mehr Einfluß geltend machen können als derjenige, der seine Rolle nachlässig, indifferent, inkompetent und in- oder auch überkorrekt ausfüllt (so sehr sie/er unter Umständen auch dem Spott Gleichrangiger und Untergebener ausgesetzt ist).

„Entsprechend unserer Zweiteilung des Legitimitätsprinzips sind diese Eigenschaften nichts anderes als potentielle Quellen betrieblicher Autorität; ob sie realer Autoritätsbeziehungen begründen, ist von ihrer Bewährung in einem Prozeß der Legitimierung abhängig." (H. Ziegler 1970, 32)

Mit anderen Worten: schlechte Vorgesetzte sind die, die keine personale Autorität in die Arbeitsbeziehung einbringen können und sich deswegen auf die Amtsautorität zurückziehen und diese überbetonen müssen. Personale Autorität allerdings ist eine unsichere Sache: sie muß sich Tag für Tag neu beweisen.

Anzumerken ist noch, daß nicht nur die Vorgesetzten die hier gemeinten Qualitäten der personalen Autorität aufweisen können, sondern natürlich auch ihre Untergebenen (wie auch Interaktionspartner außerhalb der Organisationen), was ihre tendenzielle Unsicherheit als Mittel der Verhaltenssteuerung noch erhöht.

Vom Integrationsgesichtspunkt aus können wir allerdings sagen: Autorität erfüllt eine doppelte Funktion – durch sie werden nicht nur diejenigen in die Organisation integriert, die sie anerkennen, sondern auch die, die sie mitbringen und sich akzeptiert fühlen.

### 4.4.4 Verhaltenssteuerung durch den Arbeitsprozeß

Im Falle von Macht und personaler Autorität sind wir davon ausgegangen, daß bestimmte Personen unmittelbar die Steuerung (Integration und Koordination) anderer Personen vorgenommen haben; diese Funktion der Integration und Koordination von Menschen und ihrer Arbeit kann aber auch durch die Arbeitsorganisation und durch Maschinen erfolgen. Mit bestimmten Symbolen, Daten und Impulsen lösen sie bei denjenigen Organisationsmitgliedern, die zu ihrer Beachtung eingestellt worden sind, nahezu automatisch adäquate Reaktionen aus, denn einmal gehört dieses Tätigwerden ohne spezielle Anweisung eines Vorgesetzten generell zur Arbeits- und Mitgliedschaftsrolle (es ist eine „generalisierte Rollenerwartung", deren Nichterfüllung negative Sanktionen auslösen würde), und zum anderen ist die Sozialisation in unserer Gesellschaft derart auf eine fast schon religiös überhöhte Systemrationalität zugeschnitten („all systems must go!"), daß das reibungslose Aufrechterhalten von Systemabläufen ein Wert an sich geworden ist, daß es eine Selbstverständlichkeit darstellt, alles zu vermeiden, was ein System durcheinanderbringen könnte. Bei technischen Regelungen kommt (bei professionalisierten Mitarbeitern) die Sorge um die Maschinen hinzu – wem auch immer diese Maschinen gehören und wozu sie benutzt werden.

Fassen wir das Gesagte noch einmal zusammen: „Bei **Arbeitsprozeß-Regelung** ... sind Entscheidungen und Kontrolle objektiviert. Die Steuerungsfunktionen Koordination und Integration sind immanenter Bestandteil der normierten Arbeitsprozesse. Die Arbeitsprozesse sind so konzipiert, daß personale *Entscheidungen* hinsichtlich der Koordination der Teilprozesse und der Integration von allgemeinen Zielen und Teilzielen nicht mehr notwendig sind. Der Durchlauf formalisierter Datenträger erfolgt nach einem bestimmten Schema. In diesem Schema sind die Beziehungsverhältnisse so eindeutig geregelt, daß Koordinationsprobleme und Zielkonflikte nicht auftreten können. Die Arbeitsabläufe sind in ihren Schritten so eindeutig geregelt, daß Variationen nicht auftreten können (und somit Koordination und Integration entfallen). Das ‚Tätigwerden' einzelner Funktionsträger wird durch den Datenfluß bestimmt. Erreichen einen Funktionsträger bestimmte Daten, dann bearbeitet er sie und gibt sie weiter nach einem festgelegten Schema. Seine Arbeit selbst ist derart schematisiert, daß Entscheidungsfälle hinsichtlich der Bearbeitung und Weiterleitung nicht auftreten können." (Pöhler 1969, 195)

Diese Verhaltenssteuerung durch den Arbeitsprozeß ist für die öffentliche Verwaltung von besonderer Bedeutung, denn die inhaltliche Ausgestaltung der Arbeit ist hier so weit an allgemeinen Gesetzes- und Verfahrensvorschriften (der GGO z. B.) ausgerichtet und an Routineprogramme (Wenn-dann-Entscheidungen) gebunden und manchmal bis ins kleinste Detail „verrechtlicht", daß sich das Einwirken der Vorgesetzten auf ihre Untergebenen weithin erübrigt und sie nur noch in Erscheinung treten müssen, wenn es bei der Arbeit Schwierigkeiten und Unklarheiten gibt oder wenn sich die Arbeitsverfahren infolge neuer Gesetze, Verwaltungsvorschriften oder Techniken grundlegend ändern. Diese **bürokratische Versachlichung der Herrschaft**, wie sie von Hopf (1975) anhand einer empirischen Untersuchung deutlich herausgearbeitet worden ist, stellt einen nicht hoch genug einzuschätzenden Integrationsfaktor dar, da sie von der (möglichen) Dominanz und der (möglichen) Willkür der Vorgesetzten entlastet und dem Streben des einzelnen Organisationsmitgliedes nach Ich-Autonomie und handwerklich-eigenständigem Arbeitsvollzug entgegenkommt.

Letztendlich aber haben wir es nicht mit einer Steuerung von Menschen durch den Arbeitsprozeß, sondern durch die zweckrationale Gestaltung des Arbeitsprozesses zu tun, die andere Menschen vorher vorgenommen haben. Die Anpassung an den Arbeitsprozeß ist damit auch nichts weiter als ein Stück Unterwerfung unter die bestehenden Eigentums- und Machtverhältnisse, nur fällt sie wesentlich leichter, als wenn man den direkten Weisungen von Vorgesetzen Folge zu leisten hat. Für den Industriebetrieb hat ja Dahrendorf schon vor längerer Zeit betont, daß „Organisationsstrukturen, Arbeitsbedingungen, Lohnverhältnisse und selbst technische Anlagen immer auch **Herrschaftsinstrumente** sind. Mit Hilfe von Lohnsystem und Lohnhöhe, mit Hilfe bestimmter Arbeitsbedingungen und Organisationsformen sowie durch die technische Anlage der Produktion versucht das Management die Integration des Betriebes zu erzwingen" (1959, 61).

In den letzten Jahren ist auch in der öffentlichen Verwaltung eine ganz besondere Steuerung des Verhaltens immer mehr zur Geltung gekommen: die durch den Computer und seine zwangslogischen Programme, wobei sich die Auslieferung an seine Aufforderungsimpulse dadurch noch totaler zeigt, daß sie für viele Mitarbeiter, insbesondere die männlichen, Spiel- und Lustelemente enthalten.

Die wenigen verläßlichen Studien über die Folgen des **Computereinsatzes** in der öffentlichen Verwaltung (vgl. dazu Grunow 1988, 146) lassen zwar noch kein endgültiges Urteil zu, doch scheint sich durchweg ein Trend zu einer höheren Belastung und größeren Vereinnahmung der MitarbeiterInnen abzuzeichnen.

Armanski u. a. (1983) kamen nach einer Befragung von rund 500 Angestellten und Beamten in großstädtischen Kommunalverwaltungen zu wenig erfreulichen Ergebnissen im Hinblick auf die Auswirkungen des ADV-Einsatzes. Es haben jeweils angegeben

82 % einen größeren Arbeitsanfall
77 % eine erhöhte Konzentration bei der Arbeit
72 % eine höhere Arbeitsbelastung
65 % ein gestiegenes Arbeitstempo
62 % ein erhöhtes Fehlerrisiko

49 % eine größere Undurchsichtigkeit der Arbeitsabläufe

47 % vermehrte gesundheitliche Beeinträchtigungen (insbes. Augenbeschwerden, Kopfschmerzen und Nervosität)

40 % verstärkte Arbeitskontrollen

Ähnliche Zahlen über erhöhte Belastungen durch die Büroautomation finden sich in einer österreichischen Untersuchung (nach BEAMTE HEUTE 1/1989), wo von den befragten Anwendern gesagt haben

56 % die Erwartungen der Vorgesetzten an das Arbeitstempo seien gestiegen

55 % die Arbeit würde mengenmäßig umfangreicher

47 % es fände eine starke Verdichtung der Arbeit statt

Über zu sehr angestrengte Augen klagen 48 %, über Schmerzen am Rücken 35 % und über Kopfschmerzen 33 %. Hervorgehoben wird weiter, daß die Sachbearbeiter die „Gefahr der Beschneidung ihrer Sachkompetenz durch Routinisierung" spürten und die Frauen generell ihre „geringere Zeitautonomie" beklagten. Als wohl interessanteste Aussage aber erscheint uns diese: „Die Büroautomation verändert die sozialen Beziehungen im Büro nicht, sondern verstärkt nur bereits bestehende Tendenzen. In autoritär-hierarchischen Strukturen wurden die sozialen Beziehungen durch die Umstellung noch mehr belastet – in einem eher kollegialen, aufgeschlossenen sozialen Klima brachte die Büroautomation neue Freiräume und fallweise eine Annäherung weiblicher und männlicher Arbeitsrollen." (7 f.)

Kehren wir mit den Erkenntnissen von Hoppe & Kempf (1986) zur bundesdeutschen Verwaltung zurück. Im Hinblick auf die Einführung der programmierten Sozialhilfe (PROSOZ) in Bremen zitieren sie folgendes aus einem Bericht über die Auswirkungen des neuen ADV-Verfahrens: „Die Steuerungsfunktion der Automation für die Arbeitsgestaltung schlägt sich in dem Eindruck nieder, daß die Aktivitäten den Mitarbeiter ‚zum verlängerten Arm der Maschine' machen: Er muß sich den sachlichen und zeitlichen Restriktionen der ADV fügen; dies bedeutet eine Minderung situativer Flexibilität und Reaktionsfähigkeit" (8 f.). Hingewiesen wird auch auf das hessische Parallelprogramm (HES-SIAS), wo erstellte Listen von den Vorgesetzten dazu benutzt worden seien, „einzelne Kolleginnen und Kollegen im Hinblick auf die Umstellungsquoten und die Fehlerhäufigkeit zu kontrollieren" (6).

Lenk (1987) fordert eine frühzeitige Beachtung möglicher „ungeplanter Nebenfolgen von DV-Entwicklungen", die für das Verhältnis von Verwaltung und Bürger bedeutsam seien, wie

„– zunehmende Typisierung, Anonymisierung und Verfremdung des Verwaltungshandelns,

– Rigidität der Verfahren, mangelnde Berücksichtigung von Besonderheiten des Einzelfalles,

– Verlagerung von Verwaltungsaufwand auf die Betroffenen,

– Erschwernis des Zugangs zu Verwaltungsleistungen und zu Beschwerden bzw. Kontrollmöglichkeiten." (93)

Trotz der Vorläufigkeit, der Dürftigkeit und der Widersprüchlichkeit aller bislang vorhandenen empirischen Erkenntnisse wollen wir folgende **These zum verstärkten**

**Computereinsatz** im Verwaltungsbereich wagen, in einer also vergleichsweise hoch bürokratisierten Organisationform: Zu befürchten ist von ihm alles in allem eine verstärkte Konzentration der MitarbeiterInnen auf die „Bedürfnisse" und Signale der Computer bei gleichzeitiger Veränderung der informellen Beziehungen und einer Verarmung der Bürokultur: „Mensch-Maschine-Autismus" statt „schmoozing" (vgl. dazu Quass 1988).

Noch ganz offen ist die Prage, welche Langzeitfolgen der Einsatz von Computern und entsprechenden Peripheriegeräten im Rahmen von Personal-Informations-Systemen (PIS; vgl. Krüger & Rapsch 1988) oder in analogen Systemen zur Kontrolle von Anwesenheits- und Bearbeitungszeit, Aufenthaltsort, Zugangshäufigkeit zu bestimmten Verwaltungsbereichen (Sicherheitszonen etc.), Menge und Qualität der Arbeitserledigung, Häufigkeit von Telefonaten etc. auf das soziale Klima in Behörden haben wird. Die Orwell'sche Vision ist 1984 an uns vorbeigegangen, ohne daß wir uns hätten fürchten müssen. Aber werden die Verwaltungen auch (selbst-)kritisch genug sein, um verantwortungsvoll mit den Daten umzugehen, die sie einmal von ihren Mitgliedern erhalten werden, wenn die technischen Hilfsmittel das ermöglichen, ohne daß die Mitarbeiter dies immer wissen? Identity cards, automatische Telefonlisten, Vorgangsregistrierungen in PC's, Fehlzeitenregistrierungen, Datenverknüpfungen mit „Stammdaten" etc. (vgl. Klotz & Meyer-Degenhardt 1984 u.a.) – das sind die ersten Stichworte, die in eine Zukunft weisen, von der wir noch nicht wissen, ob sie ein professionalisiertes und demokratisch legitimiertes Personalmanagement bringen wird oder ein Klima von Angst, Mißtrauen und mechanischem Gehorsam, in dem Kreativität zerstört und damit Persönlichkeit fortschreitend beschädigt wird (Volpert 1985).

### 4.4.5 Verhaltenssteuerung durch Rituale

„Mahlzeit!"

Auf ging es, nun doch zur Kantine in den Keller hinunter..., und auch dort verhielten sich die Staatsdiener durchweg untersuchungsgerecht, wie Timon Zietz alsbald feststellen konnte:

„Wie war denn deine Reise?" (70,1 % redeten oft über Reise und Urlaub).

„Sag mal, wo krieg ich denn am billigsten 'nen neuen Wohnwagen her?" (53,6 % unterhielten sich oft über günstige Einkaufsmöglichkeiten).

„Meine Magenschmerzen gehen überhaupt nicht mehr weg; mein Internist tippt jetzt auch auf 'n Magengeschwür..." (52,7 % sprachen oft über ihre Krankheiten, Kuren u. dgl.).

„Das mit dem Baustadtrat ist ja 'n Ding – über 250 000 Mark Bestechungsgelder!" (28, 6 % kommunizierten oft über die örtlichen Tagesereignisse).

„Kohl weiht einen Tennisplatz ein. Was macht er dabei...? – er zerschneidet das Netz!" (21,2 % hatten es oft mit allgemeinen politischen und kulturellen Themen zu tun).

„Ist das nun 'ne überplanmäßige Ausgabe nach § 69 (1) GO oder nicht?" (14,7 % der Mittagspäusler pflegten sich oft über ihre konkrete Aufgabenerledigung zu beraten, sprich: auszutauschen).

Da saßen sie nun alle, seine lieben Kolleginnen und Kollegen...

„Mahlzeit!"

Gelästert wurde über eine Kollegin, die man gestern kräftig reingelegt hatte. Anruf mit verstellter Stimme. Hier sei das Gesundheitsamt, und einer ihrer Besucher gestern im Sozialamt habe TBC gehabt, offene, und nun möge sie bitte alle Türklinken bei sich im Büro schleunigst abschrauben und zum Bürgermeister hochbringen. Was sie dann auch prompt getan hatte.

„Mahlzeit!"

Zurück ging's nun, ins Büro hinauf, ins heimatliche. Unterwegs überall ein wildes Gerenne, Dutzende von Gieß- und Kaffeekannen wurde hin- und hergeschleppt zum Wasserholen, auch Teller und Tassen, Löffel und Messer, die noch abzuwaschen waren...

Mutter Kaminskis fürsorglich-kollegiale Rufe „Beeilt euch mal, das Wasser wird gleich abgestellt!" hatten sich in Windeseile im ganzen Rathaus verbreitet, unbürokratisch und schnell.

„Mahlzeit!"

Die in dieser Bürosatire von -ky (1987, 112) angegeben Prozentzahlen entstammen tatsächlich einer ernsthaften wissenschaftlichen Untersuchung (vgl. Bosetzky/Heinrich 1988), wir lernen aber mit Hilfe dieser kleinen Szene nicht nur etwas über den Inhalt informeller Kommunikation, sondern bekommen auch das **Grußritual** vorgeführt, wie es in weiten Teilen der deutschen öffentlichen Verwaltung üblich ist – „Mahlzeit!".

Hören wir die Worte Ritus und Ritual, assoziieren wir sofort ‚Kirche' und ‚Naturvölker', haben sofort eine feste Vorstellung vom Immergleichen, vom Eingeschliffenen. Was den Vergleich verschiedener traditioneller Kulturen betrifft, so hat Eibl-Eibesfeldt (1993) bei den G/wi-Buschleuten, den !Ko, den !Kung, den Eipo, den Yanomami u. a. neben religiösen Ritualen auch solche der Gehorsamserweisung, des Erzählens, des Teilens und Schenkens, der Totenbefragung, der Begegnung, der Beschwörung, der Fruchtbarkeit, des Grüßens und der Initiation beobachtet. Das oben erwähnte **Grußritual** zeigt überall einen ähnlichen Aufbau wie in unserer Kultur. Man eröffnet den „Gruß durch Selbstdarstellung (Händedruck, Salut) und bekundet gleichzeitig seine friedliche Absicht. Damit sind die Kommunikationskanäle geöffnet, und nun findet eine mehr oder minder lange verbale Interaktion statt. Übereinstimmung wird bekundet durch einfache, nichtssagende Floskeln, etwa der Art: ‚Ein schönes Wetter heute', ‚Ja, regnen könnte es wohl wieder einmal' usw. Dann erkundigt man sich nach dem Wohlbefinden sowohl des Partners als auch von dessen Angehörigen (‚Wie geht es dir' ist eine stehende Floskel). Ist so Übereinstimmung und Anteilnahme dokumentiert worden, scheidet man mit einem guten Wunsch – einem ‚verbalen Geschenk' – wie ‚Behüt dich Gott', ‚Petri Heil', ‚Auf Wiedersehen' und dergleichen mehr." (148)

Daß man zu Beginn der 90er Jahre plötzlich wieder so viel von Ritualen spricht (siehe Soeffner 1992 und Herringer 1993), ist kein Zufall, sondern die logische Antwort auf das Aufkommen der Chaostheorie wie der realen Anomie, wie sie sich im vereinigten Deutschland ansatzweise und in den ehemaligen Ostblockstaaten sehr ausgeprägt zeigt, aber auch der konservativen These vom zunehmenden ‚Werteverfall'. Wer dabei nach dem Gleichgewicht sucht, muß zwangsläufig auf die stabilisierende Wirkung der Rituale kommen.

> Ein **Ritual** ist ein traditional-magisch überhöhtes und weithin standardisiertes Interaktionsmuster, das der Einzelne so stark verinnerlicht hat, daß er ihm der Tendenz nach mit abgesenktem Bewußtsein geradezu mechanisch folgt und dadurch die positive Empfindung von Schutz und Sicherheit, vor allem aber des Einsseins mit seiner Kultur erfährt.

Rituale etablieren und festigen die grundlegende **Orientierungsstruktur** sozialer Systeme, „rituelles Verhalten ist durchgeformtes, vorhersagbares, in gewisser Weise **kalkulierbares, Orientierungssicherheit** gewährleistendes Verhalten" (Soeffner 1993, 108).

Hans-Georg Soeffners Argumentation beginnt mit einem Gedankengang, in den sich Menschen, die über viele Jahre hinweg jeden Morgen zur selben Zeit ins selbe Büro fahren müssen, um dort die immergleiche Arbeit zu verrichten, besonders gut hineinfinden können: „Im Kreislauf der Routinen scheint die Zeit stillzustehen oder zähflüssig zu werden. Es entsteht der Eindruck, als geschehe nichts ‚wirklich'. Aber für eine Teilantwort auf die Frage nach dem Wesen sozialer Ordnung ist gerade das mitentscheidend, was geschieht, wenn (scheinbar) nichts geschieht: hier vollzieht sich die Tradierung und Einschleifung der Formen." (12) Wichtig für ihn ist das, was die christlichen Kirchen in unserer Kultur im Hinblick auf die **feste Strukturierung** des **Lebenslaufes in Lebensstationen** bewirkt haben. „Geburt, Ende der Kindheit, Heirat und Tod werden in den **Passagesakramenten** von Taufe, Firmung, Ehe und letzter Ölung nicht nur abgebildet, sondern als ewige, generationsübergreifende Lebensstationen sakralisiert. Mehr noch: sie binden in Familien und überschaubaren Gemeinschaften die Generationen aneinander. (...) Alle Generationen stehen in einem – vorwärts und rückwärts orientierenden – gemeinsamen, geordneten, überdauernden, durch die Sakramente geheiligten Lebenzyklus." (35) Es entsteht dabei „der Glaube an den magischen Charakter der Wiederholung: aus der Wiederholung des Mythos wird der Mythos der Wiederholung" (36).

Übertragen wir das auf den öffentlichen Dienst, so denken wir sofort an die feierliche Überreichung von Ernennungsurkunden, das Ablegen des Diensteides und die Feierlichkeiten bei Jubiläen und Beförderungen. Bei „kollektiven Großarrangements" wie dem ‚Deutschen Beamtentag' beispielsweise kommen dann noch Tendenzen und Versuche hinzu, „die Alltäglichkeit sozialen Zusammenlebens" durch die Transzendenz (1) individuellen Erlebens und Erfahrens, (2) des individuellen Raumens und der individuellen Reichweite und (3) der Zeit und Vergänglichkeit" hinzu (Soeffner 1993, 118), das heißt, des Aufgehens in einer „höheren Gemeinschaft".

Bei einem umfassenden Blick auf unsere gegenwärtige Gesellschaft sieht Soeffner einen deutlichen Trend: „Wir bewegen uns... in einem **undurchschauten Ritualismus,** der sich in zwei Extremformen veranschaulichen läßt:

a) einem ritualisierten Antiritualismus;

b) an der Veränderung eines überkommenen Ritus durch naiven, inflatorischen Ritualismus." (103)

Bei a) zielt er auf die Rituale (der vermeintlichen Antiritualisten) in der Friedens- und Öko-Bewegung, bei b) auf Massenveranstaltung wie die Reisen des Papstes.

Catherine Herringer (1993) hält Rituale für „das Schmieröl im menschlichen Getriebe" (10) und betont besonders die **Kraft der Rituale.** „Ganz offensichtlich können durch bestimmte Rituale **ungeahnte menschliche Energien** beschworen und freigelegt werden". (46) – Wir haben da sofort die Bilder vor Augen, wenn sich Skispringer vor dem Absprung bekreuzigen oder Eishockey- und American-Football-Spieler vor dem Anpfiff die Köpfe zusammenstecken und Schlachtrufe ausstoßen, denken aber auch an jedes Gebet wie ein zugerufenes ‚toi-toi-toi' oder ‚Hals- und Beinbruch'.

Herringer geht von der Grundannahme aus, daß Rituale „dem menschlichen Grundbedürfnis nach Schutz und Stütze" entsprechen (61) und macht diese **Schutzfunktion der Rituale** an einem überzeugenden Beispiel fest: „Kinder haben noch einen direkten, weil unverbildeten Bezug zu der ‚**inneren Ordnung**' der Rituale. Gerade bei den weitverbreiteten Nachtängsten entwickeln Kleinkinder richtiggehend ritualisierte Schutzwälle um sich. Sei es durch eine Schar von Lieblingsstofftieren und Puppen als Wächtersymbole im Bett, durch das beruhigende Wissen um ein Glas Milch oder Wasser, von den Eltern gebracht, oder durch ein liebevolles Gute-Nacht-Ritual mit Beten und Geschichten erzählen, Liedersingen und großen Umarmungen. Instinktiv spüren Kinder das **Schützende und Heilende** der zum großen Teil von ihnen **selbst entwickelten Rituale**" (134).

Jetzt wird uns auch klar, wo der von so vielen Bürgern und Wissenschaftlern beklagte **Ritualismus in der bürokratischen Organisation** (vgl. vor allem Merton 1968) seine eigentlichen Wurzeln hat: in der Angst der Menschen vor der Kälte des Apparats, vor den gottähnlichen Vorgesetzten, vor dem Fehlermachen und dem Gesichtsverlust danach, vor dem Spott der anderen, vor der Degradierung und der Entlassung. So ritualisieren sie nicht nur ihre Tagesabläufe und informellen Kommunikationsakte, sondern auch ihre Arbeit.

Aber kehren wir zu Catherine Herriger zurück. Vor allem in Krisensituationen mißt sie den Ritualen entscheidende Bedeutung zu. „Gerade bei seelischem Schmerz suchen wir instinktiv **Trost in überlieferten Handlungs-(Kommunikations-)Abläufen...**" (61) **Begräbnis-Rituale** werden als stützendes Gemeinschaftserlebnis für Trost, Ablösung und Neuorientierung, als Ventil für Negativ-Gefühle und als Chance für den Neubeginn gesehen. Das **Hochzeits-Ritual** erscheint ihr wegen der Zwänge zur Gemeinsamkeit und der Einbindung in konfliktträchtige Familienstrukturen einerseits stark belastet, andererseits aber als „kreatives Vertrags-Ritual" und notwendiger „Anlaß für familiäre Harmoniebedürfnisse und Heile-Welt-Phantasien". Eine Auflistung anderer von ihr behandelter Rituale zeigt, wie sehr unser Leben in Alltag und Beruf auf diese Art und Weise vorprogrammiert ist:

— **Geburtstags-Rituale** sind Ausdruck einer Wertschätzung.

— **Kommunikativ-Rituale** sind die „Brücke zum Du". „Denken Sie nur an den Satz: ‚Ich liebe dich.' Ohne ein bezugschaffendes Ritual von Ihnen wirkt selbst dieser Ausspruch leer, inhaltlos, abgedroschen, fad... Weil die Botschaft nicht ‚rüberkommt' ohne die Verpackung des Rituals. Aber: ‚Ich liebe dich', begleitet von einem **Berührungs-Ritual** (streicheln, in die Arme nehmen), von einem **Schenk-Ritual** (einer Blume, einem tiefen Blick), von einem **Bestätigungs-Ritual** (schönes Essen, Feier), erhält plötzlich **Substanz** und **Überzeugungskraft.** Man glaubt Ihnen, der Bezug ist da. Erst das Ritual verleiht einer Aussage Tiefe..." (83) In Organisationen sorgen Kommunikativ-Rituale wie Jubiläumsfeiern, Sportveranstaltungen, Wettbewerbe, Firmenessen und Betriebsausflüge für höhere Motivation, gestärkten Zusammenhalt, größere Loyalität und bessere Kommunikation – und damit für höhere Effizienz.

— **Kauf-Rituale** dienen der Wertschätzung von Ding und Mensch.

— **Hierarchie-Rituale** (wie: niemand darf sich vor dem Chef an einen Tisch setzen, jeder hat ihm in der Tür den Vortritt zu lassen) haben die Funktion, eine festgefügte Ordnung und Struktur zu untermauern.

— **Verhandlungs-Rituale** (zerlegt in Zeige- bzw. Imponier-, Werbe-, Abtast- und Abschluß-Rituale) sichern den Erfolg.

— **Eröffnungs-Rituale** (vor allem bei Berufs-Kommunikatoren wie Rundfunk- und Fernsehjournalisten und bei Politikern zu finden) sichern den Zugang zur Bezugs-Ebene.

— **Alltags-Rituale** strukturieren unseren Tag und machen ihn ‚lebenswert' (z. B. Aufwach-, Badezimmer-, Frühstücks-Rituale), bestimmen aber auch weithin unsere Gespräche und Kontakte (Eröffnungs- und Abtast-, Abgrenzungs- und Schluß-Rituale).

Beenden Sie die Lektüre dieses Abschnitts bitte mit dem dafür vorgesehenen Ritual: Legen Sie ein Lesezeichen in Ihr Buch und klappen es zu (oder Sie knicken die letzte Seite oben um).

### 4.4.6  Die Chance der Machtausübung als integrative Kraft

Durch den Einsatz von Macht werden nicht nur die Untergeordneten im Sinne der Organisation gesteuert und integriert, sondern auch die Vorgesetzten die Machtausübenden selber (und zwar nicht nur in dem Sinne, daß sie ja auch ihrerseits wieder Vorgesetzte haben). Gemeint ist hier die Befriedigung, die Menschen mit autoritärer Persönlichkeitsstruktur gewinnen, wenn man ihnen gestattet, Macht über andere Menschen auszuüben. Sie werden sich unablässig bemühen, den Leistungs- und Loyalitätsnormen ihrer Organisation in einem solchen Maße zu entsprechen, daß man sie schließlich mit Machtpositionen belohnt. Presthus (1966) bezeichnet diesen Mitgliedertypus als die **Aufsteigenden.**

Mowday (1978) zufolge ist das hier gemeinte Machtstreben (power motivation) im Zusammenhang mit drei Faktoren zu sehen:

— einer intrinsischen Motivation (einer Befriedigung, die sich aus der Machtausübung als solcher ergibt),

— einer instrumentellen Motivation (d. h. dem Erstreben von Macht, um damit anstehende Entscheidungen in der Organisation erfolgreich beeinflussen und angestrebte persönliche Ziele erreichen zu können), und

— der Selbstwahrnehmung von Macht (d. h. der Einschätzung des Ausmaßes, in dem man selbst in der Lage ist, das Verhalten anderer zu verändern).

Dem ersten Faktor von Mowday entspricht auch die erste These von Mulder

— Die bloße Ausübung von Macht schafft Befriedigung (vgl. dazu auch McClelland 1978).

Fassen wir diese Gedanken wie folgt zusammen: **Durch Erfolge im ständig andauernden Machtspiel werden Menschen an Organisationen gebunden.**

Ohne hier einen „angeborenen Machttrieb" des Menschen unterstellen zu wollen, gehen wir davon aus, daß es in unserer Gesellschaft sehr vorteilhaft ist, in den verschiedensten Rollen soviel Macht wie möglich zu besitzen, denn Machtbesitz ist im allgemeinen mit Privilegien und mit Statusgewinn verbunden – und nicht zuletzt schützt er davor, von anderen beherrscht zu werden. Machtstreben ist also durchaus rational, ebenso natürlich der Versuch großer Organisationen, fähige Leute durch die sukzessive Vergabe von immer mehr Macht zur Erreichung ihrer Ziele einzusetzen bzw. zu instrumentalisieren.

Bei Grunwald (1979, 102f.) findet sich eine interessante Gegenüberstellung der idealtypischen Verhaltensmuster von Personen mit zwei divergenten Macht-Reaktionsweisen, nämlich a) sozialisierten Machtphantasien (s-Macht) und b) personalisierten Machtphantasien (p-Macht):

**Personen mit p-Macht**

— Sozialdarwinistische Anschauungen

— Leben wird als „Null-Summen-Spiel" betrachtet

— Sammeln von Prestigedingen

— Mann-gegen-Mann-Sportarten

— Eher zu offenen aggressiven Handlungen geneigt

— Unterstellte werden als „Komparsen" betrachtet

**Personen mit s-Macht**

— Größere Scheu, ihre Macht in zwischenmenschlichen Beziehungen auszuüben

— Phantasien mit altruistischer Machtanwendung

— Ambivalent gegenüber der Ausübung persönlicher Macht

— Sind sich der Wirkung von „Null-Summen-Spielen" bewußt

— Betonung von Gruppenzielen

— Unterstellte werden als Mitarbeiter betrachtet

Dieses durchaus rationale Kalkül kommt nun allerdings insbesondere denjenigen Organisationsmitgliedern zugute, die sich machiavellistisch verhalten, d. h. in skrupellos-autokratischer Art und Weise ihre Tätigkeit in der Organisation und ihre Mitarbeiter zum technischen Mittel der Machtgewinnung und Machtbehauptung machen (vgl. Bosetzky 1977 b und Saunders 1977).

Der Abschnitt 4.7 (Mikropolitik und Aufbau von Gegenmacht) wird uns zeigen, daß nicht nur die Besitzer von Macht, sondern auch die der hierarchischen Ordnung nach eigentlich Machtlosen durch die Teilnahme am Machtspiel in ihre Organisation integriert werden können.

## 4.4.7 Führung

Wir haben bereits darauf hingewiesen, daß das Thema Macht nach dem Zusammenbruch des Nationalsozialismus mit einem wirksamen Tabu belegt worden ist. Zu den Auswirkungen dieses Tabus gehört auch, daß die zukünftigen Inhaber der Machtrollen während ihres Ausbildungsprozesses kaum oder gar nicht auf die Ausübung bzw. Handhabung dieser Macht vorbereitet werden. Allerdings erfolgt die Tabuisierung nicht nur als moralische Folge eines geschichtlichen Lernprozesses (Demokratisierung, Antiautoritäre Bewegung), sondern auch sehr interessengebunden: die konservative und eher industrienahe Wissenschaft bzw. die Industrie selbst und ihre Ausbildungsstätten haben zur Kenntnis genommen, daß das Leugnen von Macht und die Demonstration von „demokratischem" Führungsgebaren einem Zeitgeist entspricht, dem man sich zumindest auf der sprachlichen Ebene nicht ungestraft entziehen kann. Kaum jemand leistet es sich noch, von seinen „Untergebenen" zu sprechen; sie sind jetzt alle „Mitarbeiter", auch wenn sie faktisch nichts zu sagen haben.

### 4.4.7.1 Taylorismus

Der Zeitgeist war nicht immer von dieser Kooperationsseligkeit durchdrungen. Die klassische Führungslehre – der auf organisationssoziologischer Seite in etwa das Bürokratiemodell von Max Weber entspricht – sah vielmehr im Verhältnis vom Vorgesetzten zum Untergebenen, vom Abteilungsleiter zum Sachbearbeiter oder vom Meister zum Arbeiter ein bloß einseitiges Machtgefälle vom wissenden Befehlsgeber zum unwissenden Befehlsempfänger. In der Organisationspsychologie wird dieses „Managementmodell" hauptsächlich mit dem Namen von Frederik W. Taylor (1911) verbunden. Ihn kann man auch gleichzeitig als Vater der Rationalisierung ansehen, zusammen mit dem ingeniösen Praktiker Frank B. Gilbreth, der vor allem durch ein Buch seiner beiden Kinder Frank B. Gilbreth und Ernestine Gilbreth Carey (1950) bekannt geworden ist. Dessen Titel: „Im Dutzend billiger". Beide Arbeitsrationalisierer haben zur selben Zeit, nämlich Anfang des Jahrhunderts in den USA gelebt, sollen sich aber nicht gekannt haben. Manche Ideen scheinen ganz einfach ihre Zeit zu haben.

Taylors Ziel war die Entrümpelung von industriellen Arbeitsvorgängen von unnötigen und erschwerenden Bewegungen bzw. äußeren Arbeitsbedingungen. Dazu sollten in jedem größeren Werk Arbeitswissenschaftler in einem sog. Arbeitsbüro sitzen, die mit wissenschaftlichen Methoden jeden Arbeitsvollzug untersuchen und so umgestalten sollten, daß – natürlich zum Wohle des Arbeiters wie des Unternehmers – kein Leerlauf mehr zu Produktionseinbußen führen würde. Die **Arbeitsverdichtung (Intensifikation)** wird im tayloristischen System durch mehrere Prinzipien sichergestellt:

**Absolute Kontrolle** – Da der Arbeiter von sich aus bequem ist und die Arbeit am liebsten vermeiden würde, muß er ständig kontrolliert werden.

**Ökonomie der Handlungsabläufe** – Für jeden Arbeitsvorgang gibt es den idealen Weg, der durch wissenschaftliche Analyse (scientific management) ermittelt werden muß. Bekanntes Beispiel: Gilbreth (1921) „Bewegungsstudien", exemplifiziert am Beispiel des Maurers.

**Vollständige Fremdbestimmung** – Da der einzelne Arbeiter nur ein sehr unsystematisches und lückenhaftes Wissen aber diese optimale Arbeitsform hat, sollen ihm alle Bewegungen genau vorgeschrieben werden. Volpert (1975) zitiert ausführlich einen Bericht von Taylor, in dem dieses Prinzip sehr anschaulich zu erkennen ist.

**Arbeitszerstückelung** – Je kleiner die Arbeitseinheit ist, die der einzelne Arbeiter zu verrichten hat, desto geringer ist die Zeit, die für Anlernen, Fehlerkorrektur etc. anfällt. Die Arbeit muß daher in kleinste Einheiten aufgelöst, atomisiert werden. Es ist dies dasjenige Prinzip, das in Behörden am wenigsten verwirklicht werden kann. Die dem einzelnen Arbeitsplatz zugeordneten Arbeitsvollzüge sind nicht „taylorisiert".

**Zentrale Lenkung des Arbeitstaktes** – Damit die einzelnen Arbeiter ihr persönliches Tempo nicht zu niedrig ansetzen und um ihre gleichzeitige und aufeinander bezogene Arbeit besser koordinieren zu können, muß die Steuerung der Arbeitstakte (bei repetitiver Tätigkeit die Zeit für einen Arbeitsvollzug) zentral erfolgen. Dies ist die Geburtsstunde des Fließbandes, und zwar in den Werken von Henry Ford, mit dem Taylor freundschaftlich zusammengearbeitet hat.

**Motivation nur durch Lohn** – Damit den Arbeitern ein solches Arbeitsverdichtungsprogramm schmackhaft gemacht werden kann, sollen sie einen guten Lohn bekommen, denn an anderen als materiellen Belohnungen seien sie nicht interessiert. Die Produktivitätssteigerung und damit der Gewinnzuwachs sind freilich in der Regel um ein mehrfaches höher gewesen als die Zunahme der Lohnkosten.

Der Taylorismus ist oft für überwunden erklärt worden, lebt aber gleichwohl sehr lebendig weiter – auch in den Verwaltungen, wenn auch dort nicht in seiner schärfsten Form (Ulich 1981). Im REFA-System der Arbeitsgestaltung und Lohnnormenermittlung hat er einen allgemein bekannten Erben. Die dem Taylorsystem innewohnende Widersprüchlichkeit hat schon 1921 Colin Ross in seiner Einführung zur deutschen Ausgabe der Gilbrethschen Bewegungsstudien beschrieben: „Das Taylorsystem garantiert das Äußerste an industrieller Leistungsfähigkeit. Es kann die Arbeitsleistung um ein Vielfaches steigern, ohne den Arbeiter mehr zu ermüden, es kann aber auch zur schlimmsten und raffiniertesten Ausbeutung und zur Versklavung der Arbeiter mißbraucht werden." (111)

Die Warnungen vor einem Wiederaufleben kommen von verschiedenen Seiten: So beklagt Koch (1986) eine neuerliche Hinwendung des Verwaltungsmanagements zu „tayloristischen Konzepten einer wissenschaftlichen Betriebsführung" im Rahmen eines aktuellen „Kürzungsmanagements" (Aufgabenkritik, Technikeinsatz). Und Volpert (1985) sieht ein ungebunden tayloristisches Denken in der neuerlichen Enteignung des Arbeiters, jetzt in Form der Wissensenteignung durch den Aufbau sogenannter „Expertensysteme".

Ein anschauliches Beispiel für ein noch immer ungebrochenes Denken in tayloristischen Bahnen gibt Schwarz (1985) anhand einer Versicherungsgesellschaft, wo der Innendienst im Zuge allgemeiner Rationalisierungsmaßnahmen den Außendienstmitarbeitern (hier „Produzenten" genannt) eine sogenannte „elektronische Wegsteuerung" aufoktroyieren wollte. Es hatte sich nämlich ergeben, „daß ein Produzent im Ort A einen Kunden besuchte, nach Abschluß des Geschäftes unter Umständen noch einen zweiten, dann aber in den Ort F fuhr, unter Umständen dort kein Geschäft machte, worauf er dann in den weit entfernten Ort M fuhr, und vom Ort M in den Ort A zurück, um dort wieder ein neues Geschäft zu tätigen. Die Analyse der Wege ergab, daß bis zu zwei Drittel ‚unnötig' gefahren wurde" (93). Für die Betriebswirte in der Zentrale war das eine klare Sache, doch die Außendienstmitarbeiter wehrten sich nach Kräften gegen eine Optimierung ihrer Wege per Computer, denn die „Autofahrten von einem Kunden zum anderen hatten nicht nur die Funktion, den Produzenten zum nächsten Kunden zu bringen, sondern hatten sozusagen auch eine psychohygienische Funktion. Der Versicherungswerber nämlich, der bei einem Kunden einen Abschluß getätigt hatte, konnte ohne weiteres hochmotiviert, voll Gefühl seiner Abschlußpotenz, zum nächsten Kunden gehen. Hatte er aber einmal bei einem Kunden eine Abfuhr erlitten, dann gab es im Gefühl der Frustration, der Depotenzierung und des Versagens. Er war nicht in der Lage, sofort zum nächsten Kunden zu gehen und dort abzuschließen" (94). Tat er es doch, so bestand die Gefahr, nun die Aggressionen und den Ärger an diesem Kunden abzureagieren und ihn damit zu verlieren. So setzten sich die Mitarbeiter lieber ins Auto und fuhren bis zu 50 Kilometer „wild" in der Gegend umher, bis sie sich wieder beruhigt hatten.

## 4.4.7.2 Human Relations

In einer auf viele Jahre angelegten Untersuchung tayloristischen Zuschnitts in den sog. Hawthorne-Werken stießen Roethlisberger & Dickson (1939) in enger Kooperation mit Elton Mayo (1933) Ende der 20er Jahre auf ein damals überraschendes Ergebnis. Bei dem Versuch, den Einfluß der Beleuchtungsstärke auf die Arbeitsleistung der Spulenwicklerinnen zu untersuchen, stellte sich heraus, daß nicht nur bei der Experimentalgruppe die Leistung mit steigender Watt-Zahl zunahm – auch bei der Kontrollgruppe, bei der die Beleuchtung während der gesamten Untersuchungszeit konstant gehalten wurde. Diesen mittlerweile berühmt gewordenen **Hawthorne-Effekt** führten die Autoren auf das Wirksamwerden „menschlicher" Faktoren zurück: Stolz, zu einer Untersuchungsgruppe zu gehören; Ansporn, es den konkurrierenden Kolleginnen von der Experimentalgruppe gleich zu tun; Hoffnung, mit der guten Leistung Anerkennung zu erzielen; Angst, bei schlechter Leistung im Betrieb an Ansehen, vielleicht sogar an Verdienst zu verlieren. Insbesondere wurden in weiteren Untersuchungsteilen (u. a. Befragungen), die sich an dies Beleuchtungsexperiment anschlossen, die zwischenmenschlichen Beziehungen innerhalb der Arbeiter- und Arbeiterinnenschaft, aber auch zwischen ihnen und den verschiedenen Führungsebenen als wesentliche Variable für die Produktivität erkannt. Die **Human-Relations-Bewegung** war gestartet (Heinrich 1982).

Die Human Relations haben in der Arbeitswissenschaft und in den Betrieben einige neue Gedanken und Stichworte eingebracht, die wir z.T. schon an anderen Stellen, der jeweiligen Sachsystematik folgend, erwähnt haben. So sieht die Motivationstheorie jetzt nicht mehr nur materielle, sondern auch soziale und personale Bedürfnisse der Arbeiter vor, wodurch für die Rezeption des Maslowschen Bedürfnismodells der Boden bereitet war (Kap. 3.1.4). Die Beziehungen innerhalb der Organisation werden nicht mehr nur unter formalen, streng funktionalen Gesichtspunkten gesehen, sondern unter Einfluß ihrer informellen Seite, der „Logik der Gefühle" (Kap. 4.3.1). Die Organisationsform der Arbeitsgruppe gewinnt auch wegen der psychologischen Aspekte ihres Leistungsvorteils an Bedeutung (Kap. 4.3.2), und schließlich findet über den Gedanken der Partizipation (tatsächliches oder vermeintliches Angebot zur Mitbestimmung) die Idee der arbeitsbezogenen Autonomie ihre Vorbereitung (4.3.5). Die Mitbeteiligung an innerbetrieblichen Änderungsprozessen ist besonders im Zusammenhang mit organisatorischen Umstrukturierungen aufgegriffen worden. Man sah in dieser „Einführung demokratischer Techniken" (French 1967) eine Chance, die traditionell starken Widerstände gegen Änderungen der Arbeitsinhalte und -bedingungen überwinden zu können. „Overcoming resistance to change" heißt denn auch der Titel einer der bekanntesten Untersuchung dieser Couleur von Coch & French (1948). Das Stichwort hierzu heißt heute: **Organisationsentwicklung** (bei Insidern kurz: OE).

## 4.4.7.3 Führungsstile

Das Mißtrauen gegen die Inhaber von Macht- bzw. Führungspositionen wurde – nicht zuletzt aus der heftigen Ablehnung der Führerideologie des deutschen Faschismus heraus – von der antiautoritären Studentenbewegung noch erheblich verstärkt. Auch heute noch gilt soziale Ungleichheit großen Teilen einer gegenüber staatlicher und personaler Autorität sensibel gewordenen Generation als absoluter Sündenfall; Unterordnungsverhältnisse werden als Ausdruck ständischer Herrschaftsansprüche bzw. kapitalistischer Klassenverhältnisse gesehen, womit ja auch in vielen Fällen eine korrekte Diagnose gestellt ist.

Als frisch bestallte(r) Vorgesetze(r) sieht sich das soeben graduierte oder diplomierte Organisationsmitglied daher gänzlich unvorbereitet Erfahrungen in dieser Rolle ausgesetzt, die Cartwright (1959) in Anlehnung an Campbell so zusammenfaßt:

(1) Es kann plötzlich darüber entscheiden, in welchem Maß andere Mitarbeiter ihren Bedürfnissen entsprechen können.

(2)  Es kann sich nicht mehr so frei wie früher verhalten, da sein Verhalten automatisch weitere Konsequenzen nach sich zieht.

(3)  Andere verhalten sich ihm gegenüber anders als in seiner vorigen Rolle.

(4)  Was es sagt, ist automatisch mit Autorität versehen und zeigt irgendwelche Wirkungen.

Der frisch gebackene Vorgesetzte wird, kurz gesagt, merken, daß sein Verhalten plötzlich Vorgesetztenverhalten ist, und er wird sich überlegen müssen, auf welche Art und Weise er dieser Aufgabe gerecht werden will, welchen Stil er seinen Mitarbeitern gegenüber annehmen will. „Seinen Mitarbeitern . . .“? Soll er allen gleich begegnen oder müssen manche vielleicht anders angefaßt werden als andere? Kann er bzw. kann sie es sich überhaupt leisten, ältere Untergebene zu „führen“? usw.

An dieser Stelle taucht dann regelmäßig die Frage nach dem zu praktizierenden **Führungsstil** auf, der die erfolgreiche Erfüllung der Vorgesetztenrolle gewährleisten soll. Mit diesem Zauberwort verbinden sich, ähnlich wie mit dem vergleichbaren Terminus auf der Betriebswirtschaftslehre **Managementkonzepte,** unerhörte Erwartungen – bis man merkt, daß sich dahinter kaum mehr als ein Papierzauberer verbirgt. Sage mir, welchen Führungsstil du praktizierst, und ich sage Dir, ob Du ein guter Vorgesetzter bist – das läuft nicht. Soziale Wirklichkeit in Organisationen kann durch eine simple Reduzierung komplexen Verhaltens auf wenige Grundtypen wohl geordnet, nicht aber konkret gestaltet werden. „Erklärungsmodelle können helfen, komplexes Verhalten besser zu verstehen. Sie können aber auch die Wahrnehmung der Eigenart der jeweiligen Lage verhindern. Die bisherigen Führungstheorien haben dazu verleitet, eher in Stereotypen zu denken, statt daß sie geholfen haben, für Führungsprozesse zu sensibilisieren.“ (Müri 1984, 29)

Über das Thema Führungsverhalten bzw. Führungsstil gibt es eine so große Zahl von hervorragenden Zusammenfassungen (wir verweisen stellvertretend auf Wunderer & Grunwald 1980), daß wir es uns hier ersparen, alle diese Texte noch einmal zu referieren bzw. um einen neuen zu erweitern. Wir beschränken uns daher auf einige wenige Bemerkungen.

Es gilt heute als Allgemeingut der Führungsforschung, daß für das Verständnis bzw. die Beurteilung von Führungsverhalten in konkreten Situationen drei Faktoren berücksichtigt werden müssen: die Persönlichkeit des Führenden (des Vorgesetzten). die Persönlichkeiten, speziell die Erwartungen und Motivationslagen der Geführten (der Mitarbeiter) sowie die Struktur der gemeinsamen Aufgabenstellung im Rahmen der in einer gegebenen Umwelt stehenden Arbeitsorganisation.

Die **Aufgabenstellung** ist vor allem für die jenige Dimension des Vorgesetztenverhaltens von Bedeutung, die als **„Partizipation“** (Mitentscheidung) bezeichnet wird: In welchem Umfang läßt der Vorgesetzte innerhalb der gegebenen Rahmenbedingungen seinen Mitarbeitern einen Raum für eigene Entscheidungen? Ein hohes Maß an Partizipation ist vor allem sinnvoll bei Aufgaben mit geringer Koordinationsspanne und niedriger Strukturiertheit, über die die nachfolgende Aufstellung nähere Auskunft gibt (vgl. nächste Seite).

Diese Aufstellung macht uns klar, daß dort, wo es für den einzelnen gar nichts zu entscheiden gibt, das Recht auf Mitbestimmung auch wenig Nutzen bringt. Dieser Satz kann allerdings sehr leicht als Rechtfertigung autoritärer Befehlsstrukturen miß-

---

**Kriterien zur Feststellung des Strukturierungsgrads von Arbeit**

| Hoher Strukturiertheitsgrad | Niedriger Strukturiertheitsgrad |
|---|---|
| **Arbeitseinheiten:** klein, überschaubar, repetitiv (sich ständig wiederholend) | **Arbeitseinheiten:** groß, häufig wechselnd, gelegentlich Ende der Arbeit zu deren Beginn noch nicht absehbar |
| **Aufgabendefinition:** präzis, eindeutig, bis ins Detail festgelegt | **Aufgabendefinition:** allgemein, keine detaillierte Beschreibung, interpretationsfähig |
| **Entscheidungsspielraum:** gering oder fehlt ganz, kaum individuelle Gestaltungsmöglichkeit, praktisch keine Wertentscheidungen des einzelnen | **Entscheidungsspielraum:** relativ viel eigenes Ermessen, Gestaltungsmöglichkeiten, größere Bedeutung persönlicher Werte |
| **Lösungswege und Hilfsmittel:** eindeutig vorgegeben, kaum Alternativen vorhanden, Betonung manuell-schematischer Vollzüge | **Lösungswege und Hilfsmittel:** größere Auswahl an Lösungswegen, Hilfsmittel oft nicht vorgegeben, kaum Ablaufprogramme |
| **Leistungsbewertung:** eindeutig, objektivierbar (z. B. Stückzahl, Ausschußanteil etc.) | **Leistungsbewertung:** eher qualitativ als quantitativ, läßt Spielraum für Subjektivität und Wertentscheidungen bei der Beurteilung |

---

deutet werden und bedarf somit einiger Hinzufügungen. Die partizipative (demokratische, kooperative) Gesinnung weist sich ja auch darin aus, daß kleine Freiheitsspielräume erhalten und erweitert werden, selbst wenn ihrer Entfaltung Grenzen gesetzt sind.

Das „Partizipationsvolumen" ist in der Verwaltung sicherlich begrenzt, prinzipiell z. B. durch die Grundsätze der Legalität (Gebundenheit an Gesetze, Verordnungen, Ausführungsbestimmungen) und der hierarchischen Verantwortung. Daß dennoch das Verhalten der Vorgesetzten im öffentlichen Dienst überwiegend als kooperativ eingeschätzt wird, zeigt uns unsere „Ausgleichsamtsstudie" (Bosetzky, Heinrich & Manske 1979). Um eine Einschätzung des Führungsstils ihrer Vorgesetzten gebeten, antworteten

62,2 % mit „kooperativ"

6,1 % mit „autoritär"

10,1 % mit „hält sich aus allem raus"

21,7 % mit „mal so, mal so".

Sind die Vorgesetzten im öffentlichen Dienst durchweg so kooperativ, d. h. Partizipation ermöglichend, oder verweisen die Ergebnisse vielleicht auf die diesbezügliche Bescheidenheit der Mitarbeiter?

Zweifellos ist die Antwort auf die Frage nach der Verteilung von Führungsstilen auch stark abhängig von den methodischen Vorgaben (Frageformulierung bzw. Antwortkategorien) der jeweiligen Untersuchung. So kommen Klages & Hippler (1991) zu einem durchaus anderen Bild. Nach ihren Zuordnungen müssen 34,3 % der Vorgesetzten als „autokratisch" eingeschätzt werden, 15,5 % gelten als überwiegend aufgabenorientiert, 13,1 % als überwiegend mitarbeiterorientiert, 21,7 % vereinen die beiden zuletzt genannten Merkmale in sich und 15,4 % schließlich haben einen so individuellen Führungsstil, daß das Autorenteam ihnen das Etikett „Freistil" zugewiesen hat.

Die Rolle der **Mitarbeiter** für die Beurteilung von Führungsverhalten ist oft übersehen worden. Auch der genialste Vorgesetzte ist machtlos und wird irgendwann resignieren, wenn seine Mitarbeiter aus welchen Gründen auch immer kein Interesse an Arbeit und Mitarbeit haben. Dies gilt für die Bereitschaft, Entscheidungen mitzuverantworten (Partizipation) ebenso wie für eine zweite Dimension des Vorgesetztenverhaltens, die Dimension der fachlichen Aktivierung oder Stimulation („**initiating structure**"): In welchem Ausmaß gelingt es dem Vorgesetzten, fachliches Interesse bei seinen Mitarbeitern zu wecken, aufzugreifen und zu fördern und sie zur optimalen Zielerreichung zu aktivieren (zu motivieren)? Bereits in den Ursprungsarbeiten der Führungsstilforschung aus dem Kreis um Kurt Lewin (vgl. Lippitt & White 1973) war deutlich geworden, daß die bisherigen Erfahrungen der Gruppenmitglieder mit einem bestimmten Führungsstil den Erfolg des neuen Gruppenleiters mitbestimmen. Die Kinder, die für längere Zeit unter einer autoritären Leitung gestanden hatten, zeigten beim Übergang zu einer demokratischen Leitungsform zunächst eine außerordentliche Zunahme von Aggressionen innerhalb der Gruppen, bis sie sich an den neuen Führungsstil gewöhnt hatten. Junge Lehrer, die voller Ideale die Hochschule verlassen und mit dem Vorsatz demokratischen und schülerorientierten Lehrerverhaltens die Schulpraxis beginnen, erleiden häufig genug Schiffbruch, weil die Schüler auf die Anforderungen, die dieser Unterrichtsstil an sie stellt, nicht vorbereitet sind. Kinder kann man dabei mit viel Geduld vielleicht noch beeinflussen. Diese Chance sind in der Praxis der Großorganisationen dagegen gering, was manchen Ex-Idealisten sich verhärten und von seinen Idealen abrücken läßt.

Der **Vorgesetzte** selbst schließlich ist in seinem Verhalten keineswegs immer so konsistent, wie es uns die Führungsstiltheoretiker und vor allem die entsprechenden Meßinstrumente (z. B. Fragebogen zur Vorgesetzten-Verhaltens-Beschreibung von Fittkau-Garthe & Fittkau 1971; vgl. auch Allerbeck 1978, Titscher & Titscher 1977) weismachen möchten. Wir können hier an unsere Hinweise im Abschnitt 3.5.3 erinnern: je nach Situation, je nach Stimmung, je nach Partner verhält sich ein Vorgesetzter sehr verschieden, ist manchmal großzügiger, manchmal sehr penibel, verläßt sich auf den einen Mitarbeiter ganz, während er den anderen streng kontrolliert, und ist schließlich an den verschiedenen Problemen seines Arbeitsbereiches in unterschiedlichem Maße interessiert und damit engagiert. Gemäß der oben vorgenommenen Unterscheidung können wir den **Führungsstil eines Menschen als überwiegend spezifisches und kaum generelles Persönlichkeitsmerkmal** einordnen. Es ist daher kein Wunder, daß bei entsprechenden Fragen nach dem Führungsstil des eigenen Vorgesetzten eine Reihe von Mitarbeitern eine eindeutige Antwort verweigert; „mal so, mal so" oder „es kommt darauf an" sind hier Antworten, die der vielfältigen Wirklichkeit durchaus gerecht werden können.

Neuberger (1983) wendet sich ebenfalls gegen die Reduzierung des Führungsverhaltens auf die Verwirklichung weniger Grunddimensionen. Er verweist statt dessen auf die Widersprüchlichkeit von Forderungen, die an personale Führung gestellt werden und deren Gleich-Gewichtigkeit Führung zu einem permanenten Dilemma machen: Ordnung und Freiheit, Zurückhaltung und Offenheit, Kontrolle und Vertrauen und viele andere solcher Aporien.

Dennoch bleibt, daß wir Menschen uns bei aller Variabilität doch so voneinander unterscheiden, daß beim einen mehr und beim anderen weniger Bereitschaft zur Partizipation bzw. mehr oder weniger Fähigkeit zur fachlichen Stimulierung zu beobachten ist. Und das gilt auch für eine dritte Dimension des Vorgesetzenverhaltens, die in allen Untersuchungen in ihrer Bedeutung bestätigt wird: die Art der Zuwendung des Vorgesetzten zu seinen Mitarbeitern, das Ausmaß, in dem er in ihnen die Würde des Menschen achtet, ihre Bedürfnisse berücksichtigt und ihnen mit Offenheit begegnet („**consideration**").

Merkwürdigerweise wird dieser letzte Aspekt in der Literatur fast durchweg mit dem der Partizipation gleichgesetzt. Tatsächlich beschränkt sich aber die Würde des Menschen (und damit ihre „Berücksichtigung" = consideration) nicht auf den Mitbestimmungsaspekt, und andererseits ist Mitbestimmung durchaus in einer Atmosphäre von (z. B. formalisierter) kalter Neutralität oder gar Feindseligkeit denkbar. Rosenstiel, Molt & Rüttinger (1972) gehören zu den wenigen Autoren, die auf die Notwendigkeit dieser Trennung hingewiesen haben.

Die drei genannten Dimensionen des Vorgesetzenverhaltens – **Zuwendung** (consideration), **Stimulierung** (initiating structure) und **Partizipation** – sind im statistischen Sinne voneinander unabhängig, d. h. sie können in jeder beliebigen Kombination auftreten. Der „gütige Patriarch" ist freundlich, läßt sich aber keine Entscheidung aus der Hand nehmen. Der „kalte Technokrat" mag hohe fachliche Stimulation mit einem mittleren bis hohen Maß an Partizipation verbinden, kümmert sich dagegen nicht um den Menschen im Kollegen. Der „sanfte Lächler" ist freundlich und läßt seine Mitarbeiter nach Belieben gewähren, ist ihnen dafür kaum Ansporn und Modell in fachlicher Hinsicht etc.

Wer diesen Gedanken der Unabhängigkeit der drei Führungsverhaltensdimensionen verinnerlicht hat, wird den Apologeten (= Verfechtern, Verteidigern) einer autoritären Führung nicht ins Messer laufen, wenn diese in mehr oder weniger bewußter Weise den demokratischen oder kooperativen Führungsstil diskreditieren, indem sie die Verhaltensdimensionen Aufgabenengagement (initiating structure) und Personenengagement (consideration) zur Alternative hochstilisieren. Dem kooperativen Führungsstil wird damit zwar ein hohes Maß an Personenengagement, zugleich aber scheinbar zwangsläufig auch ein niedriges Maß an Aufgabenengagement zugesprochen. So ideologisch zweifelhaft auch die Hintergründe der Untersuchungen der Human-Relations-Tradition (s. o.) gewesen sein mögen, so sehr haben sie doch auf der anderen Seite die Behauptung widerlegt, die Produktion müsse bei einem Verlust der absoluten Entscheidungsbefugnis der Unternehmensspitze bzw. der ihr unterstehenden Hierarchie automatisch leiden.

Übrigens: Ist es nicht eigentlich verwunderlich, daß man in einem demokratischen und sozialen Gemeinwesen zur Rechtfertigung demokratischer (partizipativer) und sozialer (konsiderativer) Führungsformen auf deren Vereinbarkeit mit bzw. Nutzen für die Effektivität verweisen muß? Sind uns unsere tragenden Werte vielleicht doch gar nicht so selbstverständlich?

## 4.5 Belohnungen der Organisation für ihre Angehörigen

### 4.5.1 Anreize und Belohnungen in Großorganisationen

Herr K. ist Oberamtsrat im Sozialamt, gehört also mit A 13 noch dem gehobenen Dienst an, ist aber, da es sich bei ihm um ein sog. „Verzahnungsamt" handelt, quasi schon mit einem Bein im höheren Dienst. Um dort auch vom Status her angesiedelt zu sein, als Regierungsrat dann, besucht K. den entsprechenden Studiengang der für die Fortbildung zuständigen Verwaltungsakademie. Besteht er dort die Abschlußprüfung, wird er die ihm bereits zugesagte Regierungsratsstelle übernehmen können.

Das zu schaffen, gibt seinem Leben Sinn. Er müht sich also nicht primär des Geldes wegen, das es dann (bei weiterer Beförderung) mehr geben könnte, das lohnt eigentlich gar nicht, denn auch jetzt bekommt er bei einer Dienstaltersstufe von 10 etwa 4 500 DM pro Monat – und das liegt erheblich über dem bundesdeutschen Arbeitnehmer-Durchschnitt von DM 3 686 je Haushalt (im 4. Quartal 1988 lt. DIW Wochenbericht 16/89).

Herr K. kann also vom Einkommen her zufrieden sein, ebenso wie mit dem Ansehen, daß er bei Verwandten und Freunden genießt, ganz abgesehen davon, daß er im Amt nur einen Chef über sich, aber in der Hierarchie mehrere Mit- und Zuarbeiter unter sich hat – auch ein schönes Gefühl.

Das alles macht das Leben von Herrn K. aus – und er verdankt es seiner Organisation. Ohne sie wäre er mitsamt seiner Familie ein soziales Nichts.

Wir sehen also, daß eine Organisation eine Reihe von Anreizen für ihre Mitglieder bereithält, die sie bewegen sollen, zu ihr zu kommen und durch Loyalität und Leistung zu ihrer Zielerreichung beizutragen – wofür sie ihnen dann mit bestimmten Belohnungen dankt:

„Anreize (incentives, inducements) sind Instrumente zur Ausrichtung des Arbeitsverhaltens auf die Erfüllung der Unternehmensziele. Zu diesem Zweck werden sie dem Arbeitsverhalten als Versprechen für die Rollenerfüllung und als Androhung für deren Nicht- oder Untererfüllung vorgelagert. Je nachdem, ob die vorgegebenen Rollen vom Unternehmungsmitglied dann tatsächlich erfüllt oder nicht erfüllt werden, tritt als Erfüllung von Versprechen und Androhung eine positive (Belohnung) oder negative Sanktion (Bestrafung) ein." (Nick 1974, 171)

An **Anreizen** (vgl. auch den verwandten Begriff des Verstärkers, Abschnitt 3.3.3), die Großorganisationen im allgemeinen bieten, unterscheiden wir (vgl. dazu auch Kupsch und Marr 1972, 503 f.):

(1) **existenzielle Anreize** (Angebot der Organisation, Sinn für das eigene Leben zu finden und sich durch die Arbeit selbst zu verwirklichen),

(2) **Karriereanreize** (Angebot der Organisation, durch Ausbildung und Aufstieg in der gesellschaftlichen Stufenleiter nach oben klettern zu können)

(3) **soziale Anreize** (Angebot der Organisation, menschlichen Kontakt zu finden, etwas mitentscheiden und mitgestalten zu können, Anerkennung durch andere zu finden und durch die Übernahme einer von der Gesellschaft geschätzten sozialen Rolle ein vollwertiges Mitglied dieser Gesellschaft zu werden),

(4) **monetäre Anreize** (Angebot der Organisation, die Mittel zur Befriedigung vor allem von physiologischen und von Sicherheitsbedürfnissen zu erlangen).

Und diese Anreize sind wichtig, denn: „Die Gesellschaft verführt ständig dazu, etwas Besonderes sein zu müssen." (Brocher 1978)

Für unsere weiteren Überlegungen sind zwei **Grundannahmen** von größter Wichtigkeit:

(1) Je höher die empfangenen Belohnungen, desto stärker die Integration in eine Organisation – und

(2) Je höher der Rang in der Organisationshierarchie, desto größer das Maß an Belohnungen, so daß der Aufstieg als die höchste und generalisierteste Form von Anreiz und Belohnung in einer Großorganisation anzusehen ist.

## 4.5.2 Sinn und Zweck organisationsinterner Schichtung und Mobilität

Ausgangspunkt aller Diskussionen um die Notwendigkeit und Nützlichkeit von Schichtung in einer Gesellschaft und ihren einzelnen Teilsystemen (= Organisationen) ist ein Gedanke von Kingsley Davis und Wilbert E. Moore, demzufolge soziale Ungleichheit bzw. soziale Schichtung sicherstellen soll, „daß die wichtigsten Positionen von den fähigsten Personen gewissenhaft ausgefüllt werden" (1967, 349). Man baut in die einzelnen Positionen bestimmte Belohnungen ein, um damit in geeigneten Individuen den Wunsch zu wecken, sie einmal einzunehmen (das ist die **Anreizfunktion des Beförderungssystems**), und man stellt durch bestimmte personalpolitische Maßnahmen (Dienstpostenbewertung, Beurteilungswesen und Beförderung) sicher, daß die höheren Positionen, denen man im Hinblick auf die Zielerreichung der Organisation zentrale Bedeutung einräumt, mit den besten Leuten besetzt werden (das ist die **Auswahlfunktion des Beförderungssystems**), wobei man unterstellt, daß auf die höchsten Positionen auch die größten Belohnungen entfallen müßten, damit sich die besten Mitarbeiter um sie bewerben und die Mühen der Ausbildung, des Aufstiegskampfes („Ochsentour") und der Aufgabenerfüllung (funktionsadäquates Verhalten und hohe Leistungserbringung) auf sich nehmen.

Soll dieser Mechanismus funktionieren, müssen aber zumindest vier Voraussetzungen erfüllt sein:

(1) Die Mehrzahl der Organisationsmitglieder muß in der bisherigen Sozialisation ein bestimmtes Maß an Aufstiegsstreben verinnerlicht haben (darüber Genaueres bei Fürstenberg 1969),

(2) die Organisation muß ihre Stellenpolitik so gestaltet haben, daß die Aufstiegswilligen sich wirklich Beförderungschancen ausrechnen können (vgl. Koch 1975, 61),

(3) bei der Mehrzahl der Organisationsmitglieder muß Konsens darüber bestehen, daß die bestbelohnten Tätigkeiten wirklich die wichtigsten sind (vgl. dazu Mayntz 1961),

(4) die bestbelohnten Positionen müssen wirklich im freien Wettbewerb zu erringen sein.

Für die Annahme, daß Organisationen zweckmäßigerweise ein internes Schichtungssystem aufweisen sollten und müssen, sprechen aber nicht nur dessen Anreiz- und Auswahlfunktion, sondern auch Arbeiten der Kleingruppenforschung, „mit denen experimentell nachgewiesen wird, daß beeinflußte bzw. auch deutlich gelenkte Gruppen sowohl unter produktionsorientierten als auch unter dem Gesichtspunkt gedeihlicher zwischenmenschlicher Beziehungen zu besseren Ergebnissen kommen als nicht geführte Gruppen. Zum anderen scheinen sich dabei Positionen als zweckmäßig zu erweisen, von denen man, ausgestattet mit herausgehobenen Sanktionsmitteln, die Folgebereitschaft gegenüber Gruppennormen zu kontrollieren und auf diesem Wege positiv auf den Gruppenzusammenhalt wie auf das Arbeitsergebnis einzuwirken vermag" (Siedentopf & Koch 1977, 109).

Über die Beförderungswirklichkeit soll weiter unten ausführlicher berichtet werden, an dieser Stelle soll nur darauf hingewiesen werden, daß die Organisationsspitze sich tendenziell immer diejenigen Mitarbeiter in die Führungspositionen holt (= sie kooptiert), die

(1) von der Leistung her herausragen und

(2) ein – was die Vorgesetzten und das von ihnen installierte Wertsystem betrifft – konformes und loyales Verhalten an den Tag legen, sich also der Herrschaft unterwerfen (vgl. auch Pippke 1975, 47).

Die Beförderungs- bzw. Aufstiegsgeschwindigkeit (oder besser: -wahrscheinlichkeit) läßt sich dann (nach Bosetzky 1978b, 4) graphisch folgendermaßen darstellen:

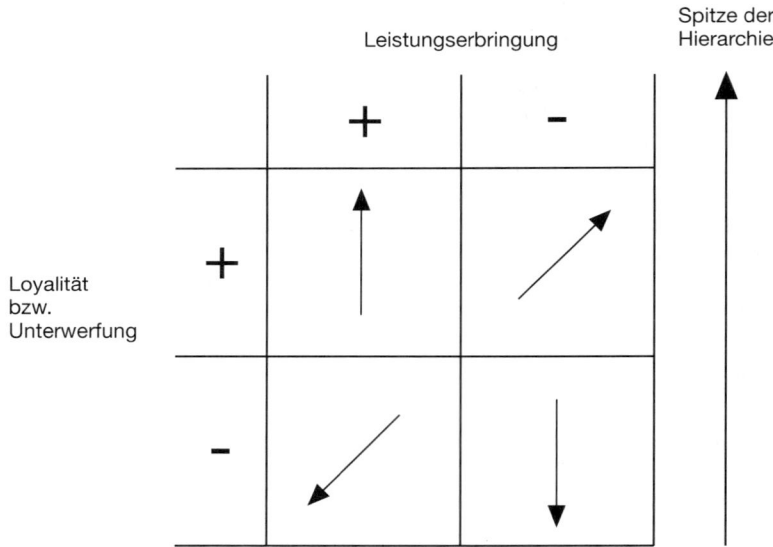

Fassen wir das Gesagte im Hinblick auf unser Generalthema Sozialisation in Großorganisationen kurz zusammen:

*Beförderungen sind die wichtigsten Belohnungen in Großorganisationen.*
*Belohnungen führen zur erhöhten Integration in eine Organisation.*
*Hohe Integration in eine der etablierten Großorganisationen bedeutet hohe Integration in die Gesamtgesellschaft (vgl. Bosetzky 1976c, 436).*

Hinzu kommt neuerdings als Folge des Wertewandels (vgl. Abschnitt 1.5) noch die folgende These (vgl. dazu auch H.-E. Koch 1985, 358):

> *Mit der Zunahme privatistisch-hedonistischer Orientierungen und der Hochschätzung von Freizeit nimmt die Zahl derer zu, bei denen eine Beförderung keinen lebensbestimmend-hohen Stellenwert mehr hat.*

Jede Beförderung hat allerdings auch **desintegrative Wirkungen,** denn auf einen Beförderten kommen zumeist mehrere Nicht-Beförderte, die enttäuscht sind und sich (zumindest temporär) weniger mit ihrer Organisation und ihrer Arbeit identifizieren, während die begünstigten Rolleninhaber ihre Positionen oftmals mit überzogenen Maßnahmen, Rechtfertigungen und Ideologien zu verteidigen suchen (vgl. Wiswede 1977, 75 f.) und damit das Organisationsklima ebenfalls trüben.

Aus der Weltliteratur kennen wir den „Fall Jago" ("... es ist der Fluch des Dienstes, / Beförderung geht nach Gunst und nach Empfehlung ..."), wo der Feldherr Othello (der Mohr bzw. Maure) seinen Fähnrich Jago bei der Beförderung zum Leutnant übergangen hat und dieser sich nun dadurch rächt, daß er verschiedene Intrigen anzettelt, als deren schrecklichste Folge Othello dann seine Frau Desdemona erwürgt (William Shakespeare, Othello, Uraufführung 1604).

Das ganze Dilemma bzw. die ganze Ambivalenz des Phänomens Beförderung, wie die Mitarbeiter durch ein und dasselbe Verhalten und Ziel zugleich motiviert (in Trab gehalten) und demotiviert (frustriert) werden, zeigt uns eine Zeichnung aus der DGB-Zeitschrift BEAMTE HEUTE (11/1988):

### 4.5.3  Spezielle Aspekte der Beförderungspraxis

Für den Nichteingeweihten scheint es die einfachste Frage der Welt zu sein, wer wann und wohin zu befördern ist, gibt es doch überall hoch elaborierte Laufbahnverordnungen und Beförderungsbestimmungen, in denen die nachstehend wiedergegebenen **allgemeinen Voraussetzungen** präzisiert werden:

— persönliche Eignung,

— besetzbare Planstelle,

— bestimmte Lehrgänge und Prüfungen,

— zeitliche Voraussetzungen (Mindestdienstzeiten und Laufzeiten im „Dienstgrad").

Die Bundeslaufbahnverordnung vom 15. November 1979 legt hinsichtlich normalem Aufstieg und Aufstieg für besondere Verwendung präzise die notwendigen Studienzeiten und Bildungsabschlüsse und die Bewährung- und Einführungszeiten für die einzelnen Laufbahnen fest.

Und dennoch vollziehen sich Karrieren im öffentlichen Dienst kaum mit mathematischer Berechenbarkeit. Woran liegt das? Warum ist die Beförderungswirklichkeit mehr oder minder weit vom Idealzustand entfernt, demzufolge ja der jeweils Tüchtigste und Befähigste derjenige sein sollte, der am schnellsten aufsteigt (vgl. dazu Bohle 1978)?

Wir sehen da eine Reihe von Gründen, Gründe dafür, daß die am Arbeitsplatz erbrachte Leistung nicht der alleinige Aufstiegsfaktor ist, sondern oft (weit) hinter anderen zurücktritt (zum Leistungsbegriff s. Bamberg 1979), und daß es dem Besoldungssystem generell an einer zweckrationalen Orientierung mangelt:

(1) Die Schwierigkeiten einer exakten Dienstpostenbewertung und die vielfach unzureichende inhaltliche Bestimmung der Ämter, wie sie sich als Folge des Alimentationsprinzips ergeben (d.h. es fehlt vielfach eine genaue Fixierung der in einer bestimmten Position zu erledigenden Aufgaben mit einer genauen Auflistung der dazu notwendigen Kenntnisse und Fertigkeiten; vgl. dazu Siedentopf & Koch 1977);

(2) das große Gewicht des Senioritätsprinzips (wer am längsten da ist hat den größten Anspruch auf eine freigewordene Beförderungsstelle nachzurücken; vgl. Titscher 1975, 148);

(3) die tendenziell stets größeren Chancen von Juristen gegenüber Nicht-Juristen (vgl. Pippke 1975,137);

(4) die oftmals vorrangig zählende Übereinstimmung mit dem Wertsystem bzw. der Ideologie des oder der maßgebenden Vorgesetzen (vgl. Bosetzky 1974 b);

(5) die Besetzung von Beförderungsstellen mit Favoriten informeller Machtgruppen und externer Gruppierungen im Zuge erfolgreicher Mikropolitik;

(6) das Vorherrschen von Hausbeförderungen (vgl. z.B. Senatskanzlei Bremen 1972, 31);

(7) der starke Einfluß der Personalräte als „institutionalisierte Nebenhierarchien" (vgl. Schelsky 1955);

(8) das Phänomen des Weglobens, wo eine Arbeitsgruppe ein ihren Erwartungen und Werten nicht entsprechendes Mitglied, um es loszuwerden, für eine freie Beförderungsstelle empfiehlt (vgl. Bosetzky 1977a, 5);

(9) die Tatsache, daß viele Abteilungen, Referate und Büros sich einen schwachen Vorgesetzten wünschen und „aussuchen", um (weiterhin) autonom arbeiten zu können;

(10) die Kunst vieler aufstiegsorientierter Mitarbeiter, sich über Wert verkaufen zu können – etwa

- nach dem Rolltreppeneffekt von Paturi („Wer arbeitet, dekuvriert sich; man erkennt seine Grenzen."

- und: „Arbeite nicht, sondern baue dein Image auf." – vgl. Paturi (1972) oder

- den sechs Methoden von Kirschner, in der Organisation Aufmerksamkeit zu erregen (1976, 30):

  1. Das Gegenteil von dem tun, was man erwartet,

  2. die gezielte Schmeichelei,

  3. die gezielte Provokation,

  4. das überlegene Wissen,

  5. die Umweg-Methode (Zwischenschaltung von Personen und Medien, um an den Gegner heranzukommen und seine Aufmerksamkeit zu erregen) – und

  6. die Stehaufmännchen-Methode.

Wir verstehen jetzt besser, warum die Beförderungspraxis nicht ganz den oben beschriebenen Grundannahmen der funktionalistischen Schichtungstheorie entspricht, und warum nicht immer die leistungsstärksten und -motiviertesten Mitarbeiter die zentral wichtigen Positionen besetzt halten. Einiges spricht durchaus für die (zumindest partielle) Gültigkeit des **Peter-Prinzips** in Teilen aller Großorganisationen (vgl. Bosetzky 1976 b), das da lautet:

---

„In einer Hierarchie neigt jeder Beschäftigte dazu, bis zu seiner Stufe der Unfähigkeit aufzusteigen." (Peter & Hull 1972, 19)

---

Immer wieder gibt es unter der Überschrift ‚Personalentwicklung' (PE) Versuche, die Auswahl der Führungskräfte zu optimieren, den Aufstieg rationaler werden zu lassen und eine größere **Beförderungsgerechtigkeit** zu erreichen. Nachzulesen ist das u. a. bei Klages (1991), der aber zugleich auch auf die Schwierigkeiten und Grenzen dieser Objektivierung verweist:

„Es ist unter Eingeweihten kein Geheimnis, daß es in der Verwaltung in den letzten Jahren einzelne Fälle gab, in denen die Leiter von Behörden auf spektakuläre Weise aussichtsreiche PE-Initiativen durch persönliches Eingreifen abstoppten und zum Erliegen brachten, weil sie befürchteten, die mit der Systemeinführung verbundene Beförderungsobjektivierung könnte ihren eigenen Entscheidungsspielraum beeinträchtigen. – Gewiß kann man, wenn man dies will, Interventionen solcher Art auf den Nenner der politisch bedingten ‚Ämterpatronage' bringen, wie dies in der Politikwissenschaft üblich ist. Die Tatsachen werden allerdings bei Licht betrachtet oft viel schlichterer Natur sein. Ein Chef mag die PE z.B. schon deshalb fürchten, weil er meint, daß sein persönliches Urteil oder auch seine ‚Witterung', sein ‚Gespür', oder seine ‚Nase' für Menschen den von einer ‚bürokratischen' Prozedur erwartbaren Resultaten im Zweifelsfall überlegen sei. Oder er verläßt sich lieber auf die gewohnten Praktiken der ‚informellen' Entscheidungsvorbereitung, d. h. also auf den ‚bewährten Rat' von Vertrauten, wobei Parteibindungen eine mitwirkende Rolle spielen mögen." (1164)

Schließen wir mit den Ergebnissen zweier empirischer Untersuchungen. Im Rahmen der organisationssoziologischen Untersuchung der bremischen Verwaltung gab es auf die Frage „Welche Gesichtspunkte spielen Ihrer Meinung nach in der bremischen Verwaltung bei der Besetzung eines freien Postens die größte Rolle?" folgende Antwortverteilung (bei der Möglichkeit, bis zu drei der vorgegebenen Kategorien anzukreuzen – vgl. Senatskanzlei Bremen 1972, 34):

(1) Qualifikation, Befähigung, Erfahrungen . . .    23 %
(2) Persönliche Beziehungen . . .    19 %
(3) Parteizugehörigkeit und persönliche Beziehungen . . .    17 %
(4) Dienstalter . . .    13 %

Und weiterhin: In der bremischen Verwaltung erbrachte Leistungen (9 %), selbstsicheres Auftreten und Geschick im Umgang mit Menschen (9 %), Fügsamkeit und Opportunismus gegenüber dem Vorgesetzten (6 %), Fantasie, Einfallsreichtum und Improvisationstalent (1 %), Konfession (1 %) (Weiß nicht, keine Antwort = 2 %, N = 1 925, 5 033 Nennungen?.

In der Untersuchung von Niklas Luhmann und Renate Mayntz (1973, 245) brachte die Frage „Wenn Sie einem jüngeren Kollegen ganz vertraulich einen offenen Rat geben sollten, wie er sich verhalten und was er tun oder lassen muß, um hier möglichst schnell befördert zu werden, was würden Sie ihm dann raten?" folgendes Ergebnis:

**I. Verhaltensmuster der traditionellen Arbeitsmoral**

Arbeiten, strebsam sein, sich einsetzen, Pflichterfüllung, Loyalität, Neutralität    30%

**II. Verhaltensmuster der modernen Leistungsorientierung**

Herausragende Leistung zeigen    16%
Einfallsreichtum, Initiative, eigene Meinung haben und durchsetzen, Verantwortung übernehmen    6%
Fachwissen besitzen, sich spezialisieren    22%

**III. Generalistenorientierung**

Allgemeinwissen besitzen, sich nicht spezialisieren    5%

**IV. Verhaltensmuster extern beeinflußter Karriereorientierung**

Mitgliedschaft in der richtigen politischen Partei, parteipolitische Betätigung    12%

**V. Rückzugs- und Vermeidungsverhaltensmuster**

Nicht unangenehm auffallen, sich in Geduld üben, Auseinandersetzungen mit Vorgesetzten meiden, zu allem ja sagen.    9%

Summe    100%
N    2 672

## 4.6 Kameradschaftliche Bürokratie

### 4.6.1 Erscheinungsform und Funktion der kameradschaftlichen Bürokratie

Herr T., als Postamtmann Leiter einer kleineren Dienststelle, hat am Sonntagmorgen Ärger mit seiner Familie. Seine Frau möchte nach dem Frühstück hinaus ins Grüne fahren, obwohl es bereits zu regnen anfängt; sein Sohn will nicht in die Kirche gehen, obwohl er müßte, wenn er nächsten März konfirmiert werden will; seine Tochter hat sich mit einem Freund verabredet, den er für asozial und rauschgiftsüchtig hält; er selbst würde am liebsten mit seinem Nachbarn in der nächsten Kneipe Pool-Billard spielen, aber das verwehrt ihm seine Frau mit dem Argument, der Sonntag sei für die Familie da. Nachdem man sich eine halbe Stunde lang angeblafft hat und sämtliche verfügbaren Türen zugeknallt worden sind, schreit T. schließlich: „Gott sei Dank – morgen früh bin ich wieder im Büro!"

Mehr Leute, als wir gemeinhin denken, gehen gerne ins Büro, jedenfalls in bestimmten Abschnitten ihres Lebens und außerhalb von Krisenzeiten und Situationen, in denen unter Hochdruck und Streß gearbeitet werden muß. So erhielten wir bei einer Befragung von jüngeren Berliner Beamten (Bosetzky u.a. 1978 d, 43) auf die Frage „Welches Gefühl überwiegt bei Ihnen, wenn Sie morgens ins Büro fahren und an Ihre Arbeit denken?" folgende Antworten:

8,6 % Ich fahre wirklich gerne hin und freue mich auf meine Arbeit

52,9 % Ich fahre eigentlich ganz gerne hin

26,4 % Ich fahre mit gemischten Gefühlen hin

7,1 % Ich fahre eigentlich mit einem gewissen Unbehagen hin

3,6 % Ich fahre nur gezwungenermaßen hin und denke geradezu mit Schrecken an das, was mich da erwartet

1,4 % Weiß nicht, keine Antwort

Besondere Bedeutung als Ort zufriedenstellender sozialer Kontakte hat das Büro vor allem für diejenigen, die allein leben und keinen richtigen Freundeskreis finden (ein Drittel aller Ehepartner lernt sich am Arbeitsplatz kennen), aber auch für die, die sich von ihrem (Ehe-)Partner und ihrer Familie entfremdet haben. Sie sehnen sich nach der vergleichsweisen Ruhe und dem Gleichmaß des Büroalltags, nach einer Welt, in der man ihnen zuhört und ihnen Anerkennung zollt, und wo man oft voller Solidarität um gemeinsame Ziele und gegen gemeinsame Gegner kämpft, wo es kameradschaftlich zugeht. Und wenn es Konflikte gibt, so scheinen diese im allgemeinen doch längst nicht so tiefgreifend zu sein, so qualvoll und zerstörerisch wie die mit Kindern, Eltern und (Ehe-)Partnern, denn es gilt auch hier: „Je enger die Beziehung, desto stärker der Konflikt." (Coser 1965, 80)

Die gefühlsmäßige Beziehung im Büro ist der Tendenz nach sicherlich schwächer als in der Familie und in der Partnerbeziehung; wir sprechen deswegen auch nicht von der familiären oder der liebesorientierten Bürokratie, sondern – die Assoziation zum Militärischen wohl bedenkend – von der **kameradschaftlichen Bürokratie** (Bosetzky 19.71).

„Kameradschaft ist das Einstehen füreinander. Sie äußert sich nicht nur im Handeln, z.B. Unterstützung und Hilfeleistung für einen unerfahrenen oder schwächeren Kameraden, sondern auch in der Anerkennung der Persönlichkeit des anderen, z.B. Duldsamkeit gegenüber den Anschauungen des Kameraden." (Der Reibert 1977/78, 30)

Wobei natürlich diese Kameradschaftlichkeit Frauen ebenso meint wie Männer; und Frauen sind es im allgemeinen auch, die (aufgrund ihrer geschlechtsspezifischen Erziehung und Rollenfixierung) die nüchternen Büroräume alsbald in Heimstätten zu verwandeln suchen und sie mit Blumentöpfen, Kalenderbildern, Ansichtskarten und Kaffeegeschirr gemütlicher und menschlicher machen. Sie, die im statistischen Durchschnitt die niedrigsten Ränge in den Bürohierarchien einnehmen und folglich am meisten mit repetitiven (= sich ständig wiederholenden) Teilarbeiten befaßt sind, sind auch am meisten auf die kameradschaftliche Bürokratie angewiesen, denn: **Je monotoner die Arbeit, desto wichtiger der menschliche Kontakt.** So jedenfalls die These des Schweizer Personalberaters Peter E. Fürer, der anhand einer Untersuchung des Markt- und Motivforschungsinstitutes Publitest wie folgt fortfährt:

„Es gibt in vielen Büros vorwiegend Routinearbeit zu erledigen, die den Mitarbeiter nicht in wünschbarem Maße befriedigen kann. Die Studie zeigt, daß gerade in diesen Fällen die sekundäre Bekräftigung seiner Person zum erstrangigen Problem wird. Bekräftigung aber heißt: Aufrechterhalten eines allseitig guten menschlichen Kontaktes, Anerkennung der Leistung, Ermutigung und Lob." (1974, 249)

Die kameradschaftliche Bürokratie entspringt echten psychischen und sozialen Bedürfnissen des lohnabhängig arbeitenden Menschen, seinen Wünschen nach Geselligkeit, Gemeinschaft, Spiel, Harmonie, Akzeptanz und Resonanz; sie ist sein Sieg über die menschennegierende Rationalität der großen Apparate und der Technokraten an ihrer Spitze: Menschen lassen sich nicht nur von ihrer Organisation zu deren Zielerreichung einsetzen und „auspressen", sie instrumentalisieren sie auch ihrerseits für ihre persönlichen Zwecke und Bedürfnisse. **Nicht die Arbeit zieht sie ins Büro, sondern der eine oder andere unter den Kollegen.** „Sind die geselligen Interaktionen anfangs nur ein Mittel, um die Monotonie der Arbeit und den durch ihre Notwendigkeit verursachten Verlust an Freiheit und Freizeit zu verarbeiten …, so werden sie im Bewußtsein vieler Mitarbeiter unter Umständen bald zum Hauptzweck der Anwesenheit im Büro." (Bosetzky 1971, 327)

Derselbe Eindruck hat sich auch bei Maximilian Schubart, dem vielleicht bekanntesten deutschen Personalberater und Vermittler von Führungskräften eingestellt:

„Eines Tages kam bei mir der Moment, wo ich feststellte, daß ganz ähnliche dynamische Abläufe, wie sie in der Familie stattfinden, auch im Unternehmen ablaufen: daß sich dort bestimmte Rollen entwickeln, die beibehalten werden und bitter notwendig sind. Wie hilflos und ineffizient wird zum Beispiel oft eine Gruppe, wenn der ineffiziente Dummkopf rauskommt und dafür ein Kluger reinkommt. Die Gruppe braucht ihren Dummkopf und sie braucht einen Mann, der Schweinereien erzählt und sie braucht ihren Buchhalter, der Ruhe sucht, und sie braucht ihren Motor, der alles überstrahlt, der den großen Vater spielt.

Die Beziehungen zwischen den Mitgliedern von Arbeitsgruppen kann man, glaube ich, am besten verstehen, wenn man von der Familientherapie herkommt." (1970, 45)

Arbeitsgruppen, informelle Gruppen und Jahrgangsgruppen sind aber keine echten Familien im soziologischen Sinne, man ist weder miteinander verheiratet und verwandt, und dieser Unterschied führt zu der entscheidenden **inneren Distanz** zum anderen, die die betrieblichen Beziehungen so vergleichsweise wohltuend werden läßt und die **große Integrationskraft der kameradschaftlichen Bürokratie** erklärt.

„Indizien für ihr Vorhandensein gibt es allenthalben; so lassen sich z. B. aufzählen: Das Duzen, die gemeinsamen Feiern (Betriebsausfluge, Jubiläen, Geburtstage, Beförderungen), der gemeinsame Besuch von Veranstaltungen, gegenseitige Einladungen, die Sprache des Scherzens, Neckens und Bluffens, die Aussprache über persönliche Probleme, die Schützenhilfe bei Auseinandersetzungen mit Angehörigen von out-groups in der Behörde, die Unterstützung bei Notfällen, gemeinsame Gänge während der Dienstzeit, gemeinsames Frühstück und Mittagessen – und so weiter, und so weiter." (Bosetzky 1971, 328)

Als Indizien für das Vorhandensein von starken Elementen der kameradschaftlichen Bürokratie in unseren Großorganisationen können aber auch die Ergebnisse auf die Frage nach dem **Verhältnis zu den Kollegen** gelten, wie sie sich in vielen Untersuchungen finden – zum Beispiel:

Bremische Verwaltung
(1 925 Befragte; Senatskanzlei Bremen 1972, 43)
  38,1 % ausgezeichnet
  54,4 % gut
  6,8 % es geht
  0,3 % schlecht

Berliner Ausgleichsämter
(526 Befragte; Bosetzky, Heinrich & Manske 1979)
  25,1 % eher herzlich
  66,5 % eher kollegial
  7,7 % eher zurückhaltend
  0,8 % eher kühl

Berliner z.A.-Inspektoren
(410 Befragte; Bosetzky u. a. 1978 d)
  30,7 % sehr gut
  58,6 % gut
  7,1 % weder gut noch schlecht
    (neutrales Verhältnis)
  2,1 % nicht so gut
  0,7 % schlecht

Mitarbeiter in einem Berliner Rathaus
(539 Befragte; Bosetzky & Heinrich 1988):
Frage nach der Häufigkeit eines guten
Betriebsklimas im Büro)
  0,9 % nie
  5,6 % selten
  14,4 % gelegentlich
  50,5 % oft
  28,5 % immer

Berliner Sozialamtsmitarbeiter
(232 Befragte; Heinrich & Bosetzky 1993)
  30,3 % herzlich
  62,8 % kollegial
  4,8 % zurückhaltend
  0,9 % kühl
  1,3 % spannungsgeladen

Berliner Sozialarbeiter
(114 Befragte; Heinrich & Bosetzky 1993)
  18,9 % herzlich
  64,0 % kollegial
  13,5 % zurückhaltend
  0,0 % kühl
  3,5 % spannungsgeladen

(Die an hundert fehlenden Prozente entfallen jeweils auf die Kategorie „Weiß nicht, keine Antwort").

Mögen die Zahlen in den großen Ministerien auch ein klein wenig niedriger liegen, die Tendenz ist dieselbe. Und Tiefenthaler kommt bei seiner Untersuchung im Magistrat Linz ausdrücklich zu dem Schluß, „daß die Zahl der Außenseiter und sozial Isolierten im Magistrat zugunsten eines persönlicheren Klimas, also im Sinne der ‚kameradschaftlichen Bürokratie' ..., relativ gering ist" (1977, 118).

Wenn Streß, Erschöpfung und Entfremdung von der Arbeit übermächtig werden, sind Kolleginnen und Kollegen oft die letzte Rettung; so auch für Annegret Held nach einem langen Arbeitstag als Polizeimeisterin im Schicht- und Streifendienst (1988, 46f.

> „Ich habe absolut keinen Bock mehr. (...) Stinkig hacke ich die Anzeige herunter, baue noch drei Tippfehler und hoffe eindringlich auf das Ende. (...)
>
> Jetzt nichts mehr fangen, bloß nicht! In Windeseile trage ich meinen Schreibkram ein, schließe die Waffen in den Schrank, räume mein Zeug zusammen und verstecke mich im Keller, bis ich das erlösende Getrampel meiner schichtwechselnden Kollegen über mir höre.
>
> Und jetzt? Ein Bier, ich brauche dringend ein Bier. Heinz-Dieter stellt mir schon ein offenes vor die Nase, er gibt einen aus. Ich setze mich, und alle kommen sie nacheinander, Bernd, Harald, Peter, Franz ...
>
> Ich erlöse mein Gehirn, es darf seine Fetzen denken, soviel es will, ich wünsche mir nur das Bier schön kühl und die Harmonie der Gruppe. Bernd lacht, Franz lacht. Die Ereignisse des Tages lösen sich wie bunte Puzzleteilchen aus dem Ganzen. Allmählich bleiben wir selbst übrig."

Insbesondere die vielen Feiern in den Büroetagen und die jährlichen Betriebsausflüge fördern die Festigung alter und das Entstehen neuer Freundschaftsgruppen und damit die Integration des Einzelnen in die Gesamtorganisation (vgl. Bosetzky 1976 d). Wie heißt es doch in dem Büchlein **Der lachende Bürokrat** von Alfred Schrick (1962, 7): „So manche Sitzung im Büro wird fortgesetzt oft anderswo." Alkohol ist als nicht unwesentliches Mittel der betrieblichen Integration anzusehen. Das beginnt in vielen Fällen bereits während des Studiums bzw. der Ausbildung, wo aus den peer-groups (das sind Gruppen Gleichaltriger) bald Bier-groups werden. Persönliche Sorgen und Probleme lassen sich vielfach nur mit bzw. „über" Alkohol besprechen; mit einem Getränk in der Hand kann man Unsicherheiten viel leichter kaschieren; die einzelnen öffnen sich, verlassen ihr Schneckenhaus. „Alkohol ist eine besondere Sprache" und zugleich ein „Prüfstein, an dem Mitarbeiter gemessen werden" (Kraußlach, Düwer & Fellberg 1976, 140f.) Während der offiziellen Dienstzeit besteht im allgemeinen Zeit genug zum Feiern, denn: „Entgegen vielleicht herkömmlichen Vorstellungen haben die Beamten beträchtliche Freiheiten bei der Ausgestaltung ihres Aufgabenfeldes. (Noch mehr Freiräume haben sie übrigens bei der Festlegung, was erledigt werden muß und was noch warten kann.)" (Titscher 1975, 150) Arbeitet man bzw. versieht man seinen Dienst auch noch – mit langjährigen Kollegen zusammen – in abgelegenen, schwer kontrollierbaren und gemütlichen Gebäuden (Außenstellen in alten Villen u. dgl.), so bildet sich leicht etwas heraus, das wir bei der Untersuchung Berliner Ausgleichsämter als **idyllische Bürokratie** bezeichnet haben (Bosetzky, Heinrich & Manske 1979).

Werden die neuen Mitglieder großer Organisationen vorher gemeinsam in Werks-, Verwaltungs- oder Fachhochschulen (für Verwaltung) ausgebildet, oder dienen bestimmte Lehrstühle oder Institute einzelnen Unternehmen als bevorzugte Rekrutierungsfelder, so besorgten nicht nur die sich mit dem Arbeitsvollzug ergebenden persönlichen Beziehungen die Integration des Neuen, sondern auch die fortwirkenden Kontakte mit denen, mit denen man einmal gemeinsam studiert und gelernt hat; es ergeben sich **Jahrgangsgeflechte** (vgl. Abschnitt 4.2.2). Die Freunde aus dem Jahrgangsgeflecht braucht man vor allem, um die erste schwere Anfangsphase zu überwinden (um sich mal richtig auszuweinen, um die Vorgesetzten durch den Kakao zu ziehen, um sich wieder Mut zu machen), aber auch, um sich nach attraktiven Positionen umzuhören; bei der hohen Spezialisierung der einzelnen Untereinheiten einer Großorganisation sind sie aber weniger geeignet, einem bei der Problemlösung zu helfen, wenn es unmittelbar um die eigene Arbeit geht.

### 4.6.2 Kameradschaftliche Bürokratie als liebenswürdiger Schein

Bei der hohen Bedeutung, die die kameradschaftliche Bürokratie für die Integration des einzelnen in die Großorganisation hat, dürfen wir allerdings nicht übersehen, daß die Eingliederung in das Ganze über die hier aufgezeigten Gruppenbildungsprozesse zumindest in Teilen auch eine **Integration durch Selbstmanipulation und Verdrängung** ist.

Wenn wir etwas verdrängen, dann heißt das, daß wir eine Vorstellung aus unserem Bewußtsein verbannen, um das mit ihr verbundene Unlustgefühl zu vermeiden (vgl. Holzman & Gardner 1966; vgl. Abschnitt 5.7.5). Und unangenehm ist für uns ganz sicher die Erfahrung, noch als Erwachsene von Vorgesetzten und höheren Instanzen so behandelt zu werden, wie wir als Kind von unseren Eltern behandelt worden sind.

Wir müssen irgendwie verarbeiten bzw. verdrängen, daß wir in großen Organisationen nie das erträumte Maß an Selbstbestimmung erreichen können, daß wir **immer Abhängige** bleiben, Beherrschte. Es läßt sich also folgendes festhalten:

„Verdrängt wird von den Angehörigen der ‚kameradschaftlichen Bürokratie‘ typischerweise die Tatsache, daß es sich bei ihrer Behörde um einen Herrschaftsverband handelt, denn das Erlebnis einer aktivierten Herrschaft, nämlich das Entgegennehmen einer Weisung von einem Menschen, dem man Gehorsam und Ehrerbietung schuldet, und die Vorstellung von den negativen Sanktionen, die mit einer ‚Befehlsverweigerung‘ verbunden sind, ist für einen auf Harmonie und Geselligkeit ausgerichteten Menschen durchaus mit unangenehmen Empfindungen verbunden." (Bosetzky 1976, 328 f.)

Wie gefährlich ist also die kameradschaftliche Bürokratie? Weicht sie nicht etwa unsere Persönlichkeit auf, indem sie uns über unsere Gefühle in Apparate integriert, die eigentlich unmenschlich sind und mitunter auch Inhumanes in ihrer Umwelt bewirken? Fühlen wir uns nicht durch sie zufriedener und freier als wir es objektiv, d.h. als Rädchen im Getriebe, eigentlich sein dürfen, und hat nicht Goethe recht mit seinem Satz: Niemand ist mehr Sklave, als der sich für frei hält, ohne es zu sein?

In diesem Zusammenhang dürfen wir auch aus einer Untersuchung von Hopf zitieren, die sie von 1971 bis 1973 in der Berliner Verwaltung durchgeführt hat (1975, 56 f.):

„1. Die Konfrontation mit der hierarchischen Struktur der Arbeitssituation in staatlichen Bürokratien führt nicht notwendig zu einem spontanen Bewußtsein der Unterdrückung oder Ohnmacht...

2. Im Zusammenhang der vorliegenden Untersuchung konnte festgestellt werden, daß die Arbeitssituation der befragten Angestellten und Beamten Elemente enthält, die eine Erfahrung des Herrschaftsgehaltes der Situation erschweren.

Zu nennen sind insbesondere:

a) Die Zurückdrängung persönlicher Herrschaft durch versachlichte Formen der Herrschaftsausübung;

b) das Vorhandensein begrenzter Freiheitsspielraume, vor allem bei der Bestimmung des Arbeitstempos;

c) die wachsende Durchdringung der Herrschaftsausübung mit neuen Führungstechniken und die Tendenz, das Vorhandensein von Herrschaft auf der Ebene konkreten Verhaltens zu leugnen oder zu vertuschen. (...)

3. Die Erfahrung des Herrschaftsgehalts der Situation wird auf der Ebene personaler Faktoren durch die, wenn auch nicht durchgehende Tendenz, zu einer nach innen gerichteten Situationsbewältigung beeinflußt. Der Konflikt zwischen gesellschaftlich bestimmten Autonomie- und Leistungsansprüchen und realen Einschränkungen wird von den befragten Angestellten und Beamten zum Teil dadurch entschärft, daß die persönliche Abhängigkeit in ihrer Bedeutung verharmlost und zurückgedrängt wird, während umgekehrt bei der Schilderung der eigenen Freiheitsspielräume übertrieben wird."

Die kameradschaftliche Bürokratie gewinnt also von hier aus gesehen den Charakter eines Vexierbildes bzw. – wenn man sie durchschaut hat – dialektische Qualitäten: sie ist gleichermaßen geglückte Integration wie Verlust an Ich-Stärke (wenn man unterstellt bzw. akzeptiert, daß Auflehnung und innere Distanz zu hierarchischen Apparaten ein Zeichen von Stärke und entwickelter Persönlichkeit ist).

Ist es echt und herzlich gemeint, wenn Herr T. seinem Vorgesetzten lange und fest die Hand schüttelt und ihm und seiner Familie ein schönes Wochenende wünscht – oder ist das nur **liebenswürdiger Schein,** und ist es Herrn T. in Wahrheit völlig egal, wie der andere sein Wochenende verbringt? Tut er das nicht nur, um sich das Wohlwollen seines Vorgesetzten zu sichern und später eine gute Beurteilung zu erhalten? Mit ihm wetteifern ja noch mehrere Kollegen um die knappen Belohnungen seiner Organisation (um freie Beförderungsstellen, um attraktive Arbeit, um sympathische Mitarbeiter), und muß er sich, will er Erfolg haben, nicht genauso verhalten wie ein von der Konkurrenz getriebener Warenanbieter auf einem gewöhnlichen Markt? Wird auch diese Sozialbeziehung von beiden Seiten bloß instrumentalisiert, und verhalten sich Herr T. und sein Vorgesetzter nicht lediglich so, wie Ottomeyer (1977, 73) es im folgenden Zitat – in Anlehnung an Karl Marx – von Versicherungsvertretern behauptet:

„Auch diese müssen sich in einer sehr eindringlichen Weise und mit scheinhaft-persönlicher Hilfsbereitschaft auf die Perspektive ihrer Kunden einlassen, über deren Familiensituation sprechen, ihre zum Teil irrationalen Sicherheitsängste wahrnehmen und hervorholen, dürfen dabei aber nie das egoistische Interesse an der Unterschrift unter dem Vertrag aus dem Auge verlieren, welche ihnen erst ihre Provisionssumme und damit den Lebensunterhalt sichert. Im Prinzip muß aber nicht nur der Kolonialwarenhändler oder Werbefachmann, jeder, der einen Gebrauchtwagen verkaufen oder eine Wohnung mieten will, sondern auch jeder, der als Lohnabhängiger seine Ware Arbeitskraft erfolgreich verkaufen will, über eine solcherart listig-instrumentelle Weise der zwischenmenschlichen Einfühlung verfügen."

Die große Frage ist und bleibt die, wie man mit denselben Menschen freundschaftlich-herzlich verkehren soll, mit denen man gleichzeitig verbissen um Belohnungen kämpft, denn zweifellos sind Großorganisationen (auch) psychologische Schlachtfelder, erfüllt vom Krieg aller gegen alle. Die Mechanismen sind eindeutig:

„Die Wahrnehmung der größeren Leistungsfähigkeit der anderen muß bei mir den Impuls auslösen, diese Leistungsfähigkeit zur Verbesserung meiner eigenen Marktchancen auszuschalten. Es herrscht ein Interesse an der Ausschaltung derer, die mir gefährlich werden können. Dieses Interesse braucht dabei zunächst gar nicht mit einem Interesse oder einer Freude an der Verletzung und am Leiden der anderen verbunden sein. Es hat zunächst gewissermaßen einen ,objektiven' und im Sinne meiner Existenzerhaltung rationalen Charakter. (...) Leider kann sich aber auch das Interesse an der objektiven Ausschaltung des anderen sehr schnell zur Freude an seinem Leiden und seinem Niedergang verselbständigen. Wenn meine zwischenmenschliche Wahrnehmung von einer dauerhaften starken Angst vor der Stärke der anderen und meiner eigenen Schwäche geprägt ist, dann kann es sehr leicht sein, daß die Wahrnehmung des fremden Leidens als solches einen zusätzlichen Beruhigungseffekt für meine Angst mit sich bringt. Das wahrnehmbare Leiden des anderen als Konkurrenten bekommt dann sozusagen einen positiven Signalcharakter für die Verbesserung meiner Lebenschancen; es wird gleichbedeutend mit der allgemeinen Verheißung meiner eigenen Stärke." (Ottomeyer 1977, 81)

Und ist es nicht pure Dummheit, wenn man sich in der kameradschaftlichen Bürokratie den anderen öffnet und ihnen von seinen Fehlern, Sorgen und Ängsten erzählt, denn: „Wissen um meine Schwächen, persönlichen Gefühle und Sentimentalitäten ist unter kapitalistischen Konkurrenzbedingungen eine gefährliche Waffe in der Hand des anderen, deren Aushändigung ich im Sinne meiner Selbsterhaltung fürchten und unbedingt verhindern muß." (Ottomeyer 1977, 84)

Aber nicht nur das unsere Kultur und damit jede Großorganisation durchdringende Konkurrenzdenken scheint gegen die kameradschaftliche Bürokratie zu sprechen, sondern auch ihre **Nähe zur Familie.** „Ich werde immer besonders hellhörig", sagt Maximilian Schubart (1978, 45), „wenn mir ein Unternehmer Dinge sagt, wie ,wir sind eine ganz verschworene Gemeinschaft'. Zumeist sind die Mitglieder dieser Gemeinschaft nicht miteinander, sondern gegeneinander verschworen. Beispiel: Das Unternehmen ist natürlich keine Familie, aber die Dynamik, die Abläufe, die Übertragungs- und Projektionsvorgänge, die Aggressionen, die sich entwickeln, die sind wie in der Familie".

Sicher verarbeitet die kameradschaftliche Bürokratie bis zu einer bestimmten Schwelle Konflikte leichter, als dies in einer Organisation ohne persönliche Bindungen der Fall wäre, wird aber diese Schwelle überschritten, kommt es zu äußerst heftigen Ausbrüchen, alles wird hochgespielt und emotionalisiert, so daß schließlich auch ganz kühl-rational zu betrachtende Sachkonflikte zu irrational überzogenen Reaktionen führen.

In der kameradschaftlichen Bürokratie finden alle die Menschen ein Zuhause, die Balints **oknophilem Typ** entsprechen: „Der Oknophile ist derjenige, der sich immer fest anklammern muß, der ‚in der Illusion lebt, daß er, solange er in Berührung mit einem sicheren Objekt steht, auch selbst sicher ist'" (Richter 1976, 49). Dieser Mitarbeiter braucht die Kollegen – und er lebt in der ständigen Angst, von ihnen (durch Versetzung, Neuorganisation u. dgl.) getrennt zu werden. So produziert die kameradschaftliche Bürokratie auf der einen Seite zwar Gefühle der Geborgenheit, auf der anderen aber zugleich und gleichermaßen **Isolations- und Vereinsamungsängste.**

Gleich der **angstneurotischen Familie** entsteht hier die **angstneurotische Bürokratie,** folgen wir der Argumentation von Horst E. Richter (1972, 76f.):

„Die soziodynamischen Charakteristika der angstneurotischen Familie finden sich in vielen Gruppen und Institutionen unseres gesellschaftlichen Lebens wieder. Diese sozialen Gebilde sind demnach folgendermaßen geprägt: sie halten ihre Mitglieder eng zusammen und unterdrücken nach Möglichkeit die Austragung von gruppeninternen Konflikten. So entsteht äußerlich der Anschein eines Zusammenlebens in enger Solidarität. In Wirklichkeit handelt es sich eher um eine angstbedingte Vermeidung, sich mit vorhandenen Spannungen und Gegensätzen zu konfrontieren. Die einzelnen fürchten in erhöhtem Maße die Isolation von der Gruppe, und diese fürchtet die Abspaltung von einzelnen oder Minderheiten. Ein Mittel, den Zusammenhalt aufrechtzuerhalten und immer wieder zu festigen, besteht darin, daß man sich gemeinsam einem strengen System von Vorschriften und Ritualen unterwirft, das wie eine haltgebende Autorität funktioniert. Kataloge von Verordnungen, Dienstanweisungen, Satzungen, Geschäftsordnungen schweben über dem Gruppengebilde wie eine Elternautorität, von der man beschützt wird, so lange man sie nicht verletzt. Der gemeinsame Rückzug auf ein infantiles Erlebnisniveau spiegelt sich in dem Gehorsam gegenüber diesen sich allmählich traditionell verfestigenden Reglementierungen und Ritualen, so als steckte in diesen eine höhere Weisheit und irgendeine Garantie für eine positive Entwicklung der Gruppe. Die Angst aller hindert daran, die Inhalte und die Formen des Zusammenlebens laufend kritisch zu überprüfen und flexibel veränderten Bedürfnislagen anzupassen. Ähnlich wie in der angstneurotischen Familie führt auch hier das Element der Angst mehr und mehr zu einer Erstarrung in defensiven und reaktionären Verhaltensweisen. Man beschäftigt sich immer weniger damit, wie man sich miteinander weiterentwickeln, Neues aufnehmen und unbrauchbar gewordenes verändern kann, sondern man paßt mit einem enormen Aufwand an Energie auf, daß alle beim alten bleiben, daß niemand abweicht und daß die Abgrenzungen nach außen stets strikt beachtet werden. So paralysiert das Element der Angst schließlich alle Möglichkeiten einer spontanen und kreativen Weiterentfaltung der Gruppe."

Sind nun die oben angeführten Umfrageergebnisse alle falsch, sind sie nur das Ergebnis einer weitreichenden Selbsttäuschung? Sicher auch, aber ohne die kameradschaftliche Bürokratie und den liebenswürdigen Schein, die die harte Konkurrenzsituation entschärfen und verdecken, wäre ein Leben in der modernen Großorganisation nur schwer möglich. Auf jeden Fall, auch hinsichtlich ihrer angstneurotischen Komponente, ist sie eine außerordentlich **starke Integrationskraft** (auch wenn die Integration als solche teilweise als negativ bewertet werden sollte, weil sie auf die Persönlichkeit deformierend einwirkt und vorhandene Interessenwidersprüche verschleiert).

Wir meinen, daß die kameradschaftliche Bürokratie für den einzelnen eine ganz erhebliche **Entlastung** darstellt, weil sie den Krieg aller gegen alle einschränkt und dazu führt, daß sich das Aggressions- und Konfliktpotential weithin in Kämpfen zwischen den einzelnen Gruppen und Koalitionen entlädt (Mikropolitik), was in den meisten Fällen zu einer echten Solidarisierung bzw. Solidarität innerhalb der streitenden Koalitionen und Parteien führt.

Ferner darf nicht übersehen werden, daß die bürgerliche Erziehung – ohnehin an der Verwertbarkeit des Menschen in Großorganisationen orientiert – eindeutig dahingeht, den liebenswürdigen Schein als Wert an sich zu betrachten, als eine der obersten Verhaltensmaximen, und daß er ein beachtenswertes Selektionskriterium im Hinblick auf die Besetzung von Führungspositionen ist. Wie schrieb doch Adolf Freiherr Knigge vor fast zweihundert Jahren in seinem Buch „Über den Umgang mit Menschen" (1788):

„Zeige, so viel du kannst, eine immer gleiche, heitere Stirn! Nichts ist reizender und liebenswürdiger als eine gewisse frohe, muntere Gemütsart, die aus der Quelle eines schuldlosen, nicht von heftigen Leidenschaften aufgeregten, sondern von Wohlwollen und Teilnahme bewegten Herzens hervorströmt."

So schafft es die kameradschaftliche Bürokratie auch, daß die Leistung einer Arbeitsgruppe sogar nach dem jähen Tod eines Kollegen nicht über längere Zeit hinweg zielgefährdend absinkt.

Daß sie dennoch ein sehr ambivalentes Phänomen ist, soll damit nicht abgestritten werden, und wehe dem, der die Kameraden öffentlich zu kritisieren wagt: ihm ist die Verfolgung als **Nestbeschmutzer** sicher, wie der folgende Fall überdeutlich zeigt.

Der Streit vor den Kameras des Westdeutschen Rundfunks (WDR) war gerade richtig in Schwung gekommen, da riet Christdemokrat Heinrich Lummer, einst Innensenator von Berlin, zu aufrechtem Gang. „Wenn bei der Polizei Dinge vorkommen, die rechtswidrig sind", meinte der abgetretene Befehlshaber, „muß jeder Polizeibeamte etwas dagegen tun."

„Herr Lummer, was glauben Sie denn, was passiert", konterte Kriminalhauptkommissar Manfred Such, 46, „wenn ich als Polizist hingehe und sage: Da hat ein Kollege rechtswidrig gehandelt?" Das erlebe er im Dienst doch „fast täglich, fast täglich".

Diese Worte, geäußert im Sommer letzten Jahres in der WDR-Talk-Show „Drei vor Mitternach", bereiten dem Kripo-Mann seither beträchtlichen Ärger. Die Staatsanwaltschaft im nordrhein-westfälischen Arnsberg hat nun – nach einer „intensiven rechtlichen Prüfung" – Anklage gegen Kommissar Such erhoben. Mit seiner Äußerung, beinahe täglich Rechtswidriges bei der Polizei zu erleben, so meinen die Staatsanwälte, habe der Kommissar die Beamten der gesamten Kreispolizeibehörde beleidigt, in ihrem sozialen Ansehen herabgesetzt und so die Grenzen zulässiger Meinungsäußerung überschritten. . . .

Kaum hatte Such vor laufender Kamera zurückgelummert, diagnostizierte sein Regierungspräsident einen „Zusammenbruch der vertrauensvollen Zusammenarbeit in der Werler Polizei". Per „Umsetzungsverfügung" wurde der Kritiker auf eine Sachbearbeiterstelle in der 15 Kilometer entfernten Kreisstadt Soest verbracht. CDU-Oberkreisdirektor Rudolf Harling erstattete Strafanzeige gegen den grünen Polizisten. . . .

Insgesamt 66 Strafanträge von Polizisten – darunter nur ein Kriminalbeamter – bilden nun die Grundlage der Anklageschrift. Sie alle, so finden die Staatsanwälte, dürfen sich durch Suchs Fernseh-Talk zu Recht in ihrer Ehre gekränkt fühlen.

Aus: DER SPIEGEL, Nr. 10/1989

Der Nestbeschmutzer – oder: der, der den Schmutz des Nestes offenlegt – bewirkt also in der Regel nichts anderes als ein Zusammenrücken der anderen, sorgt für

Verfestigung statt für Verhaltensänderung (vgl. dazu den Abschnitt 5.3.2, Punkt 6). Sehr anschaulich schildert J. Alberts (1987) diese Situation in einem Roman, der – wie der SPIEGEL-Bericht – auf den Polizeiapparat abhebt.

## 4.7 Mikropolitik und Aufbau von Gegenmacht

### 4.7.1 Mikropolitik als integrierende Kraft

Frau H., Sachbearbeiterin im Bereich „Kindertagesstätten", von der wir schon im Abschnitt 4.4.1 gehört haben, hat weiteren Ärger mit ihrem Chef. Nicht nur, daß er laufend mit Sonderaufgaben ihren Arbeitsrhythmus stört, jetzt drängt er auch beim Leiter der Personalverwaltung darauf, sie ins Sozialamt zu versetzen, was für sie mit erheblichen Nachteilen verbunden wäre: doppelte Fahrzeit zur Arbeitsstätte, schlechtere Einkaufsmöglichkeiten und Einarbeitung in eine ziemlich neue Materie, was sie sich im Augenblick, da sie nervlich so ziemlich am Ende ist, nicht zutraut, ebenso wie das Hineinfinden in einen neuen Kollegenkreis. Doch sie hat keine Chance, sich gegen ihren Chef durchzusetzen, sie fühlt sich wie das berühmte Blatt im Winde, der Allmacht des Apparates schutzlos ausgeliefert. Wer sollte ihr auch helfen? In eine Gewerkschaft ist sie nicht eingetreten (1 % vom Bruttoverdienst sind ihr als Monatsbeitrag zu hoch), in eine Partei erst recht nicht (sie findet das dauernde Gezetere widerlich), und mit dem für sie zuständigen Personalratsvertreter kommt sie nicht klar (dem hat sie einmal auf den Kopf zugesagt, er sei ein selbstsüchtiger Karrieremacher). – Nächsten Monat wird sie also ihren Schreibtisch räumen müssen.

An sich war ja ihr Kollege, Herr B., bei dem nun mal nicht wegzuleugnenden Personalüberhang im Referat dazu bestimmt worden, ins Sozialamt überzuwechseln. Doch B. hatte sehr schnell Wind von diesem Plan bekommen: In der PV (der Personalverwaltung) sitzt nämlich ein Obersekretär, der mit ihm zusammen im selben Jahrgang die Verwaltungsschule absolviert hat. Ein Anruf hatte genügt, um B. zu mobilisieren. B. ist Kassierer im selben Ortsverein der Partei ABC, in der „sein" Stadtrat Vorsitzender ist. Außerdem hat B. sofort den Personalrat alarmiert – er kennt die Leute, schließlich war er selber einmal Mitglied des Gesamtpersonalrates. Und obwohl das gar nicht mehr not getan hätte, hat er bei der letzten Betriebsversammlung auch den Beamtensekretär seiner Gewerkschaft informiert. – Nach einer Woche war die Sache vom Tisch, B. konnte bleiben, mit nun merklich besseren Beförderungschancen. Kein Wunder, daß er seine Verwaltung gut findet.

Was B. da getan hat, bezeichnen wir mit dem Begriff **Mikropolitik.** Er ist „Mikropolitiker", das heißt, er handelt nicht in der Öffentlichkeit, sondern im kleineren Rahmen seiner Organisation nach politischen Gesichtspunkten, und er versucht, die Organisation, in der er beschäftigt ist, zur Erreichung seiner persönlichen Ziele zu benutzen. Er läßt sich nicht von seinen Vorgesetzten herumstoßen und wartet nicht ängstlich, was nun wieder auf ihn zukommen wird, sondern geht Koalitionen mit internen wie externen Machtgruppen ein, arbeitet für sie, zahlt Beiträge und vertritt ihre Standpunkte, um dafür ihre Unterstützung bei der Lösung eigener existenzieller Probleme zu genießen.

„**Mikropolitik** ist damit zu verstehen als die Bemühung, die systemeigenen materiellen und menschlichen Ressourcen zur Erreichung persönlicher Ziele, insbesondere des Aufstiegs im System selbst und in anderen Systemen, zu verwenden sowie zur Sicherung und Verbesserung der eigenen Existenzbedingungen." (Bosetzky 1972, 382)

Doch nicht nur Untergeordnete, auch Führungskräfte betreiben Mikropolitik, müssen es weithin sogar, wenn sie Erfolg haben wollen.

Das **Modell einer von Mikropolitik bestimmten Organisation** läßt sich wie folgt umreißen (nach Bosetzky 1975):

— die Organisation ist eine Koalition bzw. die Summe von Koalitionen politisch bzw. mikropolitisch agierender Personen;

— Konflikt, d.h. der Kampf aller gegen alle um die größten Belohnungen bestimmt das Geschehen in der Organisation;

— Rollen-, Autoritäts- und Kommunikationsstruktur der Organisation sind das Ergebnis der Machtgewinnung und -ausübung wechselnder Koalitionen;

— zur Erhöhung der Machtpotentiale gehen die Organisationsmitglieder und die Koalitionen Verbindungen bzw. soziale Tauschbeziehungen mit Fremdsystemen ein . . .;

— Macht ist die bedeutsamste Entscheidungsvariable;

— im Mittelpunkt der Handlungsorientierung der Organisationsmitglieder steht die Besetzung von innerorganisatorischen Schlüsselpositionen bzw. -rollen – wie das Recht zur Verteilung von Ressourcen an die Subsysteme, die Vertretung nach außen oder die Beseitigung von Störung und Ungewißheit – mit Angehörigen der eigenen Koalition.

Im Hinblick auf die Organisationsmitglieder paßt zu dieser Form der Organisierung von Arbeit und Entscheidung der **Typ des Mikropolitikers,** der

— vornehmlich interessiert ist an Machtvermehrung und -absicherung;

— eine Instrumentalisierung von Menschen, Ideen, Arbeitsprozessen und Outputs für seine eigenen Zwecke oder die Ziele seiner Koalition betreibt;

— dazu neigt, Ideologie und politische Inhalte lediglich als Mittel zum Zweck anzusehen und im Sinne der Weberschen Unterscheidung eher an der Erfolgs- als an der Gesinnungsethik orientiert ist;

— über ein hohes Maß an „geliehener Autorität" verfügt, d.h. an Autorität, die ihm Fremdsysteme (Parteien, Gewerkschaften, Verbände) zur Verfügung stellen;

— die Kunstfertigkeit der erfolgreichen Mobilisierung und Aktivierung von Ressourcen und Hilfskräften besitzt;

— eine besondere Art von Autorität, die „**konspirative Autorität**" entwickelt, d.h. über ein besonderes Maß an Hintergrunds- und Geheimwissen verfügt, also weiß, wie die Entscheidungen der Oberen in Zukunft aussehen werden und wer aktiviert, gegen wen ausgespielt und mit wem zusammengebracht werden muß, damit die Weichen in der gewünschten Richtung gestellt werden;

— zu machiavellistischen Verhaltensweisen neigt.

Dieser Mikropolitiker entspricht weithin dem Typus des „politischen Bürokraten" (Schmid & Treiber 1975, 223; Steinkemper 1974), insbesondere wegen der Orientierung an Aushandlungsprozessen (bargaining) und Kompromissen und der hohen Interaktion mit Politikern, die er mit diesem gemein hat, aber auch wegen der von beiden präferierten programm- bzw. problemorientierten Vorgehensweisen (anstelle der legalistisch-prozeduralen Orientierung des „klassischen Bürokraten"); er entspricht aber gleichzeitig auch dem aus der Politik bekannten Typ des „Kanalarbeiters", denn er ist „schlitzohrig", „hat seine Hände überall im Spiel" und „ist mit allen Wassern gewaschen". Vor allem aber verfügt er über eine Unzahl von Kontakten und weiß über alles Bescheid. Ist er gut, so kann man von ihm sagen: „Der Mann hat mindestens Antennen, er ist politisch hochgradig wetterfühlig, er spürt Entwicklungen voraus, nimmt sie sozusagen durch die Haut auf. Er hat das, was man vulgo einen Riecher nennt. Wenn andere nach Leitlinien suchen, dann verläßt er sich auf seinen Instinkt. Und der meldet ihm, wo sich Mehrheiten, aber auch, wo sich Gefahren bilden." (DER SPIEGEL, 16/1977, 26, Hermann Schreiber über Staatsminister Hans-Jürgen Wischnewski)

Informationen machen den Einfluß wie das Leben eines Mikropolitikers aus, und er beschafft sie sich teilweise auch so, wie das der Fußball-Erfolgstrainer Rudi Gutendorf bereitwillig zugibt: „Ich hatte immer einen Spion in der Mannschaft, unter den Spielern. Einer der mir berichtete, was losgewesen ist. So etwas muß man haben, damit man weiß, was vorgeht." (Gutendorf 1976, 41)

Die Zeit, Mikropolitik zu betreiben, ist in den meisten Verwaltungen zumeist bzw. zumindest zu bestimmten Zeiten sicherlich vorhanden, denn innerhalb der „bürokratisch gesetzten Verhaltensgrenzen (sind) Freiheitsspielräume gegeben ..., die es dem einzelnen gestatten, sein Arbeitstempo und seine Arbeitseinteilung im wesentlichen selbst zu bestimmen. Sowohl Vorgesetzte als auch Untergebene orientieren sich in den untersuchten Bereichen größtenteils an der Richtschnur, daß der einzelne Beschäftigte zwar ‚sein Pensum ziehen muß', daß es ihm aber innerhalb des durch Arbeitszeitregelungen, Terminzwänge oder ‚Publikumsanforderungen' vorgegebenen Rahmens selbst überlassen bleibt, wann und wie er ‚sein Pensum' bewältigt." (Hopf 1975, 44f.)

Mikropolitik ist es auch, was den Neuling in großen Organisationen am meisten verblüffen wird, hat er doch bislang immer angenommen, ein Betrieb oder eine Verwaltung sei eine gelungene Synthese von „großer Familie" und „gut geölter Maschinerie", in der „alle an einem Strang ziehen". Weil dem indessen nicht so ist und das mikropolitische Geschehen einen großen Teil der Organisationswirklichkeit ausmacht, wird ihm hier ein so verhältnismäßig breiter Raum gewidmet.

**Informelle Gruppen** und **Jahrgangsgeflechte,** wie wir sie im vorangegangenen Abschnitt kennengelernt haben, **Cliquen,** das sind informelle Gruppen mit besonders hoher Interaktionsdichte und auffälliger Isolierung von den übrigen Organisationsmitgliedern, **Seilschaften** und **Promotionsbündnisse,** d.h. informelle Gruppen mit dem Ziel, sich gegenseitig beim Karrieremachen zu helfen – sie alle bestimmen weithin die Atmosphäre und zu nicht geringen Teilen auch die Arbeitsabläufe großer Organisationen, wobei sie dann für ihre Mitglieder den größten Nutzen bringen, wenn sie nicht nur in einer einzelnen Organisation angesiedelt sind, sondern in mehrere hineinreichen: in andere Behörden und Betriebe, in Parteien, in Gewerkschaften, in Verbände, in Parlamente, in Bürgerinitiativen usw. Für diesen Tatbestand hat sich der Begriff Filzokratie eingebürgert, den insbesondere der Berliner TAGESSPIEGEL publik gemacht hat, und mit dem die wechselseitige Verknüpfung vieler informeller

Gruppen aus den verschiedensten Bereichen eines geographischen Raumes sehr treffend beschrieben ist.

Seine theoretische Fundierung findet der hier vorgeführte mikropolitische Ansatz im „organisationstheoretischen Grundmodell" von March (1962) bzw. Cyert und March (1963), von denen Industriebetriebe als politische Koalitionen gesehen werden, als Koalitionen von Managern, Arbeitnehmern, Kunden, Lieferanten usw. (vgl. dazu Kupsch & Marr 1972, 456–458), und in einer Arbeit von Tom Burns (1961/62), in deren Titel der Begriff „micropolitics" enthalten ist.

In der neueren Literatur werden nun alle großen Organisationen immer häufiger als politische Systeme gesehen, als die Summe verschiedener und ständig wechselnder Koalitionen ihrer Teilsysteme und Gruppen. Die Vorstellung, Organisationen funktionierten unabhängig von den Interessen ihrer Mitglieder auf Knopfdruck von oben und nach reinen Sachgesichtspunkten, ist ad acta zu legen. Was Koch (1975, 106f.) von der Ministerialbürokratie sagt, ist mehr oder minder auf alle Verwaltungsapparate übertragbar: „Es wird nicht nur nach (formalen) Kompetenzen entschieden, sondern selbst und gerade in der Ministerialbürokratie dürfte nach zustimmungsfähigen und insofern auch ‚bürokratischen Mehrheitsentscheidungen' gesucht werden. (...) Zusammengefaßt: die Ministerialbürokratie ist nicht unbedingt nur ein funktional ausdifferenziertes Subsystem, das nach vergleichbar andersartigen Sinnkriterien bzw. Regeln handelt als das politische System selbst; sie ist ebenso auch ein politisches, zumindest aber ein in hohem Maße politisiertes System."

Das Organisationsgeschehen kann als Ergebnis von Entscheidungen gesehen werden, die die mit unterschiedlichen Machtpotentialen ausgestatteten Untereinheiten und Gruppierungen einer Organisation, wie sie um knappe Ressourcen kämpfen und gleichzeitig bei der Aufgabenbewältigung in wechselseitigen Koalitionen zusammenarbeiten, im Verlaufe von Ver- und Aushandlungsprozessen treffen (Tushman 1977).

Das einzelne Organisationsmitglied ist damit nicht mehr das berühmte Rädchen im Getriebe, das dem System wehrlos ausgeliefert ist, es kann vielmehr durch ein gezieltes mikropolitisches Agieren sein Schicksal in der Organisation zumindest in Teilen selbst bestimmen, indem es nämlich Koalitionen mit anderen eingeht, die auf gegenseitige Hilfeleistung abgestellt sind (Bosetzky 1972, Koch 1975).

In letzter Zeit hat der hier wiedergegebene Denkansatz eine immer breitere Resonanz und Akzeptanz gefunden, wie insbesondere die spezielle Veröffentlichung von Küpper & Ortmann (1988) zeigt, so daß uns eine Vertiefung bzw. „theoretische Überhöhung" durch das Referieren vor allem der Arbeiten von Crozier, Friedberg und Neuberger an dieser Stelle geboten erscheint.

Crozier & Friedberg (1979) haben mit Sätzen wie den folgenden die **Spiel-Metapher** in die Organisationstheorie eingeführt: „Das Spiel ist das Instrument, das die Menschen entwickelt haben, um ihre Zusammenarbeit zu regeln. Es ist das wesentliche Instrument organisierten Handelns. Es vereint Freiheit und Zwang. Der Spieler bleibt frei, muß aber, wenn er gewinnen will, eine rationale Strategie verfolgen, die der Beschaffenheit des Spiels entspricht, und muß dessen Regeln beachten" (68). Sie wenden sich damit konsequent gegen jede mechanistische Auffassung von Organisation. Das Spiel ist für sie „der ‚Mechanismus, mit dessen Hilfe die Menschen ihre Machtbeziehungen strukturieren und regulieren und sich doch dabei Freiheit lassen',

Organisation das Ergebnis einer Reihe von Spielen, das Handeln also abgeleitet – nicht determiniert – durch formale und informelle Spielregeln, die aber auch mißachtet, verändert oder durch neue Regeln ersetzt oder erweitert werden können" (Ortmann 1988, 21). Ähnlich zeigt auch Elias (1983) in seinem „figurationssoziologischen Ansatz", „... wie ein einzelner Mensch den Entscheidungsspielraum, den ihm seine Position innerhalb einer spezifischen Figuration gibt, bei der Strategie seiner persönlichen Verhaltenssteuerung nutzt" (218).

Damit das Organisationsmitglied als strategischer Spieler gesehen werden kann, muß Friedberg **Macht** als Beziehung zwischen den Akteuren sehen und nicht als unveränderliches Potential, das am jeweils Ranghöheren statisch festgemacht ist. „Als Beziehung beruht Macht immer auf Austausch und damit auf Verhandlung, denn es gibt keine Beziehung ohne Austausch und keinen Austausch ohne (implizites oder explizites) Aushandeln der Tauschbedingungen" (1988, 41). Organisationen funktionieren nur, wenn die Mitglieder ihr Fachwissen einbringen. Das Maß aber, in dem sie das tun (von voller Aufopferung und Hingabe im Sinne des workaholics bis zum Dienst nach Vorschrift), bleibt ihrem strategischen Kalkül und ihren ureigensten Interessen und Zielen überlassen, die sie mit ihrer Organisationsrolle verbinden, ihrer Subjektivität und der Anlage ihres **Spiels**, muß von ihren Vorgesetzten mit ihnen ausgehandelt werden und bleibt damit für die Organisation immer eine potentielle Ungewißheitsquelle. Mit dieser Annahme kann Friedberg auch den letzten Schritt tun und den sozusagen ehernen Charakter der Organisation in Frage stellen: „Die Struktur einer Organisation, deren sichtbarer und kodifizierter Teil die Formalstruktur darstellt, ist somit nichts weiter als eine Reihe von miteinander verbundenen und einander bedingenden Spielen, die die widersprüchlichen Machtstrategien der Organisationsmitglieder indirekt integrieren, indem sie jeweils mögliche, in ihrem Rahmen **rationale,** d. h. gewinnbringende Strategien definieren. (...) Und die Funktionsweise einer Organisation kann man als Ergebnis der einzelnen Spiele und ihres ‚Zusammenspiels' betrachten" (1988, 46).

Neuberger (1988) kritisiert Crozier und Friedberg dahingehend, daß sie nach wie vor festhielten am rationalen Verhalten der Spieler und ihrer Einengung durch Zwänge (Regeln) und in den Mittelpunkt ihres Ansatzes das Konkurrenz- oder Wettkampfspiel stellten, das strategische Denken. Er dagegen hält es für nötig, den **Spielbegriff** umfassender definiert zu sehen, die ganze Bandbreite kultureller Inhalte miteinzubeziehen (neben den Wettkampf- also auch die Elemente der Glücks-, Verwandlungs- und Rollenspiele und der „ekstatischen" Spiele im organisationalen Kontext zu sehen), um wirklich eine neue Sicht von Organisation vermitteln zu können: „Die Spielmetapher will den schroffen Gegensatz ‚Spiel-Arbeit' aufheben. Sie will zeigen, daß **jede** organisierte Arbeit Elemente des Spielerischen enthalten **muß,** auch wenn dies eine puritanische Arbeitsethik mit ihren zentralen Kategorien von Pflicht, Leistung, Anstrengung, Rationalität, Planbarkeit, Verläßlichkeit usw. verleugnen möchte. – Natürlich gibt es unterschiedliche ‚Spiel-Räume' in Organisationen. Je mehr der Arbeitsvollzug auf äußerlich meßbare motorische Aktionen beschränkt ist, je stereotyper er sich wiederholt, desto maschinenhafter ist er ..." (77).

Als „Erkenntnisse aus der Organisationspraxis und -forschung, die mit der Spiel-Metapher Sinn machen", nennt Neuberger u. a. (82):

— Nichts läßt sich vorab koordinieren. Es muß immer Spielraum für Initiativen und Innovationen geben.

— Daten sind Deutungen, Fakten sind – wörtlich übersetzt – Tat(!)-Sachen, also durch menschliches Handeln herbeigeführte Ergebnisse und keine naturgesetzlichen objektiven Ereignisse...

— Handlungen folgen Drehbüchern ...

— Subjektivität ist unausweichlich; es gibt kein neutrales, interesseloses, objektives Handeln...

— Man spielt nie allein, sondern immer für/mit/gegen **jemand** und mit/um **etwas**...

— Die Variable „Zeit" („timing") spielt eine herausragende Rolle. Es geht nicht nur um Regeltreue, sondern auch um die Chancen-Nutzung.

— Regeln und Ziele sind nicht da, sondern werden erfunden und ausgehandelt (auf dem Hintergrund der Meta-Regeln).

Bei Empter (1988) finden wir das Ganze noch einmal auf den Punkt gebracht (Hervorhebungen von uns, um anschließend unsere Kritik deutlich machen zu können): „In hochstrukturierten Handlungs- bzw.- Interaktionssystemen wie Organisationen sind die beteiligten Akteure **zwar** gebunden an den institutionellen Rahmen und die Regelsysteme, welche das System und die Gesellschaft bzw. deren Ordnung vorgeben. Diese begrenzen **jedoch lediglich** die Handlungsmöglichkeiten bzw. kanalisieren die Strategien der beteiligten Akteure, schränken aber deren Handlungsfreiräume **nur** in ‚empirischen Grenzfällen' völlig ein, das heißt, es verbleiben fast immer Bereiche individueller Autonomie. So handeln die Akteure in Organisationen – wie im ‚rationalen Paradigma' der Organisationswissenschaft postuliert – nicht ausschließlich gemäß ‚organisatorischer Rationalität' (im Sinne funktionaler oder systemischer Imperative), sondern **immer auch** unter Berücksichtigung ihrer partikularen, individuellen Ziele und Interessen, das heißt, gemäß ihrer eigenen, ‚subjektiven' Rationalität" (164).

Das „immer auch" entspricht voll unseren Intentionen und wird schon seit zwei Jahrzehnten immer wieder von uns unterstrichen, doch scheint uns in dem „zwar", „jedoch lediglich" und „nur", was die Rollen-**Pflichten** der Organisationsmitglieder betrifft, eine gefährliche ideologische Blindheit verborgen zu sein: das Ausblenden gesellschaftlicher Machtverhältnisse auf der Makroebene, das völlige Übersehen der Tatsache, daß die einen über die Produktions- und Verwaltungsmittel verfügen – und die anderen ihre Arbeitskraft verkaufen müssen, wenn sie überleben wollen. Um im Bilde und der adäquaten Sprache zu bleiben: Die einen sind Eigentümer des Spielfeldes und aller Geräte, und die anderen dürfen dann darauf und damit spielen. Sicherlich nun mit erheblichen Freiräumen, was die Rollengestaltung im einzelnen ausmacht, und gegen Entgelt, aber sie sind und bleiben dennoch abhängig von denen, die sie spielen lassen und jederzeit auch vom Platz holen können, um andere einzusetzen.

Über das Verhältnis von Rollengestaltung und Macht wird auf den nächsten Seiten noch mehr zu sagen sein, insbesondere über die Reduzierung von Vorgesetztenmacht und den Aufbau neuer Machtpositionen, an dieser Stelle soll nur noch einmal unterstrichen werden, daß das Betreiben von Mikropolitik durchaus zum Abbau von Entfremdung und zur Integration in eine Organisation führen kann.

## 4.7.2 Reduzierung von Vorgesetztenmacht

Spätestens an dieser Stelle ist die Anmerkung zu machen, daß Mikropolitik innerhalb großer Organisationen kaum möglich bzw. sinnlos wäre, wenn bei genauer Geschäfts- und Kompetenzverteilung alle in der Organisation vorhandene Macht – von der Spitze nach unten hin gleichmäßig abnehmend und in der Horizontalen genau ausgewogen – auf die Vorgesetztenpositionen verteilt wäre und die restlichen Organisationsmitglieder völlig machtlos wären.

Mikropolitik ist also nur dann und darum möglich, wenn und weil in einer Organisation

— die Stellenrollen und die Kompetenzen unscharf voneinander abgegrenzt sind,

— die Machtverteilung unklar ist, „freifließende Macht" zur Verfügung steht und „Machtschöpfung" erfolgen kann,

— die Vorgesetztenpositionen so geartet bzw. so schwach sind, daß ihre Inhaber, wollen sie die Zielerreichung ihres Subsystems bzw. des Gesamtsystems sicherstellen, unbedingt in Verhandlungen mit ihren Untergebenen und ihren gleichrangigen Kollegen eintreten und auf Tauschgeschäfte eingehen müssen, wie sie selbst die eigenen Vorgesetzten regelmäßig zu Zugeständnissen und Kompromissen zwingen können.

In genauerer Analyse des letzten Grundes müssen wir uns zunächst fragen, wie denn die Macht der Vorgesetzten begrenzt und reduziert werden kann, wie sich also von den Untergeordneten Gegenmacht aufbauen läßt. Dies kann – unabhängig voneinander oder auch parallel – dadurch geschehen, daß sie

1. Koalitionen gegen den Chef bilden – und

2. den Vorgesetzten abhängig von sich selbst werden lassen.

Hartmann (1964 bzw. 1968) sieht vier Möglichkeiten für den Untergebenen, seinen oder seine Vorgesetzten in ein Abhängigkeitsverhältnis zu bringen:

(1) **Das komplementäre (= ergänzende) Abhängigkeitsverhältnis,** wo der „Vorgesetzte ... bei der Ausübung seiner Vorgesetztentätigkeit darauf angewiesen ist, daß der Verantwortliche für die komplementäre Rolle ‚mitspielt'", wobei er diese Ergänzung nicht erzwingen kann, sondern den rangniederen Partner durch besondere Maßnahmen (Nachsicht, Drüberwegsehen, Mal-etwas-durchgehen-lassen) kooperativ stimmen muß. – Denken wir hier z.B. an „eingespielte Teams" rangungleicher Personen wie Kriminal-Kommissar und Assistent, Pilot und Copilot, Arzt und Sprechstundenhilfe oder Mittelstürmer und Rechtsaußen.

(2) **Das konditionale (= bedingungsgemäße) Abhängigkeitsverhältnis,** mit dem gemeint ist „die Abhängigkeit, die sich aus der Verfügungsgewalt anderer über die Mittel ergibt, die wir zur Ausübung unserer eigenen Rolle brauchen. Es handelt sich also hier nicht, wie in dem komplementären Verhältnis, um das aktive Mitspiel eines Rollenpartners, sondern um die Bedingungen, die Konditionen, unter denen sich die Interaktion abspielt. (...) Wesentliche Erledigungen in der Organisation können unterbunden oder verzögert werden, weil Türhüter oder Küchenpersonal, Telefonistinnen oder Magazinverwalter von ihrer untergebenen Stellung aus die Mittel blockieren, die zur reibungslosen Ausführung eines Auftrags benötigt werden."

(3) **Das auxiliare (= aushelfende) Abhängigkeitsverhältnis,** „bei dem Untergebene sich mit Vorgesetzten in deren Arbeitsaufgaben teilen. Durch diese Abmachung wird die Arbeitslast des Vorgesetzten verringert, die des Untergebenen durch zusätzliche Aufgaben vergrößert. Die Gründe hierfür können verschiedener Art sein: Überbelastung des Vorgesetzten, seine Abneigung gegen bestimmte ihm übertragene Aufgaben, Unsicherheit in einem bestimmten Tätigkeitsbereich, räumliche Entfernung der verschiedenen Arbeitsstellen und anderes mehr."

(4) **Das funktionale (= fachliche) Abhängigkeitsverhältnis,** wo die „Abhängigkeit des Vorgesetzten wesentlich darauf (beruht), daß der Untergebene über besonderes Wissen und Können verfügt, die im Gesamtfunktionszusammenhang unentbehrlich sind".

Obwohl es diesen vier Möglichkeiten an Trennschärfe fehlt (d.h. konkrete Fälle sind zumeist in zwei oder drei dieser „Schubfächer" einzuordnen), zeigen sie sehr plastisch, wie die Machtposition eines normalen Vorgesetzten schon vom organisationalen Sosein, d.h. ohne das besondere mikropolitische Zutun des Untergebenen „angekratzt" wird. „Soweit es dem Untergebenen gelingt, seinen oder seine Vorgesetzten in ein Abhängigkeitsverhältnis zu drängen, verschafft er sich entsprechende Unabhängigkeit bzw. Macht über andere." (Hartmann 1968, 303)

Wie sehr Untergebene ihre Vorgesetzten in der Hand haben können, zeigt uns Lauxmann (1971, 84 und 87) mit zwei sehr schönen Beispielen (A ist hierbei der Vorgesetzte, B der nachgeordnete Beamte:

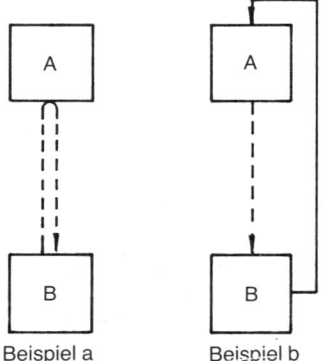

Beispiel a    Beispiel b

a) A kümmert sich nicht um die Vorgänge, andererseits kann B nicht auf die Entlastung durch seinen Vorgesetzten verzichten. Der Vorgesetzte übernimmt durch seine Unterschrift, die hier eigentlich nur noch eine Formsache ist, theoretisch die Verantwortung. B erteilt sich im Namen des Chefs seine Aufträge gewissermaßen selbst.

b) Eine in der Praxis nicht seltene Variante ist dieser Fall: Ein schwacher Vorgesetzter wird von einem starken Mitarbeiter de facto beherrscht. Die tatsächliche Autorität verläuft hier in umgekehrter Richtung. Das geht so weit, daß der Vorgesetzte die Vorschläge seines Sachbearbeiters akzeptieren muß, obwohl er dazu theoretisch nicht verpflichtet wäre.

Krüger (1977, 129) bestätigt das Gesagte anhand der vorliegenden Literatur auch für den Bereich der Industrieverwaltungen: „Die Machtdifferenzen zwischen den Hierarchieebenen nehmen ab, die Machtstruktur wird erheblich ‚flacher'. Es sind Indikatoren dafür vorhanden, daß die Machtverhältnisse teilweise sogar ‚umkippen' können, daß also rang*niedrigere* Stellen in der Hierarchie eine *höhere* faktische Macht aufweisen als rang*höhere* Stellen."

Ganz generell läßt sich hierzu sagen: In sozialen Systemen besteht immer eine Tendenz zur Zerstörung bestehender Machtpositionen (zusammen mit der Tendenz zur Etablierung neuer Machtpositionen), so daß die Stellung des Chefs ständig bedroht ist (wenn er von sich aus nichts unternimmt, sie zu stärken).

Diese Aussage fußt auf dem Grundgedanken der Konflikttheorie von Ralf Dahrendorf (1970), daß in sozialen Systemen die negativen Autoritätsrollen (= Untergebene) stets an der Überwindung der positiven Autoritätsrollen (= Vorgesetzte) interessiert seien. Die Oberen versuchten, ihren Machtvorsprung dadurch zu sichern, daß sie sich auf unwiderlegbare Systemnotwendigkeiten und „letzte Werte" beriefen, also eine Institutionalisierung anstrebten – die nun die Beherrschten ihrerseits wiederum zu zerstören suchten. „Macht hat einerseits Verfestigung nötig, Verfestigung aber richtet sich immer auch gegen Macht." (Claessens 1968, 63 f.)

Dies entspricht auch dem **force depletion model** der Organisationstheorie (March), demzufolge jede Macht ständig und unabdingbar (einen Teil) ihrer Ressourcen verbraucht (vgl. Kirsch 1971, 192, 218 f.).

Drücken wir den von uns gemeinten Zusammenhang mit zwei Sätzen von Niklas Luhmann (1975,107 f.) noch einmal ganz klar aus: „Wir haben ... nicht mehr den Fall vor uns, mit dem die klassische Machttheorie typisch rechnet: daß Macht Gegenmacht *vorfindet* und zum Widerstand reizt. Sondern in Organisationen *erzeugt Macht Gegenmacht.*" Wobei Luhmann speziell auf den Gedanken abstellt, daß in Großorganisationen die organisierte Macht „Kettenbildung in beträchtlichen Längen und Verzweigungen ermöglicht und dadurch die Informationsverarbeitungskapazität und die Kontrollmöglichkeiten eines einzelnen Machthabers sehr rasch überfordert" (1975, 107).

Die Organisationen innewohnenden Machtzerstörungstendenzen werden anhand der beiden folgenden Thesen aus dem Buch „The daily power game" von Mark Mulder (1977) noch einmal sehr plastisch:

● Individuen sind bestrebt, das Machtgefälle zwischen sich und Personen mit mehr Macht zu verringern.

● Je geringer dieses Gefälle gegenüber der mit mehr Macht ausgestatteten Person ist, desto stärker die Tendenz zu seiner Reduzierung.

Die **Tricks,** die **zur Entmachtung eines Vorgesetzten** nötig sind, kennt in großen Organisationen jeder Mikropolitiker und jeder „alte Hase" (hier nach Bosetzky 1977 b, 124):

— man sorgt dafür, daß ihm wichtige Informationen vorenthalten werden, oder man manipuliert sie so, daß er Verluste erleidet („ins offene Messer läuft", „in eine Falle tappt", „ins Fettnäpfchen tritt", „auf dem falschen Bein Hurra schreit", „aufläuft", „Schiffbruch erleidet", „ins Schwimmen gerät", „baden geht" usw. – wie es überaus plastisch im einschlägigen Jargon heißt);

— man läßt ihm keine Einladungen mehr für private bzw. informelle Veranstaltungen (vorklärende Absprachen, Parties, Stammtische, Skatabende, Weinproben u. dgl.) zukommen, womit erreicht wird, daß

   — er keine strategisch-taktisch entscheidenden Informationen mehr bekommt

   — er keine Möglichkeit des mikropolitischen Agierens, d. h. des Drahtziehens, des Intrigenspinnens, der Erläuterung seiner Ziele und des Stimmenfangs mehr hat,

   — ihm und anderen seine wachsende Unbeliebtheit signalisiert wird;

— man unterstellt ihm Ambitionen für einen Posten in einer anderen Organisationseinheit oder gar einer fremden Organisation und erreicht damit erstens, daß er als „unsicherer Kantonist" gilt, dem kein mikropolitischer Kredit mehr einzuräumen ist, weil er, wenn er erstmal weggegangen ist, womöglich seine Zinsen nicht mehr zurückzahlen will oder kann, und zweitens, daß ihn seine Vorgesetzten fallenlassen, weil sie wegen seiner mangelnden Loyalität und des umsonst in ihn investierten Kapitals enttäuscht sind;

— man unterstellt ihm Unlust bei der Arbeit und zu lange Liegezeiten der Akten oder Vorgänge, was seine fachliche Qualifikation und seine Leistungsmotivation in Frage stellt und ihn bei seinen Vorgesetzten und bei externen Interaktionspartnern diskreditiert;

— man meint, er würde stets zur falschen Zeit in Urlaub gehen (zu Zeiten, in denen Entscheidendes passiert) und verdächtigt ihn damit, weder den richtigen Riecher noch Fortüne zu haben;

— man erweckt den Anschein, als wolle man ihn wegloben, was ihn als Versager erscheinen läßt;

— man sagt ihm Krankheiten nach oder bauscht vorhandene auf und verdächtigt ihn, Verhältnisse mit Untergebenen zu unterhalten, die früher oder später zu Skandalen führen müßten (dies alles nach der Devise: Wenn's auch nicht wahr ist, es bleibt doch immer was hängen!);

— man verdächtigt ihn, ein Mann einsamer Entscheidungen zu sein, mit dem keiner zusammenarbeiten könne und der sich durch seine schroffe Art immer neue Feinde schaffen werde („der macht ja doch alles allein");

— man übergeht ihn, wenn er bei Einhaltung des Dienstweges an sich an der Reihe wäre;

— man überträgt ihm Aufgaben, von denen feststeht, daß sie nur für die Schublade bestimmt sind, oder die ihn unweigerlich dem Beschuß externer Organisationen und der Öffentlichkeit aussetzen;

— man arbeitet langsam, wenn man mit ihm zusammenarbeiten soll, macht Fehler, für die er später verantwortlich gemacht wird, interpretiert seine Weisungen und Gedanken absichtlich falsch – usw.

Wird das systematisch betrieben, kann sich der Betroffene in der Regel nicht mehr lange halten. Ein anderer beginnt seine eigene Machtkumulation damit, daß er ihm den Todesstoß versetzt ...

Zum Alltag großer Organisationen gehört es auch, daß Untergebene versuchen, unliebsame Vorgesetzte lächerlich zu machen und bei jeder sich bietenden Gelegenheit (unter sich bzw. mit Gleichgesinnten) Witze über sie reißen, jede ihrer Schwächen nutzen, um sie zu verspotten, durch den Kakao zu ziehen und „kleiner werden zu lassen". Fragt Student A: „Was hat denn Professor Lachmund bisher Bedeutsames veröffentlicht?" Antwortet Studentin B: „Das wichtigste ist eine Anzeige in der BZ: ‚Suche Fünf-Zimmer-Wohnung mit Bad und Balkon!' **Humor** zeigt sich damit multi-funktional, ist nicht nur Mittel der Integration und Steuerung (Kontrolle) einer Gruppe (hier der Studenten), sondern auch Möglichkeit des Widerstandes und Waffe gegen „die da oben" (vgl. dazu Collinson 1988). Nur eine ausgeprägte Spottkultur macht es des öfteren Autonomie-suchenden Erwachsenen erst möglich, in einer Hierarchie lebenslang auszuharren, gibt ihnen ihre Autonomie zurück, nivelliert die Unterschiede im Hinblick auf Macht, Belohnung und Prestige auf ein erträgliches Maß.

**Machtentropie** aber, d.h. die absolute Gleichverteilung des vorhandenen Machtpotentials ist in Großorganisationen selten und zumeist nur über kürzere Zeiträume hinweg anzutreffen, denn zerfällt die eine Machtposition, werden die verlassenen claims sehr schnell von anderen Personen und Gruppen besetzt, denen inzwischen der Aufbau eines ausreichenden Machtpotentials geglückt ist, nicht zuletzt mit Unterstützung und im Interesse externer Machtgruppen.

### 4.7.3 Zum Aufbau neuer Machtpositionen

Wie kann ein neues Organisationsmitglied nun sein – anfangs in der Regel sehr geringes – Machtpotential systematisch vergrößern?

Wir sehen da drei grundsätzliche (und nur analytisch voneinander zu trennende) Möglichkeiten:

(1) Es tut stets seine Pflicht, manchmal auch ein bißchen mehr, erfüllt alle Leistungs-standards der Organisation, paßt sich den Vorgesetzten an, fällt nie unangenehm auf und wartet, bis man es befördert;

(2) Es schließt sich einer bestehenden informellen Gruppe (Koalition) an bzw. läßt sich von ihr anwerben (d.h. es wird von ihr „kooptiert");

(3) Es baut selbst eine informelle Gruppe (Koalition) auf.

Die Möglichkeit 1 lassen wir hier außer acht, da sie nichts mit Mikropolitik zu tun hat (eben das genaue Gegenteil ist), und da 2 den Regelfall darstellt, gehen wir an dieser Stelle davon aus, daß ein neues Organisationsmitglied sich einer bestehenden Machtgruppe (power clique) anschließt, deren Führer gezielt auf ihre Expansion hin-arbeitet.

Ehe wir uns dessen Techniken ansehen, fragen wir uns noch, weshalb solche Koali-tionen überhaupt eingegangen werden. Wir sehen da in der Hauptsache zwei Mo-tive:

(1) **Die bessere Durchsetzung eigener Zielvorstellungen.** – Nach Koch (1975, 105) „dürfte das Ziel dieser Koalitionsbildungen darin liegen, entweder durch die Erweiterung eigener Dispositionsräume selbst formulierte Programme konsensfähig zu machen oder aber Programme anderer zu blockieren. Hält man sich in diesem Punkt weiter an Erfahrungen aus anderen Bereichen, so können sich diese Koalitio-nen einmal auf durchaus gemischte – also nicht unmittelbar übereinstimmende – Motive der koalierenden Gruppe gründen; zum anderen können diese Koalitionen auch fallweise – also je nach Problembezug – aufgelöst oder aber neu formiert wer-den". Koch geht hierbei von der bundesdeutschen Ministerialverwaltung aus, ebenso wie Schmid & Treiber (1975, 181f.), die zeigen, wie ein Referent seine Initiativen im eigenen Hause durchzusetzen vermag. „Der Referent muß also seine Referatspolitik bereits bürokratieintern durchsetzen; zu diesem Zweck muß er insbesondere die politischen Intentionen benachbarter Referate antizipieren und in seinen Vorschlä-gen berücksichtigen . . ., um die mit dem Abstimmungsmuster der ‚negativen Koordi-nation' gegebene Chance zum Aufbau von ‚Vetopositionen' unwahrscheinlich zu machen. Ein Referent wird also alles daran setzen, um für sein Vorhaben interne, möglicherweise aber auch externe Unterstützung zu gewinnen. – Interne Unterstüt-zung kann vor allem jener Kreis von Personen gewähren, die Zugang zur politischen Spitze haben. Insbesondere Abteilungsleiter, persönliche Referenten und Angehö-rige von Stäben üben die Funktion des ‚Pförtners' . . . aus, der den internen Entschei-dungsweg reibungslos gestalten, aber auch blockieren kann."

(2) **Den schnelleren Aufstieg in der Hierarchie.** – Mit Beförderungen bzw. Beför-derungschancen kann im mikropolitischen Spiel deswegen so gut gehandelt werden, weil alle bekannten Beurteilungsverfahren im Verwaltungsbereich in der Mehrzahl der Fälle notwendigerweise subjektiv bleiben müssen. „Das aufwendigste Formular kann eben nicht darüber hinwegtäuschen, daß die Beurteilung vorwiegend qualitati-ver Leistungen immer irgendwo subjektiv bleibt, gefärbt von Vorurteilen, verzerrt durch unterschiedlich angewandte Maßstäbe." (Strametz 1978, 28). Wenn dem so ist, dann ist es gut, sich das Wohlwollen des Beurteilenden zu sichern, auf alle Fälle aber noch besser, ihm eigene Gewinne in Aussicht zu stellen, wenn er sich zu einer guten, d.h. zum Aufstieg führenden Beurteilung entschließen sollte. Die „Drahtzie-

her" im mikropolitischen Spiel instrumentalisieren das Aufstiegssystem ihrer Organisation, d. h. sie nutzen es dadurch für ihre eigenen Zwecke, daß sie den Aufstieg
einer Person oder einer Gruppe von Personen aus ihrem **Promotionsbündnis** (Pro-
motion = Förderung) fördern, „um später aus deren zu erwartender Gegenleistung
bestimmte Vorteile ziehen zu können" (Bosetzky 1972, 376). Eine solche Gegenleistung wäre in diesem Falle, daß der Protege nun seinerseits den (weiteren) Aufstieg
seines einstigen Promoters fördert; eine **Seilschaft** ist entstanden.

Damit haben wir erklärt, warum Organisationsmitglieder Koalitionen mit anderen eingehen, wir wissen aber noch nicht, was diese informellen Gruppen im Innersten zusammenhält, was ihre Kohäsion ausmacht. Die Antwort entnehmen wir der Kulturan-
thropologie (vgl. Homans 1967):

**Soziale Beziehungen sind Tauschbeziehungen,** d. h. die in der Mikropolitik einge-
gangenen Bündnisse gewinnen dadurch ihre Stabilität, daß ein Mitglied für die anderen Mitglieder bestimmte Leistungen erbringt (ihnen Informationen verschafft, sie bei
der Interessendurchsetzung Dritten gegenüber unterstützt, ihnen bei der Austragung
von Konflikten hilfreich zur Seite steht und sie unterstützt, wenn es um die Besetzung
freier Posten geht) und seinerseits Gegenleistungen der gleichen Art in Empfang
nimmt. Dabei ist dieses Austauschverhältnis dann am stabilsten, wenn jeder der Beteiligten einen Gewinn davontragen kann (je geringer die Gewinnsumme bzw. je höher die Verlustrate wird, desto zerbrechlicher werden die Gruppen).

Dieses Prinzip des Gebens und Nehmens ist in Japan unter der Bezeichnung **giri** ein
wesentlicher Punkt der Tradition; giri (eigentlich: die Schuld) ist „die persönliche Ver-
pflichtung jedes einzelnen, Gefälligkeiten pari zu vergelten" (DER SPIEGEL, Nr. 51/
1976, 107). Dankbarkeit oder besser: das Dankbar-sein-müssen scheint hier ein
noch stärker institutionalisierter Wert zu sein als in unserer Kultur, wo das Eine-
Hand-wäscht-die-andere-Prinzip eher nüchtern-zweckrational wirkt, etwa so wie in
Kreisen der **Mafia.**

In Mario Puzos Roman „Der Pate" demonstriert der Mafia-Boß Don Vito Corleone in
einzigartiger Weise, wie man überaus wirksam Machtpositionen aufbaut. Das hier-
von abgeleitete **Don Corleone-Prinzip** (Bosetzky 1974 a) besteht darin, einer Vielzahl anderer Menschen, denen die legitimierten Autoritäten keine Gerechtigkeit verschaffen können oder wollen, wirksam zu helfen und sie gleichzeitig auf eine irgendwann einmal fällige Rückzahlung ihrer Dankesschuld zu verpflichten, so daß man
immer und überall in der Lage ist, Einfluß auf anstehende Entscheidungen zu nehmen. Zwei Sätze aus Puzos Roman unterstreichen deutlich, was damit gemeint ist.
So sagt der Don zu einem Hilfesuchenden: „Du sollst Gerechtigkeit haben. Eines
Tages, und dieser Tag wird vielleicht niemals kommen, werde ich dich bitten, mir
dafür einen Gefallen zu tun. Bis dahin betrachte diese Gerechtigkeit als ein Geschenk ..." (28) Und der Autor erklärt Don Corleones wachsenden Wohlstand wie
folgt: „... er erwarb Wissen, Beziehungen und Erfahrung. Und er hortete gute Taten
wie ein Bankier Wertpapiere." (192)

Da sich die Strategien von „Machtsammlern" in allen Organisationen so ungemein
gleichen (wenn auch nicht die Mittel und Ziele), hat es ein deutsches Gericht jüngst
für legitim erklärt, innerorganisatorische Koalitionen und Machtgruppen mit den Bei-
namen Mafia zu belegen.

Damit wären wir bei der entscheidenden Frage nach den gängigen **Machtvermeh-rungstechniken** angelangt. Wohl wissend, daß in der Praxis stets mehrere Faktoren – einander ergänzend und verstärkend – zum Tragen kommen, unterscheiden wir hier rein analytisch sieben verschiedene Techniken der Machtakkumulation (-anhäu-fung) und gehen hier zur besseren Verdeutlichung davon aus, daß ein mittlerer Vorgesetzter, ein Büroleiter etwa, sie anwendet.

## (1) Das Begründen von Abhängigkeitsverhältnissen

Der machtorientierte Mikropolitiker wird – weithin mit machiavellistischen Praktiken – versuchen, sich eine möglichst große und weitreichende Gefolgschaft aufzubauen, eine Schar von Organisationsmitgliedern, die im Hinblick auf die Erreichung ihrer persönlichen Ziele und die Befriedigung ihrer Bedürfnisse weithin von ihm abhängig sind. Solche Abhängigkeitsverhältnisse begründet er, indem er

– den Erfolg ihrer Arbeit von seinen Hilfeleistungen abhängig macht, von seiner Unterstützung mit Rat und Tat,

– die Fehler, die sie begangen haben, vertuschen hilft und nicht an die große Glocke hängt,

– sich durch seine weitreichenden Beziehungen zum Herrn über ihr Schicksal innerhalb der Organisation macht, d. h. direkt oder indirekt über Beförderungen, Versetzungen und Entlassungen entscheidet.

Funktioniert das System der Belohnungen, wächst eine solche Gefolgschaft sehr schnell an und setzt dann Maßstäbe für alle aufstiegsorientierten Organisationsmitglieder. Je autoritärer und machiavellistischer die Vorgesetzten sind, desto stärker wird das Organisationsklima durch Günstlingswirtschaft (favoritism), Patronage und Gönnerschaft (sponsorship) bestimmt; Fisher (1977) zitiert eine amerikanische Manageruntersuchung (AMA survey), nach der 82 % der Befragten glauben, daß Dienstbeflissenheit und Liebedienerei gegenüber dem Chef (pleasing the boss) der wichtigste Aufstiegsfaktor seien.

Wichtig für den Machtakkumulierer ist aber nicht nur die Größe seiner Gruppe und ihre Motivationsbasis, sondern auch das Maß der Beziehungen, die die Mitglieder außerhalb seiner informellen Gruppe unterhalten, das Ausmaß, in dem die Gruppe unterschiedliche Rangstufen und unterschiedliche Berufsgruppen bzw. Beschäftigungskategorien umfaßt, und schließlich die Frage, inwieweit die Gruppe in sich geschichtet ist (nach Tichy 1973).

## (2) Die Durchsetzung der Organisation mit eigenen Parteigängern

Zur Machtakkumulation ist es wichtig, daß der Mikropolitiker in möglichst vielen Untereinheiten seiner Organisation wie auch in anderen Organisationen (Umsystemen) Gefolgsleute oder wenigstens „Gewährsmänner" sitzen hat, die dort Werbung für ihn und seine Ziele betreiben und seine eigene Karriere fördern, die ihm von dort Informationen übermitteln und die die dort fallenden Entscheidungen in seinem Sinne beeinflussen (Bosetzky 1972, 377 f.).

221

## (3) Das Besetzen von Schlüsselpositionen

Darüber hinaus achtet der machtorientierte Mikropolitiker darauf, daß möglichst viele Schlüsselpositionen in der gesamten Organisation von seinen Anhängern besetzt sind. Das gilt vor allem für die oben erwähnten Stellen mit „Pförtner"-Funktionen wie Amts- und Abteilungsleiter, persönliche Referenten und Angehörige von einflußreichen Stäben, daneben aber auch für eine Reihe von Stellen in den Zentral-Abteilungen, in denen die Ressourcen verteilt werden (Personal und Haushalt), und in Arbeitsgruppen, die schwer ersetzbar sind, eine zentrale Stellung im Arbeitsfluß einnehmen und wichtige Aufgaben für die Organisation erledigen.

Wird Mikropolitik nicht, wie hier unterstellt, mit individueller Zielsetzung betrieben, sondern im Auftrage einer Partei, so wird in der Literatur von **Ämter- und Versorgungspatronage** gesprochen – und zwar überwiegend mit anklagenden Tönen: so werde damit gegen das Verbot der Benachteiligung (Art. 33 Abs. 2 GG), das Leistungsprinzip und die hergebrachten Grundsätze des Beamtentums verstoßen (vgl. Fenske 1985, 76 f.). Auch bei Rudolf Wassermann, dem Präsidenten des Oberlandesgerichts Braunschweig (1986, 4) klingt es durchweg negativ: „Es ist namentlich für junge Männer oder Frauen ein Schock, wenn sie merken, daß sie in dem erwählten Beruf nicht vorankommen können, wenn sie nicht einer Partei beitreten. (...) Mit der Tendenz, parteipolitischen Kriterien mehr oder weniger Gewicht einzuräumen, wird die Leistungsfähigkeit des öffentlichen Dienstes geschwächt. Wenn sich die dienstliche Leistung nicht im Weiterkommen auf der Prämienleiter auszahlt, sinkt bei allen Beschäftigten die Bereitschaft, sich durch Arbeit im Dienst hervorzutun." Sprachlich etwas eleganter und mit intellektuellen Pointen gespickt nimmt sich auch der SPIEGEL dieses Themas immer wieder an, im Heft Nr 41/1987 gleich mit einem Schlag nach links und rechts: „Unter dem Vorsitz von Gerhard Stoltenberg haben sich in der Landes-CDU Ämterfilz, Korruption und Pöstchenwirtschaft breitgemacht" – „Durch Vetternwirtschaft hat sich der Sozialdemokrat Hermann Heinemann, Gesundheitsminister im Kabinett Johannes Rau, ins Gerede gebracht" (aus den Überschriften der beiden diesbezüglichen Artikel).

## (4) Die Rollenakkumulation

Will ein Mikropolitiker erfolgreich sein, darf er sich nicht mit der einen Rolle zufriedengeben, die ihm seine Organisation zuweist, beispielsweise Oberamtsrat im Sozialamt, er muß weitere Rollen innerhalb und außerhalb seiner Organisation übernehmen, zum Beispiel in einem Personalrat, einer Partei, einer Gewerkschaft, einer Deputation, einem Sportverein oder einem Elternbeirat. Diese Rollenakkumulation ist nicht nur mit Streß und Überlastung (role-overload) verbunden, sondern sie bedeutet auch Machtakkumulation (vgl. Wiswede 1977, 151). Mit jeder neuen Rolle multipliziert sich sein Hintergrundwissen, vergrößert sich seine eigentliche Machtbasis, insbesondere wenn es ihm gelingt, nicht nur einfache Rollen, sondern auch Führungsrollen anzusammeln, wenn er also „Ämterhäufung" betreibt.

Sieber („role accumulation is a common avenue for enhancing one's power base in society" – 1974, 569 ff.) sieht in seiner Theorie der Rollenakkumulation vier Vorteile, die sie für den Rollenspieler mit sich bringt:

a) **eine Vergrößerung der Privilegien und Freiheitsspielräume** („Je größer die Anzahl der Rollen ... desto größer die Privilegien, die eine Person genießen kann"),

b) **eine Erhöhung der Sicherheit und der Stabilität des gesamten Status** (Personen mit einem weiten Spektrum von Rollenpartnern, möglichst in verschiedenen sozialen Gruppen oder Kreisen, können einen Fehler, den sie in der einen sozialen Beziehung begehen, mit Hilfe der anderen wieder ausgleichen),

c) **einen Statusgewinn,** d. h. einen Gewinn an Zugangsmöglichkeiten zu „exklusiven Kreisen" und an Rollensouveränität,

d) **eine Bereicherung der Persönlichkeit** und die Förderung des Selbstbildes.

Rollenakkumulation, so sagt Sieber, sei von außerordentlicher Bedeutung für die psychische Gesundheit eines Menschen – und damit ist sie es auch für seine Integration in eine Organisation. Schimmelpfennig (1975) bestätigt das auch ausdrücklich im Hinblick auf Rollen im Personalrat, wenn er zu dem Schluß kommt, „daß auch die Mikropolitik ein sehr beachtliches Mittel der Selbstverwirklichung insbesondere für Personalratsmitglieder sein kann" (422).

Denken wir an unsere Ausführungen über die schichtspezifische Sozialisation und die weitaus größeren Aufstiegschancen von Mittelschichtsangehörigen bzw. -abkömmlingen zurück, so erscheint in diesem Zusammenhang, nämlich Machtgewinn durch Rollenakkumulation im Bereich der öffentlichen Verwaltung, ein Ergebnis der deutschen Parteienforschung besonders interessant zu sein: die Tatsache, daß politische Führungspositionen in unseren Parteien überwiegend mit Angehörigen der Mittelschichten, also Freiberuflern, Selbständigen und höheren wie gehobenen Beamten und Angestellten, besetzt sind – „Angehörigen ‚unterer' Schichten ist der Aufstieg in diese Positionen im Prinzip verwehrt" (Dittberner 1973, 479).

## (5) Das Vordringen in Machtvakua

Zum erfolgreichen Mikropolitiker gehört es, mit Intuition und Wissen die vielen Machtvakua in seiner Organisation aufzuspüren und im Sinne einer (Expansions-)Strategie auszufüllen; eine ständige Chance für ihn, denn – wenigstens für den industriellen Bereich – gilt einer amerikanischen Untersuchung von Valentine zufolge, „daß die Hälfte der Innenmacht einer Unternehmung von organisatorischen Regelungen gar nicht erfaßt wird, sie liegt sozusagen brach: ‚Sie wird nur benutzt werden, wenn ein Individuum die Initiative ergreift, sie unter inoffiziellen Bedingungen an sich zu ziehen'" (Krüger 1977, 131).

## (6) Das Verfügenkönnen über knappe Informationen

Der erfolgreiche Mikropolitiker arbeitet auf Stellen, von denen aus er in besonders starkem Maße ein- wie auslaufende Informationen kontrollieren kann, denn die Möglichkeit, bei anderen Ungewißheit im Hinblick auf künftige Ereignisse abbauen zu können (coping with uncertainty), ist – wie Hickson u. a. (1971) deutlich herausgearbeitet haben – mit dem Gewinn innerorganisatorischer Macht verbunden.

## (7) Die Nutzung von Konflikten

Der gute Mikropolitiker hält ständig Konflikte mit anderen informellen Machtgruppen und mit bestimmten Vertretern der formalen Organisation (der Hierarchie) am Schwelen, um die Integration seiner eigenen Gruppe zu sichern, denn: „Der Konflikt mit einer anderen Gruppe führt zur Aktivierung der Energien bei den Gruppenmitgliedern und damit zu größerem Gruppenzusammenhalt." (Coser 1965, 113) Gleichzeitig aber, um die eigenen Leute fest im Griff zu haben, spielt er sie gegen einander aus und sorgt mit einer Teile-und-Herrsche-Strategie dafür, „daß seine Mitarbeiter untereinander in Fehde liegen, ihre Kräfte sich gegenseitig absorbieren und er nicht in Gefahr gerät, einer gemeinsamen Fronde gegenüberzustehen" (Bosetzky 1978a, 222).

Im Hinblick auf die Außenwirkung versucht er vor allem, gerade solche Entscheidungen in die Wege zu leiten und solche Innovationen anzuregen und durchzusetzen, die konkurrierende Machtgruppen entzweien und schwächen, und wenn er sich nicht durchsetzen kann, dann entwickelt er wenigstens **Blockiermacht,** die – so Luhmann (1975, 84) – „nichts bewirken und nichts verantworten, aber viel verhindern kann".

Paris (1989, 33) sieht die stärkste Waffe der „Mindermächtigen" (Theodor Geiger) in der **Provokation,** dem „absichtlich herbeigeführten überraschenden Normbruch, der den anderen in einen offenen Konflikt hineinziehen und zu einer Reaktion veranlassen soll, die ihn, zumal in den Augen Dritter, moralisch diskreditiert und entlarvt". Als Beispiel mag eine Szene aus der Lehrveranstaltung eines Soziologie-Professors genügen, als bei seinen Ausführungen über das Peter-Prinzip („In einer Hierarchie neigt jeder Beschäftigte dazu, bis zu seiner Stufe der Unfähigkeit aufzusteigen", vgl. 4.5.3) der Zwischenruf kommt: „Dann heißen Sie wohl Peter mit Vornamen!"

Soweit unsere Ausführungen zu den verschiedenen Machtvermehrungstechniken.

Allerdings können solche Machtvermehrungsversuche auch scheitern und bestehende Machtgruppierungen unter Umständen schnell wieder zerfallen, da der Machtgewinn der einen meist zu Lasten der anderen geht (Summenkonstanzprinzip der Macht), wie anhand einiger Untersuchungen auch geschlossen werden kann, daß die gegenseitige Hilfe, die an sich fällig wäre, zuweilen auch verweigert wird, weil der andere sich in seiner freien Entscheidung zu sehr eingeengt sieht und nicht mehr mitspielt (vgl. Gniech & Grabitz 1978).

Mit dem „Dickicht der Bürokratie", das solcherart in vielfach verflochtenen mikropolitischen Prozessen entsteht, hat sich die „große Politik" zu befassen, will sie die Implementation (= Durchführung) ihrer staatlichen und kommunalen Planungen sicherstellen (vgl. dazu Wollmann 1979).

Damit wollen wir diesen Abschnitt mit der Wiederholung unserer zugrundeliegenden These abschließen: **Wer mikropolitisch engagiert ist, ist stärker in seine Organisation integriert als der mikropolitisch Inaktive;** je erfolgreicher die mikropolitischen Aktivitäten sind, desto stärker wird diese Integration.

### 4.7.4 Mikropolitik und Moral

Beim 65. Geburtstag von Herrn K. geht es zu fortgeschrittener Stunde wenig feierlich zu. Seine beiden Söhne giften sich gehörig an. Klaus ist 38 Jahre alt, rackert in der Berliner Verwaltung von morgens bis abends und hat es trotz stets guter bis sehr guter Schul- und FH-Abschlußnoten wie dienstlicher Beurteilungen ‚nur' bis A 10 gebracht. Rainer ist fünf Jahre jünger, hat Abitur- und FH-Berechtigung mühsam auf der Abendschule nachgeholt, weist überall wesentlich schlechtere Noten auf, kann sich aber in derselben Verwaltung schon einer A-12er-Stelle erfreuen. Der Unterschied zwischen beiden besteht darin, daß Klaus sich um Politik kaum kümmert und seine gesamte Freizeit auf seinem Segelboot verbringt, während Rainer seit 15 Jahren Partei- und Gewerkschaftsmitglied ist und in beiden Organisationen ständig Funktionen wahrnimmt. ‚Das ist doch ungerecht alles, das stinkt doch zum Himmel!' ruft er.

Tut es das? Wir haben – trotz einiger kritischer Einschübe – Mikropolitik bisher als positiv zu wertendes Phänomen betrachtet, als Chance des Abbaus von Entfremdung, als Möglichkeit der Selbstverwirklichung in der grundsätzlich bürokratischen Organisation. Nach einer direkten Kritik von Cirsten Lauter (1993) und den in der Öffentlichkeit vielbeachteten Büchern von Erwin K. und Ute Scheuch (1992) und Hans Herbert von Arnim (1993) kommen wir aber nicht mehr umhin, die negative, die **unmoralische Seite der Mikropolitik** und damit der **Ambivalenz** des Ganzen stärker zu betonen.

Lauter (1993, 51 f.) beklagt die „bisherige Nichtbeachtung moralischer Aspekte für das Betreiben von Mikropolitik" ebenso wie eine Gesellschaft, in der alles Leben von offenen oder verdeckten „Strategiespielen" beherrscht wird. „Mikropolitik kann als ‚Waffe' zur Erkämpfung von Vorteilen eingesetzt werden. Die Entscheidung einer Person, ob sie dieses Mittel **bedingungslos** (also ohne Beachtung der Konsequenzen für andere) für die Durchsetzung ihrer Interessen nutzt oder sogar mit der Absicht, anderen zu schaden, ist u. a. eine Frage ihrer persönlichen (oder einer von der Gesellschaft wirksam auferlegten) Moral."

Kommen wir auf den Fall der Familie K. zurück: Hat Rainer K. unmoralisch gehandelt, indem er sein „Umfeldwissen" und seine Kontakte zu einflußreichen Stadträten, Staatssekretären und Senatoren genutzt hat, um seinen Bruder Klaus zu überholen, der zweifellos fleißiger, sachkompetenter und intelligenter ist als er? Machen sein „Umfeldwissen" und seine Kontakte die Verwaltung effizienter (insbesondere bei Innovationen weiß er, wen man wo und wie ansprechen muß und unter Druck setzen kann) oder frustriert und demotiviert sein Aufstieg mit mikropolitischen Mitteln alle „aufrechten Gemüter" und wirkt damit leistungsmindernd?

Mag das eine offene Frage sein, unmoralisch ist es sicherlich, wenn mikropolitische Bündnisse bzw. Cliquen aus Parteien, Gewerkschaften und Verwaltungsangehörigen Aufstiegspfade monopolisieren, Staat und Verwaltung als Pfründe zur Belohnung ihrer blind gehorsamen Parteigänger mißbrauchen und Kritiker dieser Verhältnisse kaltstellen oder eliminieren.

An dieser Stelle setzen Erwin K. und Ute Scheuch (1992) mit ihrem Angriff auf die Cliquen, die Klüngel und die Karrieren der vielen minderbegabten Speichellecker an.

„Als Leiter der Steuerfahndungsstelle St. Augustin deckte der Steuerfahnder Klaus Förster 1976 durch Zufall den Parteispendenskandal auf. Die Folge war nicht Anerkennung oder gar die Verleihung des Bundesverdienstkreuzes: vielmehr gab es Tadel und Hohn bis hin zur Strafversetzung. Zwischenzeitlich hat Förster entnervt seinen Dienst quittiert: Er habe ein erhebliches ‚Maß an Beflissenheit' und ‚vorauseilendem Gehorsam' bei seinen Vorgesetzten miterleben müssen, und allein hätte er gegen die ‚Duckmäusermentalität' nicht mehr ankämpfen können." (167)

Scheuch & Scheuch wenden sich vor allem gegen die Verflechtungen zwischen Verwaltung und Politik, gegen die **Politisierung der Verwaltung,** gegen die anhaltende Vorteilsnahme und die Belohnung von Ratsmitgliedern durch Sitze in Aufsichtsgremien. Sie gehen von den Zuständen in Köln aus, sagen aber: Köln ist überall. „Von den jetzigen 52 Amtsleitern in führenden Positionen bei der Stadtverwaltung Köln sind über 80 Prozent Parteimitglieder. (...) Inzwischen soll sich nach Aussagen leitender Beamter der Parteienproporz ... bis hinunter auf die A-8-Obersekretärsebene auswirken. (...) Beide großen Parteien haben in Köln formelle Betriebsgruppen für ‚ihre' Beamten. Diese sorgen dafür, daß den Parteien in der Verwaltung nichts entgeht (im Bundesgebiet soll es mehr als tausend solcher Betriebsgruppen mit einem direkten Kontakt zu den Parteizentralen geben)." (100f.) Dabei ist klar: „Das geschilderte System des Cliquenwesens kann nur funktionieren, wenn Disziplin erzwungen wird." (104) Da die Scheuchs den politischen Parteien unterstellen, in „ihrer zentralen Funktion" versagt zu haben, nämlich „in der Auswahl von Kandidaten für Führungspositionen in der Politik" (37), Leitungspositionen in der öffentlichen Verwaltung aber weithin auch von den Parteien besetzt werden, müssen auch hier ‚suboptimale personelle Lösungen' vermutet werden. Das läßt sich auch aus einigen der pointiert formulierten Thesen schließen:

* **Sachkompetenz hat für eine politische Karriere einen minderen Stellenwert** (These 1, 149f.)

* **Wichtiger als Sachkompetenz sind kommunikative Kompetenz und Anpassung an den Zeitgeist** (These 3, 154f.)

* **Entscheidend für den Aufstieg sind politische Seilschaften** (These 4, 155ff.)

* **Es organisiert sich ein parteiübergreifendes Kartell zur Postenverteilung auf Dauer** (These 5, 158f.)

* **Die allgemeine Vorteilsnahme in der Politik nimmt zu** (These 7, 162f.)

Zusammenfassend charakterisieren Scheuch & Scheuch den so beschriebenen Zustand in Deutschland mit dem Begriff **selbstreferentiell,** das „heißt in der Systemtheorie (u. a. bei Luhmann), daß ein System nur noch auf Veränderungen im eigenen System reagiert, also nur sich selbst als Bezug hat. Die Politik in der Bundesrepublik ist selbstreferentiell als Koalition von verbeamteten Politikern und politisierten Beamten, umgeben von Journalisten im öffentlich-rechtlichen Rundfunksystem. Selbstreferentielle Systeme haben naheliegenderweise die Tendenz, sich zunehmend zu verselbständigen – hier in der Politik gegenüber dem Gesamtsystem Gesellschaft." (121, vgl. auch 175)

Auch Hans Herbert von Arnim (1993) wendet sich mit Vehemenz gegen die **parteipolitische Ämterpatronage** („Denn politische Beamte sind in der Praxis oft besonders stark parteipolitisch ausgerichtet, haben ihrerseits aber großen Einfluß auf die Auswahl der normalen Laufbahnbeamten, so daß auch deren Parteipolitisierung tendenziell verstärkt wird." 236) und gegen die **Kartelle der Parteien** („Es hat sich eingebürgert, daß Entscheidungen in eigener Sache zwischen Regierungs- und Oppositionsfraktionen im Wege einer kartellartigen Absprache einvernehmlich geregelt werden." 130). Seine **Kritik an den politischen Parteien und der politischen Klasse** führt er auf vier Hauptpunkte zurück (336f.)

„1. die Parteien versagen vor der Lösung dringender Gemeinschaftsaufgaben. Es besteht ein Defizit an Problemlösungskompetenz oder gar parteilich bedingtes ‚Staatsversagen';

2. das Volk kommt nicht zu Wort, sondern wird durch die politischen Parteien ersetzt, die ihrerseits ihrer Funktion als Sprachrohre des Volkes aber nicht gerecht werden, sondern das Volk eher ‚entmündigen';

3. die Parteien höhlen den verfassungsrechtlichen Grundsatz der Gewaltenteilung aus; das hat schädliche Rückwirkungen auf die Funktionsfähigkeit des ganzen Systems;

4. in den Parteien dominiert das Eigeninteresse an Macht, Posten und Stellen, und das führt, angesichts der Ausschaltung der Kontrolle durch das Volk und gewaltenteilender Gegengewichte dazu, daß die Parteien den Staat ausbeuten „

Einer Untersuchung von Derlien & Mayntz (1988) zufolge sehen aber die Beamten selber die **Parteipolitisierung des Beamtentums** als sehr kritisch an: 44,6 % bewerten diesen Trend als „eher negativ" und 26,6 % bekunden eine „entschiedene Ablehnung".

Die Kritik an der Mikropolitik ist sicherlich ebenso richtig wie ihre Einordnung in den neuesten gesellschaftlichen Trend, der in der westlichen Welt unter der Überschrift **PC = political correctness** (vgl. Hughes 1994) vermarktet wird. Spötter reden vom Post-Puritanismus, einem Grundmuster des egoistischen, weinerlichen Betroffenheitskults, und einem aufkommenden Tugendwahn, *in* seien derzeit Wehleidigkeit, Therapieversessenheit, geheucheltes Mitleid mit allen möglichen ‚Betroffenen' und Politikverdrossenheit.

**Sich regen, bringt Segen.** In der Mikropolitik ist dies also mit einem Fragezeichen zu versehen.

### 4.8 Bürokultur oder Das Büro als Bühne

Der StOI (= Stadtoberinspektor) Frank K. hat im neuen Wohnungsamt ein eigenes Zimmer bekommen („Klein, aber mein!"). Die Leute von der Umzugsfirma tragen diverse Faltkartons herein. Seinen alten Schreibtisch (Eiche Farbe 2), den nagelneuen Flügeltürschrank (DIN-Norm 4545, dylamin eicheartig, rechts der Garderobenteil) und den museumsreifen Rolladenschrank (Eiche furniert mit Muschelgriff) haben sie schon an den vorher von ihm bezeichneten Stellen aufgebaut. Die Wände sind neu getüncht (im Gelbton alter preußischer Schlösser), und zusammen mit der Kunstharzfarbe gibt das einen Geruch, der Frank sofort nach seinem Eintreten das Fenster aufreißen läßt. Weit unten, kaum daß sich etwas bewegt, die Stadt. Sein Drehsessel kommt herein (Modell 7092, fünf Rollen), und er läßt sich hineinfallen. Fremd und verloren kommt er sich vor, wie in einer Gefängniszelle, und möchte auf ewig so sitzen bleiben, sich nie wieder regen und bewegen.

Doch als die Umzugsleute dann gegangen sind, wird er plötzlich unruhig. Er springt auf, reißt die ersten Pappkartons auf, findet zuerst Kalender, Klammeraffen, Locher und das Foto von Dagmar und verteilt das alles auf der Schreibtischplatte. Als nächstes entdeckt er sein altes Poster und klebt es, leicht gewellt und angestaubt wie es ist, mit dünnem Tesafilm an die farbenfrische Wand. Es zeigt einen Surfer in der Bucht von Saint-Marc, Haiti. Frank ist nämlich Surfer. Gewinner mehrerer Pokale, und er ist, seit langem schon, Karibik-Fan. Jede Mark spart er für die Urlaubswochen zwischen Haiti und Trinidad-Tobago. Es gibt kaum einen Kollegen, der seine Dias nicht schon bewundert hätte.

Zwei Stunden später ist er fertig. Der Raum 712 ist **sein** Büro geworden. Wenn er morgen früh aufwachen und an dieses Zimmer denken wird, dann wird sich der anstehende Arbeitstag nicht mehr als reiner Horrortrip darstellen, er wird angenehmere Gefühle haben.

Was ist hier geschehen? „Steuern wir etwa einer Zeit zu, in der die Büros privater, die Wohnungen büroähnlicher werden?" fragt das Bürofachjournal DER ERFOLG (1983, S. 65) und bejaht dies – sogar im Hinblick auf Programmiererbüros – zu erheblichen Teilen: „Man entdeckt dort sehr spartanische Arbeitsstätten, sehr privat wirkende und solche, die eindeutig exklusiv sind."

Frank K. hat sich **wohnlich eingerichtet** in seinem Büro. „Alles, was das Auge darin wahrnimmt, sind Übersetzungen aus der Seele, Ausdruck der Persönlichkeit" (Koelbl & Sack 1980, S. 15). Er hat sich die Bühne geschaffen, auf der er seine Arbeitsrolle inszenieren, sich selbst darstellen und sich bestätigen kann. Wie viele andere Kollegen auch wird er sich hier alsbald **beinahe wie zu Hause** fühlen, und sein Büro wird – wie es jede Wohnung auf die hereinkommenden Gäste tut – auf Kollegen wie Klienten eine gewisse Wirkung ausüben: „Bei der Frage nach Umgangsformen und Lebensstil wird deutlich, wie das Wohnzimmer Besucher – und auch die Bewohner – beeinflussen kann: In Stilmöbelzimmern werden nicht nur formelle Umgangsformen erwartet, auch die Möbel zwingen zu einer aufrechten und steifen Sitzhaltung, im Gegensatz zur Wohnlandschaft, wo man geradezu zu einer entspannten Liegehaltung gezwungen wird. Bauweise und Anordnung der Möbel steuern die soziale Interaktion, indem sie Nähe, Blickrichtung und Körperhaltung mitbestimmen – nicht ohne Bedeutung für die stumme, aber trotzdem sehr beredte Körpersprache aller Beteiligten. – Wohnzimmer rufen Verhaltenserwartungen hervor, setzen Verhaltensnormen. Auch die Sexualität wird dabei nicht ausgeklammert . . ." (Peel 1982, S. 22).

Was hier vom Wohnzimmer gesagt wird, gilt – mit den entsprechenden Abstrichen natürlich – ebenso für das Büro: sein Äußeres, sein Ambiente steuert in nicht unerheblichem Maße das Verhalten der Organisationsmitglieder und Klienten. In einem gemütlichen Büro wird man der Tendenz nach eher offen und partizipativ agieren, in einem nüchtern-preußischen eher vorsichtig und positionsbetont-autoritär.

Je höher der Rang, desto größer die Chance eines white-collar-workers (eines Beamten oder Angestellten) auf ein individuelles Büro: „Die Niederen unter ihnen, die große Mehrheit, muß sich mit dem Großraumbüro abfinden; die Chancen auf Alleinsein, auf Abhebung von den anderen, sind hier gleich null. Die Herren, die Standschirme um ihre Schreibtische stellen dürfen, haben es schon ein wenig besser. Gut haben es erst die höheren Führungskräfte, die in den Türen verschwinden, die ringsum in den Wänden, die den Großraum umschließen, eingelassen sind. Königsgleich aber fühlen sich nur die wenigen, die ein paar Etagen höher in einem separaten Bürofeudalismus leben dürfen. Ihre Arbeitszimmer gleichen herkömmlichen Herrenzimmern, und ihre Konferenzräume sind klein und vornehm bürgerlich" (Genazino 1981, S. 25 u. 28). Diese Erkenntnisse, gewonnen aus Beobachtungen im Bereich der sog. „freien Wirtschaft", lassen sich natürlich auch auf die öffentliche Verwaltung übertragen, wobei aber zu vermuten ist, daß hier echte Chancen der individuellen Bürogestaltung schon weiter unten in der Hierarchie gegeben sein dürften.

Wie auch immer, dadurch, daß der Bürger bzw. Klient die alltägliche Verwaltungswelt ebenfalls wahrnimmt und sich handelnd in ihr bewegt, wird die Bürokultur auch eine wichtige Größe in der umfassender zu denkenden **Verwaltungskultur,** unter der Prätorius (vgl. Feick u. a. 1982) im Rahmen der „politischen Kultur" die Per-

spektive „des Bürgers gegenüber dem administrativen System" versteht, als „Wert-
und Einstellungsmuster gegenüber dem Ausschnitt staatlicher Institutionen, Verfahren und Symbole, die wir in den Bereich der öffentlichen Verwaltung einordnen".

Damit ist auch der Bogen zum Stichwort der **Verwaltungspolitik** geschlagen, von
der Dehnhard (1983, 13) sagt, sie sei „immer angewiesen auf Mitarbeiter, die kulturelle, moralische und politische Perspektiven in der Verwaltung zur Geltung bringen"
– einschließlich der Perspektive der Zukunftsorientierung, die der Verwaltung erhebliche strukturelle, kulturelle und individuelle Anpassungsleistungen abverlangen wird
(Schulz zur Wiesch 1987).

Der Versuch, alles Lebendige in kausale Wertungszusammenhänge zu pressen und
mit der Meßlatte der Rentabilität zu messen, ist aber auch schon wieder über die
zarte Pflanze Bürokultur hereingebrochen. Die Organisationswissenschaften fragen
nach der wissenschaftstheoretischen Legitimation von Organisationskultur (vgl.
Ebers 1985; zusammenfassend auch Kasper 1987), anstatt sich mit ihrem Erscheinungsbild und seiner anthropologischen Einordnung zu begnügen (Neuberger &
Kompa 1987); den Organisationspraktikern bzw. Unternehmensberatern gefällt die
Möglichkeit, mit Kultur oder sogar Philosophie neue Kleider für ihre Gewinnsiche-
rungsstrategien zur Verfügung zu haben. Wir halten mit der Forderung dagegen,
„daß sich Bürokultur von unten heraus spontan und naturwüchsig konstituieren und
organisch gewachsen sein muß, wenn sie diesen Namen verdienen soll, sie kann
nicht von oben als Steuerungsmaßnahme verordnet werden... Bürokultur taugt...
als managerielles Steuerungsinstrument herzlich wenig, viel dagegen, wenn sie als
Ausdruck eines für Selbststeuerung verfügbaren Handlungsspielraumes gesehen
werden kann." (Heinrich & Bosetzky 1987, 214)

Die **Bühne Büro** ist in einer **Inszenierungsgesellschaft** wie der unseren – so ein
sehr treffender Terminus von Soeffner (1992, 9) eine sehr wichtige Spielstätte. „Wir
leben – als Typen für andere – in einer typisierten Welt." (79) Sehr beliebt in deutschen Büros ist ein Poster der Zeitschrift ‚Brigitte' (Gruner + Jahr 1991), auf dem
sich folgende Typen von ‚lieben Kollegen' finden:

— Die Drückeberger (sind Experten im Vermeiden von Arbeit)

— Die Ulknudeln (können keinen Witz für sich behalten)

— Die Grapscher (sind weithin gefürchtete Lustmolche)

— Die Schleimer (verbringen den Tag damit, ihren Vorgesetzten zu gefallen)

— Die Hypochonder (leiden auch im Büro ständig unter eingebildeten Defekten ihres
kerngesunden Körpers)

— Die Nörgler (sind Meister im Dauermiesmachen)

— Die Schnorrer (sind der Schrecken jeder Firma)

— Die Hetzer (sind vom krankhaften Zwang besessen, über ihre Kollegen und Kolleginnen herzuziehen)

— Die Doofen (sind das Rückgrat jeder Firma, denn sie lassen sich zu allem breit-
schlagen. Überstunden, Wochenendarbeit und Hunger statt Mittagspause gehören zu ihrem Alltag)

— Die Unsichtbaren (leiden unter ihrer Unscheinbarkeit)

— Die Arbeitstiere (nerven durch betontes Engagement)

— Die Schwarzarbeiter (haben ständig einen „Nebenjob", der „höllisch Kohle" bringt.

„Ein Stil muß **dargestellt** – eine Haltung **gelebt** werden." Durch einen „authentisch" vorgeführten Stil und eine gewisse **„Selbstcharismatisierung** der Gruppe und ihres Lebensstils" erfolgt nach Soeffner (1992, 94 ff.) eine **Überhöhung des Alltags.** „Der Alltag der Gruppe wird, indem er bewußt auf die öffentliche Bühne gebracht wird, zum Ungewöhnlichen und Außeralltäglichen. . ."

Der Trend in den 90er Jahren geht eindeutig in die Richtung, sich auf der Bühne Büro so zu inszenieren, daß alle sehen, wie gut ‚man drauf ist'. Ein Begriff aus der Szenensprache der Drogenkonsumenten wird von den Medien benutzt, um den vorherrschenden Zustand der bürgerlichen Mehrheitsgesellschaft zu beschreiben: wie Hedonismus und Narzißmus zunehmend Leitwerte werden. „Werbeagenturen überziehen uns mit lachenden Supertypen, die supergut drauf Bohnenkaffee, Sekt und Tütensuppen schlürfen. Und die Models, die uns einen Herrenduft nahebringen sollten, platzen beinahe vor Übermut. Die Werbung greift nur auf, was ohnehin zum heimlichen Leitmotiv des Alltags geworden ist: der Zwang, gut drauf zu sein. Was in Anzeigen und Spots überspitzt erscheint, ist auch in der Wirklichkeit gefordert. Nur wer strahlt, kommt gut rüber. Von der positiven Ausstrahlung hängt der private und berufliche Erfolg immer stärker ab." (stern 15/1994, 48)

Sofsky & Paris (1991, 50 f.) sprechen sogar von einer **Selbstinszenierung der Sachautorität** und unterscheiden dabei grundsätzlich zwei Strategien, „die freilich vor allem in ‚Wechselbad'-Kombinationen erfolgversprechend sind. Die erste Alternative besteht darin, das eigene Fachwissen so hervorzukehren, daß dem anderen gerade sein Nichtwissen um so deutlicher vor Augen geführt wird, daß also die Kompetenz des einen die Inkompetenz des anderen ist. Die andere, sozusagen ‚fördernde' Variante ist die, den anderen zwar die eigene Überlegenheit spüren zu lassen, ihn aber gleichzeitig auch in **seinem** – geringeren – fachlichen Können zu respektieren, also lediglich einen Kompetenzunterschied zu akzentuieren und die Beziehung als reziprokes Anerkennungsverhältnis zu konstruieren. Während die erste Strategie darauf abzielt, den anderen in Furcht und Schrecken zu versetzen, weil die Sachautorität alles und er selbst nichts weiß, weil sie, so sehr er sich auch Mühe geben mag, ihm in allen Belangen immer schon fachlich überlegen erscheint, baut die zweite Methode auf das Motiv der Selbstanerkennung des Unterlegenen als Grundlage der Autoritätszuschreibung."

### 4.8.1 Schlagwort „Organisationskultur"

Natürlich ist es längst bekannt, daß Arbeitsräume und Amtsstuben den Geist ihrer Bewohner ausstrahlen, den sie gleichzeitig beeinflussen, und daß sich in ihnen ein Leben abspielt, daß an Vielfalt und Lebendigkeit, aber auch an spezifischer Prägung durch die jeweilige „Philosophie" des Hauses nichts zu wünschen übrig läßt. Viele belletristische und essayistische Schilderungen der „Lebenswelt Büro" geben davon ein beredtes Zeugnis (stellvertretend genannt: Richartz 1976, Körner 1983). Unvergleichlich ist die ironische Beschreibung der Pariser Amtsstuben des vorigen Jahrhunderts durch Balzac (1841, zit. n. 1978):

Aspekte gelungener Integration

„Das Bureau der Beamten ist ein großer, mehr oder weniger heller Raum, selten mit Holzparkett belegt. Parkett und Kamin sind ganz besonders dem Bureau- oder Sektionschef vorbehalten, desgleichen Schränke, Sekretäre und Tische aus Mahagoni, Fauteuils mit rotem oder grünem Maroquinlederbezug, Spiegel, seidene Vorhänge und andere Gegenstände des höheren administrativen Luxus. Das Bureau der Beamten besitzt einen Ofen, dessen Rohr in einen Kamin führt, wenn ein Kamin vorhanden ist. Die Tapeten sind einfarbig, grün oder braun. Die Tische sind aus schwarzem Holz. Der Erfindungsgeist der Beamten dokumentiert sich nun in der Art, wie sie sich einrichten. Der ewig Fröstelnde stützt seine Füße auf eine Art von hölzernem Pult, während der sanguinisch-gallische Herr sich mit einer Matte begnügt. Der Lymphatische, der die Zugluft scheut, das Öffnen der Türen und andere Anlässe zu Temperaturveränderungen, baut sich einen kleinen Paravent aus Pappschachteln. In allen Bureaus findet man Schränke und dunkle Winkel, in welchen die Herren ihre Arbeitsröcke, die Schreibärmel, Augenschirme, Kappen, Schirmmützen und andere Requisiten des Metiers bewahren, wo sie Überschuhe, Galoschen, Regenschirme deponieren. Der Kamin ist fast immer mit Wasserkaraffen, Gläsern und Frühstücks-überresten geschmückt. In gar zu finsteren Lokalen existieren sogar Lampen. Die Türe, welche zum Kabinett des Sous-Chefs führt, ist stets offen, so daß er seine Beamten überwachen kann und sie so hindern, zuviel zu schwätzen, oder damit er bei besonderen Anlässen sich gnädig mit ihnen unterhalten kann." (30 f.)

Dies lang vorhandene Wissen um die Bedeutung des Menschlichen im Arbeitsstil einer Organisation, das auch in der Human-Relations-Bewegung Ausgangspunkt der Überlegungen war (vgl. Kap. 4.4.7.2), ist in den letzten Jahren ganz plötzlich erneut und in spezifisch erweiterter Perspektive aktuell geworden. Aus allen einschlägigen Gazetten der Organisationswissenschaften war nun der Ruf nach Berücksichtigung der Organisations- oder Unternehmungskultur zu hören, die ersten Sammelreferate und Grundsatzartikel versuchen, sich des Modewortes **Kultur** in Organisationen zu bemächtigen (vgl. Sackmann 1983, Smircich 1983, Bleicher 1984).

Warum ist das so? Wie kommt es, daß sich ein solcher Begriff so plötzlich in aller Munde befindet, innerhalb weniger Jahre (ca. ab 1980) zum neuen Schlagwort wird und dabei andere Schlagworte verdrängt und ersetzt, so z. B. das von der **Organisations-Entwicklung** um irgendwann wieder selbst durch neue Wortstars verdrängt zu werden wie z. B. „Lean Management" (s. o.). Smircich (1983) erklärt das Phänomen sehr einfach: „Culture may be an idea whose time has come." (339) Aber natürlich sind es immer komplexere gesellschaftliche Bewegungen und Erfahrungen, die sprachbildend wirken und den Begriffen (neue) Konturen geben. „Erst indem man das, was ist, bewußt findet, erfährt man es auch. Die Erfahrungen werden zum Ausdruck gebracht und geraten, indem sie begrifflich erfaßt werden, in Sicherheit." (Link 1979, 246; vgl. Heinrich 1994). Wir denken, daß es drei solche gesellschaftlichen Erfahrungen sind, die – zum Teil ganz unabhängig voneinander – die Kultur-Debatte in die Organisationswissenschaft und in die Organisationsberatungspraxis getragen haben:

**Japan** – Da war zunächst der Schock, den die japanische Industrie mit ihren uner-wartet hohen Produktivitätsraten in den siebziger Jahren bei der bis dahin so selbst-bewußten abendländischen Wirtschaft ausgelöst hat (Dohse, Jürgens & Malsch 1984). Die hohe Leistungsbereitschaft der japanischen Belegschaften – bei gleich-zeitig niedrigen Personalkosten – schien auf den Zusammenhang zwischen dem Arbeitsstil innerhalb der Betriebe („Familienstruktur") und der sie umgebenden Kul-tur hinzuweisen. Dadurch erhielt vor allem die sog. kulturvergleichende Manage-mentforschung enormen Aufwind (vgl. etwa Hofstede 1980, v. Keller 1982). Und bis heute wird immer wieder der Versuch gemacht, die wesentlichen Erfolgsgeheim-nisse des „japanischen Wunders" auf die Arbeitsstile unserer Betriebe zu übertragen – obwohl gerade der Gedanke der Kulturgebundenheit der Arbeitsethik einen sol-chen „Export" als problematisch erscheinen läßt. Die „Japanisierung" des Abendlan-des dürfte ebenso unmöglich sein wie die „Westernization" der Entwicklungsländer (Reichard & Röber, 1984).

231

**Ausstieg** – Eine zweite Quelle für das Interesse an der Organisationskultur ist eng mit der Rede vom „Wertewandel" (Klages & Kmieciak 1979) verbunden. Hier wird argumentiert, daß immer mehr Menschen ihr persönliches Glück statt im materiellen Erfolgsstreben eher in der Verwirklichung immaterieller persönlicher Werte und Ziele suchen. So ist immer wieder von Managern zu hören gewesen, die auf die schnellen Sprünge in ihrer persönlichen Karriere verzichtet haben zugunsten von mehr persönlichen Freiräumen, sozialen Bindungen am Arbeitsplatz, einer streßfreien Arbeitsgestaltung und insbesondere zugunsten eines Ausgleichs zwischen beruflichen und privaten (familiären) Interessen (Gottschall, 1982). Vom Ausstieg aus der Leistungsgesellschaft war da (sicherlich etwas voreilig) schon die Rede, auch wenn die Zahl der tatsächlich aussteigenden Manager auf ein paar spektakuläre Einzelfälle begrenzt blieb. Immerhin: Die Berücksichtigung der Entwicklung einer mitarbeiterfreundlichen Organisationskultur wurde jetzt als Weg angesehen, die sozialen Ängste der Mitarbeiter zu neutralisieren. „Durch Mechanismen, die Angst reduzieren, wird ein großer Teil der Organisationskultur grundsätzlich lernbar als ein Weg, Probleme des äußeren Überlebens in der Umgebung und des inneren sozialen Überlebens in der Gruppe zu bewältigen. Verminderung der Angst steht im Mittelpunkt." (Schein 1984, 36)

**Alltag** – Schließlich ist es die Erfahrung vieler Lehrender gewesen, daß von ihren Hörern die theoretischen und klassifikatorischen Raster der klassischen Organisationswissenschaften, mit denen sie das Leben einer Organisation überzogen haben, nicht mehr als alltagsrelevant erlebt wurden. „Glaubt Ihr denn wirklich, daß Eure Dimensionen und Faktoren und Hypothesen und Theorien uns helfen, den Alltag in der Verwaltung zu verstehen und zu bewältigen, den wir auf uns zukommen sehen?" Solche Fragen waren es, die uns zu dem Versuch gebracht haben, der „Bürokultur" (Bosetzky 1980) Tribut zu zollen, indem wir ihr in Forschung und Lehre näher auf den Pelz rücken wollen – mit allen Schwierigkeiten, die damit methodologisch und praktisch verbunden sein mögen (Bosetzky & Heinrich 1988). Verständnishilfe durch Wirklichkeitsbeschreibung ist also das Stichwort für diese dritte Quelle des Kulturinteresses in Organisationen.

### 4.8.2 Aspekte und Themen der Bürokultur

Doch zurück zu Frank K. Was er mit der Einrichtung seines Büros getan hat, wird in den Sozialwissenschaften als **Identitätsbehauptung** bezeichnet, als die **Sicherung der Individualität in der Formalstruktur**, als **Ausbau einer persönlichen Kleinwelt**: „Diese rankt sich um die persönliche Anrede, die persönliche Erscheinung und den persönlichen Arbeitsplatz. In allen drei Hinsichten versucht die Person, der eigenen Subjektlosigkeit in der Organisation entgegenzuwirken" (Schimank 1981, 74).

Die Erhaltung seiner Subjekthaftigkeit ist diejenige Funktion, die es dem Beamten ermöglicht, den „apparathaften" Charakter der Verwaltung zu usurpieren. Und soweit dies gelingt, wird die Eigenschaft der Verwaltung als „gesellschaftliche Veranstaltung" auch spürbar. „Gegenüber allen Herabsetzungen der Verwaltung zum rein technischen Apparat und allen Überführungen zur Schicksalsmacht ist auf die triviale Erkenntnis zu verweisen, daß die Verwaltung eine gesellschaftliche Veranstaltung ist. Verwaltung wird in ungleich stärkerem Maße, als sich die Außenstehenden vorstellen können, von menschlichen Regungen und Bedürfnissen geprägt, so wie dies in anderen Lebenszusammenhängen auch der Fall ist." (Dehnhard 1987, 10)

Wir haben eben diesen Tatbestand, dieses Phänomen der **Re-Personalisierung der Bürokratie** (nachdem ja im Idealtypus der Bürokratie alles Persönlich-Emotionale aus der Großorganisation verbannt worden ist), mit der Kategorie der **Bürokultur** einzufangen und zu beschreiben versucht. Bürokultur ist also das in einem bestimmten Raum (Milieu, Ambiente) ablaufende Alltagsleben von Angestellten und Beamten, das überwiegend an den Werten, Normen und Handlungsmustern der bürgerlichen Mittelschichten orientiert ist und tendenziell integrativ-harmonisierend wirkt.

Zu den wichtigsten Aspekten dieser Bürokultur gehören (vgl. Heinrich 1984):

— die Art der Inszenierung der Arbeitsrolle (die persönliche Erscheinung der Organisationsmitglieder) und der Charakter der Sozialbeziehungen,

— die Ausprägung von Einstellungen zur Arbeit,

— die Herausbildung von informellen Regeln für das Alltagshandeln im Büro,

— die persönlichkeitsprägende (sozialisierende) Wirkung auf die Gruppenmitglieder,

— die Gestaltung der räumlichen Arbeitswelt und

— die Traditionsbildung („Weißt du noch . . .!?).

Von besonderer Prägekraft für die sichtbare Büroatmosphäre sind dabei einmal die Gestaltung und Ausstattung von Arbeitsplatz und Arbeitsraum mit Bildern, Postern, Blumen, Sprüchen und Stofftieren sowie allen möglichen Gebrauchsgegenständen bis hin zum Radio, zur Kaffeemaschine und zum Kühlschrank, und zum anderen die „persönliche Erscheinung" der „Bürobewohner", also das jeweils typische Zusammenspiel von Kleidung, Benehmen, Gestik und Sprache beim Einzelnen, und die Addition aller Elemente zum unverwechselbaren Ambiente eines Büros. Oft ist dieses „innere Milieu" eines Büros stilbildend für ein ganzes Amt, oft erkennt man seine Mitglieder schon an ihrem Umgangston und sagt von jemandem (durchaus anerkennend), „er habe Stallgeruch".

Auf der Bühne Büro spielt die (modisch aktuelle) Kleidung eine bedeutsame Rolle, insbesondere Frauen können durch die Wahl von Kleidung, Frisur und make-up Momente ihres Privatlebens in die Arbeitssituation hineintragen und sich durch persönliche Attraktivität soziale Bestätigung verschaffen, sich als Individuum deutlich abheben von anderen (vgl. Schimank 1981, S. 75 f.), zunehmend kommen aber auch die männlichen Kollegen vom fast schon an chinesische Vorbilder erinnernden Einheitslook los (Anzug in gedeckten Farben, Hemd, Krawatte) und signalisieren mit „Freizeitkleidung" (Pullovern, Strickwesten etc.), Bärten oder Hosen aus Nappaleder, daß sie nicht dem klassischen Beamtentyp zugerechnet werden wollen.

Mit dem „Konzept Bürgernähe" ist in der öffentlichen Verwaltung in noch stärkerem Maße als bisher eine Organisationsphilosophie zu erwarten, wie sie Strauss u.a. (1980, S. 649) anhand einer Bankstudie beschreiben, nach der „Angestellte ihre Kunden immer mit Höflichkeit und Hilfsbereitschaft behandeln und ihre Fassung selbst dann aufrechterhalten sollten, wenn die Kunden sie verärgerten oder beleidigten. Den Angestellten wurde auch eingeschärft, untereinander so zu verkehren, daß Feindschaft, Ärger oder andere negative Gefühle nicht offen zutage träten. Diese

Anweisungen waren nicht einfach ‚Normen‘ – sie waren organisatorisch verkündete und durchgesetzte Regeln. Die Angestellten arbeiteten notwendigerweise hart daran, diese Regeln einzuhalten".

Klienten, aber auch Kollegen gegenüber, wird der Beamte damit tendenziell zum „Gefühlsarbeiter", wie der SPIEGEL (Nr. 6/1984, S.202 ff.) dies in Anlehnung an eine Arbeit von A.R. Hochschild („The Managed Heart. Commercialization of Human Feeling") nennt, bei dem der „Einsatz von Gefühlen zur Ausübung eines Jobs gehört und bezahlt, aber nicht erwidert wird". Das ständige suggestivfreundliche Lächeln, das für die Bürokultur so typisch ist, mit der (anscheinend) teilnahmsvollen Frage „Wie geht's Ihnen/Dir denn so ...?" ist auf einer oberflächlichen Ebene ganz sicher integrierend (stellt man sich als Alternative dazu die ostentative Ablehnung des anderen vor), nur darf man nicht in den Fehler verfallen, die gestellte Frage ehrlich und tiefgreifend zu beantworten und zu vergessen, daß sie nicht mehr (aber auch nicht weniger!) als das Lorenz'sche Graugansgeschnatter ist, daß das Büro weithin nur die Bühne darstellt, wo „echte" Gefühle durchaus möglich sind, aber niemals a priori mit „dienstlichen Gefühlen" in eins gesetzt werden dürfen. Man spielt auf der Bühne Büro vor allem gehobene Boulevard-Stücke; locker-flockig soll es zugehen, mit Scherz, Satire, Ironie und tieferer Bedeutung.

Daß die **Rückgewinnung von Individualität** in dieser Art und Weise überhaupt möglich ist, verdanken die white-collar-worker selbstverständlich ihren (weniger fremdbestimmten) Arbeitsbedingungen, d.h. der Chance, öfter mal am Tag Arbeitsplatz und Büro verlassen und am **schmoozing** teilhaben zu dürfen (vgl. Schrank 1974), jenem formell-informellen Geschehen, das eine gewisse Ähnlichkeit besitzt mit dem **corso** mediterranen Zuschnitts: Die Abwesenheit von Vorgesetzten und Klienten nutzend, nimmt man einen zu bearbeitenden Vorgang oder eine einzuholende Information zum Anlaß bzw. zum Vorwand, durch das Amtsgebäude zu gehen, trifft mit anderen zusammen, begibt sich gemeinsam („Mahlzeit!") zum Essen in die Kantine, klatscht und tratscht auf dem Flur miteinander und bespricht dabei **immer auch** Dienstliches oder zumindest „Halb-Dienstliches" miteinander, tauscht also Hintergrundwissen und andere mittelbar arbeitsrelevante Informationen aus. (Schmoozing kommt vom jiddischen schmous = plaudern, freundlich klatschen, Gerüchte ausstreuen im „heart to heart talk", locker, leicht und vertraut miteinander reden, sich unterhalten und dabei etwas regeln.)

Dieses schmoozing ist das Typische der (deutschen, aber wahrscheinlich auch jeder anderen) Bürokultur. Zu vermuten ist, daß das hohe Maß von schmoozing-Elementen in den Behörden und Ämtern auch als eine Folge des immer größer werdenden Anteils von Frauen im öffentlichen Dienst anzusehen ist: Er hat in den letzten 20 Jahren um 40 % zugenommen, wobei daran vor allem der mittlere (+ 52 %) und der gehobene Dienst (+ 24 %) beteiligt sind (Rost-Schaude 1983). Sicherlich ist es falsch, von einer Feminisierung der Bürokultur zu sprechen – dazu ist die zu erledigende Arbeit ebenso viel zu „geschlechtsneutral" wie die tradierten Verhaltensmuster in der Staatsbürokratie –, aber der höhere Anteil von Frauen aus der (klein-) bürgerlichen Mittelschicht (soziologisch präzise: aus der oberen Unter- sowie der unteren und der mittleren Mittelschicht) führt zweifellos zu einer noch stärkeren Betonung schon lange vorhandener Elemente der Bürokultur: zu mehr Häuslichkeit und mehr Gemütlichkeit (Höhepunkt des Arbeitstages wird das gemütliche Zusammensitzen bei einem Tässchen Kaffee und einem Zigarettchen). Wir sehen hier den entscheidenden Gegenpol zu allen Tendenzen in Richtung auf das nüchterne, zweckrationale, nur auf Effizienz ausgerichtete Büro, in dem die Menschen nichts weiter sind als auf ihre bloße Funktionserfüllung reduzierte Bestandteile der großen Maschinerie.

Bürokultur und schmoozing: Hier erhalten die Organisationsmitglieder die berühmten **Streicheleinheiten,** wie es in einer umgangssprachlichen Wendung, die auf Eric Berne (1970, 14 f.) zurückgehen dürfte, so treffend heißt. Berne spricht von einer teilweisen „Umwandlung des kindlichen **Reiz-Hungers** in etwas, das man als **Hunger nach Anerkennung** bezeichnen kann", und kommt dann zu dem Schluß, daß sich der „Begriff **Streicheln** ... zur Bezeichnung jeder ‚Aktion' anwenden (läßt), mit der eine Anerkennung der Gegenwart des anderen verbunden ist. Man kann daher den Begriff **Streicheln** als grundlegende Maßeinheit allen sozialen Tuns ansehen. In diesem Sinne stellt wechselseitiges **Streicheln** eine Transaktion dar, die die Grundeinheit aller sozialen Verbindungen ist".

Mit der Bürokultur verbleibt immer zumindest ein Rest von Menschlichkeit in den bürokratischen Apparaten, kommt, indem die Arbeitsrollen transzendiert werden, jene andere Hälfte des Lebens in die Organisation, die nicht Ordnung ist, sondern **Un-Ordnung.** Diese Unordnung wird von der Hierarchie als um so bedrohlicher angesehen, je emotionaler die zwischenmenschlichen Beziehungen werden. „Vielen Betroffenen ist nicht klar, daß Liebe zwischen zwei Menschen im selben Unternehmen zu einem Problem für das Topmanagement und zur Bedrohung für die Organisation werden kann. Es sind die negativen Gefühle wie Eifersucht oder Minderwertigkeitskomplexe, die das Geflecht menschlicher Beziehungen in einem Unternehmen durcheinanderbringen" (Collins 1984, S. 196). Das liegt ganz auf der Linie Max Webers, der ja die bürokratische Organisation für um so vollkommener ansieht, „je mehr sie sich ‚entmenschlicht', je vollkommener, heißt das hier, ihr die spezifische Eigenschaft, welche ihr als Tugend nachgerühmt wird, die Ausschaltung von Liebe, Haß und allen rein persönlichen, überhaupt aller irrationalen, dem Kalkül sich entziehenden, Empfindungselementen aus der Erledigung der Amtsgeschäfte gelingt" (1964, S. 718).

Das alles aber hindert die Mitarbeiter großer Organisationen nicht daran, auf der Bühne Büro tagtäglich zu flirten, sich „anzumachen" und – zumindest gedanklich – der Devise zu huldigen „make love not work". Allerdings ist das Thema „Sex und Erotik im Büro" angesichts der „hergebrachten Werte des deutschen Beamtentums" und des Begriffs der „Amtswalterpflichten" weithin tabuisiert (auch was seine empirische Erforschbarkeit betrifft), doch Hunderttausende von white-collar-workers fahren allmorgendlich nur deswegen mit halbwegs guten Gefühlen ist Büro, weil das Beisammensein mit attraktiven Partnern lockt.

In einer von der Zeitschrift „Brigitte" (4/85, 104 ff.) durchgeführten Befragung von 1 600 berufstätigen Frauen findet sich, dies unterstreichend, der Satz: „Mit der Liebe wächst die Arbeitslust." An Ergebnissen sind einige besonders hervorgehoben; und zwar meinen von den befragten Frauen:

     62 %    „Ein kleiner Flirt würzt den langen Arbeitstag."

75 %    „Die gemeinsame Arbeit ist eine gute Möglichkeit, einen Mann kennenzulernen."

80 %    „Es gefällt mir, wenn ein Mann mir Komplimente macht."

aber 91 %    „Chef und Untergebene sollten intime Beziehungen vermeiden."

Sicherlich, und dies ist eine der Kehrseiten, führt diese „libidinöse Komponente" der Bürokultur mitunter auch zu erheblichen Belästigungen von Frauen, und viele Frauen sehen sich genötigt, „sexuelle Handlungen oder Gespräche erdulden zu müssen, die sie nicht wünschen" (Plogstedt & Bode 1984, S. 14), andererseits aber macht für viele die erotisch-sexuelle Komponente die repetitive und monotone Büroarbeit überhaupt erst erträglich: als Spiel, als Lustgewinn, als Hoffnung, dem Büro doch einmal entfliehen zu können („Hausfrau und Mutter" als – noch immer – erste Alternative: die ganzheitlich-eigenverantwortliche Aufgabe).

Mit all den hier aufgeführten Qualitäten und Facetten können konkrete Büro- bzw. Organisationskulturen mit der Zeit eine nur schwer wieder zerstörbare Kraft und Eigendynamik gewinnen und sich auf angrenzende Subsysteme ausbreiten (vgl. Sackmann 1983). Ist es z. B. einer Arbeitsgruppe erlaubt worden, ihr Büro – am Wochenende – selber zu tapezieren, so werden sich in den benachbarten Büros sehr bald ähnliche Wünsche einstellen.

Eine wichtige Dimension der Bürokultur soll nicht vergessen werden: der **Witz.** In letzter Zeit hat insbesondere Neuberger (1990) die Funktionen von Witzen in Großorganisationen eingehend analysiert. Das Witzeerzählen als soziale Handlung hat für ihn drei wichtige Aspekte:

— den kognitiven Aspekt (die Situation besser verstehen),

— den affektiven Aspekt (sich zum Ausdruck bringen) und

— den sozialen Aspekt (mit anderen auskommen).

Witze sind für Neuberger die Symbolisierung von Situationen und Problemen (wie sexuelle Beziehungen, erotische Kontakte, kriechen oder sich wehren, Ausreden, Lügen, Macht und Abhängigkeit, Motivation und Faulheit, Geld), von Lebensthemen (wie Todesangst und Narzißmus) und von Rollen und Beziehungen. „Witze verraten etwas über die Alltagswelt, die wir normalerweise nicht problematisieren." (211) Es macht Spaß, die übliche Sicht der Dinge nicht ernst zu nehmen und sie mit und in Witzen umzudenken (221 f.):

„Im Witz-Erzählen und -Verstehen entlarvt man die offizielle Wirklichkeit als Schein und bringt zum Ausdruck: ‚Ich lasse mich nicht für dumm verkaufen – ich weiß mehr als ihr denkt.' (...) Das Geltende, das als das Mächtige, Beeindruckende, Unverstehbare einherstolziert, wird als Fassade entlarvt. (...) Wenn das Große klein wird, wird man selbst vergleichsweise größer – und das tut gut. – Witze lassen teilhaben an einer Mini-Rebellion gegen die bestehenden Verhältnisse. Sie sind Handlungsersatz: man erspart sich den aufreibenden aktuellen Kampf gegen die Systemwidersprüche. (...) Der Witz erklärt die vielen Verletzungen, die man erleidet, als gar nicht so schlimm: man hat ja überlebt. Den wirklichen Widerstand zu wagen, könnte schon weniger glimpflich ausgehen, also läßt man's bleiben. (...) Witze sind nicht nur eine Widerspiegelung der äußeren Situation, sondern ... Ausdruck von Phantasien, Wünschen und Ängsten, eine Projektion der Innenwelt."

Was den **Witz in der Bürokratie** und über die Bürokratie angeht, macht Neuberger die „bürokratischen Elemente" an einer Reihe von Beispielen fest (215 ff.):

1. Intransparenz und Verselbständigung

„Unser Chef ließ seinen Schreibtisch in die Herrentoilette stellen!" „Warum?" „Weil das der einzige Raum im Haus ist, wo jeder weiß, was er tut!"

2. Krebsartige Vermehrung sowohl der Stellen wie ihrer Ausscheidungsprodukte (Papier)

Bei Ausgrabungsarbeiten im Jahr 3000 entdecken Archäologen in Wolfsburg Überreste des VW-Werks. Sie kommen zu folgendem Schluß: „Hier stand früher einmal eine Papierfabrik. Ungewöhnlich ist der große Fuhrpark!"

3. Betuliches Arbeitstempo und schonender Arbeitseinsatz

„Der Montag ist der anstrengendste Tag der Woche", sinniert der Sachbearbeiter, „da muß man gleich drei Kalendertage durchstreichen!"

4. Notorische Ineffizienz

Ein amerikanischer und ein deutscher Bauunternehmer wetten, wer schneller bauen kann. Nach einem Monat telegrafiert der Amerikaner: „Noch zehn Tage und wir sind fertig!" Telegrafiert der Deutsche: „Noch zehn Formulare – und wir fangen an!"

5. Schematisierung und Normierung

Um dem Unternehmungschef zum Geburtstag zu gratulieren, kommt der Betriebsratsvorsitzende mit einem Strauß Blumen. Im Vorzimmer nimmt er das Einwickelpapier ab und legt es beiseite. Erschrocken ruft die Sekretärin: Um Gottes willen, lassen Sie hier kein Papier liegen: der Chef unterschreibt alles!"

6. Beckmesserische Pedanterie

McKinsey-Bericht über Besuch bei den Berliner Philharmonikern (McKinsey ist eine weltbekannte Firma für Unternehmensberatung):

„Die vier Oboisten haben sehr lange nichts zu tun. Die Nummer sollte gekürzt und die Arbeit gleichmäßig auf das ganze Orchester verteilt werden, damit Arbeitsspitzen vermieden werden.

Die zwölf Geigen spielen alle dasselbe. Das ist unnötige Doppelarbeit. Diese Gruppe sollte drastisch verkleinert werden. Falls eine größere Lautstärke erwünscht ist, läßt sich das durch eine elektronische Anlage erreichen.

Das Spielen von Zweiunddreißigstelnoten erfordert einen zu großen Arbeitsaufwand. Es wird empfohlen, diese Noten sämtlich in den nächstliegenden Sechzehntelnoten zusammenzufassen. Man könnte dann auch Musikschüler und weniger qualifizierte Kräfte beschäftigen.

In einigen Partien wird zuviel wiederholt. Die Partituren sollten daraufhin gründlich durchgearbeitet werden. Es dient keinem sinnvollen Zweck, wenn das Horn eine Passage wiederholt, mit der sich bereits die Geigen beschäftigt haben. Werden alle überflüssigen Passagen eliminiert, dann dauert das Konzert, das jetzt zwei Stunden in Anspruch nimmt, nur noch schätzungsweise zwanzig Minuten, so daß die Pause wegfallen kann."

7. Verdinglichung und Technisierung

„Warum gibt es keine EDV-Anlagen im Freien?" „Weil Glücksspiele im Freien verboten sind!"

## 4.8.3 Empirisch vorfindbare Typen von Bürokultur

Im Hinblick auf die spezifische **Ausformung von Bürokultur** wollen wir hier anhand einiger Ergebnisse unseres von der Deutschen Forschungsgemeinschaft finanzierten Projekts „Bürokultur und Verwaltungsalltag" **idealtypisch** zwischen einer **nüchternen** und einer **lebensvollen Bürokultur** unterscheiden; dies in Anlehnung an eine von Ruth Benedict (1955, S. 64) vorgeschlagene und von Nietzsche herrührende Dichotomisierung von Menschen und Milieus in „apollinisch" (maßvoll, ausgeglichen) und „dionysisch" (rauschhaft, ekstatisch).

Die beiden Ideal- oder Grenztypen von Bürokultur können wie folgt umrissen werden:

| Nüchterne Bürokultur | Lebensvolle Bürokultur |
|---|---|
| Karge Ausstattung der Büroräume | Wohnraumähnliche Ausstattung der Büros, Schaffung einer „häuslichen Atmosphäre" |
| Arbeitsorientierte Kommunikation | Kommunikation, die an den Stimmungen und Problemen der Mitarbeiter orientiert ist und primär (gleich dem Lorenz'schen Graugansgeschnatter) auf das Gefühl sozialer Geborgenheit zielt |
| Trennung von Arbeits- und allgemeiner Existenzrolle | Ineinanderübergehen von Arbeits- und allgemeiner Existenzrolle (Aufhebung der „Zerstückelung des Lebens") |
| Apollinisch-beherrschtes Auftreten der Akteure | Dionysisch-extravertiertes Auftreten der Akteure („Das Büro als Bühne") |
| Bürokratisch-allgemeine Sprache, Riten und Verhaltensmuster | Gruppenspezifisch-subkulturelle Sprache, Riten und Verhaltensmuster |

Bei der Frage nach den auffälligsten Merkmalen der untersuchten Büros hat sich bisher folgende **Typologie der Stile** herausgebildet:

a) Das **funktionsbestimmte Büro**

Beispiel: Bauamt                     Bürokultur: Eher nüchtern

Merkmale: Dominanz professionell-technokratischer Einstellungen, zweckrationales Denken und Handeln, häufige Nichtanwesenheit der Mitarbeiter im Büro, da viel Außendienst (Baustellenbesichtigungen etc.).

b) Das **wohnraumähnliche Büro**

Beispiel: Lohn- und Gehaltsstelle      Bürokultur: Eher lebensvoll

Merkmale: Dominanz femininer Werte und Verhaltensweisen, wie sie für die mittlere bis untere Mittelschicht typisch sind, „Aufhebung der Zerstückelung des Lebens" durch Schaffung einer ausgeprägt häuslich-familiären Atmosphäre im Büro; keine Klienten, nur gelegentliche Besuche anderer öffentlich Bediensteter.

c) Das **fallorientierte Büro**

Beispiel: Amtsvormundschaft           Bürokultur: Eher lebensvoll, Charakter einer Projektgruppe

Merkmale: Teamartig-professionelle Zusammenarbeit bei der Betreuung von Klienten, hohe intrinsische Motivation, Gelegenheit zur ausführlichen Diskussion einzelner Schicksale, da die Klientenbesuche nach Art einer Bestellpraxis gesteuert werden.

## d) Das **klientenkontrollierte Büro**

Beispiel: Sozialamt

Bürokultur: Oszillierend, d. h. eher nüchtern bei Besucherandrang und eher lebensvoll in besucherlosen Zeiten.

Merkmale: Starke Belastung der Mitarbeiter durch Klienten aus Randgruppen (Alkoholkranke etc.), in deren Gegenwart alle nicht direkt arbeitsbezogenen Handlungen fast unmöglich sind, aber wegen des eigenen Arbeitsethos auch nicht gewollt werden.

## e) Das **vergessene Büro**

Beispiel: unspezifisch, häufig in Seitenflügeln oder Hofseiten alter Verwaltungsgebäude

Bürokultur: lustlos nüchtern, ohne Leben, aktenhaft

Merkmale: Vergessene Büros stammen aus Zeiten, in denen *Einrichten* noch kein Thema in Behörden war. Die Schreibtische, auf denen noch die blauen Ringe früherer Tintenfässer zu sehen sein könnten, sind leer bis auf Telefon, Locher und Schreibunterlage, an den grauewordenen Wänden stehen mannshohe Regale voller Akten wie in einer Registratur, Neonlicht sorgt für ein ebenso gleichmäßiges wie seelenloses Licht, am Fenster steht (seit dem Krieg) eine Sanseverie, deren schwertähnliche Blätter durch eine rundumgebundene Schnur am Auseinanderfallen gehindert werden. Die Stimmung ist neutral, man hält sich dort nur immer kurz auf, Begriffe wie Motivation, Einfühlungsvermögen, Engagement und Kultur sind für andere Teile der Verwaltung geschaffen.

## f) Das **datenbestimmte Büro**

Beispiel: Statistisches Landesamt

Bürokultur: Lebendig bis hektisch, fachsprachlicher Kommunikationsstil, technikbestimmt

Merkmale: Eindeutig prägend ist der Vorrang der Technik, der Apparate mit ihrem „kalten Charme" einschließlich der oft künstlich-hektischen Geräuschkulisse; die Arbeitsabläufe sind durch ihre Anpassung an die Taktzeiten der Technik geprägt, deren (angebliche) „Intelligenz" wiederum auf Selbstverständnis und Verhalten der Mitarbeiter abfärbt. Man gibt sich autonom – und ist es vielleicht auch etwas mehr als in anderen Büros.

## g) Das **repräsentative Büro**

Beispiel: Behördenchef

Bürokultur: Verhalten, gepflegt, mit „Macht-Aura", gelegentlich protzig

Merkmale: Gepflegte Einrichtung, gehobene Qualität der Ausstattung, gepolsterte Sitzmöbelgruppe um Konferenztisch, Bücherregal, häufig frische Blumen, stets aufgeräumt. Oft bleibt unklar, woher die Aura der Macht rührt, die den Besucher zu Unterordnung, Höflichkeit und Zurückhaltung zu zwingen scheint.

Wichtig ist uns an dieser Büroraumcharakteristik der Gedanke wechselseitiger Abhängigkeit: Bürobewohner drücken ihr Selbstverständnis und das Verständnis ihrer Arbeitsrolle in der spezifischen Gestaltung ihrer Räume aus. Und gleichzeitig besitzen Gegenstände, Aufgaben und Anordnungen „Aufforderungscharaktere" (Lewin, vgl. Kap. 3.1.2.), die sich prägend und stilbildend auf das Verhalten der Bürobewohner auswirken. „Ohne das Büro mit dem häuslichen Wohnzimmer verwechseln zu wollen: Darin drückt sich eine „Wohnlichkeit" aus, die gewissen Parallelen zu den Wohnungen der Mitarbeiter aufweist. Wer sich sein Zuhause zunehmend anspruchsvoller gestaltet, möchte auch einen niveauvolleren Arbeitsplatz." (Der Tagesspiegel v. 21. 3. 1993, Beil. „Bürodata '93")

Was in dieser Bürotypologie von der räumlich-gegenständlichen Perspektive her entwickelt wurde, ließe sich auch auf die übrigen Aspekte der Bürokultur ausdehnen bzw. von anderen dieser Aspekte her entwickeln: Es ist ja auch hier schon deutlich geworden, daß sich soziale Gefüge nie aus den räumlichen Strukturen heraustrennen lassen. Hierarchische Abhängigkeiten, Autonomieformen, Arbeitsbeziehungen und -inhalte etc. finden ihren Niederschlag auch immer in der Gestaltung der Orte, an denen sie sich abspielen – mit Variationen natürlich und nicht schematisch geordnet, trotz der auch dafür zur Verfügung stehenden Normierungs-(an-)gebote der Verwaltungen (Ausstattungsrichtlinien; z. B. DIN 1982).

Pippig (1988) hat den Gedanken eines Zusammenhangs zwischen Arbeits-Umwelt (verschiedene Ämter: Wohngeldstelle, Bauordnungsbehörde, Personalamt, Abteilung für Ausländerwesen, Lohnsteuerkarten-Stelle) und Verhalten der Beamten aufgegriffen und eine prägnante Beziehung zwischen der „Psycho-Struktur" der Verwaltung (also dem Aufforderungscharakter der verschiedenen Büros/Ämter) und der „Klientenorientierung" der Bediensteten gefunden.

### 4.8.4 Bürokultur als integrierende Kraft

Wir sehen die Büro- bzw. Organisationskultur an dieser Stelle vor allem in ihrer integrativen Funktion. „In erster Linie dient eine identifizierbare, gelebte und angepaßte Organisationskultur der Orientierung, Verhaltensregulierung, dem Schutz vor Unsicherheit, Angst usw. Sie hat also insbesondere eine Sinn-vermittelnde Funktion … Erst durch diese Sinn-Stiftung kann ein Gemeinsamkeitsgefühl in einer Organisation entwickelt und gestützt werden. Dies ist nicht nur ein grundlegendes menschliches Bedürfnis, sondern auch die Grundlage der Produktivität" (Trebesch 1984).

Ähnliche Gedanken finden wir auch bei Hans-Joachim Fritz, der in seinem historisch angelegten und außerordentlich informativen, aber nur schwer lesbaren Buch „Menschen in Büroarbeitsräumen" (1982) immer wieder auf die „bindungsstiftende soziale Integrationsfunktion persönlicher Raumzeichen" und auf die „Individualisierung und Privatisierung einzelner Gegenden und Zonen" von Arbeitsräumen zu sprechen kommt. „Derart privatisierte und vergemeinschaftete Raum- und Gegenstandskomplexe bilden nun in Ermangelung formeller Bindungen innerhalb ihres Kooperationsgefüges einen unmittelbar konstituierenden Bestandteil der internen Gruppenbeziehungen. (...) Das Privatisieren der Arbeitsumwelt mit Hilfe ganz verschiedener persönlicher Zeichen und Gegenstände ist nicht ausschließlich als eine jeweils isolierte Ansammlung individueller Identitätsmerkmale zu verstehen, es ist vielmehr in diesem räumlich-sozialen Beziehungszusammenhang und vornehmlich in seinen vergemeinschafteten Zonen Ausdruck der gegenseitigen Affektbindung und Vertrautheit der Arbeitsgruppe" (S. 157). Ebenso verweist Fritz auf die „Sprachkontrolle" im Kleinbüro (das wir in diesem Abschnitt auch vornehmlich im Auge gehabt haben) sowie auf die Rolle, die Geräusche und Gerüche im täglichen Miteinander auf engem Raum im selben Raum im allgemeinen spielen (doch darüber spricht man ja eigentlich nicht): „Indem sie den Raum miteinander teilen, atmen sie miteinander dieselbe Luft. In diesem ständigen Austausch ihres Atems vollziehen sich ihre räumlich-sozialen Beziehungen am unmittelbarsten und entschiedensten, erhalten sie einen Charakter von Intimität und Vertrautheit" (S. 166). Anhand einer eigenen empirischen Studie beschreibt Fritz des weiteren sehr präzise, wie die „tolerierte Entsachlichung der Arbeitsatmosphäre ... die affektiven Abhängigkeitsbindungen" der Organisationsmitglieder verstärkt (S. 163) und wie das Ausschmücken des Arbeitsraumes (die Befriedigung der „affektiven räumlich-ästhetischen Ausstattungsbedürfnisse") ein wichtiges Charakteristikum dieser „kleinräumlichen Sozialverflechtung" wird, ungemein wichtig für das tagtägliche Standhalten: „So hängen an den Wänden ihres Arbeitsraumes an vielen Stellen bunte Landschaftsbilder, Fotos mit liegenden Hunden darauf, andere mit Katzen, Kalendersprüchen und südländischen Urlaubsorten. Mit diesen Mitteln setzen sie dem Unlustcharakter, der in der bürokratischen Rationalität ästhetisch verarmten Raumgebilde und ausschließlich zweckbestimmten Objektbeziehungen ihre an diese persönlichen Sachen und symbolischen Zeichen gebundenen affektiven Valenzen entgegen. Es ist ihr Versuch, sich mit den Symbolen eines schöneren Lebens und den Gegenbildern zu den Zwängen der Arbeitssituation genau diesen bürokratischen Zwängen zur Versachlichung und Affektbeherrschung zu entziehen" (S. 162).

Wir wissen, daß jedes Organisationsmitglied immer auch mehr oder minder stark an seiner Rolle in der Bürokratie leidet (vgl. das 5. Kapitel dieses Buches) und daß es täglich Kosten und Nutzen seiner Berufsrolle gegeneinander aufrechnet (einerseits – andererseits) – und bei dieser Abwägung scheint uns der Bürokultur eine ganz bestimmte Funktion zuzukommen: Sie sorgt dafür, daß die negativen Gefühle nicht allzu stark zur Geltung kommen und der schöne Schein des Harmonischen bewahrt bleibt, sie sorgt für eine **emotionale Stabilisierung** der Organisationsmitglieder.

Das nachfolgende Schaubild soll das noch einmal deutlich werden lassen:

## GEFÜHLSSCHWANKUNGEN BEI ORGANISATIONSMITGLIEDERN

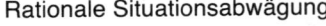

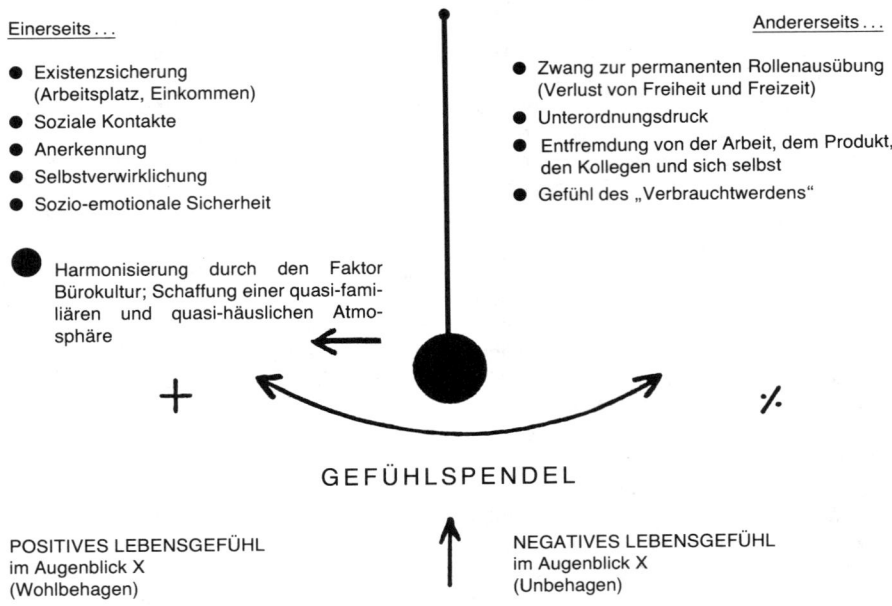

### Rationale Situationsabwägung

Einerseits...

- Existenzsicherung
  (Arbeitsplatz, Einkommen)
- Soziale Kontakte
- Anerkennung
- Selbstverwirklichung
- Sozio-emotionale Sicherheit

- Harmonisierung durch den Faktor
  Bürokultur; Schaffung einer quasi-familiären und quasi-häuslichen Atmosphäre

Andererseits...

- Zwang zur permanenten Rollenausübung
  (Verlust von Freiheit und Freizeit)
- Unterordnungsdruck
- Entfremdung von der Arbeit, dem Produkt,
  den Kollegen und sich selbst
- Gefühl des „Verbrauchtwerdens"

+          ⟵

                    ⟶          ∕.

GEFÜHLSPENDEL

POSITIVES LEBENSGEFÜHL
im Augenblick X
(Wohlbehagen)

↑

NEGATIVES LEBENSGEFÜHL
im Augenblick X
(Unbehagen)

Gefühlsbestimmende Alltagsfaktoren/Bürokultur

- Räumliche Bedingungen (Temperatur, Lärm, Gerüche, Wandschmuck etc.)
- Gestimmtheit der Kollegen und Vorgesetzten
- Anliegende Arbeiten/Streß/Arbeitsrhythmus
- Klatsch/Tratsch/Gerüchte mit „Betroffenheitskomponente"
- Freizeitaussichten, Tagträume
- schmoozing-Gelegenheiten
- Glück/Fortune bei der Arbeitserledigung
- Belohnungen/Bestrafungen, die aktuell werden
- Freundliche bzw. unfreundliche Klienten

# 5. Abschnitt. Mensch und Organisation: Aspekte gefährdeter Integration

## 5.1 Widerstände gegen den Zwang zur Anpassung

### 5.1.1 Die Organisation als Ärgernis

Frau B. ist als Zuarbeiterin bzw. Mitarbeiterin (Angestellte nach BAT Vc) im Bauaufsichtsamt beschäftigt und an diesem Donnerstag damit befaßt, bei einer Reihe von Bauherren mit Hilfe eines Vordrucks fehlende Unterlagen anzufordern. Sie ist schlechtgelaunt, denn

— sie würde gerne beim Schreiben rauchen, darf das aber nicht, weil der Hauptsachgebietsleiter gerade ein entsprechendes Verbot erlassen hat;

— sie würde gerne mit ihrem Mann telefonieren, darf es aber nicht, weil sich die gegenübersitzende (ranghöhere) Kollegin durch Privatgespräche stark in ihrer Arbeit gestört fühlt;

— sie würde gerne ins gegenüberliegende Kaufhaus gehen, um für ihre Tochter Geburtstagsgeschenke einzukaufen (am Feierabend und sonnabends ist es immer viel zu voll), doch sie wagt es nicht, weil der Chef, wenn sowas herauskommt, immer saurer reagiert;

— sie würde gerne das Fenster aufmachen, doch sie läßt es lieber, da die andern immerzu frieren;

— sie würde lieber, wenn überhaupt, im Amt für Familienfürsorge arbeiten, doch gerade hat man ihren Versetzungswunsch abschlägig beschieden.

Frau B., die hier für Millionen von Arbeitnehmern steht, ärgert sich, findet „den ganzen Laden hier zum Kotzen" und sehnt den Tag herbei, wo sie aufhören kann zu arbeiten.

Wenn Dahrendorf (1961, 10) von der „ärgerlichen Tatsache der Gesellschaft" spricht, die den Menschen dazu verurteile, „sein elementares Dasein aufzugeben und in eine soziale Rolle zu schlüpfen, die gleichsam als Zwangsjacke auf ihn einwirke und seine ursprüngliche Individualität zerstöre" (Wiswede 1977, 62), so übernehmen wir diesen Grundgedanken eines vorwiegend repressiven Rollenkonzeptes insoweit, als wir sagen, auch unsere Großorganisationen können durchaus eine ärgerliche Tatsache für ihre Mitglieder sein. Das heißt, sie sind es, obwohl sie zugleich eine Reihe von Bedürfnissen befriedigen (vgl. Kap. 4), zumindest partiell und zeitweilig – und zwar werden sie um so stärker als Ärgernis empfunden, je rangniedriger die Mitglieder sind. Nicht alle Werte, Normen, Sitten, Bräuche und Verhaltensmuster werden den Mitarbeitern „rüde aufgezwungen" (Luckmann 1972,183), aber sicherlich ein Teil von ihnen – und zwar um so stärker, je mehr der Eintritt in die Organisation eine tatsächliche Zwangsrekrutierung darstellt (z.B. beim Militär) oder faktisch als solche empfunden wird (z.B. bei einem Inspektoren-Anwärter, der wegen des Numerus clausus nicht Medizin studieren darf).

Daß dieser Abschnitt unseres Buches empirisch vorfindbaren Tatbeständen entspricht, beweist ein Ergebnis der organisationssoziologischen Untersuchung der bremischen Verwaltung (Senatskanzlei Bremen 1972, 13): „75 % aller Befragten empfinden es zumindest mitunter als Belastung, daß man als Angehöriger des öffentlichen Dienstes von vornherein und vorbehaltlos bereit sein muß, die von den verfassungsmäßigen Organen getroffenen Entscheidungen zu respektieren und zu vollziehen, unabhängig davon, ob man sie persönlich für richtig oder falsch hält." (Dabei gilt: je stärker die Unterordnung als Belastung empfunden wird, desto geringer ist die Arbeitszufriedenheit.)

Als besonders ärgerlich empfinden es sensible Erwachsene, von ihren Vorgesetzten eigentlich als Kinder behandelt zu werden (vgl. Thompson 1966), wie es auch höchst verblüffend ist, wenn man die Anweisungen für Führungskräfte, wie sie in Fortbildungsseminaren vermittelt werden, mit den Ratschlägen zur richtigen Kindererziehung vergleicht: die Texte sind für beide Zwecke verwendbar, wenn man die Anwender bzw. die Zielgruppen miteinander vertauscht. Zum Beispiel: „Wenn Sie von Ihrem Kind ein bestimmtes Verhalten erwarten, müssen Sie ihm zunächst das Ziel verdeutlichen und den Weg, auf dem es das Ziel erreicht. Die Begründung, warum ein Ziel erreicht werden soll, gehört ebenfalls dazu. (. . .) Durch Begründungen fühlt sich Ihr Kind außerdem als selbstverantwortlich angesprochen." (Diekmeyer 1976, 39) Setzt man hier „Mitarbeiter" statt „Kind", so hat man die Grundprinzipien des MbO (Management by objectives) und des „kooperativen Führungsstils". Dieser Zusammenhang zwischen der Ohnmacht des Kindes und der Neigung des bürokratischen Apparates, die Menschen zu entmündigen, wird besonders überzeugend von Caruso & Englert (1979, 354) offengelegt: „Die Machtlosigkeit des Kleinkindes, das einst die bittere Erfahrung machte, daß es das Verhalten seiner Eltern nicht zu seinen Gunsten beeinflussen kann, gewinnt seine aktuelle Gestalt im Dasein des Erwachsenen, wenn der Mensch eine klägliche Rolle als Weisungsgebundener, als passiver Befehlsempfänger spielen muß, wenn er mit matter Dankbarkeit entgegennimmt, was ihm von oben zugeteilt wird." Kurzum: Großorganisationen sind so geartet, daß sich ihre Mitglieder leicht so hilflos und so bevormundet fühlen, als wären sie wieder Kinder.

Sicherlich werden viele der betroffenen Organisationsmitglieder, haben sie keinerlei Einfluß auf die Gestaltung ihrer Umwelt mehr, mit Passivität und allgemein depressivem Verhalten reagieren, wie es mit der „Theorie der gelernten Hilflosigkeit" von Seligman erklärt wird (vgl. Berkel 1978, 326), andere aber werden sich durch mikropolitische Aktivitäten und die Integration in die kameradschaftliche Bürokratie (vgl. die Abschnitte 4.6 und 4.7) Entlastung und Freiräume für autonomes Handeln zu erkämpfen suchen und sogar, als Einzelkämpfer wie in informellen Gruppen und mit Hilfe von Gewerkschaften und Personal- bzw. Betriebsräten, den Kampf gegen die Hierarchie zum Hauptzweck und Hauptmotiv ihrer Organisationsmitgliedschaft machen – gemäß der Maxime von Albert Camus, daß erst Auflehnung dem Leben seinen Sinn gebe. „Quertreiber" dieser Art, innerorganisatorische Aufständische, die immer wieder und mit Hilfe der Gerichte gegen ihren Arbeitgeber und dessen Entscheidungen angehen, gibt es in jeder Großorganisation, insbesondere in den Reihen der Unkündbaren.

In der Literatur finden sich viele Beispiele, wo sich Organisationsmitglieder gegen die erzwungene Anpassung an die bürokratischen Strukturen wehren, vor allem die „Ambivalenten" (Presthus 1966), meist Wissenschaftler in Stabsstellen und abhängigen Laborpositionen, und die „professionals" (Scott 1968), hochqualifizierte Spezialisten, die schon von sich aus das Richtige tun und jede Weisung als Affront ansehen.

Vergessen wir auch nicht, daß die moderne Großorganisation – wie unsere gesamte Hochkultur – auf Triebunterdrückung basiert (Freud 1953, H. Marcuse 1965); unser einleitendes Beispiel hat das deutlich gemacht. Dazu kommt die in den bürgerlichen Mittelschichten unserer Gesellschaft mitunter recht zwiespältige Einstellung zur Autorität, wie sie etwa Wilhelm Reich herausgearbeitet hat. Für ihn ist die „Rebellion gegen die Autorität mit gleichzeitiger Anerkennung und Unterwerfung ein Grundzug jeder kleinbürgerlichen Struktur" (1971, 61).

Das **Widerstandspotential** in den Großorganisationen ist also beträchtlich – auch wenn die Führenden die „Aufständischen" stets dadurch zu befrieden suchen, daß sie ihnen die Kooptation in die Hierarchie (d.h. die Integration durch „Zuwahl") in Aussicht stellen.

Das hier gemeinte Widerstands-Motiv wird von der Psychologie in der sog. Reaktanz-Theorie aufgearbeitet.

## 5.1.2  Widerstandsmotiv und Reaktanz-Theorie

Die Theorie der psychologischen Reaktanz, die der amerikanische Sozialpsychologe Jack Brehm (1966) als erster verbindlich formuliert hat, läßt sich in ihren wesentlichsten Aspekten wie folgt zusammenfassen (Gniech & Grabitz 1978):

(1)  Individuen besitzen die Freiheit, bestimmte Verhaltensweisen auszuführen.

(2)  Wenn die Person merkt, daß eine dieser freien Verhaltensweisen bedroht oder gar unmöglich gemacht wird, entsteht Reaktanz. Dieses ist ein motivationaler Zustand, die verlorene oder bedrohte Freiheit wiederherzustellen.

(3)  Die Stärke der Reaktanz hängt von drei Bedingungen ab, nämlich erstens der Wichtigkeit der Freiheit für die Person, bestimmte Dinge zu tun, zweitens der Proportion der bedrohten oder eliminierten Freiheit zu den übrigen freien Verhaltensweisen, und drittens der Stärke der Freiheitseinengung.

(4)  Die Reaktanz-Motivation, die die verlorene oder bedrohte Freiheit wiederherzustellen anstrebt, äußert sich in unterschiedlichen Effekten.

Diese **Reaktanz-Effekte** sind also die Versuche einer Person, ihre Freiheit wieder zurückzugewinnen. Wir wollen uns die vier wichtigsten Möglichkeiten anhand eines einfachen Beispiels klarmachen.

Herrn Z., Sachbearbeiter im Sozialamt, wird von seinem Vorgesetzten untersagt, seine Klienten weiterhin zu duzen. Er sieht das partout nicht ein, denn gerade sein kumpelhafter Umgangston hat ihm bisher immer nur gute Beziehungen zum Bürger eingebracht. Wie kann er nun seinen bedrohten Freiheitsraum wiedergewinnen (zu welchen „Reaktanz-Manifestationen" könnte er gelangen):

(1)  Durch die **direkte Art,** d.h. dadurch, daß er seine Besucher weiterhin duzt.

(2)  Durch eine **indirekte Handlung,** d.h. dadurch, daß er die Besucher zwar siezt, aber dafür mit ihrem Vor- oder Spitznamen anredet, oder sie zwar bei sich im Büro siezt, bei Hausbesuchen aber wieder das Du gebraucht, oder vielleicht dieser Aufforderung seines Vorgesetzten nachkommt, dafür aber – „Nun ist Schluß ein für allemal!" – seine nächste Weisung überhört.

(3)  Durch **aggressive Handlungen,** d.h. dadurch, daß er die einengende Person, den Vorgesetzten, attackiert, um ihn – allein oder mit Hilfe seiner Koalitionspartner – zur Rücknahme seiner Entscheidung zu zwingen.

(4) Dies alles bedeutet **innerorganisatorischen Widerstand,** während die Reaktanz aber auch dadurch abgebaut werden kann, daß der Betroffene die eingeengte Verhaltensweise einer **Attraktivitätsveränderung** unterzieht, das Duzen zum Beispiel mit einem Mal gar nicht mehr gut findet.

Besonders stark ist der Widerstand von Organisationsmitgliedern gegen Anpassung und Unterordnung vielen Untersuchungen zufolge, wenn es um organisatorische Veränderungen (= Innovationen) geht.

### 5.1.3 Der Widerstand gegen Veränderungen in der Organisation

Innerhalb der organisationswissenschaftlichen Literatur nehmen die Arbeiten über den Widerstand gegen Veränderungen und seine Überwindung („Overcoming resistance to change", Coch & French 1948) breiten Raum ein.

Ganz konkret fürchten die Bediensteten bei Neuorganisationen (z. B. der Zusammenlegung bzw. Trennung von Organisationseinheiten, der Auflösung von Ämtern, der Schaffung neuer Formen der Ablauforganisation oder der Festlegung eines neuen Geschäftsverteilungsplanes) und bei Versetzungen in andere Subsysteme ihrer Organisation (die oft mit diesen Maßnahmen verbunden sind), daß

— sie ihren Heimatort bzw. -bezirk verlassen müssen und ihnen längere Wege zur Arbeitsstelle entstehen,

— ihnen materielle Vergünstigungen und vorteilhafte Gegebenheiten (Räumlichkeiten, die Kantine, Einkaufsmöglichkeiten etc.) verlorengehen,

— ihre informellen Beziehungen auseinandergerissen werden,

— sie ihre Sicherheit bei der Bewältigung von Aufgaben verlieren, lange Einarbeitungszeiten hinnehmen müssen und viel Mühe für die notwendig werdende Weiterbildung aufzuwenden haben,

— sie quantitativ wie qualitativ mehr leisten müssen und eine Arbeit zugeteilt bekommen, die ihnen weniger Spaß macht,

— ihnen – da woanders (auch) nach dem Prinzip der Hausbeförderung verfahren wird – Aufstiegschancen verlorengehen,

— sie schlechtere Vorgesetzte bekommen.

Widerstand gehört zwangsläufig zu jedem Innovationsprozeß, weil (so Watson 1975, 417 ff.):

— der Mensch das Bekannte, das Gewohnte bevorzugt,

— Ersterfahrungen den Vorrang haben („Die Methode, mit der der Organismus beim ersten Mal eine Situation erfolgreich bewältigt hat, wird zu einem besonders dauerhaften Muster"),

— durch selektives Wahrnehmen ständig die ursprüngliche Einstellung bestätigt wird (vgl. Abschnitt 3.2),

— der Mensch dadurch, daß sein Über-ich dem Über-Ich seiner Eltern entspricht, stets tendenziell konservativ gestimmt ist und sich dann für „gut" hält, wenn er den Status quo akzeptiert,

— uns eine Tendenz innewohnt, „Sicherheit in der Vergangenheit zu suchen" („Wenn das Leben schwer und frustrierend wird, denken die Menschen sehnsüchtig an die glücklichen Tage der Vergangenheit"),

— die meisten Innovationen von außen in die Organisationen eingebracht werden und der Argwohn und die Feindseligkeit gegenüber Außenstehenden universell ist.

Demzufolge ist der Widerstand gegen Veränderungen mitunter sehr heftig, denken wir an Bürgerkriege, Zerstörung von Fabrikanlagen oder Streiks. Im Rahmen unserer

Verwaltungsorganisationen versucht man drohende (d.h. ungewollte) Innovationen zumeist „nur" dadurch aufzuhalten bzw. abzuwenden, daß man

— die Innovatoren (die externen Berater und die Mitarbeiter des Organisationsreferats, die die Neustrukturierung planen und durchführen wollen) verächtlich macht,

— einflußreiche Verbündete im gewerkschaftlichen und politischen Raum zu gewinnen sucht, die an der Erhaltung des Status quo interessiert sind, und Gegengutachten einholt oder die Medien einschaltet,

— die Mitarbeiter des Organisationsreferates so zu täuschen sucht, daß ihnen der Status quo als die vorteilhafteste Lösung erscheint (also beispielsweise seine Arbeit so langsam angeht und so geschickt zu strecken versteht, daß der Wegfall einer Stelle nicht mehr erwogen wird),

— Arbeits-, Sozial- und Verwaltungsgerichte anruft (z B. bei Versetzungen, die in vielen Fällen kaum gegen den Widerstand des Betroffenen zu erzwingen sind, etwa dann, wenn eine Mutter ihre Kinder in einer Kita direkt neben dem alten Dienstgebäude untergebracht hat),

— „legale Sabotage" betreibt, etwa seinen Dienst nur nach Vorschrift versieht, wichtige Informationen, die man erhalten hat, deren Weitergabe aber durch keine Vorschrift zu erzwingen ist, für sich behält, also „mauert", Zuflucht zum Schwejkismus nimmt, also voller Diensteifer unter Vortäuschung von Begriffsstutzigkeit etwas Falsches tut, oder sich beim kleinsten Unwohlsein gleich krankschreiben läßt – oder

— (falls man dringend gebraucht wird) mit dem Verlassen der Organisation, also der Kündigung droht.

Solch Widerstand signalisiert natürlich mangelnde Integration in eine Organisation und ist ein Zeichen dafür, daß ein Organisationsmitglied nicht – so die Umgangssprache – „mit ihr verheiratet" ist und nicht daran denkt, sich ihr voll und ganz auszuliefern, obwohl ja § 54 des Beamtengesetzes vom deutschen Beamten verlangt, daß er sich „mit voller Hingabe" seinem Berufe widme (eine Terminologie, die man ansonsten nur im Hinblick auf Liebesbeziehungen anzuwenden bereit ist!).

Da Arbeitgeber und Dienstherren den hier aufgezeigten Widerstand ihrer Beschäftigten im Hinblick auf die Erreichung ihrer Ziele fürchten und für seine Überwindung beträchtliche Summen bereitgestellt haben, hat sich eine Reihe von Wissenschaftlern und Managementberatern, neuerdings unter dem Etikett **Organisationsentwicklung** (OE), dieser Aufgabe zugewandt und versucht dies – zumeist in Weiterentwicklung des Human-Relations-Ansatzes (s. o.) – mit sog. **normativreedukativen Strategien.** Diese „beinhalten direkte, auf einer bewußt erarbeiteten Theorie der Veränderung und des Veränderns basierende Interventionen der Innovatoren in das Leben eines Klientensystems" (Chin & Benne 1977, 59) und konzentrieren sich auf Partizipation, Sensibilisierung und Umänderung (= Umerziehung) der Organisationsmitglieder im Hinblick auf ihre Einstellungen, Werte, Normen und wechselseitigen Beziehungen (vgl. auch Gebert 1974, French & Bell 1977, Sievers 1977, Kempf 1978, Trebesch 1981, Hoefert 1985).

## 5.2 Konflikte in der Organisation

### 5.2.1 Einstieg

Herr F., Amtsrat in einem der kleineren Ministerien, kommt mit sich und der Welt überhaupt nicht mehr klar. Sein Referent hat ihm soeben eine sorgfältig ausgearbeitete Vorlage mit hämischen Randbemerkungen zur Überarbeitung zurückgeschickt. Offensichtlich hat er erfahren, daß F. über seinen Draht zur Personalverwaltung ständig versucht, ihn abzusägen. Die Sekretärinnen tuscheln hinter F. her, wenn er über den Flur geht; er weiß, daß sie ihn „unseren kleinen Amts-Schrat" nennen. Nur weil er von ihnen verlangt, daß sie die Kommasetzung beherrschen. Und ausgerechnet jetzt muß er einem vom Personalrat übern Weg laufen – die verhindern gerade seine Beförderung, so sieht er es jedenfalls, zugunsten eines ihrer engen Gefolgsleute.

Konflikte über Konflikte. Sie kosten Nerven und Gesundheit.

Als F. dann nach Hause kommt, blättert er in einem Buch, das seine Tochter liegengelassen hat; die studiert Soziologie. Und da findet er folgenden Satz gelb herausgehoben:

„Wenn man Konflikte nicht beseitigen kann, warum sollte man dann nicht seine Konfliktauffassung ändern? Warum dann nicht versuchen, Konflikte als das Salz des Lebens zu betrachten, als den großen Energiespender, als Reiz und ständigen Ansporn – nicht als lästiges Ärgernis, als unangenehmes Nebengeräusch in einer technisch perfekten Konzertübertragung, als störendes Wellengekräusel in ansonsten ruhigen Gewässern? Oder anders ausgedrückt: Warum sollte man Konflikte nicht als Lebensform bejahen, zumal wir alle wissen, daß wir uns gerade in den Zeiten unseres Lebens am lebendigsten fühlen, in denen wir einem Konflikt ausgesetzt sind, der uns wirklich herausfordert, und es uns schließlich gelingt, diesen Konflikt zu meistern." (Galtung 1975, 129)

Damit sind wir am entscheidenden Punkt angelangt: der **Ambivalenz von Konflikten.** Einmal sind sie offenbar zerstörerisch und desintegrierend und zum anderen, möglicherweise, schöpferisch und integrierend. Dies soll im folgenden näher ausgeführt werden, obwohl dem Aufbau des Buches entsprechend hier der negative (= dysfunktionale) Aspekt ein wenig stärker betont werden muß.

Herr F. wäre zunächst einmal, da er das Positive seiner Konflikte nur schwer einsehen wird, mit der These von der **Universalität sozialer Konflikte** zu trösten (vgl. Dahrendorf 1964). Das heißt, auf seine Arbeit bezogen,

— „daß keine Organisation ohne Konflikte ist,

— daß Konflikte in Organisationen weniger durch die beteiligten Personen als durch die Struktur der Organisationen bedingt sind" (Renckstorf 1972, 284).

Seine Konflikte liegen also im wesentlichen nicht in seiner Person (seinem „Wesen" oder seiner angeborenen „Schlechtigkeit"), sondern in den gesellschaftlichen und organisationsinternen Bedingungen und Prozessen begründet (vgl. Buhl 1973, 10). Andererseits ist die **Tabuisierung, Verdrängung und Unterdrückung von Konflikten** in unserer Gesellschaft weithin üblich (= institutionalisiert; vgl. Galtung 1975, 108 ff.), und gerade in Organisationen finden wir entsprechende Strategien und Ideologien, etwa „Wir sitzen doch alle im selben Boot", „Wir ziehen doch alle am gleichen Strang" und „Wir hier als die große . . . Familie".

Ganz allgemein treten Konflikte auf, wenn zwei unvereinbare Strebungen (Interessen, Ziele, Besitzansprüche, Wertungen, Einschätzungen, Informationen etc.) aufeinandertreffen. Geschieht dieses Zusammentreffen *im* einzelnen Menschen, so handelt es sich um *intra*personale oder **psychische Konflikte**. Als besondere Beispiele solcher Konflikte auf der Bewußtseinsbühne eines Menschen haben wir die **kognitive Dissonanz** (Kap. 3.4.8) sowie die **Rollenkonflikte** (Kap. 3.4.5.3) kennengelernt. Psychische Konflikte, die zumindest teilweise dem Bewußtsein verborgen sind, spielen bei der Entstehung von **Angst und Angstabwehrmechanismen** sowie bei der Entwicklung **psychischer Erkrankungen** eine große Rolle (Kap. 5.6). Das literarische Motto aller dieser intrapersonalen Konflikte: „Zwei Seelen wohnen, ach, in meiner Brust".

*Inter*personale oder **soziale Konflikte** sind dagegen solche Konflikte, bei denen die Widersprüchlichkeit der Bestrebungen primär *zwischen* verschiedenen beteiligten Personen besteht. Das Lexikon zur Soziologie definiert diese Konflikte als „jede durch Gegensätzlichkeit gekennzeichnete Beziehung zwischen sozialen Elementen" (1973, 358), also Personen, Gruppen, Ämter, abstrakte Interessensgemeinschaften („die Autofahrer", „die Nichtraucher"), Landsmannschaften, Nationen. Mack & Snyder (hier n. Krysmanski 1971, 18 f.) weisen die wichtigsten Merkmale solcher sozialer Konflikte auf:

„1. Mindestens zwei Parteien (oder analytisch zu unterscheidende Einheiten), die ein Minimum an Kontakt und gegenseitiger Sichtbarkeit besitzen;

2. gegenseitig sich ausschließende und/oder unvereinbare Werte, die entweder auf der Knappheit von Ressourcen oder auf der Knappheit sozialer Positionen beruhen;

3. die Verhaltensweisen müssen a) darauf ausgerichtet sein, die andere Partei zu zerstören, zu verletzten, zu hindern oder auf andere Weise zu kontrollieren, und b) in einer sozialen Beziehung auftreten, in der die Parteien nur auf Kosten der anderen relative Gewinne erzielen können;

4. dies muß zu gegensätzlichen Aktionen und Gegenaktionen führen;

5. als letztes Merkmal kommen Versuche hinzu, sich Machtpositionen (d. h. die Kontrolle über knappe Ressourcen und Positionen) zu verschaffen bzw. Macht auszuüben (d. h. Verhalten in bestimmte Richtungen zu lenken)."

Wenden wir uns nun den beiden konträren Seiten sozialer Konflikte zu, ihrer **funktionalen Ambivalenz.**

### 5.2.2 Soziale Konflikte als schöpferische und integrative Kraft: positive Funktionen und Folgen

Denkbar wäre folgendes: Amtsrat F. und sein Vorgesetzter nehmen an einer Fortbildungsveranstaltung teil, bei der sie von einem Mitglied der KGSt (= Kommunale Gemeinschaftsstelle für Verwaltungsvereinfachung) darüber informiert werden, wie heutzutage dem OE-Ansatz entsprechend (OE = Organisationsentwicklung; vgl. Abschnitt 5.1.3) Änderungen in der Verwaltung geplant und implementiert (= durchgeführt und durchgesetzt) werden sollten (vgl. dazu Banner 1978). In der obligatorischen Gruppenarbeit am Nachmittag haben beide Gelegenheit, über ihren Dauerkonflikt zu reden. Dem Diskussionsleiter, der sich als „change agent" versteht, gelingt es, beide vom MbO (= Management by Objectives) zu überzeugen: statt einsamer Beschlüsse des Referenten wird es in Zukunft eine gemeinsame (= partizipative) Zielsetzung und eine vollständige Kommunikation in beiden Richtungen geben und statt dauernd kontrollierter Teilarbeit die Delegation größerer Aufgaben bei ständiger Selbstkontrolle des Untergebenen. – Die Zufriedenheit beider steigt, ebenso wie die Arbeitsleistung ihres Referats.

Diese (Wunsch-)Vorstellung liegt auch der Konflikttheorie **Ralf Dahrendorfs** zugrunde (wobei er vom institutionalisierten bzw. geregelten Konflikt zwischen Unternehmern und Gewerkschaften ausgeht). Für ihn sind Konflikte unbedingt notwendig, damit es sozialen Wandel und neue, bessere Formen menschlichen Zusammenlebens und -arbeitens geben kann. Die folgenden vier Zitate aus seinem Buch „Gesellschaft und Freiheit" (1961) zeigen, wie bei ihm Universalität und „Überlebensunentbehrlichkeit" von Konflikten im Mittelpunkt des Denkens stehen:

„Weil wir die vollkommene Gesellschaft nicht kennen können, muß menschliche Gesellschaft geschichtlich sein, d. h. ständig zu neuen Lösungen streben." (129)

„Konflikt scheint eine universelle soziale Tatsache, ja, ist vielleicht sogar ein notwendiges Element allen gesellschaftlichen Lebens." (114)

„Es ist meine These, daß die permanente Aufgabe, der Sinn und die Konsequenz sozialer Konflikte darin liegt, den Wandel globaler Gesellschaften und ihrer Teile aufrechtzuerhalten und zu fördern." (124)

„Immer aber liegt in sozialen Konflikten eine hervorragende schöpferische Kraft von Gesellschaften." (125)

Dahrendorfs „liberalistische Konflikttheorie" (vgl. Bühl 1972) geht von einer bestimmten sozialen Strukturtatsache aus: der „Dichotomie sozialer Rollen in Herrschaftsverbänden, ihre Teilung in positive und negative Herrschaftsrollen".

Im „sozialistischen Konfliktmodell" von **Karl Marx** ist dieser Gedanke allerdings schon lange vorher fixiert und im Gegensatz zu Dahrendorf an einer bestimmten Gesellschaftsformation, der kapitalistischen, festgemacht worden (vgl. Krysmanski 1971).

Marx geht hierbei vom **dialektischen Widerspruch** aus, d. h. der „Entwicklung zur maximalen Zuspitzung des Widerspruchs, zur Sprengung der Einheit" und der damit verbundenen Hoffnung auf „einen Sprung, der die neue Qualität herbeiführt" (Klaus 1969, 141).

Auf eine „neue Qualität" hoffen auch eher anti-marxistische Betriebswirte, wenn sie mit einem **Management by Conflict** (MbC) innerhalb eines Unternehmens bewußt Konflikte provozieren wollen, um einmal deren innovative Kraft zu nutzen, zum anderen aber größere Konflikte („Flächenbrände") zu verhindern, indem sie die Mitarbeiter kleinere Konflikte rechtzeitig und gesteuert austragen lassen (vgl. Krink 1977).

Diese Funktion der Konflikte, als Sicherheitsventil zu dienen, wird insbesondere von Coser (1965, 56) hervorgehoben:

„Ohne die Möglichkeit, Aggressionen gegeneinander loszuwerden und Ablehnung auszudrücken, könnten Gruppenmitglieder sich vom Ganzen erdrückt fühlen und derart reagieren, daß sie sich zurückziehen. Indem der Konflikt unterdrückte Aggressivität freiläßt, dient er dazu, die Beziehungen aufrechtzuerhalten."

Coser zeigt vor allem, wie Konflikte Gruppen schaffen, erhalten und festigen können, betont also die **gruppenfestigende Funktion des Konflikts:**

„Der Konflikt dient dazu, die Identität und die Grenzen von Gesellschaften und Gruppen zu schaffen und zu erhalten. Der Konflikt mit anderen Gruppen trägt zur Schaffung und zur Festigung der Gruppenidentität bei und erhält die Grenzen gegenüber der sozialen Umwelt." (1965, 43)

Fassen wir die **funktionale Seite von Konflikten,** die sie möglicherweise haben können, also ihren Beitrag zur Zielerreichung des einzelnen wie der Organisation insgesamt noch einmal zusammen:

(1) Konflikte sichern der Organisation die Verarbeitung der hoch komplexen und in sich widerspruchsvollen Umwelt.

Organisationen als offene soziale Systeme sind eingebettet in eine Gesellschaft voller Widersprüche und Konflikte, die in sie hineinwirken und manifest wie latent wirksam werden, auf jeden Fall aber organisationsspezifische Konflikte beeinflussen. Luhmann (1964, 269) formuliert die Einsicht, „daß Widerspruchsfreiheit, Konsens und zeitliche Stabilität nicht absolute Systemnotwendigkeiten sind, daß jedes soziale System vielmehr ein hohes Maß an Widersprüchlichkeit braucht, um in einer fremden, nicht voll beherrschbaren Umwelt zu bestehen".

(2) Konflikte sichern die Ableitung von Aggressionen und damit den Verbleib von Mitgliedern in der Organisation.

(3) Konflikte sichern der Organisation die notwendige Flexibilität und Wandlungsfähigkeit.

(4) Konflikte sichern den Subsystemen die funktionsnotwendige Autonomie.

Komplexe Organisationen können nur durch interne Differenzierung funktionieren, d. h. durch Auflösung des Gesamtsystems in zusammenhängende Untersysteme (vgl. Luhmann 1964). Diese wiederum können ihre spezifischen Aufgaben nur erfüllen, wenn sie eine gewisse Autonomie dem Gesamtsystem gegenüber erreichen. Für Gouldner (1967, 303) dient Organisation „nicht nur der Verbindung, Kontrolle und Integration der Teile, sondern hat vielmehr auch die Funktion, sie zu trennen und ihre funktionale Autonomie aufrecht zu erhalten und zu schützen. So gesehen wird die Organisation durch Konflikt geformt, insbesondere durch Spannungen zwischen zentrifugalen und zentripetalen Kräften ..."

Das ist also die nützliche, die funktionale Seite sozialer Konflikte; sie können aber ebenso (partiell oder vollständig, zeitweise oder immer, mehr oder weniger) dysfunktional sein, wie die nächsten Seiten zeigen werden.

### 5.2.3 Soziale Konflikte als zerstörerische und desintegrative Kraft: negative Funktionen und Folgen

Oft genug mißlingt die Konfliktbewältigung, und die Mitarbeiter großer Organisationen sind über weite Strecken ihres Berufslebens Tag für Tag in Konflikte verwickelt, deren Austragung erhebliche Teile ihrer Arbeitszeit beansprucht. Dazu einige Zahlen aus empirischen Untersuchungen:

Koch (1975, 159) hat in seiner Untersuchung der Ministerialbürokratie herausgefunden, daß sich von allen Bediensteten 9 % „sehr oft", 59 % „von Zeit zu Zeit" und 32 % „so gut wie nie" einem Rollenkonflikt ausgesetzt sehen.

Bei einer Untersuchung Berliner z. A.-Inspektoren (Bosetzky u. a. 1978 d) ergab sich, daß 32,4 % der Befragten „ab und zu" Differenzen mit ihren Kollegen hatten, die in der Hauptsache (zu 68,9 %) in unterschiedlichen fachlichen Auffassungen begründet waren.

Hartmann (1978) berichtet anhand einer Untersuchung mehrerer Unternehmen, dort hätten zwei Drittel aller Befragten – vor allem aus den mittleren Ebenen der Betriebe – erklärt, mehrmals im Jahr Konflikte mit dem Vorgesetzten gehabt zu haben, während ein Fünftel allerdings nie welche gehabt haben wollte.

An der Objektivität solcher Selbstauskünfte ist allerdings zu zweifeln, da gerade Angehörige der Bürokultur zur Verdrängung von Konflikten und von Dissonanzen neigen und zur Harmonisierung ihrer Arbeitswelt tendieren, das heißt, alle Aggressionen leicht nach innen wenden oder aber verschleiern. Dabei ist Aggression Ausdruck einer primären Bedürfnisrichtung des Menschen (vgl. Mitscherlich 1970), und unsere Gesellschaft wie unsere Großorganisationen erzeugen von ihren strukturellen Bedingungen her ständig einen erheblichen Aggressionsüberschuß, so daß Organisationsmitglieder von vornherein mit erheblichem Konfliktstreß rechnen müssen und darauf sehr leicht mit Angst und Erkrankung reagieren (vgl. unseren Abschnitt 5.6).

In Großorganisationen finden wir insbesondere ein hohes Maß an **instrumenteller Aggression** (= bewußt eingesetzter und für legitim gehaltener Aggression), die alltäglich geworden ist, zum Beispiel beim Ausmanövrieren von Konkurrenten im Kampf um Beförderungen (vgl. zum Begriff Fürntratt 1972).

Konflikte können also auch **dysfunktional** wirken, das heißt, durch ihre Austragung und ihre Folgen die Leistungsfähigkeit und den Bestand einer Organisation gefährden und zu Ängsten, Enttäuschungen, Rückzugshaltungen und Krankheiten bei den betreffenden Mitarbeitern führen. Dabei sehen wir eine Reihe **negativer Folgen sozialer Konflikte** als besonders bedeutsam an:

(1) **Ausscheiden der Mitglieder aus der Organisation.** – Bei einer bestimmten Intensität und Dauer von Konflikten können Organisationsmitglieder zum Entschluß kommen, die Organisation zu verlassen, weil sie das Austragen von Konflikten satt haben, durch Niederlagen frustriert sind oder sich als Minderheit unterdrückt fühlen. Die so entstehende hohe Fluktuation kann eine kontinuierliche Arbeit stark behindern.

(2) **Absinken der Leistungsmotivation der Mitglieder.** – Aus ähnlichen Gründen können Organisationsmitglieder – statt auszuscheiden – entmotiviert werden und ihre Leistung drosseln. Zu denken wäre da an die kalkulierte Leistungsbereitschaft, Bummelstreiks, das „Bremsen", Sabotage, Schwejkismus und den „Dienst nach Vorschrift" sowie eine zunehmende Selbstorientierung und die Umfunktionierung der Arbeit in ein „geselliges Beisammensein".

(3) **Verbrauch der Energien zum Austragen von Konflikten.** – Konflikt wird zum Selbstzweck und frißt einen großen Teil der Arbeitszeit.

(4) **Erhöhter Krankenstand.** – Die Folge erhöhten Energieverbrauchs ist Streß, d.h. eine erhöhte Belastung des Organismus, die hohe krankheitsbedingte Fehlzeiten nach sich zieht bzw. ziehen kann (Orendi 1978; vgl. Kap. 5.6).

(5) **Gefahr des Dogmatismus.** – Bei Kämpfen in Gruppen und zwischen Gruppen besteht die Gefahr, daß Meinungen und Ideen unterdrückt werden, um nach außen hin Geschlossenheit zu demonstrieren. „Gruppen, die sich in ständiger Auseinandersetzung mit der Außenwelt befinden, neigen dazu, im Innern intolerant zu sein. Sie erlauben kaum mehr als begrenzte Abweichungen von der Gruppeneinheit. Sie nehmen leicht Sektencharakter an . . ." (Coser 1965, 123)

(6) **Imageverlust.** – Wird während eines Konfliktes „schmutzige Wäsche gewaschen", so endet dies zumeist mit einer gewissen Demaskierung aller Beteiligten, insbesondere pflegen die im Konflikt Unterlegenen das Gesicht zu verlieren.

**(7) Gefährdung der Geheimhaltung.** – Dadurch, daß die Konfliktparteien meist die Hilfe externer Personen, Gruppen und Organisationen in Anspruch nehmen (der Presse beispielsweise), dringen leicht Interna nach draußen.

Bleibt nun zu fragen, wie es in Großorganisationen überhaupt zu Konflikten kommt.

### 5.2.4 Ursachen und Träger innerorganisatorischer Konflikte

Systematisierungen von Konfliktursachen, -situationen und -trägern gibt es so viele (z. B. Dahrendorf 1961, Krysmanski 1971, Bühl 1972, Kupsch & Marr 1972, W. M. Esser 1975, Naase 1978), daß wir sie an dieser Stelle unmöglich in ihrer Gänze wiedergeben können. Beschränken wir uns also auf das Nötigste und auf das, was für den Organisationsalltag am relevantesten ist.

Als **Konfliktträger** in einer Organisation werden üblicherweise Individuen (als Rollenspieler), Mehrheiten von Individuen (z. B. alle Schreibkräfte oder alle Hilfsreferenten), Gruppen (formale Arbeitsgruppen wie informelle Gruppen) und Sektoren (Referate, Abteilungen etc.) genannt, wobei noch nach dem Rang der Beteiligten unterschieden werden kann: Gleiche contra Gleiche, Übergeordnete contra Untergeordnete, Ganzes contra Teil (analog zu Dahrendorf 1961, 206).

Im Hinblick auf innerorganisatorische **Konfliktursachen** werden am häufigsten genannt (vgl. Naase 1978, 28):

— Wertkonflikte

— Zielkonflikte

— Konkurrenzkonflikte

— Kommunikationskonflikte

— Wahrnehmungskonflikte

— Führungskonflikte

— Frustrationskonflikte

— Professionskonflikte

— Konflikte zwischen alten und neuen Organisationsmitgliedern

Machen wir uns anhand einiger Beispiele klar, was damit im Einzelfall gemeint ist.

**Wertkonflikte** treten dann auf, wenn in einer Organisation einzelne Mitglieder oder ganze Gruppen widersprüchlichen ästhetischen, ökonomischen, religiösen, sozialen und politischen Werten anhängen (und somit oft gesamtgesellschaftliche Konflikte in die Organisation hineintragen). Da ergeben sich Konflikte in Form verweigerter oder unzureichender Kooperation zwischen SPD- und CDU-Angehörigen, zwischen Gewerkschaftern und Gewerkschaftsgegnern, zwischen Moslems und Christen usw. Diese Konflikte verschärfen sich noch, wenn die Werte starken Einfluß auf die Ziele der Organisation haben.

**Zielkonflikte** entstehen, wenn es in einer Organisation zum Streit über die Verwirklichung festgelegter Ziele kommt. So müssen beispielsweise unsere Justizvollzugsbeamten zwei in sich widersprüchliche Ziele verfolgen, nämlich die Resozialisierung der Strafgefangenen auf der einen und ihre sichere Verwahrung auf der anderen, so daß die eher behandlungsorientierten Gruppen in den Anstalten (die Sozialarbeiter z. B.) „automatisch" in Konflikt mit den eher verwahrungsorientierten Gruppen (den Aufsichtsbeamten) geraten. Ist man sich zwar über die Ziele einig, nicht aber über die Wege, dorthin zu gelangen, so spricht man von **Ziel-Mittel-Konflikten.**

**Konkurrenzkonflikte** ergeben sich zumeist aus der Knappheit begehrter Ressourcen, Machtpositionen und Belohnungen.

**Kommunikationskonflikte** sind „Mängel bzw. Störungen beim Austausch von Informationen" (Naase 1978, 126), die vor allem darauf zurückgehen, daß einzelne Organisationsmitglieder und Gruppen

— unterschiedliche Sprachen sprechen (z. B. die Werbeleute in einer Unternehmung, eher „irre Typen", und die Finanzbuchhalter, eher bieder-korrekte Angestellte, oder ein Fachhochschüler mit Abitur und rhetorischer Brillanz und ein Praxisanleiter mit eher restringiertem Sprachstil),

— Informationen zurückhalten oder manipulieren, weil sie sich bedroht fühlen (etwa Fehler vertuschen, um den negativen Sanktionen des Chefs zu entgehen, die aber dann um so heftiger werden, wenn er doch „dahinterkommt") oder weil sie im „mikropolitischen Kampf" (vgl. Abschnitt 4.7) bestimmte partikularistische Ziele erreichen wollen.

**Führungskonflikte** entstehen immer dann, wenn Untergebene (Mitarbeiter) dem Vorgesetzten nicht freiwillig und „von innen heraus" folgen, sondern seine Führung als aufoktroyiert, als Zwang empfinden (vgl. Abschnitt 4.4.2).

**Wahrnehmungskonflikte** (vgl. Abschnitt 3.2) resultieren vor allem aus dem unterschiedlichen Bild der Realität, das Personen haben (so halten viele Fachhochschüler eine Hierarchie für ein Unterdrückungsinstrument, während sie einem Amtsleiter als willkommenes Mittel erscheint, den Willen des Gesetzgebers wirksam durchzusetzen), und aus negativen Fremdbildern („alle" Fachhochschüler sind aufmüpfig, „alle" Praxisanleiter sind autoritär).

**Frustrationskonflikte** treten dann auf, wenn bestimmte Ziele (eine Beförderung, Selbstbestimmung am Arbeitsplatz oder Hineinholen eines geschätzten Kollegen in eine Arbeitsgruppe) nicht erreicht werden und die daraus resultierenden Enttäuschungen und Versagungen (= Frustrationen) zu Aggressionen gegen die verursachenden Organisationsmitglieder (die „Frustratoren") oder gegen unbeteiligte andere (meist schwächere Kollegen) führen (vgl. Esser 1975, 45 ff.).

**Professionskonflikte** sind einmal Konflikte zwischen unterschiedlichen Professionen (= Berufen, Berufsgruppen) bzw. in den Professionen selbst, zum anderen aber Konflikte zwischen den Fachleuten in einer Organisation (den Spezialisten oder „professionals") und denen, die dort über die Entscheidungsmacht verfügen, den Mitgliedern der Hierarchie (den „Bürokraten"). Diese Art von Konflikt (Betriebsarzt gegen Personalleiter, Hochschullehrer gegen Universitätsbürokratie, Krankenschwester gegen Krankenhausbürokratie usw.) spielt in der Praxis eine erhebliche Rolle. Daß liegt nach Scott (1968) darin begründet, daß die Spezialisten

— gegen bürokratische Regelungen Widerstand leisten (z. B. Lehrer gegen die Anordnungen der Schulverwaltung);

— bürokratische Standards zurückweisen (sich Hochschullehrer an der Fachhochschule für Verwaltung und Rechtspflege Berlin z. B. geweigert haben, die Anwesenheit von Studenten zu überprüfen):

— sich gegen bürokratische Überwachung wehren (da sie meinen, ihre Innensteuerung würde ausreichen);

— der Bürokratie gegenüber nur bedingt loyal sind (da sie sich auch ihrer Profession gegenüber stark verpflichtet fühlen).

Fassen wir die Thesen von Scott noch einmal mit einer entsprechenden Grafik von Türk (1976, 120) zusammen:

| | Orientierung | Autoritätsbasis | Verpflichtetheit | Kontrolle | Umgang mit Unsicherheit |
|---|---|---|---|---|---|
| Bürokrat | Organisationsinteressen | Position Amtsstatus | Organisationsnormen<br><br>Vorgesetzter | durch Organisationsleitung | Verringerung des relevanten Bereichs an Unsicherheit |
| Spezialist | Klienteninteressen | Expertenschaft | Berufsethos | durch Berufskollegen | Informations- und Handlungsverbesserung |

**Konflikte zwischen alten und neuen Organisationsmitgliedern** liegen vor allem darin begründet, daß der Neue von der gewachsenen Gruppe anfangs als Bedrohung des alten Gleichgewichts empfunden wird und oftmals gegen seinen Widerstand zur Anpassung gezwungen werden soll (vgl. Zirwas 1972).

Zu diesen innerorganisatorischen Konflikten im engeren Sinne kommen noch die von den Mitarbeitern zu verarbeitenden **umweltbedingten Konflikte** (etwa mit Bürgern, Lieferanten, Verbänden, anderen Behörden, Pressevertretern etc.), wobei anzumerken ist, daß unzweckmäßige Organisationsstrukturen das Konfliktpotential jedesmal erhöhen können, wie generell organisationsinterne Konflikte immer auch **strukturbedingte Konflikte** sind. Nach Corwin (1975) sind es besonders Größe der Organisation, Spezialisierung, Hierarchie, Komplexität, Personalzugänge und Heterogenität der Mitgliedschaft, die organisationsinterne Spannungen fördern; und Walton, Dutton & Cafferty (1975) fanden bei einer großen amerikanischen Telefongesellschaft heraus, daß Konflikte zwischen den einzelnen Abteilungen in der Hauptsache auf eine unklare Kompetenzabgrenzung zurückzuführen waren.

In vier Exkursen wollen wir nun auf Konfliktherde eingehen, die für die Verwaltungswirklichkeit ganz besonders typisch sind.

### 5.2.4.1 Konflikte mit Klienten am Beispiel Sozialamt

Wie wir anhand verschiedener Untersuchungen sehen können (vgl. Schmidt & Treiber 1975), spielt auf den höheren Verwaltungsebenen das, was den Alltag eines „normalen Beamten" ausmacht, durchweg keine Rolle: der Konflikt mit den Klienten. Der wird umso heftiger, je mehr sich die Lebenslagen der Mitarbeiter und der Bürger voneinander unterscheiden und je größer die Mängellagen der Klienten sind, wie es vor allem in den **Sozialämtern** der Fall ist. Bei Bosetzky (1989) haben von 70 befragten höhersemestrigen FHVR-Studenten des gehobenen Verwaltungsdienstes 32,8 % bei ihrem Praktikum im Sozialamt negative Erfahrungen mit den Klienten gemacht, bei 43 ehemaligen Studenten der FHVR Berlin, die im Jahre 1987 in Berliner Sozialämtern als z. A.-Inspektoren eingesetzt waren, ergab sich im Hinblick auf ihre Konflikte mit Klienten ein differenzierteres Bild:

**Frage:** „Treten bei der Arbeit im Sozialamt **Konflikte** dadurch auf, daß man dem Bürger gerne helfen will, aber nicht kann **(Hindernis Bürokratie)**?"
    81 % ja, häufiger
    17 % nein
     2 % seltener

**Frage:** „Treten Konflikte dadurch auf, daß man helfen muß, obwohl man den Klienten ablehnt?"
    87,5 % ja, häufiger
     5,0 % nein
     7,5 % seltener

Die 87,5 %, die gewisse Klienten ablehnen, nannten dafür als Gründe:

— junge Leute, die angeblich keine Arbeit finden,

— Sozialhilfeempfänger, die bewußt falsche Angaben machen, um mehr zu bekommen als ihnen zusteht,

— diejenigen, die sich nicht um Arbeit bemühen, sondern nur kassieren wollen,

— Alkoholiker.

---

Zum letzten Punkt sei der Text eines Plakates wiedergegeben, das Wollenberg (1986, 152) in einem Sozialamt (SOZ III 106 K) gefunden hat:

> Alkohol macht es Ihnen und uns
> schwer, miteinander auszukommen.
> Wer unter Alkoholeinfluß steht,
> muß daher leider später wieder-
> kommen. Das geschieht im Interesse
> aller hilfesuchenden Bürger, die
> von uns mit Recht schnell und
> zügig bedient werden wollen.
> Wir hoffen auf Ihr Verständnis.

---

Dazu aus einem Protokoll von Beobachtungen in einem Berliner Sozialamt: „Um 10.00 Uhr große Verwirrung zwei Zimmer weiter nebenan: Ein Hilfeempfänger war ins Zimmer eingedrungen, hatte sich im Raum erbrochen, dann auf einem Besucherstuhl Platz genommen – und saß nun da, am ganzen Leibe zitternd. Symptome eines abrupten Alkohol-Entzuges. Die Mitarbeiterin Jahnke verläßt in Ansehung des Erbrochenen den Raum, kommt in unser Zimmer. Frau Jeschall, heute zum ersten Mal seit fünf Wochen wieder im Dienst (sie war wegen Grippe krankgeschrieben), beginnt zu husten. Frau Kaempfer ruft die Feuerwehr. Diese trifft kurz darauf ein. Zehn Minuten später geht der Geschäftsgang weiter" (Bosetzky, 1988, 43; Namen verändert).

Bei Pippke (1988, 129 f.) heißt es in seiner Sozialamtsstudie (verschiedene Ämter in Nordrhein-Westfalen) zum Interaktionsverhalten zwischen Klienten und Sachbearbeitern zusammenfassend: „Befragt nach den Problemen, die man im Umgang mit Klienten hat, gaben die Sozialhilfesachbearbeiter besonders häufig an: Unmöglichkeit, die Situation der Hilfeempfänger grundlegend zu verändern, die Unkenntnis der Klienten über die rechtlichen Möglichkeiten sowie ihre Unkenntnis über die Verwaltungsabläufe. Vergleichsweise wenig Probleme haben die Sachbearbeiter mit unhöflichen, aggressiven und uneinsichtigen Klienten. Ein Drittel der Befragten gab an, große Probleme mit der Unaufrichtigkeit der Klienten zu haben, und der weit überwiegende Teil der Sachbearbeiter hat Schwierigkeiten, unwahre Angaben immer zu erkennen. (...) Ihr eigenes Verhalten gegenüber Klienten schätzen die Sachbearbeiter verständlicherweise positiv ein: Sie sehen sich als aufmerksam und freundlich, eher als beherrscht und unbürokratisch, und sie gehen auf ihre Klienten ein."

Bei Titscher & Königswieser (1985) sehen wir, diesmal anhand eines großen Unternehmens der Privatwirtschaft (in ihrer Fallstudie „Audava" genannt), wie organisationsinterne Turbulenzen und Frustrationen und das schlechte Organisationsklima auf der einen und die Umweltbeziehungen auf der anderen Seite zusammenhängen: „Die Mißachtung und Abwertung, die Audava-Mitarbeiter von außen erfuhren, gaben sie nun selbst nach innen weiter. Die Aggressionen, denen sie ständig beim Anwender ausgesetzt waren, übernahmen sie selbst" (66).

Schließlich erschweren Spannungen und Konflikte („Professionskonflikte", vgl. Kap. 5.2.4) zwischen den Berufsgruppen der Sozialverwalter (Angestellte und Beamte) und der Sozialarbeiter die Arbeitsbedingungen in der Sozialverwaltung. Beide Berufsgruppen halten sich für relative *underdogs* in der Verwaltung, zumindest was ihr Ansehen in der allgemeinen Kollegenschaft betrifft. Und so groß auch ihre Bereitschaft zu einer vertrauensvollen Zusammenarbeit untereinander sein mag, so sehen doch die meisten das gegenseitige Verhältnis als von Vorurteilen belastet, die eine Kooperation zwischen beiden Berufsgruppen erheblich belasten und für deren Abbau die notwendigen Mechanismen fehlen (Heinrich & Bosetzky 1993).

**Konfliktverschärfend** sind im Falle der Sozialämter und ähnlicher Behörden auf alle Fälle bestimmte **Auswirkungen der Personalstrukturen,** auf die Grunow (1988, 111) anhand mehrerer empirischer Untersuchungen hinweist:

— In den Organisationseinheiten mit häufigem Publikumskontakt sind die Stellen (besoldungs-/vergütungsmäßig) meist sehr niedrig eingestuft...

— In diesen Organisationseinheiten sind meist keine Aufstiegsmöglichkeiten vorgesehen. Aufstieg heißt damit überwiegend, sich vom Publikumskontakt zu entfernen; entsprechend gering ist der Anreiz, sich im Publikumskontakt zu bewähren; hohe Fluktuationsraten sind die Folge (zumindest wenn Alternativen vorhanden sind).

— Das in den Kontaktbereichen verbleibende Personal ist dadurch häufig als „Negativauswahl" mit unterdurchschnittlicher Qualifikation anzusehen (die „Nichtweggekommenen)".

### 5.2.4.2 Konflikte um den neuen Chef

Die beiden folgenden Fälle sind ebenso simpel wie relativ häufig::

— In einer Außenstelle des Bauamtes arbeitet der Sachgebietsleiter Frantz (BAT IIa), 56, mit einer Sekretärin, zwei älteren Mitarbeitern, einem graduierten Ingenieur und einem ehemaligen Maurermeister, sowie zwei zugeordneten jüngeren Diplom-Ingenieuren an verschiedenen Neubauprojekten. Die sechs sind eine verschworene Gruppe, und bei den vielen Baustellenbesuchen und Richtfesten geht es immer sehr feucht-fröhlich zu. Alle kegeln regelmäßig zusammen und fahren einmal im Jahr gemeinsam auf die Nordseeinsel Baltrum. Die Gruppe ist sehr kordial, und alles stimmt mit ihr – bis auf eines: sie leistet nicht allzu viel. Als dies zu bissigen Kritiken in der örtlichen Presse führt, wird Frantz in eine Planungsgruppe versetzt und ein neuer Sachgebietsleiter, der als scharfer Hund verschrien ist, aus einer anderen Stadt geholt. Noch vor Ablauf der Probezeit ist der aber mit seinen Nerven am Ende und greift zu „Mensch und Organisation", um zu sehen, was Sache ist.

— In einer Lohn- und Gehaltsstelle sind fünf Damen miteinander alt geworden, haben es verstanden, ihr Leben im Büro so zu gestalten, wie wir es von türkischen Frauengemeinschaften her kennen: eng, herzlich, kooperativ. Sie sprechen die berühmte „gemeinsame Sprache" und verstehen sich blind, bilden fast so etwas wie einen Organismus. Sie planen schon, wie sie groß feiern werden, wenn sie im Zeitraum von elf Monaten jeweils sechzig Jahre alt werden, und wie man die Zeit nach der Pensionierung bzw. „Berentung" gemeinsam verbringen kann. Da stirbt nun Trudchen, die Gruppenleiterin, und die Personalverwaltung findet es angebracht, die 24jährige z. A.-Inspektorin Verena N., die bisher durch ihre guten Noten und ihren Arbeitseifer wie aber auch ihre kurzen Röcke und ihre fast punkartige Frisur aufgefallen ist, zur Nachfolgerin zu machen. Schon nach zwei Tagen läßt sich Verena krank schreiben, und alsbald fällt ihr auch ein, was sie an der Fachhochschule einmal über das „Dilemma des neuen Chefs" gehört hat; Namen wie Gouldner, Luhmann oder Holm sind ihr wieder präsent...

Alvin W. Gouldner beschreibt in seinen „Patterns of Industrial Bureaueracy" (1954, deutsch in Auszügen bei Mayntz 1968, 429–436, und Conrad & Streeck, 1976, 162–175) die Situation in einer amerikanischen Gipsfabrik: Doug, der alte Betriebsleiter, hatte die außerordentliche Wertschätzung seiner Arbeiter genossen, dies insbesondere wegen seines lässigen Führungsstils, der bei Gouldner unter dem Begriff „Prinzip Großzügigkeit" firmiert. Darunter fallen eine lax gehandhabte Kontrolle von Arbeitsvollzug und Anwesenheit, die Nachsicht bei Normenverstößen (man wird nicht so schnell gefeuert bzw. bekommt immer eine „zweite Chance"), die Gelegenheit zum Wechsel des Arbeitsplatzes im Betrieb, die Hilfe der Firma bei privaten Reparaturen und die Erlaubnis, dabei firmeneigene Ressourcen zu nutzen, die flexible Anwendung von Vorschriften (Mittagspause nach Belieben, Arbeitsbeginn und -schluß nicht auf die Minute genau) und das Miteinanderumgehen nach Kriterien, wie sie für nachbarschaftliche und freundschaftliche Beziehungen typisch sind.

Diese Idylle wird nun vom neuen Betriebsleiter Vincent Peele mit seiner tayloristischen Effizienz-Orientierung drastisch zerstört. Die Zentrale verlangt von ihm, den ihrer Ansicht nach schlampig geführten Betrieb wieder auf Vordermann zu bringen, die Kosten zu senken und die Produktivität zu steigern. Mit der Entlassung des Arbeiters MacIntosh nach zwölfjähriger Betriebszugehörigkeit beginnt der neue Chef seinen Angriff auf das „Prinzip Großzügigkeit" (wie seit langem üblich, hatte MacIntosh Dynamit nur mit der Erlaubnis des Vorarbeiters, also informell, aus der Grube mitgenommen). Anschließend wird der Leiter des Ressorts „Personal und Sicherheit", früher selber Arbeiter und ein Kumpeltyp, gegen einen Absolventen einer höheren Schule und Teiljuristen ausgetauscht, der autoritätsbewußt und voll an den formellen Regeln orientiert ist. Und während früher vornehmlich Bekannte und Verwandte der alten Betriebsmitglieder rekrutiert worden waren, bodenständige Typen von den umliegenden Farmen, was das „Prinzip Großzügigkeit" noch weiter abstützte, wird nun nach rein technischen Maßstäben eingestellt. Peele widmet seine besondere Aufmerksamkeit der strikten Einhaltung des „Abwesenheitsverbots" und läßt ein Formblatt mit der Überschrift „Verwarnungsbescheid" kursieren. Insgesamt wird das „Prinzip Großzügigkeit" durch eine **Bürokratisierung** des betrieblichen Geschehens zerstört. „Formelle Regeln, die bislang ignoriert worden waren, wurden wieder in Kraft gesetzt, und neue wurden eingeführt, um die alten zu stützen und zu ergänzen. Die Betonung von Hierarchie und Status zerriß die alten, informellen Bindungen. Die Unterschiede zwischen Privat- und Firmeneigentum, zwischen Arbeitszeit und privater Zeit wurden zunehmend schärfer. Eine kühle, unpersönliche ‚Atmosphäre' faßte langsam Fuß im Betrieb . . ." (nach Conrad & Streeck 1976, 170).

Peele ist also ganz auf die Erwartungen des Spitzenmanagements eingestellt und kümmert sich nicht um das tradierte Wertsystem der Arbeiter und ihre diesbezüglichen Erwartungen; worauf die natürlich mit **Ablehnung** und **Widerstand** reagieren. Hinzu kommt eine Verklärung des alten Zustandes und des alten Betriebsleiters, den Gouldner in Anlehnung an einen Roman von Daphne DuMaurier **„Rebecca-Mythos"** nennt. Dort hatte eine junge Frau einen Witwer geheiratet und wird nun von diesem ständig dadurch gequält, daß er sich laut an seine erste Frau erinnert und deren Tugenden ihr gegenüber übermäßig preist. Im Betrieb nun wird immer wieder von Doug, dem alten Chef, geschwärmt und sein unbürokratisches Handeln über den grünen Klee gelobt, „daß er wenig förmlich und großzügig im Umgang mit Regeln war, geringen Wert auf Hierarchie und Status legte und direkten Kontakt zu den Arbeitern fand" (nach Conrad & Streeck 1976, 173).

Gouldner sieht nun zwei Lösungswege für den neuen Chef:

a) sich des bestehenden Systems informeller Beziehungen zu bedienen, um die Arbeiter dazu zu bringen, mehr zu leisten („Auf, Leute, laßt uns die Sache gemeinsam anpacken!") – oder

b) sich voll auf die formale Seite des Betriebes zu stützen.

Da er mit der Welt der Arbeiter zu wenig vertraut war, blieb Peele der erste Weg verschlossen, beim Einschlagen des zweiten aber waren ihm wegen des Widerstandes der Arbeiter gewisse Effizienzverluste sicher.

Niklas Luhmann (1962) setzt bei Weber an und stellt zunächst fest, daß durch einen Wechsel des Vorgesetzten das bürokratische Grundprinzip gestört werde: die Unpersönlichkeit des Arbeitsstils, das Mechanische in den zwischenmenschlichen Beziehungen, um die Berechenbarkeit des Handelns (die Generalisierung der wechselseitigen Verhaltenserwartungen) sicherzustellen. Richtig zu begreifen sei das Problem des neuen Chefs aber erst, wenn man die „informale Ordnung" in den Mittelpunkt stelle, denn: „Die Einsetzung in das formale Amt bringt . . . noch keine Nachfolge in die informalen Funktionen des Vorgängers mit sich. (. . .) Der Ausgleich der Spannungen, die dadurch entstehen, und das Miteinander-Bekannt-Werden werden durch eingebaute Kommunikationsschranken verzögert und behindert" (15 f.).

Luhmann sieht nun für den Fall des Chefwechsels vier Variablen:

**1. Legitimität des Wechsels nach den informalen Normen und Wertvorstellungen.** – „Allgemein kann . . . gesagt werden, daß die Billigung oder Mißbilligung des Wechsels sich leicht auf die Person des Nachfolgers überträgt" (17). Der Nachfolger habe einen schweren Stand, wenn man unterhalb der Ebene der „politischen Beamten" ideologische Gründe für den Wechsel vermute, „oder wenn der Nachfolger seine Ernennung jemandem verdankt und nun dessen Erwartungen erfüllen will" (18).

**2. Bürokratische Regulierung der Position und des Wechsels.** – Vorgezeichnete Reaktionsbahnen und bürokratische Regulierungen beim Wechsel drängten die informalen Gruppen auf die Funktionen des „Schwatzens und Erholens" zurück und erleichterten den Übergang von einer Person zur anderen, entspannten also die Situation, würden aber „mit den bekannten Nachteilen formaler Bürokratie teuer bezahlt" (18).

**3. Herkunft des Chefs aus der Organisation oder von außen.** – „Wer von außen kommt, ist zunächst ein Fremder und muß seinen Start auf die Rolle als Fremder gründen. (...) Fremdheit und mögliche Gegnerschaft beschränken die Kontakte zunächst aufs formal Vorgeschriebene und dienstlich Notwendige, und eventuell auf Versuche, die Gunst des Neuen zu gewinnen. (...) Der Chef erhält nicht die Informationen, die er zu einem informalen Regiment braucht. Er erfährt nur, was er vermutlich schon weiß oder was auf dem Dienstwege zu ihm kommen muß, nicht aber, was von ihm erwartet wird und was er erwarten kann. – Diese Zurückhaltung von Mitteilungen, die Vertrauen voraussetzen, kann zu einer Isolierung führen, die die Erwartungsunsicherheit auf beiden Seiten verschärft. (...) Dem Nachfolger bleibt die Möglichkeit, durch Betonung und Ausbau seiner formalen Kompetenzen zu reagieren, auf Durchführung der allgemeinen Regeln und gegebenen Anordnungen zu achten und Widerstand durch Sanktionen zu brechen; oder er kann durch Umbesetzung und Neueinrichtung wichtiger Posten sich eine Umgebung schaffen, zu der er Vertrauen hat und mit deren Hilfe er die Organisation in die Hand bekommt" (19).

Anders hingegen, wenn der neue Chef aus der Organisation selber kommt und schon in ihr sozialisiert worden ist. „Er ist kein Fremder und hat deshalb genug Möglichkeiten, sich zu informieren. Er kann Ansprüche an andere geltend machen, ohne sich formaler Befugnisse zu bedienen. – Andererseits unterliegt er solchen Ansprüchen auf Grund alter Wohltaten, Gefälligkeiten und guter Freundschaft. Ihm fehlen die Freiheiten, die die Rolle als Fremder gewährt. Er muß sich seiner neuen Position entsprechend verhalten und daher zunächst die Erwartungen enttäuschen, die sich auf seinen alten Status beziehen" (20).

Luhmann weist abschließend darauf hin, daß in der Praxis die neuen Chefs, um auf die Vorteile der informellen Gruppe nicht verzichten zu müssen, häufig „die eigene Clique" mitbringen. „Nicht ein einzelner, eine ganze Gruppe steigt auf" (20).

**4. Die Persönlichkeit des Vorgängers.** – Der Übergang werde erleichtert, „wenn ein Nachfolger mit ähnlichen Einstellungen und Gewohnheiten in das Amt eintritt, wenn er derselben Partei angehört, eine gleiche Berufsausbildung besitzt oder eine ähnliche Karriere durchlaufen hat" (21), und wenn der gewesene Chef nicht in der Lage ist, möglicherweise hinter den Kulissen gegen den Neuen zu intrigieren.

Bei Holm (1968) finden wir die Möglichkeit, das Problem des neuen Chefs mit Hilfe der Rollentheorie besser zu verstehen und als typischen **Intrarollenkonflikt** zu begreifen.

Holm zeigt einen Werkmeister, einen typischen mittleren Vorgesetzten, an der Schnittstelle zweier unterschiedlicher Erwartungshorizonte: die Interessengegensätze von **oben und unten** prallen hier konflikthaft aufeinander. Der Betriebsleiter erwartet vom Werkmeister, daß er sich ihm gegenüber ganz als Untergebener fühlt und den Arbeitern gegenüber eine **instrumentelle Orientierung** an den Tag legt.

„Der Werkmeister soll die ihm unterstellten Arbeiter als Mittel zur Erreichung des betrieblichen Zieles betrachten" (82). Die Arbeiter jedoch als zweite wesentliche Bezugsgruppe erwarten vom Werkmeister im Verhältnis zu ihnen eine **expressive Orientierung.** Das heißt, daß er ihnen gegenüber das humanistische dem ökonomischen Prinzip vorziehen, nicht den Vorgesetzten hervorkehren und sie gegen „unangemessene" Forderungen des Managements abschirmen soll, sein Handeln also generell an ihren Wünschen, Gefühlen, Bedürfnissen und Überzeugungen ausrichten möge.

Für welche der beiden Seiten sich der Werkmeister im konkreten Fall entscheidet, ist wesentlich von den Sanktionen abhängig, die sie ins Spiel bringen können. Bei den materiellen Belohnungen (Einkommensverbesserungen, Beförderungen, Ausweitung des Aufgabenbereichs – und umgekehrt) ist selbstverständlich der Betriebsleiter in der Vorhand, doch bei den relationalen Belohnungen (Akzeptanz, Beifall, Anerkennung, Prestige) verfügen auch die Arbeiter über eine erhebliche Sanktionsmacht. „Sie können den Meister im Betrieb als ‚Nichtskönner‘, ‚Antreiber‘ usw. ‚verschreien‘. Ein derartiger Verruf kann dem Meister auch bei der Betriebsleitung schaden. Ein ‚Hochloben‘ kann ihm allerdings auch nutzen. – Die Arbeiter können den Ruf des ‚Nichtskönners‘ verstärken, indem sie etwa absichtlich durch kleine nicht kontrollierbare Nachlässigkeiten und ‚Sabotageakte‘ Unordnung in der Abteilung erzeugen" (85).

Anhand verschiedener Überlegungen arbeitet Holm dann vier realitätsnahe Typen von Meistern heraus:

1. Den nach oben orientierten Meister

2. Den nach unten orientierten Meister

3. Den egozentrischen Meister (der die Erwartungen beider Seiten nicht gutheißen kann und sich am eigenen Wertsystem auszurichten versucht)

4. Den ambivalenten Meister (der an sich beiden Seiten recht gibt)

Die von Holm angeführten Möglichkeiten zur Handhabung bzw Lösung dieses Intrarollenkonflikts sind im Kapitel über die Lösung innerorganisatorischer Konflikte (5.2.5.) wiedergegeben.

### 5.2.4.3  Mobbing

Während des Zeitalters der Kämpfenden Reiche (475–221 v. Chr.) schlossen die Staaten Wei und Zhao einen Freundschaftspakt mit der Vereinbarung, daß der Prinz von Zhao als Geisel nach Wei gesandt werde. Der König von Wei betraute seinen engsten Ratgeber, Minister Pang Cong, mit der Eskortierung des Prinzen. Pang Cong sah voraus, daß ihn gewisse Höflinge nach seiner Abreise beim König anschwärzen würden.

Vor dem Abschied fragte er den König: „Wenn Euch jemand berichtet, in der Straße der Hauptstadt streife ein Tiger herum, würdet Ihr das glauben?"

„Nein. Wie könnte so etwas möglich sein?"

„Wenn nun ein Zweiter mit der gleichen Behauptung käme, würdet Ihr es ihm dann glauben?"

Nach kurzem Nachdenken erwiderte der König: „Nein, selbst zwei Personen könnten mich nicht überzeugen."

„Aber wenn nun ein Dritter käme und würde behaupten, er habe einen Tiger in der Stadt gesehen, würdet Ihr ihm Glauben schenken?"

„Natürlich würde ich ihm glauben. Wenn drei Personen dasselbe sagen, dann muß es ja wahr sein."

Darauf sagte Pang Cong: „Ich werde nun den Prinzen in den weit entfernten Staat Zhao begleiten. Bestimmt werden mehr als drei Leute mich während meiner Abwesenheit verleumden. Ich hoffe, daß Ihr sorgfältig nachdenken werdet, bevor Ihr zu einer Schlußfolgerung gelangt."

Der König nickte und sprach: „Ich weiß, was Ihr meint, geht jetzt."

Tatsächlich, viele Höflinge suchten den König auf und verleumdeten Pang Cong. Zuerst schenkte ihnen der König kein Gehör. Doch als immer mehr Stimmen Pang Cong verteufelten, erwachte im König der Argwohn, und schließlich war er vom schlechten Charakter Pang Congs überzeugt. Bei seiner Rückkehr stellte Pang Cong fest, daß er die Gunst des Königs verloren hatte. Und das nur durch Gerüchte, die, oft genug wiederholt, als Wahrheit angesehen werden.

Diese Episode aus der chinesischen Geschichte finden wir bei v. Senger (1992, 137 f.) unter der Überschrift **Drei Männer machen einen Tiger** als Erläuterung des Strategems **Aus einem Nichts etwas erzeugen:**

wu      zhong      sheng      you

Damit ist u. a. auch das gemeint, was wir unter **Psychoterror am Arbeitsplatz** oder **Mobbing** verstehen, nämlich: Etwas aus der Luft greifen; etwas Erfundenes als Tatsache ausgeben; Gerüchtefabrikation; Verleumdungs-/Lügenkampagne; Diffamierungstaktik; aus einer Mücke einen Elefanten machen; Aufbauschungsmanöver.

Mobbing ist also ein uraltes Phänomen, aber erst seit es mit diesem – auch noch amerikanischen – Begriff erfaßt und auf den Punkt gebracht worden ist, wird es allenthalben so richtig wahrgenommen, mit beträchtlicher Emotionalität geschildert, von den Medien ausgeschlachtet, von den Gewerkschaften zur Mitgliederwerbung genutzt und von der Wissenschaft analysiert. So ist es ein schönes Beispiel dafür, wie recht Mephistoteles wieder einmal hat: „Im ganzen – haltet Euch an Worte! / Dann geht Ihr durch die sichre Pforte / Zum Tempel der Gewißheit ein." (Goethe, Faust. Erster Teil, V. 1990-92)

> **Mobbing** ist der systematische Prozeß, in dessen Verlauf ein Gruppenmitglied durch aggressive kommunikative Handlungen anderer in seinem Wohlbefinden, seinem Ansehen, seinen sozialen Beziehungen und seinen beruflichen Chancen nachhaltig geschädigt wird.

Im öffentlichen Dienst sind gezielte Beleidigungen und Belästigungen am Arbeitsplatz zu Beginn der 90er Jahre vor allem durch das „Mobbing-Telefon" und die „NO MOBBING"-Faltblätter der DAG ins Bewußtsein gehoben worden (DAG o. J.) :

„Jeder hat bereits davon gehört oder es sogar am eigenen Leibe zu spüren bekommen: Belästigungen am Arbeitsplatz durch Vorgesetzte oder Berufskollegen, kurz

**Mobbing** genannt (engl. pöbeln), kommen in allen Branchen und Betrieben aller Größenordnungen vor. Fest steht, daß tausende Arbeitnehmer/innen in Berlin täglich mit dem Bewußtsein zur Arbeit gehen, daß sie von den anderen fertiggemacht, ja regelrecht terrorisiert werden. Dabei ist die Bandbreite der Belästigungen groß. Sie reicht von der allgemeinen Beleidigung und Beschimpfung bis hin zur Erpressung, Gewaltandrohung und sexueller Nötigung.

Aus Furcht vor einer möglichen Entlassung sowie aus Unkenntnis über mögliche Hilfsmaßnahmen, die den Betroffenen zur Verfügung stehen, machen viele von ihrem Recht nicht Gebrauch, sich gegen die Belästigungen zu wehren. Sie verschweigen den Vorfall, Wiederholungsfälle sind vorprogrammiert."

Ob Sie selbst Gefahr laufen, ein Mobbing-Opfer zu werden, können Sie anhand einer „Frühwarn-Checkliste" von Brigitte Huber (1993, 32 ff.) herausfinden („Kreuzen Sie sämtliche Situationen an, die Sie in den letzten sechs Monaten mindestens einmal erlebt haben"):

— Ein Gespräch wird abrupt beendet, als ich ins Zimmer komme.

— Ein Gerücht wird über mich verbreitet.

— Mir wird eine Aufgabe zugewiesen, die unter meiner Qualifikation liegt.

— Über mein Auftreten/Kleidung/Sprache oder ähnliches wird gelästert.

— Meine Anwesenheit wird deutlich über den normalen Rahmen hinaus kontrolliert.

— Mir wird ein Fehler unterstellt, den ich nicht begangen habe.

— Über mein Privatleben wird gelästert.

— Ich werde mit sexuellen Anspielungen oder Handlungen belästigt.

— Mir wird eine sinnlose Tätigkeit zugeteilt.

— Man läßt mich nicht ausreden.

— Man schließt mich aus den eher privaten Teilen des Arbeitslebens aus (Mittagspause, Kaffeekasse, Geburtstagsumtrunk mit Kollegen).

— Meine Arbeit wird ohne gegebenen Anlaß schlecht gemacht/übermäßig kritisiert.

— Ich bekomme Arbeit zugeteilt, die besonders gefährlich oder unangenehm ist.

— Man bedroht mich schriftlich oder mündlich.

— Ich werde an eine andere (schlechtere) Position versetzt.

— Mir wird ein Arbeitsplatz zugeteilt, an dem ich kaum mehr Kontakt zu Kollegen habe.

— Ich bekomme gar nichts zu tun, muß aber jede Minute anwesend sein.

— Man macht sich über meine Krankheit/Behinderung lustig.

— Man behandelt mich wie Luft.

— Man verunsichert mich mit abfälligen Blicken oder Gesten.

— Man brüllt mich an, beschimpft mich übel.

— Meine politischen oder religiösen Überzeugungen werden kritisiert.

— Ich werde hinter meinem Rücken verleumdet.

— An meinem Arbeitsplatz wird etwas entwendet oder vorsätzlich beschädigt.

— Über meine psychische Verfassung wird offen spekuliert.

— Wichtige Informationen/Änderungen werden mir vorenthalten.

— Mein Wunsch nach einer Aussprache wird abgewiegelt.

— In meiner Gegenwart werden obszöne Bemerkungen fallengelassen, es werden Zoten oder Witze gerissen, in denen Frauen diskriminiert werden.

— Man isoliert mich, meidet den Kontakt zu mir.

— Mir wird verboten, mich zu äußern.

— Mir wird körperliche Gewalt angedroht oder sogar angetan.

— Man übt Telefonterror gegen mich aus.

Wenn diese Handlungen sich summieren, deutlich eskalieren und sich der Betroffene erkennbar getroffen fühlt, ist der Tatbestand des Mobbings gegeben.

Die bislang eingehendste Untersuchung des Mobbing-Phänomens hat Heinz Leymann vorgelegt (1993). In seiner Argumentation stützt er sich vornehmlich auf eine repräsentative Untersuchung aus Schweden, die hinsichtlich der **Akteure** und **Ebenen** beim Mobbing folgendes Resultat erbrachte (47):

1. Mobbing auf derselben Ebene (Kollegen gegen Kollegen) . . . . . . . . . . . . . . . . . . . . . . . . . . . . . . 44 %

2. Mobbing von oben nach unten (Vorgesetzte gegen Untergebene) . . . . . . . . . . . . . . . . . . . . . . 37 %

3. Diese beiden Arten (1 und 2) in Kombination . . . . . . . . . . . . . . . . . . . . . . . . . . . . . . . . . . . . . . . 10 %

4. Mobbing von unten nach oben (Untergebene gegen Vorgesetzte) . . . . . . . . . . . . . . . . . . . . . . 9 %

Im Verlauf seiner Ausführungen entwickelt er ein Verlaufsmodell über die vier Phasen des Psychoterrors im Arbeitsleben (59):

1. Konflikte, einzelne Unverschämtheiten und Gemeinheiten

2. Übergang zu Mobbing und Psychoterror

3. Rechtsbrüche durch Über- und Fehlgriffe der Personalverwaltung

4. Ausschluß aus der Arbeitswelt (Abschieben und Kaltstellen, mehrere Versetzungen nacheinander, langfristige Krankschreibung, Frührente, Abfindung, Einlieferung in eine Nervenheilanstalt)

Einducksvoll ist seine zusammenfassende Darstellung der **parallelen sozialen und psychischen Verläufe beim Mobbing** (76):

| Der Konfliktverlauf | Veränderungen im Verhalten des Opfers | Veränderungen in der Meinung über das Opfer | Der Prozeß der Bildung von Mythen |
|---|---|---|---|
| | | Meinung sehr oft: „Er/sie ist ok." | |
| Ein Konflikt bricht aus. | | | |
| Erste (manchmal wechselseitige) Angriffe. | Das Opfer kristallisiert sich heraus. | Meinung: "Es ist schon anstrengend, ihn/sie hier zu haben." | Psychologische und soziale Mythen entstehen. |
| Es geschehen Machtübergriffe. | Bewältigungsvermögen nimmt ab. | Meinung: „Es/sie hat Schwierigkeiten mit der Zusammenarbeit." | Psychologische und soziale Mythen nehmen zu. |
| Rechtsbrüche geschehen. | Wilde Verzweiflung entsteht. | Meinung: „Ganz und gar unakzeptables Auftreten." | |
| Auf dem Weg zur Ausgrenzung. | Verzweifelte Versuche zur Wiederaufrichtung. | Meinung: „Der/die muß doch psychisch krank sein." | Schuldigsprechung und soziale Stigmatisierung des Opfers. |

Im Roman „Ein Toter führt Regie" (-ky, 1974) wird analog dazu und sehr drastisch geschildert, wie Mobbing in einem Industriebetrieb zu Mord und Selbstmord führt.

Welches sind nun die wesentlichen **Ursachen und Funktionen des Mobbings?** Gehen wir davon aus, daß (lohn)abhängige Arbeit in Großorganisationen trotz aller Modernisierungsversuche (auch) als Einengung, als Verlust an Freiheit und Freizeit und als Diminuierung empfunden werden kann (erwachsene Menschen werden wie Kinder gesehen), dann entstehen in jeder Organisation – unabhängig von den in ihnen beschäftigten je konkreten Menschen – strukturell-automatisch Frustrationen und Aggressionen, kommt es zum Kampf Aller gegen Alle, sind kleine und große Gemeinheiten an der Tagesordnung, werden täglich Wunden geschlagen, Sünden begangen, mit denen man nicht leben kann, von denen man sich befreien muß. Damit gewinnt die **Sündenbocktheorie** (vgl. 5.3.2 Punkt 6) besonderes Gewicht. Wir erinnern (uns) an das 16. Kapitel im 3. Buch Mose, wo der Herr mit Mose redet und ihm Anweisungen für das jährliche Versöhnungsfest gibt. Sein Bruder soll ‚den lebendigen Bock' herbringen (20. Vers):

> 20. Und wenn er vollbracht hat das Versöhnen des Heiligtums und der Hütte des Stifts und des Altars, so soll er den lebendigen Bock herzubringen.
> 21. Da soll denn Aaron seine beiden Hände auf sein Haupt legen und bekennen auf ihn alle Missetat der Kinder Israel und alle ihre Übertretung in allen ihren Sünden, und soll sie dem Bock auf das Haupt legen und ihn durch einen Mann, der bereit ist, in die Wüste laufen lassen,
> 22. daß also der Bock alle ihre Missetat auf sich in eine Wildnis trage; und er lasse ihn in die Wüste.

So zynisch es klingt: die Gruppe braucht unter den gegebenen gesellschaftlichen und organisatorischen Verhältnissen ganz offenbar einen Sündenbock, um mit ihrer Lebenssituation klarzukommen – und wir können nur ausrufen: Wehe dem, den es trifft! Es laufen hier ähnliche Prozesse ab, wie sie die Kriminalsoziologie im **labeling approach** beschreibt, dem Etikettierungs-Ansatz (vgl. 5.3.2).

Das leitet zu der These über, daß Mobbing auch der Versuch ist, **abweichendes Verhalten** zu unterbinden und alle Gruppenmitglieder im Hinblick auf Geschlossenheit und Stärke der in-goup zu konformem Verhalten zu bringen bzw. zu zwingen.

Nicht zu vergessen sind auch das in jedem Menschen angelegte Aggressions- und Destruktionspotential (bei Freud im ‚Todestrieb' eingeschlossen) und die unvermeidlichen Rangordnungskämpfe. „Aggressionen gehören zu dem im Erbe angelegten Verhaltensprogramm" und: „Unser Streben nach Macht wird, im Gegensatz zu anderen Antrieben, nicht durch abschaltende Mechanismen gegen schädliche Eskalation begrenzt. Während Hunger, Durst und Sex ihre Sättigung erfahren, wird das Rangstreben nie befriedigt." (Eibl-Eibesfeldt 1993, 77 und 21) Anderen **Qualen und Verletzungen** zuzufügen, scheint Teil der menschlichen Natur zu sein – und es kommt immer nur darauf an, gesellschaftliche bzw. organisatorische Strukturen zu entwickeln, die diese Tendenz minimieren (und nicht noch steigern).

Schließlich kann man, denkt man an das Stichwort Mikropolitik (vgl. 4.7) auch von einem **strategischen Mobbing** sprechen: man beseitigt unliebsame Konkurrenten, um die ersehnten Belohnungen für sich zu sichern und profiliert sich als machiavellistische Führungspersönlichkeit (daß jemand auch ‚über Leichen gehen' kann, fördert ja zumeist seine Karriere).

In kalter anthropologischer wie funktionalistischer Betrachtungsweise erscheint denn auch Mobbing eher als hinzunehmendes menschliches Erbe und sogar als Systemnotwendigkeit, denn als inhumanes Treiben. So zum Beispiel auch Pourroy (1986) mit dem Satz: „Die Intrige ist eines der Fermente des sozialen Stoffwechsels in dieser Zeit, sie ist ein wirksames Prinzip des Konfliktausgleichs im ewigen Kampf der Interessengegensätze." (108) Für das **Opfer** hingegen ist Mobbing wohl immer eine qualvolle Erfahrung und wird bis hin zum Selbstmord erlitten. Insofern sind die **Hilfen für Mobbing-Opfer,** die insbesondere Huber und Leymann bieten – einschließlich einer Liste von Kontaktadressen – von großem Nutzen (vgl. auch Thau 1990).

Huber (1993, 126) empfiehlt die **De-Eskalation** im Anfangsstadium von Mobbing-Prozessen („Wenn noch Chancen bestehen") und nennt als Möglichkeiten

1. Konflikte sinnvoll anpacken (benennen, bearbeiten, bereinigen)

2. Versöhnen (dem Gegner vergeben)

3. Familie und Freunde einbeziehen (sich „ausheulen")

4. Entspannung suchen (z. B. durch Meditation oder Autogenes Training)

5. Hilfe in der Organisation suchen (Beschwerderecht beim Arbeitgeber und Betriebsrat)

Wenn es keine Chance mehr gibt, wird der **geordnete Rückzug,** d. h. die Eigenkündigung empfohlen.

Leymann (1993, 156) greift zusätzlich dazu auf das **Versöhnungsverhalten** zurück, das sich unter Kindern als wirksam erwiesen hat:

**Kooperative Vorschläge:** Vorschläge, etwas gemeinsam zu tun; oder Vorschläge, die anderen freundschaftliche Absichten ausdrücken.

**Gesten:** Lächeln; sich gegenseitig ins Gesicht schauen; Verlegenheit andeuten.

**Objektangebote:** Zu Süßigkeiten einladen; ein kleines Geschenk machen; einen Gegenstand besorgen.

**Körperkontakte:** Die Hand schütteln; auf die Schulter klopfen; den Arm berühren; die Hand hinhalten.

**Entschuldigungen:** Verbale Äußerungen, die die Besorgnis über den befürchteten Ausgang eines Konfliktes andeuten; Entschuldigungen aussprechen.

**Symbolische Angebote:** Eigene Spielsachen als Leihgabe anbieten; die Bevorzugung des augenblicklichen Gegners in einer zukünftigen Situation versprechen; in einer Situation seine Hilfe anbieten.

**Vermitteln durch Dritte:** Gespräche erleichtern; mit den beiden Streithähnen einzeln reden, um eine Annäherung anzubahnen.

### 5.2.4.4 Konflikte als Folge der „Ost-West-Durchmischung" von Organisationen

Durchmischung, ein vom Berliner Senat nach der Wiedervereinigung geprägter Begriff, meint den Einsatz von Organisationsmitgliedern aus der alten Bundesrepublik (BRD) und der DDR in derselben Verwaltungseinheit. Insbesondere ist hier an die Probleme zu denken, die sog. „Verwaltungsmissionare" (Bosetzky 1992 b) haben und hatten, also Verwaltungskräfte aus den „alten Bundesländern", die zeitweise oder für immer in die „neuen Bundesländer" gegangen sind.

Ein Blick in die Presse zeigt ein beträchtliches Maß an Konflikten auf:

Im ‚Tagesspiegel' vom 22.3.1991 heißt es über die Schwierigkeiten beim Zusammenwachsen der Verwaltung u.a.: „Wir mußten lernen, daß wir in verschiedenen Welten leben'... Leicht ist der Prozeß des Zusammenführens beider Verwaltungen nicht gewesen, zu groß war das gegenseitige Unverständnis, das immer wieder zu Mißverständnissen führte. (...) Unangenehm stieß die Überheblichkeit mancher ‚Wessis' auf, die in der Ost-Berliner Verwaltung nur das ‚reine Chaos' zu entdecken vermochten." Der ‚Spiegel' emotionalisiert die Debatte um den Einsatz westlicher Verwaltungskräfte im Osten und sorgt für die Verbreitung der Begriffe „Kinderlandschaftverschickung" für diese Aktion und „Buschgeld" für die besondere Aufwandsentschädigung der „Go-East-Pioniere" (14/1991). Die ‚Berliner Morgenpost' vom 13.2.1991 berichtet unter der Überschrift „Dramatischer Hilferuf: Geheimpapier deckt haarsträubende Arbeitsbedingungen auf – Ost-Rathäuser vor dem Kollaps" von „katastrophalen Verhältnissen in den Rathäusern im Ost-Teil Berlins". Was in den Zeitungen und Magazinen über die Arbeit der Westler in den Ost-Verwaltungen zu lesen war, konnte kaum Anreiz gewesen sein, sich als „Verwaltungsmissionar" zu melden. So berichtet beispielsweise der ‚Spiegel' 17/1991 unter der Überschrift „Ein Gefühl wie im Dschungel" nicht nur vom „trostlosen Ost-Ambiente", was die Ausstattung der Ämter betrifft, und die gesundheitliche Gefährdung durch „giftige Braunkohledünste", sondern auch vom „Beraterschock" der Wessis und der Ablehnung durch die Einheimischen, die die Helfer mit „Herr Besatzungsoffizier" anredeten und sich obstruktiv verhielten, denn: „Ausgebildete Sänger stören in Laienchören." Und weiter: „Grund für die Zurückhaltung der Ostler ist nicht nur die Angst, bei der Jobvergabe leer auszugehen. Etliche fühlen sich auch von den selbstbewußten Besser-Wessis, die für die gleiche Arbeit inklusive Zulagen viermal soviel wie sie kassieren, als Menschen zweiter Klasse behandelt. ‚Wie Kolonialherren gegenüber Eingeborenen', klagte die ostdeutsche **Weltbühne**..." Und im ‚Spiegel' 11/1991 wird ein Argument gegen eine Zusammenarbeit mit Ostlern erwähnt, das wir in Gesprächen (häufig beiseite gesprochen) auch des öfteren gehört haben: die mögliche Stasi-Vergangenheit der Mitarbeiter. „‚Das sind jetzt gute Kollegen..., aber oft denke ich mir beim Gespräch mit dem einen oder anderen, Junge, was hast du wohl vor zwei Jahren getrieben?'"

Für die Konflikte, die sich bei der „Durchmischung" und „Fusionierung" von Organisationen aus Ost und West – zumindest latent – ergeben, sehen wir drei große Bündel von Ursachen und unterscheiden daher Konflikte aufgrund unterschiedlicher Werte, Lebenstile und Sozialisationsverläufe, aufgrund unterschiedlicher Vorstellungen von der richtigen Organisation und aufgrund verinnerlichter ‚Feindbilder', also mit Vorurteilen behafteter Vorstellungen vom jeweils anderen (vgl. Bosetzky 1992 a).

1. **Konflikte aufgrund unterschiedlicher Werte, Lebensstile und Sozialisationsverläufe.** – Allen vorliegenden Materialien zufolge (vgl. z.B. Maaz 1992) haben die

Westler im Rahmen des sog. Wertewandels (vgl. Kap. 1.5) tendenziell mehr an neuen Werten verinnerlicht als die Ostler, stehen bei ihnen die neuen Werte der Selbstentfaltung (Emanzipation von den Autoritäten, Demokratie, Partizipation, Autonomie des Einzelnen, Genuß, Abenteuer, Ausleben der Bedürfnisse, Kreativität, Spontaneität und Selbstverwirklichung) höher im Kurs als bei den Ostlern, die stärker fixiert sind auf die alten Werte von Selbstzwang und -kontrolle (Disziplin, Gehorsam, Ordnung, Unterordnung, Anpassungsbereitschaft und Fügsamkeit). Nimmt man das gängige Lebenswelten-Modell (s. Abschnitt 1.1.3), so läßt sich feststellen, daß es im Westen höhere Anteile des aufstiegsorientierten, hedonistischen und alternativen Milieus geben dürfte, im Osten dagegen von einem Übergewicht des konservativ-gehobenen und des kleinbürgerlichen sowie es traditionellen Arbeitermilieus ausgegangen werden kann. Anschließend daran ist zu konstatieren – der bloße Augenschein bestätigt es –, daß Westler der Tendenz nach eher eine lebensvolle und die Ostler eher eine nüchterne Bürokultur gekannt und präferiert haben (vgl. Abschnitt 4.8.3).

**2. Konflikte aufgrund unterschiedlicher Organisationsvorstellungen.** – Während die Ostler auf die sog. ‚Kaderverwaltung‘ fixiert waren (vgl. Kofler 1970 und Balla 1972), d.h. den Idealtypus der Bürokratie sowjetisch-volksdemokratischen Typs mit starken Zügen einer ‚totalen Institution‘, halten die Westler tendenziell teamartig-professionelle Modelle für die optimale Organisationsform und bemühen sich um die Auflockerung (Reform) ihrer Bürokratie in diese Richtung. Korrespondierend hierzu haben Röber und Schröter (1991) bei ihrer Untersuchung von Verwaltungsführungskräften in Ost und West einen grundsätzlich „klassisch" ausgerichteten „Ost-Bürokraten" vorgefunden, „dessen West-Pendant ihm in der Form eines gemäßigt ‚engagierten‘ oder ‚politischen‘ Bürokraten begegnet".

**3. Konflikte aufgrund verinnerlichter ‚Feindbilder‘.** – Hier gilt es, auf eine Reihe von Kommunikations- und Wahrnehmungskonflikten einzugehen (vgl. zur Terminologie Naase 1978 bzw. oben Kap. 5.2.4):

a) Je mehr sich das Wahrnehmungsvermögen der Kommunikatoren voneinander unterscheidet, so lautet die Ausgangshypothese, desto häufiger werden Konflikte auftreten. Hierzu sei auf eine SPIEGEL-Umfrage verwiesen (12/1991), wo die Bundesbürger Ost und West bestimmten Statements in sehr unterschiedlichem Maße zustimmen – z.B.: „Die Treuhandanstalt verschleppt die Privatisierung" – Ost 51 % mit „Trifft sehr zu", West mit nur 25 %; „Westdeutsche Firmen lassen die Konkurrenz kaputt gehen" – 48:19 %; „Die Arbeiter und Angestellten in der Ex-DDR sind westlichem Leistungsdruck nicht gewachsen" – 9:39 %; „Die ehemaligen DDR-Bürger werden im vereinten Deutschland noch einige Zeit Bürger zweiter Klasse sein" – „Trifft zu" Ost 85 %, West 42 %.

b) Je unterschiedlicher die Erfahrungen und Kenntnisse der Kommunikatoren sind, so läßt sich generell formulieren, desto häufiger werden zwischen ihnen Konflikte auftreten. Was den öffentlich Bediensteten Ost betrifft, so bescheinigt ihm Bernet und Lechler (1990, 3, 38) kurz nach der Wende „politisch-ideologische Deformation", „Interesselosigkeit" und „geringe Arbeitsdisziplin bei gleichzeitiger Betriebssamkeit", und Derlien (1991, 10) spricht von „politisierter Inkompetenz". Andererseits, so Wollmann (1991), „zeichnet sich jedoch der Typus eines Verwaltungsmannes ab, der – um mit einer permanenten Mängelsituation fertig zu werden – eine Reihe von Fähigkeiten und ‚skills‘ entwickelt, die ihn in den Stand setzen, auf bestimmte Problemsituationen ‚unbürokratisch‘, insbesondere ohne Rückgriff auf festumschriebene (‚konditionalprogrammierte‘) Handlungsroutinen, und ‚situativ‘ zu reagieren", was „eine durchaus innovative Handlungsfähigkeit begründen könnte".

c) Je unterschiedlicher das Bild der Realität ist, das Personen haben, je negativer die vermuteten Fremdbilder zwischen Personen sind und je stärker die negativen Fremdbilder verankert sind, desto häufiger entstehen

Konflikte zwischen ihnen. Bei diesen generellen Hypothesen interessiert uns vor allem die gegenseitige Wahrnehmung von Führungskräften der öffentlichen Verwaltung in Ost- und West-Berlin, die Reichard und Schröter (1991, 12) herausgefunden haben.

Die West-Führungskraft sieht den Ost-Kollegen als...

— entschlußschwach und konfliktscheu
— unselbständig und wenig eigeninitiativ
— befehls- und vorgabenfixiert
— wenig delegationsbereit
— teilweise autoritär
— unerfahren im politischen Prozeß

Die Ost-Führungskraft sieht den West-Kollegen als

— arrogant und überheblich
— formalistisch und bürokratisch
— sehr durchsetzungsorientiert
— stärker auf Teilgebiete spezialisiert
— stärker (partei-) politisch eingebunden und tak- tierend

Solche Feindbildwahrnehmungen führen leicht zu tiefgreifenden Frustrationen und damit zu **Frustrationskonflikten,** zumal wenn sie mit objektiven Belastungen und Ungleichbehandlungen einhergehen, die als ungerecht eingestuft werden: Geringere Bezahlung, Angst um den Arbeitsplatz, Angst vor Versagen angesichts des (trotz allen „Beitretens" imperialistisch übergestülpten) Systems neuer rechtlicher und or- ganisatorischer Bestimmungen einschließlich einer großenteils unbekannten Fach- sprache, Dequalifizierung bisher erworbener Berufsqualifikationen. Frustration kann nach der bekannten „Frustrations-Aggressions-Hypothese" von Dollard u.a. zu Ag- gression führen (bei schwacher Konflikt-Position auch zu Auto-Aggression, z.B. in Form der Selbsttötung). An eine alte sozialpädagogische Erkenntnis muß da gar nicht erst erinnert werden: Eine soziale Gruppe, die sich durch äußere Merkmale sichtlich von der eigenen Gruppe abhebt, ist immer willkommenes Objekt der Ag- gressionsabfuhr.

Dazu kommen klassische Konflikte, die sich in unserem Falle verschärft ab- zeichnen, die **Konflikte zwischen alten und neuen Organisationsmitgliedern** und die **Konflikte mit dem neuen Chef,** wenn der von außen kommt und nicht aus der eigenen Organisation (vgl. die Abschnitte 5.2.4 und 5.2.4.2), aber auch die Mechanismen der **schematischen Abwehr des Fremden** (vgl. Buchkremer 1977).

Eine Befragung von 88 „Verwaltungsmissionaren" in Berlin (Bosetzky 1992 b) ergab im Hinblick auf die **Hauptschwierigkeiten bei der Vereinheitlichung der Verwal- tung** folgendes Bild (Prozentuierung von 132 Nennungen):

23,5 % Unterschiedliche Qualifikation der Mitarbeiter
18,9 % Mangelhafte technische Ausstattung und Organisation
14,1 % Unterschiedliche Rechtsgrundlagen
8,3 % Unterschiedliche Vergütungen
6,1 % Zu geringer Personalaustausch von West nach Ost
5,3 % Zu geringe personelle Ausstattung
5,3 % Zu geringe finanzielle Unterstützung
18,5 % Andere Gründe

Nach dieser Untersuchung scheint aber die Konfliktlage nicht sehr dramatisch zu sein, denn das Verhältnis zu den neuen Kollegen bezeichneten 19,3 % der „Verwaltungsmissionare" aus Westberlin als sehr gut (auch mit privaten Kontakten) und 70,7 % als normal, während es lediglich 10,0 % als schlecht ansahen. Sogar das Verhältnis zu einem Vorgesetzten aus dem Osten (35 von 88 Befragten hatten einen solchen) wurden nur von 17 % als negativ bezeichnet. Hier zeigt sich also nicht die geringste Abweichung vom durchschnittlichen ‚rein westlichen' Betriebsklima. Vom ‚schönen Schein' und der Schonung des Selbstbildes einmal abgesehen, scheinen der Corpsgeist der ‚Verwaltungsmenschen' und die ‚kameradschaftliche Bürokratie' von hoher Integrationskraft zu sein.

Es stellt sich nun die entscheidende Frage, wie man sich Konflikten gegenüber verhalten soll, wenn sie sowohl nützlich wie auch schädlich sein können?

### 5.2.5 Grundsätzliche Vorschläge zur Lösung innerorganisatorischer Konflikte

Wir haben von zwei Axiomen auszugehen:

(1) Konflikte sind zum Fortbestehen eines sozialen Systems unentbehrlich.

(2) Großorganisationen sind Herrschaftsverbände – und in Herrschaftsverbänden sind Macht- und Verteilungskonflikte unvermeidbar.

Vor diesem Hintergrund ist die besondere Beachtung verständlich, die Dahrendorfs „liberalistische Konfliktstrategie" gefunden hat (vgl. Dahrendorf 1972, 44 ff.). Er unterscheidet dabei drei Möglichkeiten, Konflikte im politischen System zu behandeln (hier nach Kremendahl 1975, 16):

| Merkmale: Konfliktstrategien | | |
|---|---|---|
| a) Konfliktunterdrückung | b) Konfliktlösung | c) Konfliktregelung |
| 1. Leugnung von Konflikten | Anerkennung von Konflikten | Anerkennung von Konflikten |
| 2. **Behauptung** der harmonischen Gesellschaft | **Ziel** der harmonischen Gesellschaft | **Legitimation** der konfliktbehafteten Gesellschaft |
| 3. Konflikte werden als Störfaktor behandelt und möglichst ausgeschaltet | In jedem Konflikt gibt es Gut und Böse, Wahr und Falsch; der Konflikt wird bis zum Sieg des Guten verschärft | Konfliktparteien werden als gleichberechtigt anerkannt; Konflikt gilt als ständig zu regelnde Dauererscheinung; Spielregeln der Austragung im Vordergrund |
| 4. **Konsequenz:** Gemeinschaftsideologie – Gefahr der revolutionären Entladung unterdrückter Konflikte | **Konsequenz:** Diktatur des und der „Guten": Konfliktunterdrückung nach Durchsetzung der „Lösung" | **Konsequenz:** demokratisch-pluralistisches System; Kompromiß; Veränderung in „kleinen Schritten" (Reform) |

Dahrendorfs Plädoyer gilt der Konfliktregelung (c), also der **Institutionalisierung des Konfliktes.**

Den Dahrendorfschen Gedankengängen entsprechende Anweisungen zum richtigen **Konfliktmanagement in Großorganisationen** finden wir logischerweise bei vielen

Organisationspsychologen wieder, so bei Rüttinger (1977), der die Konfliktunterdrük-kung ebenfalls für die schlechteste Form der Handhabung hält und -vermeidung, -lösung und -überbrückung (im Sinne von Schlichtung) vorzieht, und Fittkau-Garthe (1978, 92 f.), die ein umfangreiches Programm für eine „kooperative Konfliktrege-lung" ausgearbeitet hat.

Auffällig für uns ist hier das **Doppelbödige der Konfliktregelung:**

— der Mitarbeiter wird zufriedener

— und damit wird er der besser verwertbare Mitarbeiter.

Wenn Konfliktbewältigung „wertschöpferisch" und „sozialproduktiv" sein soll (vgl. Bühl 1972, 52 f.), dann ist im Hinblick auf Großorganisationen zu fragen, ob die hier vorgeschlagenen Strategien nicht lediglich den organisationalen Status quo (die grundsätzlich bürokratische Organisationsform mit der Dichotomie von wenigen positiven und vielen negativen Herrschaftsrollen) verewigen helfen und menschen-würdigere Formen, also die assoziative Organisation (vgl. Abschnitt 2.4), wirksam verhindern helfen. Erfolgreiches Konfliktmanagement gleich Einfrieren des gesell-schaftlichen Status quo mit all seinen Ungleichheiten für alle Zeiten?

Bei Holm (1968, 86 f.) finden wir folgende Lösungsmöglichkeiten für den Intrarollen-konflikt eines Werkmeisters, des typischen „Mannes in der Mitte" (zwischen Be-triebsleiter und Arbeiter):

(1) **Handlungsverzögerung.** Wenn eine Situation entsteht, in der an den Werkmeister konträre Erwartungen gerichtet werden –, dann zögert der Meister seine Handlungen so lange hinaus, bis sich die Situation inzwi-schen von allein geändert hat oder bis einer der Erwartungsheger die „Angelegenheit vergessen hat". Im Extremfall führt diese Haltung zur absoluten Verantwortungsscheu und zum „sozialen Rückzug" (der Meister versucht, jeglichen Kontakt mit seinen Erwartungshegern zu vermeiden).

(2) **Handlungsverschleierung.** Der Meister vollzieht zwar eine Handlung. Er gibt sich dabei jedoch die größte Mühe, die Wahrnehmung seiner Handlung durch die eine oder durch beide Seiten zu trüben. In der Regel dürfte das beim Betriebsleiter besser gelingen...

(3) **Alternierende Erwartungstreue.** Der Meister betreibt eine Art Schaukelpolitik. Um es nicht völlig mit einer der beiden Seiten zu verderben, entspricht er in seinem Handeln einmal den Erwartungen der einen und einmal den Erwartungen der anderen Seite.

(4) **Handlung nach Legitimitätsgesichtspunkten.** Der Meister entspricht jeweils der Erwartung, der er Legitimität zuerkennt...

(5) **Handlung nach Sanktionskalkül.** Der Meister trifft (allmählich) eine grundsätzliche Entscheidung. Er stellt sich auf die Seite, die die stärksten Sanktionsmittel besitzt. Das ist in der Regel die Betriebsleitung.

Diese letzte „Lösungsart" (in wechselnder Kombination mit einer der anderen) ist vermutlich diejenige, die in der sozialen Wirklichkeit am häufigsten praktiziert wird.

Hugo-Becker & Becker (1992, 79) nennen vier Faktoren, von denen die **Konfliktfä-higkeit** abhängig ist:

— die realistische Fremdwahrnehmung,

— ein positives Selbstbewußtsein,

— einfühlendes Verständnis für die Beweggründe des Konfliktpartners – und

— ein gesundes Maß an Selbstbehauptung.

271

Der klassische Weg zur Bewältigung eines Konfliktes zwischen zwei Gruppen wird im **Ferienlagerexperiment** von Sherif & Sherif (1969, hier referiert nach Hofstätter 1957, 96 ff.) gewiesen:

In den Jahren 1949, 1953 und 1954 veranstalteten Sherif und sein Team in den USA Sommerlager mit zwei Dutzend Teilnehmern, „psychisch normalen" Jungen von etwa 12 Jahren, die sich vorher nicht gekannt hatten und aus ähnlichen häuslichen Verhältnissen kamen. Alle drei Versuchsreihen liefen nach demselben Vier-Phasen-Schema ab:

1. **Allgemeines Kennenlernen**

Man lernt sich kennen, schließt sich in Freundschaftsgruppen zusammen, die Eintracht ist groß.

2. **Aufteilung in zwei Untergruppen**

Die Versuchsleiter bilden zwei Untergruppen, die getrennt vorneinander „hausen" und sich betätigen. „Die Bildung dieser beiden Gruppen erfolgte aufgrund einer soziometrischen Befragung, und zwar so, daß in die neu zu bildenden Gruppen jeweils vorwiegend Lagerteilnehmer kamen, die sich in der ersten Phase nicht besonders eng aneinander angeschlossen hatten."

3. **Konflikteskalation zwischen den beiden Untergruppen**

Die alten Freundschaftsbande zerreißen schnell, die Gruppen entwickeln schon nach kürzester Zeit ein echtes Wir-Erlebnis und geben sich die Namen ‚Bulldogs' und ‚Red Devils'. Die ‚Wir-Gruppe' und die ‚Die-Gruppe' („wir und die anderen") stehen sich bald als Gegner gegenüber. Sportliche Wettkämpfe werden von Ausbrüchen gruppenspezifischer Aggressivität begleitet. „Das Tauziehen mündete in eine Rauferei, man beschuldigte einander der Unehrlichkeit, Schimpfnamen flogen hinüber und herüber, Überfälle auf die feindliche Unterkunft ereigneten sich, mit Fallobst wurden Schlachten ausgetragen und schließlich wurde sogar die Fahne der gegnerischen Die-Gruppe einmal feierlich verbrannt. (...) Die jeweilige Wir-Gruppe belegte sich selbst vorwiegend mit günstigen Attributen, die rivalisierende Die-Gruppe hingegen mit ungünstigen."

4. **Re-Integration in eine gemeinsame Großgruppe**

Bei der Beilegung der Gruppenkonflikte und der Wiedervereinigung der beiden Kleingruppen zu einer intakten Großgruppe erwiesen sich vier Maßnahmen als wirksam:

a) Der **gemeinsame Gegner,** d. h. ein sportlicher Wettkampf der Lagerteilnehmer mit einer Mannschaft aus dem benachbarten Städtchen;

b) die **gemeinsame Not,** d. h. das angebliche Versagen der Wasserzufuhr zum Lager, das eine mühsame Unternehmung in den Bergen notwendig machte;

c) der **gemeinsame Vorteil,** d. h. das Ausleihen eines Spielfilms, wofür die Ersparnisse beider Gruppen herangezogen werden mußten,

d) **gemeinsame Freude,** d. h. ein besonders viele Vorbereitungen erfordernder Ausflug in ein entlegenes und sehr reizvolles Naturschutzgebiet.

Tatsächlich verschwanden im Zuge dieser Erlebnisse die Animositäten zwischen den beiden Gruppen.

Wir meinen, daß dies ein wegweisendes Modell für alle Vorgesetzten sein dürfte, bei denen sich verschiedene Arbeitsgruppen „beharken" und „bekriegen".

Halten wir abschließend noch einmal fest:

— Aktuelle Konflikte sind Zeichen wie Auslöser von Integration wie Desintegration in einer Organisation.

— Konflikte sind für den einzelnen ebenso quälend wie eine Chance, mehr zu sein als ein Rädchen im Getriebe.

— Ein Zustand der Konfliktlosigkeit ist auch durch konsequente Strategien der Konfliktlösung nicht zu erreichen, denn die Lösung alter Konflikte gelingt kaum ohne das Hervorbringen neuer Konflikte.

— Für die Organisation als Ganzes sind Konflikte gleichermaßen funktional wie dysfunktional, je nachdem, ob ihre Intensität und die Art ihrer Austragung (Konfliktstil) unterhalb der individuellen Frustrationsschwellen bleiben oder diese überschreiten.

Da aber Konflikte im Bewußtsein der Organisationsmitglieder weithin mit negativen Assoziationen verbunden sind, haben wir sie in diesem Buch dem Aspekt der Desintegration zugeordnet.

## 5.3 Abweichendes Verhalten und negative Sanktionen

### 5.3.1 Formen abweichenden Verhaltens

— Frau H. nimmt sich jede Wochen Akten mit nach Hause, um die Rückstande in ihrem Sachgebiet aufzuarbeiten

— Der Inspektoren-Anwärter F. fehlt – trotz formeller Anwesenheitspflicht – jeden Mittwoch und jeden Freitag bei den Lehrveranstaltungen seiner Fachhochschule.

— Der Studienrat K. beteiligt sich, Arm in Arm mit Autonomen und Hausbesetzern marschierend, an einem Protestmarsch, der sich gegen den Bau eines Kernkraftwerkes richtet.

— Herr C. schreibt einen anonymen Brief an ein Nachrichtenmagazin, um über bestimmte Mißstände in seinem Amt zu berichten.

— Herr M. opfert seine Mittagspause, um einer Rentnerin noch schnell einen Antrag auszufüllen.

Sie alle legen in den Augen ihrer Vorgesetzten, deren Werte in aller Regel auch die herrschenden Werte sind, wie auch in denen ihrer Kollegen **abweichendes** (= deviantes) **Verhalten** an den Tag.

---

Mit **abweichendem Verhalten** oder **Devianz** bezeichnen wir alle Verhaltensweisen, die – im Positiven wie im Negativen – jenseits des von Werten und Normen markierten Bereichs normaler Konformität anzutreffen sind (vgl. Wiswede 1973, 16 ff.).

---

Dabei betrachten wir abweichendes Verhalten nur als Teilklasse des Verhaltens und betonen, daß abweichendes nicht gleich kriminelles (= delinquentes) Verhalten ist.

Womit zu fragen wäre, wie es denn eigentlich zu diesem abweichenden Verhalten kommt.

273

## 5.3.2 Die Gründe abweichenden Verhaltens

Unserer Absicht entsprechend, in diesem Kapitel die zentrifugalen, dissoziativen und desintegrativen Kräfte in einer Organisation besonders zu betonen, also alles das, was ihr Funktionieren stört und den einzelnen frustriert, lassen wir hier die positiven Abweichungen einmal beiseite (vgl. dazu den Abschnitt über die Belohnungen der Organisation) und betrachten nur die Gründe für abweichendes Verhalten negativer Art. Dabei können wir dann für unsere Zwecke eine Reihe von Theorien und Ansätzen heranziehen, die in der Kriminologie und Kriminalsoziologie eine Rolle spielen.

Wir sehen folgende Faktoren, von denen abweichendes Verhalten in einer Organisation (einzeln oder von mehreren gemeinsam) ausgelöst werden kann:

### 1. Sozialisationsdefizite

Erfolgt die Verinnerlichung (= Internalisierung) der für eine gute Beurteilung des Organisationsmitgliedes maßgebenden Werte und Normen (Fleiß, Gewissenhaftigkeit, Ehrlichkeit, Pünktlichkeit, Unbestechlichkeit, Höflichkeit, Kameradschaftlichkeit etc. und neuerdings auch „Bürgernähe") in der familialen, der schulischen und besonders der beruflichen Sozialisation nicht richtig oder nur unvollständig, so können diese Defizite zu abweichendem Verhalten führen.

Sozialisationsdefizite sind im allgemeinen eine Folge

— einer Herkunft aus Bevölkerungsschichten, -klassen oder -gruppen (wie z. B. mittlerer und unterer Unterschicht, Hilfsarbeiterhaushalten, Landwirtschaft), in denen die Verhaltensmuster der **Bürokultur** nicht gang und gäbe sind (vgl. dazu die Theorien von William F. Whyte, Albert K. Cohen, Walter B. Miller und Lewis Yablonsky, bei denen die Unterschichtenzugehörigkeit der maßgebende Faktor für abweichendes Verhalten ist; deutsch in der Zusammenfassung von Haferkamp 1972),

— eines Aufwachsens in (schlechten) Heimen oder zerrütteten Familien, in denen im jungen Menschen aufgrund einer fehlenden, ständig wechselnden oder in sich widersprüchlichen Mutterbindung zu wenig „libidinöse Energie" (etwa: menschliche Zuneigung, Vertrauen in andere, die Fähigkeit, andere lieben zu können) aufgebaut wird, um die situationsbedingte wie die angeborene Aggressivität zu binden (Moser 1970), und in denen sich die „Entwicklung lebenswichtiger, nur über eine tragfähige Identifikation zu erlangender **Ichfunktionen** (Gedächtnis, Sprache, Einsicht in Kausalzusammenhänge, Realitätsprüfung, synthetische Fähigkeiten u. a.)" nur bruchstückhaft vollziehen kann, so daß „der kleinkindliche Drang nach Sofortbefriedigung" unverändert fortbesteht und das Lustprinzip die Vorherrschaft behält (Dechêne 1975, 168),

— des zunehmend **sadistischen und nekrophilen Grundcharakters unserer Gesellschaft** (Fromm 1977), wobei Sadismus von Fromm definiert wird als die Leidenschaft, „absolute und uneingeschränkte Herrschaft über ein lebendes Wesen auszuüben" (326), und Nekrophilie als „das leidenschaftliche Angezogenwerden von allem, was tot, vermodert, verwest und krank ist; sie ist die Leidenschaft, das, was lebendig ist, in etwas Unlebendiges umzuwandeln; zu zerstören um der Zerstörung willen; das ausschließliche Interesse an allem, was rein mechanisch ist. Es ist die Leidenschaft, lebendige Zusammenhange zu zerstückeln" (373).

274

## 2. Ungleichheit und anomische Zustände in der Organisation

Zwischen dem Einkommen, dem Statusbesitz und der Macht eines Managers auf der einen und eines Angestellten in der Warenannahme auf der anderen Seite oder eines Ministerialrates und eines Obersekretärs bestehen so große Unterschiede, daß sie sensible und frustrierte Organisationsmitglieder durchaus zu abweichendem Verhalten treiben können (etwa Leistungszurückhaltung, Krankfeiern oder Mitnahme von Firmeneigentum). Versuchen sie damit (wenn sie nicht durch Anpassung aufsteigen wollen oder können, wenn sie nicht auf Macht und Statussymbole verzichten wollen und wenn sie nicht durch Koalitionsbildung Gegenmacht aufbauen wollen und können) ihre **relative Mängellage** zu kompensieren, so „kriminalisieren" die Organisationsmitglieder in den **Vorzugslagen** dieses abweichende Verhalten natürlich, d. h. sie bestrafen es (vgl. Haferkamp 1975).

Folgt man Robert K. Merton (1968), so befindet sich jede Großorganisation eigentlich ständig in einem **anomischen Zustand,** denn infolge ihrer Pyramidenform bzw. ihres Stellenkegels ist es von der Struktur her für die meisten ihrer Mitglieder gänzlich unmöglich, die „kulturellen Ziele" (nämlich viel Macht, viele Statussymbole, hohes Einkommen und „immer der Erste zu sein") mit den „institutionalisierten Mitteln" (ehrliche und fleißige Arbeit) zu erreichen, so daß es (neben dem Rückzug und der Rebellion) automatisch abweichendes Verhalten geben muß.

## 3. Gruppeneinflüsse

Abweichendes Verhalten in Großorganisationen wird sehr häufig in informellen Gruppen vorbereitet bzw. von ihnen ausgelöst (vgl. den Abschnitt über Mikropolitik), so daß wir die beiden Hauptthesen der „differentiellen Assoziationstheorie" von E. H. Sutherland (1968) für unseren Bereich übernehmen können: „(1) Kriminelles Verhalten ist erlernt" und „(3) Kriminelles Verhalten wird hauptsächlich im Rahmen intimer persönlicher Gruppen erlernt" (wobei wir nicht von kriminellem, sondern von abweichendem Verhalten im weiteren Sinne reden wollen).

## 4. Etikettierungen durch die Organisation

In der Kriminologie geht der Labeling-Ansatz (engl. to label = abstempeln, etikettieren), wie er in Deutschland vor allem von Fritz Sack vertreten wird, davon aus, daß es weithin der Prozeß der Kriminalisierung ist, der Menschen zu Kriminellen werden läßt, das heißt, „wo die Instanzen sozialer Kontrolle als die gesetzlich fixierten formellen Kontrollgruppen einer Gesellschaft rechtswirksam tätig werden – auf offizieller Ebene, nämlich kraft Amtes und Gesetzes" (Fellner 1975, 485), sorgen sie dafür, daß ein Mensch als potentieller Krimineller abgestempelt wird – womit sie ihn dahin drängen, sich selbst als solchen zu sehen und die Gesellschaft anderer Krimineller zu suchen (zumal die Nicht-Kriminellen ihn zunehmend meiden). „In diesem Sinne ist abweichendes Verhalten das, was andere als abweichend definieren. Es ist keine Eigenschaft oder ein Merkmal, das dem Verhalten als solchem zukommt, sondern das an das jeweilige Verhalten herangetragen wird." (F. Sack 1968)

Übertragen auf unseren Bereich großer Organisationen heißt das dann, daß negative Sanktionen der Vorgesetzten wie öffentliches Kritiküben, wie Ermahnungen, Rügen, Einträge in die Personalakte, „Straf"-Versetzungen, Entlassungsdrohungen etc. einen Mitarbeiter so abstempeln können, daß er sich dann erst recht so verhält bzw., da die anderen ihn ausschließen, verhalten muß, wie man es von einem Abweichenden erwartet.

## 5. Möglichkeiten der Neutralisation

Die Amerikaner Sykes und Matza gehen davon aus, „daß ein Großteil aller Delinquenz auf Rechtfertigungen beruht, die zwar nicht vom Norm- und Rechtssystem der Gesellschaft, jedoch vom Individuum als gültig angesehen wird" (Wiswede 1973, 69). Überträgt man ihre **Techniken der Neutralisierung** auf unseren Bereich, so läßt sich sagen, daß ein Organisationsmitglied – unter anderem – auch abweichendes Verhalten an den Tag legen könnte (etwa das Liegenlassen eines Antrages auf Baugenehmigung, den ein Zahnarzt gestellt hat), weil es

— die Verantwortung ablehnt („soll er sich doch an den Petitionsausschuß wenden, wenn er's so eilig hat, ist doch nicht meine Schuld, wenn die so komplizierte Gesetze machen!"),

— das Unrecht seines Tuns verneint („der hat ja schon zwei Häuser – von unserm Geld – der soll ruhig mal warten!"),

— das Opfer ablehnt („der Kerl ist mir so unsympathisch wie nur irgend möglich der kann sich ärgern, bis er blau wird!"),

— die es Verdammenden verdammt („soll doch der Chef an der Decke hängen, der arbeitet selber nicht schneller; soll dieser Zahnklempner doch ruhig die Presse alarmieren, diese Tintenpisser schreiben ja sowieso nur Schlechtes über uns!"),

— sich auf höhere Interessen beruft („wenn der sein Haus baut, dann kostet das wieder mal tausend Quadratmeter Wald – nicht mit mir!").

Die Notwendigkeit einer Neutralisation setzt voraus, daß hier vom Betroffenen ein potentieller Widerspruch erlebt wird, den es zu neutralisieren gilt. Ein durch das eigene Handeln bewirkter Widerspruch löst das aus, was wir oben unter dem Terminus der **kognitiven Dissonanz** vorgestellt haben. Das Wissen um das Unrechtmäßige bestimmter Handlungen (z.B. Fahrraddiebstahl) und das Bewußtsein, eben diese Handlung ausgeübt zu haben, sind zwei unvereinbare Bewußtseinsinhalte, und die entstehende Dissonanz drängt auf eine Lösung. Es ist daher gut verständlich, daß sich die Methoden der Dissonanzreduktion (vgl. Kap. 3.4.8) und die soeben referierten Techniken der Neutralisation durchaus entsprechen.

## 6. Die Notwendigkeit von Sündenböcken in der Organisation

Mitarbeiter, die für alle sichtbar abweichendes Verhalten zeigen und dafür bestraft werden, sind für das Funktionieren einer Organisation von essentieller Wichtigkeit, weil sie den Angepaßten unter den Kollegen vier für sie notwendige Aktionen bzw. Reaktionen ermöglichen (vgl. Dechêne 1975, 246f., und Wiswede 1973, 51 ff.):

a) **Solidarisierung** (abweichendes Verhalten „vereinigt die aufrechten Gemüter und läßt sie zusammenrücken" – Durkheim),

b) **Normenfestigung** (werden Sanktionen verhängt, so werden die Normen stets aufs neue ins Gedächtnis gerufen),

c) **Selbstbestätigung** (man selbst kann sich zu den Guten zählen),

d) **Schuldprojektion** (das eigene Ungenügen wird in den Abweichenden hineinverlagert, und dessen Bestrafung wird als eigene Reinigung erfahren).

Nimmt man noch den **Innovations-Effekt** hinzu (abweichendes Verhalten löst oftmals notwendige Neuerungen aus), so sieht man, wie wichtig abweichendes Verhalten für die Organisation wird, auch wenn es die Desintegration einzelner signalisiert. Und so sehr man es einerseits bekämpft, auf der anderen Seite ist die Organisation auf abweichendes Verhalten negativer Art angewiesen, ja, sie fördert es (wenn auch unwillentlich), indem sie eine Reihe von Normen aufstellt, die sich niemals gleichzeitig erfüllen lassen (etwa – beim mittleren Vorgesetzten – die Forderung nach kameradschaftlich-kooperativem Verhalten sowohl gegenüber der Organisationsspitze als auch den Untergebenen).

Ein besonders schönes Beispiel, wie **abweichendes Verhalten ein wichtiger Bestandteil für das Funktionieren einer Organisation** werden kann, findet sich bei Bensman & Gerver (1973), die aus einer amerikanischen Flugzeugfabrik berichten, wo Inspektoren, Arbeitern und Vorarbeitern durch den Auftraggeber, die Luftwaffe, zwar strengstens untersagt ist, bei nicht paßgerechten Tragflächenplatten mit einem Gewindebohrer „nachzuhelfen", sie aber andererseits ohne den zeitweiligen Einsatz dieses Bohrers ihr Produktionssoll niemals erfüllen können – und somit dieses abweichende Verhalten, nämlich seinen Gebrauch, bei „zeremonieller Scheindurchsetzung der Regel" laufend gemeinschaftlich praktizieren.

Wir können also folgende Erkenntnis formulieren:

Abweichendes Verhalten negativer Art weist auf die Desintegration einzelner hin, fördert aber gleichzeitig die Integration der vielen anderen, und mitunter dient es sogar der Integration aller Mitarbeiter und damit der Erreichung der offiziellen Organisationsziele (womit es dann eigentlich nicht mehr – auch im Sinne der Normen, die von der Organisationsspitze gesetzt worden sind – als „negativ" bezeichnet werden kann).

### 5.3.3 Desintegration durch abweichendes Verhalten

Haben wir eben auf die integrativen (= funktionalen) Wirkungen abweichenden Verhaltens abgehoben, müssen wir nun auch seine desintegrierenden oder dysfunktionalen Wirkungen hervorheben. Wir tun das mit Wiswede (1973, 55ff.) und schreiben dem abweichenden Verhalten (negativer Art) vier unerwünschte Wirkungen zu:

a) den **Belastungs-Effekt** (Abweichungen stören die Arbeit In der Organisation und verursachen kostspielige Kontrollen und Schlichtungsverfahren),

b) den **Desorganisations-Effekt** (Abweichungen erwecken Zweifel am Sinn bestehender Organisationsziele und -strukturen),

c) den **Aushöhlungs-Effekt** (haben Abweichende mit ihrem Handeln Erfolg, schwindet auch die Normentreue der anderen: wo nicht mehr die Leistung als Beförderungskriterium Nummer eins gilt, sondern Beziehungen den Ausschlag geben, sinkt die Arbeitsmoral),

d) den **Ungewißheits-Effekt** (kann man sich nicht mehr darauf verlassen, daß die anderen sich normengetreu verhalten werden, wird man weniger weit im voraus planen können und sich viel mehr Mühe mit der Beschaffung zusätzlicher Informationen machen müssen, ehe man sich zu entscheiden wagt).

## 5.3.4 Das Spektrum negativer Sanktionen

In jeder Organisation kennen Vorgesetzte wie Kollegen eine Reihe negativer Sanktionen, um abweichende Mitglieder „wieder auf Vordermann zu bringen", d. h. zu einem erwünschten Verhalten zu bewegen. Werden die im folgenden aufgeführten negativen Sanktionen offenkundig, so verraten sie, daß und in welchem Maße bestimmte Organisationsmitglieder desintegriert sind. Der **Doppelcharakter negativer Sanktionen** liegt damit auf der Hand: einmal sind sie ein Indiz dafür, daß die Sozialisation eines Teils der Organisationsmitglieder gescheitert ist oder zumindest tendenziell vom Scheitern bedroht ist, und zum anderen haben sie die Funktion, durch Abschreckung und Angst gerade dieses Scheitern zu verhindern.

Generell ist zu sagen, daß die wechselnde Verwendung von Zuckerbrot und Peitsche die „Sozialisations-Geschichte" unserer Gesellschaft beherrscht. Was positive Sanktionen (= Belohnungen) nicht schaffen, sollen negative Sanktionen (= Strafen bzw. Verweigerung von Belohnungen) besorgen.

Einen Katalog **formaler negativer Sanktionen** bei einem Dienstvergehen (das ist die schuldhafte Verletzung der einem Beamten obliegenden Pflichten) gibt die Bundesdisziplinarordnung (BDO). Als **Disziplinarmaßnahmen** sind hier vorgesehen: Verweis, Geldbuße, Gehaltskürzung, Versetzung in ein Amt derselben Laufbahn mit geringerem Endgrundgehalt (Degradierung) und Entfernung aus dem Dienst (vgl. Scherübl 1976, 645). Daneben gibt es als schwächere negative Sanktionen mißbilligende Äußerungen des Vorgesetzten, die noch keine Disziplinarmaßnahmen sind, Rügen und Ermahnungen etwa (vgl. Weiß 1976, 632). Eine harte, wenn auch selten angewandte negative Sanktion der hier gemeinten Art ist schließlich der Zwangsurlaub (vgl. Arndt 1976, 1821 f.).

Bevor Vorgesetzte zu diesen schriftlich fixierten und rechtlich institutionalisierten Sanktionen greifen (müssen), steht ihnen ein reichhaltiges **Reservoir ungeschriebener negativer Sanktionen** zur Verfügung (vgl. dazu auch Spittler 1975) – etwa:

— Unfreundliche Blicke, unpersönlicher Umgangston,

— Ausschluß von informellen Aktivitäten, beispielsweise dem gemeinsamen Essen in der Kantine,

— ignorieren bei Dienstbesprechungen etc.,

— von oben herab behandeln,

— verbale Mißbilligung (auch in Form von Scherzen),

— ironisch überhöhtes Loben,

— Arbeitsverschärfung (Versetzung an unbeliebte Arbeitsplätze, Zuteilung von mehr und anspruchsvollerer Arbeit, Erhöhung des Zeitdrucks, Übertragen von „Himmelfahrtskommandos"),

— Entzug von Privilegien (Arztbesuche während der Dienstzeit, Einkäufe in der Mittagspause, private Telefongespräche vom Büro aus),

— Verbauen von Beförderungschancen (schlechtere Beurteilungen, keine Empfehlungen).

Der größte Teil dieser ungeschriebenen negativen Sanktionen („Schikanen") ist **informeller Natur,** und steht nicht nur Vorgesetzten, sondern auch Kollegen und Untergebenen zur Verfügung. Diese können ein Gruppenmitglied, das sich in ihren Augen falsch, unpassend oder ungehörig verhält, vor allem durch **Störungen in der Arbeitskooperation** treffen (indem sie es von Informationen abschneiden, ihm nicht mit Rat und Tat weiterhelfen, es ruhig seine Fehler begehen lassen oder es direkt bei der Arbeit stören), aber auch durch eine ganz bestimmte Art von **kollegialem Psychoterror,** dem wir oben unter dem Titel „Mobbing" ein eigenes Kapitel (5.2.4.3) gewidmet haben.

Die negativen Sanktionen formeller wie informeller Art, die Großorganisationen und ihre Mitglieder für Abweichler bereit halten, lassen die Vermutung aufkommen, daß **bürokratische Sozialisation** zum Teil auch **Sozialisation durch Angst** ist. „Die Bedrohung mit Isolation – und damit vermeintlicher Vernichtung – ist das wirksamste Instrument, jederzeit Gefügigkeit zu erzwingen." (Richter 1976, 20)

### 5.3.5 Desintegration durch negative Sanktionen

Negative Sanktionen sind zwar von der Organisationsspitze als Mittel der Integration gedacht, bewirken aber häufig, wie das bereits zum Ausdruck gekommen ist, die Desintegration von Organisationsmitgliedern. Am Beispiel des Hauptsekretärs F. aus dem Sozialamt, der von seinem Vorgesetzten anläßlich einer Dienstbesprechung („Morgenandacht") mit scharfen Worten zurechtgewiesen worden ist, weil er entgegen entsprechender Weisungen Männer und Frauen aus der mittleren und unteren Unterschicht nicht zu duzen aufhört, wollen wir uns die (möglichen) negativen Sanktionen bzw. die **desintegrierenden Folgen von Bestrafungen** klarmachen, besonders wenn diese als unbegründet oder unangemessen angesehen werden (vgl. Breland 1975, Lorenz, Molzahn & Teegen 1976, vgl. Abschnitt 3.3.3):

— Bestrafung führt u.U. zu **Vermeidungsverhalten** (F. unterläßt nun freiwillige Hausbesuche und alle nicht unbedingt notwendigen Kontakte mit seinen Klienten und gibt sich so förmlich, daß das an sich begrüßenswerte Vertrauensverhältnis zu ihnen verlorengeht, geht aber auch seinem Chef aus dem Wege, wie er sich auch künftigen gemeinsamen Besprechungen zu entziehen sucht) und – über den Mechanismus der Generalisierung – zur Unterdrückung an sich wünschenswerter Verhaltensweisen sowie zu Beziehungsverlusten,

— Bestrafung führt u.U. zu **Fluchtverhalten, Rigidität und Apathie** (F. lockert seine Rollenidentifikation, widmet sich verstärkt privaten Aktivitäten, weigert sich, an einem Fortbildungslehrgang teilzunehmen und denkt an eine Versetzung bzw. vorzeitige Pensionierung),

— Bestrafung führt u.U. zu **Aggressionen** (er intrigiert gegen seinen Vorgesetzten und dessen Gefolgsleute und arbeitet gegen sie, wo immer er kann, behandelt aber auch seine Zuarbeiter so barsch, wie er selbst barsch behandelt worden ist),

— Bestrafung führt u.U. zur **Hintergehung der Vorgesetzten** (F. versichert zwar, seine Klienten nicht mehr zu duzen, tut das aber bei der Mehrzahl von ihnen noch immer und entwickelt immer neue Techniken, seinen Chef zu täuschen).

Diese **Ambivalenz** der Funktionen und Wirkungen von Phänomenen und Entscheidungen, die wir hier am Beispiel des abweichenden Verhaltens und der negativen Sanktionen kennengelernt haben, macht die Organisationswirklichkeit „recht eigentlich" aus.

## 5.4 Entfremdung als Ausdruck gescheiterter Integration

### 5.4.1 Anomische Zustände und die allgemeine Entfremdung in und von der Gesellschaft

Entfremdung ist eine uns allen vertraute Begleiterscheinung des modernen Lebens; sie ist zunächst ein Gefühl von Hoffnungslosigkeit, Trostlosigkeit, Vergeblichkeit und Leere, läßt sich aber auch an bestimmten Handlungen ablesen. So offenbaren Menschen ihre Entfremdung, wenn sie

— von zu Hause weglaufen (E. von ihren Eltern bzw. ihrer Familie),

— die Schule schwänzen (E. von der Schule),

— in ein anderes Land auswandern (E. von ihrer Heimat),

— sich scheiden lassen (E. vom Ehepartner),

— trotz ihrer formellen Mitgliedschaft nicht in die Kirche gehen oder sich, wenn sie doch einmal einen Gottesdienst besuchen, unheimlich langweilen und überlegen, welchen Wagen sie sich am besten kaufen sollten (E. von der Religion),

— nicht zur Wahl gehen und bei Reden der Spitzenpolitiker ihren Fernsehapparat abschalten (E. vom politischen System),

— die Beamten als Parasiten beschimpfen und einen regelrechten Horror davor haben, eine Behörde aufzusuchen (E. von der Staatsbürokratie),

— andere niederschlagen, um sich deren Wertgegenstände anzueignen (E. vom bürgerlichen Wert- und Rechtssystem),

— bei der Arbeit immer nur auf die Uhr sehen und darauf warten, nach Hause gehen zu können (E. von der Arbeit),

— einen Selbstmordversuch unternehmen (E. von sich selbst und von der Gesellschaft).

Wir kommen damit zu einer ersten Definition:

---

„**Entfremdung** (alienation), Bezeichnung für den Prozeß, in dem eine Beziehung oder ein Verhältnis zu einer Sache, einer Situation, einem Menschen oder einer sozialen Gruppe zerstört wird oder verlorengeht, und für das Ergebnis dieses Prozesses." (Lexikon zur Soziologie 1973, 165)

---

In der Ideengeschichte und in der Diskussion des Begriffes Entfremdung kommt den Namen Karl Marx, Emile Durkheim, Robert K. Merton und Melvin Seeman die größte Bedeutung zu.

Karl Marx hebt in seiner Analyse der Entfremdung drei Aspekte hervor (vgl. Israel 1972, 45–85):

— die **religiöse Entfremdung** (der Mensch habe sich, so auch L. Feuerbach, Gott und Religion zu seiner Entlastung selber gemacht und leide nun unter der Religion, da er alle seine guten Eigenschaften Gott zuschreibe und sich, gemessen an diesem Ideal, immer als schlecht und sündig erfahren müsse, womit sich die entfremdete Religion dann als Widerspiegelung seines sozialen Elends in einer versklavten Welt erweise),

— die **politische Entfremdung** (die Menschen hätten sich den Staat geschaffen, damit er ihnen dienen solle, doch Staat und Bürokratie wendeten sich – darin gefördert von der Hegelschen Annahme, im Staate manifestiere sich der Geist Gottes und deswegen habe man ihn bedingungslos zu verehren – gegen den Menschen und unterdrückten ihn),

— die **ökonomische Entfremdung** (der Mensch entfremde sich von seiner Arbeit durch Privateigentum, Arbeitsteilung und die Tatsache, daß er und seine Arbeitskraft zur Ware wurden).

Was hier die Entfremdung des Menschen mitbewirkt, nämlich die überaus starken und starren gesellschaftlichen Kräfte, die Strenge der gesellschaftlichen Normen, ist für **Emile Durkheim** die Voraussetzung dafür, daß Entfremdung **nicht** eintritt. Unser „grenzenloses Verlangen" und unsere „Leidenschaften", sagt er, müßten notwendigerweise von einer äußeren Macht eingedämmt werden, und es bedürfe „einer moralischen Disziplin, um die von Natur weniger Begünstigten ihre schlechte Ausgangssituation hinnehmen zu lassen" (Durkheim 1966, 399). Erst das Nachlassen des Normenzwanges führe zum Chaos, zur **Anomie.**

> „**Anomie** ist ein Zustand der Gesellschaft, in dem die traditionellen Werte keine Autorität mehr besitzen und neue Ideale, Ziele und Normen noch keine Kraft zeigen. Anomie ist ein sozialer Zustand, bei dem sozusagen jeder für sich oder jede Gruppe für sich ihren Weg sucht, ohne verbindliche Ordnung – ein Zustand, der nach Durkheim nicht nur für den Bestand der Gesellschaft lebensgefährlich ist, sondern auch für die Individuen innerhalb der Gesellschaft, die aus individuellen Gründen besonders anfällig für Verzweiflung sind: Wo die Ordnungskraft der Gesellschaft versagt, breitet sich Traurigkeit aus." (Seger 1970, 78)

Diesem anomischen Zustand der Gesellschaft nun „entspricht im Individuum Ratlosigkeit und Haltlosigkeit, was wir heute meist als **Entfremdung (Alienation)** oder **Identitätsverlust** bezeichnet sehen" (Seger 1970, 78).

**Robert K. Merton** (vgl. Abschnitt 5.3.2) versteht unter **Anomie** einen gesellschaftlichen Zustand, in dem bestimmte Teile der Bevölkerung – „die Angehörigen der unteren Schichten" – nicht mehr in der Lage sind, die kulturell vorgegebenen Ziele (Erwerb von Besitz und Status, Gewinn von Freiräumen, „Heimführen" attraktiver Geschlechtspartner) mit den institutionalisierten Mitteln (lohnabhängiger und selbständiger Arbeit) zu erreichen (Merton 1968). Dieser gesellschaftliche Zustand führt dann zu individuellen Meinungen, Einstellungen und Verhaltensweisen, die von L. Srole im Begriff **Anomia** zusammengefaßt werden. „Ein Individuum wird dann als anomisch bezeichnet, wenn eine mangelnde Integration in ein soziales System vorliegt, wenn der einzelne sich nirgendwo hinzugehörig fühlt und sich von niemandem geschätzt und geliebt weiß." (Basler 1977, 335) Verzweiflung, Hoffnungslosigkeit und Entmutigung kennzeichnen ein solches Individuum.

Anhand des folgenden kurzen Fragenkatalogs kann der Leser selber feststellen, inwieweit er ein **anomisches Lebensgefühl** und damit einen bestimmten **Grad an Entfremdung** erreicht hat (nach Basler 1977, 336):

---

1. Im Gegensatz zu dem, was manche Leute sagen, geht es dem Durchschnittsbürger immer schlechter
   2 Zustimmung
   0 unentschlossen, Ablehnung

2. Bei diesen Zukunftsaussichten ist es kaum zu verantworten, Kinder zur Welt zu bringen.
   2 Zustimmung
   0 unentschlossen, Ablehnung

3. In diesen Zeiten muß man für den heutigen Tag leben und das Morgen sich selber überlassen.
   2 Zustimmung, unentschlossen
   0 Ablehnung

4. Heute weiß man nicht mehr recht, auf wen man sich wirklich verlassen kann.
   2 Zustimmung
   0 unentschlossen, Ablehnung

5. Es hat kaum einen Sinn, Beamten zu schreiben, weil diese sich nicht wirklich für die Probleme des Durchschnittsbürgers interessieren.
   2 Zustimmung
   1 unentschlossen
   0 Ablehnung

Als anomisch wird ein Proband eingestuft, wenn er mehr als vier Punkte in der Skala erreicht.

---

Von erheblichem Einfluß auf die Entfremdungsdiskussion ist auch der Ansatz von **Melvin Seeman** (1970), wobei man ihm den Vorwurf macht, die Ursachen für Entfremdung und Anomie des Menschen beim Individuum und nicht bei der Gesellschaft zu suchen: „Der Weg zur Exkulpierung der Gesellschaft und zur Denunziation des Entfremdeten als eines Andersartigen, der sich den gesellschaftlichen Verhältnissen nicht anpassen will, liegt offen." (A. Fischer 1970, 36; vgl. auch Israel 1972, 254 ff.)

Seemans fünf psychologische Dimensionen der Entfremdung sind:

(1) **Machtlosigkeit** (der einzelne empfindet sich als unfähig, sein Schicksal selbst zu bestimmen und durch eigenes Handeln Einfluß auf die Befriedigung seiner Bedürfnisse zu nehmen),

(2) **Bedeutungslosigkeit oder Sinnlosigkeit** (das Individuum hat das Gefühl, die Ereignisse, in die es einbezogen ist, und das Funktionieren seiner Gesellschaft nicht mehr zu verstehen),

(3) **Normenlosigkeit** (das Individuum glaubt, in einer Welt zu leben, „in der eine große Erwartung darüber vorherrscht, daß von der Gesellschaft mißbilligte Verhaltensweisen erforderlich sind, um gegebene Ziele zu erreichen"),

(4) **Isoliertheit** (der einzelne akzeptiert nicht die Ziele der Gesellschaft oder der Organisationen, denen er angehört),

(5) **Selbstentfremdung** (das Individuum verliert den Stolz auf seine Arbeit und empfindet sich als sinn- und bedeutungslos).

Neben diesen soziologisch-psychologischen Theorien zu Anomie und Entfremdung wären selbstverständlich noch eine Reihe mehr philosophisch-anthropologischer Autoren und Ansätze zu nennen (vgl. Israel 1972, 29), etwa **Herbert Marcuse,** für den Massenproduktion und -distribution das ganze Individuum beanspruchen und die Technologie zur Form sozialer Kontrolle und Herrschaft wird. Er sieht den Menschen zum bloßen Bauteil von Systemen herabsinken, deren Ziele er nicht mehr bestimmen kann: „Die allseitige Leistungsfähigkeit und Produktivität des Apparates, unter den sie subsumiert werden, verschleiern die den Apparat organisierenden partikularen Interessen. Mit anderen Worten, die Technik ist zum großen Vehikel der **Verdinglichung** geworden... (...) Die Welt tendiert dazu, zum Stoff totaler Verwaltung zu werden, die sogar die Verwalter verschlingt." (1967, 183)

Schließlich muß in diesem Zusammenhang auch **Sigmund Freud** erwähnt werden, demzufolge eine gewisse Entfremdung zu jeder Hochkultur gehöre, da diese ja auf Triebunterdrückung basierten, und der den Preis genau beschreibt, den wir für die durchbürokratisierte Wohlstandsgesellschaft zu zahlen haben: „Der Kulturmensch hat für ein Stück Glücksmöglichkeit ein Stück Sicherheit eingetauscht." (1953, 153)

Wir haben den ideengeschichtlichen Wurzeln der beiden eng zusammenhängenden Begriffe Anomie und Entfremdung an dieser Stelle einigen Raum gewidmet, weil sie gleichsam Zollstöcke sind, mit denen der Leser dieses Buches das Sosein seiner Organisation ab- bzw. ermessen kann. Je größer Anomie und Entfremdung, desto geringer die Integration in eine Organisation, desto größer die Desintegration (und umgekehrt).

Im folgenden wollen wir uns nun dem für uns wichtigsten Punkt zuwenden, der Entfremdung von der Arbeit.

### 5.4.2  Entfremdung von der Arbeit

Nach dieser verhältnismäßig umfangreichen theoretischen Grundlegung können wir diesen Abschnitt weithin als „Mini-Reader" gestalten, d.h. uns mit prägnanten Zitaten zur Entfremdung von der Arbeit begnügen.

Mit dem Begriff Entfremdung assoziieren wir zunächst das Berufsschicksal (und Elend) einfacherer Industriearbeiter, sei es, daß wir an das vorige Jahrhundert denken (vgl. dazu Fürstenberg 1959) oder an die Bücher von Günter Wallraff (z.B. 1970, 10): „Das Zermürbende am Band ist das ewig Eintönige, das Nichthaltmachenkönnen, das Ausgeliefertsein. Die Zeit vergeht quälend langsam, weil sie nicht ausgefüllt ist. Sie erscheint leer, weil nichts geschieht, was mit dem wirklichen Leben zu tun hat."

Ausgangspunkt aller Überlegungen zu diesem Punkt ist **Karl Marx,** der im Begriff Entfremdung die beiden soziologischen Prozesse der Entäußerung und der Veräußerung zusammenfaßt (vgl. Israel 1972, 70 ff.) und drei **Zustände der Entfremdung** unterscheidet:

**1. Der Arbeiter wird seiner eigenen Tätigkeit entfremdet,** das heißt: „Erstens, daß die Arbeit dem Arbeiter äußerlich ist, d. h. nicht zu seinem Wesen gehört, daß er sich daher in seiner Arbeit nicht bejaht, sondern verneint, nicht wohl, sondern unglücklich fühlt, keine freie physische und geistige Energie entwickelt, sondern seine Physis abkasteit und seinen Geist ruiniert. Der Arbeiter fühlt sich daher erst außer der Arbeit bei sich und in der Arbeit außer sich. Zu Hause ist er, wenn er nicht arbeitet, und wenn er arbeitet, ist er nicht zu Hause. Seine Arbeit ist daher nicht freiwillig, sondern gezwungen, Zwangsarbeit. Sie ist daher nicht die Befriedigung eines Bedürfnisses, sondern sie ist nur ein Mittel, um Bedürfnisse außer ihr zu befriedigen. Ihre Fremdheit tritt darin rein hervor, daß, sobald kein physischer oder sonstiger Zwang existiert, die Arbeit als Pest geflohen wird. Die äußerliche Arbeit, die Arbeit, in welcher der Mensch sich entäußert, ist eine Arbeit der Selbstaufopferung, der Kasteiung." (MEGA I, 3, 85 f.; s. auch Marx 1970, 109)

**2. Der Arbeiter wird dem Produkt seiner Arbeit entfremdet,** das heißt: „Der Arbeiter legt sein Leben in den Gegenstand, aber nun gehört es nicht mehr ihm, sondern dem Gegenstand. Je größer also diese Tätigkeit, um so gegenstandsloser ist der Arbeiter. Was das Produkt seiner Arbeit ist, ist er nicht. Je größer also dieses Produkt, je weniger ist er selbst. Die Entäußerung des Arbeiters in seinem Produkt hat die Bedeutung, nicht nur, daß seine Arbeit zu einem Gegenstand, zu einer äußeren Existenz wird, sondern daß sie außer ihm, unabhängig, fremd von ihm existiert und eine selbständige Macht ihm gegenüber wird, daß das Leben, was er dem Gegenstand verliehen hat, ihm feindlich und fremd gegenübertritt." (Marx 1844/1968, 511 f.)

**3. Der Arbeiter wird sich selbst und der menschlichen Gattung entfremdet,** das heißt, es „erscheint dem Menschen die Arbeit, die Lebenstätigkeit, das produktive Leben selbst nur als ein Mittel zur Befriedigung eines Bedürfnisses, des Bedürfnisses der Erhaltung der physischen Existenz. Das produktive Leben ist aber das Gattungsleben. Es ist das Leben erzeugende Leben." (MEGA I, 3, 87)

Verliert der Arbeiter auf diese Art und Weise seine eigene Menschlichkeit, so kann er sich nur noch als Ware begreifen, so hat er auch keine Chance mehr zu befriedigender Kommunikation und Kooperation mit anderen Menschen.

Umfassende und viel beachtete Untersuchungen über Entfremdungsphänomene im Industriebereich stammen von Robert Blauner (1964), der von Seemans psychologischem Ansatz ausgeht und ganz generell die technologischen Bedingungen als primäre Ursache von Entfremdung ansieht, und von John H. Goldthorpe (1966), der Entfremdung allerdings nicht primär als Folge des technologischen Charakters der Betriebe ansieht, sondern grundsätzlich als Ergebnis der gesellschaftlichen Lage, in der sich die in ihnen beschäftigten Arbeiter befinden.

Die **Übertragung des Entfremdungsbegriffes auf die Büroarbeit und speziell die Beamtenwelt** war lange Zeit tabuisiert und wird auch heutzutage noch nach Kräften unterdrückt (insbesondere von Standesvertretern und Personalräten), verstößt sie doch gegen die herrschende Angestelltenideologie ebenso wie gegen die hergebrachten Werte des deutschen Beamtentums, in dem ja Entfremdung („innere Kündigung") per Gesetz aufgehoben bzw. ausgeschlossen wird (vgl. § 54 Bundesbeamtengesetz: „Der Beamte hat sich mit voller Hingabe seinem Berufe zu widmen").

Dennoch läßt sich nicht übersehen, daß die Entfremdung von der Arbeit in der hier beschriebenen Form zunehmend auch in Büros und insbesondere in Großraumbüros (vgl. dazu Aumeier 1976) anzutreffen ist. So schreibt C. Wright Mills schon 1951: „Die entfremdende Wirkung der modernen Arbeit bekommen jetzt die Gehaltsempfänger genauso zu spüren wie die Lohnempfänger. Es gibt nur wenige oder gar keine Merkmale der Lohnarbeit..., die nicht auch im Bereich der Gehaltsempfänger anzutreffen wären." (227)

Da man anhand von Definitionen niemals voll verstehen kann, was mit Entfremdung gemeint ist, sondern sie, will man sie begreifen, erfahren und erfühlen muß, lassen wir an dieser Stelle erst einmal Dichter und Schriftsteller zu Worte kommen.

Bei David Jenkins (1975, 58) zum Beispiel finden wir das folgende Gedicht von Theodore Roethke:

Ich kenne die unerbittliche Traurigkeit der Bleistifte,
Säuberlich in ihren Schachteln, der Stempel und Briefbeschwerer.
Das Ritual von Akten, Büroklammern, Kommas,
Die endlose Duplikation von Lebensläufen und Sachen...

Nicht anders klingt es bei Franz Kafka und Joseph Heller:

„Die Bureauzeit... läßt sich nicht zerteilen, noch in der letzten halben Stunde spürt man den Druck der 8 Stunden wie in der ersten. Es ist oft wie bei einer Eisenbahnfahrt durch Nacht und Tag, wenn man schließlich, ganz furchtsam geworden. weder an die Arbeit der Maschine des Zugführers, noch an das hügelige oder flache Land mehr denkt, sondern alle Wirkung nur der Uhr zuschreibt, die man immer vor sich in der Handfläche hält... Alle Menschen, die einen ähnlichen Beruf haben, sind so. Das Sprungbrett ihrer Lustigkeit ist die letzte Arbeitsminute." (Franz Kafka, in: Wagenbach 1964, 59)

„Immer häufiger fühle ich mich ausgenutzt, bloß weil man von mir die Arbeit erwartet, für die man mich bezahlt." (Joseph Heller 1977, 27)

Ähnliche Formulierungen finden wir aber interessanterweise auch bei Managern und Männern der Wirtschaft:

„Wir sind nur noch Sterbliche, die darauf abgerichtet sind, unsterblichen Institutionen zu dienen." (Townsend 1973, 9)

„Wir erniedrigen den Menschen durch die Bürokratisierung; gehen Sie doch mal in unsere Großräume, jeder ist dort nur ein Rädchen im Getriebe." (Gottschall, 1978, 43; Ausspruch eines Vorstandsvorsitzenden einer großen Versicherung)

Über die Rädchen-im-Getriebe-Funktion des Mitgliedes großer Verwaltungsapparate war sich allerdings schon Max Weber klar, als er am Anfang dieses Jahrhunderts schrieb:

„Der einzelne Beamte kann sich dem Apparat, in den er eingespannt ist, nicht entwinden. (...) Er ist – der überwiegenden Mehrzahl nach – nur ein einzelnes, mit spezialisierten Aufgaben betrautes, Glied in einem nur von der höchsten Spitze her, nicht aber (normalerweise) von seiner Seite, zur Bewegung oder zum Stillstand zu veranlassenden, rastlos weiterlaufenden Mechanismus, der ihm eine im wesentlichen gebundene Marschroute vorschreibt. Und er ist durch all dies vor allem festgeschmiedet an die Interessengemeinschaft aller in diesen Mechanismus eingegliederten Funktionäre daran, daß dieser weiterfunktioniere und die vergesellschaftet ausgeübte Herrschaft fortbestehe." (M. Weber 1964, 727)

Ein eindrucksvolles Beispiel für Entfremdung in der öffentlichen Verwaltung von heute gibt die Polizeiobermeisterin Annegret Held (1988, 113f.):

„Sage und schreibe fünf Akten in meinem Fach. (...)

An jeder Akte hängt ein Zettel. Auf jedem Zettel steht, was ich falsch gemacht habe: einmal das Kohlepapier falsch rum eingelegt ... Einmal den Stempel auf die rechte Seite gemacht anstatt auf die linke und STA geschrieben, anstelle: ‚An die Staatsanwaltschaft'. Einmal unterschrieben, wo nur der Dienststellenleiter unterschreiben darf. (...)

Ist es möglich, daß ich zu Akten einfach keine Beziehung habe, oder jedenfalls nur eine gestörte?

Ich kann mich mit den Akten nicht genügend identifizieren. Vielleicht sollten sie die Einstellungsprüfung erweitern und ein gewisses feeling für Akten testen. Man braucht bestimmt ein feeling dafür. Ich jedenfalls habe keines.

Was mach' ich denn jetzt mit dem Mist?

Aus dem Fenster schmeißen? Heimlich alles Bernd ins Fach räumen? Stanzmaschine ... recyclen ...

Eines Tages werde ich den absoluten Aktenkoller kriegen, dann stürze ich mich ins Vernehmungszimmer 111, wo die meisten Formulare liegen (schätzungsweise 78 verschiedene) und kippe zwei große Schränke um, bis alles auf einem Haufen liegt, und dann zünde ich alles an!! Oh Ja! Ein Freudenfeuer gibt das – einen riesigen Sankt Martin – eine einzige Befreiung von der Knechtschaft ..."

Wir können also festhalten, daß – bedingt durch Arbeitsteilung und bestimmte Formalisierungszwänge – ein gewisses Maß an Entfremdung in jeder Großorganisation angelegt ist, dieses Maß aber von der konkreten historischen Situation und der Aufgabe der Organisation abhängig ist. So auch der Tenor der Ausführungen von Grunow & Hegner (1974, 73):

„Angesichts der Tatsache, daß der Mensch ein soziales Wesen ist und daß im Prozeß der gesellschaftlichen Differenzierung die Formen der Arbeitsteilung immer komplizierter werden, können die formalisierten Verhaltenserwartungen – wie alle sozialen Normen – zumindest in Konfliktsituationen nur als ‚Gegenstände' mit Zwangscharakter (Durkheim) außerhalb der individuellen Motivationen und Dispositionen erfahren werden. Die spezifische Qualität der ‚Entfremdung' erhält dieser Umstand dadurch, daß die Kommunikations-, Kontroll- und Personalstrukturen der kritischen Reflexion und der diskursiven Begründung entzogen werden, um die ihnen zugrunde liegenden Herrschafts- und Klassenverhältnisse nicht manifest werden zu lassen. In diesem Sinne ist formale Organisation nicht nur notwendig zur Aufrechterhaltung arbeitsteiliger Kooperation unter fortgeschrittenen technisch-wissenschaftlichen Verhältnissen, sondern zugleich Herrschaftsinstrument derjenigen, die das Eigentum oder die Verfügungsgewalt über die Produktionsmittel haben."

Dabei gilt, wie sich aus vielen Untersuchungen ableiten läßt (z. B. Senatskanzlei Bremen 1972 oder Gottschall 1978) folgendes:

**Je niedriger der Rang, desto größer die Entfremdung.**

Das liegt daran, daß von oben nach unten

— die Arbeit strukturierter, inhaltsärmer, repetitiver und monotoner wird (vgl. Abschnitt 4.4.7),

— die Entscheidungsbefugnisse und die Freiräume geringer werden,

— Job-Akzeptanz, Arbeitsplatzzufriedenheit und Arbeitsmotivation abnehmen und

— die Sinnerfüllung der Arbeit (vgl. Böckmann 1978) absinkt (geringere Identifikation mit der Organisation und ihren Zielen, geringere Kompensation von Frustrationen und Belastungen durch die Bezahlung, geringerer Durchblick durch die ablaufenden Prozesse).

Von Entfremdung und Verdinglichung (Menschen werden wie Dinge behandelt) sind allerdings auch die **Leitenden** in großen Organisationen betroffen. Das liegt einmal darin begründet, daß sie, wie jedes andere Organisationsmitglied auch, funktional (durch den Geschäftsverteilungsplan etc.) in die Arbeitsprozesse eingebunden sind und sich durch ihre Vorbildfunktion ganz besonders der Organisationskultur anpassen müssen, zum anderen kann paradoxerweise auch Machtfülle, auf dem Rang beruhende wie im mikropolitischen Kampf gewonnene, ein Gefühl von Machtlosigkeit und Ohnmacht erzeugen, also Entfremdung von der Organisation, denn **Machtbesitz bedeutet Abhängigkeit von anderen.** So schreibt schon Willibald Alexis 1840 in seinem Roman „Der Roland von Berlin" sehr treffend:

„... und wie mancher hohe Herr, der gerecht ist und gern seinen eigenen Weg ginge, muß gehen wie sein Anhang will, sonst verliert er ihn. Ist es mit aller Macht in der Welt ein schlimm Ding. Die so scheinen vor den Leuten, es mußte der Berg eben werden, worauf sie treten, und die Uhr mußte so viel Stunden schlagen, als sie wollen, gerade die Herren sind oftmalen am wenigsten frei." (302)

132 Jahre später heißt es dann bei Erich Fromm (1972, 42), einem weltbekannten Psychoanalytiker und Sozialphilosophen der „Frankfurter Schule" (Marcuse, Adorno, Horkheimer, Benjamin u. a.): „Die Angehörigen der Führungselite ... sind genauso bloße Anhängsel der Maschinen wie die Menschen, denen sie Weisungen erteilen. Sie sind genauso entfremdet, vielleicht sogar noch mehr, genauso ängstlich, vielleicht sogar noch mehr, wie der Arbeiter in einer ihrer Fabriken."

Diesen Gedanken des „Maschinencharakters" großer Organisationen finden wir schon bei Max Weber (1921), wenn er die bürokratische Organisation als „lebende Maschine" beschreibt bzw. als „leblose Maschine", die „geronnener Geist" sei (vgl. 1964, 1060), vor allem aber bei Adorno (1971). Für ihn gilt, „daß die von der Organisation Erfaßten ihr primär nicht um ihrer selbst willen, sondern eben als Werkzeuge zur Realisierung des Zweckes angehören, dem die Organisation dient und der erst mittelbar ... ihnen wiederum nützt. Mit anderen Worten, in der Organisation sind die menschlichen Beziehungen durch den Zweck vermittelt und nicht unmittelbar ... Solche Mittelbarkeit, der Werkzeugcharakter des einzelnen für die Organisation und der Organisation für den einzelnen, setzt ein Moment von Starrheit, Kälte, Äußerlichkeit, Gewaltsamkeit. In der Sprache der deutschen philosophischen Tradition wird dies Moment von den Worten Entfremdung und Verdinglichung umrissen." (69) Adornos eine Hauptthese geht dahin, daß die großen Organisationen die Gesellschaft und die Einzelschicksale immer stärker beherrschen würden, die andere hält fest, „daß der gegenwärtige Zustand der Organisation, der weniger stets an Freiheit, Unmittelbarkeit, Spontaneität duldet und der diejenigen, welche die integrale Gesellschaft bilden, tendenziell zu bloßen Atomen herabsetzt, den Menschen radikal bedrohe." (71) Es habe sich ein bedrohlicher Zustand herausgebildet, „der jeden einzelnen, er mag es wissen oder nicht, in eine Funktion des Getriebes zu verwandeln sich anschickt" (76). Für Adorno haben sich die Menschen der Apparatur angeglichen. „Die Menschen werden nicht nur objektiv mehr stets zu Bestandstücken der Maschinerie geprägt, sondern sie werden auch für sich selber, ihrem eigenen Bewußtsein nach zu Werkzeugen, zu Mitteln anstatt zu Zwecken." (80)

Hinsichtlich des Entfremdungsgrades der Arbeit kann uns das folgende Kontinuum den Überblick erleichtern:

| Keine Entfernung, volle Selbstverwirklichung | | | | Totale Entfremdung, keinerlei Selbstverwirklichung |
|---|---|---|---|---|
| | Beschäftigte in team-artig-professionellen Organisationsteilen  ←——— tendenziell | Beschäftigte in bürokratischen Organisationsteilen  tendenziell ———→ | | |
| Maler, Bildhauer | Schriftsteller | Kassierer | | Fließbandarbeiter |

|———————————————————————————————————————————————|

— — ———————— — —          — — ———————— — —
    Höherer Dienst                  Mittlerer Dienst

          — — ———————— — —
            Gehobener Dienst

Hinzuweisen wäre noch kurz auf die vier Methoden, mit denen man (insbesondere im Industriebereich) Entfremdung von der Arbeit abzubauen sucht (vgl. Groskurth & Volpert 1975, 203–206):

— **job rotation** (Arbeitswechsel, Wechsel zwischen den Tätigkeiten innerhalb einer Produktionseinheit),

— **job enlargement** (Aufgabenvergrößerung, größerer Umfang der Arbeitsaufgabe, Verminderung der horizontalen Arbeitsteilung),

— **job enrichment** (Aufgabenbereicherung, Ausdehnung des Handlungsspielraums in der vertikalen Dimension, Integration der Kontrollfunktion in die Arbeitstätigkeit),

— **(teil-)autonome Arbeitsgruppen** (in Grenzen eigene Festlegung dessen, was, wo, wie, mit wem, von wem und unter wessen Führung getan werden soll, vgl. Abschn. 4.3.5).

Wenden wir uns nun noch einmal kurz der Entfremdung in der öffentlichen Verwaltung zu.

### 5.4.3 Entfremdung in der öffentlichen Verwaltung

Da das Grundsätzliche bereits gesagt ist, können wir uns hier mit einer eingängigen These begnügen:

Die Mitarbeiter der öffentlichen Verwaltung sind wesentlich weniger von ihrer Arbeit und ihrer Organisation entfremdet als etwa die Arbeiter in der industriellen Produktion, aber im Durchschnitt auch weniger als die Industrieangestellten.

Dafür sehen wir eine Reihe von Gründen (vgl. Bosetzky 1973):

(1) Die besondere Übereinstimmung von Werten und Zielen von Arbeitgebern und Arbeitnehmern (keine Klassenkampfsituation, keine antagonistischen Spannungen),

(2) die Natur der Arbeit, das Arbeitsverhältnis und die Situation am Arbeitsplatz („kameradschaftliche Bürokratie", „idyllische Bürokratie"),

(3) die Wahrscheinlichkeit bzw. die Sicherheit des (langsamen) Aufstiegs und der mit dem Lebensalter ansteigenden Besoldung,

(4) der Einbau teamartig-professioneller Elemente in die bürokratische Grundstruktur der Behörden und der kooperativer werdende Führungsstil,

(5) die Chance zu Mikropolitik und Wahrnehmung von Gegenmachtchancen,

(6) die gelungene Verdrängung von Herrschafts- und Entfremdungsphänomenen und

(7) die Chance der Entlastung durch Weitergabe von hierarchischem Druck an eigene Untergebene oder den Bürger.

Damit hätten wir auch eine besondere Form der Entfremdung im Rahmen des öffentlichen Dienstes angesprochen: die **Gefahr der Entfremdung vom Bürger.** Sie wird von vielen Autoren gesehen; S. N. Eisenstadt (1968) z. B. spricht von „selbstorientierten Bürokratien" und Fijalkowski (1972, 163) sieht die **Entfremdung zum Bürokraten** wie folgt:

„Vielleicht hat der spätere Bürokrat ursprünglich politisches Bewußtsein und Bereitschaft zum Engagement für Gemeinwohl und Verwirklichung der Selbstbestimmung der Menschen mitgebracht. Zum Bürokraten wurde er, indem anderes in den Vordergrund oder an die Stelle trat: die Einübung in den Gehorsam für die internen Funktionserfordernisse des Apparats, Enttäuschungen seiner eigenen Hoffnung auf ein Leben der Freiheit und Selbstbestimmung und Sorgen um die Erhaltung oder den Ausbau seines Status im Apparat."

Dieses Zitat läßt bereits deutlich werden, daß die Entfremdung des „Bürokraten" vom Mitmenschen keineswegs (nur) ein Produkt seiner freien Entscheidung ist, sondern ein Ergebnis seiner bürokratischen Sozialisation. Die erzwungene Orientierung an den Normen der Bürokultur überläßt der Orientierung an den Interessen der Verwaltungs-Klientel nicht mehr viel Raum.

Es entsteht eine „Publikumsfremdheit": „Hier wird der Schreibtisch zur Barriere, vor der sich ein Stück Welt des Staatsbürgers abspielt, das der Bearbeiter ohne jegliche außerfachliche Reaktion in seiner geistigen Ordnungsapparatur registriert, um dann dem betreffenden Kästchen die dort bereitliegende Schemaantwort zu entnehmen. Aus dem Menschenbetreuer ist lediglich ein Aktenverwalter geworden." (Less 1958, 366)

So sind die folgenden Aspekte einer Entfremdung der Beamten vom Bürger zugleich Aspekte der Entfremdung der Verwaltung von der Gesellschaft, deren erster Dienstleistungsbetrieb sie sein sollte:

(1) Die Verwaltung spricht nicht die **Sprache** der Gesellschaft, in deren Dienst sie steht: sie zwingt den Bürger, sich auf einen Sprachstil einzulassen – den von uns sogenannten „bürokratischen Code" –, den er nicht beherrscht und dem er sich notgedrungen unterlegen fühlen muß (vgl. Abschnitt 3.6.3).

(2) Die Beamten und Angestellten akzeptieren im vollen Sinne des Wortes nur den **bürgerlichen** Teil ihrer **Klientel:** „Festzustellen ist … ein gewisses Ausblenden der Probleme und Ziele von Marginalgruppen und die Verurteilung ihrer Werte und Verhaltensweisen (Dienstsüchtige, Kriminelle, Dissoziale, Trebegänger, Gastarbeiter, ungelernte Arbeiter, Arbeitslose, Kommunarden, Studenten, Jusos usw.). Es fällt ihnen schwer, sich in die soziale Lage dieses Personenkreises hineinzuversetzen und sein Wertsystem und seine Bedürfnisse zu verstehen." (Bosetzky 1973, 30Sf.)

(3) Die Verwaltung hat sich zur **zielsetzenden statt zielverwirklichenden Instanz** entwickelt. Sie ist es, die bestimmt, was dem Bürger frommt und schadet (Lohmar 1978). Die Fähigkeit der Verwaltung, dem Bürger „aufs Maul zu schauen", ist kaum vorhanden; erst allmählich entstehen angemessene Versuche, die Bedürfnisse der Bürger empirisch zu erheben, statt sie zu erlassen (vgl. Arzberger, Murck & Schumacher 1979), und die Perspektive der die Dienstleistung abrufenden Bürgerinnen und Bürger zur Richtschnur der Behördenorganisation zu machen, z.B. durch Einrichtung sog. „Bürgerämter" (Bücker-Gärtner 1994).

(4) Die Verwaltung **reglementiert** und entscheidet **in immer mehr Bereichen,** auch dann, wenn ein Eingriff durch öffentliche Instanzen gar nicht nötig wäre, anstatt immer wieder von Neuem gesellschaftliche Teilbereiche (insbesondere „Betroffene") ihrer Selbstbestimmung zu überlassen. Gerade dieser Kritikpunkt zeigt allerdings auch, daß unerwünschte Entwicklungen der öffentlichen Verwaltung nicht immer *bürokratogen*, d.h. durch die Bürokratie selbst bedingt sein müssen: Viele Regelungen, über die sich *die Gesellschaft* ärgert, sind von eben dieser Gesellschaft eingefordert worden, z.B. als Reflex auf einzelne spektakuläre Ereignisse (Unfälle, Katastrophen, Ein- und Ausbrüche, Skandale etc.).

Bedürfte es eigentlich erst eines Rufes nach einer bürgernäheren Verwaltung, wenn diese dem Bürger nicht fern wäre, sich ihm nicht entfremdet hätte?

## 5.5 Distanzierung von der Berufsrolle und Rückzug ins Private

### 5.5.1 Rollenidentifikation und Rollendistanz

Im STERN Nr. 14/1978 finden wir auf Seite 15 in der Rubrik „personalien" folgende Notiz:

> Peter Lukacs Tresc, 36, Terroristenfahnder beim Bundeskriminalamt, wertet seine kriminalistische Arbeit nicht nur als Beamter, sondern auch als Dichter aus. (. . .) Peter Tresc über den Wert seiner Gedichte: „Ich existiere vom Beamtentum, aber ich lebe von der Lyrik."

Für Tresc liefert sein Beruf offensichtlich nicht genügend Sinn, um sein Leben zu tragen: er braucht dazu eine Freizeit-Rolle, die Rolle als Lyriker, die er – obwohl er in seinen Gedichten Erlebnisse aus dienstlichen Einsätzen verarbeitet – von seiner Berufs-Rolle abschottet.

Anders dagegen der Buchhalter P, den uns Wiswede (1977, 170) beschreibt, und der mit Leib und Seele dabei ist:

„P wird möglicherweise Verbesserungsvorschläge für die Buchhaltungstechnik einbringen, aber seine Stellung und Funktion als Buchhalter selbst kaum in Frage stellen oder kritisch überdenken. P wird sich verstärkt für seine Rolle engagieren; er wird zeigen, daß er ‚der richtige Mann am richtigen Platz' ist und daß seine Bereitschaft zum Ableisten von Überstunden jederzeit offenkundig ist. Die im Rollenmuster vorgesehenen Eigenschaften und Merkmale wie Genauigkeit oder Pedanterie, Denken in Zahlen oder ökonomischen Kategorien usw. werden auch in anderen Rollen deutlich, die P zu spielen hat: So ist er Schriftführer im Tennisklub geworden, und seine Frau klagt, daß sie ihr Haushaltsgeld auf den Pfennig genau abrechnen muß. P kann eben ‚aus seiner Haut nicht heraus'. Sollte er jedoch einmal einen ‚Rüffel' vom Chef erhalten oder sollten ihm ‚Unkorrektheiten' vorgeworfen werden, so wird P wegen dieser ‚Ungerechtigkeiten' sehr gekränkt sein und sein Selbstwertgefühl dürfte erheblich eingetrübt werden. Mögliche Modifikationen und Reduktionen der Rolle – Teile der bisherigen Buchhaltungsarbeit werden künftig vom Computer erledigt, so daß die Funktion des Buchhalters schrumpft oder sich ändert – werden P ebenfalls empfindlich treffen, da er sich gegenüber neuen, veränderten Situationen nur schwer anpassen kann. Und ist dann der Zeitpunkt des Berufsabbruchs gekommen, so mag dies, je mehr P bis zuletzt noch in seiner Rolle ‚aufging', zu einem geistigen ‚Pensionierungsbankrott' führen: der Rollenverlust bewirkt zugleich einen Identitätsverlust."

Nehmen wir noch ein drittes Beispiel: Der Inspektorenanwärter L. will eigentlich Zahnmedizin studieren und absolviert an der Fachhochschule für Verwaltung nur solange ein „Parkstudium", bis die ZVS in Dortmund ihm einen Studienplatz für dieses Fach vermitteln kann; jeden Mittag läuft er zum Briefkasten, in der Hoffnung, die ungeliebte Anwärter-Rolle, die er nur aufgrund der hohen Anwärterbezüge und infolge des Drucks seiner Eltern angenommen hat, wieder ablegen zu können. Die FH-Zeit erscheint ihm wie ein Gefängnisaufenthalt, und er tut nur das Allernotwendigste, um nicht „rausgeschmissen" zu werden.

Wir können also unterscheiden (nach Wiswede 1977, 168ff.):

(1) **Rollenidentifikation** als Ausdruck der vollen Annahme einer Rolle und des Aufgehens in ihr (Beispiel Buchhalter P),

(2) **Rollendistanz** als Ausdruck **mangelnder oder geringer Identifikation** mit der Rolle (Beispiel Inspektorenanwärter L.) und

(3) **Rollendistanz** als Ausdruck einer **kritisch-reflexiven Haltung** zur Rolle (Beispiel Peter Tresc).

(Dies alles ist natürlich immer nur eine Sache des Grades!)

Nur kann (insbesondere im teamartig-professionellen Kontext und bei Innovationen) die effektive Leistung eines Organisationsmitgliedes, das sich von seiner Rolle distanziert (insbesondere in kritisch-reflexiver Art) durchaus größer sein als die des voll angepaßten Rollenspielers: ja, mitunter ist die Distanzierung einfach Voraussetzung des Erfolges, ebenso wie sie als Entlastungsmechanismus zu sehen ist, der das Verbleiben in einer Organisation erst ermöglicht.

Eine solche **integrative Funktion der Rollendistanz** wäre nach Dreitzel (1972, 193) die

„Distanzierung durch gelegentliches Überwechseln in eine andere Rolle während einer Situation, in der das zwar nicht erlaubt, aber möglich ist. (Zum Beispiel wenn zwei Menschen zugleich in einer ‚formellen' und einer ‚informellen' Rollenbeziehung zueinander stehen: man wechselt aus der Rolle des Arbeitskollegen in die des Freundes während der Arbeitssituation, oder man wechselt aus der des Freundes in die des Vorgesetzten außerhalb der Arbeitssituation). Häufig wird diese Form der Rollendistanz als Taktik angewendet, um im Rahmen der ursprünglichen Rollenbeziehungen mehr zu erreichen. (Zum Beispiel, wenn der Vater zu seinem Sohn sagt: ‚Jetzt wollen wir einmal von Mann zu Mann reden')."

Ebenso ist es mit den

„Distanzierungen durch Überbetonung der Rollenhaftigkeit des Verhaltens. Diese Form der Rollendistanz hat die Funktion, auf die Bedeutung der Ich-Leistungen durch ein Abschwächen, eventuell ein Lächerlich-Machen der inhaltlich-fixierten Rollenerwartungen hinzuweisen. Solche Hervorhebung des schauspielerischen Elements im Rollenspiel wird häufig auch zur Bewältigung ambivalenter oder offener Situationen eingesetzt." (Dreitzel 1972, 193)

Denken wir uns zum Beispiel einen Beamten, der einen aufgebrachten Bürger mit den Worten beruhigt: „Klar, wir Beamten tun den ganzen Tag nichts weiter als Kaffeekochen – darf ich Sie deshalb auch schnell zu einer Tasse einladen, setzen Sie sich doch bitte . . ."

Nun interessieren uns in diesem Kapitel allerdings in erster Linie die Aspekte einer gefährdeten Integration und damit auch die Anzeichen von Rollendistanz, die deutlich auf eine mangelnde Identifikation mit der Rolle hinweisen, darauf, daß man sie nur widerwillig und gezwungermaßen spielt und sie am liebsten ablegen würde, wenn man nur könnte, wenn man ihr also **entfremdet** ist (vgl. den vorangegangenen Abschnitt über die Entfremdung des Menschen.)

### 5.5.2 Anzeichen von Rollendistanz aufgrund mangelnder Identitikation mit der Rolle

Organisationsmitglieder, die ihrer Organisation und deren Zielen weithin entfremdet sind und ihre Situation nur durch die Distanzierung von der ungeliebten Berufs-Rolle bewältigen können, sind zwar immer um die Erfüllung der Mindesterwartungen im Hinblick auf die Mitgliedschafts- und die Arbeitsrolle besorgt (bzw. um ihre Vortäuschung), fallen aber dennoch im Dienst, das heißt während der offiziellen Arbeitszeit, durch eine Reihe typischer Verhaltensmuster und Strategien auf (vgl. Goffman 1972 und Bosetzky 1978 c) – und zwar:

(1) durch eine **hohe Absentismusquote,** d.h. sie bleiben bei jeder sich bietenden „amtlichen" Gelegenheit (Reihenuntersuchung, Grippeschutzimpfung, Betriebsversammlung, Streik bei den öffentlichen Verkehrsmitteln) stundenweise oder ganz dem Arbeitsplatz fern und lassen sich bei jeder Kleinigkeit gleich krankschreiben;

(2) durch den permanenten **Wunsch nach Urlaub, Kur, Endlichaufhörenkönnen oder Pensionierung;**

(3) durch das ständige **Ausweichen in Tagträume und private Beschäftigungen,** d.h. sie lesen bei jeder sich bietenden Gelegenheit während der Dienstzeit Zeitungen und Illustrierte, führen Telefongespräche mit guten Freunden, Bekannten und Verwandten, dirigieren das Familienleben vom Büro aus, stricken, häkeln, füllen Lottoscheine aus, bereiten Ausflüge und den Urlaub vor, mahnen Handwerker an und weichen (vgl. zu diesem Punkt Dreitzel 1972, 192) auf andere Realitätsebenen und „Sinnprovinzen" aus, d.h. sie träumen vor sich hin und begeben sich in „andere Welten" (die des Sports, der Musik, der Erotik usw.);

(4) durch **Rückfall in kindliche Verhaltensweisen** (Regression), d.h. sie bewerfen Kollegen und Kolleginnen mit Papierkugeln und Büroklammern, malen übergroße Telefonnummern auf die Fensterscheiben, damit Sekretärinnen aus gegenüberliegenden Bürogebäuden sie anrufen, verstecken anderen die notwendigen Arbeitsmittel, schrauben die Mikrofone aus den Telefonen und verschieben Schränke und Schreibtische derart, daß sie sich nicht mehr öffnen lassen, legen Karikaturen von Chefs und irgendwie aus dem Rahmen fallenden Kollegen in offizielle Umlaufmappen, schwatzen und albern herum und sind unablässig dabei, nach Pausen zu rufen;

(5) durch den ständigen **Wunsch nach Ablenkung und Alkoholkonsum,** d.h. sie setzen sich bei jeder sich bietenden Gelegenheit zusammen, schalten Taschenradios ein, spendieren sich gegenseitig Torte, Eis, Brathähnchen, belegte Brötchen u. dergl. und haben stets alkoholische Getränke griffbereit in der Schreibtischschublade stehen (vgl. zur Funktion des Alkohols, das Elend einer beruflichen Situation zu vergessen Lisch 1976, 129);

(6) durch **Lächerlichmachen** der eigenen Organisation und insbesondere der Vorgesetzten mit Hilfe von Ironie und Satire (z. B. Heinrich 1993);

(7) durch **Larmoyanz und verbale Aggression,** d. h. sie klagen ständig über zuviel Arbeit und zuviel Streß und kritisieren ihre Organisation mit Schimpfworten („dieser Saustall hier!") oder mit rationalen Vergleichen („Im ...amt X schaffen sie hundert Bescheide, bei uns sind es gerade siebzig, raten Sie mal, woran das liegt?");

(8) durch die **Flucht in informelle Beziehungen und die joking-relationship** (unter „joking-relationship" versteht man eine Beziehung zwischen zwei Personen oder zwei Gruppen, bei der es der einen Person oder Gruppe – auch und gerade den Rangniederen – ausdrücklich erlaubt ist, die andere zu hänseln und zu frozzeln, ohne daß die betroffene Person oder Gruppe dies als Beleidigung oder aggressiven Akt werten darf; vgl. Treiber 1973, 91);

(9) durch das Verhaltensmuster des **„Nur-Nicht-Auffallens"** und des **„Ruhig-Blut-Bewahrens"** (vgl. Treiber 1973, 91), d. h. sie versuchen, allen Konflikten aus dem Wege zu gehen, nirgendwo aufzufallen und anzuecken und die Fähigkeiten des „Abseilens" (man weiß, wie man sich normierten Situationen, die mit Arbeit und Ärger verbunden sind, entziehen kann) und des „Durchblicks" (man weiß, wie man sich durch hellwach-aktives Ausnutzen von Chancen am besten „durchschlagen" kann) zu vervollkommnen (vgl. dazu den Gefreiten Asch in dem organisationssoziologisch höchst „lehrreichen" Roman „08/15 in der Kaserne" von Hans Hellmut Kirst) und

(10) durch das **exzessive Betreiben von Mikropolitik** (vgl. unseren Abschnitt 4.7), die bei ihnen Hauptzweck der Organisationsmitgliedschaft wird.

Alle diese Verhaltensweisen und Bewältigungsstrategien bezeichnen Aspekte organisationaler Desintegration (d. h. das Auseinanderklaffen der Erfordernisse bzw. Bedürfnisse von Organisation und Individuum), wenn sie auch bei verschiedenen Personen und auf verschiedenen hierarchischen Ebenen sowie in unterschiedlichen Situationen in anderer Gewichtung, Häufigkeit und Intensität auftreten.

Grundsätzlich können wir sagen: **Je niedriger der Rang, desto größer die Distanzierung von der Berufsrolle und der Rückzug ins Private,** denn je niedriger der Rang, desto niedriger die Arbeitszufriedenheit.

Dieser letztgemeinte Zusammenhang ergibt sich u. a. auch sehr deutlich aus der organisationssoziologischen Untersuchung der bremischen Verwaltung (Senatskanzlei Bremen 1972, 35 f.; s. S. 294):

## 5.6 Angst und Krankheit als individuelle Kosten erlebter Konflikte

### 5.6.1 Einleitung

Arbeit in Großorganisationen führt unvermeidlich auch zu Diskrepanzen zwischen der Idealvorstellung einer harmonischen und der Selbstverwirklichung förderlichen Arbeitsatmosphäre und den realen Gegebenheiten. Diese Diskrepanz äußert sich u. a. in dem Gefühl des Zwanges, der Arbeitsunzufriedenheit (Bruggemann 1975), der Entfremdung sowie in vielfältigen Formen intra- und interpersonaler Konflikte.

**Angaben in % tendenziell Unzufriedenen pro Laufbahngruppe**

| | Mittlerer Dienst % | Gehobener Dienst % | Höherer Dienst % |
|---|---|---|---|
| 1. Unzufriedenheit mit der Besoldungs- bzw. Vergütungsgruppe | 56 | 55 | 40 |
| 2. Unzufriedenheit mit Aufstiegschancen („es geht" und „schlecht") | 75 | 60 | 50 |
| 3. Unzufriedenheit über die Betreuung bei Übernahme eines neuen Arbeitsplatzes | 31 | 30 | 23 |
| 4. Unzufriedenheit über Verhältnis zum Vorgesetzten („es geht" und „schlecht") | 20 | 17 | 15 |
| 5. Unzufriedenheit über die Würdigung eigener Leistungen („teilweise" und „nein") | 25 | 19 | 16 |
| 6. Unzufriedenheit über Bezahlung | 60 | 59 | 53 |
| 7. Unzufriedenheit über das Ankreiden oben gemachter Fehler („oft" und „manchmal") | 15 | 13 | 16 |
| 8. Unzufriedenheit über monotone Arbeit („einigermaßen interessant" und „monoton") | 57 | 34 | 26 |
| 9. Unzufriedenheit über subjektive Beurteilung („teil, teils" und „subjektiv") | 25 | 23 | 19 |
| 10. Unzufriedenheit darüber, daß aufgestiegene Kollegen als Vorgesetzte nur persönliche Interessen im Auge haben („Ja mit Einschränkungen" und „Ja, vollkommen") | 45 | 35 | 18 |

Wir haben das in den vorangegangenen Kapiteln dargestellt. Wir haben auch gesehen, daß dem einzelnen Organisationsmitglied ein ganzes Arsenal von Techniken zur Verfügung steht, um wenigstens vorübergehend dieser ‚Beschädigungen' seiner Identität Herr zu werden: Integration in die Gruppe, Identifikation mit den Machtausübenden, unterordnender Gehorsam, Ausbau kameradschaftlicher Strukturen, Mikropolitik, passiver und aktiver Widerstand, abweichendes Verhalten oder Rückzug ins Private.

Es handelt sich ja in all diesen Fällen um ein Problem der Macht bzw. der Ohnmacht. Was passiert nun, wenn

— die Übermacht des Konfliktpartners als bedrückend und existentiell bedrohlich erlebt wird;

— die emotionale Bindung an den Machthabenden offene Formen der Rebellion bzw. des Rückzugs – z.B. aus Angst vor Liebesverlust – verbietet;

— die Ausdrucksform der Macht in sich so widersprüchlich (paradox) ist, daß sie vom Abhängigen nicht einfach als solche erkannt werden kann;

— der Machtunterworfene dazu tendiert, Konflikte mit der Umwelt eher nach innen als nach außen auszutragen?

Wir müssen für solche Fälle noch eine weitere Kategorie von Konfliktfolgen anführen: die individuellen Folgen nichtertragener Konflikte in Form von Angst und Krankheit.

294

> Unter **Krankheit** verstehen wir dabei eine nicht nur vorübergehende Störung
> der Funktionsfähigkeit des Menschen, die seine freie Entfaltungsmöglichkeit
> einschränkt und ihm selbst und/oder seiner Umwelt Belastungen auferlegt, die
> ohne diese Störung nicht bestünden.

Schon diese Formulierung zeigt, daß wir Krankheit hier keineswegs nur als medizinisches Problem auffassen.

Krankheiten können nach ihrer Ursache und Erscheinungsform in mehrere Kategorien unterteilt werden:

**Organische Krankheiten** als unmittelbare Folgen innerer oder äußerer Organbelastung wie Infektionen, Vergiftungen, Verletzungen, altersbedingte Organbeeinträchtigungen etc.; in diese Kategorie gehören die meisten der sog. Berufskrankheiten (Nowak 1976).

**Psychosomatische Krankheiten** als mittelbare Folgen einer belastenden (stressenden oder konfliktträchtigen) Situation mit oder ohne objektivierbarem organischem Befund (Jores 1973; Doubrawa 1976).

**Psychoneurotische Krankheiten** als Folge von nicht adäquaten Verarbeitungen konflikthafter Erlebnisse bzw. als Ergebnis fehlgelaufener Lernprozesse; z.B. Zwangshandlungen, Phobien, Herzneurosen etc. (Pongratz 1973).

**Psychotische Krankheiten** als Folge genetischer Programmierung (Eysenck 1978) oder konflikthafter Lebenssituationen (Watzlawick, Beavin & Jackson 1974) oder als Ergebnis gesellschaftlicher Etikettierungen.

Die knappen und in ihrer Vereinfachung sicherlich zur Kritik herausfordernden Kennzeichnungen machen deutlich, daß als Folge nichtertragener Macht- bzw. Entfremdungserfahrungen vor allem die beiden mittleren Krankheitskategorien in Frage kommen.

Allerdings: Von wem sollte man sagen, er sei psychisch krank? Ab wann ist ein Verhalten nicht mehr der Kategorie „normal" zuzurechnen? Was heißt überhaupt „normal"? Wir schlagen vor, als allgemeine Prüfliste für diese Entscheidung folgende 6 Kriterien anzuwenden, deren Zusammenfügung zu einer möglichen Definition von seelischer Erkrankung i.S. von Therapiebedürftigkeit führt (zum Therapiespektrum vgl. Jaeggi, Rohnert & Wiedemann 1990):

| Kriterium | Definition |
|---|---|
| | (Seelische) Krankheit ist eine |
| Dauer | nicht nur vorübergehende |
| Normabweichung | Abweichung des Erlebens oder Verhaltens eines Menschen von der erwarteten Norm |
| Unfreiheit | mit dem Charakter des Gezwungenseins, also dem Fehlen einer willentlichen Beeinflußbarkeit |

| Kriterium | Definition |
|---|---|
| Leidensdruck | in der Regel begleitet von Gefühlen der Angst, der Minderwertigkeit und Schuld, der Enttäuschung und verbunden mit dem Wunsch nach Befreiung |
| Selbst-/Fremdschädigung | mit der Folge einer erheblichen Beeinträchtigung der eigenen Lebensqualität, der Beweglichkeit und der Möglichkeiten zur Selbstentfaltung der eigenen Persönlichkeit bzw. derjenigen anderer Personen |
| Rollenverlust | mit der Gefahr des gesellschaftlichen Rollenverlustes wegen der Unfähigkeit zur Ausübung einzelner oder mehrerer gesellschaftlicher Rollen in Familie, Beruf und anderswo |

Bevor allerdings der Organismus den Weg in die Krankheit wählt, um aus einem ihm unlösbar erscheinenden Dilemma zu entweichen, ist er zunächst das Opfer eines Gefühls, das in unserer Gesellschaft ebenso weit verbreitet wie tabuisiert ist: der Angst. Mit ihr wollen wir uns daher als nächstes beschäftigen.

## 5.6.2 Angst

> **Angst** ist das Gefühl, das den Menschen darauf aufmerksam macht, daß ihn eine Gefahr bedroht, der er sich nicht gewachsen fühlt.

Freud (1917) hat die zentrale Rolle hervorgehoben, die die Angst bei der Handlungsregulation des Menschen spielt. Dabei unterscheidet er drei Kategorien von Ängsten, je nach der Richtung, aus der sich das Ich als das handelnde Subjekt des Menschen bedroht fühlt. Die drei „Zwingherren" des Ich, deren Ansprüche und Forderungen es in Einklang bringen muß, sind die **Außenwelt,** die der Person Anstrengungen, Leistungen und Verzichte abverlangt und die auch objektive Gefahren für die leibliche, soziale und ökonomische Existenz des Menschen beinhalten kann; das **Es,** d.h. die unmittelbaren und bei Freud überwiegend sexuell getönten Wünsche, Strebungen und Triebansprüche, die als unbeherrscht drängende Kraft die reine Verwirklichung des Lustprinzips anstreben, sowie das **Über-Ich,** das dem Ich „bestimmte Normen seines Verhaltens vorhält, ohne Rücksicht auf die Schwierigkeiten des Es und der Außenwelt zu nehmen, und es im Falle der Nichteinhaltung mit den Spannungsgefühlen der Minderwertigkeit und des Schuldbewußtseins bestraft." (Freud 1917, 515)

Nun kann man sicher argumentieren, daß diese drei Angstquellen sich doch auch auf eine von ihnen reduzieren ließen, nämlich auf die Außenwelt, als physikalische und gesellschaftliche Größe gesehen. Denn das Über-Ich, so hat es uns Freud selbst vorgeführt, ist nichts anderes als die nach innen geholte (internalisierte) Stimme der gesellschaftlichen Autoritäten, d.h. insbesondere der Eltern; und die Angst des Ich vor den Triebansprüchen des Es ist ihrerseits nur zu verstehen, wenn man unterstellt, daß das Ich, das die Impulse aus dem Es ängstlich abwehrt, dies wegen der Strafen tut, die es von außen zu erwarten hätte, wenn es seinen oralen, sexuellen, aggressiven, motorischen etc. Impulsen jeweils freien Lauf ließe.

Größeres Interesse als diese Unterscheidung hat daher die Frage gefunden, ob es im allgemeinen Ängstlichkeitsgrad verschiedener Menschen Unterschiede gebe, und falls ja, worauf diese zurückzuführen seien. Sich dieser Frage zu widmen – und das wollen wir im folgenden Abschnitt tun –, heißt zunächst, eine Unterscheidung einzuführen zwischen der aktuellen Gefühlslage „Angst vor etwas" und der für einen Menschen charakteristischen Neigung, ängstlich zu reagieren. Nach Plewa (1979) ist von Angst als Zustand (state anxiety) „immer dann die Rede, wenn eine Person einen spezifischen Reiz beziehungsweise eine Situation als potentiell bedrohlich, gefährlich oder beängstigend wahrnimmt. Verbunden damit sind unangenehme Gefühle der Spannung, Besorgnis und Aktivation ... des autonomen Nervensystems." (75) Dagegen handelt es sich bei der „Ängstlichkeit" (trait anxiety) „um relativ stabile und konstante individuelle Unterschiede bezüglich der Angstbereitschaft als Persönlichkeitseigenschaft ... Personen mit einer hohen trait-anxiety schätzen die Umwelt als bedrohlicher und gefährlicher ein als Personen mit niedrigem trait-anxiety-Grad." (76)

Zwischen beiden Formen der Angst besteht nun insofern eine Beziehung, als ein Mensch mit einer hohen Ängstlichkeit (Angstneigung) häufiger und intensiver Angstzustände erleben wird bzw. stärker zu neurotischen Abwehrmechanismen (s. u.) greifen muß, um die angstauslösenden Gedanken und Wahrnehmungen ins Unbewußte abzudrängen.

### 5.6.3 Angstentstehung

Die Frage: „Wie kommt es, daß manche Menschen ängstlicher sind als andere?" hat natürlich auch wie jede Frage nach der Ausprägung von Persönlichkeitseigenschaften eine eigene Anlage-Umwelt-Debatte ausgelöst. Es steht heute außer Frage, daß die individuelle Ängstlichkeit eines Menschen auch von seiner physiologischen Konstitution, etwa der vegetativen Empfindlichkeit abhängig ist (Lazarus-Mainka 1976). Das heißt, daß Kinder bereits mit einer unterschiedlichen „Angstwahrscheinlichkeit" zur Welt kommen. Auf der anderen Seite aber steht die Erkenntnis, daß die größten Einwirkungen auf Ausmaß und Richtung (Inhalte) der kindlichen (und damit später auch der Erwachsenen-)Angst aus der Interaktion des Kindes mit seiner Umwelt stammen; für diesen Prozeß hatten wir den Begriff der Sozialisation festgelegt.

Wir können daher festhalten, daß die spezielle Ängstlichkeitsstruktur eines Menschen in erster Linie ein Sozialisationsprodukt ist. Daß hier die Bedeutung der primären (familialen) und der sekundären (schulischen) Sozialisation im Vordergrund stehen, liegt auf der Hand, auf sie sind daher auch die meisten Aussagen über die Entstehungsbedingungen von Angst bezogen. Wir wollen daher den Versuch machen, eine Klassifikation von Entstehungsbedingungen von Angstbereitschaft aus dem Bereich der primären und sekundären Sozialisation auf den der „tertiären", d. h. der beruflichen Sozialisation anzuwenden, die ja in erster Linie Gegenstand dieses Buches ist. Lazarus-Mainka (1976, 138) unterscheidet vier Klassen von Ängsten nach den Situationskomplexen, durch die sie im Sozialisationsprozeß produziert werden können:

**(1) Ängste, die sich als direkte Folge von streng durchgeführten Erziehungsmaßnahmen entwickeln können.**

Den Begriff der „Erziehungsmaßnahmen" auf die berufliche Situation anzuwenden, wird sicher vielen widerstreben; schließlich ist die Erziehung lange abgeschlossen, wenn der junge Verwaltungsbeamte oder die Versicherungsmitarbeiterin ihren Dienst antreten; und insbesondere wenden wir uns dagegen, dem Vorgesetzten oder den Kollegen ein Recht zur „Erziehung" ihrer Mitarbeiter einzuräumen. Vergleichen wir allerdings die folgenden beiden Zitate aus einschlägigen Lehrbüchern der Sozialisation bzw. der Organisationspsychologie, so stellen wir fest, daß zwischen Erziehung durch Eltern und Führung durch Vorgesetzte kaum wesentliche Unterschiede bestehen dürften, was die grundsätzliche Beziehungsstruktur betrifft.

„Erzieherisches Verhalten ... ist also dort aufzusuchen, wo Menschen sich gegenseitig beeinflussen." (Fend 1969, 50)

„Vergleicht man die zum Teil recht unterschiedlichen Definitionen von ‚Führung' oder ‚Führungsverhalten' miteinander, dann wird man feststellen, daß sich der Aspekt der Einflußnahme als gemeinsames Merkmal abhebt." (Hoefert 1976, 233)

Bei beiden handelt es sich offensichtlich um einen entsprechenden Prozeß sozialer Interaktion, der sich lediglich in verschiedenen Feldern gesellschaftlichen Lebens abspielt und von dorther natürlich auch spezifische Besonderheiten erfährt. Das gibt uns jedenfalls das Recht, eine Analogie in den Wirkungen zwischen Erziehungs- und Führungsverhalten anzunehmen (vgl. auch Abschnitt 5.1.1).

Formulieren wir also den definierenden Satz für den Bereich beruflicher Sozialisation um, so können wir sagen, daß ängstliches Verhalten in Organisationen eine Folge streng durchgeführter Führungsmaßnahmen, d.h. eines sog. autoritären Führungsstils (vgl. Abschnitt 4.4.7) sein kann. Das Wort „streng" verweist dabei sowohl auf die fehlende Bereitschaft des Vorgesetzten, den Mitarbeitern einen eigenen Entscheidungsspielraum einzuräumen, als auch auf seine Tendenz, mangelndes Befolgen seiner Anweisungen durch negative Sanktionen („Strafen" wie scharfe Zurechtweisung, „Anschiß", Standpauke, Zuweisung unbeliebter Arbeiten, Entzug von Privilegien; in der privaten Wirtschaft Androhung des Arbeitsplatzverlustes) zu ahnden und dabei ggf. noch willkürlich zu verfahren (vgl. den Begriff der „Normenfalle"). Strenge bedeutet also die aggressiv-strafende Hemmung der Selbstverwirklichung eines Partners (vgl. Stapf et al. 1972).

Entscheidungsmonopol des Vorgesetzten, seine Strafneigung, emotionale Kühle oder gar Feindseligkeit, mangelnde Transparenz seiner Bewertungen bzw. Sanktionen, Befehlsintensität etc. sind also Voraussetzungen, die in Arbeitsorganisationen das Angstniveau der Mitarbeiter entscheidend beeinflussen können.

**(2)   Ängste, die durch Beobachtungslernen erworben werden können.**

Kinder übernehmen Verhaltensweisen von anderen häufig schon dann, wenn sie sie an diesen beobachten und wenn sie Anlaß haben, sich mit diesen anderen zu identifizieren (Modell-Lernen, vgl. Abschnitt 3.3.4). Das gilt um so mehr, je weniger Möglichkeiten sie hatten, selbst Erfahrungen mit dem jeweiligen Verhaltensbereich zu sammeln. Auf diese Weise übernehmen Kinder auch viele Vorurteile von Eltern oder anderen Erwachsenen, in dem sie deren Urteilsverhalten übernehmen, ohne selbst Erfahrungen mit dem „Opfer" – zum Beispiel einer diskriminierten Volksgruppe – gesammelt haben zu können.

Sicherlich spielt die reine Verhaltensübernahme aufgrund von Identifikationsprozessen beim Erwachsenen eine etwas geringere Rolle: Er ist viel häufiger als das Kind in der Lage, eigene Erfahrungen als Grundlage für seine Beurteilung der Umwelt zu nehmen. Dennoch bleibt zumal in neuen Situationen ein Spielraum für den prägenden Einfluß des Modell-Lernens bestehen. Ein selbst sehr ängstlicher Vorgesetzter beispielsweise, der alle Anforderungen, die an ihn oder an seine Mitarbeiter gestellt werden, als Bedrohung erlebt und dies auch zum Ausdruck bringt, ist durchaus in der Lage, auch seinen neuen Mitarbeiter mit seiner Ängstlichkeit und überschnellen Anpassungsbereitschaft anzustecken, so daß dieser zuerst einmal statt mit Mut und Zuversicht mit Angst, Unsicherheit und dem ständigen Bedürfnis, sich abzusichern, seine Arbeit aufnimmt. Erlebt der Neue einen Chef, der bei Konflikten mit der Organisation, mit der Presse etc. Rückgrat zeigt oder vor lauter Angst den bequemen Weg der Anpassung geht? Für sein eigenes Selbstverständnis wird dies eine wichtige Rolle spielen.

**(3) Ängste, die als direkte Folge negativer Erfahrungen bei Nichtbeachtung von Einstellungen, Werthaltungen, Regeln, Normen und Verhaltensweisen entstehen können.**

Diese Angstquelle könnte speziell auf die Sozialisation in bürokratischen Organisationen zugeschnitten sein. Entsprechend hatten wir schon oft Gelegenheit, auf die Folgen dieser Ängste hinzuweisen (vgl. bes. Abschnitt 4.1.2 über die Mortifikationsangst). „Die Machtlosigkeit des einzelnen im Angesicht der Organisation" (Fromm 1971, 44) wird eben besonders dann deutlich, wenn dieser sich nicht „entindividualisieren" läßt, sondern – natürlich im Rahmen der freiwilligen Selbstbeschränkungen, die eine notwendige Voraussetzung für jede Kooperation sind – eine eigenständige, von den anderen nicht nur tolerierte, sondern auch akzeptierte Persönlichkeit mit eigenen Werthaltungen zu bleiben versucht. Bequemer ist es da schon, aus Angst vor den Folgen der eigenen Standfestigkeit seine „Identität nicht in sich selbst, sondern in der Organisation (zu suchen)" (ebd., 44). Und das würde dann bedeuten, sich den Regeln der Organisation willenlos zu unterwerfen, als ob diese aus sich selbst heraus gut und richtig wären und nicht nur Dienstcharakter hätten. Hoffman (zit. nach Caesar 1972) bezeichnet die durch diesen Anpassungsprozeß entstehende moralische Orientierung im Bereich der Sozialisationsforschung als „konventionalistisch-rigide". „Die Ausbildung von Ich-Qualitäten und damit der Fähigkeit zu einer kognitiven Verarbeitung von Impulsen wie auch der im Über-Ich abgelagerten moralischen Regeln wird damit erschwert. Solche Individuen scheinen daher kaum fähig zu Kreativität und Spontaneität und zu einer bewußten, auf autonomer Entscheidung zwischen Handlungsalternativen beruhenden Orientierung an moralischen Standards zu sein." (Caesar 1972, 89)

**(4) Ängste, die durch Konfliktsituationen zwischen individuellen Bedürfnissen und Wünschen und den Anforderungen der Umwelt ausgelöst werden.**

Diese letzte Kategorie ist von der vorangegangenen nicht trennscharf zu unterscheiden; lag das Gewicht eben mehr auf der Konsequenz negativer Erfahrungen im Anschluß an normabweichendes Verhalten (Sanktionen), so steht hier mehr die innerpsychische Auseinandersetzung zwischen dem Empfinden der eigenen und der Kenntnis der fremden Interessen im Vordergrund. Selbstverhängte und angstauslösende Sanktion innerhalb der Person selbst ist das Schuldgefühl.

Das Schuldgefühl ist schließlich auch das Vehikel, mit dem Angst in einer spezifischen Interaktionsform erzeugt wird, der sog. **Doppelbindung** (double bind; Watzlawick, Beavin & Jackson 1974). Sie ist gegeben, wenn zwischen zwei Personen, etwa zwischen einem Vorgesetzten und einem Mitarbeiter eine enge Abhängigkeitsbeziehung besteht, in deren Rahmen der Vorgesetzte dem Mitarbeiter sich widersprechende Aufträge erteilt, so daß dieser sich immer im Unrecht befindet, was er auch macht, und wenn schließlich dem Abhängigen innerhalb dieser Interaktion kein Weg offensteht, über diese „Zwickmühle" offen zu sprechen, weil er sie z.B. gar nicht als solche erkennt und daher die Schuld für die Unzufriedenheit des Vorgesetzten in seiner eigenen Person sucht. Solche sich widersprechenden (paradoxen) Aufforderungen können z.B. die in verschiedener Form immer wieder geäußerte Erwartung „Ich muß mich auf Ihre Selbständigkeit voll und ganz verlassen können, fragen Sie daher nicht unentwegt nach" und die ebenso eindringliche und vielleicht bevorzugt nonverbal zum Ausdruck gebrachte Aufforderung „Alles muß absolut und auf den I-Punkt genau so geschehen, wie ich es will" sein. Paradoxe Handlungsaufforderungen haben die Eigenart, daß sie befolgt werden müssen, daß ihnen aber zugleich zuwider gehandelt werden muß, damit sie befolgt werden (vgl. Peter 1975).

Wir haben damit vier angstauslösende Bedingungen aus dem Kindheits- in den Berufsektor übertragen. Und noch eine weitere Analogiebildung zwischen beiden Bereichen der Sozialisation soll erlaubt sein. Whiting & Child (zit. nach Lazarus-Mainka 1976) vertreten die Auffassung, daß für die Angstentstehung auch der Zeitpunkt der Entwöhnung entscheidend ist, d.h. die Zeit, „in der das Verhalten ... von freiem, ursprünglichem und unkontrolliertem Verhalten in ein der Gesellschaft angepaßtes sozialisiertes Verhalten umstrukturiert wird ... Man kann annehmen, daß jede Umstrukturierung eines vom Kind als lustvoll empfundenen Verhaltens in ein von der Gesellschaft gewünschtes, für das Kind jedoch vorerst unlustbetontes Verhalten, einen emotionalen Konflikt auslost. Je rigider jedoch der Sozialisierungsprozeß durchgeführt wird und je früher er einsetzt, um so stärker wird die sozialisierte Angst sein." (Lazarus-Mainka 1976, 135f.)

Die Übertragung auf den Prozeß der beruflichen Sozialisation führt unmittelbar zu der Forderung, die Mechanismen bürokratischer Kontrolle nicht unvermittelt und mit aller „Strenge" (s.o.) beim eben eingestellten Neuling wirksam werden zu lassen, um Angst und vorschnelle Anpassung zu vermeiden. Der Konflikt zwischen Ausbildungsinstitutionen des öffentlichen Dienstes und den auf dem Wege der Fachaufsicht zuständigen Behördenvertretern bezieht sich nicht selten genau auf diesen Punkt der Starrheit oder Flexibilität in der Sanktionierung von Regelabweichungen. Für die Entwicklung einer rationalen und autonomen Berufsauffassung ist die Größe des Verhaltensspielraumes wichtig, in dem der Auszubildende bzw. Berufsanfänger keine negativen Sanktionen seitens der Organisation zu erwarten hat, sondern sich eher als in eine inhaltliche (politische) Auseinandersetzung um die Angemessenheit und Sinnhaftigkeit seines Tuns hineingezogen fühlt. Glotz (1979) hat diesen Gedanken in einer Antwort auf eine parlamentarische Anfrage im Zusammenhang mit der Dokumentation eines politischen Pamphletes durch Berliner Professoren so formuliert: „Der nach jedem Konflikt in dieser Gesellschaft in unserer Öffentlichkeit aufkommende, sozusagen reflexartige Ruf nach Disziplinarmaßnahmen, nach schärferen Gesetzen, nach schärferen Sanktionen, ist kein Mittel, junge Menschen zu überzeugen. Dies gelingt nur durch Argumente und durch politische Glaubwürdigkeit." (200)

## 5.6.4  Grundrichtungen der Angst

Versuchen wir, die Analyse der Angstentstehung noch einen Schritt weiter zu führen, dann können wir von den Anlässen der Angst zu ihren eigentlichen Gründen, zu den existentiellen Themen der Angst vordringen. Zur Veranschaulichung dieses Denkschrittes ist die „Eskalation des Warum" hilfreich, mit der Kinder ihren Eltern zur Last fallen und mit der wir uns selbst gegenseitig in Frage stellen können.

Im Fortbildungsseminar wird eine Teilnehmerin nach einer Situation gefragt, vor der bzw. in der sie große Angst erleben würde. Sie sagt nach kurzem Zögern: „Auf einer breiten Straße bei dichtem Verkehr in der mittleren Spur stehen bleiben, weil kein Benzin mehr im Tank ist."

„Warum macht Ihnen diese Situation Angst?"

„Weil dann alle hupen und nach mir schauen würden."

„Warum ist das für Sie ängstigend, wenn die anderen Autofahrer Ihretwegen hupen?"

„Weil ich denke, daß sie dann alle auf mich wütend sind."

„Warum hätten Sie Angst, wenn die anderen wütend auf Sie sind?"

„Die könnten aussteigen und mit mir schimpfen."

„Warum ... ?"

Ja, warum ist denn das Schimpfen so angstauslösend?

Auf der Ebene des individuellen Erlebens taucht immer schnell der Punkt auf, wo die eigenen Gefühle nicht mehr hinterfragt werden können, sondern als selbstverständlich klassifiziert werden. „Na, das ist doch wohl klar, daß man Angst bekommt, wenn alle schimpfen!" Ist es so klar?

Auf der anthropologischen (das Wesen des Menschen hinterfragenden) Ebene können wir diese argumentative Sackgasse jedoch noch einmal öffnen. Wir finden hier drei Richtungen, in die die fundamentalen Angstgefühle weisen können: auf den eigenen Leib, auf die Identität als Person sowie auf die Eingebundenheit in einen gesellschaftlichen Verbund bzw. Grundkonsens. Je nachdem, welcher dieser drei Aspekte menschlicher Existenz – Leibsein, Ichsein, Mitsein – am stärksten gefährdet ist, lassen sich die menschlichen Ängste daher folgendermaßen klassifizieren:

(1) **Angst vor dem Verlust der leiblichen Identität.**

Diese Angst begegnet uns im Alltag als Angst vor gefährlichen Situationen, vor Überfällen in der Dunkelheit, vor Unfällen, vor dem Laufen über schmale Stege, vor kleinen und großen Tieren etc.; im Falle unrealistisch (neurotisch) überhöhter Angst dieser Art sprechen wir von Phobien, etwa von der Klaustrophobie als der Angst vor verschlossenen Räumen. Eine weitere neurotische Ausprägung dieser leibbezogenen Angst ist die Herzneurose, d.h. die ständig bohrende Angst vor dem Versagen der eigenen Herztätigkeit (vgl. Jores 1973); oder allgemein die Hypochondrie als dauernde Angst, in irgendeiner Form erkranken zu können. Bei tatsächlicher Bedrohung der körperlichen Integrität von innen heraus ist der Schmerz das alarmierende Signal.

(2) **Angst vor dem Verlust der sozialen Identität.**

Wir Menschen sind in unserem Menschsein auf Mitmenschlichkeit, d.h. auf ein Leben in Gemeinschaft angelegt – und damit können wir uns nicht nur der positiven

Seiten des Miteinanderlebens erfreuen, wir sind auch all den negativen und schmerzlichen Erfahrungen ausgesetzt, die sich dabei ergeben. Welche der beiden Hauptrichtungen des menschlichen Zusammenlebens – Prosozialität oder Dissozialität – bzw. welches Mischverhältnis zwischen beiden sich im Leben eines Menschen durchsetzt, entscheidet sich im Verlaufe seiner Sozialisation.

Ist nun die Zwischenmenschlichkeit, das Mitsein mit anderen gefährdet, so entsteht Angst. Beim Kind spielt diese Angst vor dem Alleinsein, vor dem Verlassenwerden eine große Rolle (Lazarus-Mainka 1976). Das Kind, das nachts aufschreit, tut dies in vielen Fällen einfach aus Angst, allein zu sein. Aber auch den Erwachsenen verläßt diese Angst nicht. Er ist allerdings leichter in der Lage, Mitsein auch in der objektiven Situation des Alleinseins herzustellen: durch telefonische Verbindung, durch Fernsehen, durch briefliche Kontakte, durch vorgestellte Gespräche, durch Gebete.

Dieses Mitsein als Grundausstattung des Menschen wird nun gefährdet durch Reaktionen anderer, die auf eine Ablehnung der eigene Person hinauslaufen: Tadeln, Schimpfen, Auslachen, Fertigmachen, Übergehen, Ignorieren. „Was sollen die anderen da denken?" In diesem häufig zu hörenden Satz verbirgt sich die unbewußte Angst vor der Möglichkeit, nicht mehr als Glied einer Gemeinschaft anerkannt zu sein. Mit Recht gilt daher die sog. Isolationshaft als eine der gemeinsten Foltermethoden, die sich eine Gesellschaft ausdenken kann. Quambusch (1977) sieht bereits in der Tatsache, daß viele Beamte ihre persönliche Leistungsfähigkeit mangels hinreichender Aufstiegsmöglichkeiten nicht zur Entfaltung bringen können, eine Ursache für die von ihm beobachtete Furcht vor Isolation.

### (3) Angst vor dem Verlust der personalen Identität.

In seiner reifsten Form befindet sich der Mensch, wenn er „zu sich selbst gefunden" hat – ein Thema vieler philosophischer Schulen der Antike bzw. östlicher Religionen („Erkenne dich selbst und sei, der Du bist"). Wir können es auch etwas konkreter sagen: wenn er die Werte und Ziele erkannt hat, die für sein Leben bestimmend sein sollen, wenn er weiß, daß er sich in manchen Handlungen verwirklichen kann, während andere, ihm aufgezwungene, ständig für ihn fremd bleiben werden. Ausdruck für die sich entfaltende Ich-Findung des Menschen sind Entscheidungen, zu denen er fortan steht und die er nur unter dem Einfluß einschneidender neuer Erfahrungen noch ändert: Entscheidungen für einen Beruf, für eine Weltanschauung, für einen Partner, für eine politische Orientierung, für bestimmte gesellschaftliche Engagements.

Die Gefahr nun, so nicht mehr sein zu können, wie man sein will, löst im Menschen die Angst vor dem Verlust der personalen Identität aus; um der Treue gegenüber den eigenen Werten willen haben sich viele Märtyrer (Patrioten, Dissidenten, Fanatiker, Propheten etc.) um ihre eigene Existenz gebracht. Die Möglichkeit des Menschen, sich zur Wirklichkeit seiner Existenz in Beziehung setzen zu können, gibt ihm auch die Möglichkeit, diese Existenz selbst in Frage zu stellen, in dem er „Hand an sich legt" (Amery 1976). Wir können im Suicid so die konsequenteste, freieste Handlung eines Menschen sehen, die er aber aus einer Situation heraus wählt, in der ihm die Welt nur noch diese „Freiheit" offenläßt.

Daß die Erhaltung der personalen Identität auch nüchterner, zweckorientierter geschehen kann, versteht sich. Glotz (1978, 166) formuliert eine solche Möglichkeit salopp: „Es ist besser, in Nischen zu überwintern, als mit einem von Idealen geblähten Bauch pathetisch kaputtzugehen."

Der Leser, der sich an die oben skizzierte Bedürfnispyramide von Maslow (vgl. Abschnitt 3.1.4) erinnert, wird eine Beziehung zwischen der dortigen 5-fachen und der eben getroffenen 3-fachen Klassifikation entdecken können. Leibliche Existenz, soziale Verbundenheit und Selbstverwirklichung sind offensichtlich die drei Hauptbedürfnisgruppen, die dort noch durch jeweils eine Zwischenstufe ausdifferenziert werden. Und Angst läßt sich dann wieder verstehen als Reaktion auf die drohende oder bestehende Nichtbefriedigung von elementaren Bedürfnissen. Das ist eine psychologische Definition der Angst. Wir wollen diesen Horizont aber zum Abschluß noch etwas erweitern: „Das Problem der Angst in philosophischer Sicht hängt mit der Frage nach der Sicherheit des Weltverhaltens zusammen. Gilt die Welt als ein Kosmos, in den der Mensch sinnvoll eingeordnet ist, dann gibt es zwar Furcht im Sinne bestimmter Bedrohungen, aber keine Angst, in der es um das Sein in der Welt überhaupt geht. Diese Angst bricht in der geschichtlichen Entwicklung zweimal auf. Das erste Mal am Ende der Antike. Die sich hier zeigende Weltangst ist eine Grundvoraussetzung des Christentums, nach christlicher Lehre aber wird sie durch den Glauben an Christus aufgehoben. Das zweite Mal erwacht diese Weltangst, nachdem die Sicherheit des rational aufklärerischen Weltbildes im 19. Jahrhundert ins Schwinden gerät. Diese Entwicklung bestimmt uns heute noch." (Schulz 1966, 848)

### 5.6.5  Die Strategien des Ich gegen die Angst: die Abwehrmechanismen

„Es ist wohl eine unserer großen Illusionen, daß wir glauben, Angst vermeiden und ausschalten zu können – sie gehört zu unserer Existenz und ist eine Spiegelung unserer Abhängigkeiten. Wir können nur Gegenkräfte gegen sie entwickeln: Mut, Vertrauen, Erkenntnis, Macht, Hoffnung, Glaube und Liebe. Diese können Angst überwinden, verarbeiten oder sie annehmen helfen. Methoden, welcher Art auch immer, die uns Angstfreiheit zusichern wollen, sollten wir mit Skepsis betrachten, weil sie der Wirklichkeit unseres Seins nicht gerecht werden und illusorische Erwartungen nähren." (Riemann 1973, 7)

Da dem einzelnen Menschen die Angst aber als ein bedrängender und belastender Zustand erscheint, ist er geneigt, sie auf irgend eine Art zu vermeiden, abzudrängen, sie aus seiner Gefühlswelt zu verbannen. Machen wir uns die oft faktische, bisweilen aber auch nur vermeintliche Ohnmacht des Individuums gegenüber den angstauslösenden, identitätsbedrohenden „Mächten" klar, so wird deutlich, daß eine angemessene, auf den „Angstmacher" (J. Esser 1978) gerichtete Angstreduktion nur selten möglich sein wird.

Dem Individuum stehen dagegen eine große Zahl von Mechanismen zur Verfügung, mit deren Hilfe es sich die Angst „vom Leibe halten" – oder besser aus dem Bewußtsein fernhalten kann, auch wenn es den Anlaß der Bedrohung selbst nicht aufheben kann. Es handelt sich um die sog. **Abwehrmechanismen,** als deren „Entdecker" wiederum S. Freud geehrt werden kann. Er hat eine größere Zahl von Möglichkeiten aufgezeigt, wie das Ich sich der Angst erwehren kann, allerdings nicht, ohne dafür auf irgendeine Art zu bezahlen.

Wir sind auf diese Mechanismen bereits einmal im Zusammenhang mit dem Abbau kognitiver Dissonanz gestoßen (vgl. Abschnitt 3.4.8). Da wir dort schon einige Erläuterungen zu möglichen Abwehrmechanismen gegeben haben. und da es nicht schwer ist, verständliche Darstellungen in anderen Quellen zu finden (Brandstätter et al. 1974; Elhardt 1990), beschränken wir uns hier auf knappe Skizzierungen der wichtigsten „klassischen" Abwehrmechanismen.

**Verdrängung.** Die angstauslösenden Inhalte werden ins Unbewußte abgedrängt, so daß sie vom Bewußtsein nicht mehr wahrgenommen werden können (sie sind aber nicht „vergessen"!): Für Herrn B. bedeutet die bevorstehende Auseinandersetzung mit seinem Vorgesetzten wegen seiner sinkenden Arbeitsleistung eine Bedrohung seines Selbstwertgefühls, er hat Angst, die er sich aber nicht eingestehen kann. So vermeidet er unbewußt jeden Gedanken an dieses „Ereignis, so daß es in seinem Bewußtsein nicht mehr präsent ist. Im Unterbewußtsein aber kann die Angst eine bedrängende Dynamik entwickeln, die sich u.a. in den Träumen eine Darstellungsmöglichkeit sucht.

**Rationalisierung.** Die Wahrnehmungen bzw. Entscheidungen des Ich, die zu einer Angstempfindung führen, werden so umgedeutet, daß sie ihren bedrohlichen (peinlichen, belastenden) Charakter verlieren. Der neugierige Kollege von nebenan, der keine Gelegenheit zur Schadenfreude ungenutzt verstreichen läßt, das aber nie zugeben könnte, hält sein Ohr-an-die-Tür-halten für einen Ausdruck allgegenwärtiger Solidarität, um jederzeit einspringen zu können, wenn jemand seiner Hilfe bedarf.

**Projektion.** Die Gefühle oder Impulse der eigenen Person, die gesellschaftlich tabuisiert sind, werden dem Interaktionspartner oder einem geeigneten Dritten (Sündenbock) zugeschrieben, so daß die eigene Person von ihnen gereinigt ist: Die Praktikantin, deren sexuelle Phantasien sich an ihrem wesentlich älteren und zudem verheirateten Praxisanleiter entzündet haben, und die sich ihre Angst vor einer möglichen Beziehung nicht eingestehen kann (teils ihres Freundes wegen, teils aus Furcht vor disziplinarischen Maßnahmen der Ausbildungsbehörde), erzählt ihrer Freundin, dieser Praxisanleiter bedränge sie unaufhörlich. „Dabei kann ich den Kerl nicht ausstehen – ein widerlicher Typ, der soll mich doch endlich in Ruhe lassen!"

**Regression.** Das erwachsene Ich stuft sich in seinem Entwicklungsgrad in die Kindheit zurück, um nicht mit den Maßstäben des Erwachsenseins gemessen werden zu müssen, falls das Ergebnis dieses Vergleiches belastend ausfallen müßte: W., der sich seiner Aufgabenlast nicht mehr gewachsen fühlt, fällt allmählich in frühere Verhaltensweisen zurück, fängt an zu albern, andere um Hilfe anzubetteln, verliert seine Ernsthaftigkeit und sein korrektes Aufgabenbewußtsein und hält das ganze (rationalisierend!) noch für einen Ausdruck von Humor, so daß er jede Kritik mit dem Vorwurf der Humorlosigkeit zurückweisen kann.

**Verschiebung.** Impulse, die ihr eigentliches Ziel nicht erreichen können, weil damit Angst verbunden wäre, werden auf ein Ersatzobjekt abgeleitet, das weniger angstauslösend wirkt; dies ist der berühmte Tritt nach unten in der bürokratischen Hierarchie, das sog. „Fahrradfahren": L., der eine ungeheure Aggression gegenüber seinem Referatsleiter aufgestaut hat, sich aber nicht traut, sie diesem gegenüber auszuleben, schießt sich auf den schwächsten unter seinen Kollegen ein, obwohl der ihm eigentlich gar nichts getan hat.

**Identifikation.** Das Individuum identifiziert sich mit der potentiell strafenden Instanz, um durch diese Scheinkoalition aus der Rolle des Opfers herausschlüpfen zu können: Die Inspektorin, die ihre indirekt, aber mit großer Verbissenheit ausgetragenen Auseinandersetzungen mit dem informellen Führer ihrer Arbeitsgruppe emotional nicht mehr ertragen kann, verfällt plötzlich ins Gegenteil und unterstützt ausdrücklich die Machtansprüche dieses Kollegen (Identifikation mit dem Aggressor).

Weitere klassische Abwehrmechanismen sind die Isolierung, das Ungeschehenmachen, die Reaktionsbildung, die Unterdrückung, die Verleugnung der Realität. Man lese bei Interesse ihre Bedeutung in den o. a. Quellen nach.

Alle diese Mechanismen haben den psychischen Vorteil der Angstbändigung. Die Angst wird als belastende Qualität des Bewußtseins entwaffnet und (scheinbar) überwunden. Tatsächlich aber ist die Angst in den Fällen ihrer Bewältigung durch Abwehrmechanismen der geschilderten Art nicht wirklich „bewältigt", sie lebt vielmehr in vielfältiger Form fort:

— in Form **neurotischer Arrangements,** die das „Wiederauftauchen" des Angstthemas vermeiden sollen (z. B. zwanghaftes Umgehen des angstauslösenden Partners),

— in Form **erhöhter Fluktuation** (Wechsel des Arbeitsplatzes, Kündigung; vgl. Nieder 1982) bzw. verschieden motivierter Fehlzeiten (Wimmer 1984),

— in Form **psychosomatischer Symptome,** in denen sich die Angst in verkleideter Form zu Wort meldet

— in Form eines enormen **Energieverbrauchs,** der zur unentwegten Bestätigung der angeblichen Angstbewältigung notwendig ist – Rationalisierer z. B. werden oft nicht müde, jeden und zu jeder Zeit ihre Rationalisierung aufzudrängen, um sich immer neue Zustimmung zu erheischen,

— in Form **sozialer Distanz** schließlich, in der sich die Interaktionspartner zurückziehen, wenn die Irrationalität der Abwehrmechanismen allzu offene Formen annimmt – etwa eine zu offensichtliche Projektion, die nur der Betroffene selbst noch nicht als solche erkennt, oder die peinlich wirkende Regression, die nur in der Selbstsicht dessen als Witz und Charme erlebt wird, der sie an den Tag legt.

### 5.6.6 Krankheit

Wenn schließlich die Angst des Individuums auch mit den Mitteln der irrationalen Umdeutung der Konfliktsituation nicht mehr bewältigt werden kann, steht noch der Weg in die Krankheit offen. Diese Formulierung – das soll gleich klargestellt werden – hat nichts mit dem „Krankfeiern" zu tun, d. h. der Verwendung einer Krankheitsbehauptung zur Begründung von Fehlzeiten.

Es ist noch nicht lange her, daß die wissenschaftliche Medizin sich mit dem Gedanken vertraut gemacht hat, Krankheit könne die Folge einer seelischen Ursache, eines Konfliktes, eines andauernden Angstdruckes etc. sein. Sogar heute wird noch „von einigen Schulmedizinern die Existenz psychosomatischer Krankheiten geleugnet... und psychologisches bzw. psychotherapeutisches Fachwissen für den Arzt als völlig überflüssig bezeichnet" (Doubrawa 1976, 41).

Den für unsere Zwecke bedeutsamen Zusammenhang zwischen Krankheit und Konflikt bzw. Angst können wir finden, wenn wir nach dem „Nutzen" von Krankheit innerhalb einer konfliktreichen Interaktion fragen. Die Idee, im Entstehen und Aufrechterhalten von Krankheit eine subjektive Sinnhaftigkeit zu vermuten, ist zum ersten Mal in systematischer Form von Sigmund Freud (z. B. 1917) verfolgt worden, getreu seiner Grundauffassung, daß im Seelenleben nichts vom Zufall bestimmt sei, sondern einer inneren, meist unbewußt wirkenden Logik folge. Er erkannte, daß sich mit dem Auftreten von Krankheitssymptomen für die Erkrankten unbewußte Vorteile verbanden. Er sprach daher vom „primären Krankheitsgewinn", der in vielen Fällen für das Entstehen von Krankheiten, z. B. von psychosomatischen Symptomen, neurotischen Arrangement etc. verantwortlich sei. Daß man darüber hinaus aus einer bestehenden Krankheit auch im übertragenen oder sogar im ganz wörtlichen Sinn Kapital schlagen kann – verdeutlicht am Beispiel des bettelnden Krüppels, der von seinem Leiden geradezu lebt –, nannte er den „sekundären Krankheitsgewinn".

Zur Erläuterung des Gedankens vom primären Krankheitsgewinn wollen wir nun sieben solcher *Gewinnarten* vorstellen:

(1) **Entlastung von Arbeit und Verantwortung**

In Alltagsgesprächen steht dieser Gewinn stets im Vordergrund. „Ach wie schön für Sie, daß Sie mal nicht arbeiten müssen." Dabei ist es fraglich, ob der Krankheitszustand, gegen den die Arbeit eingetauscht wird, wirklich so oft angenehmer ist als die Arbeitssituation. Daß hier eine Abhängigkeit von den Arbeitsbedingungen vorliegt, ist ganz klar. Grundsätzlich aber muß Arbeit nicht mit einem Zustand verminderter Lebensqualität identisch sein. Den meisten Arbeitslosen wird das nach einiger Zeit vergeblicher Arbeitssuche beklemmend deutlich (Frese & Mohr 1978). Im übrigen gibt es eine Reihe von Arbeitsplätzen, wo das Fehlen lediglich zu einem Ansammeln von Akten führt, d. h. zu einer Verschiebung der Arbeit statt zu einer Entlastung.

(2) **Vermeidung von konfliktreichen Situationen**

Dieser Gewinn spielt bei der Entstehung psychosomatischer Krankheiten eine große Rolle. Je stärker die Situation am Arbeitsplatz durch Angst und belastende Konflikte gekennzeichnet ist, desto stärker ist die Tendenz, durch die Ausbildung psychosomatischer Symptome einen quasiobjektiven Grund zum Verlassen der Situation herzustellen. Damit hat die psychosomatische Krankheit zugleich eine allerdings schwer zu entziffernde kommunikative Funktion. „Diese Syndrome (sind) ein Signal dafür, daß jemand nicht seinem Wesen gemäß lebt. Der Körper spricht eine Sprache, wir müssen sie verstehen lernen... Diese Körpersprache wird durch das vegetative System bewirkt, das heißt aber unwillkürlich, man kann höchstens versuchen, sich zu beherrschen, aber das ist nur sehr begrenzt möglich. Das lehren uns gerade die Kranken, mit denen wir uns hier beschäftigen. Vom Willen her ist es ihnen unmöglich, an ihrer Symptomatik etwas zu ändern. So kann die Körpersprache auch nicht lügen..." (Jores 1973, 26 f.)

Die psychosomatische Symptomatik teilt der Umwelt mit, daß der Kranke seine Situation nicht mehr ertragen, nicht mehr meistern kann, daß er aber auch nicht stark genug ist, die Situation selbst durch Ausschaltung der eigentlichen Angstquelle zu ändern.

Soweit die Angst am Arbeitsplatz sich vornehmlich auf die Tatsache des weitgehenden Kontrolliertseins, d. h. der persönlichen Unfreiheit bezieht, scheint auch hier die Krankheit wenigstens vorübergehend Abhilfe zu schaffen. Der Kranke entzieht sich der Kontrolle durch die Personen, die diese Kontrolle gewöhnlich ausüben. Damit ist nicht nur die Kontrolle durch den Vorgesetzten gemeint, der auf die Einhaltung der vertraglichen Pflichten (Pünktlichkeit, Vollständigkeit und Richtigkeit der Arbeit, Höhe des Leistungseinsatzes etc.) achtet, sondern auch die fehlende Privatheit durch die ständige Anwesenheit anderer, die jede Bewegung, jedes Gähnen und Naseputzen, jedes Verlassen des Arbeitsplatzes, jedes Beziehunganknüpfen auf dem Flur oder in der Kantine mitbekommen und ggf. kommentieren. Meisterhaft ist dieser Aspekt kollegialer Kontrolle im „Büroroman" von W. E. Richartz (1976) dargestellt.

Der Vorteil des Kontrollverlustes durch Krankheit stellt sich allerdings für viele Kranke als zweischneidig heraus. Die Kontrolleure ändern sich lediglich, es sind jetzt nicht mehr die Kollegen, Vorgesetzten oder Untergebenen, denen der empfindsame Büroinsasse nicht entweichen kann, sondern Familienmitglieder, das Pflegepersonal, die Ärzte, allerdings auch das Personalbüro, das peinlich über den Eingang der Krankschreibungen wacht. „Die ‚Flucht in die Krankheit' ist also auch eine Flucht in einen anderen Bereich der Kontrolle, mit eventuell ebenso starken Abhängigkeiten wie in der Arbeitssituation." (Orendi 1978, 207 f.)

(3) **Rechtfertigung eigenen Versagens**

Hohe Leistungsfähigkeit ist ein wesentliches Merkmal, das über Wert oder Unwert eines Menschen in einer leistungsorientierten Gesellschaft entscheidet (Holzkamp 1976). Ein Leistungsabfall bzw. eine dauernde Minderleistung bedeutet daher eine Gefährdung des Selbstbildes, die zur Angst vor dem Verlust sozialer Achtung führen kann. Im Normalfall gibt es für mäßige Leistungen zwei Erklärungen: Geringe Leistungsbereitschaft (Motivationsmangel; Faulheit) oder geringe Leistungsfähigkeit (Intelligenz, Kenntnisse, Fähigkeiten). Die Krankheit bietet nun eine dritte Möglichkeit, Leistungseinbußen zu erklären, ohne die eigene Person damit als faul bzw. als unfähig abwerten zu müssen. Wer häufig unter Kopfschmerzen, Magenverstimmung, Herzbeschwerden, Asthma, Rheuma etc. leidet, der kann sich eben trotz besten Willens und Vermögens nicht so gut und ausdauernd konzentrieren, nicht so durchgehend belasten wie sein kerngesunder, aber deswegen noch lange nicht fähigerer Kollege. In der Sprechstunde von Ärzten tauchen daher immer wieder Patienten auf, die sich „ihr" Leiden bestätigen lassen, indem sie eine oft jahrelang fortdauernde Medikation (Herzmittel, Rheumasalbe etc.) erwarten und die durchaus unzufrieden wären, wenn sie plötzlich von ihrem Leiden geheilt wären – es würde ihnen ein jederzeit parater Joker zur Erklärung von Rückzug und Leistungseinbuße genommen werden. Häufig wechseln solche Patienten dann schnell auf andere Symptome um, um sich ihren Krankheitsgewinn zu sichern. Balint et al. (1975) weisen daraufhin, daß diese Zusammenhänge allerdings nur den wenigsten behandelnden Ärzten bekannt sind.

(4) **Erhöhte Zuwendung durch die Umwelt**

Wer krank ist, kann auf das Mitleid seiner Umwelt rechnen. Der Kranke wird nach seinem Ergehen gefragt, bedauert, mit guten Wünschen – oder gar Blumen ans Krankenbett – versehen, geschont, gepflegt. All das sind Erfahrungen, die für manche Mitarbeiter in Normalzeiten unerreichbar sind. Solche Menschen müssen geradezu aufatmen, wenn sie im Krankheitsfalle plötzlich im Mittelpunkt fürsorglicher Aufmerksamkeit stehen. Nach dem Prinzip des instrumentellen Bedingens (vgl. Abschnitt 3.3.3) ist zu erwarten, „daß positive Erfahrungen mit der Krankenrolle die Attraktivität einer solchen Rolle erhöhen. Eine Tendenz zur Krankenrolle kann als Folge des ‚sekundären Krankheitsgewinns' bei manchen Personen daraus folgen." (Orendi 1978, 208)

(5) **Prestigegewinn durch gezeigtes Leid**

„Papa, ich blute, ich brauch' ein Pflaster!" Schon kleinste Schrammen geben Kindern Anlaß, durch möglichst große Pflaster oder Verbände der Außenwelt ihr Leid zu präsentieren. Je älter die Menschen werden, desto vorsichtiger wenden sie diese Methode der Image-Pflege an, aber auch desto raffinierter: Die Krankenrolle wird inszeniert, weil man sich dadurch interessant machen kann. Das dezent nachschleifende Bein, der Hinweis auf die soundsovielte Spritze wegen dieses „dummen Knies", das halb unterdrückte Hüsteln mit abgewandtem Kopf, aber auch die Winterurlaubstrophäe in Form eines von Autogrammen und Graffitis geschmückten Gipsverbandes – all das kann Eindruck machen, scheint Gewicht zu haben und zu geben, setzt den Prestigewert des „Helden" oder „tapferen Opfers" herauf.

(6) **Moralische Erleichterung durch Selbstbestrafung**

Von Freud stammt der Gedanke, Krankheit in manchen Fällen als einen Akt der Selbstbestrafung zu interpretieren, wenn Patienten sonst keine Möglichkeit sehen, mit ihren Schuldgefühlen fertig zu werden. Insbesondere in der Unfallpsychologie wurde längere Zeit auf diese These zurückgegriffen, um dem Phänomen der Häufung von Unfällen bei einzelnen Menschen auf die Spur zu kommen. Bestimmte Formen von Krankheiten können jedenfalls – etwas allgemeiner gefaßt – als Ausdruck einer auf die eigene Person gerichtete Aggression verstanden werden.

(7) **Befriedigung von aggressiven bzw. Machtimpulsen**

In zweifacher Hinsicht kann schließlich Krankheit den Charakter einer nach außen gerichteten Aggression tragen (vgl. Elhardt 1974): Der Kranke belastet die Umwelt, ohne dafür verantwortlich gemacht werden zu können – der Kollege wird gezwungen, mehr zu arbeiten, die Blumen zu gießen, das Fenster auch im Sommer geschlossen zu halten, ein Wasser für die Tabletten zu holen etc., der Vorgesetzte muß die Erledigung einer unliebsamen Aufgabe selbst übernehmen, die Familie wird zur selbstaufopfernden Pflege gezwungen; die Tyrannei des Kranken ist ein oft und einfallsreich variiertes Thema der Literatur.

Neben dieser äußeren Belastung löst der Kranke aber oft auch Schuldgefühle bei seinen Angehörigen aus, mit denen er sie oft bis über seinen Tod hinaus in der Hand hat. Auch dem Selbstmord wird diese aggressive Komponente der Schuldprojektion in manchen Fällen zugeschrieben.

Die Aufzählung von 7 Formen von primärem Krankheitsgewinn soll nun nicht als Aufforderung zu regelmäßigem Erkranken mißverstanden werden. Wir sind uns einig, daß Krankheit eine defizitäre Form menschlicher Existenz darstellt und daher von uns auch unter dem Stichwort der gefährdeten bzw. gescheiterten Integration von Individuum und Organisation eingeordnet wurde. Die belastenden Aspekte von Krankheit liegen ja auf der Hand:

— Krankheit bedeutet das Erleben unangenehmer Leibempfindungen (Schmerz, Übelkeit, Atemnot etc.).

— Krankheit bewirkt eine Einschränkung der persönlichen Handlungsfreiheit, insbesondere der Freizügigkeit des Aufenthalts.

— Krankheit zieht eine faktische Einschränkung in der Ausübung der zustehenden Rechte nach sich.

— Sozialer Kontakt wird durch Krankheit meistens reduziert und vor allem selegiert.

— Der Kranke wird von anderen abhängig, findet sich in einer dem Kind ähnlichen Rolle, ist nicht „vollwertig",

— Der Kranke verliert für die Umwelt an Bedeutung (die wörtliche Übersetzung von „Invalidität" ist „Wertlosigkeit"!).

— Der Kranke ist einsam, steht der Angst vor den Folgen seiner Krankheit, vor seinem Tod letztlich allein gegenüber.

„Soweit die Neurose Vorteile hat (durch den Krankheitsgewinn; d. R.), ist das Ich wohl mit ihr einverstanden, aber sie hat nicht nur Vorteile. In der Regel stellt sich bald heraus, daß das Ich ein schlechtes Geschäft gemacht hat, indem es sich auf die Neurose einließ. Es hat eine Erleichterung des Konflikts zu teuer erkauft, und die Leidensempfindungen, welche den Symptomen anhaften, sind vielleicht ein äquivalenter Ersatz für die Qualen des Konflikts, wahrscheinlich aber ein Mehrbetrag von Unlust. Das Ich möchte diese Unlust der Symptome loswerden, den Krankheitsgewinn aber nicht herausgeben, und das bringt es eben nicht zustande." (Freud 1917/1969, 372)

## 5.6.7 Alkoholismus

„Jeder 10. Beamte hängt an der Flasche"
„Kaum ein Amtmann ohne Flachmann"
„In jedem Büro wartet ein Schnaps auf seine Vernichtung"
„Polizisten betrunken – wohin steuert der öffentliche Dienst?"

Immer wieder finden sich in Presseorganen Schlagzeilen über den Alkoholmißbrauch in Betrieben und Verwaltungen, machen Sprüche über die „guten Beziehungen zwischen Verwaltungsangehörigen und scharfen Getränken" die Runde. Tatsächlich gibt es keinen Zweifel, daß die Droge Nr. 1 (Kriterium: Verbreitungsgrad) auch in den Amtsstuben zu einem erheblichen Problem geworden ist, auch wenn die gefährdetsten Gruppen außerhalb der Ämter leben: Menschen, die beruflich mit Alkohol zu tun haben, kleinere selbständige Unternehmer, an- und ungelernte Arbeiter, Arbeitslose, insbesondere auch arbeitslose Jugendliche, alleinstehende Frauen. Man schätzt, daß insgesamt weit über eine Million Bundesbürger alkoholabhängig sind.

Alkoholkonsum als solcher ist in unserer Kultur kein abweichendes Verhalten. Im Gegenteil, überzeugte Nichttrinker werden oft als Sonderlinge und Bedauernswerte eingestuft und behandelt. Ja es gibt eine differenzierte und hochentwickelte **Alkoholkultur** („Kenner" wissen einen „guten Tropfen" zu schätzen), deren allgemeine Akzeptanz unbezweifelbar ist und die es zugleich so schwer macht, die Auswüchse des Alkoholkonsums zu bekämpfen.

So gibt es also ein breites Spektrum von Konsumformen, die noch keinen Krankheitswert besitzen – der im übrigen für die BRD erst durch ein Urteil des Bundessozialgerichtes von 1968 für Trunksucht anerkannt wurde. Wir wollen im folgenden versuchen, die verschiedenen Trinkmotivationen in eine überschaubare Gliederung zu bringen, die von dem amerikanischen Arzt E.M. Jellinek (1960, zit.n. Feuerlein 1984) stammt. Wir halten es in diesem Zusammenhang für wichtig, den fließenden Übergang vom amtsinternen Normalkonsum zum krankhaften Trinken deutlich zu machen, weil gerade dieser fließende Übergang eine wesentliche Ursache für die weite Verbreitung von Alkoholismus im öffentlichen Dienst und für dessen enorme Dunkelziffer (d.h. nicht als solche erkannte und benannte Fälle) ist.

**Konflikttrinken** (Jellinek: Alpha-Trinker): „Wer sorgen hat, hat auch Likör". In diesem Sprichwort kommt die Erfahrung zum Ausdruck, daß die depressiven Stimmungen, die uns als Folgen beruflicher oder privater Belastungen erwachsen, durch Alkoholkonsum gemildert werden können. Man trinkt einen auf einen Schrecken, trinkt sich Mut an vor ängstigenden Situationen, packt seine Sorgen in ein Gläschen Wein ..., alles das sind Formulierungen für die angstmindernde und stimmungsverbessernde Wirkung von Alkohol, die dann problematisch wird, wenn sich das Trinken verselbständigt, körperliche, seelische und soziale Schäden nach sich zieht; wenn die Bewältigung der Probleme durch die Flucht in den Alkohol erschwert oder gar ersetzt wird. Auch die konkreten Arbeitsbedingungen können die Tendenz zur Stimmungsaufhellung durch Alkohol fördern. Visser (1981) nennt z.B. die folgenden: Arbeitsteilung, Fremdbestimmung, Entfremdung, Stress, Monotonie, Routine, Isolation. Angemessene Arbeitsbedingungen und ein gutes Betriebsklima mit einer möglichst angstfreien Atmosphäre sind somit wichtige Präventionen gegen betrieblichen Alkoholismus.

**Gelegenheitstrinken** (Beta-Trinker): Im Bestand unserer gesellschaftlichen Alltagsriten hat der Alkohol einen festen Platz. Kaum eine feierliche Gelegenheit, die nicht ein willkommener Anlaß für ein kurzes Schnäpschen, für eine schnelle Bürorunde aus der Tasse wäre. Ja es gibt Gelegenheiten, bei denen Alkohol geradezu unumgänglich zu sein scheint. Hochzeiten, Jubiläen, Geschäftsabschlüsse, Beförderungen, Ein- und Ausstand, Einweihungen etc. sind ohne ein Glas Sekt oder andere Alkoholika für viele undenkbar. Bei Bürofeiern ist es geradezu eine Heldentat, die Geburtstagsrunde für einen Kollegen zu überstehen, ohne wenigstens einen Schuß in die Cola oder den Orangensaft genommen zu haben. Völlige Verweigerung mit „Entschuldigung" (Krankheit z.B.) gilt häufig sogar als Beleidigung. Die Häufigkeit von Feiern und die rituelle Verankerung von Alkohol bei solchen Anlässen sind daher eine echte Gefährdung für viele Mitarbeiter. Ein wichtiges Feld für behutsame Einflußnahme durch Vorgesetzte.

**Süchtiges Trinken** (Gamma-Trinker): Bei dieser Form, die immer schon ein Zeichen für ein fortgeschrittenes Stadium des Alkoholismus ist, steht der Alkohol selbst im Vordergrund, auch ohne Problem und Gelegenheit. Die äußere Situation ist dem süchtigen Trinker eher egal, ja er neigt insbesondere im Anfangsstadium sogar eher zum Alleintrinken, um der Kontrolle durch andere zu entgehen. Die berauschende Wirkung ist ihm wichtig, und er verliert relativ schnell die Kontrolle über sein eigenes Verhalten, wenn er getrunken hat. Je stärker die Sucht wird, desto mehr wendet sich die Umwelt vom Trinker ab, der Süchtige selbst verliert sein Interesse am Leben um ihn herum, an seiner Arbeit, an seiner Familie. In Betrieben werden süchtige Trinker allerdings meist viel zu lange gedeckt, aus falsch verstandener Solidarität heraus. Der Abstieg in soziales Elend ist nur durch massives Eingreifen seitens der Kollegen, der Vorgesetzten oder der Personalvertretung möglich, bis hin zur Androhung und Anwendung von Disziplinarmaßnahmen (Weiß 1982, Schaffer & Werndl 1983).

**Gewohnheitstrinken** (Delta-Trinker): Die Spannbreite des Gewohnheitstrinkens ist breit: Vom regelmäßigen Schnäpschen am Morgen („für den Kreislauf") über die unvermeidliche Weinflasche beim Mittagessen oder die Fernseh-Molle am Abend bis zum tagüberspannenden Dauertrinken sind viele Variationen denkbar, harmlose und krankhafte. Gemeinsam ist allen der Imperativ, eine bestimmte Alkoholmenge regelmäßig trinken zu müssen, auch unabhängig von Konflikten und geselligen Anlässen, eher schon wie eine notwendige Medizin. Der Gewohnheitstrinker befürchtet Einbußen seiner Tüchtigkeit oder seines körperlichen Gleichgewichtes, wenn er seinen erforderlichen Alkoholspiegel nicht erreicht hat, weshalb man ihn auch ganz anschaulich einen **Spiegeltrinker** nennt. Und wenn sich der Körper erst einmal auf den regelmäßigen Konsum eingestellt hat, dann kann er mit seiner Befürchtung sogar recht haben. Während der süchtige Trinker auffällt, wenn er getrunken hat, ist der Gewohnheitstrinker zumindest bis zum mittelschweren Stadium erst dann auffällig, wenn er nicht getrunken hat: dann treten die Entzugserscheinungen wie Zittern, Unruhe, Konzentrationsunfähigkeit etc. auf (Feuerlein 1984).

**Quartalstrinken** (Epsilon-Trinker): Zu dieser Kategorie gehört, wer in periodischen Abständen unterschiedlicher Länge trinkt, sich dabei dann oft bis zur deliranten Alkoholvergiftung besäuft, um dann wieder über Wochen oder Monate völlig trocken zu bleiben. Die Saufphase ist für Quartalstrinker gefährlich, ansonsten sind sie unauffällig und unproblematisch.

Hoher Alkoholkonsum im Dienst (bzw. vor dem Dienst, dessen Wirkung dann noch anhält) ist in jedem Fall Zeichen einer gefährdeten Integration des Menschen in die Organisation. Alkoholprobleme verweisen daher meist auch auf pathologische Strukturen der Organisation selbst, etwa der Arbeitsbelastung, der sozialen Beziehungsmuster oder der mangelnden Anerkennung des Individuums. Dem Tenor dieses Abschnitts folgend verweisen wir also auf die Notwendigkeit, die Verhinderung von Alkoholismus am Arbeitsplatz nicht nur als individuelles Problem, sondern auch als Führungsaufgabe zu verstehen. Immer mehr Behördenleitungen, Personalräte und engagierte Mitarbeiter stellen sich dieser Aufgabe (vgl. dazu Hexel & Löffert 1983).

Auch Claussen (1986) sieht in seinem „Bericht über die Ausübung der Disziplinarbefugnisse" Anzeichen für eine „wachsende Sensibilisierung" innerhalb der Verwaltung für die Gefahren eines Alkoholmißbrauchs wie

— „die ständig steigende Zahl von dienstlichen Verfügungen und Erlassen, die sich unter dem Gesichtspunkt der allgemeinen Aufklärung mit der Alkoholproblematik und ihrer Bedeutung für den dienstlichen Bereich befassen,

— die auffällige Zunahme von Anordnungen, die zeitlich, örtlich und mengenmäßig die Möglichkeit von Alkoholgenuß im Dienst einschränken oder ganz verbieten,

— die verstärkten Bestrebungen, alkoholabhängigen Bediensteten eine Hilfestellung zu geben." (234)

# 6. Abschnitt.  Bürokratische Sozialisation und ihre möglichen Verlaufsformen und Folgen

Wir haben in den vorangegangenen Kapiteln genau verfolgen können, wie sich das gleichzeitige Mit- und Gegeneinander von Mensch und Organisation im einzelnen gestaltet, und wir haben gesehen, daß eine konkret arbeitende Organisation mehr ist als „die integrative Strukturierung von Ganzheiten", „ein relativ beständiges Ordnungsmuster" oder „ein System von Regelungen, das sich aus aufbauorganisatorischer Sicht als Gebildestruktur (Aktionsgefüge) und aus ablauforganisatorischer Betrachtung, also unter Beachtung des raumzeitlichen Vollzugs, als Prozeßstruktur (Potentialgefüge) darstellt" (Handlexikon Organisation 1971, 71) – sie ist **Leben,** sie ist eine turbulente **Ineinanderverstrickung menschlicher Schicksale.** Arbeitet ein Mensch 45 Jahre lang in einer Behörde oder einer Firma, so hält er sich an mehr als 10.000 Tagen seines Lebens dort auf. Manche unserer jüngeren Leser werden angesichts dieser Zahl erschrecken und sich fragen, ob das nicht einem freiwilligen Verzicht auf eine lohnende, überraschungsreiche Zukunft entspricht.

Das führt uns zum eigentlichen Thema zurück: Was macht die bürokratische Organisation aus einem Menschen – und was macht er aus ihr? Was geschieht, wenn Mensch und Organisation aufeinandertreffen? Wie sieht die Lebenswelt aus, in der dies geschieht, wie der **Büroalltag,** in dem das alles vonstatten geht: die Gleichzeitigkeit von Integration und Desintegration, von Gernedasein und Fliehenwollen, von gegenseitiger Förderung und Weiterentwicklung und gegenseitiger Hemmung und Zerstörung? Wir haben es zu beschreiben versucht, haben uns bemüht, Organisationssoziologie und -psychologie als *Soziologie und Psychologie des Büroalltags und der Bürokultur* zu verstehen, weil sich allein damit die Verschmelzung von Mensch und Organisation angemessen widerspiegeln läßt: „*Alltägliches Leben* (z. B. Arbeiten) bezeichnet den gemeinsamen (intersubjektiven) Vollzug der Erlebniserfahrung von Handelnden (Liebenden, Arbeitenden), die aneinander sich orientierend in alltäglicher Typik den konstruktiven Übergang von einer irgendwie vorgefundenen Welt in ihre eigene Welt zu leisten haben. (...) Zweifellos liefert die Einsicht in den *konstruktiven* Aufbau des alltäglichen Lebens auch die Einsicht in seine Destruktion." (Grathoff 1978, 78).

Dieser phänomenologische touch unserer Arbeit (Phänomenologie = „Wesenswissenschaft", Erkenntnis des Wesens der Dinge) schließt nicht aus, daß wir auch zum Schluß wieder Typen bzw. Idealtypen bilden wollen und müssen, um die hohe Komplexität der Organisationswirklichkeit auf das Wesentliche, auf etwas Greif- und Behaltbares (das heißt auch: in Prüfungen Abfragbares) zu reduzieren.

Die Grundfrage lautet dabei: welche Möglichkeiten ergeben sich, wenn ein Mensch (s)eine grundsätzlich bürokratische Organisation akzeptiert, und welche, wenn er sie ablehnt? Hierzu die folgende Übersicht (vgl. zu einigen Aspekten auch Merton 1968 sowie Bosetzky 1980 b), mit deren anschließender Erläuterung wir zugleich eine Zusammenfassung von vielem des bisher Gesagten erreichen werden:

312

| **Bei** | **ergeben sich als Möglichkeiten:** |
|---|---|
| I. Innerer Akzeptanz der bürokratischen Organisation 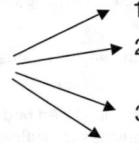 | 1. Entwicklung zum Aufsteigenden |
| | 2. Entwicklung zur bürokratischen Persönlichkeit |
| | 3. Entwicklung zum professionalisierten Bürokraten |
| II. Innerer Ablehnung der bürokratischen Organisation | 1. Entwicklung zum Büropathen |
| | 2. Rückzug, Apathie und Entwicklung zum Indifferenten |
| | 3. Passiver Widerstand |
| | 4. Aktiver Widerstand |

Bleibt, bevor wir das näher ausführen wollen, die Frage offen, was denn nun **bürokratische Sozialisation** eigentlich bedeuten soll? Anfangs hatten wir gemeint, sie sei lediglich die **Formung zum Bürokraten,** zur bürokratischen Persönlichkeit (I/2) bzw. zum Aufsteigenden (I/1), doch ist sie nicht mehr, meint sie nicht – wie die „politische Sozialisation" – „auch jene Vorgänge, die dazu führen, daß Menschen sich gegen Integration, Unterdrückung und Normierung wehren und Möglichkeiten der Befreiung suchen und erkämpfen" (Gottschalch 1972, 23)? Wir meinen ja. Bürokratische Sozialisation ist also im weiteren Sinne zu verstehen als Sozialisation in einer Bürokratie – sie ist nicht automatisch gleichzusetzen mit (totaler) Anpassung an die Bürokratie, und wo sie wirklich Anpassung ist, da ist diese nicht nur Unterwerfung, sondern bewirkt auch Veränderungen im bestehenden Milieu (vgl. Mitscherlich 1970,109).

Wir sehen also im wesentlichen sechs Verlaufsformen bzw. Ergebnisse bürokratischer Sozialisation, je nachdem, ob ein Organisationsmitglied seine bürokratische Organisation grundsätzlich akzeptiert oder nicht.

### 6.1 Sozialisation bei innerer Akzeptanz der Organisation

### 6.1.1 Entwicklung zum Aufsteigenden

Dies ist bei innerer Akzeptanz der bürokratischen Organisation die gleichsam „natürliche" Entwicklung, während die Entwicklung zur bürokratischen Persönlichkeit eher als „abweichend" zu bezeichnen ist.

Der Typ des **Aufsteigenden** ist – als Idealtypus – von Presthus (1966) in die Diskussion eingeführt worden (hier in der Zusammenfassung von Bosetzky, Fischer & Tiefensee 1975, 200f.): Die Aufsteigenden

— haben eine hohe Arbeitsmoral;

— beziehen aus ihrer beruflichen Tätigkeit ein hohes Maß an innerer Befriedigung,

— identifizieren sich weitgehend mit der Organisation und beweisen ihr gegenüber Loyalität und Einsatzbereitschaft;

— akzeptieren die Ziele der Organisation;

— legen ein konformes Verhalten an den Tag;

— können sich leicht unterordnen;

— operieren gern mit übermäßigen Vereinfachungen und Idealisierungen und glauben an offiziell verbreitete Mythen;

— haben die Werte ihrer Organisation internalisien;

— neigen zu einer ausgeprägten Höflichkeit und geben abgewogene Antworten;

— besitzen einen starken Machttrieb (aus einer tiefverwurzelten Unsicherheit und der Furcht vor dem Versagen heraus);

— beurteilen Menschen nach instrumentellen Gesichtspunkten (d. h. danach, wie sie sie am besten für ihre Zwecke einsetzen können);

— haben ihr Streben und Trachten auf die jeweilige Organisation fixiert und verfügen über keinen weitgespannten Bildungshorizont und über kein waches staatsbürgerliches Bewußtsein;

— legen Wert auf administrative Fähigkeiten und auf Werte, die geeignet sind, das Funktionieren der Organisation zu garantieren;

— zeigen sich unduldsam gegenüber denjenigen, die kritisch beobachten können und abweichende Meinungen vertreten;

— idealisieren entschlossenes Handeln mit übermäßigen Vereinfachungen;

— haben ständig Angst um ihren Status und zeigen darum zwanghaftes Interesse für Rangordnungen und Statussymbole;

— gleichen ihr gesellschaftliches Leben den Vorgesetzten an;

— arbeiten viel mit gezielter Selbstpropaganda;

— schreiben sich die Leistungen ihrer Untergebenen zu;

— konzentrieren sich leicht auf Verfahrensfragen und haben kein echtes Sachinteresse an der Arbeit, engagieren sich nicht;

— betonen Leistung, Härte, Selbstbeherrschung und Macht;

— haben einen tiefen Respekt vor der Autorität.

Wenn Aufsteigende ihre Organisation verändern wollen, dann – dies zur Abgrenzung gegenüber II/4 – primär, um sie durch gezielte Innovationen in ihrem Sosein nur zu stabilisieren, d. h. ihre grundlegende Struktur zu erhalten und alternative Strukturvorstellungen abzuwehren.

Eine Entwicklung zum Aufsteigenden wird vor allem dann wahrscheinlich, wenn

— der „Karrieredruck" (die Karriereerwartung) der wichtigsten Bezugspersonen (Eltern, Ehepartner) besonders groß ist,

— die Belohnungen der Organisation aufgrund psychischer Dispositionen (machiavellistische Züge, Narzißmus, Wunsch nach Außergewöhnlichkeit) als besonders verlockend erscheinen,

— die „Marktlage" in der Organisation, was die freien und freiwerdenden Aufstiegspositionen betrifft, besonders günstig ist.

## 6.1.2 Entwicklung zur bürokratischen Persönlichkeit

Nach Robert K. Merton (1968) übt eine bürokratische Struktur auf den einzelnen einen dauernden Druck aus, der dazu führt, daß sich seine Motivation und seine Orientierung weg von den erklärten Zielen der Organisation und hin zu den besonderen Details des von den Normen geforderten Verhaltens entwickelt. „Die Befolgung der Regeln, ursprünglich ein Mittel, wird zum Selbstzweck... Die Disziplin, leicht als Regeltreue in jedweder Situation verstanden, wird vom Bürokraten nicht als Maßnahme zur Erfüllung bestimmter Zwecke gesehen, sondern wird zu einem unmittelbaren Wert in seiner Lebensführung. Diese aus der Verschiebung der ursprünglichen Ziele herrührende Betonung von Disziplin führt zu Starrheiten und zur Unfähigkeit, sich leicht anzupassen. Formalismus und sogar Ritualismus sind die Folgen des unbeirrten Beharrens auf der peinlich genauen Einhaltung formalisierter Verfahrensweisen." (269)

In ihrem Arbeitsbereich sind der bürokratischen Persönlichkeit (das heißt: dem „Durch-und-durch-Bürokraten") inhaltliche Erwägungen gegenüber den formalen zweitrangig. Der **Vollbürokrat** (oft ein Volljurist) bedauert zwar gelegentlich, eine Entscheidung gegen seine eigene Meinung treffen zu müssen, empfindet dabei aber nur ein geringes Maß an kognitiver Dissonanz, da er die Bedeutung seiner persönlichen Überzeugung gegenüber der Korrektheit der Regelbefolgung gering erachtet.

Dabei ist der strenge Bürokrat keineswegs unpolitisch in seinem Handeln. Die fehlende Bereitschaft, eigene Wertsetzungen in sein Handeln einfließen zu lassen, zwingt ihn, in allen Ermessensbereichen sich an den Erwartungen derer zu orientieren, denen er loyal ergeben ist. Die Offenheit politischer Liberalität wäre für ihn durchaus ängstigend, weil sie persönliche Entscheidungen erzwingt; eine autoritär-konservative Einbettung dagegen wäre entlastend, da sie ihn aus der Verantwortung entläßt. Die Bereitschaft zur Unterordnung unter autoritäre Charaktere, gleich welcher ideologischen Couleur, liegt daher nahe.

Die Erhaltung des Bestehenden unter Einhaltung einmal aufgestellter Regeln ist das eigentliche Handlungsziel des strengen Bürokraten.

Für Merton ist ein „extremes Produkt dieses Prozesses der Zielverschiebung ... der bürokratische Virtuose, der niemals auch nur eine einzige Regel für seine Amtshandlungen außer acht läßt und dadurch vielen seiner Klienten gar nicht helfen kann" (269). Der Beamte entwickelt, gestärkt durch Korpsgeist und informelle soziale Organisation, mit seinem Ritualismus eine „geschulte Unfähigkeit" zur effizienten und klientenorientierten Arbeit. Ein Aspekt dieses Ritualismus ist auch die Unfähigkeit, aus der Beschränkung der Verwaltungssprache auszubrechen und sich in die Sprachcodes der verschiedenen Klientengruppen hineinzuversetzen.

Das Stichwort, unter dem das hier gemeinte Phänomen in der einschlägigen Literatur des öfteren auftaucht, finden wir im obigen Merton-Zitat; es lautet: **Zielverschiebung.** Man versteht darunter die „Ablösung eines Primärziels durch eines der bisherigen Sekundärziele, die oft in populärer Betrachtung so gedeutet wird, daß ein Mittel zum Selbstzweck erhoben wird. Das ist bei vielen Erscheinungen des Bürokratismus der Fall, wenn etwa nur vollständig ausgefüllte Formulare den Bearbeitungsprozeß in Gang setzen, obwohl eine konkret fehlende Angabe für diese Entscheidung gar nicht erforderlich ist. Hier wird ein Hilfsziel der Bürokratie (aktenmäßige Kontrollierbarkeit des Entscheidungsganges) dem ohne Frage höherrangigen Ziel der routine- und rechtmäßigen Entscheidung von Einzelfällen übergeordnet" (Endruweit 1981, 73; vgl. auch Scott 1986, 396f.), wobei das Ganze noch einsichtiger wird, wenn man als oberstes Ziel der Verwaltung die größtmögliche Bürgernähe bzw. -orientierung nimmt („schnell und unbürokratisch"), und dann die Sozialhilfeempfängerin Frieda Grabowsky trotz anhaltender Kältewelle und −15° Außentemperatur ihre Heizkostenbeihilfe nicht erhält, weil ihr Name im Rentenbescheid mit ‚i' hinten geschrieben worden ist und ja ein Betrugsversuch vorliegen könnte.

Das „schönste" Beispiel für das Handeln bürokratischer Persönlichkeiten finden wir bei Charnpion (1975, 38; hier in der deutschen Übersetzung und Zusammenfassung von Endruweit 1981, 73f.): „Als japanische Flugzeuge 1941 ohne Kriegserklärung militärische Einrichtungen der USA auf Hawaii bombardierten und die amerikanischen Soldaten ihre Waffen holen wollten, verlangten manche Wachen vor Waffen- und Munitionslagern mitten im Feuer die Vorlage von ordentlichen Anforderungsscheinen auf dem Dienstweg."

Ein Bericht im „Volksblatt Berlin" vom 4.1.1987 zeigt uns, daß es aber auch in der Bundesrepublik von heute „real existierende" bürokratische Persönlichkeiten geben muß: Ein Polizeiobermeister aus Bremerhaven, der sich an einem Auswahlverfahren beteiligt hatte, um vom mittleren in den gehobenen Dienst aufsteigen zu können, „scheiterte ausgerechnet an einem Symboltest, den er zwar hundertprozentig löste, aber viel zu schnell. − Statt der erwarteten Höchstpunktzahl gab ihm die Prüfungskommission ein ‚Ungenügend'. Begründung: Der Beamte sei nicht in der Lage, einen ihm zur Verfügung stehenden Zeitraum zu nutzen. Zweck der Arbeit sei es schließlich nicht, eine Höchstleistung zu erbringen, sondern seine Kräfte im Rahmen der zur Verfügung stehenden Zeit einzuteilen".

Armanski (1983) nimmt Bezug auf die Natur der bürokratischen Arbeit, wenn er den „entindividualisierten Persönlichkeitstyp des Bürokraten" beschreibt: „Der strukturelle Zusammenhang von Zwecksetzung und Gestalt der Bürokratie mit der Charaktermaske des Bürokraten besteht auf Seiten der Beschäftigten in Überkonformismus, Disziplin, gefühlsmäßiger Bindung an die Aufgabe, verselbständigtem Regelsystem, Starrheit, Formalismus und Ritualismus. Karriereorientierung und -mittel führen zu Reglementbindung und Veränderungsscheu." Und er fügt allerdings auch die Überlegung an, ob nicht vielleicht „. . . die krasse Beschreibung eines abstoßenden Beamtencharakters . . . den Blick auf den dominanten gegenwärtigen Persönlichkeitstyp überhaupt verstellt oder verstellen soll, also ablenkende Wirkung hat." (180f.)

Eine Entwicklung zur bürokratischen Persönlichkeit wird vor allem dann wahrscheinlich, wenn

— als Persönlichkeitsmerkmale hohe Rigidität, hohe Ambiguitätsintoleranz, hoher Dogmatismus, niedrige Risikobereitschaft und niedrige Kreativität vorliegen (vgl. Luhmann & Mayntz 1973),

— regelgetreues Verhalten um jeden Preis von der Organisation und/oder informellen Gruppen besonders belohnt wird,

— die Möglichkeiten zum passiven und aktiven Widerstand gegen die bürokratische Organisation als aussichtslos erscheinen,

— Rückzug und Apathie wegen eines starken Pflichtgefühls nicht infrage kommen.

Beides, die Entwicklung zum Typ des Aufsteigenden wie zur bürokratischen Persönlichkeit, sind zweifellos Folgen und Ergebnisse bürokratischer Sozialisation − diese umfaßt bzw. bewirkt aber auch, wie wir bereits dargelegt haben, andere Formen sozialen Lernens und sozialen Verhaltens, die bei tendenzieller Ablehnung des Bestehenden eher als abweichendes Verhalten einzustufen sind (wobei im Gedankengang von Merton, vgl. Abschnitt 5.3.2, allerdings auch der Ritualismus als abweichendes Verhalten definiert wird).

### 6.1.3 Entwicklung zum „Beamten neuen Typs" bzw. „professionalisierten Bürokraten"

Dieser Typ von Mitarbeiter akzeptiert das grundsätzliche strukturelle Sosein der bürokratischen Organisation, und zwar zum einen aus der systemtheoretisch fundierten Erkenntnis heraus, daß es in der Gesamtgesellschaft wie in jedem ihrer Subsysteme Ordnung schaffende und erhaltende Werte, Normen und Herrschaftsbeziehungen geben muß, sollen Anarchie und Chaos vermieden werden, und zum anderen als Folge der (resignativen) Einsicht, daß der Demokratiegedanke auf Großorganisationen (derzeit) nicht vollständig übertragbar ist und die angetroffenen Strukturen (vorerst) unzerbrechlich sind. Dies als feste Größe nehmend bzw. sich damit abfindend, versucht er, das Beste aus der Sache (und seinem Leben) zu machen, das heißt, innerhalb des strukturellen Rahmens der Bürokratie seine professionellen Ziele zu erreichen, z. B. bürgernah und bürgerorientiert zu arbeiten, Mitarbeiter partizipativ und „human" zu führen, Ermessensspielräume möglichst oft zugunsten Benachteiligter und sozial Schwacher auszuschöpfen und die bürokratische Organisation behutsam in Richtung auf mehr teamartig-professionelle Formen hin zu verändern. Durch eine umfassende, wissenschaftlich fundierte, auf eine gewisse Innensteuerung angelegte und an einer kosmopolitischen Offenheit orientierten Ausbildung an einer (Fach-)Hochschule gewinnt der „Beamte neuen Typs" die Qualitäten, die Scott (1968) den „professionals" zubilligt; er wird als Diplom-Verwaltungswirt (im Glücksfalle) zum **professionalisierten Bürokraten.** Dabei muß die Einengung durch die Bürokratie für ihn nicht immer und nicht ausschließlich belastend wirken; er versteht die Auseinandersetzung mit ihr, den Kampf gegen rigide Bürokraten („bürokratische Persönlichkeiten" im Mertonschen Sinne) und lebensfremde, überkomplizierte Gesetze und Verordnungen, durchaus **auch** als „echte Herausforderung" – mit Siegchancen, wenn Strategie und Koalitionsbildung einmal glücken.

Obgleich nun die gesamte Ausbildung des gehobenen Dienstes an Fachhochschulen an diesem Idealtypus des jungen Beamten orientiert ist, und die „real existierenden" Beamten-Studenten und Inspektorenanwärter aus der Möglichkeit dieses Typs auch tagtäglich ihre Zuversicht und Hoffnung schöpfen sollten, zeigen aber unsere empirischen Ergebnisse (Bosetzky & Heinrich 1985), daß nur etwa ein Viertel der (Berliner) Inspektoren und z. A.-Inspektoren dieser Kategorie des modernen Verwalters zuzurechnen sein dürften.

Nimmt man die Ergebnisse der amerikanischen Bürokratieforschung zu diesem Punkt (zuletzt zusammengefaßt bei Scott 1986, 399ff.), so sind diesem Typ doch größere Chancen einzuräumen, denn es zeigt sich hier deutlich, daß Mitglieder großer Organisationen längst nicht so rigide sind, wie allgemein angenommen wird, und bürokratische Faktoren wie die größere Arbeitsplatzsicherheit (vgl. Blau 1968) und das „Reizklima" einer Großorganisation (vgl. Inkeles 1969) durchaus dazu führen können, daß man Innovationen aufgeschlossener gegenübersteht.

### 6.2 Sozialisation bei innerer Ablehnung der Organisation

#### 6.2.1 Entwicklung zum Büropathen

Nein, dieser Titel ist kein Druckfehler. Wir erinnern hiermit vielmehr an die Ergebnisse unseres Kapitels 5.6, wo deutlich wurde, daß das Leiden unter einer Organisation in pathologischer Symptombildung, d. h. in der Ausbildung von Krankheitssymptomen seinen Ausdruck finden kann. „Der Laden hier macht mich noch krank!" – das hat schon mancher ausgerufen, ohne zu ahnen, wie wahr eine solche Vorhersage sein kann. Wann immer die als belastend empfundenen Faktoren der Organisation („Stressoren") auf einen Menschen mit schwacher körperlicher und seelischer Konstitution treffen, wächst die Gefahr, daß das jeweilig geeignetste Organ zum Symptomträger gewählt wird und erkrankt.

Der Begriff „Büropathie" ist bisher im (fast) rein medizinischen Sinne gebraucht worden, und zwar als Oberbegriff für „gesundheitliche Probleme bei Bürotätigkeit" (Weichardt 1976). Zu diesen bürotypischen Erkrankungen gehören Haltungsschäden der Wirbelsäule, Kopf- und Nackenschmerzen, Sehnenscheidenentzündungen (bei Schreibkräften), Kreislaufstörungen, das durch Unterforderung leistungsschwache „Büroherz", die Obstipation und – last but not least – der Alkoholismus. Diese Symptome sind durchweg ursächlich mit der Tätigkeit im Büro verbunden, wenn sie auch nicht Berufskrankheiten im versicherungsrechtlichen Sinne sind.

Wir haben aber oben auch besprochen, daß Krankheiten eine **finale Bedeutung** haben können: daß sie – streng unbewußt – um ihres Gewinns willen gesucht oder beibehalten werden. Jede Krankheit kann so das Leiden des Büropathen an der Organisation signalisieren, wenn man dieses Signal nur angemessen zu interpretieren versteht. Diese funktionellen Krankheiten re-emotionalisieren die häufig unpersönlichen Arbeitsbeziehungen und ermöglichen es so dem Organisationsmitglied, im Betrieb auszuhalten – mit welch hohen persönlichen Kosten aber! Der Alkoholismus zeigt dies besonders.

Diese pathologische Symptombildung wird vor allem dann wahrscheinlich, wenn

— die Übermacht von Hierarchie und Organisation als bedrückend und als existentielle Bedrohung erlebt wird,

— die emotionale Bindung an Vorgesetzte und/oder Kollegen offene Formen der Rebellion und des Rückzugs – z. B. aus Angst vor Liebesverlust – verbietet,

— das Organisationsmitglied dahin tendiert, Konflikte mit der Umwelt eher nach innen als nach außen auszutragen,

— organische Bedingungen wie Kreislaufschwäche, Neuropathie oder bestimmte Organempfindlichkeiten vorliegen, die eine Ausbildung psychosomatischer Symptome erleichtern,

— die Reaktionen der Umgebung auf die Ausbildung psychopathologischer Symptome tatsächlich als entlastend, d. h. als den Druck der Organisation einschränkend erlebt werden.

Der Vermeidung von pathologischen Symptombildungen, d. h. von arbeitsplatzbedingter Krankheit dienen die ergonomische Gestaltung von Büromöbeln und Instrumenten (z. B. von Arbeitsplatzcomputern) und die betriebliche Gesundheitserziehung. Gesundheitserziehung am Arbeitsplatz hat sich bisher allerdings auf präventive Maßnahmen zur Vermeidung von Unfällen und sog. Berufskrankheiten beschränkt. Daß die Hygiene der zwischenmenschlichen Beziehungen oft eine ebensogroße Bedeutung hat wie die physikalisch-chemische Hygiene der räumlich-gegenständlichen Umwelt, ist dagegen erst in Ansätzen in das Bewußtsein von Personalchefs, Amtsleitern, Betriebsräten und Werksärzten gedrungen.

## 6.2.2 Rückzug, Apathie und Entwicklung zum Indifferenten

Auf diese Reaktionsmöglichkeit haben wir bereits im Abschnitt 5.5 hingewiesen. Presthus (1966) hat die Orientierungs- und Verhaltensmerkmale eines solchen Mitarbeiters, der seine Organisation und seine Arbeit nicht liebt, im (Ideal-)Typ des „Indifferenten" zusammengefaßt (hier nach Bosetzky, Fischer & Tiefensee 1975, 201). Die Indifferenten

— zeigen eine gewisse innere Reserve zur Organisation, empfinden sie als ein auf Versagung ausgerichtetes System und lehnen es ab, um die in Aussicht gestellten Belohnungen zu wetteifern;

— sind der monotonen Arbeit entfremdet worden;

— stehen der Arbeitsumwelt gleichgültig gegenüber und konzentrieren ihre Interessen auf Befriedigungsmöglichkeiten außerhalb der Arbeit;

— haben sich von den Werten des Erfolges und der Macht abgewendet;

— streben nach der Sicherheit des Mitläufers;

— lehnen die Statusangst, das Erfolgsstreben, die Selbstdisziplin und den Konformismus der Aufsteigenden ab;

— besitzen ein hohes Maß an Souveränität und Ruhe;

— halten den bezahlten Urlaub für das Erfreulichste an ihrer Arbeit;

— fühlen sich nicht zur Loyalität verpflichtet, stehen der Organisation oft sogar feindlich gegenüber;

— beobachten bürokratische Machtkämpfe mit Gelassenheit.

Rückzug, Apathie und indifferentes Verhalten werden vor allem dann wahrscheinlich, wenn

— der Stellenmarkt günstig und die Organisation leicht zu wechseln ist bzw. eine selbständige Tätigkeit möglich scheint,

— Widerstand aufgrund der eigenen Persönlichkeitsstruktur nicht möglich ist,

— Organisation und Hierarchie als zu übermächtig gelten und Widerstand deswegen als sinnlos erscheinen muß,

— keine Koalition gegen Hierarchie und Vorgesetzte möglich ist,

— attraktive Subkulturen und Freizeitrollen außerhalb der Organisation zur Verfügung stehen.

### 6.2.3 Passiver Widerstand

Passiver Widerstand meint äußerliche Regelbefolgung und gehorsames Jasagen bei gleichzeitigem Bemühen, alle möglichen Normen, Regeln und Befehle zu unterlaufen und Sand in die bürokratische Maschinerie zu streuen, um sich damit Freiräume für das aufgabenbezogene Handeln wie für das kameradschaftlich-gemütliche Leben in der Bürokultur zu verschaffen, aber auch Erleichterungen und günstige Entscheidungen für die Klientel herbeizuführen. Das bekannteste literarische Beispiel für diesen Anpassungstyp, für dieses Ergebnis bürokratischer Sozialisation ist der „brave Soldat Schwejk".

Passiver Widerstand wird vor allem dann wahrscheinlich, wenn

— die Organisation in der Lage und willens ist, überaus harte Sanktionen einzusetzen,

— die Organisation hoch bürokratisiert ist, und die formal-wörtliche Regelbefolgung vor Strafe schützt, das System aber nachhaltig stört,

— keine Bezugsgruppe (auch Koalition oder informelle Organisation) vorhanden ist, die den aktiven Widerstand befürwortet und besonders belohnt,

— die Bildung einer zum aktiven Widerstand bereiten informellen Gruppe oder Koalition nicht möglich ist.

### 6.2.4 Aktiver Widerstand

Mit aktivem Widerstand wollen wir ein Handeln bezeichnen, das die Veränderung der bürokratischen Organisation in Richtung auf teamartig-professionelle, assoziative und klientenorientiertere Formen anstrebt und von der Vision getragen wird, daß eine Veränderung der Gesellschaft mit einer Veränderung großer Organisationen einhergehen muß.

Das ist, auf das Individuum bezogen, auch der Gedankengang von Albert Camus, daß Auflehnung dem Leben seinen Sinn gebe, hier speziell Auflehnung

— gegen die lebenslange Fortführung des Eltern-Kind-Verhältnisses in der Organisation,

— gegen die Vereinnahmung durch den Apparat,

— gegen die Entwicklung zur bürokratischen Persönlichkeit,

— gegen die Selbstorientierung der Bürokratie und ihre Entfremdung vom Bürger, insbesondere von den gesellschaftlichen Randgruppen.

„Diejenigen schließlich führen die Geschichte voran, die im gegebenen Moment sich auch gegen sie aufzulehnen wissen", heißt es bei Camus (1969, 245). „Ich rebelliere, also sind wir", sagte der Sklave (203), ist ebenso bei ihm zu lesen. Und auch der einzelne in der Großorganisation kann unter Umständen seine Identität nur gewinnen, wenn er sich – in den gegebenen Grenzen – kritisch mit ihr auseinandersetzt und sich gegen sie erhebt. Damit wird er um so mehr Erfolg haben, wie er die institutionalisierten Formen der Gegenmachtbildung (Gewerkschaften, Betriebsräte, Personalräte etc.) für sich nutzt – wobei er nur aufpassen muß, daß ihn die Personal- und Betriebsräte als „institutionalisierte Nebenhierarchie" (Schelsky 1955) nicht vollends niederwerfen, wie jeder Berufsanfänger im öffentlichen Dienst an dieser Stelle generell gewarnt werden soll: hüte er sich davor, sich den Personalrat zum Feinde zu machen! (Womit dessen Sinn und Nutzen nicht im allergeringsten bestritten werden soll, ganz im Gegenteil).

Dieser aktive Widerstand wird vor allem dann wahrscheinlich, wenn

— die Organisation schwach ist bzw. schwach erscheint und nur relativ milde Sanktionsmittel einsetzen kann und will,

— sich – auch unter Zuhilfenahme externer Unterstützung – eine zum Kampf bereite informelle Gruppe oder Koalition zusammenbringen läßt, und bei einem Erfolg der „Widerstandsbewegung" hohe Belohnungen winken,

Bürokratische Sozialisation

— In der Organisation eine bestimmte Konflikttradition besteht,

— die Organisation in einer schweren Krise steckt und der aktive Widerstand auf allgemeinen Konsens und allgemeine Unterstützung hoffen kann.

Auch dieser Widerstand gegen sie ist in der bürokratischen Organisation a priori angelegt, ist ihr systemimmanent, gleich, welche Menschen gerade in ihr arbeiten, denn sie ist strukturell unmenschlich, weit entfernt von dem, was Menschen in einer Gesellschaft wollen und wollen können, in einer Gesellschaft, in der neben Fleiß, Disziplin und Unterordnungsbereitschaft noch andere Werte vermittelt und verinnerlicht werden: Freiheit und Brüderlichkeit, Gleichheit und Selbstbestimmung, Lustmaximierung und Freisein von nichtgewollter Arbeit (man denke an die Leitbildfunktion des Jet-sets und an die Luxusgüterwerbung), Demokratie und Selbstverwirklichung etc. – all das, was im Verlaufe einer bürokratischen Sozialisation nur schwer oder gar nicht oder nur durch normabweichendes Verhalten zu erreichen ist.

Soweit die wesentlichen sechs Verlaufsformen und Ergebnisse der bürokratischen Sozialisation oder der beruflichen Sozialisation in der Bürokratie. Welchem Mitgliedstyp unsere besondere Zuneigung gilt, wird der aufmerksame Leser trotz all unserer Bemühungen um die sogenannte Wertfreiheit (Objektivität und Neutralität) ganz sicher schon gemerkt haben: all denen, die im Sinne der „konstruktiven Arbeits**un**zufriedenheit" (Bruggemann 1975) und mit einer gehörigen Portion an Rollendistanz ausgestattet ihr Unbehagen an den bestehenden bürokratischen Großorganisationen umsetzen in Bemühungen um deren Entbürokratisierung, und zwar in Richtung einer – unendlich langsamen – Entwicklung hin zu dem, was sicherlich eine Utopie ist, aber unserer Meinung nach eine **nützliche Utopie:** Gesellschaftliche Arbeit als freies Spiel menschlicher Fähigkeiten, ohne ungleiche Verteilung der Lasten und ohne Triebverzicht, schöpferische Tätigkeit ohne sozialen Druck und selbstauferlegte Zwänge, Arbeit, die gleichsam lustbetonte (libidinöse) Qualität annehmen würde. „Wie bei den Pueblo-Indianern könnten erneut Freundlichkeit, Zärtlichkeit und Glück die Beziehungen der Menschen untereinander, ihre Arbeit und ihr Verhältnis zur Natur-Kultur bestimmen. Damit wäre Arbeit in dem uns bisher bekannten Sinn verschwunden." (Fetscher 1970, 63)

Denen aber, die zu schwach zum Widerstand in einer Organisation sind, die sie zum oft beschriebenen Rädchen im Getriebe machen will, denen wollen wir wenigstens soviel „Lebenshilfe" geben, daß sie in ihrer Behörde, Firma etc. nicht „vor die Hunde gehen". „Es entspricht unserem Standpunkt, die Schulung des sozialen Verhaltens als einen Weg zur Stärkung des einzelnen gegenüber gesellschaftlichen Zwängen zu sehen" (Mueller & Thomas 1974, 30), ohne damit die prinzipielle Notwendigkeit von organisierter Arbeit und der Arbeit in Organisationen in Frage zu stellen. Unser Leitziel war es, Studenten und Berufsanfängern die Angst vor der Großorganisation zu nehmen, die Angst vor der bürokratischen Sozialisation, der sie scheinbar ausweglos ausgeliefert sind; sie so zu beeinflussen, daß sie ihre Arbeit als Tatsache und in ihrer Zielsetzung bejahen, ohne sich mit ihren überbürokratisierten Erscheinungsformen zu arrangieren und zur bürokratischen Persönlichkeit zu erstarren, sondern in der Auseinandersetzung mit ihrer Organisation zu ihrer eigentlichen Existenz zu gelangen; sie so zu beeinflussen, daß ihnen der Sprung aus ihrer anfänglichen Verzweiflung heraus gelingt. „Der Sprung aus der Angst zur Ruhe ist der ungeheuerste, den der Mensch tun kann." (Karl Jaspers) Daß dazu Angst oder Verzweiflung zunächst ausgemalt und begrifflich erfaßt werden mußten, war didaktisch unumgänglich.

Schließen wir hier mit einem weiteren generellen Satz: Unser Schicksal hängt davon ab, wie sich das Verhältnis von Mensch und Organisation bei weiterem Anwachsen der menschlichen Produktivkräfte entwickelt. Zerschlägt der Mensch seine bürokratischen Organisationen, all diese Riesengebilde, weil er von ihnen aufgefressen und zerstört zu werden glaubt, dann ist das ebenso sein Untergang, wie wenn sich die von ihm geschaffenen Großorganisationen vollends verselbständigen und er nichts weiter ist und bleibt als „Menschenmaterial".

Bleibt uns, in einem letzten Abschnitt noch einmal – eher essayistisch diesmal – auf die Ambivalenz eines „Lebens in der Verwaltung" hinzuweisen, auf die Tatsache, daß sich die Fähigkeit zur Bewältigung der Arbeitsrolle – und das ist ja **bürokratische Sozialisation** im von uns gemeinten Sinne – nur erwerben läßt, wenn es das Organisationsmitglied schafft, Tag für Tag die Plus- und Minuspunkte, die Licht- und Schattenseiten seiner „Verwaltungsexistenz" gegeneinander aufzurechnen. Und das Erstaunliche ist und sollte am Ende dieses Buches auch festgehalten werden, daß bei den weitaus meisten Verwaltungsangehörigen (zumindest in ihrer Erinnerung) ein ganz erhebliches Plus vorhanden zu sein scheint ... (vgl. Bosetzky & Thiem-Schräder 1994).

### 6.3 Bürokratische Sozialisation als Bilanzierungsvorgang: „Eigentlich ganz zufrieden"

„Eigentlich ganz zufrieden ...", das ist die Quintessenz oder der einfache Nenner, auf den wir in entsprechenden Untersuchungen die Verwaltungserfahrung zweier denkbar unterschiedlicher Gruppen bringen konnten: die junger Diplom-Verwaltungswirte (z. A.-Inspektoren) mit bis zu zweijähriger Praxis und die von Pensionären eines Berliner Bezirksamtes.

Eine Organisation ist kein anorganisches Gebilde und keine von Menschen unabhängig vorhandene Gegebenheit, sondern sie ist nur existent, weil sie in den Gedanken und den Gefühlen von Menschen geschaffen und tagtäglich neu definiert wird. Organisationswirklichkeit ist damit ein kompliziert zustande kommendes und sehr variables Produkt der Bewertung der einzelnen Organisationsmitglieder, wobei einige ihrer Elemente durch Formalisierungen und nicht mehr hinterfragte Konsensbildung zu unbestreitbaren Faktizitäten verfestigt werden, andere aber einem stets offenen Meinungsbildungsprozeß unterworfen sind, der zumeist von widersprüchlichen Wahrnehmungen und Erwartungen geprägt ist. Wir haben dies im Abschnitt 4.8 (Bürokultur oder Das Büro als Bühne) mit Hilfe eines Pendels darzustellen versucht. Fragt man einen Verwaltungsangehörigen nach seinem Befinden in der Verwaltung, nach seiner Arbeitszufriedenheit, so vollzieht er in den wenigen Sekunden, in denen er sich um die Formulierung einer alles auf den Punkt bringenden Antwort bemüht, eine **Bilanzierung** vieler unterschiedlicher Erfahrungen, Gefühle und Hoffnungen, dabei immer auch das **Einerseits-Andererseits** seiner Lage abwägend (vgl. Bosetzky & Heinrich 1985).

Ein und dieselbe Wirklichkeit kann dabei im Laufe eines Tages – je nach situativ wechselnden und verschiedenartigen Bedingungen – ganz anders bewertet werden, das **oszilliert** ständig; und die „Endbilanz" eines ganzen Berufslebens ist dann – wie auch die „Zwischenbilanz" einer z. A.-Zeit –, so unsere empirische Erfahrung, bei etwa achtzig Prozent der Verwaltungsarbeiter durchaus positiv.

Das deckt sich vollauf mit nordamerikanischen Untersuchungen zur Frage des **Lebensglücks:** „Über vier Fünftel der Befragten in verschiedenen regionalen und nationalen Studien schätzen sich als ‚sehr oder recht glücklich' ein" (Freund 1984, 27);

Dagegen steht nun sehr konträr die Ansicht kritischer Sozialwissenschaftler und Literaten, daß Mitglieder großer und bürokratischer Organisationen **a priori,** das heißt, allein aufgrund hierarchischer Strukturen, der Rollenzwänge und der institutionalisierten Entfremdung, unzufrieden und unglücklich sein müßten (fast sind wir versucht zu sagen: zu sein hätten), insbesondere die Frauen im Büro. Konfrontiert man sie mit den vorliegenden Zahlen, so sagen diese Kritiker, daß die Befragten „ein falsches Bewußtsein von ihrer realen Lage und ihren wirklichen Bedürfnissen" hätten, also entweder von den Organisationsspitzen („den Herrschenden") manipuliert worden seien bzw. sich selbst manipulierten, oder aber, daß die „apologetischen Forscher" (jene, die nur den Interessen der Herrschenden dienten) den Blick für die Leiden der „Büroarbeiter" und die defizitäre Verwaltungswirklichkeit verloren hätten.

Verwaltung nur als „Horrortrip"? Oder Verwaltung **auch** als Möglichkeit, sein „Lebensglück" zu finden?

# Literaturverzeichnis

*Adorno, T. W.* Individuum und Organisation. In: ders., Kritik. Kleine Schriften zur Gesellschaft. Frankfurt/M. 1971, 67–86

*Adorno, T. W. Frenkel-Brunswick. E., Levinson, D. I. & Sanford, R. N.* The Authoritarian Personality. New York 1950

*AFU* Arbeitsfelduntersuchung des gehobenen nichttechnischen Verwaltungsdienstes des Landes Berlin. 2 Teile. Fachhochschule für Verwaltung und Rechtspflege. Berlin 1974

*Alberts, J.* Das Kameradenschwein. München 1987

*Albrow, M.* Bürokratie. München 1972

*Alexis, W.* Der Roland von Berlin. Halle (Saale) 1840

*Allerbeck, Mechthild* Fragebögen zur Vorgesetzten-Verhaltensbeschreibung: Probleme und Ergebnisse. Psychol. u. Prax. 22 (1978), 69–83

*Allport, G. W.* Attitudes. In: C. Murchison (ed.), A. Handbook of Social Psychology. Worcester, Mass. 1935

*Althoff, K.* Probleme der Beurteilung von Mitarbeitern im öffentlichen Dienst. Deutsche Verwaltungspraxis 29 (1978), 185–190

*Althoff, K. & Thielepape, M.* Psychologie in der Verwaltung. Herford 1978

*Amery, J.* Hand an sich legen. Stuttgart 1976

*Angermeier, W. F.* Kontrolle des Verhaltens. Berlin 2.Aufl. 1976

*Arbeitsgruppe Innere Verwaltungsreform* Vorschläge für eine bürgerfreundliche und effektive Verwaltung. Stuttgart (Innenministerium Baden-Württemberg) 1974

*Argyle, M.* Soziale Interaktion. Köln 2. Aufl. 1974

*Armanski, G.* Das gewöhnliche Auge der Macht. Sozialgeschichte der Beamten. Berlin 1983

*Armanski, G. u. a.* Rationalisierung in der öffentlichen Verwaltung. Frankfurt/M./New York 1983

*Armanski, Bruns & Penth (Hrsg)* Deutschland – Deine Beamten. Berlin 1977

*Arndt, H.-W.* Stichwort: Zwangsurlaub. In: W. Bierfelder (Hrsg), Handworterbuch des öffentlichen Dienstes. Das Personalwesen. Berlin 1976, Sp. 1821–1826

*Arnim, H. H. v.* Der Staat als Beute München 1993

*Arzberger, K., Murck, M. & Schumacher J.* Die Bürger. Meisenheim 1979

*Augstein, R. (Hrsg)* SPIEGEL-Verlag. Outfit – Kleidung, Accessoires, Duftwässer. Hamburg 1986

*Aumeier, K.* Im Großraumbüro. Kursbuch 43 (1976), 52–56


*Baars, B. .* Strukturmodelle für die öffentliche Verwaltung. Köln 1973

*Baethge, M.* Ausbildung und Herrschaft. Frankfurt/M. 1971

*Bahrdt, H. P.* Industriebürokratie. Stuttgart 1958

*Bales, R. F.* Personality and Interpersonal Behavior. New York 1970

*Balint M. et al.* Das Wiederholungsrezept. Stuttgart 1975

*Balla, B.* Kaderverwaltung. Stuttgart 1972

*Balzac, H. de* Physiologie des Beamten. In: ders., Beamten, Schulden, Elegantes Leben. München 1978 (franz. Orig. 1841)

*Bamberg, U.* Argumente zum Leistungsprinzip. In: H.-W. Hoefert & C. Reichard

(Hrsg), Leistungsprinzip und Leistungsverhalten im öffentlichen Dienst. Stuttgart 1979, 26–40

*Banner, G.* Planung und Implementierung komplexer Änderungen. Deutsche Verwaltungspraxis 29 (1978), 45–58

*Baroth, H. D.* In unseren Betrieben... 'ran Buch 3. Köln 1977

*Basler, H. D.* Untersuchungen zur Validität der Anomia-Skala von Srole. Kölner Z. f. Soziologie u. Sozialpsychologie 29 (1977), 335–342

*BBB (Bundesstelle für Büroorganisation und Bürotechnik)* Bürgernahe Verwaltungssprache. Köln (Bundesverwaltungsamt) 1993

*Beck-Gernsheim, E.* Anspruch und Wirklichkeit – Zum Wandel der Geschlechtsrollen in der Familie. In: K. A. Schneewind & L. v. Rosenstiel 1992, 37–47

*Becker, U.* Aufgabenerfüllung durch verselbständigte Betriebseinheiten aus der Sicht der Großstadt. In: F. Wagener (Hrsg), Regierbarkeit? Dezentralisation? Entstaatlichung? Bonn 1976, 91–127

*Becker, U. & Sadler, G.* Versteckte ZO-Weisheiten, 2. Buch Mose, 18. Kapitel. Z. f. Organisation 43 (1974), 103

*Becker-Mrotzek, M.* Professionelles Sprechhandeln in Institutionen. Duisburg (Universität) 1991

*Becker-Mrotzek, M., Ehlich, K. und Fickermann, I.* Bürger-Verwaltungs-Diskurse. In: R. Fiedler & W. Sucharowski (Hrsg), Kommunikationsberatung und Kommunikationstraining. Opladen 1992, 234–253

*Benedict, R.* Urformen der Kultur. Reinbek 1955

*Bensman, J. & Gerver, I.* Vergehen und Bestrafung in der Fabrik: Die Funktion abweichenden Verhaltens für die Aufrechterhaltung des Sozialsystems. In: H. Steinert (Hrsg), Symbolische Interaktion. Stuttgart 1973, 126–138

*Bergmann, J.* Die Theorie des sozialen Systems von Talcott Parsons. Frankfurt/M. 1967

*Berkel, K.* Konflikte und Konfliktverhalten. In: A. Mayer (Hrsg), Organisationspsychologie. Stuttgart 1978, 305–331

*Berkel, K.* Wandel in der Einstellung zur Arbeit? Z. Arb. Org. Psychol., 1 (1983), 150–159

*Berne, E.* Spiele der Erwachsenen. Psychologie der menschlichen Beziehungen. Reinbek 1970

*Berne, E.* Was sagen Sie, nachdem Sie guten Tag gesagt haben? München 8./1993

*Bernet, W. & Lecheler, H.,* Die DDR-Verwaltung im Umbau. Regensburg 1990

*Bernstein, B., Oevermann, U., Reichwein, R. & Roth, H.* Lernen und soziale Struktur. Amsterdam 1970

*Bettelheim, B.* Individual and mass behavior in extreme situations. J. abnorm. soc. Psychol. 38 (1943), 417–452

*Biggart, N. W. & Hamilton, G. G.* The Power of Obedience. Administrative Science Quarterly 29 (1984), 540–549

*Bischoff, D. & Nickusch, K.-O.* Privatisierung öffentlicher Aufgaben. Berlin/New York 1977

*Blau, P. M.* Exchange and Power in Social Life. New York 1964

*Blau, P. M.* Die Dynamik bürokratischer Strukturen. In: Mayntz, R. (Hrsg) Bürokratische Organisation. Köln 1968, 310–323

*Blauner, R.* Alienation and Freedom. Chicago 1964

*Bleicher, K. (Hrsg)* Organisation als System. Wiesbaden 1972

*Bleicher, K.* Unternehmungspolitik und Unternehmungskultur. Z.f.Organisation 53 (1984), 494–500

*Boccara, P. et al.* Der staatsmonopolistische Kapitalismus. Frankfurt/M. 1972

*Böckmann, W.* Mitarbeiter-Motivation. Manager magazin 1978, H. 7, 57–64

*Bohle, M.* Leistung, Erfolg und Leistungskonflikte in bürokratischen Organisationen. Meisenheim a.G. 1977

*Bologh, R.W.* Gegenüberstellung von Max Webers dualistischem Konzept und Karl Marx' dialektischem Konzept. In: Diamond, St. u.a. (Hrsg) Bürokratie als Schicksal? Leviathan Sonderheft 6/1985. Opladen 1985, 20–40

*Bolte, K.M., Kappe, D. & Neidhardt, F.* Soziale Schichtung. Opladen 2. Aufl. 1968

*Bosetzky, H.* Grundzüge einer Soziologie der Industrieverwaltung. Stuttgart 1970

*Bosetzky, H.* Die „kameradschaftliche Bürokratie" und die Grenzen der wissenschaftlichen Untersuchung von Behörden. Die Verwaltung 4 (1971), 325–335

*Bosetzky, H.* Die instrumentelle Funktion der Beförderung. Verwaltungsarchiv 63 (1972), 372–384

*Bosetzky, H.* Über das Ausmaß von Entfremdung in der öffentlichen Verwaltung. Die öffentliche Verwaltung 26 (1973), 302–309

*Bosetzky, H.* Das Don Corleone-Prinzip in der öffentlichen Verwaltung. Baden-württembergische Verwaltungspraxis 1 (1974), 50–53 (a)

*Bosetzky, H.* Das Verdrängen bürokratischer Elemente als Organisationsnotwendigkeit. Die Verwaltung 7 (1974), 23–37 (d)

*Bosetzky, H.* „Dunkelfaktoren" bei Beförderungen im öffentlichen Dienst. Die Verwaltung 7 (1974), 427–438 (b)

*Bosetzky, H.* Traditionelle Verwaltung – Planer – Politiker. In: Stadtverband Saarbrücken. Entwicklungsplanung. Bericht Nr. 4. Seminar November 1975

*Bosetzky, H.* Die einen schaffen und die anderen schlafen – Zum unterschiedlichen Image von öffentlicher und industrieller Verwaltung. Staats- und Kommunalverwaltung 20 (1974), 50–54 (c)

*Bosetzky, H.* Zur Erzeugung von Eigenkomplexität in Großorganisationen. Z.f. Organisation 45 (1976), 279–285 (a)

*Bosetzky, H.* Das Aufstiegsproblem in satirischer Sicht – Peter und Paturi. Z.f. Organisation 45 (1976),121–123 (b)

*Bosetzky, H.* Beförderung. In: W. Bierfelder (Hrsg), Handwörterbuch des öffentlichen Dienstes. Das Personalwesen. Berlin 1976, Sp. 435–440 (c)

*Bosetzky, H.* Die unterschiedlichen Funktionen von Betriebsausflügen und Feiern. Staats- und Kommunalverwaltung 22 (1976), 240–242 (d)

*Bosetzky, H.* Das „Wegloben" als Sonderform vertikaler Mobilität. Z.f. Organisation 46 (1977), 4–6 (a)

*Bosetzky, H.* Machiavellismus, Machtkumulation und Mikropolitik. Z.f. Organisation 46 (1977),121–125 (b)

*Bosetzky, H.* Zur Beförderungsorientierung in Großorganisationen. Staats- und Kommunalverwaltung 23 (1977),106–108 (c)

*Bosetzky, H.* Interne Machtverteilung und Chancen von organisatorischen Änderungen. Z.f. Organisation 47 (1978), 219–227 (a)

*Bosetzky, H.* Das „Überleben" in Großorganisationen und der Prinz-von-Homburg-Effekt. Deutsche Verwaltungspraxis 29 (1978), 2–5 (b)

*Bosetzky, H.* Eine Fachhochschule auf dem Wege zur „totalen Institution"? Verwaltungsrundschau 24 (1978), 124–130 (c)

*Bosetzky, H. (Hrsg)* FHSVR-Absolventen in der Berliner Verwaltung. Zur Integration des ersten Studienjahrganges. Dokumentation Lehre und Studium an der Fachhochschule für Verwaltung und Rechtspflege, Bd. 3, Berlin 1978 (d)

*Bosetzky, H.* Selbstverständnis und Ansehen des öffentlichen Dienstes. In: E. Laux (Hrsg), Das Dilemma des öffentlichen Dienstes. Bonn 1978 (e)

*Bosetzky, H.* Bürokratisierung in Wirtschaft und Unternehmen. In: H. Geißler (Hrsg), Verwaltete Bürger – Gesellschaft in Fesseln. Frankfurt/M. 1978, 55–71 (f)

*Bosetzky, H.* Innovative Bürokratie. Die öffentliche Verwaltung 32 (1979), 194–201

*Bosetzky, H.* Bürokratie. In: E. Grochla (Hrsg), Handwörterbuch der Organisation. Stuttgart 1980 (a)

*Bosetzky, H.* Macht und die möglichen Reaktionen der Machtlosen. In: G. Reber (Hrsg), Macht in Organisationen. Stuttgart 1980 (b)

*Bosetzky, H.* Organisationswirklichkeit anhand dreier Rnmane. Verwaltungsrundschau 26 (1980 [c]), 8–12

*Bosetzky, H.* Systemimmanente Grenzen einer planvollen Verwaltungsführung. In: A. Remer (Hrsg) Verwaltungsführung. Berlin/New York 1982, 219–230

*Bosetzky H.* Führung in der Bürokratie, In: Kieser, A., Reber, G. & Wunderer, R. (Hrsg) Handwörterbuch der Führung. Stuttgart 1987, 128–136

*Bosetzky, H.* Lesebuch Verwaltungsalltag und Bürokultur. Zur Innenwelt der Berliner Verwaltung. Beitr. FB 1 d. FHSVR Heft 1. Berlin 1988

*Bosetzky, H. (Hrsg)* Junge Beamte in Berliner Sozialämtern. Veröffentlichungen der Fachhochschule für Verwaltung und Rechtspflege Berlin Bd. 66. Berlin 1989

*Bosetzky, H.* Ordnung ist das halbe Leben – und die andere Hälfte...? VOP (Verwaltung – Organisation – Personal) 13 (1991), 271–275

*Bosetzky, H.* „Verwaltungsmissionare" – Über den Einsatz westlicher Verwaltungsmitarbeiter in Ostberlin. Verwaltungsrundschau 38 (1992), 381–386 (a)

*Bosetzky, H.* Widerstände gegen Integrationsbemühungen. Organisationsentwicklung – Spezial 1: Integration – Modelle der Integration in Wirtschaft, Staat und Gesellschaft. Zürich 1992, 48–58 (b)

*Bosetzky, H.* Bürokratische Sozialisation in den Zeiten des Wertewandels. In: Derlien, H.-U. u. a. (Hrsg) Systemrationalität und Partialinteresse. Festschrift für Renate Mayntz zum 65. Geburtstag. Baden-Baden 1994,

*Bosetzky, H., Fischer, K.-D. & Tiefensee, H.-J.* Soziologie. Eine Einführung für Angehörige des öffentlichen Dienstes. Herford 2. Aufl. 1975

*Bosetzky, H. & Heinrich, P.* Mensch und bürokratische Organisation. In: J.J. Hesse (Hrsg), Politikwissenschaft und Verwaltungswissenschaft (PVS Sonderheft 13), Köln 1982

*Bosetzky, H. & Heinrich, P.* Verwaltungserfahrungen junger Beamter: „Eigentlich ganz zufrieden...". Die öffentliche Verwaltung 1985, 565 ff.

*Bosetzky, H. & Heinrich, P.* Erfassung von Bürokultur. Publikationen der FHSVR Berlin. Band 62, o.J. (1988)

*Bosetzky, H., Heinrich, P., & Manske, U.* Sozialwissenschaftliche Untersuchung der Berliner Ausgleichsverwaltung. Veröffentlichungen der Fachhochschule für Verwaltung und Rechtspflege, Bd. 13. Berlin 1979

*Bosetzky, H. & Thiem-Schräder, B.* Verwaltung zwischen Chaos und Restauration. Berlin 1994

*Boyan, H.* Rechtschreibung und Zeichensetzung als Mittel sprachlicher Gestaltung. Verwaltungsrundschau 37 (1991), 122–134

*Brand, Eva* Ideologie. Düsseldorf 1972

*Brandstätter, H., Schuler, H. & Stocker-Kreichgauer, G.* Psychologie der Person. Stuttgart 1974

*Brehm, J.W.* A Theory of Psychological Reactance. New York 1966

*Breitenstein, P. & Nickusch, O.* Berufsbild des Beamten. In: W. Bierfelder (Hrsg) Handwörterbuch des öffentlichen Dienstes. Das Personalwesen. Berlin 1976, Sp. 471–476

*Breland, M.* Lernen und Verlernen von Kriminalität. Opladen 1975

*Brinkmann, G.* Tätigkeitsanforderungen an den gehobenen Verwaltungsdienst. Verwaltung und Fortbildung 7 (1979),169–179

*Brinkmann, G., Pippke, W. & Rippe, W.* Die Tätigkeitsfelder des höheren Verwaltungsdienstes. Opladen 1973

*Brocher, T.* „Gott ist auf unserer Seite, alles ist okay". SPIEGEL-Interview, 47/1978, 154–156

*Brocher, T.* Gruppendynamik und Erwachsenenbildung. Braunschweig, 1967

*Brown, D.G.* Sex-role preference in young children. Psychol. Monograph 70 (1956) No. 14

*Bruch, H. & Kuhnert, B.* Total Quality Management als Kernelement von Lean Administration. Z.f. Führung + Organisation 63 (1994), 99–103

*Bruder, W.* Empirische Verwaltungsforschung in der Bundesrepublik Deutschland. Opladen 1981

*Bruggemann, Agnes* Messung der Arbeitszufriedenheit. Psychologie heute 2 (1975), 47–51

*Bruner, J.S. & Goodman, C.C.* Value and need as organizing factors in perception. J. abnorm. soc. Psychol. 42 (1947), 33–44

*Brünnecke, K., Deutschmann, C. & Faust, M.* Betriebspolitische Aspekte des Bürokratieabbaus in Industrieunternehmen. In: Wolfgang H. Staehle & Peter Conrad (Hg.), Managementforschung 2, Berlin/New York 1992, 1–38

*Buchkremer, H.* Verständnis für Außenseiter. Stuttgart 1977

*Bücker-Gärtner, H.* Das technikunterstützte Bürgeramt als zentrales Element einer dienstleistungsorientierten öffentlichen Verwaltung. VOP 16 (1994)

*Bühl, W.* Konflikt und Konfliktstrategie. München 1972

*Bühner, R.* Zum Situationsansatz in der Organisationsforschung. Z.f. Organisation 46 (1977), 67–74

*Burin, F.S.* Bureaucracy and national socialism: A reconsideration of Weberian theory. In: R.K. Merton et al. (eds), Reader in Bureaucracy. Glencoe, III. 2.Aufl. 1960

*Burisch, W.* Organisation als Ideologie. Stuttgart 1973

*Burns, T.* Micropolitics: Mechanisms of institutional change. Administrative Science Quarterly 6 (1961/62), 257–281

*Burns, T. & Stalker, G.M.* Mechanistische und organische Systeme des Managements. In: R. Mayntz (Hrsg), Bürokratische Organisation. Köln/Berlin 1968, 147–154

*Bürofachjournal DER ERFOLG,* 32. Jahrgang, Heft 4, April 1983

*Büschges, G. (Hrsg)* Organisation und Herrschaft. Reinbek 1976

*Caesar, Beatrice* Autorität in der Familie. Reinbek 1972

*Camus, A.* Der Mensch in der Revolte. Reinbek 1969

*Capra, F.* Wendezeit. Bausteine für ein neues Weltbild. Bern u. a. 1982

*Cartwright, D.* Power: A neglectet variable in social psychology. In: ders. (Hrsg) Studies in Social Power. Ann Arbor 1959

*Caruso, I. A. & Englert, E. H.* Autoritäts- und Machtausübung. In: Die Psychologie des 20. Jahrhunderts. Bd. 8: Lewin und die Folgen. Zürich 1979, 349–357

*Champion, D. J.* The Sociology of Organization. New York 1975

*Child, J.* Prognose und Erklärung von Organisationsstrukturen. In: E. Grochla (Hrsg), Organisationstheorie. 1.Teilband. Stuttgart 1975, 118–139

*Chin, R. & Benne, K. D.* Strategien zur Veränderung sozialer Systeme. In: Bennis, W. G., Benne, K. D. & Chin, R. (Hrsg), Änderung des Sozialverhaltens. Stuttgart 1975, 43–78

*Christoph-Lemke, C.* Bestrafung. In: C. Kraiker (Hrsg), Handbuch der Verhaltenstherapie. München 1974

*Claessens, D.* Rolle und Macht. München 1968

*Claussen, E.* Bericht über die Ausübung der Disziplinarbefugnisse in den Jahren 1983 bis 1985. Z. f. Beamtenrecht (34) 1986, 223–242

*Clauß, G. et al.* Wörterbuch der Psychologie. Leipzig 1976

*Cloetta, B.* Einstellungsänderung durch die Hochschule. Stuttgart 1975

*Coch, L. & French, J. R. P. Jr* Overcoming resistance to change. Human Relations 1 (1948), 512–532

*Collins, E. G. C.* Manager und Liebe. In: manager magazin, 4/84, S. 196–204

*Collinson, D. L.* „Engineering Humor": Masculinity, Joking and Conflict in Shopfloor Relations. Organization Studies 9 (1 988),181–199

*Conrad, W. & Streeck, W. (Hrsg)* Elementare Soziologie. Reinbek 1976

*Cooper, R. & Burrell, G.* Modernism, Postmodernism and Organizational Analysis: An Introduction. Organization Studies 9 (1988), 91–112

*Corwin, R. D.* Formen des organisatorischen Konflikts. In: E. Grochla (Hrsg), Organisationstheorie. 1. Teilband. Stuttgart 1975, 284–267

*Coser, L. A.* Theorie sozialer Konflikte. Neuwied/Berlin 1965

*Creifelds, C.* Rechtswörterbuch. München 11./1992 (Hrsg. v. H. Kauffmann)

*Crozier, M. & Friedberg, E.* Macht und Organisation. Königstein/Ts. 1979

*Cyert, R. & March, J.* A Behavioral Theory of the Firm. Englewood Cliffs, N. J., 1963

*DAG* (Landesverband Berlin und Brandenburg) „No Mobbing" – Handlungsleitfaden mit Hinweisen für die Betroffenen. o. J. (wahrscheinlich 1991)

*Dahrendorf, R.* Amba und Amerikaner: Bemerkungen zur These der Universalität von Herrschaft. Archives Europeennes de Sociologie 5 (1964), 83–98

*Dahrendorf, R.* Gesellschaft und Freiheit. München 1961 (a)

*Dahrendorf, R.* Homo Sociologicus. Köln/Opladen 3. Aufl. 1961 (b)

*Dahrendorf, R.* Sozialstruktur des Betriebes. Wiesbaden 1959

*Dahrendorf, R.* Über den Ursprung der Ungleichheit unter den Menschen. Tübingen 1961 (c)

*Dahrendorf, R.* Zu einer Theorie des sozialen Konflikts. In: W. Zapf (Hrsg), Theorien des sozialen Wandels. Köln/Berlin 1970, 108–123

*Daum, U.* Fingerzeige für die Gesetzes- und Amtssprache. Wiesbaden 10./1979

*Däumling, A. M., Fengler, J., Nellessen, L. & Svensson, A.* Angewandte Gruppendynamik. Stuttgart 1974

*Davis, K. & Moore, W. E.* Einige Prinzipien der sozialen Schichtung. In: H. Hartmann (Hrsg), Moderne amerikanische Soziologie. Stuttgart 1967, 345–357

*Dechêne, H. C.* Verwahrlosung und Delinquenz. Profil einer Kriminalpsychologie. München 1975

*Dehnhard, A.* Rechtssubjekte und subjektive Rechte in der Organisation staatlicher Verwaltung. In: ders. (Hrsg), Mitarbeiterorientiertes Organisationsrecht. (Publ. der FHSVR). Berlin 1983

*Dehnhard, A.* Spott, Angst und Vertrauen. Beunruhigungen über Demokratie und Bürokratie und der Beitrag der politischen Bildung zu ihrer Überwindung. Aus: Politik und Zeitgeschichte 1987, Heft 15, 3–14

*Der Reibert* Das Handbuch für den Soldaten. Ausgabe Heer. Herford 1977/78

*Der Thesenstreit um ‚Stamokap‘.* Reinbek 1973

*Derlien, H.-U.* Theoretische und methodische Probleme der Beurteilung organisatorischer Effizienz der öffentlichen Verwaltung. Die Verwaltung 7 (1974),1–23

*Derlien, H.-U.* Bürokratietheorie. Stuttgart 1983

*Derlien, H.-U.* Verwaltungssoziologie. In: A. v. Mutius, K. H. Friauf und H. P. Westermann (Hrsg) Handbuch für die öffentliche Verwaltung (HÖV) Band 1. Neuwied und Darmstadt 1984, 793–869

*Derlien, H.-U.* Regimewechsel und Personalpolitik, unveröffentl. Ms., 1991

*Derlien, H.-U. & Mayntz, R.* Einstellungen der politisch-administrativen Elite des Bundes. Bamberg 1988

*Diamond, St., Narr, W.-D. & Homann, R. (Hrsg)* Bürokratie als Schicksal? Leviathan Sonderheft 6/1985. Opladen 1985

*Diekmayer, U.* Das Elternbuch 5. Reinbek 1976

*Dienel, P. C.* Die Planungszelle. Opladen 1978

*DIN (Deutsches Institut für Normung e. V.).* Normen für Büro und Verwaltung. Berlin/ Köln 1982

*Dittberner, J.* Entwicklungstendenzen des Parteiensystems in der Bundesrepublik. In: J. Dittberner & R. Ebbighaus (Hrsg), Parteiensystem in der Legitimationskrise. Opladen 1973, 469–509

*Dohse, K., Jürgens, U. & Malsch, T.* Vom „Fordismus" zum „Toyotismus"? Leviathan 12 (1984), 448–477

*Doll, P. et al.* Beamticon. Der Beamte in der Karikatur. Herford 1984

*Dollase, R.* Soziometrische Techniken. Weinheim 1973

*Doubrawa, R.* Von der „Körpermedizin" zur Psychosomatik. Psychologie heute 3 (1976), H. 4, 41–54

*Dreitzel, H. P.* Die gesellschaftlichen Leiden und das Leiden an der Gesellschaft. Stuttgart 1972

*Drever, J. & Fröhlich, W. D.* Wörterbuch zur Psychologie. München 1968

*Druwe, U.* „Selbstorganisation" in den Sozialwissenschaften. Kölner Z. für Soziologie und Sozialpsychologie 40 (1988), 762–775

*Durkheim, E.* Über die Anomie. In: C. W. Mills (Hrsg), Klassik der Soziologie. Frankfurt/M. 1966, 394–436

*Ebers, M.* Organisationskultur: Ein neues Forschungsprogramm. Wiesbaden 1985

*Edelmann, W.* Lernpsychologie. Eine Einführung. Weinheim 3./1993

*Eibl-Eibesfeldt, I.* Das verbindende Erbe. München 1993

*Eicke, U. & Eicke, W.* Aggressiv, phantasiearm, träge: Die Medienkinder. psychologie heute 21 (1994), 20–26

*Eisenstadt, S. N.* The Political Systems of Empires. New York 1963

*Eisenstadt, S. N.* Die politischen Orientierungen historischer Bürokratien. In: R. Mayntz (Hrsg), Bürokratische Organisation. Köln/Berlin 1968, 366–378

*Elhardt, S.* Aggression als Krankheitsfaktor. Göttingen 1974

*Elhardt, S.* Tiefenpsychologie. Stuttgart 12./1990

*Elias, N.* Die höfische Gesellschaft. Frankfurt/M. 1983

*Ellwein, T. & Zoll, R.* Berufsbeamtentum – Anspruch und Wirklichkeit. Düsseldorf 1973

*Empter, St.* Handeln, Macht und Organisation. Zur interaktionistischen Grundlegung sozialer Systeme. Augsburg 1988

*Endruweit, G.* Organisationssoziologie. Berlin/New York 1981

*Eppler, E.* Wege aus der Gefahr. Reinbek 1981

*Eschenburg, T.* Amt. In: W. Bierfelder (Hrsg), Handwörterbuch des öffentlichen Dienstes. Das Personalwesen. Berlin 1976, Sp. 35–4Q

*Esser, J.* Angst in Schule und Hochschule. Braunschweig 1978

*Esser, W. M.* Individuelles Konfliktverhalten in Organisationen. Stuttgart 1975

*Etzioni, A.* A Comparative Analysis of Complex Organizations. New York 1961 (Rev. 1975)

*Etzioni, A.* Soziologie der Organisationen. München 1967

*Eysenck, H. J.* Genetische Faktoren bei psychischer Abnormität. In: L. Pongratz (Hrsg), Klinische Psychologie. 2. Halbband. Göttingen 1978, 3039–3073


*Feick, J., Klaes, L. & Prätorius, R.* Verwaltungskultur. In: Joachim Jens Hesse (Hrsg), PVS (Politische Vierteljahresschrift), Sonderheft 13/1982, Politikwissenschaft und Verwaltungswissenschaft, 254–271

*Fellner, E.* Eine Lanze für den Labeling-Ansatz. Kriminalistik 1975, 484–490

*Fend, H.* Sozialisierung und Erziehung. Weinheim 1969 (8./1976)

*Fend, H.* Gesellschaftliche Bedingungen schulischer Sozialisation. Weinheim 3. Aufl. 1976

*Fenske, H.* Bürokratie in Deutschland. Berlin 1985

*Festinger, L.* A theory of social comparison processes. Human Relations 7 (1954), 117–140

*Festinger, L.* A Theory of Cognitive Dissonance. New York 1957

*Festinger, L. & Aronson, E.* Stiftung und Minderung von Dissonanz in sozialen Situationen. In: C. Rohr (Hrsg), Verhaltensänderung. München 1972, 125–148

*Festinger, L. & Bramel, D.* The reactions of humans to cognitive dissonance. In: A. J. Bachrach (Ed), Experimental Foundation of Clinical Psychology. New York 1962

*Fetscher, I.* Arbeit. In: H. Bussiek (Hrsg), Veränderung der Gesellschaft. Sechs konkrete Utopien. Frankfurt/M. 1970, 44–64

*Feuerlein, W.* Alkoholismus – Mißbrauch und Abhängigkeit. Stuttgart-New York 3./1984

*FHVR-Berlin* (Bosetzky, H., Gorges, I. & Schulz zur Wiesch, J.). Bürger und Verwaltung. Projekt Winter 1993/94. Unveröffentl. Ms.

*Fichter, J. H.* Grundbegriffe der Soziologie. Wien/New York 1970

*Fiffkau-Garthe, H. & Fittkau, B.* Fragebogen zur Vorgesetzten-Verhaltensbeschreibung (FVVB). Göttingen 1971

*Fijalkowski, J.* Demokraten als Bürokraten – Statussorgen und Funktionsgehorsam gegen politisches Bewußtsein. In: G. Hartfiel (Hrsg), Die autoritäre Gesellschaft. Opladen 3. Aufl. 1972, 155–167

*Fimmel, P.* Die Brauchbarkeit der Kontingenztheorie bei der Erklärung von Strukturen und Verhaltensmustern der Entwicklungshilfe. Dipl. Arbeit an der Verwaltungsakademie Berlin 1978

*Fischer, A.* (Hrsg) Die Entfremdung des Menschen in einer heilen Gesellschaft. München 1970

*Fisher, J. E.* Playing favorites in large organizations. Business Horizons Juni 1977, 68–74

*Fittkau-Garthe, Heide* Konfliktmanagement – Vorbeugen statt feuern. manager-magazin 1978, H. 9, 88–96

*Franke, J. & Frech, H.* Die Mitarbeiterbeurteilung. Wiesbaden 1968

*Franke, J. & Kühlmann, T. M.* Mitarbeiter systematisch beurteilen. Stuttgart 1990

*Franz, G. & Herbert, W.* Wertewandel und Mitarbeitermotivation. In: HARVARDmanager 1/1987, 96–102

*French, J. R. P.* Feldexperimente: Änderung in der Gruppenproduktion. In: R. König (Hrsg), Beobachtung und Experiment in der Sozialforschung (Praktische Sozialforschung Bd. 2). Köln 5. Aufl. 1967, 259–273

*French, W. L. & Bell, C. H. Jr.* Organisationsentwicklung. Bern/Stuttgart 1977

*Frese, M. & Mohr, G.* Die psychopathologischen Folgen des Entzugs von Arbeit. In: M. Frese, S. Greif & N. Semmer (Hrsg), Industrielle Psychopathologie. Bern 1978

*Freud, S.* Die psychogene Sehstörung in psychoanalytischer Auffassung. Ärztl. Fortbildung, Beih. zu Ärztl. Standeszeitung 9 (1910), 42–44

*Freud, S.* Vorlesungen zur Einführung in die Psychoanalyse. Leipzig/Wien 1917 (zit. n. S. Freud Studienausgabe. Bd. 1. Frankfurt/M. 1969)

*Freud, S.* Massenpsychologie und Ich-Analyse. Leipzig 2. Aufl. 1923

*Freud, S.* Abriß der Psychoanalyse. Das Unbehagen in der Kultur. Frankfurt/M./Hamburg 1953

*Freund, M.* Läßt sich Glück erfragen? In: psychologie heute 11 (1984), 26–29

*Frey, D.* Theorie der kognitiven Dissonanz. In: ders. (Hrsg), Kognitive Theorien der Sozialpsychologie. Bern 1978, 243–292

*Friedberg, E.* Zur Politologie von Organisationen. In: Küpper, W. & Ortmann, G. (Hrsg) Mikropolitik. Opladen 1988, 39–52

*Friedel-Howe, H.* Arbeitsstrukturierung durch teilautonome Gruppen. In: R. Neubauer & L. v. Rosenstiel (Hrsg), Handbuch der Angewandten Psychologie. Bd. 1 Arbeit und Organisation. München 1980, 550–566

*Frieling, E.* Psychologische Arbeitsanalyse. Stuttgart 1975

*Fritz, H.-J.* Menschen in Büroarbeitsräumen. München 1982

*Fromm, E.* Revolution der Hoffnung. Stuttgart 1971

*Fromm, E.* Durch mehr Freiheit volle Irrenhäuser. pardon 1975, H. 6

*Fromm, E.* Anatomie der menschlichen Destruktivität. Reinbek 1977

*Funk-Kolleg Erziehungswissenschaft,* hrsgg. v. W. Klafki u. a., 3 Bde. Frankfurt/M. 1970

*Funkkolleg „Sozialer Wandel",* hrsgg. vom Deutschen Institut für Fernstudien an der

Universität Tübingen, Studienbegleitbrief 5, Julius Morel, Wandel im Wertsystem. Weinheim/Basel 1974

*Fürer, P. E.* Was will unser Büropersonal. Industrielle Organisation 43 (1974), 248–250

*Fürntratt, E.* Psychologie der Aggression. betrifft: erziehung Mai 1972, 27–33

*Fürstenau, P.* Neuere Entwicklungen der Bürokratieforschung und das Schulwesen. neue sammlung 7 (1967), 511–525

*Fürstenberg, F.* (Hrsg) Industriesoziologie. Neuwied 1959

*Fürstenberg, F.* Das Aufstiegsproblem in der modernen Gesellschaft. Stuttgart 2.Aufl. 1969

*Fürstenberg, F.* Normenkonflikte beim Eintritt in das Berufsleben. In: T. Luckmann & W. M. Sprondel (Hrsg), Berufssoziologie, Köln 1972


*Galtung, J.* Strukturelle Gewalt. Reinbek 1975

*Gebert, A.* Über die Schulung von Praktikern für die Bewerberauswahl. In: Methner, H. (Hrsg) Psychologie in Betrieb und Verwaltung. Bonn 1986, 193–197

*Gebert, D.* Organisationsentwicklung. Stuttgart 1974

*Geissler, H.* (Hrsg) Verwaltete Bürger - Gesellschaft in Fesseln. Frankfurt/M. 1978

*Geißler, R.* Die Sozialstruktur Deutschlands. Opladen 1992

*Geißler, R. & Meyer, Th.* Struktur und Entwicklung der Bevölkerung. In: R. Geißler 1992, 284–304

*Genazino, W.* Melancholie ist nicht erlaubt. In: psychologie heute 8 (1981), S. 24, 25 u. 28

*GEO-Wissen.* Chaos + Kreativität. Nr. 2, 7.5.1990

*Geppert, M.* Kuckuck im Gesellschaftsnest? Bad.-Württ. Verwaltungspraxis 8 (1981), 134–138

*Gerhard, Uta* Rollenanalyse als Kritische Soziologie. Neuwied/Berlin 1971

*Gerken, G.* Management by Love. 3. Aufl. Düsseldorf u. a. 1991

*Gerok, W.* Ordnung und Chaos. Stuttgart 1990

*Gewerkschaft* Deutscher Bundesbahnbeamter und Anwärter im Deutschen Beamtenbund. Einführung in den Betriebsdienst. Frankfurt/M. 1974

*Gilbreth, F. B.* Bewegungsstudien. Vorschläge zur Steigerung der Leistungsfähigkeit des Arbeiters. Berlin 1921

*Gilbreth, F. B. & Gilbreth Carey, E.* Im Dutzend billiger. Berlin 1950

*Glaser, H.* Jenseits von Parkinson. Ein kybernetisches Modell für Verwaltung und Wirtschaft. Köln 1972

*Glaser, H.* Weshalb heißt das Bett nicht Bild? München 1973

*Glotz, P.* Die Innenausstattung der Macht. München 1979

*Gluchowski, P.* Lebensstile und Wandel der Wählerschaft in der Bundesrepublik Deutschland. In: Beilage zur Wochenzeitung „Das Parlament", B 12/87, vom 21.3.1987, 18–37

*Gniech, G. & Grabitz, H.-J.* Freiheitseinengung und psychologische Reaktanz. In: D. Frey (Hrsg), Kognitive Theorien der Sozialpsychologie. Bern 1978

*Goffman, E.* Asylums. Chicago 1962 (dtsch. Frankfurt/M. 1972)

*Goffman, E.* Interaktionsrituale. Frankfurt/M. 1971

*Goldthorpe, J. H.* Attitudes and behavior of car assembly workers: A deviant case and a theoretical critique. British Journal of Sociology 17 (1966)

*Gorz, A.* Wege ins Paradies. Berlin 1983

*Gottschalch, W.* Bedingungen und Chancen politischer Sozialisation. Frankfurt/M. 1972

*Gottschall, D.* Der Chef stellt sich. manager magazin 1978, H. 5, 43–50

*Gottschall, D.* Kehrtwende zum Privaten. manager-magazin 1982,159–163

*Gottschall, D. & Schulte, B.* Mit dem Chaos leben. manager magazin 8/1991, 138–155

*Gouldner, A. W.* Studies in Leadership. New York 1950

*Gouldner, A. W.* Patterns of Industrial Bureaucracy. Glencoe, Ill. 1954

*Gouldner, A. W.* Reziprozität und Autonomie in der funktionalen Theorie. In: H. Hartmann (Hrsg), Moderne amerikanische Soziologie. Stuttgart 1967, 293–309

*Gouldner, A. W.* Der neue Betriebsleiter und die soziale Struktur des Betriebs. In: Conrad, W. & Streeck, W. (Hrsg) Elementare Soziologie. Reinbeck 1976, 162–175

*Gouldner, A. W. & Newcomb, E. R.* Eine Untersuchung administrativer Rollen. In: R. Mayntz (Hrsg), Bürokratische Organisation. Köln/Berlin 1968, 239–248

*Grathoff, R.* Alltag und Lebenswelt als Gegenstand der phänomenologischen Sozialtheorie. In: K. Hammerich & M. Klein (Hrsg), Materialien zur Soziologie des Alltags. Opladen 1978, 67–85

*Graumann, C. F.* Eigenschaften als Problem der Persönlichkeitsforschung. In: P. Lersch & H. Thomae (Hrsg), Persönlichkeitsforschung und Persönlichkeitstheorie. Göttingen 1960, 87–154

*Graumann, C. F.* Motivation. Bern/Stuttgart 1969

*Griese, H. M.* Marxistisch orientierte Sozialpsychologie. Kölner Z.f. Soziologie und Sozialpsychologie 30 (1978), 158–175

*Grimm, Susanne* Die Bildungsabstinenz der Arbeiter. München 1966

*Gronemeyer, R.* Integration durch Partizipation? Frankfurt/M. 1973

*Groskurth, P. & Volpert, W.* Lohnarbeitspsychologie. Frankfurt/M. 1975

*Grunow, D.* Alltagskontakte mit der Verwaltung. Bürger und Verwaltung, Bd. 3. Frankfurt/M. 1978

*Grunow, D.* Bürgernahe Verwaltung. Frankfurt/M. 1988

*Grunow, D. & Hegner, F.* Dimensionen staatlicher Handlungsspielräume: Organisationstheorie als Voraussetzung von Krisenanalysen. In: P. Grottian & A. Murswieck (Hrsg), Handlungsspielräume der Staatsadministration. Hamburg 1974

*Grunow, D. & Hegner, F.* Zum Verhältnis von Sozialverwaltung und Publikum. Bielefeld 1975

*Grunow, D. & Hegner, F.* Bürgernähe der Verwaltung – Möglichkeiten und Grenzen. In E. Laux (Hrsg), Das Dilemma des öffentlichen Dienstes. Bonn 1978, 51–100

*Grunwald, W.* Macht als Persönlichkeitsdisposition: Theoretische, methodologische und empirische Aspekte. In: G. Reber (Hrsg), Macht in Organisationen. Stuttgart 1980

*Guggenberger, B.* Wem nützt der Staat? Stuttgart 1974

*Gutendorf, R.* Kicker extra. fußball magazin Nr. 2 Nov./Dez. 1976

*Habermas, J.* Thesen zur Theorie der Sozialisation. Stichworte und Literatur zur Vorlesung im Sommer-Semester 1968

*Habermas, J.* Vorbereitende Bemerkungen zu einer Theorie der kommunikativen Kompetenz. In: J. Habermas & N. Luhmann (Hrsg), Theorie der Gesellschaft oder Sozialtechnologie. Frankfurt/M. 1971 (a)

*Habermas, J.* Theorie der Gesellschaft oder Sozialtechnologie. In: J. Habermas & Luhmann, N. (Hrsg) Theorie der Gesellschaft oder Sozialtechnologie. Frankfurt/ M. 1971 (b)

*Haferkamp, H.* Kriminalität ist normal. Stuttgart 1972

*Haferkamp, H.* Kriminelle Karrieren. Reinbek 1975

*Haffner, S.* Anmerkungen zu Hitler. München 7. Aufl. 1978

*Hall, R. H.* Die dimensionale Natur bürokratischer Strukturen. In: R. Mayntz (Hrsg), Bürokratische Organisation. Köln/Berlin 1968, 68–81

*Hamers, J.* Sozialisation im Beruf. In: W. Bierfelder (Hrsg), Handwörterbuch des öffentlichen Dienstes. Das Personalwesen. Stuttgart 1976, Sp. 1497–1506

*Handlexikon Organisation* (hrsgg. v. d. Akademie für Organisation). Frankfurt/M. 1971

*Handtke, P.* Der Ritt über den Bodensee. Frankfurt/M. 1970

*Hartfiel, G., Sedatis, L. & Claessens, D.* Beamte und Angestellte in der Verwaltungspyramide. Berlin 1964

*Hartmann, H.* Bürokratische und voluntaristische Dimensionen im organisierten Sozialgebilde. In: R. Mayntz (Hrsg), Bürokratische Organisation. Köln/Berlin 1968, 297–309

*Hartmann, H.* Funktionale Autorität. Stuttgart 1964

*Hartmann, H.* Stichwort: Autorität. In: W. Fuchs et al. (Hrsg), Lexikon zur Soziologie. Opladen 1973, 74

*Hartmann, H.* Vorgesetzte und Mitarbeiter. Parieren aus Einsicht. manager magazin 1978, H. 10, 192–198

*Haug, Frigga* Kritik der Rollentheorie. Frankfurt/M. 1972

*Haug, H.-J. & Maessen, H.* Was wollen die Lehrlinge? Frankfurt/M. 1971

*Häußermann, H.* Bürokratie und Ethik. Drei Thesen. In: C. Hubig (Hrsg), Ethik institutionellen Handelns. Frankfurt/M./New York 1982

*Heckhausen, H.* Hoffnung und Furcht in der Leistungsmotivation. Meisenheim/Gl. 1963

*Heekerens, H.-P.* Intergenerationale Kontinuität: Der Bildungsstand von Vätern und Töchtern. Zeitschrift f. Sozialisationsforschung und Erziehungssoziologie 7 (1987), 197–208

*Heim, N.* Nonverbale Kommunikation und ihre Bedeutung im Rahmen des Verwaltungshandelns. Verwaltungsrundschau 28 (1982), 193–198

*Heinrich, P.* Zur Sozialpsychologie der Geschlechts-Präferenzen. Meisenheim/Gl. 1974

*Heinrich, P.* Berufliches Selbstverständnis von Verwaltungsangehörigen. Berlin Fachhochschule für Verwaltung und Rechtspflege 1977 (vervielf. Manuskr.)

*Heinrich, P.* Verwaltungshandeln als soziale Interaktion: Die Ebenen der Interaktion. Deutsche Verwaltungspraxis 29 (1978), 25–29 (a)

*Heinrich, P.* Einflüsse von Ausbildung und Praxis auf das berufliche Selbstverständnis von Verwaltungsangehörigen. Verwaltungsrundschau 24 (1978), 328–332 (b)

*Heinrich, P.* Aussöhnung mit der Verwaltung. Deutsche Verwaltungspraxis 33 (1982) 74–77 (a)

*Heinrich, P.* Human Relations. In: H. Strutz (Hrsg), Handwörterbuch der Verwaltung und Organisation. Köln 1982 (b) 185–189

*Heinrich, P.* Organisations-(Büro-)Kultur. In: Verwaltungsrundschau, 30 (1984), 125–126

*Heinrich, P.* Qualitätszirkel. Verwaltungsrundschau 31 (1985), 226

*Heinrich, P.* Bürokultur. In: Bosetzky, H. & Heinrich, P. (Hrsg) Erfassung von Bürokultur. Publ. FHSVR Bd. 62. Berlin o. J. (1988)

*Heinrich, P.* Elterneinstellungen zum gemeinsamen Schulbesuch von behinderten und nichtbehinderten Kindern. Behindertenpädagogik 29 (1990), 184–197

*Heinrich, P.* Der Name ist der Atem. Protokoll einer öffentlichen Sitzung mit ungewissem Ausgang (Beitr. aus dem FB 1 der FHVR, H. 28). Berlin 1993

*Heinrich, P.* Sprache als Instrument des Verwaltungshandelns. Berlin 1994

*Heinrich, P. & Bosetzky, H.* Organisations- und Bürokultur – Chancen und Elend eines neuen Ansatzes. In: Koch, R. (Hrsg) Verwaltungsforschung in Perspektive. Baden-Baden 1987, 202–215

*Heinrich, P. & Bosetzky, H.* Sozialarbeiter und Sozialverwalter: Konflikt oder Kooperation? Archiv für Wissenschaft und Praxis der sozialen Arbeit 24 (1993), 169–195

*Held, A.* Meine Nachtgestalten. Tagebuch einer Polizistin. Frankfurt/M. 1988

*Heller, J.* Was geschah mit Slocum? Frankfurt/M. 1977

*Herringer, C.* Die Kraft der Rituale. München 1993

*Herrmann, T.* Lehrbuch der empirischen Persönlichkeitsforschung. GöttIngen 6./ 1991

*Herzberg, F.* Work and the Nature of Man. Cleveland, N. Y. 1966

*Herzog, R.* Gleichheit und Gerechtigkeit. In: H. Geißler (Hrsg), Verwaltete Bürger – Gesellschaft in Fesseln. Frankfurt/M. 1978, 83–92

*Herzog, R. & Schick, W.* Allgemeines Verwaltungsrecht. München 3. Aufl. 1973

*Hexel, D. & Löffert, K.* Alkoholmißbrauch am Arbeitsplatz. Köln 1983

*Hey, R.* Ein Mord am Lietzensee. Gütersloh 1973

*Heyer, P.* Stichwort: Grundschule. In: H. Speichert (Hrsg), Kritisches Lexikon der Erziehungswissenschaft und Bildungspolitik. Reinbek 1975, 155–157

*Hickson, D. J., Hinings, C. R., Lee, C. A., Schneck, R. E. & Pennings, J. M.* A strategic contingencies' theory of intraorganizational power. Administrative Science Quarterly 16 (1971), 216–229

*Hiebsch, H. & Vorwerg, M.* Einführung in die marxistische Sozialpsychologie. Berlin (DDR) 3. Aufl. 1968

*Hill, W., Fehlbaum, R. & Ulrich, P.* Organisationslehre, 2 Bd. Bern/Stuttgart 1974

*Hillmann, K.-H.* Wertwandel. Zur Frage sozio-kultureller Voraussetzungen alternativer Lebensformen. Darmstadt 1986

*Hochschild, A. R.* The Managed Heart. Commercialization of Human Feeling. Berkeley/Los Angeles/London 1984

*Hoefert, H.-W.* Psychologische und soziologische Grundlagen der Organisation. Gießen 1976

*Hoefert, H.-W.* Person und Situation. Göttingen 1982

*Hoefert, H.-W.* Der Mensch in der Organisation. Gießen 1985

*Hofstätter, P. R.* Gruppendynamik. Reinbek 1957

*Hofstede, G.* Kultur und Organisation. In: E. Grochla (Hrsg), Handwörterbuch der Organisation. Stuttgart 2./1980, Sp. 1169–1182

*Hogrefe, H.* Lean Management in der öffentlichen Verwaltung. Z. f. Führung + Organisation 63 (1994), 116–120

*Holland, J. G. & Skinner, B. F.* Analyse des Verhaltens. Berlin/Wien 2. Aufl. 1974

*Holm, K.* Der Intrarollenkonflikt des Werkmeisters. In: D. Claessens (Hrsg), Rolle und Macht. München 1968, 78–89

*Holzkamp, K.* Sinnliche Erkenntnis. Kronberg 3. Aufl. 1976

*Holzman, P. S. & Gardner, R. W.* Ausgleichen und Verdrängen. In: H. Thomae (Hrsg), Die Motivation menschlichen Handelns. Köln 1966

*Homans, G. C.* Soziales Verhalten als Austausch. In: H. Hartmann (Hrsg), Moderne amerikanische Soziologie. Stuttgart 1967, 173–185

*Hopf, Ch.* Arbeitssituation und gewerkschaftliches Bewußtsein. (hrsgg. von der ÖTV Stuttgart). 1975

*Hopf, Ch.* Zur Aktualität der Untersuchungen zur „autoritären Persönlichkeit". Z.f. Sozialisationsforschung u. Erziehungssoziologie 7 (1987), 162–177

*Hoppe, F. & Kempf, R.* PROSOZ. Die Automation kommt - wohin gehen die Angestellten...? PROgrammierte SOZialhilfe. Hrsg. von der Gewerkschaft ötv, Bezirksverwaltung Weser-Ems. Bremen 1986

*Horx, M.* Die Zwanziger. Eine Generation wacht auf. Tempo, März 3/1991, 45–52

*Hoyer, H. & Knuth, M.* Die teilautonome Gruppe. Kursbuch 43 (1976) 118–132

*Hradil, S.* Soziale Schichtung in der Bundesrepublik. München 1977

*Hradil, S.* Sozialstrukturanalyse in einer fortgeschrittenen Gesellschaft. Opladen 1987

*Huber, A.* Chaos: Die Welt als Vielfalt und Ordnung. In: psychologie heute, August 1993, 58–66

*Huber, B.* Psychoterror am Arbeitsplatz – Mobbing. Niedernhausen/Ts. 1993

*Hughes, R.* Nachrichten aus dem Jammertal. München 1994

*Hugo-Becker, A. & Becker, H.* Psychologisches Konfliktmanagement. München 1992


*Inglehart, R.* Wertwandel in den westlichen Gesellschaften. In: H. Klages & P. Kmieciak (Hrsg), Wertwandel und gesellschaftlicher Wandel. Köln 1979

*Inkeles, A.* Making Men Modern: On the Causes and Consequences of Individual Change in Six Developing Countries. American Journal of Sociology 75 (1969), 208–225

*Irle, M.* Lehrbuch der Sozialpsychologie. Göttingen 1975

*Israel, J.* Der Begriff Entfremdung. Reinbek 1972


*Jacobi, U., Lullies, V. & Weltz, F.* Textverarbeitung im Büro. Frankfurt/M. u. New York 1980

*Jacobi, U. & Weltz, F.* Beteiligungsorientierte Arbeitsorganisation in der Verwaltung. In: W. Fricke et al. (Hrsg), Beteiligen, Mitgestalten, Mitbestimmen. Köln 1982, 45–57

*Jaeggi, E., Rohner, R. & Wiedemann, P. M.* Gibt es auch Wahnsinn, hat es doch Methoden. Eine Einführung in die Klinische Psychologie aus sozialwissenschaftlicher Sicht. München 1990

*Jagodzinski, W.* Gibt es einen intergenerationellen Wertewandel zum Postmaterialismus? Z.f. Sozialisationsforschung u. Erziehungssoziologie 5 (1985), 71–88

*Jansen, G. W.* Die Einstellung der Gesellschaft zu den Körperbehinderten. Neuburgweier 3. Aufl. 1976

*Jantsch, E.* Die Selbstorganisation des Universums. 2. Aufl. München 1984

*Japp, K.-P.* Soziales System. In: Kerber, H. & Schmieder, A. Handbuch der Soziologie. Reinbek 1984, 512–516

*Jenkins, D.* Job Power. Demokratie im Betrieb. Reinbek 1975

# Literaturverzeichnis

*Jores, A.* Der Kranke mit psychovegetativen Störungen. Göttingen 1973

*Junghans, L. & Althoff, K.* Sind die Zeugnisnoten der Bewerber für den mittleren und gehobenen Dienst als Auswahlkriterium für die Zulassung zur Teilnahme an einer psychologischen Eignungsuntersuchung geeignet? DGP-Informationen, Neue Folge 16 (1978), 72–99

*Junker, G.* Deutsch für Lernende in der öffentlichen Verwaltung. Essen 2.Aufl. 1975

*Käsler, D.* Soziologie: „Flug über den Wolken". Über Niklas Luhmanns „Soziale Systeme". Im DER SPIEGEL 50/1984, 184–190

*Kasper, H.* Organisationskultur. Wien 1987

*Katz, D.* The functional approach to the study of attitudes. Public Opinion Quarterly 24 (1960), 163–204

*Keller, Eugen von* Management in fremden Kulturen. Bern/Stuttgart 1981

*Kempf, T.* Das Konzept der „Organisationsentwicklung" (OE). Z.f. Organisation 47 (1978), 201–208

*Kerber, H. & Schmieder, A.* Handbuch der Soziologie. Reinbek 1984, 512–516

*Keuth, H.* Der Normbegriff in der sozialwissenschaftlichen Theoriebildung. Kölner Z.f. Soziologie und Sozialpsychologie 30 (1978), 680–700

*Kieser, A.* Von asketischen zu industriellen Bravourstücken. Die Organisation der Wirtschaft im Kloster des Mittelalters. Lehrstuhl für Allgemeine Betriebswirtschaftslehre der Universität Mannheim (WH). 1984

*Kieser, A.* Der situative Ansatz. In: ders. (Hrsg), Organisationstheorien. Stuttgart 1993, 161–191.

*Kieser, A. & Kubicek, H.* Organisation. Berlin/New York 2./1983

*Kirsch, W.* Entscheidungsprozesse. Bd. III: Entscheidungen in Organisationen. Wiesbaden 1971

*Kirschner, J.* Manipulieren – aber richtig. München/Zürich 1976

*Kiss, G.* Grundzüge und Entwicklung der Luhmannschen Systemtheorie. Stuttgart 1986

*Klages, H.* Grenzen der Organisierbarkeit von Verwaltungsorganisationen. Die Verwaltung 10 (1977), 31–49

*Klages, H.* „Contingency Theory" am Scheideweg. In: D. Blaschke u.a. (Hrsg), Sozialwissenschaftliche Forschung – Entwicklungen und Praxisorientierungen. Nürnberg 1978, 61–93

*Klages, H.* Überlasteter Staat – verdrossene Bürger? Frankfurt/New York 1980

*Klages, H.* Wertorientierungen im Wandel. 2. Aufl. Köln 1985

*Klages, H.* Personalentwicklung in der öffentlichen Verwaltung. In: G. Schanz (Hrsg) Handbuch Anreizsysteme. Stuttgart 1991, 1147–1166

*Klages, H. & Hippler, G.* Mitarbeitermotivation als Modernisierungsperspektive. Gütersloh 1991

*-ky.* Dich reitet wohl der Schimmel! Reinbek 1987

*Klages, H. & Kmieciak, P.* Wertwandel und gesellschaftlicher Wandel. Frankfurt/ M./New York 1979

*Klages, H. & Schmidt, R.W.* Messung und Bewertung von Organisationsqualität. Baden-Baden 1983

*Klauer, K.C.* Einstellungen. Göttingen 1991

*Klaus, G.* Wörterbuch der Kybernetik. 2 Bd. Frankfurt/M. u. Hamburg 1969

*Klaus, G. & Buhr, M.* (Hrsg), Marxistisch-Leninistisches Wörterbuch der Philosophie. 3 Bd. Reinbek 1972

*Klotz, U. & Meyer-Degenhardt, K.* Personalinformationssysteme. Hamburg 1984

*Kluckhohn, C.* Values and value orientations in the theory of action: An exploration in definition and classification. In: T. Parsons & E. A. Shils (Hrsg), Toward a General Theory of Action. Cambridge 3. Aufl. 1954

*Kmieciak, P.* Wertstrukturen und Wertwandel in der Bundesrepublik Deutschland. Göttingen 1976

*Knigge, A. Frh. v.* Über den Umgang mit Menschen. Halle a. d. S. 1788 (zit. n. 9. Aufl. o. J.)

*Koch, H.-E.* Zum Zustandekommen von Beförderungsentscheidungen. Zeitschrift Führung + Organisation (zfo) 54 (1985), 355–359

*Koch, R.* Personalsteuerung in der Ministerialbürokratie, Baden-Baden 1975

*Koch, R.* Berufsethos und Rollenausführung öffentlicher Bediensteter – Zur Bedeutung einer beruflichen Basismotivation für die Verwaltungsführung. In: A. Remer (Hrsg), Verwaltungsführung. Berlin/New York 1982, 355–374

*Koch, R.* Berufliche Sozialisation öffentlicher Bediensteter. München 1984 (a)

*Koch, R.* Berufliche Sozialisation in der Ausbildung von Nachwuchsbeamten. In: D. v. Richthofen (Hrsg), Berufsethos für Beamte (Schriftenreihe der Fachhochschule für öffentliche Verwaltung NW, H. 1 ) Gelsenkirchen 1984 (b)

*Koch, R.* Führung in der öffentlichen Verwaltung. Die Betriebswirtschaft 1986, 46, 45–56

*Koch, R.* (Hrsg) Verwaltungsforschung in Perspektive. Baden-Baden 1987

*Kocka, J.* Unternehmensverwaltung und Angestelltenschaft am Beispiel Siemens 1847–1914, Stuttgart 1969

*Koelbl, H. & Sack, M.* Das deutsche Wohnzimmer. München und Luzern 1980

*Kofler, L.* Stalinismus und Bürokratie. Neuwied/Berlin 1970

*König, H.* Dynamische Verwaltung. Stuttgart 1977

*König, K.* Öffentliche Verwaltung und soziale Differenzierung. Verwaltungsarchiv 64 (1973), 1–37

*König, R.* Stichwort: Bürokratisierung. In: ders. (Hrsg), Soziologie. Frankfurt/M. 1958, 46–52

*Körner, W.* Büro-Büro oder die Untersuchungen des Azubi Sigbert Schmidt zum Faktor L. in der Konrad Lurzer KG. München 1983

*Kratz, H.-J.* Mitarbeiterführung in der Verwaltung. Heidelberg 1987

*Krause, A.* Staat und Staatsdienst heute. Bad Godesberg 1968

*Krause, D. & Schäuble, G.* Jenseits von Klasse und Schicht. Stuttgart 1988

*Kraußlach, J., Düwer, F. W. & Fellberg, G.* Aggressive Jugendliche. München 3. Aufl. 1978

*Kremendahl, H.* Pluralismus – Strukturprinzip einer demokratischen Gesellschaft. Landeszentrale für politische Bildungsarbeit. Berlin 1975

*Krink, J.* Management by Conflicts. Z. f. Organisation 14 (1977), 155–166

*Kromen, E.* Qualitätskreise – eine Antwort auf Organisationsverdrossenheit. Z. f. Organisation 51 (1982), 283–290

*Kroner, B.* Massenpsychologie und kollektives Verhalten. In: C.-F. Graumann (Hrsg), Sozialpsychologie. 2. Halbband: Forschungsbereiche. Göttingen 1972

*Krüger, I. & Rapsch, A.* Automatisierte Personaldatenverarbeitung in der öffentlichen Verwaltung. VOP 10 (1988), 29–34

*Krüger, W.* Konfliktsteuerung als Führungsaufgabe. München 1973

*Krüger, W.* Macht in der Unternehmung. Stuttgart 1976

*Krysmanski, H. J.* Soziologie des Konflikts. Reinbek 1971

*Kube E.* Den Bürger überzeugen. Stuttgart 1973

*Kube E.* Der Konflikt als Führungsproblem I u. II. Kriminalistik 28 (1974), 245–249 u. 296–300

*Kube, E* Kommunikative Strategien beim Gespräch mit dem Bürger. Verwaltungs-rundschau 23 (1977), 361–364

*Kübler, H.* Management in Behörden. Bad.-Württembergisches Verwaltungsblatt 1973, Heft 8, 113–119

*Kübler, H.* Organisation und Führung in Behörden. Stuttgart 1974

*Kübler, H.* Konferenztechnik – ein Stiefkind der Verwaltung. Staats- u. Kommunal-verwaltung 23 (1977), 166–168

*Kudera, Sabine* Organisationsstrukturen und Gesellschaftsstrukturen. Soziale Welt 28 (1977), 16–38

*Kugemann, W. F.* Lerntechniken für Erwachsene. Stuttgart 1972

*Küpper, W. & Ortmann, G. (Hrsg)* Mikropolitik. Rationalität, Macht und Spiele in Or-ganisationen. Opladen 1988

*Kupsch, P. U. & Marr, R.* Personalwirtschaft. In: E. Heinen (Hrsg), Industriebetriebs-lehre. 6. Teil. Wiesbaden 2. Aufl. 1972, 443–574

*Kurbjuhn, M. & Pust, C.* Emanzipation durch Lohnarbeit? Eine Untersuchung über Frauenarbeit im öffentlichen Dienst. Berlin 1983

*- ky.* Ein Toter führt Regie. Reinbek 1974

*- ky.* Dich reitet wohl der Schimmel! Reinbeck 1987


*Lademann, H. R.* Anwendung der Assessment-Center-Technik im öffentlichen Dienst. VOP 9 (1987), 204–207

*Lammers, C. J.* The comparative sociology of organizations. Annual Review of Socio-logy 4 (1978), 485–510

*Landau, K.* Tätigkeitsanalyse. In: H. Strutz (Hrsg), Handwörterbuch der Verwaltung und Organisation. Köln 1982, 463–473

*Landwehrmann, F.* Organisationsstrukturen industrieller Großbetriebe. Köln/Opla-den 1965

*LaPiere, R. T.* Attitudes versus actions. Social Forces 13 (1934), 230–237

*Lauter, C.* Mikropolitik in Organisation. Diplomarbeit TU Berlin (Prof. Gebert) 1993

*Laux, E.* (Hrsg), Das Dilemma des öffentlichen Dienstes. Bonn 1978

*Laux, E.* Führung und Führungsorganisation in der öffentlichen Verwaltung. Stuttgart 1975

*Lauxmann, F.* Die kranke Hierarchie. Stuttgart 1971

*Lazarus-Mainka, Gerda* Psychologische Aspekte der Angst. Stuttgart 1976

*Leitner, K., Lüders, E., Greiner, B., Ducki, A., Niedermeier, R. & Volpert, W.* Analyse psychischer Anforderungen und Belastungen in der Büroarbeit. Das RHIA-VERA-Büro-Verfahren. Göttingen 1993

*Lenk, K.* Kosten- oder qualitätsorientierte Modernisierung von Dienstleistungen öf-fentlicher Verwaltungen? Verbraucherpolitische Hefte 1987, H. 4, 91–105

*Lepper, M.* Teams in der öffentlichen Verwaltung. Die Verwaltung 5 (1972), 141–172

*Lepper, M.* Die Projektorganisation – Alternative oder Ergänzung? Die Öffentliche Verwaltung, 1984, 37, 445–452

*Less, E.* Die Amtssprache als Schlüssel zur Psychologie der Verwaltung. Z.f. Beamtenrecht 6 (1958), 362–368

*Lewin K.* Feldtheorie und Sozialwissenschaften. Bern 1963

*Lewin K.* Grundzüge der topologischen Psychologie. Bern 1969

*Lexikon zur Soziologie* (Hrsgg. von W. Fuchs u.a.). Opladen 1973

*Leymann, H.* Mobbing. Reinbek 1993

*Lindblom, C.E.* Die Wissenschaft vom „Durchwursteln". In: E. Grochla (Hrsg), Organisationstheorie. 2.Teilband. Stuttgart 1976, 373–388

*Link, J.* Über den Gebrauch von Begriffen in politischer Absicht. Leviathan 7 (1979), 242–253

*Lipp, W.* Bürokratische, partizipative und Kaderorganisation als Instrumente sozialer Steuerung. Die Verwaltung 11 (1978), 3–25

*Lipp, W.* Autopoiesis biologisch, Autopoiesis soziologisch. Kölner Zeitschrift f. Soziologie u. Sozialpsychologie 39 (1987), 452–470

*Lippitt, R. & White, R.K.* Eine experimentelle Untersuchung über Führungsstil und Gruppenverhalten. In: C.F. Graumann & H. Heckhausen (Hrsg), Pädagogische Psychologie. Bd. 1. Entwicklung und Sozialisation. Frankfurt/M. 1973, 324–347

*Lisch, R.* Totale Institution Schiff. Berlin 1976

*Lohmar, U.* Staatsbürokratie. Das hoheitliche Gewerbe. München 1978

*Lorenz, R., Molzahn, R. & Teegen, F.* Verhaltensänderung in der Schule. Reinbek 1976

*Lück, H.* Prosoziales Verhalten. Köln 1975

*Luckmann, T.* Zwänge und Freiheiten im Wandel der Gesellschaftsstruktur. In: H.G. Gadamer & P. Vogler (Hrsg), Neue Anthropologie. Bd. 3, Sozialanthropologie. Stuttgart/München 1972, 168–198

*Luckmann, T. & Sprondel, W.M. (Hrsg)* Berufssoziologie. Köln 1972

*Ludwig, P.H.* Sich selbst erfüllende Prophezeiungen im Alltagsleben. Stuttgart 1991

*Lueger, G.* Die Bedeutung der Wahrnehmung bei der Personalbeurteilung. München/Mehring 1992

*Luhmann, N.* Der neue Chef. Verwaltungsarchiv 53 (1962), 11–24

*Luhmann, N.* Funktionen und Folgen formaler Organisationen. Berlin 1964

*Luhmann, N.* Soziologie als Theorie sozialer Systeme. Kölner Z.f. Soziologie u. Sozialpsychologie 19 (1967), 615–644

*Luhmann, N.* Soziologie des politischen Systems. Kölner Z.f. Soziologie u. Sozialpsychologie 20 (1968), 705–733

*Luhmann, N.* Zweck – Herrschaft – System. Grundbegriffe und Prämissen Max Webers. In: R. Mayntz (Hrsg), Bürokratische Organisation. Köln/Berlin 1968, 36–55

*Luhmann, N.* Die Programmierung von Entscheidungen und das Problem der Flexibilität. In: R. Mayntz (Hrsg), Bürokratische Organisation, 1968, 324–341

*Luhmann, N.* Vertrauen. Stuttgart 2. Aufl. 1973

*Luhmann, N.* Soziologische Aufklärung. Opladen 2. Aufl. 1975 (a)

*Luhmann, N.* Macht. Stuttgart 1975

*Luhmann, N.* Soziale Systeme. Grundriß einer allgemeinen Theorie. Frankfurt/M. 1984

*Luhmann, N. & Mayntz, R.* Personal im öffentlichen Dienst – Eintritt und Karrieren. Baden-Baden 1973

*Lüscher, K.* Der Prozeß der beruflichen Sozialisation. Stuttgart 1968

*Maaz, H.-J.* Der Gefühlsstau. Berlin 1990

*Manthey, H.* Sozialisation in die bürokratische Organisation. Frankfurt/M. 1982

*March, J.* Business firm as a political coalition. Journal of Politics 24 (1962), 662–678

*Marcuse, H.* Triebstruktur und Gesellschaft. Frankfurt/M. 1965

*Marcuse, H.* Der eindimensionale Mensch. Neuwied/Berlin 1967

*Marx, K.* Ökonomisch-philosophische Manuskripte (1844). MEW Ergänzungsband 1. Berlin 1968

*Marx, K.* Die entfremdete Arbeit. In: A. Fischer (Hrsg), Die Entfremdung des Menschen in einer heilen Gesellschaft. München 1970, 107–113

*Marx, K. & Engels, F.* Werke. Gesamtausgabe (MEGA) 40 Bd. Berlin (DDR) 1961–1968

*Marx, W.* Der T-Effekt. Psychologie heute 8 (1981), Heft 12, 52–55

*Maslow, A. H.* A theory of human motivation. Psychological Review 50 (1943)

*Maslow, A. H.* Motivation und Persönlichkeit. Reinbek 1981

*Mauke, M.* Die Klassentheorie von Marx und Engels. Frankfurt/M. 4. Aufl. 1973

*Mayntz, Renate* Kritische Bemerkungen zur funktionalistischen Schichtungstheorie. In: D.V. Glass & R. König (Hrsg), Soziale Schichtung und soziale Mobilität. Köln/Opladen 1961

*Mayntz, Renate* Soziologie der Organisation. Reinbek 1963

*Mayntz, Renate (Hrsg)* Bürokratische Organisation. Köln/Berlin 1968

*Mayntz, Renate* Probleme der inneren Kontrolle in der planenden Verwaltung. In: R. Mayntz & F. Scharpf (Hrsg), Planungsorganisation. München 1973, 98–106

*Mayntz, Renate* Struktur und Leistung von Beratungsgremien. Soziale Welt 28 (1977), 1–15

*Mayntz, Renate* Soziologie der öffentlichen Verwaltung. Heidelberg/Karlsruhe 1978

*Mayntz, R. & Ziegler, R.* Soziologie der Organisation. In: R. König (Hrsg), Handbuch der empirischen Sozialforschung. Bd.9. Organisation. Stuttgart 2.Aufl. 1977, 1–141

*Mayo, E.* The Human Problems of an Industrial Civilization. Boston 1933 (New York 1960)

*McClelland, D.* Macht als Motiv. Stuttgart 1978

*Meier-Bergfeld, P.* Staats(Ver)Diener. Bern 1984

*Meinefeld, W.* Einstellung und soziales Handeln. Reinbek 1977

*Meixner, H. E.* Anforderungs- und Eignungsprofile. Hoffnung oder Illusion auf dem Wege zu einer objektiveren und effektiveren Personalführung. Z.f. Beamtenrecht 6 (1979), 171–176

*Merton, R. K.* Sozialstruktur und Anomie. In: F. Sack & R. König (Hrsg), Kriminalsoziologie. Frankfurt/M. 1968, 360–371

*Mertonj R. K.* Bürokratische Struktur und Persönlichkeit. In: R. Mayntz (Hrsg), Bürokratische Organisation. Köln/Berlin 1968, 265–276

*Metzger, W.* Gesetze des Sehens. Frankfurt/M. 3. Aufl. 1975

*Meyer, Th.* Struktur und Wandel der Familie. In: R. Geißler 1992, 254–28

*Michal, W.* Die SPD – staatstreu und jugendfrei. Reinbek 1988

*Mills, C. W.* White Collar. New York 1951

*Mitscherlich, A.* Aggression und Anpassung. In: Aggression und Anpassung in der Industriegesellschaft. Frankfurt/M. 5.Aufl. 1970, 80–127

*Möller, Christine* Technik der Lehrplanung. Weinheim 3. Aufl. 1971

*Moser, T.* Jugendkriminalität und Gesellschaftsstruktur. Frankfurt/M. 1970

*Mowday, R. T.* The exercise of upward influence. Administrative Science Quarterly 23 (1978), 137–156

*Mueller, E. F. & Thomas, A.* Einführung in die Sozialpsychologie. Göttingen 1974

*Mulder, M.* The Daily Power Game. Leiden 1977

*Müller, W.* Die Relativierung des bürokratischen Modells und die situative Organisation. Kölner Z. f. Soziologie und Sozialpsychologie 25 (1973), 719–750

*Müller, W.* Analysen zur sozialen Mobilität und Statuszuweisung in der BRD. Opladen 1975

*Münch, R.* Theorie sozialer Systeme. Opladen 1976

*Müri, P.* Das Führungsstil-Etikett als Abwehrstrategie. Gruppendynamik 15 (1984), 29–37


*Naase, C.* Konflikte in der Organisation. Stuttgart 1978

*Naef, Regula D.* Rationeller Lernen lernen. Weinheim/Basel 7. Aufl. 1975

*Naschold, F.* Organisation und Demokratie. Stuttgart 1969

*Neghandi, A. R.* (Hrsg), Modern Organizational Theory. Kent, Ohio 1969

*Neuberger, O.* Theorien der Arbeitszufriedenheit. Stuttgart 1974

*Neuberger, O.* Rituelle Selbsttäuschung. Problem und Entscheidung 23 (1979), 58–102

*Neuberger, O.* Führen als widersprüchliches Handeln. Z. Arb. Org. Psychol. 1 (1983), 22–32

*Neuberger, O.* Spiele in Organisationen, Organisationen als Spiele. In: Küpper, W. & Ortmann G. (Hrsg) Mikropolitik. Opladen 1988, 53–86

*Neuberger, O.* Was ist denn da so komisch? Thema: Der Witz in der Firma. 2. Aufl. Weinheim und Basel 1990

*Neuberger, O. & Kompa, A.* Wir, die Firma. Der Kult und die Unternehmenskultur. Weinheim/Basel 1987

*Nick, F. R.* Management durch Motivation. Stuttgart 1974

*Nieder, P.* (Hrsg) Fehlzeiten. Ein Unternehmer- oder ein Arbeitnehmerproblem? Bern/Stuttgart 1979

*Niehues, W.* Als Marionette überleben. manager magazin 1978, H 5, 136–142

*Nowak, P.* Arbeitswelt und Krankheit. Der Bürger im Staat 26 (1976), 236–240


*Orendi, Bennina* Fehlzeiten und Krankheitsverhalten. In: M. Frese, S. Greif & N. Semmer (Hrsg), Industrielle Psychopathologie. Bern 1978

*Ortmann, G.* Macht, Spiel, Konsens. In: Küpper, W. & ders. (Hrsg) Mikropolitik. Opladen 1988, 13–26

*Otto, W.* Amtsdeutsch heute. Stuttgart 2./1978

*Otto, W.* Die Paradoxie einer Fachsprache. In: I. Radtke (Hrsg), Die Sprache des Rechts und der Verwaltung. Stuttgart 1981, 44–57

*Ottomeyer, K.* Ökonomische Zwänge und menschliche Beziehungen. Reinbek 1977


*Pankoke, E. & Nokielski, H.* Verwaltungssoziologie. Stuttgart 1977

*Paris, R.* Der kurze Atem der Provokation. Kölner Zeitschrift f. Soziologie u. Sozialpsychologie 41 (1989), 33–52

*Parkinson, C. N.* Parkinsons Gesetz und andere Untersuchungen über die Verwaltung. Stuttgart 1958

*Parsons, T.* Die jüngsten Entwicklungen in der strukturell-funktionalen Theorie. Kölner Z. f. Soziologie und Sozialpsychologie 16 (1964), 30–49

*Parsons, T.* Evolutionäre Universalien der Gesellschaft. In: W. Zapf (Hrsg), Theorien des sozialen Wandels. Köln/Berlin 2. Aufl. 1970, 55–74

*Parsons, T.* The Social System. Glencoe 1951

*Paturi, F. R.* Der Rolltreppeneffekt oder Wie man mühelos nach oben kommt. Reinbek 1972

*Pawlow, I. P.* Conditioned Reflexes. London 1927

*Peel, R.* Die Psychologie des Wohnzimmers. Wer wohnt wo? In: Psychologie heute, 9 (1982), S. 20–29

*Perich, R.* Unternehmungsorganisation im Wandel. Zeitschrift Führung + Organisation (zfo) 58 (1989), 5–14

*Peter, H.* Paradoxes Führungsverhalten erklärt nach der Double-bind-Theorie. Psychologie heute 2 (1975), H. 11, 58–60

*Peter, L. J. & Hull, R.* Das Peter-Prinzip oder Die Hierarchie der Unfähigen. Reinbek 1972

*Peuckert, R.* Familienformen im sozialen Wandel. Opladen 1991

*Pfeiffer, D. K.* Organisation als System. In: K. Wöhler (Hrsg), Organisationsanalyse. Stuttgart 1978, 3–19

*Pfeiffer, D. K.* Organisationssoziologie. Stuttgart 1976

*Phelan, J. L.* Autorität und Flexibilität in der spanischen Kolonialbürokratie. In: R. Mayntz (Hrsg), Bürokratische Organisation. Köln/Berlin, 342–355

*Pippig, G.* Die Verwaltung und ihr Publikum. Opladen 1988

*Pippke, W.* Karrieredeterminanten in der öffentlichen Verwaltung. Baden-Baden 1975

*Pippke, W.* Junge Beamte: „Kein Bock" auf Arbeit? Verwaltungsrundschau 29 (1983), 165–173

*Pippke, W.* Verwaltung und Bürger: Interaktionen im Sozialamt. Ein Projektbericht. Schriftenreihe der Fachhochschule für öffentliche Verwaltung NW. Bd. 13. Gelsenkirchen 1988

*Pippke, W.* Umgang mit Publikum. Kommunikation der Kommunalverwaltung mit dem Bürger. Vieselbach/Erfurt 1993

*Plewa, A.* Zur Unterscheidung von State- und Trait-Angst. Archiv für die Wissenschaft und Praxis der sozialen Arbeit 1979, 74–78

*Plogstedt, S. & Bode, K.* Übergriffe. Sexuelle Belästigungen in Büros und Betrieben. Reinbek 1984

*Pöhler, W.* Information und Verwaltung. Stuttgart 1969

*Pongratz, L. J.* Lehrbuch der Klinischen Psychologie. Göttingen 1973

*Pourroy, G. A.* Das Prinzip Intrige. Zürich 1986

*Pressel, A.* Sozialisation. In: H.-J. Gramm (Hrsg), Erziehung in der Klassengesellschaft. München 1970, 124–148

*Presthus, R.* Individuum und Organisation. Frankfurt/M. 1966

*Probst, G. J. B. & Scheuss, R.-W.* Die Ordnung von sozialen Systemen: Resultat von Organisieren und Selbstorganisation. Zeitschrift Führung + Organisation (zfo) 53 (1984), 480–488

*Pruger, R.* The good bureaucrat. Social Work 18 (1973), H. 4, 26–32

*Pugh, D. S. & Hickson, D. J.* Eine dimensionale Analyse bürokratischer Strukturen. In: R. Mayntz (Hrsg), Bürokratische Organisation. Berlin/Köln 1968, 82–93

*Puzo, M.* Der Pate. Reinbek 1971

*Quarnbusch, E.* Die Furcht vor Isolation als Motiv im Beamtenverhalten. Z. f. Beamtenrecht 1977, H. 6, 169–176
*Quass, P.* Personalcomputer (PC) – Einsatzformen, Risiken, Handlungsperspektiven. Hamburg 1988

*Radtke, I.* Amt und Sprache. In: ders. (Hrsg), Die Sprache des Rechts und der Verwaltung. Stuttgart 1981
*Reich, W.* Die Massenpsychologie des Faschismus. Köln/Berlin 1971
*Reichard, C.* Managementkonzeption des Öffentlichen Verwaltungsbetriebes. Berlin 1973
*Reichard, C.* Zur didaktischen Gestaltung der Verwaltungsausbildung. Verwaltungsrundschau 24 (1978), 323–327
*Reichard, C.* Betriebswirtschaftslehre der öffentlichen Verwaltung. Berlin/New York 2./1987
*Reichard, C., Nickusch, K.-O., Bosetzky, H. & Heinrich, P.* Bürgernahe Verwaltung durch Ausbildungsreform. Staats- und Kommunalverwaltung 23 (1977), 130–137
*Reichard, C. & Röber, M.* Socio-cultural influences on management of public enterprises in developing countries – with special reference to Sri Lanka. Vierteljahresberichte des Forschungsinstituts der Friedrich-Ebert-Stiftung Nr. 98, 1984, 393–405
*Reichard, C. & Schröter, E.* Berliner Verwaltungseliten – Rollenverhalten und Einstellungen von Führungskräften in der (Ost- und West-) Berliner Verwaltung. Vortragsms. zum XIII. Konstanzer Verwaltungsseminar: „Verwaltungsreform und Verwaltungspolitik im Prozeß der deutschen Einigung". Konstanz, 11.–13. April 1991
*Reidegeld, E.* Öffentliche Verwaltung und Verständlichkeit. Recht u. Politik 12 (1976), 224–234
*Reidegeld, E.* Krise, Verwaltungshandeln und Wissenschaftspolitik. Leviathan 5 (1977), 28–52
*Remer, A.* (Hrsg) Verwaltungsführung. Berlin/New York 1982
*Renckstorf, K.* Konflikt in der Organisation. In: C. Hagener u. a. (Hrsg), Diagnose sozialen Verhaltens. Hamburg 1972, 281–303
*Richartz, W. E.* Büroroman. Zürich 1976
*Richter, H. E.* Die Gruppe. Hoffnung auf einen neuen Weg, sich selbst und andere zu befreien. Reinbek 1972
*Richter, H. E.* Flüchten oder Standhalten. Reinbek 1976
*Riekhof, H.-Chr.* Strategien des Innovationsmanagements. Zeitschrift Führung + Organisation (zfo) 56 (1987), 14–19
*Riemann, F.* Grundformen der Angst. Basel 1961
*Riesman, D.* Die einsame Masse. Reinbek 1958
*Röber, M. & Schröter, E.* Verwaltungsführungskräfte aus Ost und West – ein Vergleich ihrer Rollenverständnisse und Werthaltungen, Berlin 1991 (unveröffentl. Ms.)
*Roethlisberger, F. J. & Dickson, W. J.* Management and the Worker. Cambridge/Mass. 1939
*Rolff, H.-G.* Die Demokratie der Unmündigen? In: G. Hartfiel (Hrsg), Die autoritäre Gesellschaft. Opladen 3. Aufl. 1972, 97–125
*Rolff, H.-G.* Sozialisation und Auslese durch die Schule. Heidelberg 7. Aufl. 1974
*Ronge, V.* Der politökonomische Ansatz in der Verwaltungsforschung. In: P. Grottian &

A. Murswieck (Hrsg), Handlungsspielräume der Staatsadministration. Hamburg 1974, 86–110

*Ronneberger, F. & Rödel, U.* Beamte im gesellschaftlichen Wandlungsprozeß. Bonn-Bad Godesberg 1971

*Rosemann, H.* Anlage und Umwelt. Berlin 1973

*Rosenstiel, L. v.* Wandlungen in der Personalführung durch die „autonomen Arbeitsgruppen"? Schriften des Vereins für Sozialpolitik, Neue Folge B. 88 (1976), 521–538

*Rosenstiel, L. v.* Führungskräfte nach dem Wertewandel: Zielkonflikte und Identitätskrisen? Zeitschrift Führung & Organisation (zfo) 55 (1986), 89–96

*Rosenstiel L. v., Molt, W. & Rüttinger, B.* Organisationspsychologie. Stuttgart 1972 (7./1988)

*Ross, C.* Zur Einführung der wissenschaftlichen Betriebsführung in Deutschland (Vorwort). In: F.B. Gilbreth, Bewegungsstudien. Berlin 1921

*Rost-Schaude, E.* Frauen in der öffentlichen Verwaltung – Soziologische Perspektiven. In: Fachhochschule für öffentliche Verwaltung Kehl, Frauen in der Verwaltung, Fachtagung, 24./25.11.1983, S. 29–40

*Rotter, J. B.* Generalized expectancies for internal versus external control of reinforcement. Psychol. Monogr. 80 (1966), 1 ff.

*Ruch, F. L. & Zimbardo, P. G.* Lehrbuch der Psychologie. Berlin 1974

*Rutschky, Katharina* (Hrsg) Schwarze Pädagogik. Frankfurt/M. 1977

*Rüttinger, B.* Konflikt und Konfliktlösen. München 1977


*Sack, F.* Neue Perspektiven in der Kriminalsoziologie. In: F. Sack & R. König (Hrsg), Kriminalsoziologie. Frankfurt/M. 1968, 431–475

*Sackmann, S.* Organisationskultur: Die unsichtbare Einflußgröße. In: Gruppendynamik, 14 (1983), S. 393–406

*Sanford, R. N.* The effects of abstinence of food upon imaginal processes: A preliminary experiment. Journal auf Psychology 2 (1936), 129–136

*Saunders, J.* Autokratischer Führungsstil - Die Manipulation von oben. manager magazin 1977, H. 9, 139–145

*Schaefer, G.* Kybernetik und Biologie. Stuttgart 1972

*Schaff, A.* Marxismus und das menschliche Individuum. Reinbek 1970

*Schaff, A.* Einführung in die Semantik. Reinbek 1973

*Schaffer, W. & Werndl, P.* Alkoholmißbrauch im dienstlichen Bereich und seine beamtenrechtlichen Konsequenzen. Z.f. Beamtenrecht 31 (1983), 227–231

*Schanz, G.* (Hrsg) Handbuch Anreizsysteme in Wirtschaft und Verwaltung. Stuttgart 1991

*Scharmann, T.* Leistungsorientierte Gruppen. In: C.F. Graumann (Hrsg), Sozialpsychologie. 2. Halbband: Forschungsbereiche. Göttingen 1972, 1790–1864

*Scharmann, T.* Beiträge zur Theorie und Empirie der sozial-individualen Integration. In: ders. (Hrsg), Schule und Beruf als Sozialisationsfaktoren. Stuttgart 2.Aufl. 1974, 1–81

*Schein, E. H.* Soll man eine Organisationskultur verändern? gdi impuls 2 (2) (1984), 31–43

*Schelsky, H.* Industrie- und Betriebssoziologie. In: A. Gehlen & H. Schelsky (Hrsg), Soziologie. Düsseldorf/Köln 3. Aufl. 1955, 159–203

*Scherer, U. & Scherer, K. R.* (unter Mitarbeit von L. Keim u. H. Walbott) Bürgernähe im Publikumsverkehr: Die Rolle des menschlichen Faktors in der Sozialplanung. In: F.-X. Kaufmann (Hrsg), Bürgernahe Gestaltung der sozialen Umwelt. Meisenheim 1977

*Scherübl, F.* Disziplinarrecht. In: W. Bierfelder (Hrsg), Handwörterbuch des öffentlichen Dienstes. Das Personalwesen. Berlin 1976, Sp. 641–648

*Scheu, Ursula* Wir werden nicht als Mädchen geboren, wir werden dazu gemacht. Frankfurt/M. 1977

*Scheuch, E. K. & Daheim, H.* Sozialprestige und soziale Schichtung. In: D. V. Glass & R. König (Hrsg), Soziale Schichtung und soziale Mobilität. Köln/Opladen 5. Aufl. 1974

*Scheuch, E. K. & Scheuch, U.* Cliquen, Klüngel und Karrieren, Reinbek 1992

*Schimank, U.* Identitätsbehauptung in Arbeitsorganisationen: Individualität in der Formalstruktur. Frankfurt/M. 1981

*Schimanke, D.* Steuerung und Selbststeuerung in der öffentlichen Verwaltung. In: R. Koch, (Hrsg) Verwaltungsforschung in Perspektive. Baden-Baden 1987, 134–146

*Schimmelpfennig, A. H.* Entfremdung, Selbstverwirklichung und Personalratsarbeit. Die Personalvertretung 18 (1975), 418–423

*Schluchter, W.* Aspekte bürokratischer Herrschaft. München 1972

*Schmalz, D.* Allgemeines Verwaltungsrecht. Teil 1. Köln 1979

*Schmid, G. & Treiber, H.* Bürokratie und Politik. München 1975

*Schmidt, R. W.* Verarbeitung von Umwelteinflüssen: Verwaltung. In: K. Wöhler (Hrsg), Organisationsanalyse. Stuttgart 1978, 178–196

*Schmidt-Relenberg, N., Luetkens, C. & Rupp, K.-J.* Familiensoziologie. Stuttgart 1976

*Schmidtchen, G.* Neue Technik, neue Arbeitsmoral – eine sozialpsychologische Untersuchung über Motivation in der Metallindustrie. Köln 1984

*Schmidtchen, G.* Terrorismus – Der Weg in die Gewalt. manager magazin 1978, H. 4, 154–158

*Schmitt-Hausser, G.* Bluff im Büro. Mehr Sein durch Scheinen. München 1986

*Schneewind, K. A.* Familien zwischen Rhetorik und Realität: eine familienpsychologische Perspektive. In: K. A. Schneewind & L. v. Rosenstiel 1992, 9–35

*Schneewind, K. A. & Rosenstiel, L. v.* Wandel der Familie. Göttingen, Toronto, Zürich 1992

*Schneider, H. D.* Kleingruppenforschung. Stuttgart 1975

*Schneider, H. J.* Kriminologie. Berlin/New York 1987

*Schnur, R.* Über Team und Hierarchie. In: Demokratie und Verwaltung. Berlin 1972, 557–569

*Schrank, R.* Work in America: What Do Workers Really Want? In: Industrial Relations, 13 (1974), S. 124–129

*Schrick, A.* Der lachende Bürokrat. Mainz 1962

*Schubart, M.* Braucht unsere Wirtschaft Führer? Psychologie heute 1978, 43–48

*Schulz zur Wiesch, J.* Infrastruktur in der Anpassung. In: Wohnen und Leben 2000. Fachtagung der IG Bau – Steine – Erden. Frankfurt/M. 1987, 74–85

*Schulz zur Wiesch, J.* Veränderungen der Stadtgesellschaft. In: Hauff, V. (Hrsg) Stadt und Lebensstil. Weinheim/Basel 1988, 41–54

*Schulz, W.* Das Problem der Angst in der neueren Philosophie. Universitas 21 (1966), 837–848

*Schwacke, P. & Uhlig, R.* Methoden des Verwaltungshandelns. Köln 1979

*Schwarz, G.* Die „heilige Ordnung" der Männer. Opladen 1987

*Scott, W. R.* Konflikte zwischen Spezialisten und bürokratischen Organisationen. In: R. Mayntz (Hrsg), Bürokratische Organisation. Köln/Berlin 1968, 201–216

*Scott, W. R.* Grundlagen der Organisationstheorie. Frankfurt/M. und New York 1986

*Secord, P. F. & Backman, C. W.* Social Psychology. New York 1964

*Seeman, M.* Über die Bedeutung der Entfremdung. In: A. Fischer (Hrsg), Die Entfremdung des Menschen in einer heilen Gesellschaft. München 1970, 180–194

*Seger, I.* Knaurs Buch der modernen Soziologie. München/Zürich 1970

*Seidel, B.* Wörter im Sprachbewußtsein. Hannover 1989

*Senatskanzlei Bremen* Organisationssoziologische Untersuchung der bremischen Verwaltung. Bremen 1972

*Senger, H. v.* Strategeme. Bern u. a. 1992

*Senkel, K. & Tress, D. W.* Organisationsentwicklung. Strategie zur Entwicklung organisatorischer Kompetenz. Zeitschrift Führung + Organisation (zfo) 56 (1987), 179–184

*Sherif, M. & Sherif, C. W.* Social Psychology. New York/Tokio 1969

*Sieber, S. D.* Towards a theory of role accumulation. American Sociological Review 39 (1974), 567–578

*Siedentopf, H. & Koch, R.* Zweckrationalität und Opportunismus bei der Dienstpostenbewertung. Verwaltungsarchiv 68 (1977), 99–117

*Sievers, B.* (Hrsg) Organisationsentwicklung als Problem. Stuttgart 1977

*Silbereisen, R. K.* Untersuchungen zur Klassifikation von Klienten der Sozialhilfe nach ihren Erfahrungen, Einstellungen und Forderungen. Soziale Welt 3 (1976), 303–322

*Silbereisen, R. K., Heinrich, P. & Schulz, W.* Beratungsgespräche im Sozialamt: Zusammenhänge zwischen Merkmalen des Berater- und Klientenverhaltens. Psychologie und Praxis 19 (1975), 126–135

*Silbereisen, R. K & Oesterreich, R.* Klientenerwartungen und Beratungsverhalten im Sozialwesen. In: C. W. Müller (Hrsg), Begleitforschung in der Sozialpädagogik. Weinheim/Basel 1978, 139–167

*Silbereisen, R. K. & Schuler, P.* Bürgernähe der Sozialhilfeverwaltung: Interaktion zwischen Sozialbearbeiter und Klient. Stuttgart 1985

*SINUS* Folgen des Bürokratismus. Einstellungen der Wahlbevölkerung zur öffentlichen Verwaltung in der Bundesrepublik Deutschland. München/Heidelberg 1978 (unveröff. Bericht des Sozialwissenschaftlichen Instituts Nowak und Sörgel GmbH)

*Six, B.* Die Relation von Einstellung und Verhalten. Z. f. Sozialpsychologie 6 (1975), 270–296

*Skinner, B. F.* Science and Human Behavior. New York 1953

*Sloterdijk, P.* Zur Welt kommen – Zur Sprache kommen. Frankfurt/M. 1988

*Smircich, L.* Concepts of culture and organizational analysis. Administrative Science Quarterly 28 (1983) 339–358

*Soeffner, H.-G.* Die Ordnung der Rituale. Frankfurt/M. 1992

*Sofsky, W. & Paris, R.* Figurationen sozialer Macht. Opladen 1991

*Spittler, G.* Norm, Sanktion und sozialer Rang. In: E. Blankenburg (Hrsg), Empirische Rechtssoziologie. München 1975, 28–29

*Stadler, M., Seeger, F. & Raeithel, A* Psychologie der Wahrnehmung. München 1975

*Staehle, W. H.* Organisation und Führung sozio-technischer Systeme. Stuttgart 1973

*Stapf, K. H., Herrmann, T., Stapf, A. & Staecker, K.-H.* Psychologie des elterlichen Erziehungsstils. Stuttgart 1972

*Steinkemper, B.* Klassische und politische Bürokraten in der Ministerialverwaltung der Bundesrepublik Deutschland, Köln u. a. 1974

*Steinle, C.* Das Büro als Lean Office. Z. f. Führung + Organisation 63 (1994), 78–85

*Strametz, D.* Permanentes Examen im Beruf. UNI 1978, H. 5, 26–29

*Strauss, A.* u. a. Gefühlsarbeit. Ein Beitrag zur Arbeits- und Berufssoziologie. In: Kölner Zeitschrift für Soziologie und Sozialpsychologie, 32 (1980), S. 629–651

*Sutherland, E. H.* Die Theorie der differentiellen Kontakte. In: F. Sack & R. König (Hrsg), Kriminalsoziologie. Frankfurt/M. 1968, 395–399

*Taylor, F. W.* Scientific Management. New York 1911

*Thau, M.* Intrigen, München 1990

*Theunert, H.* u. a. (Hrsg. Hamburgische Anstalt für Neue Medien) Zwischen Vergnügen und Angst – Fernsehen im Alltag von Kindern. Berlin 1992

*Thom, N.* Abspecken ohne Magersucht. Z. f. Führung + Organisation 63 (1994), 75

*Thompson, V. A.* Hierarchie, Spezialisierung und organisationsinterner Konflikt. In: R. Mayntz (Hrsg), Bürokratische Organisation. Köln/Berlin 1968, 217–227

*Thompson, V. A.* Bürokratie und Innovation. In: P. Schmidt (Hrsg), Innovation. Hamburg 1976, 266–284

*Thorndike, E. L.* The Elements of Psychology. New York 1905

*Tichy, N.* An analysis of clique formation and structure in organizations. Administrative Science Quarterly 18 (1973), 194–208

*Tiefenthaler, J.* Berufliches Selbstverständnis und Berufswirklichkeit des öffentlich Bediensteten. Linz 1977

*Titscher, E. & Titscher, S.* Dimensionen des Vorgesetzten-Verhaltens – eine faktorenanalytische Überprüfung des „Fragebogens zur Vorgesetzten-Verhaltens-Beschreibung (FVVB)". Psychologie u. Praxis 21 (1977), 154–166

*Titscher, S.* Struktur eines Ministeriums. Wien 1975

*Titscher, S. & Königswieser, R.* Entscheidungen in Unternehmen. Wien 1985

*Tjaden-Steinhauer, M. & Tjaden, K. H.* Klassenverhältnisse im Spätkapitalismus. Stuttgart 1973

*Tolman, E. C.* There is more than one kind of learning. Psychological Bulletin 56 (1949), 144–155

*Townsend, R.* Hoch lebe die Organisation. München/Zürich 1970

*Trebesch, K.* Organisationsentwicklung in Europa. Bern/Stuttgart 1980 (2 Bd.)

*Trebesch, K.* Organisationskultur – warum wird sie jetzt zum Thema? Informationen aus dem Managementcenter Vorarlberg Nr. 17 (1984)

*Treiber, H.* Wie man Soldaten macht. Sozialisation in „kasernierter Vergesellschaftung". Düsseldorf 1973

*Triebe, J. K* Das Interview im Kontext der Eignungsdiagnostik. Bern 1976

*Triebe, J.K., Fischer, H. & Ulich, E.* Problemstudie zur Informations- und Entscheidungsfindung bei der Auswahl von Bewerbern für den öffentlichen Dienst. Baden-Baden 1973

*Triebe, J. K. & Ulich, E. (Hrsg)* Beiträge zur Eignungsdiagnostik. Bern 1977

Literaturverzeichnis

*Troll, T.* Betreffs Rotkäppchen. In amtlichem Sprachgut beinhaltet. Die Neue Gesellschaft 26 (1979), 1119–1120

*Türk, K.* Grundlagen einer Pathologie der Organisation. Stuttgart 1976

*Türk, K.* Soziologie der Organisation. Stuttgart 1978

*Tushman, M. L.* Approach to organizations: A review and rationale. Academy of Management Review April 1977, 206–216

*Udris, I.* Ist Arbeit noch länger zentrales Lebensinteresse? Psychosozial 2 (1) 1979, 100–120

*Ulich, E.* Möglichkeiten autonomieorientierter Arbeitsgestaltung. In: M. Frese (Hrsg), Streß im Büro. Bern etc. 1981

*Ulich, E., Groskurth, P. & Bruggemann, A.* Neue Formen der Arbeitsgestaltung. Frankfurt/M. 1973

*Vester, F.* Unsere Welt – ein vernetztes System. Stuttgart 1978

*Vilmar, F.* Theoretische Grundlagen – praktische Modelle. In: ders. (Hrsg), Menschenwürde im Betrieb. Reinbek 1973, 103–117

*Visser, G.* Alkohol am Arbeitsplatz. In: P. G. v. Beckerath, P. Sauermann & G. Wiswede (Hrsg), Handwörterbuch der Betriebspsychologie und Betriebssoziologie. Stuttgart 1981, 1–2

*Vohland, K.* Zur Reproduktion des Menschen. Neue Zürcher Zeitung v. 7.3.78

*Volpert, W.* Die „Humanisierung der Arbeit" und die Arbeitswissenschaft. Köln 1974

*Volpert, W.* Die Lohnarbeitswissenschaft und die Psychologie der Arbeitstätigkeit. In: P. Groskurth & W. Volpert, Lohnarbeitspsychologie. Frankfurt/M. 1975

*Volpert, W.* Computer Aided Taylorism – die Fortsetzung der Persönlichkeitszerstörung am Arbeitsplatz mit anderen Mitteln. In: Technik, Kultur, Gesellschaft, Berlin 1985, 229–236

*Vroom, V. H.* Work and Motivation. New York 1964

*Wagenbach, K.* Franz Kafka. Reinbek 1964

*Wagener, F.* Der öffentliche Dienst im Staat der Gegenwart. Veröffentlichungen der Vereinigung der Deutschen Staatsrechtslehrer 1979, H. 37, 215–266

*Wagner, Hildegard* Die deutsche Verwaltungssprache der Gegenwart. Düsseldorf 2./1972

*Wagner, W.* Der Bluff. Probleme des Klassenkampfes 7 (1973), 43–81

*Wagner, W.* Uni-Angst und Uni-Bluff. Wie studieren und sich nicht verlieren. Berlin 2./ 1992

*Wallner, E. M.* Soziologie. Heidelberg 5. Aufl. 1975

*Wallraff, G.* Industriereportagen. Reinbek 1970

*Walton, R. E., Dutton, J. M. & Cafferty, T. P.* Organisatorischer Kontext und Interabteilungskonflikt. In: E. Grochla (Hrsg), Organisationstheorie. 1. Teilband. Stuttgart 1975, 268–295

*Wassermann, R.* Ämterpatronage. So wie bisher kann es nicht weitergehen. DER DEUTSCHE BEAMTE 11/1986, 3–4

*Watson, G.* Widerstand gegen Veränderungen. In: W. G. Bennis, K. D. Benne & R. Chin (Hrsg), Änderung des Sozialverhaltens. Stuttgart 1975, 415–429

*Watzlawick, P., Beavin, J. H. & Jackson, D. D.* Menschliche Kommunikation. Bern 4. Aufl. 1974

*Weber, Max* Die „Objektivität" sozialwissenschaftlicher und sozialpolitischer Erkenntnis. In: Gesammelte Aufsätze zur Wissenschaftslehre, Tübingen 1951

*Weber, Max* Asketischer Protestantismus und kapitalistischer Geist. In: Soziologie – Weltgeschichtliche Analysen – Politik. Stuttgart 2. Aufl. 1956, 357–381

*Weber, Max* Wirtschaft und Gesellschaft. 2. Bd. Köln/Berlin 1964

*Weichardt, H.* Arbeitsmedizin. In: W. Bierfelder (Hrsg), Handwörterbuch des öffentlichen Dienstes. Das Personalwesen. Berlin 1976, Sp. 182–201

*Weiß, H. D.* Stichwort: Dienstvergehen. In: W. Bierfelder (Hrsg), Handwörterbuch des öffentlichen Dienstes. Das Personalwesen. Berlin 1976, Sp. 628–633

*Weiß, H.-D.* Zur Gesunderhaltungspflicht des Beamten und zu den Folgen ihrer Verletzung. Z. f. Beamtenrecht 30 (1982), 6–20

*Wendlandt, W. & Hoefert, H. W.* Selbstsicherheitstraining. Salzburg 1976

*Wenzel, A.* Verstehen und Verständigung in Gesprächen im Sozialamt. Tübingen 1984

*Werkentin, F., Hofferbert, M. & Baurmann, M.* Kriminologie als Polizeiwissenschaft oder: Wie alt ist die neue Kriminologie? Kritische Justiz 1973, H. 3, 221–252

*Wimmer, P.* Fehlzeiten. Z. Arb. Org. Psychol. 2 (1984), 164–173

*Wiswede, G.* Soziologie abweichenden Verhaltens. Stuttgart 1973

*Wiswede, G.* Soziologie konformen Verhaltens. Stuttgart 1976

*Wiswede, G.* Rollentheorie. Stuttgart 1977

*Wittkämper, G. W. (Hrsg)* Bürokratisierung und Entbürokratisierung. Regensburg 1982

*Wöhler, K.* Interorganisationsbeziehungen – eine systemkritische Rekonstruktion. In: ders. (Hrsg), Organisationsanalyse. Stuttgart 1978, 54–67

*Wollenberg, M. (Hrsg)* Büro. Ein Lesebuch. Berlin 1986

*Wollmann, H. (Hrsg)* Politik im Dickicht der Bürokratie. Leviathan Sonderheft 3, 1979

*Wollmann, H.* DFG-Antrag (erster Draft), 9.6.1991 (unveröffentl. Ms.)

*Woodward, Joan* Technologie, Organisationsform und Erfolg. In: R. Mayntz (Hrsg), Bürokratische Organisation. Köln/Berlin 1968, 155–158

*Worg, R.* Deterministisches Chaos. Mannheim u.a. 1993

*Wüllenweber, W.* Sarajevo? Zapp! psychologie heute 21 (1994), 30–31

*Wunderer, R. & Grunwald, W.* Führungslehre. 2. Bd. Berlin 1980

*Wurster, J.* Herkunft, soziale, der öffentlich Bediensteten. In: W. Bierfelder (Hrsg), Handwörterbuch des öffentlichen Dienstes. Das Personalwesen. Berlin 1976, Sp. 771–777


*Zepf, G.* Kooperativer Führungsstil und Organisation. Wiesbaden 1972

*Ziegler, R.* Einige Ansatzpunkte der Militärsoziologie und ihr Beitrag zur soziologischen Theorie. In: R. König (Hrsg), Beiträge zur Militärsoziologie. Köln/Opladen 1968, 13–37

*Ziegler, H.* Strukturen und Prozesse der Autorität in der Unternehmung. Stuttgart 1970

*Zillig, Maria* Einstellung und Aussage. Z. f. Psychologie 106 (1928), 58–106

*Zirwas, J.* Der Neuling im Betrieb. In: C. Hagener u.a. (Hrsg), Diagnose sozialen Verhaltens. Hamburg 1972

# Personenverzeichnis

# Stichwortverzeichnis

- wahl 34–44
Bildungsabstinenz 24
Blockiermacht (s. Macht)
broken home 17, 19
Bühne, Büro als V, 227–230
Bürger, Klient 53, 61, 90, 139–143, 255
– nähe, -nahes Verhalten 49, 76, 143, 289, 316
Bürgeramt 290
Bum-out-Syndrom 26
Büro
– alltag VI, 227, 232, 312
– automation 179–181, 318
– kultur 111, 154, 159, 227–241, 268, 274, 312
– typologie 237–240
Bürokrat (s. a. Persönlichkeit, bürokratische) 35, 64, 88, 139, 141–143, 157, 254, 255, 268, 289, 313–323
klassischer – 211
politischer – 210, 268
professionalisierter – 317
Bürokratie 56–85, 157
angstneurotische – 207
Idealtypus der – 49, 56–59
ideologische – 121
idyllische – 204, 289
Industrie- 61
kameradschaftliche – 21, 50, 158, 201–209, 289
rationale – 59, 121
Büropath(ie) 317, 318
bürokratisch(e)(r)
– Code (s. Verwaltungssprache)
– Organisation (s. a. Bürokratie) 24, 77, 184, 287, 313, 322
– Persönlichkeit (s. Persönlichkeit)
– Sozialisation (s. Sozialisation)

C
central life interest 32
Chaos VIII, 79–81, 182
Charakter (s. Persönlichkeit)
Charisma (s. Autorität)
Chef der neue (s. a. Vorgesetzter) 257–261, 269
Christentum, christlich (s. a. Protestantismus) 110–112
Clique 166, 211, 226
Code, Sprach- 9, 10
bürokratischer – (s. Sprache, Verwaltungs-)
elaborierter – 9

restringierter – 9, 13
Computer (-einsatz) (s. Büroautomation)
consideration 193
corso 234

D
Delegation 77, 82, 83
Delinquenz (s. abweichendes Verhalten)
Demokratie, demokratisch (s. a. Führungsstil, demokratischer) 33, 34, 76, 187, 268
Devianz (s. abweichendes Verhalten)
Dezentralisierung 76
DINK 16
Dienst nach Vorschrift 72
Dissonanz (s. kognitive D.)
Disziplin(ar-) 56, 76
– maßnahmen 278
– ordnung 71, 311
Don Corleone-Prinzip 220
Doppelbindung (double bind) 300
Durchwursteln 72

E
Effektgesetz 102, 103
Eigenkomplexität 50
Eigenschaften 127
generelle – 130, 192
spezifische – 130, 192
Eigentum 6, 9, 171
Eignung(s) 39–44, 198
– diagnostik 40–44
Einstellung(s) 96, 115–124
– funktionen
ich-entlastende – 118
Identitäts-- 118
Nützlichkeits- 118
Orientierungs- 119
– gespräch 43
– komponenten
affektive – 116, 117
aktionale – 117, 118
kognitive – 116, 117
– untersuchung
Emotion, emotional (s. Gefühl)
Entkulturation 6
Entfremdung VIII, 56, 142, 170, 203, 280–290, 323
Entscheidungsspielraum (s. Handlungsspielraum)
Ermessen VIII, 109
Erwartungs-Valenz-Modell 91, 92
Erziehung(s) 15, 20, 21, 23, 297, 298
kompensatorische – 24

Stichwortverzeichnis

Harald Hofmann/Jürgen Gerke

# Allgemeines Verwaltungsrecht

6., neubearbeitete Auflage.
1994. 416 Seiten. Kartoniert.
DM 49,80.
ISBN 3-555-01013-1

Schriftenreihe „Verwaltung in Praxis und Wissenschaft"
(vpw) Band 1

Das Lehrbuch faßt den Stoff der bisherigen Bände 1
und 2 zusammen. Es behandelt das Verwaltungs-
verfahren einschließlich Vollstreckung und Verwal-
tungsrechtsschutz. Besondere Beachtung finden zudem das Thema „Bescheid", insbesondere der Wider-
spruchsbescheid sowie die Verfahren nach dem
Sozialgesetzbuch X und der Abgabenordnung. Aufbau-
muster, Übersichten sowie Formulierungsvorschläge
ermöglichen ein sowohl praxis- als auch examens-
orientiertes Studium.

Postfach 40 02 63        Tel. (0 22 34) 10 60
50832 Köln               Fax (0 22 34) 106-284

**Kohlhammer**   **Deutscher Gemeindeverlag**

B048/94

**Deutscher Gemeindeverlag**

Peter Schwacke/Eberhard Stolz/
Guido Schmidt

# Staatsrecht

*mit Allgemeiner Staatslehre und
Verfassungsgeschichte*
3., überarbeitete Auflage.
1993. 352 Seiten. Kartoniert.
DM 49,80.
ISBN 3-555-01000-X

Schriftenreihe „Verwaltung in Praxis und Wissenschaft"
(vpw) Band 9

Dieses Studienbuch bietet Studenten an Fachhochschulen und Hochschulen in einem einzigen Band eine
konzentrierte und dennoch dem Verständnis des An-
fängers entgegenkommende Darstellung des Deutschen Staatsrechts unter Einschluß der allgemeinen
Staatslehre und einer Kurzdarstellung der wesentlichen verfassungsgeschichtlichen Entwicklungsstufen
seit 1648. Eingestreute Fallbeispiele erleichtern dem
Anfänger, der vor allem angesprochen ist, das Verständnis. Gerade ihm werden auch die in einem Anhang berücksichtigten Aufbauschemata für häufige
verfassungsrechtliche Klausurtypen nützlich sein.

Postfach 40 02 63          Tel. (0 22 34) 10 60
50832 Köln                 Fax (0 22 34) 106-284

**Kohlhammer**  **Deutscher Gemeindeverlag**